Universum 2

Physik

Baden-Württemberg

Cornelsen

Universum Physik

Band 2 Gymnasium Baden-Württemberg

Herausgegeben von:
Dr. Reiner Kienle, Heilbronn;
Carl-Julian Pardall, Heidelberg

Autorinnen und Autoren:
Benedict Bogenberger, Karlsruhe;
Ruben Brand, Ladenburg;
Werner Hasler, Böblingen;
Prof. Dr. Lutz Kasper, Schwäbisch Gmünd;
Dr. Reiner Kienle, Heilbronn;
Dr. Josef Küblbeck, Stuttgart;
Carl-Julian Pardall, Heidelberg;
Prof. Bruno Rager, Esslingen;
Stefan Ronellenfitsch, Mannheim;
Dr. Ursula Wienbruch, Rottweil

Mit Beiträgen von:
Dr. Hans-Otto Carmesin, Stade

Beratung:
Rainer Schajor, Ladenburg

Redaktion:
Dr. Andreas Hagedorn

Designberatung:
Ellen Meister,
Katharina Wolff-Steininger

Layoutkonzept, Umschlaggestaltung:
SOFAROBOTNIK GbR, Augsburg & München

Layout und technische Umsetzung:
Jesse Konzept & Text GmbH, Hannover

Grafik:
Franz Josef Domke, Hannover;
Atelier tigercolor Tom Menzel, Scharbeutz/Klingberg;
newVISION! GmbH Bernhard A. Peter, Pattensen

www.cornelsen.de

1. Auflage, 2. Druck 2015

Alle Drucke dieser Auflage sind inhaltlich unverändert
und können im Unterricht nebeneinander verwendet werden.

Druck: PHOENIX PRINT GmbH

ISBN 978-3-06-420082-1

Wärmelehre 6

Struktur der Materie 60

Wärmelehre

In diesem Kapitel beschäftigst du dich mit

- dem Zusammenhang der physikalischen Größen Druck und Kraft. Du lernst eine neue Temperaturskala kennen und erfährst etwas darüber, wie die Größen Druck, Volumen und Temperatur eines Gases zusammenhängen.
- dem Verhalten von Körpern bei Energiezufuhr oder Energieabgabe. Dabei erfährst du, dass Energiezufuhr oder -abgabe nicht immer mit einer Änderung der Temperatur verbunden ist, sondern zu Änderungen des Aggregatzustands führen kann. Du lernst eine neue Energieform kennen, mit der man dieses Phänomen beschreiben kann. Dabei beschäftigst du dich auch mit einigen wichtigen technischen Anwendungen.
- verschiedenen Arten der thermischen Energieübertragung. Dabei erfährst du, dass die Temperatur eines Körpers vom Gleichgewicht zwischen Energiezufuhr und -abgabe abhängt. Du lernst einiges über die Vorgänge in der Erdatmosphäre wie z. B. den Treibhauseffekt.

Eigenschaften von Körpern und Stoffen

Die **Masse *m*** eines Körpers gibt an, wie schwer der Körper ist. Die Einheit der Masse ist ein Kilogramm (1 kg).
Jeder Körper hat ein **Volumen *V*.** Die Einheit des Volumens ist ein Kubikmeter (1 m^3).
Der Quotient aus Masse und Volumen eines Körpers kennzeichnet den Stoff, aus dem der Körper besteht. Dieser Quotient heißt **Dichte *ρ*** des Stoffs. Es gilt:

$\rho = \frac{m}{V}$. Die Einheit ist $1\,\frac{kg}{m^3}$ bzw. $1\,\frac{g}{cm^3}$.

Temperatur und Körpereigenschaften

Verhalten bei Temperaturerhöhung: Alle Gase, die meisten Flüssigkeiten und die meisten Festkörper dehnen sich bei einer Erhöhung der Temperatur aus. Das Ausmaß der Ausdehnung hängt von der Art des Stoffs und vom Aggregatzustand ab.
Je größer die Temperaturerhöhung und das Anfangsvolumen sind, desto größer ist die Volumenzunahme. Bei Temperaturerniedrigung verringert sich entsprechend das Volumen.

Das Teilchenmodell

Alle Stoffe bestehen aus kleinen Teilchen. Diese haben einen Durchmesser von etwa einem Millionstel Millimeter. Alle Teilchen bewegen sich andauernd. Je höher die Temperatur eines Körpers ist, desto heftiger bewegen sich die Teilchen, aus denen er besteht.
Stoffe können in verschiedenen **Aggregatzuständen** vorkommen: fest, flüssig oder gasförmig.
In **Festkörpern** liegen die Teilchen eng beieinander und haben einen starken Zusammenhalt.
In **Flüssigkeiten** liegen die Teilchen eng beieinander und sind gegeneinander verschiebbar.
In **Gasen** befinden sich die Teilchen in großem Abstand voneinander ohne jeden Zusammenhalt. Zwischen den Teilchen ist leerer Raum.

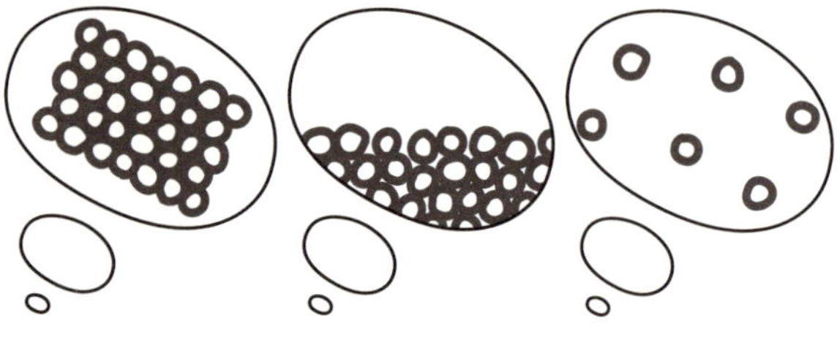

Druck und Strömungen

Gase und Flüssigkeiten können gepresst werden. Gase ändern dabei ihr Volumen, Flüssigkeiten behalten ihr Volumen nahezu bei. Der **Druck *p*** gibt an, wie sehr das Gas bzw. die Flüssigkeit gepresst ist.
Der Druck wirkt in alle Richtungen gleich.

Der Druck wird in der Einheit ein Pascal (1 Pa) angegeben. Im Alltag werden häufiger die Einheiten Hektopascal (hPa), Bar (bar) oder Millibar (mbar) benutzt. Es gilt:
1 bar = 1000 mbar = 1000 hPa = 100 000 Pa.

Schweredruck: Der durch die Schwerkraft verursachte Druck in einer Flüssigkeit wird Schweredruck genannt. Der Schweredruck in einer Flüssigkeit nimmt mit der Tiefe zu.

Strömungen in Flüssigkeiten und Gasen benötigen einen Antrieb. Wichtige Antriebe sind Druckunterschiede und Höhenunterschiede.

Energie

Die Einheit für die **Energie *E*** ist ein Joule (1 J).

Energie kann weder entstehen noch verschwinden. Sie bleibt erhalten.
Energie kann gespeichert und übertragen werden. Die Energieübertragung kann auf verschiedene Arten erfolgen, z. B. durch Licht, durch den elektrischen Strom, durch die Drehbewegung einer Achse usw.

Energieformen: Energie kommt in verschiedenen Formen vor. Energieformen können ineinander umgewandelt werden.
Ein sich bewegender Körper hat **Bewegungsenergie.** Je schneller er sich bewegt, desto größer ist seine Bewegungsenergie.
Ein angehobener Körper hat **Lageenergie.** Je höher er sich befindet, desto größer ist seine Lageenergie.
Ein elastisch verformter Körper hat **Spannenergie.** Je stärker er verformt ist, desto größer ist seine Spannenergie.
Je höher die Temperatur eines Körpers ist, desto größer ist seine **thermische Energie.** Die thermische Energie eines Körpers steckt in der ungeordneten Bewegung der Teilchen, aus denen der Körper besteht.

Eigenschaften von Körpern und Stoffen

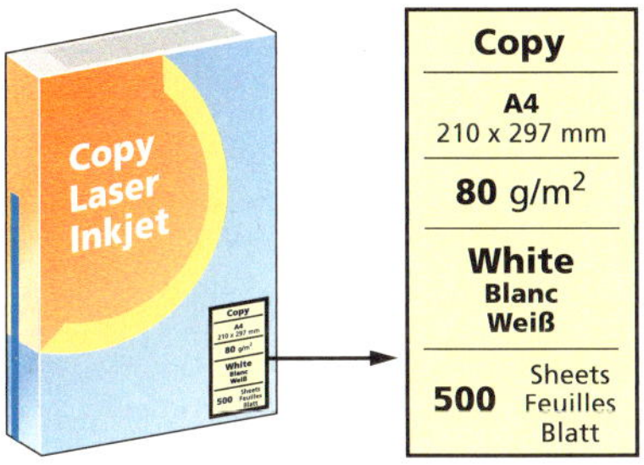

1 **a)** Berechne die Fläche, die man mit 1 g des Papiers auslegen könnte. Berechne die Masse des gesamten Pakets.
b) Berechne die Masse einer 1 m^3-Lieferung des Papiers.
c) Zwei Körper haben das gleiche Volumen. Einer der Körper hat eine fünfmal größere Masse als der andere. Bestimme das Verhältnis der Dichten beider Körper.
d) Zwei massengleiche Körper haben ein Volumenverhältnis von 1 : 3. Bestimme das Verhältnis der Dichten der beiden Körper.

Das Teilchenmodell

2 Erläutere mithilfe des Teilchenmodells die Unterschiede der Aggregatzustände.

3 **a)** Wenn du einen Luftballon aufpustest, dann verteilt sich die Luft überall im Ballon. Jedes Gas füllt den ihm zur Verfügung stehenden Raum ganz aus. Erkläre mit dem Teilchenmodell.
b) Flüssigkeiten und Festkörper verhalten sich hier anders als Gase: Wenn man Wasser oder Eiswürfel in ein Trinkglas gibt, sieht man dies deutlich. Erkläre mit dem Teilchenmodell.

Temperatur

4 **a)** Jede Zentralheizung benötigt ein Ausdehnungsgefäß. Erläutere die Funktion dieses Geräts und begründe, weshalb man darauf bei der Installation nicht verzichten darf.
b) Wasser hat bei 4 °C seine größte Dichte. Man spricht deshalb auch von der Wasseranomalie. Begründe.

5 Im sogenannten „Kugel-Ring-Versuch" wird nur das Blech mit dem Loch erhitzt. Dehnt sich das Loch aus oder wird es kleiner? Begründe deine Antwort.

6 Wenn du ein heißes Getränk in ein einfaches Glas oder in eine Glasflasche gießt, dann kann das Glas leicht zerspringen. Wenn das Glas zerspringt, dann geschieht dies kurz nach dem Eingießen.
a) Was vermutest du über die Ausdehnung des Glases an Innen- und Außenseite gleich nach dem Eingießen? Vergleiche mit Bimetallen.
b) Porzellantassen halten Heißgetränke besser aus. Gib einen Grund dafür an. Nutze die folgende Tabelle.
c) In Gebäuden werden oft Stahl und Beton zu „Stahlbeton" kombiniert. Erkläre.

Längenzunahme eines 1 m langen Stabes bei Erwärmung um 100 K	
Zink	3,6 mm
Aluminium	2,3 mm
Beton	1,2 mm
Stahl	1,2 mm
Fensterglas	1,0 mm
Porzellan	0,4 mm

Druck und Strömungen

7 Beschreibe, was man unter Überdruck und Unterdruck in einem Gas versteht. Nenne Beispiele.

8 Auf einer Bergwanderung wird nach der Gipfelrast eine leere Plastikflasche fest verschlossen. Beschreibe, was mit der Flasche beim Abstieg geschieht.

9 Erkläre mithilfe des Teilchenmodells, warum sich Flüssigkeiten nicht wie Gase zusammenpressen lassen.

10 Erläutere, wie die Luftströmungen in unserer Atmosphäre zustande kommen.

Energie

11 Erläutere die vier wichtigen Eigenschaften der Energie. Gib jeweils passende Beispiele an.

12 Bilde aus den unten genannten Geräten mindestens drei unterschiedliche Energieübertragungsketten. Zeichne jeweils ein Energieflussdiagramm.
Geräte: Motor, Akku, Lampe, Generator, Solarzelle

13 **a)** Erläutere, wie die Temperatur und die thermische Energie eines Körpers zusammenhängen.
b) „Zwei Körper gleicher Temperatur können unterschiedlich viel thermische Energie haben." „Zwei Körper mit gleicher thermischer Energie können ungleiche Temperatur haben." Welche der Aussagen ist richtig? Nimm Stellung.
c) Thermische Energie ist Bewegungsenergie. Stimmt das?

01 Ein Fahrradreifen wird mit einer Standluftpumpe aufgepumpt.

Eine Gleichung für den Druck

Mit einer Standluftpumpe kann man einen Fahrradreifen bequem und schnell aufpumpen. Wie groß ist der Druck, den man mit so einer Pumpe erzeugen kann? Zur Beantwortung dieser Frage muss man wissen, von welchen Größen der Druck in der Pumpe abhängt.

DRUCK, KRAFT UND FLÄCHE · Um zu untersuchen, wovon der Druck abhängt, verwenden wir statt einer Standluftpumpe einen sogenannten Kolbenprober. Das ist im Wesentlichen ein Zylinder mit einem luftdicht abschließenden Kolben (▸ Bild 02 A). Wir erwarten, dass der Druck umso größer ist, je weiter der Kolben in den Zylinder gedrückt wird. Dabei stellen wir fest, dass die Kraft, mit der man drücken muss, zunimmt. ▸ Tabelle 03 A zeigt, dass der Druck proportional zur Kraft ist, also

$$p \sim F.$$

Wenn wir den Versuch mit mehr Luft im Kolbenprober wiederholen, dann erhalten wir wieder denselben Zusammenhang wie in ▸ Tabelle 03 A.

Verwenden wir einen Kolbenprober mit einer kleineren Querschnittsfläche A (▸ Bild 02 B), dann stellen wir fest, dass der Druck bei gleicher Kraft größer ist (▸ Tabelle 03 B). Eine Verkleinerung der Kolbenfläche auf ein $\frac{1}{3}A$ ergibt bei gleicher Kraft den dreifachen Druck. Wir vermuten daher, dass der Druck bei konstanter Kraft umgekehrt proportional zur Kolbenfläche ist:

$$p \sim \frac{1}{A}.$$

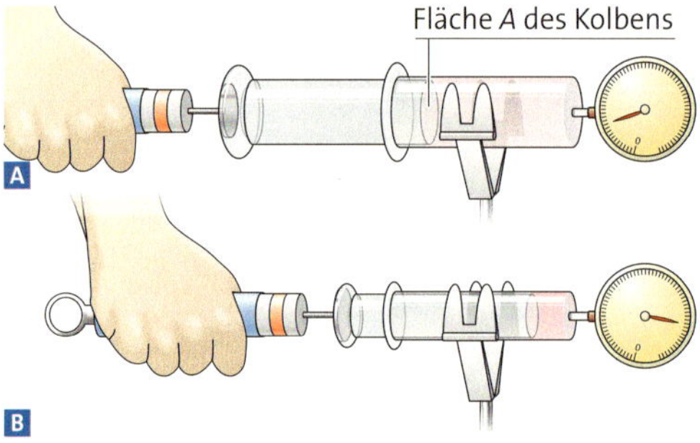

02 Wenn Luft zusammengedrückt wird, dann steigt der Druck der eingeschlossenen Luft.

A

Kraft F in N	10	20	50
Fläche A in cm²	6,0	6,0	6,0
Druck p in kPa	17	33	83

B

Kraft F in N	10	20	50
Fläche A in cm²	2,0	2,0	2,0
Druck p in kPa	50	100	250

03 Abhängigkeit des Drucks von der Kraft für unterschiedliche Kolbenflächen.

DRUCK ALS KRAFT PRO FLÄCHE · Aus der Abhängigkeit des Drucks von der Kraft und von der Kolbenfläche folgt: Wenn man die Kraft und die Kolbenfläche um den gleichen Faktor ändert, dann bleibt der Druck in der eingeschlossenen Luft konstant – genauso wie der Quotient $\frac{F}{A}$ (▸ Tabelle 04). Mehr noch: Die Tabelle zeigt, dass der Quotient $\frac{F}{A}$ und der Druck p stets den gleichen Zahlenwert haben. Das liegt daran, dass die Einheit ein Pascal (1 Pa) als $1\,\frac{\text{N}}{\text{m}^2}$ festgelegt wurde. Damit haben wir eine Gleichung für den Druck erhalten.

Wenn ein Kolben der Fläche A mit der Kraft F auf ein eingeschlossenes Gas drückt, so gilt für den Druck in dem Gas
$p = \frac{F}{A}$.
Die Einheit des Drucks ist: $1\,\text{Pa} = 1\,\frac{\text{N}}{\text{m}^2}$.

Eine alte, aber oft verwendete Druckeinheit ist ein Bar (1 bar). Dabei ist 1 bar = 100 000 Pa.

Somit können wir den mit der Luftpumpe erzeugbaren Druck ausrechnen: Wenn sich eine Person mit 50 kg Masse auf den Kolben aufstützt, dann übt sie eine Kraft von etwa 490 N auf die Luft aus. Der Rohrdurchmesser der Pumpe beträgt etwa 2,5 cm = 0,025 m. Für die Querschnittsfläche ergibt das etwa 0,00049 m². Somit kann der Radfahrer folgenden Druck erzeugen:

$$p = \frac{F}{A} = \frac{490\,\text{N}}{0{,}00049\,\text{m}^2} = 1\,000\,000\,\text{Pa} = 10\,\text{bar}.$$

DER GASDRUCK AUF DEN KOLBEN · Der Kolben übt eine Kraft auf die eingeschlossene Luft aus. Aber auch die Luft übt eine Kraft auf den Kolben aus. Da sich der Kolben nicht bewegt, müssen diese Kräfte gleich groß sein.

Allgemein übt ein eingeschlossenes Gas mit dem Druck p auf jede Begrenzungsfläche eine Kraft aus. Für diese Kraft gilt:

$$F = p \cdot A.$$

F in N	60	20	35
A in m²	0,00060	0,00020	0,00035
$\frac{F}{A}$ in $\frac{\text{N}}{\text{m}^2}$	100 000	100 000	100 000
p in Pa	100 000	100 000	100 000

04 Der Quotient $\frac{F}{A}$ und der Druck p sind gleich.

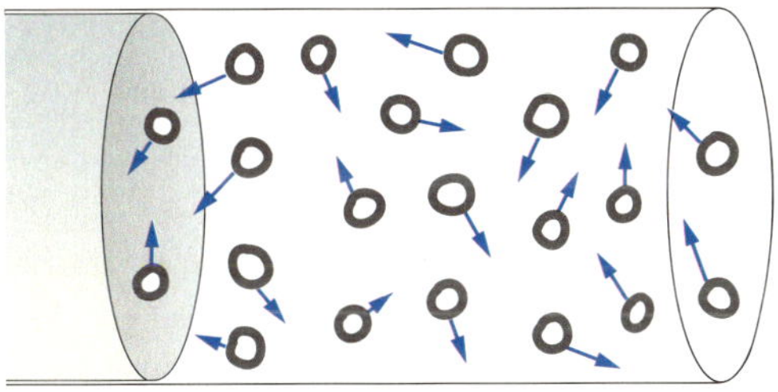

05 Druck im Teilchenmodell: Durch die Stöße üben die Teilchen eine Kraft auf den Kolben aus.

DRUCK IM TEILCHENMODELL · Im Teilchenmodell prallen die Teilchen auf die Zylinderwand und den Kolben (▸ Bild 05). Dabei ändern die Teilchen nur die Richtung, nicht aber den Betrag ihrer Geschwindigkeit. Man kann sich dies so vorstellen, als ob sehr viele Flummis gegen eine Scheibe prasseln würden. Die von den Teilchen auf den Kolben ausgeübte Kraft ist umso größer, je mehr Teilchen pro Zeiteinheit auf den Kolben prallen. Daher ist die Kraft umso größer, je größer die Begrenzungsfläche ist.

1 Durch die Verbrennung von Benzin entstehen in den Zylindern eines Automotors heiße Gase mit einem Druck von etwa 50 bar. Die heißen Gase treiben die Kolben an (▸ Bild 06).
a) Gib den Druck in der Einheit Pa an.
b) Der Durchmesser eines Kolbens beträgt 80 mm. Berechne die Kraft auf den Kolben.

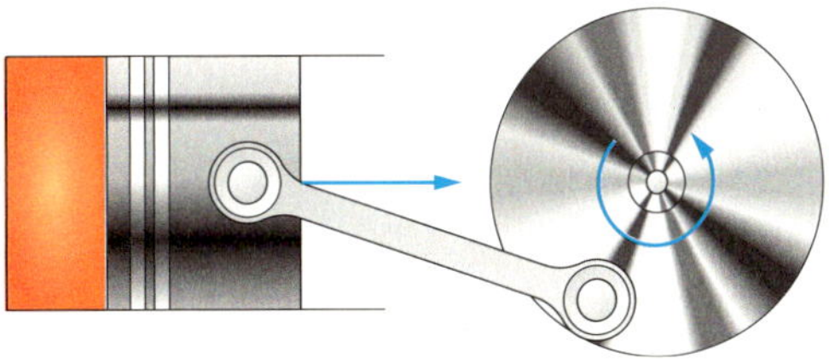

06 Das heiße Gas übt eine Kraft auf den Kolben aus.

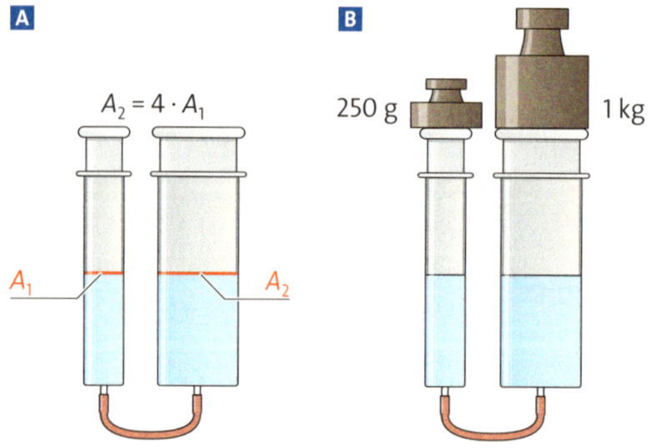

01 Die Kraft pro Fläche ist links und rechts gleich.

DRUCK IN FLÜSSIGKEITEN · Bei Gasen gilt für den Druck $p = \frac{F}{A}$. Anders als Gase können Flüssigkeiten nur sehr wenig zusammengedrückt werden. Wir stellen die Hypothese auf, dass die Gleichung für den Druck auch für Flüssigkeiten gültig ist.

Wir überprüfen unsere Hypothese mit einem Experiment: Dazu nehmen wir zwei wassergefüllte Kolbenprober mit unterschiedlichen Querschnittsflächen und verbinden sie mit einem Schlauch (▸ Bild 01). Nun legen wir passende Massestücke auf die Kolben. Wenn auch bei Flüssigkeiten der Zusammenhang $p = \frac{F}{A}$ gilt, dann muss das Verhältnis der Massen genauso gewählt werden wie das Verhältnis der Querschnittsflächen. Unsere Hypothese wird durch das Experiment bestätigt.
Tatsächlich gilt allgemein für Flüssigkeiten:

Wenn man auf eine Fläche *A* einer eingeschlossenen Flüssigkeit eine Kraft *F* ausübt, dann erzeugt man in der Flüssigkeit den Druck
$p = \frac{F}{A}$.

BLICKPUNKT

Hydraulische Pressen

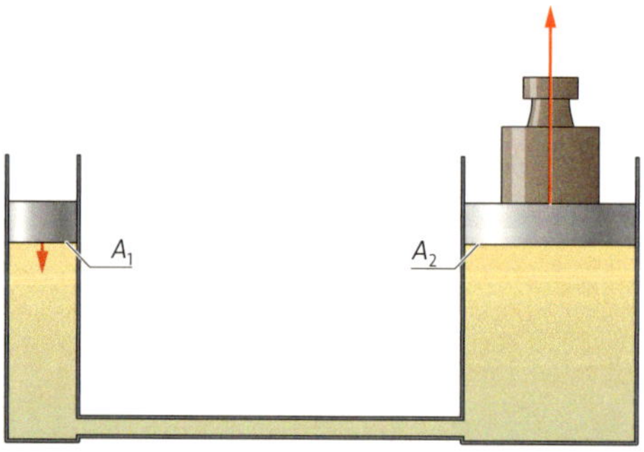

02 Mit einer kleinen Kraft kann eine große Kraft ausgeübt werden.

03 Eine Schrottpresse übt große Kräfte auf ein Auto aus.

Eine hydraulische Presse kann große Kräfte ausüben. Wie macht sie das?

Mit einem Kolben kleiner Querschnittsfläche A_1 wird eine Kraft F_1 auf eine Flüssigkeit ausgeübt (▸ Bild 02, links). Der so erzeugte Druck herrscht auch rechts an der größeren Fläche A_2. Auf diese wird die Kraft F_2 ausgeübt. Es gilt:

$$F_2 = p \cdot A_2 = \frac{F_1}{A_1} \cdot A_2 = F_1 \cdot \frac{A_2}{A_1}.$$

Wenn A_2 zehnmal so groß wie A_1 ist, dann ist auch F_2 zehnmal so groß wie F_1.

Mit einer solchen Anlage kann man z. B. schwere Lasten heben. Oder man kann ein Auto zu einem kleinen Quader pressen (▸ Bild 03).

1 Mit einer hydraulischen Presse wird ein Auto der Masse 1200 kg angehoben. Die Fläche A_2 beträgt 0,5 m², die Fläche A_1 beträgt 0,025 m². Berechne die Kraft, die mindestens auf A_1 wirken muss.

Material A ▸ Reifendruck

04 Hinterrad von Mountainbike und Rennrad

A1 Je nach Fahrradreifen benötigt man einen anderen Reifendruck.
Ein Mountainbikereifen wird mit ca. 3 bar aufgepumpt, ein Rennradreifen mit ca. 9 bar (▸ Bild 04).
Ein Fahrer mit 50 kg Masse setzt sich auf das Fahrrad, welches selbst noch einmal etwa 10 kg Masse hat.

a) Berechne die Auflagefläche der Reifen beim Mountainbike- und beim Rennradreifen.

b) Die Reifenbreite beträgt beim Mountainbike etwa 60 mm, beim Rennrad etwa 25 mm. Passen diese Werte zu deinem Ergebnis von Teilaufgabe a)?

c) Bitte einen Freund, sich auf dein Rad zu setzen und bestimme die Auflagefläche deiner Reifen, indem du von allen Seiten ein Blatt Papier zwischen Reifen und Unterlage schiebst. Vergleiche mit deinem Ergebnis von Teilaufgabe a).

Material B ▸ Wasserdruck

05 Versinkendes Auto

B1 Eine Wasserleitung mit 2,0 cm^2 Querschnittsfläche wird mit einem Daumen verschlossen. Dazu ist eine Kraft von 50 N nötig. Berechne den Druck in der Leitung.

B2 Wenn ein Auto im Wasser versinkt, wird es für die Insassen schnell lebensgefährlich. Die Autotür lässt sich aufgrund des Wasserdrucks nicht mehr öffnen.

a) Zähle auf, wovon es abhängt, mit welcher Kraft man gegen das Wasser drücken muss, um die Tür zu öffnen.

b) In 5 m Wassertiefe beträgt der Wasserdruck etwa 50 000 Pa. Berechne die Kraft auf die Tür in dieser Tiefe. Dazu musst du eine Größe abschätzen.

c) Häufig wird empfohlen, das Fenster zu öffnen, wenn das Auto sinkt. Zähle Vor- und Nachteile auf, die das Öffnen des Fensters unter Wasser hat.

Material C ▸ Zaubertrick mit Luftdruck

06 Das Wasser läuft nicht heraus!

C1 Auf ein randvoll mit Wasser gefülltes Trinkglas wird ein Karton gelegt. Anschließend wird das Glas vorsichtig umgedreht. Der Karton fällt nicht herunter.

a) Erkläre, warum der Karton nicht herunterfällt. Betrachte dazu die Kraft des Wassers und der Luft auf den Karton.

b) Die Wassermenge im Glas beträgt 500 cm^3. Das Glas hat eine Querschnittsfläche von 50 cm^2. Berechne die Kraft, die das Wasser auf den Karton ausübt. Der Luftdruck beträgt 1 bar.
Berechne die Kraft, die die Luft auf den Karton ausübt.

c) Probiere, ob der Trick auch mit einem teilweise mit Wasser gefüllten Trinkglas funktioniert. Wenn ja, was kannst du dann über den Druck der Luft im Glas aussagen?

01 Ein Taucher beim Druckausgleich

Schweredruck und Auftrieb

Warum spürt man beim Tauchen einen Druck auf den Ohren? Warum tun in größeren Tiefen die Ohren weh und wie macht man den Druckausgleich?

DER SCHWEREDRUCK · Du weißt, dass der Wasserdruck mit der Wassertiefe zunimmt. Im Experiment können wir den Wasserdruck mit einer Druckdose und einem Manometer messen (▸ Bild 02). Je größer der Druck ist, umso weiter wird die Membran der Dose eingedrückt.

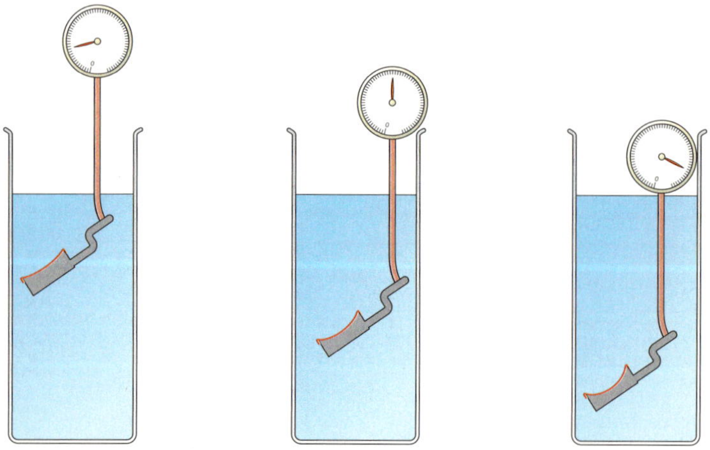

02 Messung des Schweredrucks in verschiedenen Wassertiefen

Im Experiment stellen wir zunächst fest, dass der Druck bei fester Wassertiefe immer gleich ist, gleichgültig in welche Richtung wir die Dose halten.

Außerdem beobachten wir, dass der Wasserdruck mit steigender Wassertiefe proportional zur Tiefe zunimmt.

Dies ist auch bei anderen Flüssigkeiten so. Der Grund dafür ist: Die oberen Schichten der Flüssigkeit drücken auf die unteren. Der Schweredruck p ist deshalb nicht nur proportional zur Tiefe h, sondern auch zur Dichte ρ der Flüssigkeit und zum Ortsfaktor g. Es gilt:

Der Schweredruck in einer Flüssigkeit beträgt
$$p = \rho \cdot g \cdot h.$$

Dabei geben die Symbole die folgenden Größen an:
- p: Druck an einer bestimmten Stelle,
- ρ: Dichte der Flüssigkeit,
- h: Höhe bis zur Oberfläche der Flüssigkeit,
- g: Ortsfaktor.

Da Wasser eine Dichte von etwa $1000\,\frac{kg}{m^3}$ hat, gilt für Wasser: Der Schweredruck des Wassers nimmt von der Oberfläche an um 10 000 Pascal pro Meter Wassertiefe zu.

Erstaunlicherweise gilt dieser Zusammenhang nicht nur für zylinderförmige Gefäße, sondern für Gefäße beliebiger Form. Deshalb ändert sich der Druck für einen Taucher nicht, wenn er horizontal in eine Höhle taucht (▸ Bild 03).

03 Höhlentaucher

DER LUFTDRUCK · Auch der Luftdruck ist ein Schweredruck. Die oberen Luftschichten drücken auf die unteren Luftschichten (▸ Bild 04 A). Der Luftdruck nimmt mit steigender Höhe immer langsamer ab. Der Grund dafür ist, dass Luft, anders als Wasser, leicht zusammengedrückt werden kann. Die Dichte der Luft nimmt deshalb mit steigender Höhe ab. Folglich sind die oberen Luftschichten leichter als die unteren und der Luftdruck nimmt weit oben nur langsam auf null ab.

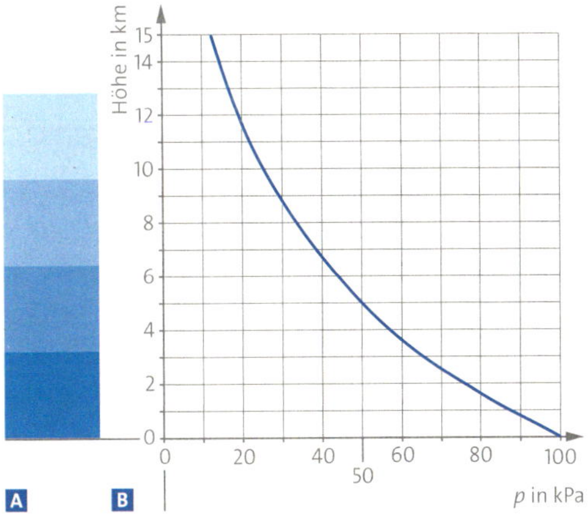

04 **A** Gedachte Luftschichten. In Wirklichkeit geht der Übergang von dünn zu dicht ganz allmählich.
B Abhängigkeit des Luftdrucks von der Höhe über dem Meeresspiegel

In guter Näherung kann man sagen: Wenn man von einer beliebigen Höhe aus um 5 000 m höher steigt, dann ist der Luftdruck nur noch halb so groß.
Auf Meereshöhe beträgt er etwa 100 000 Pa. In 5 000 m Höhe beträgt er noch etwa 50 000 Pa und in 10 000 m Höhe sind es noch etwa 25 000 Pa usw. (▸ Bild 04B).
In Stuttgart oder Karlsruhe haben wir einen Luftdruck von knapp 100 000 Pa, je nach Wetter schwankt der Wert ein wenig.

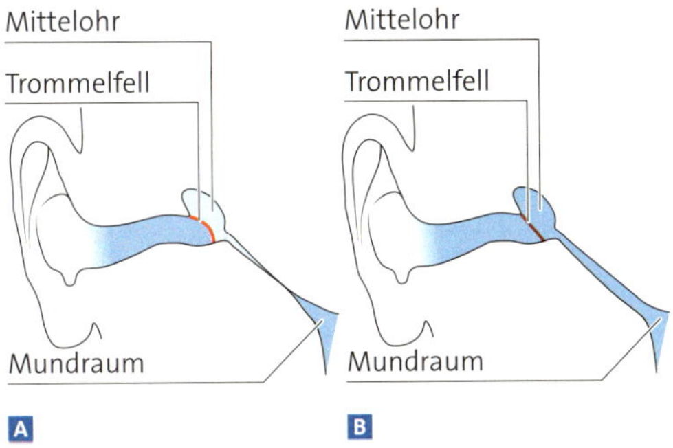

05 **A** Das Trommelfell wird nach innen gedrückt.
B Nach dem Druckausgleich

DER DRUCKAUSGLEICH · Unser Mittelohr ist über eine Röhre mit dem Mundraum verbunden. Diese Röhre ist normalerweise geschlossen. Wenn der Druck auf das Trommelfell von außen größer ist als der Druck von der Luft im Mittelohr, wölbt sich das Trommelfell nach innen (▸ Bild 05 A). Dies geschieht z.B., wenn du tauchst, und es schmerzt. Mit einem Druckausgleich kannst du den Schmerz verhindern. Das geht so: Die Luft in deiner Lunge wird auch zusammengedrückt. Der Lungenhohlraum ist mit dem Mundraum verbunden. Deshalb ist der Druck im Mundraum so groß wie im umgebenden Wasser. Zum Druckausgleich musst du die Verbindungsröhre zum Mittelohr öffnen, um den Druck im Mittelohr so groß zu machen wie außerhalb des Trommelfells (▸ Bild 05 B). Dies erreichst du, indem du den Mund schließt, die Nase zuhältst und den Druck im Mundraum durch eine Ausatembewegung vergrößerst.

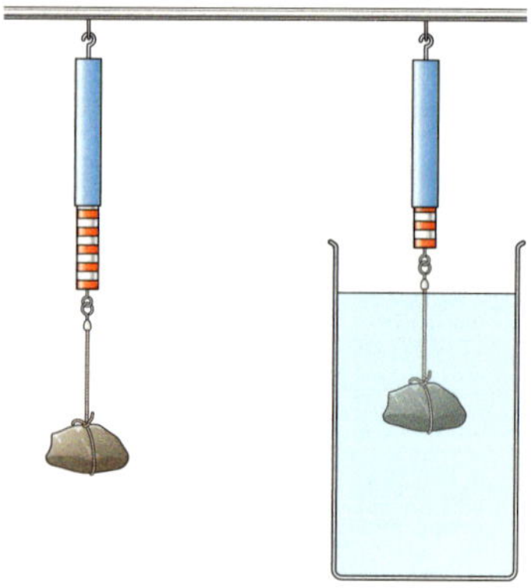

01 Im Wasser wiegt ein Stein weniger.

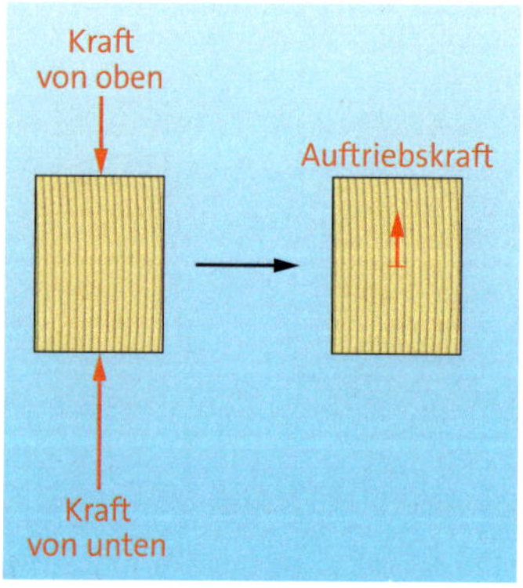

02 Die Kräfte aufgrund des Schweredrucks sind die Ursache für die Auftriebskraft.

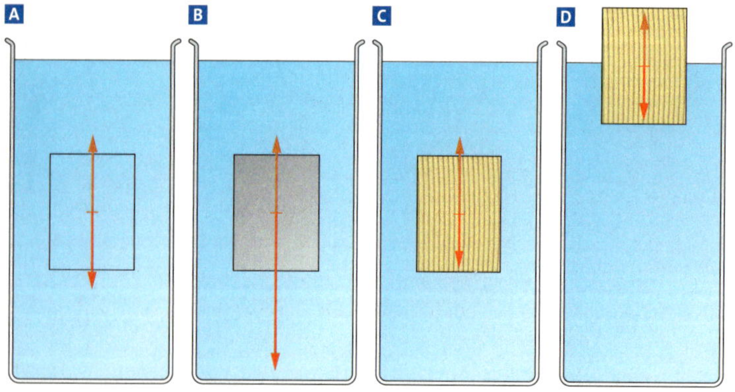

03 Körper aus **A** Wasser, **B** Metall und **C, D** Holz in Wasser. Die Schwerkraft ist jeweils rot eingezeichnet, die Auftriebskraft orange.

DER AUFTRIEB IN WASSER · Vielleicht hast du es auch schon einmal bemerkt: Ein Stein fühlt sich unter Wasser leichter an. Wir überprüfen diese Wahrnehmung mit einer Messung: Wir hängen einen Stein an einen Kraftmesser und lesen den Wert für die Schwerkraft ab. Dann tauchen wir den Stein ins Wasser und wiederholen die Messung (▸ Bild 01). Der Federkraftmesser zeigt nun tatsächlich eine geringere Kraft an. Der Grund dafür ist, dass jeder Körper in einer Flüssigkeit eine **Auftriebskraft** erfährt.

Den Auftrieb kann man mit dem unterschiedlichen Schweredruck in verschiedenen Tiefen erklären (▸ Bild 02, links). Die Kraft auf den Körper aufgrund des Drucks an der Unterseite ist größer als die Kraft aufgrund des Drucks an der Oberseite. Die Differenz der Kräfte ist unabhängig davon, woraus der Körper besteht. Sie wird Auftriebskraft genannt (▸ Bild 02, rechts). Auf einen Metallklotz wirkt also die gleiche Auftriebskraft wie auf einen Holzklotz der gleichen Form oder auf eine Flüssigkeitsmenge der gleichen Form (▸ Bild 03).

Die Flüssigkeitsmenge bleibt in Ruhe, deshalb gleichen sich die auf sie wirkenden Kräfte aus. Folglich ist die Auftriebskraft genauso groß wie die Schwerkraft auf die Flüssigkeitsmenge (▸ Bild 03 A). Die Auftriebskraft auf einen Körper ist unabhängig davon, woraus der Körper besteht. Deshalb ist sie für jeden Körper gleich der Schwerkraft auf die vom Körper verdrängte Flüssigkeit.
Für einen Körper, dessen Dichte größer als die der Flüssigkeit ist, überwiegt die Schwerkraft und der Körper sinkt (▸ Bild 03 B).

Ist die Dichte des Körpers kleiner als die der Flüssigkeit, so überwiegt die Auftriebskraft (▸ Bild 03 C). Der Körper bewegt sich nach oben und taucht zum Teil aus der Flüssigkeit auf. Die verdrängte Flüssigkeitsmenge ist nun so groß, dass die Schwerkraft auf die Flüssigkeitsmenge gleich der Schwerkraft auf den Körper ist (▸ Bild 03 D).

Auf jeden Körper in einer Flüssigkeit wirkt eine Auftriebskraft. Sie ist gleich der Schwerkraft auf die vom Körper verdrängte Flüssigkeitsmenge.

1 Ein Holzquader hat eine Masse von 400 g und ein Volumen von 0,5 dm^3.
a) Berechne die Schwerkraft, die die Erde auf den Holzquader ausübt.
b) Der Holzquader wird vollständig in Wasser eingetaucht. Berechne die Auftriebskraft auf den Holzquader.
c) Der Holzquader schwimmt auf dem Wasser. Berechne, bis zu welchem Anteil der Holzquader eintaucht.

Material A ▸ Luftdruck

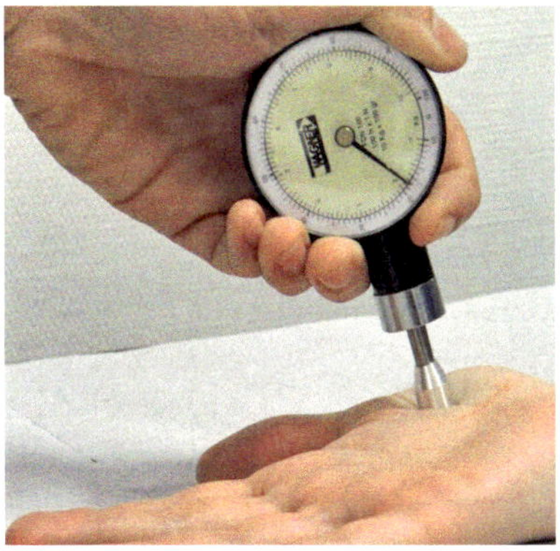

04 Die Kraft auf die Haut wird gemessen.

A1 Der Luftdruck beträgt ca. 100 000 Pa.
a) Berechne, mit welcher Kraft die Luft auf 1 cm^2 unserer Körperoberfläche einwirkt (▸ Bild 04).
b) Um die gleiche Kraft auf 1 cm^2 auszuüben, könnte man auch ein Massestück auf unser erstes Fingerglied legen. Gib an, welche Masse dieses Massestück haben müsste, um den gleichen Druck zu erzeugen.

A2 Auf 5 000 m Höhe ist der Luftdruck etwa halb so groß wie auf Meereshöhe. Begründe, warum der Luftdruck auf 10 000 m Höhe nicht null ist. Schätze ab, wie groß der Luftdruck auf dem Mount Everest (8848 m Höhe) ist.

A3 Wenn sich ein Konservenglas mit Schraubdeckel nicht öffnen lässt, hilft es oft, ein Loch in den Deckel zu stechen. Begründe.

Material B ▸ Schwimmen und Sinken

05 Eis schwimmt in Wasser.

B1 Von Eisbergen ist nur ein kleiner Teil oberhalb der Meeresoberfläche zu sehen. Eis hat eine Dichte von $0{,}92\,\frac{g}{cm^3}$, Meerwasser etwa $1{,}02\,\frac{g}{cm^3}$. Berechne den sichtbaren Volumenanteil eines Eisbergs.

B2 Fülle ein Glas zur Hälfte mit Wasser und gib mehrere Eiswürfel hinzu (▸ Bild 05). Markiere anschließend sorgfältig die Höhe des Wasserstands. Überlege, während das Eis schmilzt: Sinkt der Wasserstand, steigt er oder bleibt er gleich? Begründe!

Material C ▸ Schwebender Taucher

06 Ein Taucher schwebt im Wasser.

C1 Ein Taucher kann im Wasser schweben, ohne Arme und Beine zu bewegen.
Erläutere, welche Bedingung die Kräfte auf den Taucher erfüllen müssen, damit er schwebt.

C2 Durch seinen Taucheranzug verdrängt der Taucher zunächst zuviel Wasser und schwimmt trotz Pressluftflasche an der Oberfläche.
Erkläre, wieso ein Bleigürtel den Taucher sinken lässt. Gehe dabei auf die Wasserverdrängung und die Schwerkraft ein.

C3 Außerdem trägt der Taucher eine sogenannte Tarierweste, die er mit Luft aufblasen kann.
Erkläre, wieso der Taucher Luft in die Tarierweste blasen muss, damit er auch beim Abtauchen immer noch schwebt.

C4 Das Feintuning des Auftriebs funktioniert über die Atemluft. Nach dem Ausatmen sinkt man etwas nach unten, nach dem Einatmen steigt man etwas auf. Es ist ein schönes Gefühl, mit dem Atem die Bewegung zu steuern.
Erkläre, warum man beim Einatmen etwas aufsteigt.

C5 Ein Taucher ist im Süßwasserbecken in 5 m Tiefe genau „austariert".
Begründe, warum er im Salzwasser in 5 m Tiefe nicht austariert ist.
Beschreibe, wie sich die Wassertemperatur auf das Austarieren auswirkt.

01 Ein Experiment mit flüssiger Luft

Die absolute Temperatur

Der niedrigste Wert für eine Außentemperatur auf der Erde wurde 1983 in der Antarktis gemessen: −89,2 °C. Luft wird bei etwa −190 °C flüssig. Im Weltall ist es sogar −270 °C kalt. Wie tief kann die Temperatur noch sinken?

A

B

ϑ in °C	90	70	50	30	20	10	0
p in kPa	100	94,2	89,0	83,5	80,6	77,9	75,2

02 **A** Druckmessung an einem Gas bei Abkühlung,
B Temperatur- und Druckwerte bei der Abkühlung; 100 kPa = 1 bar

TEMPERATUR UND DRUCK · Wenn man ein Gas abkühlt, dann ändert sich nicht nur seine Temperatur, sondern – je nach Versuchsbedingungen – auch sein Druck und sein Volumen.

Wir untersuchen in einem Experiment, wie sich der Druck eines Gases verändert, wenn man das Gas bei konstantem Volumen abkühlt. Dazu schließen wir eine Luftmenge in einen Erlenmeyerkolben ein und kühlen sie ab (▸ Bild 02 A). Wir beobachten, dass der Druck gleichmäßig mit der Temperatur abnimmt (▸ Tabelle 02 B). Je 20 K Temperaturunterschied nimmt der Druck stets um knapp 6 kPa ab. Wenn man die Messwerte in ein $p(\vartheta)$-Diagramm einträgt, dann erhält man als Schaubild näherungsweise eine Gerade (▸ Bild 03).

DER ABSOLUTE NULLPUNKT · Wie verläuft das $p(\vartheta)$-Diagramm für noch niedrigere Temperaturen? Wir nehmen an, dass der Druck auch bei tieferen Temperaturen gleichmäßig mit der Temperatur abnimmt. Dann erreicht man bei einer bestimmten Temperatur den Druck 0 Pa.

Um diese Temperatur zeichnerisch zu bestimmen, erweitern wir unser Schaubild weit in den negativen Temperaturbereich hinein (▸ Bild 04). Wir lesen für einen Druck von 0 Pa einen Wert zwischen −270 °C und −280 °C ab. Da der Druck nicht kleiner als 0 Pa werden kann, kann man das Gas offenbar nicht weiter abkühlen.

Wenn man das Experiment mit einer anderen Gasmenge oder einer anderen Gassorte wiederholt, dann ergibt sich stets die gleiche Temperatur. Der genaue Wert ist −273,15 °C. Es liegt also nahe, anzunehmen, dass es keine niedrigeren Temperaturen als −273,15 °C gibt. Man nennt diesen Wert den **absoluten Nullpunkt** der Temperatur.

Die im Labor gemessenen Werte bestätigen unseren Gedankengang: Die tiefste jemals erzeugte und folglich auch gemessene Temperatur liegt 0,000 000 0001 K über dem absoluten Nullpunkt.

EINE NEUE TEMPERATURSKALA · Es liegt nahe, eine neue Temperaturskala festzulegen (▸ Bild 05). Dazu legt man den Nullpunkt der Temperaturskala auf den absoluten Nullpunkt. Die Skalenabstände lässt man so wie bei der Celsiusskala. Auf diese Weise erhält man die absolute Temperatur T. Man misst sie in Kelvin, kurz K.

Der absolute Nullpunkt liegt bei −273,15 °C. Die absolute Temperatur T wird in Kelvin (K) gemessen. Es gilt:
T (in K) = ϑ (in °C) + 273,15.

Wenn man den Druck über der absoluten Temperatur aufträgt, dann erhält man eine Ursprungsgerade.

Bei konstantem Volumen sind für eine Gasmenge die absolute Temperatur und der Druck proportional zueinander:
$p \sim T$ für konstantes V.

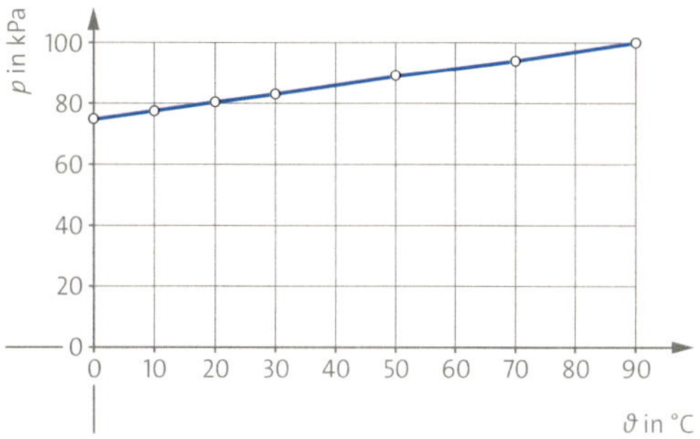

03 Das $p(\vartheta)$-Schaubild

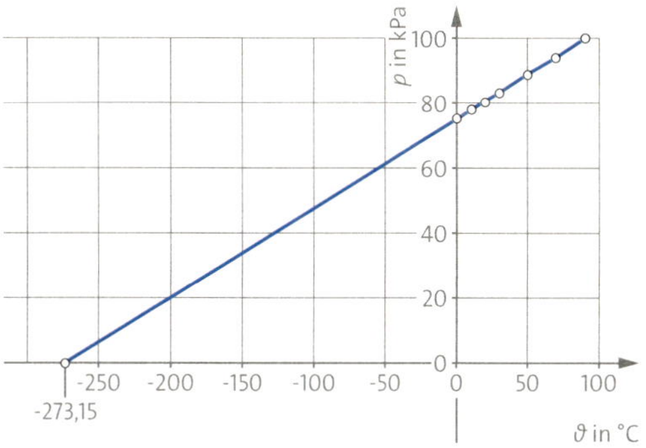

04 Das Schaubild wird nach links erweitert.

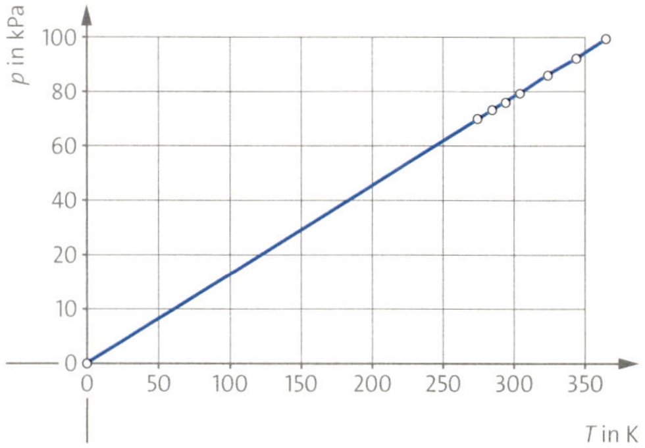

05 Abhängigkeit des Drucks von der absoluten Temperatur

Die Zimmertemperatur beträgt auf der neuen Skala also ungefähr 293 K.

1 Gib den Siedepunkt des Wassers und die normale Körpertemperatur des Menschen auf der Kelvin-Skala an.

2 Ein halber Liter Luft wird bei 20 °C in einen Kolben eingeschlossen. Der Druck soll von 100 kPa auf 200 kPa erhöht werden.
Gib die Temperatur in K und in °C an, auf die das Gas dazu erhitzt werden muss.

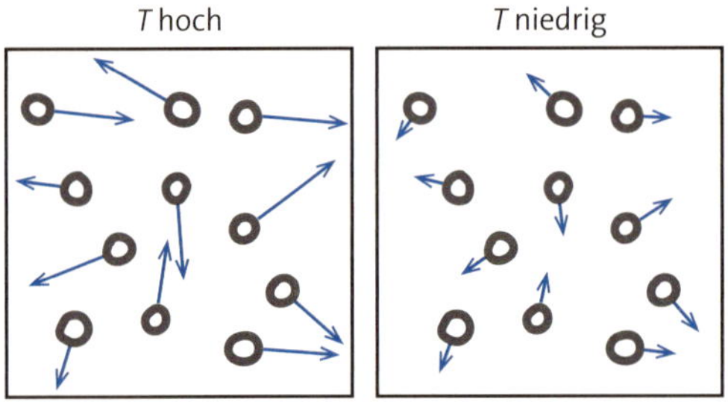

01 Niedrige Temperaturen werden durch langsamere Teilchen beschrieben.

ABSOLUTER NULLPUNKT IM TEILCHENMODELL · Wir können die Existenz des absoluten Nullpunkts der Temperatur im Teilchenmodell erklären. Die Temperatur eines Körpers wird durch die Bewegung der Teilchen beschrieben.

Je höher die Temperatur des Körpers ist, desto schneller bewegen sich seine Teilchen (▸ Bild 01). Bei Raumtemperatur bewegen sich die Teilchen eines Gases mit etwa 250 $\frac{m}{s}$, das ist die Geschwindigkeit eines Linienflugzeugs. Bei den tiefsten bisher erreichten Temperaturen brauchen die Teilchen für 1 cm etwa 12 s. Entsprechend ist der von den Teilchen an die Gefäßwände übertragene Impuls bei hohen Temperaturen größer. Deshalb nimmt der Gasdruck mit steigender Temperatur zu.

Umgekehrt wird mit dem Teilchenmodell auch der absolute Nullpunkt beschrieben. Bei dieser Temperatur bewegen sich die Teilchen nicht mehr und der Gasdruck beträgt 0 Pa.

BLICKPUNKT

Kälterekorde

Die tiefsten Temperaturen auf der Erde betragen etwa −90 °C = 180 K. Auf der dunklen Seite des Mondes liegen die Temperaturen bei −160 °C, also bei etwa 110 K.

Auf dem Zwergplaneten Pluto herrscht eine Temperatur von −230 °C, das ist nur 43 K über dem absoluten Nullpunkt. Im Universum fernab der Sterne betragen die Temperaturen etwa −270 °C, also ungefähr 3 K.

Bereits 1877 gelang es mit einer Kältemaschine, einem verbesserten Kühlschrank, Luft zu verflüssigen, d. h. eine Temperatur von etwa −190 °C bzw. 83 K zu erreichen. Um 1910 erreichte man bereits 4 K und konnte auf diese Weise das Edelgas Helium verflüssigen. Helium ist das Gas mit dem niedrigsten Kondensationspunkt.

Im Jahr 2000 wurde in einem Labor in Helsinki ein Stück Metall auf die tiefste bisher erreichte Temperatur von 0,000 000 0001 K abgekühlt. Die Kältelabore der Menschen sind damit die kältesten Orte des bekannten Universums.

Supraleitung

1911 wurde bei Temperaturen von etwa 4 K die Supraleitung entdeckt. Nahe des absoluten Nullpunkts leiten Metalle den elektrischen Strom ohne Widerstand. Einmal fließende elektrische Ladung fließt durch einen Supraleiter immer weiter, ohne elektrische Energie zu benötigen. Ein supraleitender Elektromagnet kann also ohne angelegte Spannung über einem Magneten schweben, solange die Temperatur nur niedrig genug gehalten wird (▸ Bild 02).

02 Schwebender supraleitender Elektromagnet mit flüssiger Luft gekühlt

Material A ▸ Druck im Autoreifen

03 Messen des Drucks im Autoreifen

A1 Der Druck in einem Autoreifen (▸ Bild 03) beträgt nach Vorschrift 220 kPa über Luftdruck, also insgesamt 320 kPa. Angenommen, der Reifen wird in der Garage bei 20 °C ordnungsgemäß aufgepumpt. Das Auto steht nun bei −10 °C im Freien. Berechne, welcher Reifendruck nun im Reifen herrscht, wenn sich das Volumen in guter Näherung nicht verändert.

A2 Während der Fahrt wird der Reifen durchgewalkt (durchgeknetet). Dadurch erhöht sich die Temperatur des Reifens und der Luft darin. Der Reifendruck wächst von 220 kPa bei 20 °C auf 250 kPa.

a) Berechne die Temperatur der Luft im Reifen.

b) Gib an, auf welchen Wert die Temperatur steigen müsste, damit sich der Druck verdoppelt.

Material B ▸ Heißes Gas im Verbrennungsmotor

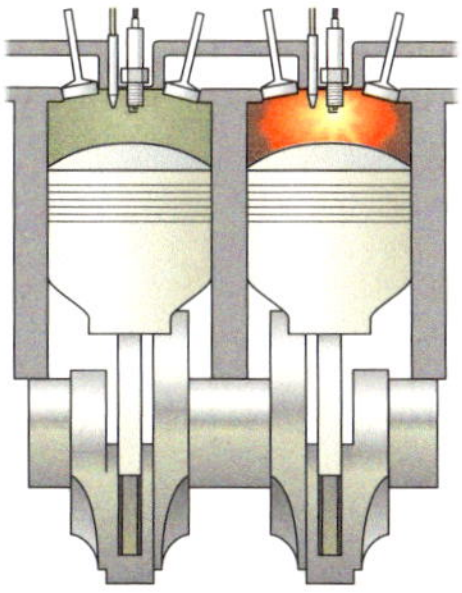

04 Das Benzin-Luft-Gemisch vor und nach der Verbennung

Das Benzin-Luftgemisch im Motor hat vor der Verbrennung einen Druck von etwa 100 kPa. Durch die Verbrennung erreicht das Gas eine Temperatur von über 2000 °C (▸ Bild 04).

B1 Gib an, um welchen Faktor sich die Temperatur ungefähr erhöht. Schätze damit ab, welcher Druck im Gas unmittelbar nach der Verbrennung herrscht.

B2 Begründe im Teilchenmodell, warum das Gas bei höherer Temperatur eine größere Kraft auf den Kolben ausübt.

B3 Nach der Verbrennung ist die Zahl der Gasteilchen um etwa $\frac{1}{4}$ größer als vorher. Schließe mithilfe des Teilchenmodells, wie sich diese Tatsache auf den Druck im Gas auswirkt.

Material C ▸ Extrapolation von Messwerten

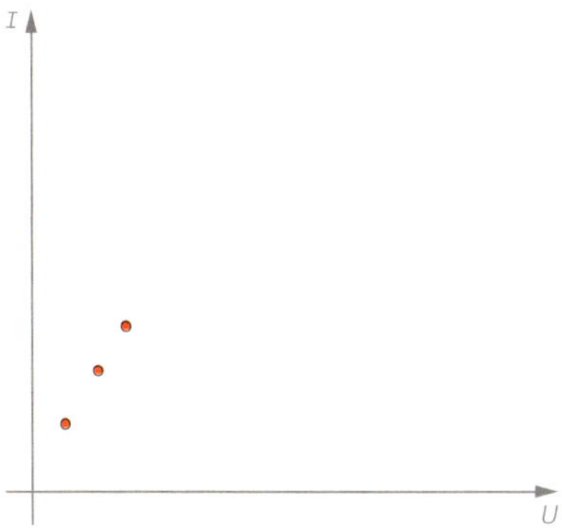

05 $I(U)$-Kurve für eine Glühlampe bei kleinen Spannungen

Das Verfahren, eine Kurve über den Messbereich hinaus zu verlängern und damit Vorhersagen zu machen, nennt man Extrapolation.

C1 Im ▸ Bild 05 sind drei Messwerte für die Stromstärke für eine Glühlampe bei kleinen Spannungen aufgetragen.

a) Gib an, welchen Zusammenhang zwischen der Spannung U und der Stromstärke I man auch außerhalb des untersuchten Bereichs vermuten könnte. Skizziere den Zusammenhang in einem $I(U)$-Schaubild.

b) Für größere Spannungen erwärmt sich der Glühdraht der Glühlampe. Beschreibe, wie sich dies auf die Stromstärke bei größeren Spannungen auswirkt. Skizziere das zugehörige $I(U)$-Schaubild.

C2 Begründe, bei welchen der folgenden Beispiele eine Extrapolation sinnvoll ist. Notiere sinnvolle Wertepaare und zeichne jeweils ein Schaubild.

a) Gewicht eines Kindes in Abhängigkeit vom Alter.

b) Handykosten in Abhängigkeit von der Gesprächsdauer.

01 Mobiles Sauerstoffgerät mit Sauerstoffflasche

Das allgemeine Gasgesetz

Zu dem mobilen Sauerstoffgerät zur Versorgung von Schwerverletzten gehört eine Flasche mit reinem Sauerstoff. Sie hat ein Volumen von zwei Litern. Wir atmen pro Atemzug etwa einen halben Liter ein. Wie lange reicht der Sauerstoff der Flasche?

DRUCK UND VOLUMEN · Das Gas in der Sauerstoffflasche steht unter einem Druck von etwa 200 bar. Das sind 20 000 kPa oder 20 MPa.

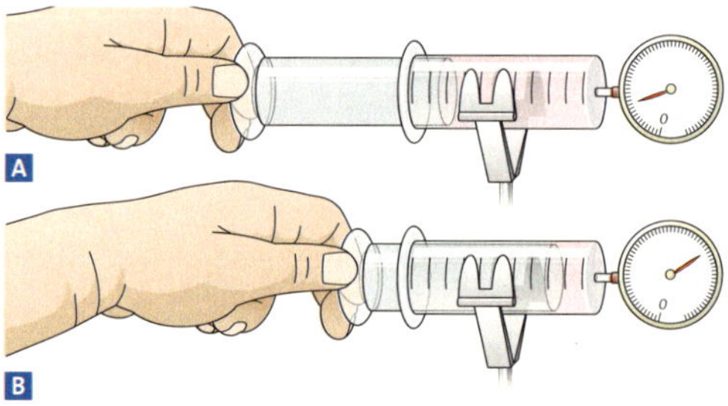

02 Eine Luftmenge wird zusammengedrückt.

V in cm^3	10	15	20	25	30
p in kPa	200	130	100	80	70
$p \cdot V$ in $cm^3 \cdot kPa$	2000	1950	2000	2000	2100
$\frac{1}{V}$ in $\frac{1}{cm^3}$	0,10	0,067	0,050	0,040	0,033

03 Druck einer eingeschlossenen Luftmenge in Abhängigkeit vom Volumen

Welches Volumen nimmt das Gas unter Normaldruck ein?

Wir untersuchen den Zusammenhang zwischen Druck und Volumen bei konstanter Temperatur am Beispiel von Luft. Dazu verändern wir für eine abgeschlossene Luftmenge das Volumen und messen den Druck, der sich jeweils einstellt (▸ Bild 02). Wir beobachten: Je größer das Volumen ist, umso kleiner ist der Druck und umgekehrt (▸ Tabelle 03). Das Schaubild hierzu ist eine nach rechts abfallende Kurve (▸ Bild 04).

Wenn wir die Werte genauer untersuchen, stellen wir fest: Das Produkt aus p und V ist im Rahmen der Messungenauigkeiten konstant (▸ Tabelle 03). Wenn das Volumen z. B. verdoppelt wird, dann beträgt der Druck nur noch die Hälfte des ursprünglichen Wertes. Druck und Volumen sind umgekehrt proportional zueinander. Wenn wir p gegen $\frac{1}{V}$ (▸ Tabelle 03) auftragen, erhalten wir eine Ursprungsgerade (▸ Bild 05). Dies gilt für alle Gase.

Bei konstanter Temperatur sind Druck und Volumen eines Gases umgekehrt proportional zueinander.
$p \sim \frac{1}{V}$ bei konstantem T.

VARIATION MEHRERER GRÖSSEN · Wir kennen nun einerseits den Zusammenhang von p und V bei konstanter Temperatur und andererseits den Zusammenhang von p und T bei konstantem Volumen. In der Praxis ändern sich aber oft T, p und V gleichzeitig. Wie hängen die drei Größen zusammen?
Als Beispiel betrachten wir eine Gasmenge mit einem bestimmten Volumen, einer bestimmten Temperatur und einem bestimmten Druck (▸ Tabelle 06, Zustand I). In Gedanken verdoppeln wir zuerst das Volumen bei konstanter Temperatur. Dies führt zu einer Halbierung des Drucks (▸ Tabelle 06, Zustand II). Dann verdreifachen wir die absolute Temperatur bei konstantem Volumen. Dadurch verdreifacht sich der Druck (▸ Tabelle 06, Zustand III).

Für eine Gasmenge sind die drei Größen p, V und T also nicht unabhängig voneinander. Gibt man z.B. V und T vor, dann stellt sich p auf einen bestimmten Wert ein. Wenn wir für jeden Zustand der Gasmenge $\frac{p \cdot V}{T}$ berechnen, so erhalten wir jedes Mal den gleichen Wert (▸ Tabelle 06, letzte Zeile).

Dieser Zusammenhang gilt für jede Gasmenge, außer wenn die Temperatur so niedrig oder der Druck so hoch ist, dass das Gas in die Nähe der Verflüssigung kommt. Ansonsten gilt das sogenannte **allgemeine Gasgesetz:**

Für eine feste Gasmenge ist für jeden Zustand der Wert für $\frac{p \cdot V}{T}$ gleich.

Diesen Zusammenhang können wir ausnutzen, um das atembare Volumen des Sauerstoffs aus der Flasche von ▸ Bild 01 zu berechnen:
In der Flasche ist der Sauerstoff im Zustand I, eingeatmet wird er im Zustand II:

Zustand I: $V = 2{,}0\ \ell$, $T = 293\ \text{K}$, $p = 20\ \text{MPa}$,
Zustand II: $V = x\ \ell$, $T = 283\ \text{K}$, $p = 100\ \text{kPa}$

Für Zustand I erhalten wir $\frac{p \cdot V}{T} = 137\ \frac{\text{Pa} \cdot \text{m}^3}{\text{K}}$.

Damit können wir V für Zustand II ausrechnen und erhalten $V = 0{,}386\ \text{m}^3 = 386\ \ell$. Diese Menge an Sauerstoff reicht für etwa 800 Atemzüge.

Wenn man bei einer festen Gasmenge für irgendeinen Zustand die drei Werte (p, V, T) kennt, kann man also für jedes Wertepaar eines anderen Zustands den dritten Wert ausrechnen.

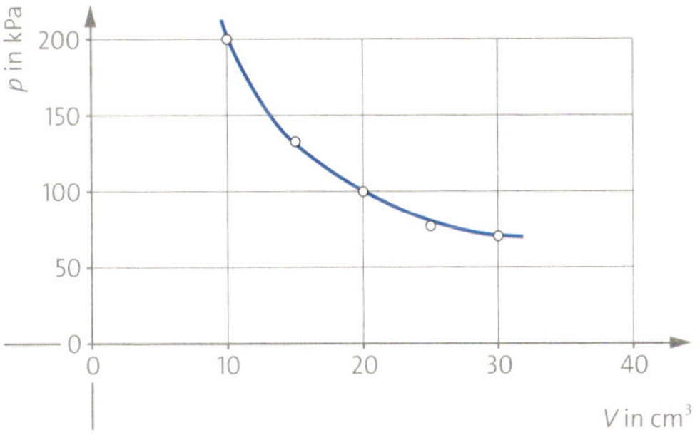

04 Das $p(V)$-Schaubild

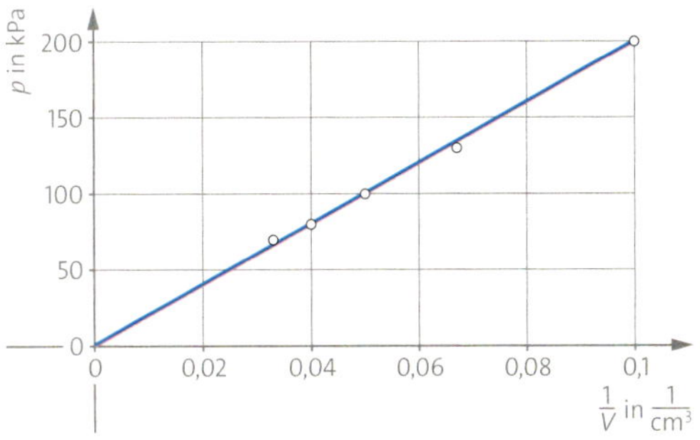

05 p über $\frac{1}{V}$ aufgetragen

Zustand	I	II	III
V in cm^3	100	200	200
T in K	250	250	750
p in kPa	100	50	150
$\frac{p \cdot V}{T}$ in $\frac{\text{Pa} \cdot \text{cm}^3}{\text{K}}$	40	40	40

06 Drei Zustände derselben Gasmenge und die zugehörigen Werte für p, V und T

1 1,0 ℓ Luft habe bei 20 °C den Druck 100 kPa. Wir erhöhen die Temperatur auf 100 °C und den Druck auf 200 kPa. Berechne das Volumen.

01 Ein Heißluftballon

ABSOLUTE TEMPERATUR UND VOLUMEN · Ein weiteres Gasgesetz kann man durch eine Überlegung herleiten: Wenn man in $\frac{p \cdot V}{T}$ den Druck p konstant hält, dann ist der Quotient aus V und T konstant. Das bedeutet, V und T sind dann proportional zueinander:

Bei konstantem Druck sind die absolute Temperatur und das Volumen eines Gases proportional zueinander.
$T \sim V$ bei konstantem p.

Diesen Zusammenhang nutzt man beim Ballonfahren aus (▸ Bild 01). Durch Erhitzen der Luft im Ballon wird das Volumen der Luftmenge vergrößert. Da das Fassungsvermögen des Ballons in der Regel konstant ist, entweicht ein Teil der Luft in die Umgebung. Der Ballon wird leichter, die Auftriebskraft aber bleibt gleich. Folglich beginnt der Ballon zu steigen.

BLICKPUNKT

Das ideale und das reale Gas

Im Teilchenmodell kann man die allgemeine Gasgleichung herleiten. Man erhält folgende Beziehung:

$$\frac{p \cdot V}{T} = N \cdot k.$$

Dabei ist N die Anzahl der Teilchen und k eine Naturkonstante: $k = 1{,}38 \cdot 10^{-23}\,\frac{\text{J}}{\text{K}}$. Dies bedeutet, dass der Wert für $\frac{p \cdot V}{T}$ nicht einmal von der Gassorte abhängt, sondern allein von der Gasmenge, hier ausgedrückt durch die Anzahl N der Teilchen.

Um die obige Beziehung herzuleiten, nimmt man an, dass die Teilchen nur Kräfte aufeinander ausüben, wenn sie zusammenstoßen. Außerdem nimmt man an, dass die Teilchen so klein sind, dass ihr eigenes Volumen keine Rolle spielt. Ein Gas, für das diese beiden Bedingungen in guter Näherung erfüllt sind, nennt man **ideales Gas.**

Bei kleinen Abständen sind die Kräfte, die die Gasteilchen aufeinander ausüben, nicht mehr vernachlässigbar. Dies wirkt sich bei hohem Druck und niedriger Temperatur z.B. so aus, dass das Gas in den flüssigen Aggregatszustand übergeht. Dabei verändert sich das Volumen, obwohl Druck und Temperatur gleich bleiben. Dies zeigt das Plateau der roten Kurve im ▸ Bild 02. Die steile Kurve links vom Plateau stellt den $p(V)$-Zusammenhang der Flüssigkeit dar. Ein **reales Gas** verhält sich in guter Näherung wie ein ideales Gas, wenn der Druck nicht zu groß und die Temperatur nicht zu klein ist (rechter Teil der roten Kurve im ▸ Bild 02). Ein Beispiel ist Luft bei 100 kPa (1,00 bar) und Zimmertemperatur.

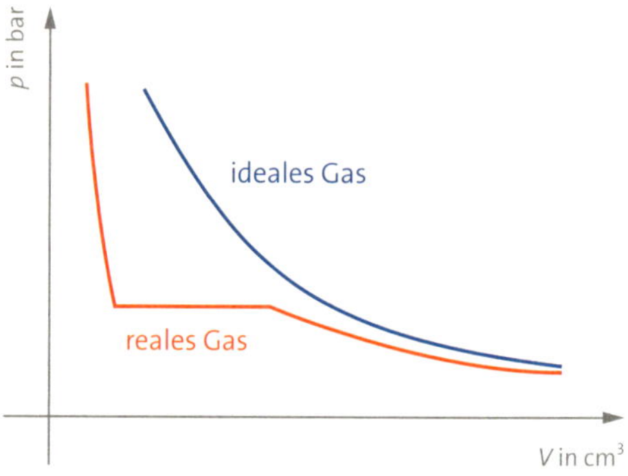

02 $p(V)$-Diagramm für ideales und reales Gas

VERSUCHE ▸ Wie viel wiegt Luft?

03 Ein Kleiderbügel als Balkenwaage

Mit einem Kleiderbügel kann man Luft wiegen. Bei Normaldruck ist die auf eine Luftmenge wirkende Auftriebskraft genauso groß wie die Schwerkraft, die die Erde auf sie ausübt.

Material:

Kleiderbügel, Luftballon, Karton, Bindfaden

Durchführung:

a) Hänge den Kleiderbügel an einem Faden auf. Hänge auf eine Seite einen leeren Luftballon und bringe ihn mit einem Stück Karton ins Gleichgewicht (▸ Bild 03). Markiere sorgfältig die Stellung der Balkenarme.

b) Blase den Ballon auf und hänge ihn wieder an den Kleiderbügel. Markiere wieder sorgfältig die Stellung der Balkenarme. Notiere deine Beobachtung.

c) Erkläre deine Beobachtung. Gehe dabei auf den Auftrieb und die Schwerkraft auf den Ballon ein.

Material A ▸ Luft unter hohem und niedrigem Druck

04 Aufsteigende Luftblasen eines Tauchers

A1 Je weiter ein Taucher hinabtaucht, umso mehr wächst der ihn umgebende Wasserdruck. Das ausgeatmete Luftvolumen beträgt etwa einen Liter. Diese Luft steigt in Form von Luftblasen an die Oberfläche (▸ Bild 04).

a) Die Tauchtiefe soll 20 m betragen. Zeichne ein Schaubild, das den Zusammenhang zwischen Volumen der Luftblasen und Wassertiefe zeigt.

b) Erkläre, wieso der Taucher stirbt, wenn er in 20 m Tiefe einatmet und mit angehaltener Luft auftaucht.

A2 Doppelglasfenster enthalten ein Gas zwischen den Scheiben. Erkläre, warum die Scheiben bei den meisten Temperaturen nicht genau parallel zueinander verlaufen. Mache für verschiedene Temperaturen eine Skizze.

A3 **a)** Verkehrsflugzeuge saugen in 10 000 m Höhe frische Luft für die Passagiere an. Berechne, um welchen Faktor der Luftdruck dabei erhöht werden muss.

b) Begründe, warum die Luft dabei nicht geheizt werden muss.

Material B ▸ Aufstieg mit dem Heliumballon

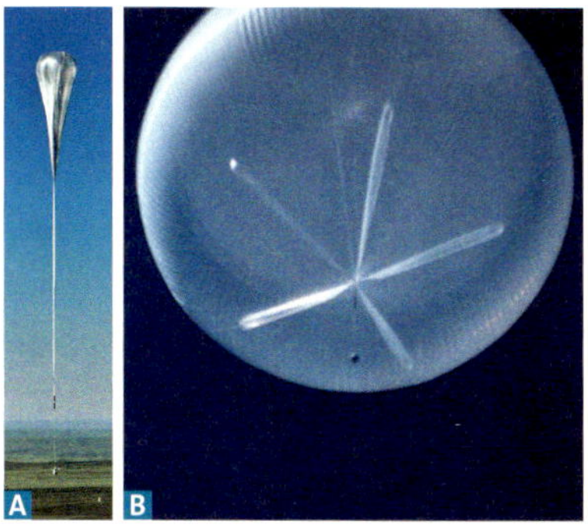

05 Aufnahmen vom Ballonaufstieg

Am 14. Oktober 2012 sprang der Österreicher FELIX BAUMGARTNER aus fast 40 000 m Höhe auf die Erde ab. Er startete auf einer Höhe von 1100 m über dem Meer bei einem Druck von 90 kPa (▸ Bild 05A). Mit einem Heliumballon gelangte er auf fast 40 km Höhe bei etwa 0,5 kPa. Dort hatte der Ballon einen Durchmesser von ca. 100 m (▸ Bild 05 B). Die Heliummenge im Ballon war abgeschlossen.

B1 **a)** Erkläre, warum sich der Ballon im Lauf des Aufstiegs immer mehr aufblähte.

b) In 40 000 m Höhe beträgt die Temperatur etwa –70 °C. Schätze ab, um welchen Faktor sich das Volumen des Ballons vervielfacht hat.

c) Beschreibe, wie sich Auftriebskraft und Schwerkraft auf den Ballon während des Aufstiegs verändern.

01 Wie kann man Wasser möglichst effektiv erwärmen?

Energie und Temperatur

Es gibt verschiedene Möglichkeiten, Wasser zu erwärmen. Dabei ist es nicht so einfach zu beurteilen, welche der Möglichkeiten am wenigsten Energie benötigt.

Betrachten wir zum Beispiel den Topf auf dem Elektroherd: Außer dem Wasser müssen auch noch der Topf und die Herdplatte erwärmt werden. Wenn die Herdplatte zu groß ist, dann geht viel Energie statt in den Topf in die Umgebung. Wenn der Topf zu groß ist, wird viel Energie benötigt, um den Topf zu erhitzen.
Und beim Wasserkocher? Auch hier wird schließlich nicht nur das Wasser erwärmt.

Erinnere dich:
$P = \frac{\Delta E}{\Delta t}$,
$\Delta E = P \cdot \Delta t$

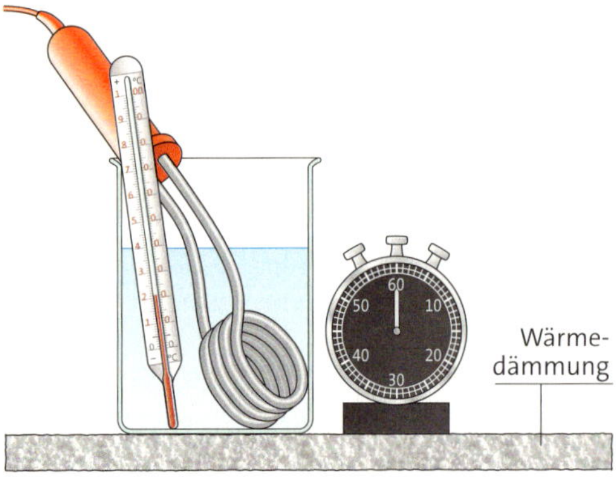

02 Wasser wird mit einem Tauchsieder erwärmt.

Es ist klar, dass immer ein bisschen Energie „verloren“ geht. Aber wie viel Energie braucht man denn mindestens, um das Wasser auf eine bestimmte Temperatur zu bringen?

EINE MINDESTMENGE AN ENERGIE · Um diese Mindestmenge zu bestimmen, gehen wir weg von den Alltagsgeräten und führen den folgenden Versuch durch (▸ Bild 02). Dabei achten wir darauf, dass möglichst wenig Gefäßmaterial erwärmt werden muss. Außerdem soll möglichst wenig Energie in die Umgebung abgegeben werden. Wir füllen 1 kg Wasser in ein dünnwandiges, wärmegedämmtes Becherglas. Anschließend erwärmen wir das Wasser mit einem Tauchsieder, bis die Temperatur des Wassers um 10 K gestiegen ist. Mit einer Stoppuhr messen wir die dafür benötigte Zeit. Aus der Leistung des Tauchsieders und der gemessenen Zeit können wir die dem Wasser zugeführte Energie berechnen.

Wir führen die Messung für verschiedene Temperaturunterschiede ΔT durch. Das Ergebnis zeigt ▸ Bild 03. Dort ist die zugeführte Energie über der Temperaturänderung aufgetragen. Die Messwerte liegen auf einer Ursprungsgeraden.

Das heißt, dass die zugeführte Energie ΔE und die Temperaturerhöhung ΔT des Wassers proportional zueinander sind.

Aus dem Diagramm können wir die Energie bestimmen, die man benötigt, um 1 kg Wasser um 1 K zu erwärmen. Die Steigung $\frac{\Delta E}{\Delta T}$ der Geraden liefert uns dafür den Wert 4,2 kJ.

Um 1 kg Wasser um 1 K zu erwärmen, benötigt man 4,2 kJ Energie.

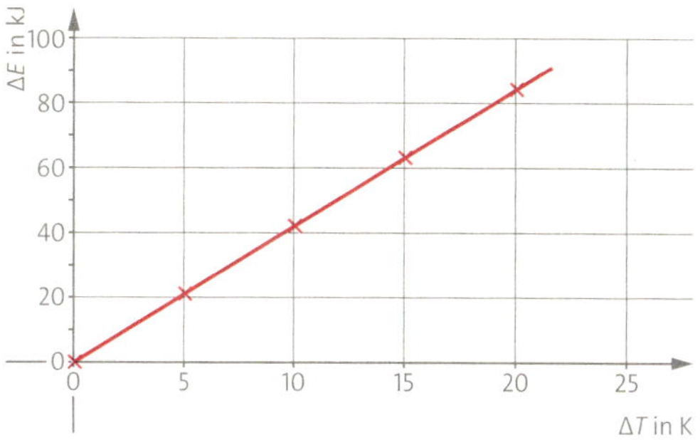

03 ΔE und ΔT sind proportional zueinander.

Wie sieht es bei einer größeren Wassermasse aus? Wir vermuten, dass man bei der doppelten Wassermasse auch doppelt so viel Energie zuführen muss, um denselben Temperaturunterschied zu erhalten. Mit einem Versuch können wir das leicht bestätigen. Wir halten fest: Die Energie ΔE und die Masse m des Wassers sind ebenfalls proportional zueinander.

ΔT in K	m in kg	ΔE in kJ
1	1	4,2
5	1	$4{,}2 \cdot 5 = 21$
5	2	$4{,}2 \cdot 2 \cdot 5 = 42$
$\{\Delta T\}$	$\{m\}$	$4{,}2 \cdot \{m\} \cdot \{\Delta T\}$

04 ΔE und ΔT sind proportional zueinander.

Wir müssen hier die Masse und nicht das Volumen betrachten, weil das Volumen sich mit der Temperatur ändert.

Und wie viel Energie benötigt man nun, um z. B. 2 kg Wasser um 5 K zu erwärmen? Ein Blick auf die ▸ Tabelle 04 hilft weiter. Demnach benötigt man dafür die Energie

$\Delta E = 4{,}2 \cdot 2 \cdot 5\ \text{kJ} = 42\ \text{kJ}.$

Wir können jetzt allgemein formulieren: Um eine bestimmte Masse Wasser um eine bestimmte Temperatur zu erwärmen, benötigt man die Energie

$$\Delta E = 4{,}2\ \frac{\text{kJ}}{\text{kg} \cdot \text{K}} \cdot m \cdot \Delta T$$

mit der Proportionalitätskonstanten $c = 4{,}2\ \frac{\text{kJ}}{\text{kg} \cdot \text{K}}$.

DIE SPEZIFISCHE WÄRMEKAPAZITÄT · Wenn man den Versuch mit Spiritus anstatt mit Wasser durchführt, dann stellt man fest, dass man lediglich einen anderen Zahlenwert für die Proportionalitätskonstante c erhält. Die Gleichung für ΔE ändert sich jedoch nicht. Der Wert der Konstanten c ist spezifisch für den jeweiligen Stoff. Deshalb nennt man diese Konstante die spezifische Wärmekapazität des Stoffes. In ▸ Tabelle 5 sind einige Beispiele für c angegeben.

Im Vergleich zu Wasser hat Spiritus eine viel kleinere Wärmekapazität. Das bedeutet, dass man bei Spiritus für dieselbe Temperaturerhöhung viel weniger Energie zuführen muss als bei der gleichen Masse an Wasser. Demzufolge kann Spiritus im Vergleich zu Wasser auch weniger Energie aufnehmen.
Wir fassen zusammen:

Um einen Körper der Masse m um die Temperaturdifferenz ΔT zu erwärmen, benötigt man die Energie
$\Delta E = c \cdot m \cdot \Delta T$.
c ist die spezifische Wärmekapazität des Stoffes, aus dem der Körper besteht.

Stoff	c in $\frac{\text{kJ}}{\text{kg} \cdot \text{K}}$
Wasser	4,2
Spiritus	2,4
Speiseöl	1,7
Luft	1,0
Aluminium	0,9
Mauerwerk	0,8

05 Spezifische Wärmekapazität für ausgewählte Stoffe

1 In einem Aluminiumtopf mit 0,2 kg Masse befindet sich 1 kg Wasser. Berechne die Energiemenge, die mindestens zugeführt werden muss, um Topf und Wasser von 20 °C auf 100 °C zu erwärmen.

2 100 g Milchschokolade enthalten 2245 kJ Energie. Berechne, wie viel Wasser bzw. Speiseöl (jeweils in kg) man mit dieser Energiemenge um 50 K erwärmen könnte.

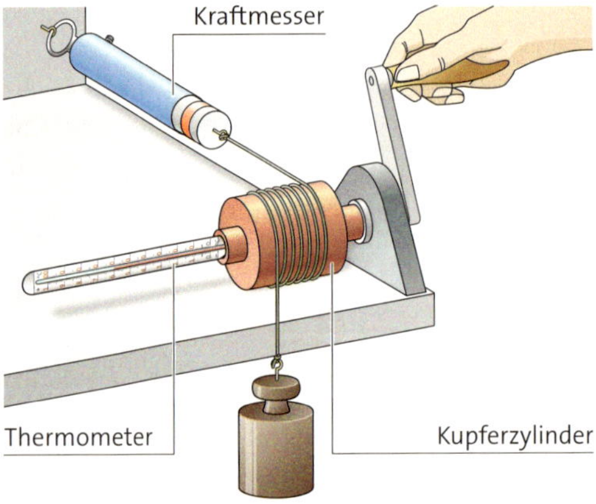

01 Temperaturerhöhung durch Reibung

ENERGIE WIRD MECHANISCH ZUGEFÜHRT · Gilt die Formel $\Delta E = c \cdot m \cdot \Delta T$ auch dann, wenn Energie mechanisch zugeführt wird? Mit einem Versuch wie im ▸ Bild 01 kann man die Frage beantworten. Wir beschreiben hier nur die Idee. Ein Kupferzylinder ist drehbar gelagert. Um ihn ist mehrmals eine Schnur geschlungen. Diese Schnur wird auf der einen Seite durch einen Federkraftmesser gehalten, am anderen Ende hängt ein Massestück. In dem Kupferzylinder steckt ein Thermometer, das die Temperatur des Zylinders anzeigt. Wenn man nun den Kupferzylinder mehrfach mit der Kurbel dreht, dann steigt seine Temperatur, weil die Schnur am Zylinder reibt. Mithilfe der Reibungskraft und der Zahl der Umdrehungen kann man die mechanisch zugeführte Energie berechnen. Diese vergleicht man mit der Energiezunahme, die man erhält, wenn man in die Formel $\Delta E = c \cdot m \cdot \Delta T$ die Werte für c und m für den Kupferzylinder und die gemessene Temperaturerhöhung einsetzt. Genaue Messungen haben gezeigt, dass beide Energiebeträge gleich groß sind.

Die Formel $\Delta E = c \cdot m \cdot \Delta T$ gilt allgemein, unabhängig davon, wie die Energie zugeführt wird.

BLICKPUNKT

Der Versuch von R. MAYER und J. P. JOULE

Bis Mitte des 19. Jahrhunderts war noch nicht klar, dass das, was wir heute thermische Energie nennen, überhaupt Energie ist. Eine Reihe experimenteller Beobachtungen führte zu der Vermutung, dass es möglich sein müsste, mechanische Energie in thermische Energie umzuwandeln. Um 1850 gelang R. MAYER und J. P. JOULE die experimentelle Bestätigung dieser Vermutung. Die Idee ihrer Versuche zeigt ▸ Bild 02. Zwei herabsinkende Eisenklötze treiben eine Art Wasserrad an. Dadurch wird dem Wasser Energie mechanisch zugeführt. MAYER und JOULE konnten tatsächlich eine Erhöhung der Temperatur des Wassers beobachten. Sie stellten fest, dass die Erhöhung der Temperatur proportional zur mechanisch zugeführten Energie ist.

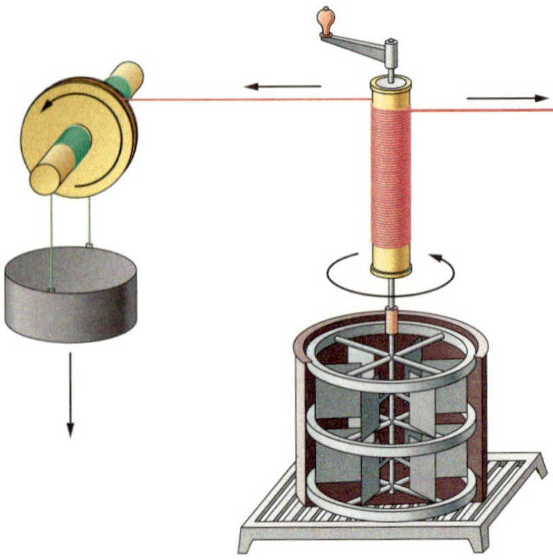

02 Versuch von MAYER und JOULE

JOULE ließ bei seinem Versuch die beiden Massestücke, von denen jedes ca. 13 kg wog, jeweils um eine Strecke von ca. 1,60 m herabsinken. Er wiederholte den Versuch 20-mal mit dem folgenden Ergebnis: „Damit sich 1,00 Pfund Wasser um 1 °F (Fahrenheit) erwärmt, musste eine Masse von 781,5 Pfund um 1,00 Fuß abgesenkt werden.“
(1 Pfund = 0,454 kg; 1 Fuß = 0,305 m; ein Temperaturunterschied von 1 °F entspricht $\frac{5}{9}$ K)

1 Berechne aus den Angaben von JOULE die spezifische Wärmekapazität von Wasser.

Material A ▸ Der Abseilachter

03 Abseilachter

Beim Klettern im Gebirge muss man sich oft abseilen. Zuvor wird das Seil durch einen sogenannten Abseilachter gefädelt (▸ Bild 03). Dieser ist mit Kletterer und Seil verbunden. Die Reibung des Seils im Abseilachter ist so groß, dass der Kletterer langsam und sicher nach unten gleitet.

A1 **a)** Ein Kletterer der Masse 70 kg seilt sich über eine 20 m hohe Felswand ab. Dadurch ändert sich seine Lageenergie $E = m \cdot g \cdot h$. Berechne den Unterschied der Lageenergie.

b) Der Abseilachter hat eine Masse von 90 g und besteht aus Aluminium. Vor dem Abseilen hat der Abseilachter eine Temperatur von 24 °C. Berechne die Temperatur, die der Abseilachter maximal annehmen kann. Nimm dazu an, dass die gesamte Energie aus a) zur Erwärmung des Abseilachters führt.

c) Erläutere, welche Rolle die Abseilgeschwindigkeit bei der Erwärmung des Abseilachters spielt.

d) Die Kletterseile bestehen hauptsächlich aus Kunststoff. Dieser Kunststoff schmilzt bei etwa 200 °C. Im praktischen Einsatz wird der Abseilachter aber nicht so heiß, wie in b) berechnet. Überlege dir mögliche Ursachen dafür.

Material B ▸ Was ist eine Kalorie?

Getränkepulver aus löslichem Bohnenkaffee, Kaffeeweißer und Zucker			
Nährwerte	pro 100 g	pro Tasse á 14 g und 150 ml Wasser	% Tageszufuhr*
Brennwerte	1714 kJ 407 kcal	240 kJ 57 kcal	3 %
Eiweiß	10,5 g	1,5 g	3 %
Kohlenhydrate -davon Zucker	65,0 g 51,4 g	9,1 g 7,2 g	4 % 8 %
Fett - davon gesättigte Fettsäuren	11,6 g 10,8 g	1,6 g 1,5 g	2 % 8 %
Ballaststoffe	4,1 g	0,6 g	2 %

04 Brennwertangaben

Auf Nahrungsmittelverpackungen findest du häufig noch die Angabe von Kalorien (▸ Bild 04). Damit wird der Energiegehalt der Nahrung angegeben. Das Wort „Kalorie" kann sich auf eine Kalorie (1 cal) oder auf eine Kilokalorie (1 kcal = 1000 cal) beziehen. Beides sind alte Energieeinheiten.

B1 **a)** Berechne aus den Angaben im ▸ Bild 04 den Umrechnungsfaktor von kcal in kJ.

b) Gib die Energie an, die man benötigt, um 1 g Wasser um 1 K zu erwärmen.

c) In einem alten Physikbuch steht: 1 Kalorie ist die Wärmemenge, die benötigt wird, um 1 g Wasser von 14,5 °C auf 15,5 °C zu erwärmen. Vergleiche diese Aussage mit den Ergebnissen aus B1 und B2a.

B2 **a)** Du hast einen Schokoriegel von 18 g mit dem Energiegehalt von 410 kJ gegessen. Berechne den Höhenunterschied, den du damit in den Bergen erwandern könntest.

b) Max sagt: „Dann brauche ich ja nur drei Riegel, um von Ehrwald (994 m) auf die Zugspitze (2962 m) zu klettern." Nimm Stellung.

B3 Um den Energiegehalt von Lebensmitteln zu bestimmen, verbrennt man diese im Labor in einem besonderen, isolierten Gefäß zu Asche. In dem Gefäß befindet sich Wasser, das dabei erwärmt wird. Die Temperaturerhöhung des Wassers wird gemessen.
Im Labor wurde auf diese Weise 1,5 g Zucker verbrannt. In dem Gefäß befinden sich 160 g Wasser. Der Temperaturverlauf wurde gemessen und in einem Diagramm dargestellt (▸ Bild 05).
Berechne den Energiegehalt von 1,5 g Zucker.

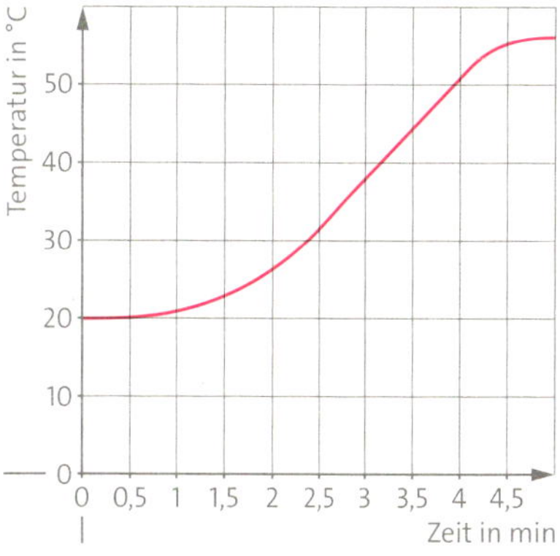

05 Temperaturverlauf beim Verbrennen von 1,5 g Zucker

01 Eis kühlt Getränke besonders gut.

Wechsel der Aggregatzustände

Kalte Getränke sind erfrischend. Zum Kühlen wird nur wenig Eis verwendet. Trotzdem erhalten wir einen großen Temperaturunterschied. Warum reichen so wenig Eiswürfel?

DAS SCHMELZEN MACHT DEN UNTERSCHIED · Die gleiche Menge Wasser würde das Getränk nicht so gut kühlen wie das Eis. Für einen Vergleich von „Kühlen mit Eis" und „Kühlen mit Wasser" brauchen wir Wasser und Eis von derselben Temperatur. Dies erreichen wir nur bei 0 °C. Bei tieferen Temperaturen wäre alles Wasser gefroren, bei höheren Temperaturen alles Eis geschmolzen. Wir geben eine größere Menge zerstoßenes Eis in Wasser und rühren einige Minuten um. Anschließend trennen wir das Wasser vom Eis und kontrollieren die Temperatur. Wasser und Eis haben jetzt dieselbe Temperatur von 0 °C. Wir nehmen nun zwei Gläser mit jeweils 100 g Wasser der Temperatur 45 °C. In das eine Glas geben wir 50 g des Wassers mit 0 °C dazu (▸ Bild 02 A) und in das andere Glas 50 g Eis von 0 °C (▸ Bild 02 B). Wir rühren um, bis das Eis in dem einen Becherglas ganz geschmolzen ist. Dann messen wir in beiden Gläsern die Temperatur des Wassers. Das Wasser im Glas, in das Eis gegeben wurde, hat jetzt die Temperatur 4 °C, das Wasser im anderen Glas jedoch 30 °C.

Obwohl wir genauso viel Eis von 0 °C wie Wasser von 0 °C zugegeben hatten, ist die Temperatur nach Zugabe von Eis viel niedriger. Dies kann nur am Schmelzen des Eises liegen.

DIE SCHMELZWÄRME · Zum Schmelzen des Eises ist offensichtlich Energie nötig. Diese Energie liefert das umgebende Wasser. Deshalb kann man Wasser mit Eis so gut kühlen.
Genaue Messungen haben ergeben, dass zum Schmelzen von 1 kg Eis eine Energie von 334 kJ nötig ist.

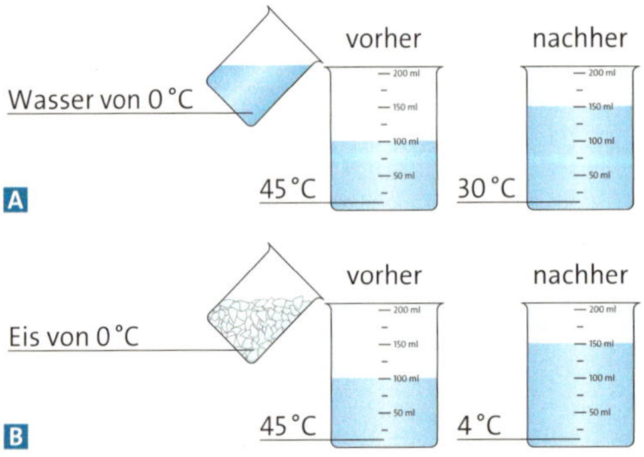

02 Eis kühlt stäker als Wasser.

Um 1 kg Eis zu schmelzen, benötigt man eine Energie von 334 kJ.

Du kannst dir sicher gut vorstellen, dass man doppelt soviel Energie benötigt, um 2 kg Eis zu schmelzen. Das heißt, die zum Schmelzen nötige Energie ΔE ist proportional zur Masse m des Eises. Daraus folgt:

$\Delta E = s \cdot m.$

Wenn man einen anderen Stoff als Eis schmilzt, dann erhält man einen anderen Zahlenwert für die Proportionalitätskonstante s und die Schmelztemperatur. s ist stoffspezifisch und heißt deshalb **spezifische Schmelzwärme** des Stoffes. Sie gibt an, wie viel Energie man 1 kg dieses Stoffes zuführen muss, um ihn zu schmelzen. Wir fassen zusammen:

Um einen Körper der Masse m zu schmelzen, muss man ihm die Energie

$\Delta E = s \cdot m$

zuführen.

s ist die spezifische Schmelzwärme des Stoffes, aus dem der Körper besteht.

s hat die Einheit $1\,\frac{\text{kJ}}{\text{kg}}$.

SCHMELZVORGANG UND TEMPERATUR · Um den Schmelzvorgang genauer zu untersuchen, erwärmen wir Fixiersalz in einem Reagenzglas und messen gleichzeitig die Temperaturänderung des Salzes. Dazu stellen wir das Reagenzglas mit dem Fixiersalz und dem Thermometer in kochend heißes Wasser. Den Temperaturverlauf zeigt ▸ Bild 03. In diesem Bild erkennen wir drei Bereiche:

Im Bereich I wird Energie zugeführt, die Temperatur steigt an. Das heißt, die thermische Energie wird größer.

Im Bereich II schmilzt das Fixiersalz und die Temperatur bleibt trotz Energiezufuhr konstant. Wenn die Temperatur konstant bleibt, dann ändert sich auch die thermische Energie nicht.

Im Bereich III ist das Fixiersalz vollständig geschmolzen und die Temperatur steigt weiter an, das heißt, die thermische Energie wird wieder größer.

EINE „VERSCHWUNDENE" ENERGIE? · Wo bleibt die Energie im Bereich II? Die thermische Energie kann es nicht sein. Offenbar wird diese „verschwundene" Energie zum Schmelzen des Fixiersalzes benötigt. Beim Schmelzen wird der enge Zusammenhalt der Teilchen gelöst. Diesen Vorgang umfasst der Begriff der thermischen Energie nicht. Wir müssen also unseren Energiebegriff erweitern und verwenden einen neuen Begriff, die **innere Energie.** Dieser neue Energiebegriff umfasst jetzt auch die „verschwundene" Energie.

Die innere Energie ist die gesamte Energie, die in einem Körper steckt.

Die innere Energie umfasst nicht die Bewegungsenergie eines Körpers als Ganzes, nicht die Spannenergie und auch nicht die Lageenergie.

ERSTARREN · Den zum Schmelzen umgekehrten Vorgang, das Erstarren, können wir nun mithilfe des Teilchenmodells verstehen. Beim Erstarren lagern sich die Teilchen wieder aneinander an. Dabei wird innere Energie frei. Sie wird durch thermische Energieübertragung an die Umgebung abgegeben, sodass die Temperatur der Umgebung steigt.

1 **a)** Berechne die Energie, die man benötigt, um 100 g Eis zu schmelzen.
b) Berechne, auf welche Temperatur man 100 g Wasser von 0 °C mit der Energie aus a) erwärmen kann.

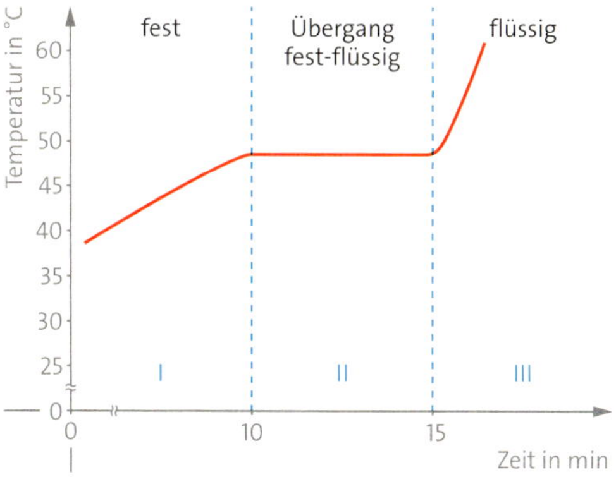

03 Temperaturverlauf beim Schmelzen von Fixiersalz

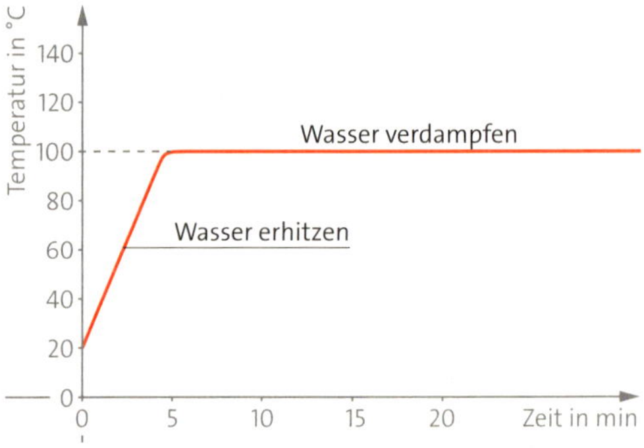

01 Dampfender Teekessel

02 Temperaturverlauf beim Sieden von Wasser

VERDAMPFEN · Das Wasser im Teekessel auf der heißen Herdplatte verdampft (▸ Bild 01). Dabei wechselt das Wasser seinen Aggregatzustand von flüssig zu gasförmig. Geschieht beim Verdampfen von Wasser etwas Ähnliches wie beim Schmelzen von Eis?

In einem Versuch überprüfen wir, ob trotz Energiezufuhr die Temperatur des Wassers auch beim Verdampfen konstant bleibt. Wir füllen Wasser in einen Glaskolben und erhitzen ihn mit einem Bunsenbrenner. Gleichzeitig zeichnen wir die Temperatur des Wassers und die des Dampfes auf (▸ Bild 03). Wir stellen fest, dass die Temperatur des Wassers so lange ansteigt, bis das Wasser zu sieden beginnt. Danach bleibt die Temperatur des siedenden Wassers trotz anhaltender Energiezufuhr konstant bei etwa 100 °C (▸ Bild 02). Und auch die Temperatur des Wasserdampfes beträgt konstant 100 °C.

Die Temperatur bleibt trotz Energiezufuhr beim Verdampfen wie beim Schmelzen konstant.

Offensichtlich wird auch beim Verdampfen die zugeführte Energie zum Wechsel des Aggregatzustands benötigt.

DIE VERDAMPFUNGSWÄRME · Im folgenden Versuch bestimmen wir, wie viel Energie benötigt wird, um eine bestimmte Menge Wasser zu verdampfen (▸ Bild 04). Wir stellen ein Becherglas mit z.B. 200 g Wasser auf eine Waage. Mit einem Tauchsieder bringen wir das Wasser zum Sieden. Sobald das Wasser siedet, starten wir eine Stoppuhr. Gleichzeitig notieren wir die Massenanzeige der Waage. Nach einer gewissen Zeit lesen wir die Anzeige der Waage erneut ab und stoppen die Stoppuhr. Nun können wir die Masse des verdampften Wassers bestimmen. Mit der Leistung des Tauchsieders können wir die dem Wasser zugeführte Energie berechnen. Genaue Messungen liefern das folgende Ergebnis:

$\Delta E = P \cdot \Delta t$

Um 1 kg Wasser zu verdampfen, benötigt man eine Energie von 2260 kJ.

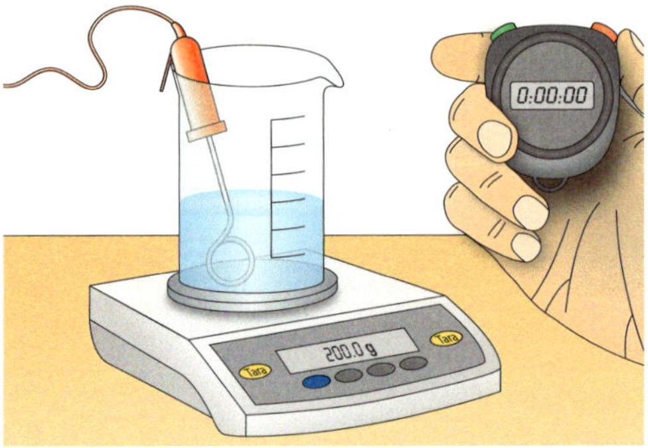

03 Der Temperaturverlauf beim Sieden von Wasser wird gemessen.

04 Bestimmung der spezifischen Verdampfungswärme von Wasser

Um 1 kg eines anderen Stoffes zu verdampfen, wird eine andere, aber für den Stoff spezifische Energiemenge notwendig. Die zum Verdampfen nötige Energie nennt man deshalb **spezifische Verdampfungswärme *r*** eines Stoffes. Sie gibt an, wie viel Energie man 1 kg dieses Stoffes zuführen muss, um ihn zu verdampfen.

Wie beim Schmelzen gilt auch hier, dass die Energie, die zum Verdampfen eines Körpers nötig ist, proportional zur Masse des Körpers ist. Die Proportionalitätskonstante ist die spezifische Verdampfungswärme.

Um einen Körper der Masse m zu verdampfen, muss man ihm die Energie

$\Delta E = r \cdot m$

zuführen.

r ist die spezifische Verdampfungswärme des Stoffes, aus dem der Körper besteht.

r hat die Einheit $1\,\frac{\text{kJ}}{\text{kg}}$.

WAS GESCHIEHT BEIM VERDAMPFEN? · Wir betrachten eine Flüssigkeit wieder im Teilchenmodell. Bei einer Flüssigkeit liegen die Teilchen wie bei einem festen Körper eng beieinander. Allerdings sind sie gegeneinander verschiebbar. Wie beim Schmelzen muss man auch beim Verdampfen Energie zuführen, um den Zusammenhalt der Teilchen untereinander zu lösen. Im Vergleich zum Schmelzen ist zum Verdampfen deutlich mehr Energie nötig. Die zum Verdampfen zugeführte Energie ist als innere Energie im Wasserdampf gespeichert.

KONDENSIEREN · Wir haben gesehen, dass beim Erstarren innere Energie des Körpers frei wird und an die Umgebung abgegeben wird, ohne dass die Temperatur des Körpers dabei sinkt. Beim Übergang vom gasförmigen in den flüssigen Zustand ist das genauso. Wenn der Wasserdampf kondensiert, legen sich die Teilchen wieder aneinander. Dabei wird im Wasserdampf enthaltene innere Energie frei und durch thermische Energieübertragung an die Umgebung abgegeben. Beim Kondensieren wird sehr viel Energie frei. Deshalb ist es sehr schmerzhaft und gefährlich, wenn Wasserdampf auf der Haut kondensiert.

05 Cappuccino-Maschine

Man kann sich die Verdampfungswärme beim Kondensieren auch zunutze machen. Bei der Cappuccino-Maschine wird heißer Wasserdampf durch die kalte Milch geleitet (▸ Bild 05). Der Wasserdampf kondensiert zu Wasser und setzt dabei viel Energie frei, die die Milch ganz schnell erhitzt.

1 Berechne, wie viel Wasserdampf (in g) man in eine Tasse mit 150 g Milch von 5 °C einleiten muss, damit man trinkwarme Milch von 40 °C erhält.
Überlege dir zuerst, wie viel Energie man zur Erwärmung der Milch benötigt. Berechne dann, wie viel Wasserdampf dazu kondensieren muss. Verwende für die Wärmekapazität von Milch den Wert für Wasser.

2 Begründe, warum man beim Wasserkochen den Kochtopf mit einem Deckel verschließen sollte.

3 Zu 300 cm^3 Orangensaft von 30 °C gibt man 50 g Eis von 0 °C. Berechne, auf welche Endtemperatur man den Saft im günstigsten Fall abkühlen könnte. Verwende für Orangensaft die Werte von Wasser.

BLICKPUNKT

Wasserdampf ist unsichtbar

01 Im Winter kann man den Atem häufig sehen.

Wasserdampf ist ein unsichtbares Gas, genauso wie Luft. Auch unser Atem enthält Wasserdampf. Wenn wir im Winter ausatmen, dann kondensiert der Wasserdampf in der kalten Luft sofort zu kleinen Wassertröpfchen. Was wir sehen, sind also die kleinen Wassertröpfchen und nicht der Wasserdampf! Im Sommer ist die Luft viel wärmer, der Wasserdampf kondensiert nicht. Deswegen sehen wir unseren Atem im Sommer nicht.

Ein Großteil des Wassers in den Wolken stammt aus dem Meer, Seen und Flüssen, obwohl diese Gewässer niemals die Siedetemperatur des Wassers erreichen. Dieses Verdampfen bei Temperaturen unter dem Siedepunkt nennt man **Verdunsten.** Der dabei entstehende Wasserdampf steigt mit der warmen Luft nach oben. Je weiter diese feuchte Luft aufsteigt, desto kälter wird sie. Wenn die Luft dann kalt genug ist, dann geschieht mit dem Wasserdampf dasselbe wie im Winter mit dem Wasserdampf im Atem: Der Wasserdampf kondensiert. Die Wolken bestehen also aus einer Unmenge winzig kleiner Wassertröpfchen, die sich zu größeren Tropfen zusammenschließen können.

Und warum kann man Wolken sehen, wenn sie doch aus Wassertropfen bestehen? Wolken sind deshalb undurchsichtig, weil das Licht an den kleinen Wassertröpfchen in der Luft gestreut wird. Dasselbe Phänomen können wir auch bei Milch beobachten. In der Milch sind viele kleine Fetttröpfchen im Wasser verteilt. An diesen Fetttröpfchen wird das Licht gestreut, die Milch ist undurchsichtig.

Schwitzen regelt die Temperatur

02 Beim Sport muss man meistens schwitzen.

Ist das Schwitzen nur lästig oder hat es auch einen Sinn? Wir brauchen eine konstante Körpertemperatur von etwa 37 °C, um leben zu können. An kühlen Tagen reicht die normale thermische Energieabgabe an die Umgebung aus, um die Körpertemperatur konstant zu halten.

Wenn wir uns anstrengen, dann wird es uns warm. Im Körper wird dabei ein Teil der durch die Nahrung aufgenommenen Energie in innere Energie umgewandelt. Wird es uns aber zu warm, dann beginnen wir zu schwitzen. Das Wasser im Schweiß verdunstet auf unserer Haut. Jedes Wasserteilchen, das die Schweißperle auf der Haut verlässt, nimmt dabei etwas Energie mit fort. Diese Energie fehlt der Schweißperle. Ihre Temperatur nimmt deswegen ab. Der Schweiß ist also etwas kühler als die darunter liegende Haut. Deswegen gibt die Haut einen Teil ihrer inneren Energie an den Schweiß ab. Dadurch nimmt letztlich auch die Temperatur der Haut ab.
Durch das Schwitzen kann der Körper also überschüssige innere Energie abgeben. Es ist wichtig, um die Körpertemperatur konstant zu halten.

1 Wenn ein leichter Wind geht, dann kühlt der Schweiß noch besser. Gib eine Begründung an.

2 Wir empfinden es als schwül, wenn viel Wasserdampf in der Luft vorhanden ist, ohne dass er zu Wassertröpfchen kondensiert. Überlege, warum du an solchen schwülen Tagen viel stärker schwitzen musst als an normalen Tagen mit derselben Lufttemperatur.

Material A ▸ Energiespeicher Handwärmer

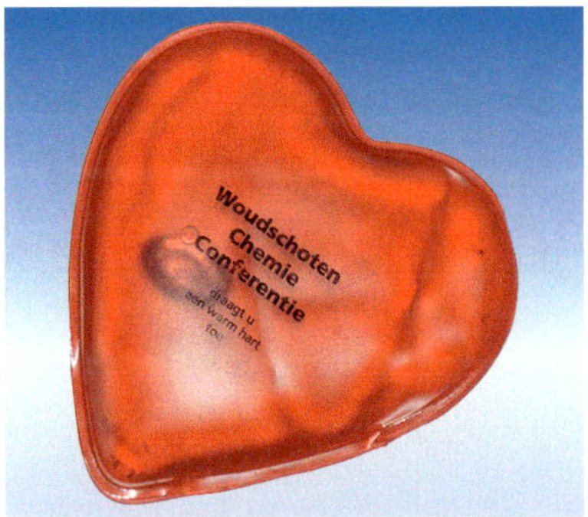

03 Handwärmer

Mit einem Handwärmer wie in ▸ Bild 03 kann man sich an kalten Tagen etwas Wärme verschaffen. In der Flüssigkeit befindet sich ein kleines Metallplättchen. Wenn dieses Plättchen geknickt wird, dann beginnt die Flüssigkeit fest zu werden und der Handwärmer wird warm. Um den Handwärmer wieder „aufzuladen", legt man ihn so lange in heißes Wasser, bis die feste Substanz wieder vollständig flüssig geworden ist. Die feste Substanz im Handwärmer schmilzt bei etwa 60 °C. Wenn man den Handwärmer aus dem Topf nimmt und ihn abkühlen lässt, dann bleibt der Inhalt auch noch unter 20 °C flüssig.

A1 **a)** Überlege, woher die Energie stammt, die der Handwärmer abgibt.
b) Ähnlich wie beim Aufladen eines Akkus wird dem Handwärmer beim „Aufladen" Energie zugeführt. Beschreibe, wo die zugeführte Energie geblieben ist.
c) Beschreibe, wie sich der Energieinhalt des Handwärmers nach dem Herausnehmen aus dem Topf ändert.

A2 Erläutere die Gemeinsamkeiten und Unterschiede von Wärmflasche und Handwärmer unter dem Gesichtspunkt der Energie.

Material B ▸ Abhängigkeit des Siedepunkts vom Druck

04 Restaurant Münchner Haus auf der Zugspitze

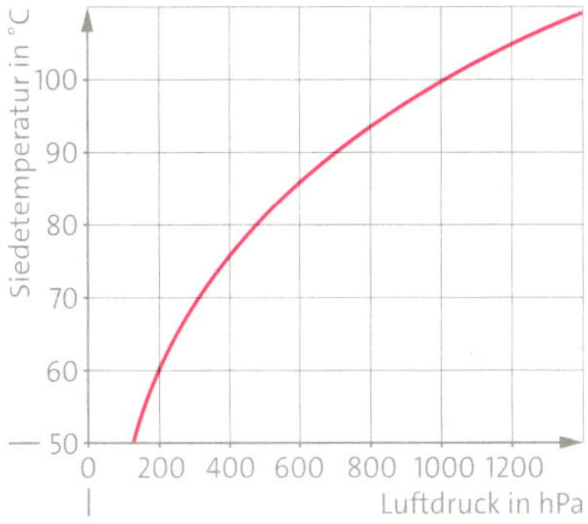

05 Druckabhängigkeit des Siedepunkts von Wasser

Wenn der Koch im Restaurant auf der Zugspitze (2962 m über dem Meeresspiegel) Eier hart kochen möchte, dann dauert es länger als im Tal. Die Temperatur des kochenden Wassers beträgt nämlich nur 90 °C statt 100 °C. Je niedriger die Temperatur ist, desto länger dauert die Garzeit.

B1 **a)** Beschreibe das Diagramm in ▸ Bild 05.
b) Erkläre mithilfe dieses Diagramms die niedrigere Siedetemperatur des Wassers auf der Zugspitze.

B2 In der Küche wird häufig ein Dampfdruckkochtopf zur Verkürzung der Garzeit eingesetzt. Hierbei wird der Topf mit dem Deckel luftdicht verschlossen. Weil der Wasserdampf nicht entweichen kann, erhöht sich der Druck im Inneren des Topfes bis zum 1,8-fachen des normalen Luftdrucks.
a) Schätze mithilfe des Diagramms in ▸ Bild 05 die Siedetemperatur des Wassers im Dampfdruckkochtopf ab.
b) Erkläre die Wirkungsweise eines Dampfdruckkochtopfes.

B3 Eine Spritze wird mit etwas Wasser gefüllt. Dabei wird darauf geachtet, dass sich keine Luft mehr in der Spritze befindet. Anschließend wird die Öffnung dicht verschlossen und die Spritze auseinander gezogen. Dabei beobachtet man die Entstehung von Blasen im Wasser. Erkläre die Beobachtung.

B4 In der Tiefsee gibt es in 3000 m Wassertiefe Vulkane, die bis zu 400 °C heißes Wasser ausstoßen. Erkläre, warum das ausgestoßene Wasser trotz der hohen Temperatur von 400 °C flüssig ist.

BLICKPUNKT

Vorsicht!
Wenn du den Versuch mit dem Feuerzeug nachmachst, dann pass auf, dass du dich nicht verbrennst!

Kühlschrank und Wärmepumpe

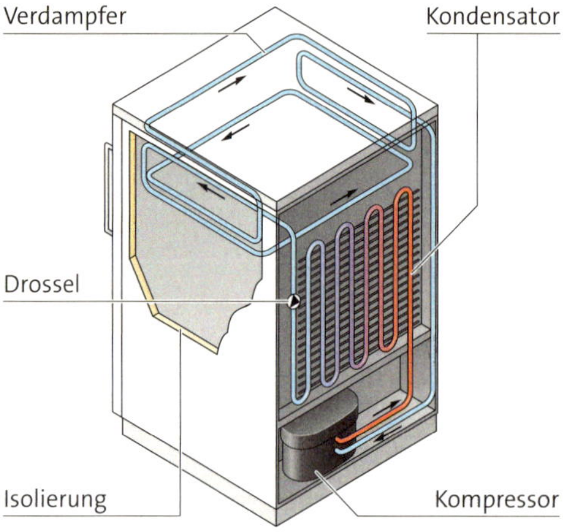

01 Kühlschrank

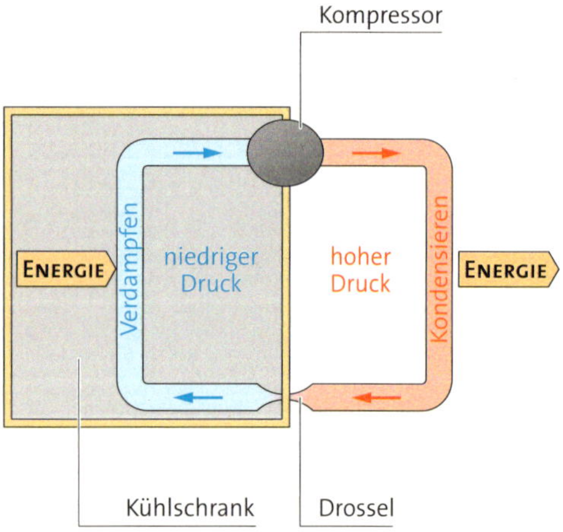

02 Kreislauf und Energietransport im Kühlschrank

Der Kühlschrank · Der Kühlschrank ist innen kalt und an der Rückwand warm. Offensichtlich transportiert er thermische Energie in die ungewöhnliche Richtung vom kalten Innenraum zum warmen Außenraum. Das geht nicht von alleine. In den Rohren im Inneren des Kühlschranks wird Butan verdampft (▸ Bild 01). Ermöglicht das den ungewöhnlichen Energietransport? Dazu machen wir einen Versuch mit einem Gasfeuerzeug, in dem sich flüssiges Butan befindet (▸ Bild 03).

03 Butangas-Feuerzeug

Wenn man das Feuerzeug anmacht, den Taster gedrückt hält, die Flamme auspustet und das ausströmende Butangas an der Haut entlangstreichen lässt, dann spürt man, dass das Gas kalt ist. Warum ist das so? Im Feuerzeug steht das Butan unter hohem Druck und ist deswegen flüssig. Beim Ausströmen nimmt der Druck stark ab. Unter dem niedrigen Druck verdampft Butan. Zum Verdampfen wird Energie benötigt. Deswegen kühlt sich das Butangas so stark ab.

Prinzip des Kühlschranks · Beim Kühlschrank lässt man das Butan nicht einfach in die Umgebung strömen, sondern führt das Butan nach dem Verdampfen wieder zurück. Das Butan durchläuft einen Kreislauf (▸ Bild 02). Die Grundidee dabei ist folgende: Man lässt Butan in einem Rohr innerhalb des Kühlschranks verdampfen und außerhalb des Kühlschranks kondensieren. Beim Verdampfen nimmt das Butan Energie aus dem Innenraum des Kühlschranks auf, beim Kondensieren gibt es diese Energie an die Umgebung ab. Energie wird also von innen nach außen transportiert. Damit das Butan innen verdampft, muss der Druck dort niedrig sein. Umgekehrt muss der Druck außen hoch sein, damit das Butan kondensiert. Dies wird mit einem Kompressor und einer Drossel erreicht. Der Kompressor pumpt das Butan im Kreis.

Energiebetrachtung · Die Energie, die der Kompressor benötigt, wird ihm elektrisch zugeführt. Ein Kühlschrank kann mit einem Joule an elektrisch zugeführter Energie drei Joule an thermischer Energie aus dem Innenraum aufnehmen und an die Außenluft abgeben. Zusätzlich wird die dem Kompressor elektrisch zugeführte Energie in thermische Energie umgewandelt und an die Außenluft abgegeben.

Die Wärmepumpe · Die Transportmöglichkeit von thermischer Energie brachte im Jahr 1852 den britischen Physiker LORD KELVIN auf eine Idee: Man könnte zum Heizen einen Kühlschrank verwenden. Der Verdampfer kommt in den Garten, der Kondensator ins Haus. Durch Zuführen von einem Kilojoule an Energie durch den elektrischen Strom würden drei Kilojoule an thermischer Energie aus dem Garten aufgenommen und vier Kilojoule an thermischer Energie im Haus abgegeben. Eine solche Anlage heißt Wärmepumpe. Die durch den elektrischen Strom zugeführte Energie führt zu einem Vierfachen an thermisch genutzter Energie. Dieser Faktor, um den die thermisch genutzte Energie die elektrisch zugeführte Energie übertrifft, heißt **Leistungszahl** der Wärmepumpe. Typische Leistungszahlen liegen bei vier bis fünf.

In der Praxis setzt man den Verdampfer möglichst tief in den Erdboden, denn dieser hat ab 15 m Tiefe ganzjährig eine Temperatur von 10 °C. Mit zunehmender Tiefe nimmt die Temperatur je zehn Meter noch um 0,3 °C zu. Zum Beheizen eines Einfamilienhauses bohrt man ein Loch mit 20 cm Durchmesser und 70 m Tiefe und versenkt darin eine sogenannte **Erdsonde** (▸ Bild 04). In Deutschland sind derzeit über 300 000 Wärmepumpen installiert, die jährlich eine thermische Energie von 5 000 GWh bereitstellen.

Die Kühlbox · Für einen kleinen Ausflug im Sommer gibt es Kühlboxen (▸ Bild 05). Es gibt Boxen, die mit einem Thermoelement (▸ Bild 06) arbeiten. Das elektrisch betriebene Thermoelement kann ebenfalls thermische Energie „von kalt nach warm“ transportieren. Mit einer Kilowattstunde elektrisch zugeführter Energie kann man einen Liter Wasser von 25 °C auf 8 °C kühlen. Zum Vergleich mit einem typischen Kühlschrank analysieren wir die Energieeffizienz:

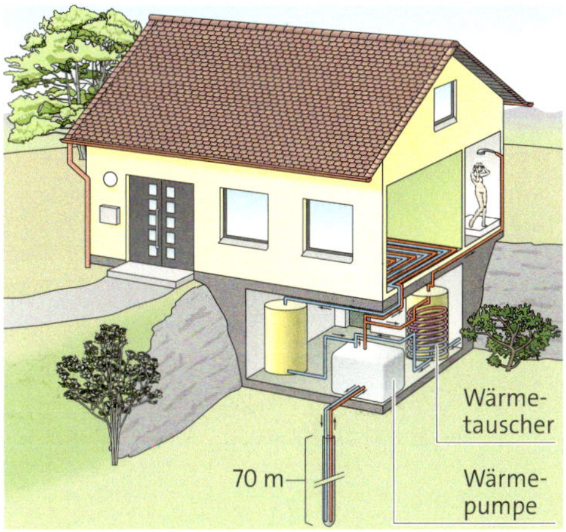

04 Heizen mit der Wärmepumpe

Um ein Liter Wasser um 1 K abzukühlen, muss man dem Wasser 4,2 kJ thermische Energie entziehen. Bei einer Abkühlung von 25 °C auf 8 °C wurde also die 17-fache Energie entzogen, das sind 71,4 kJ. Das sind nur 2 % der eingesetzten Energie von einer Kilowattstunde. Dagegen kann ein guter Kühlschrank mit einem Kilojoule an elektrisch zugeführter Energie drei Kilojoule an thermischer Energie transportieren. Eine Kühlbox kann zwar für kleine Anlässe gut geeignet sein, aber einen richtigen Kühlschrank nicht ersetzen.

05 Kühlbox

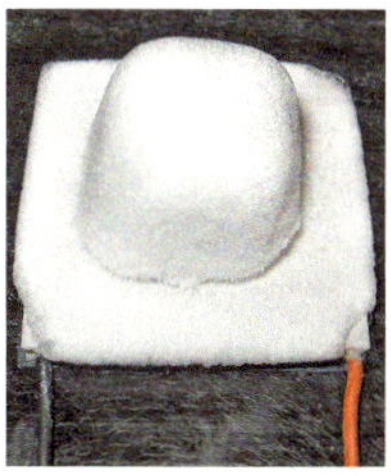

06 Thermoelement

01 Bloß keine Energie abgeben!

Thermische Energieübertragung

Im Winter musst du dich dick anziehen, damit deine Körpertemperatur nicht sinkt, im Sommer bist du froh über jede Abkühlung. In jedem Fall gibt dein Körper Energie an die Umgebung ab. Wie genau geschieht diese Energieübertragung?

VON WARM NACH KALT · Wenn du eine Tasse mit heißem Kakao in den Schnee stellst, dann kühlt sich der Kakao schnell ab. Dafür nimmt die Temperatur in der Umgebung der Tasse zu. Das erkennst du daran, dass der Schnee zu schmelzen beginnt. Es wird also Energie vom heißen Kakao auf den Schnee übertragen.

Wenn Energie thermisch übertragen wird, spricht man in der Physik auch von Wärme.

Das kannst du auch sonst beobachten: Wenn sich zwei Gegenstände unterschiedlicher Temperatur berühren, dann wird immer Energie vom warmen zum kalten Gegenstand übertragen. Da hier keine Kraft benötigt wird, sondern eine Temperaturdifferenz, spricht man von der **thermischen Übertragung von Energie.**

Energie wird von selbst thermisch von einem wärmeren zu einem kälteren Körper übertragen.

EINE DOSE ALS MODELL · Die thermische Übertragung von Energie spielt bei der Energieabgabe des menschlichen Körpers eine wesentliche Rolle. Das untersuchen wir nun genauer. Es ist schwierig, dies direkt beim menschlichen Körper zu tun, da hier die Abläufe sehr komplex sind. Daher betrachten wir ein vereinfachtes Modell-Experiment (▸ Bild 02):

Wir stülpen eine Blechdose über eine Glühlampe. Durch den elektrischen Strom nimmt die Lampe Energie auf. Die Lampe heizt die Dose auf. Dadurch erhöht sich die Temperatur der Dose. Nach einigen Minuten steigt sie nicht mehr weiter, sondern bleibt konstant über der Umgebungstemperatur – so wie deine Körpertemperatur.

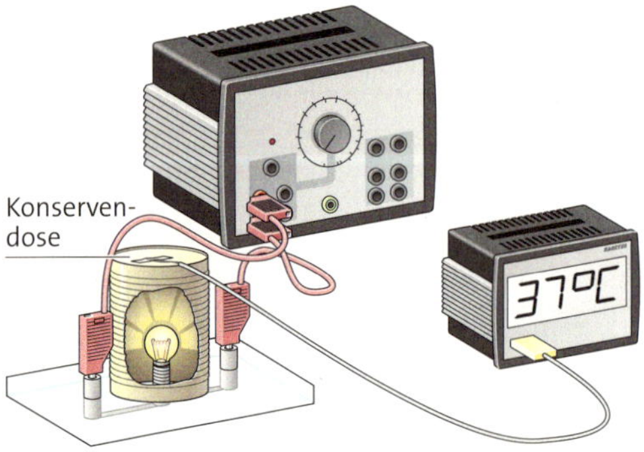

02 Eine Dose als einfaches Modell für den menschlichen Körper

03 Wind bringt Abkühlung!

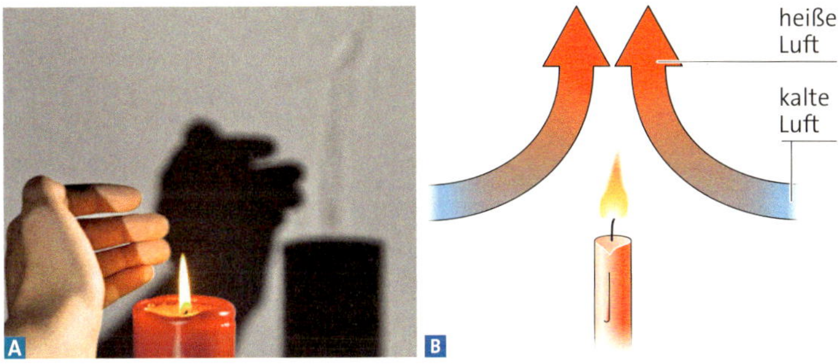

04 **A** So spürt man die Hitze kaum. **B** Selbsttätige Konvektion

KONVEKTION · Im Sommer empfindet man Wind oft angenehm, weil er Abkühlung bringt (▸ Bild 03). Wie funktioniert das?

Wir betrachten hierzu die Modell-Dose: Ohne Wind wird die Luft nahe der Dose etwas erwärmt, in einigem Abstand herrscht Raumtemperatur. Nun schalten wir einen Ventilator ein: Die Temperatur der Dose sinkt. Die Luft um die Dose hat nun fast Raumtemperatur. Auch im Wind hinter der Dose ist die Lufttemperatur kaum höher. Offensichtlich wird die Energie mit der erwärmten Luft einfach vom Wind mitgenommen und im ganzen Raum verteilt. Diese Art der thermischen Energieübertragung nennt man **Konvektion.** Sie gibt es nur, wenn eine Temperaturdifferenz vorliegt.

SELBSTTÄTIGE KONVEKTION · Mit dem Ventilator haben wir die Konvektion erzwungen. Häufig läuft sie aber von alleine ab. Wenn du deine Hand einer Kerzenflamme von der Seite näherst, dann spürst du die Hitze erst sehr nahe bei der Flamme (▸ Bild 04 A). Würdest du deine Hand in gleicher Entfernung über die Kerze halten, so würdest du dich verbrennen!

Man kann das folgendermaßen erklären (▸ Bild 04 B): Die Luft wird von der Flamme erhitzt. Dadurch dehnt sich die Luft aus und sie steigt auf. Da nun bei der Flamme ein Unterdruck herrscht, strömt von der Seite Luft nach. Dadurch wird die Energie selbsttätig von der Kerzenflamme wegtransportiert.

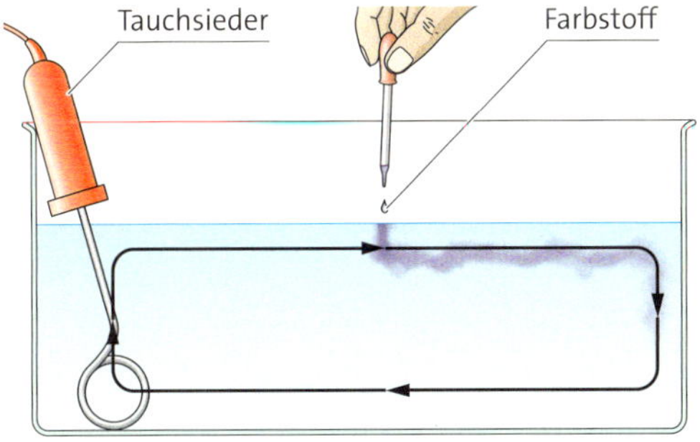

05 Selbsttätige Konvektion in Wasser

KONVEKTION IN FLÜSSIGKEITEN · Konvektion tritt auch bei Flüssigkeiten auf. Hier können wir z. B. die selbsttätige Konvektion leicht sichtbar machen (▸ Bild 05). Wir erhitzen dazu das Wasser in einem Becken mit einem Tauchsieder. Dabei tropfen wir etwas Farbstoff in das Wasser. Nach kurzer Zeit erkennt man, wie sich eine Strömung im Uhrzeigersinn ausgebildet hat. Nach einigen Minuten ist das Wasser gleichmäßig gefärbt. Die Temperatur des Wassers ist überall fast gleich, nur direkt über und um den Tauchsieder ist sie höher.

Bei der Konvektion führen strömende Gase und Flüssigkeiten die Energie mit sich. Konvektion kann erzwungen werden oder selbsttätig ablaufen.

1 Um die Körpertemperatur konstant zu halten, darf man im Winter wenig Energie an die Umgebung abgeben, im Sommer viel. Nenne hierfür verschiedene Möglichkeiten.

01 Der Löffel ist heiß.

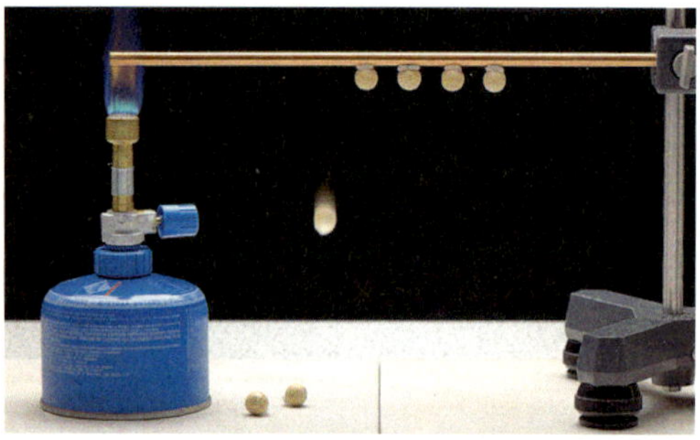

02 Wärmeleitung in einem Kupferstab

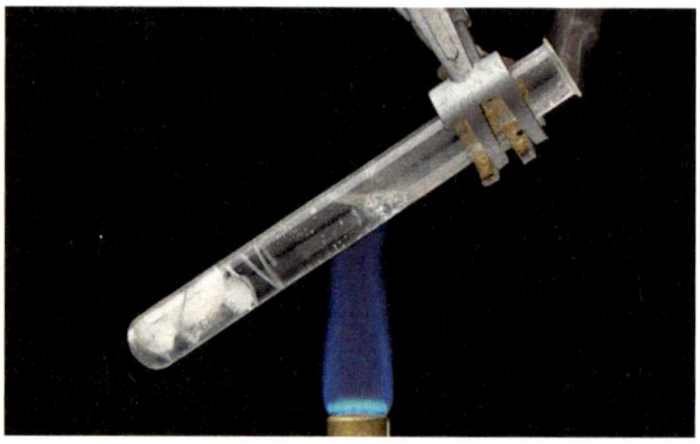

04 Wasser ist ein schlechter Wärmeleiter.

WÄRMELEITUNG · Die thermische Übertragung von Energie kann dir schmerzhaft bewusst werden, wenn du z. B. einen Metalllöffel anfasst, der im heißen Tee steht (▸ Bild 01). Mit einem Plastiklöffel wäre das nicht passiert. Wie kann das sein? Konvektion ist bei einem Festkörper ja nicht möglich.

Wenn du einen Löffel in heißes Wasser stellst, dann wird er nicht schlagartig heiß. Die Energie wandert vom heißen Wasser durch den Löffelstiel hoch. Diese Art der thermischen Energieübertragung nennt man **Wärmeleitung.** Das folgende Experiment verdeutlicht die Wärmeleitung in einem Kupferstab (▸ Bild 02):

An ihm sind mit Wachs Holzkugeln befestigt. Wenn der Stab am linken Ende erhitzt wird, dann fällt von links nach rechts eine Kugel nach der anderen ab. Durch die Temperaturerhöhung ist das Wachs geschmolzen. Es dauert relativ lange, bis auch die Kugel ganz rechts abfällt.

Wie gut Energie durch Wärmeleitung übertragen wird, hängt vom Stoff ab. Der Unterschied zwischen Metall und Plastik ist hier groß.

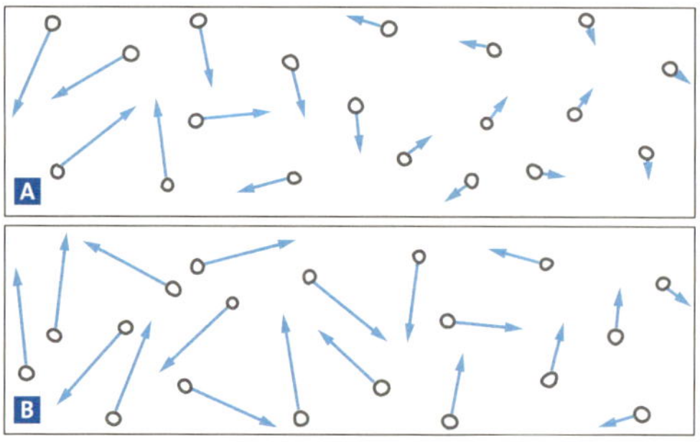

03 Wärmeleitung im Teilchenmodell

FLÜSSIGKEITEN UND GASE · In Flüssigkeiten und Gasen kann ebenfalls Energie durch Wärmeleitung übertragen werden. Allerdings ist sie hier wesentlich schlechter als bei Metallen. Wie schlecht die Wärmeleitung in Wasser ist, zeigen wir mit folgendem Versuch (▸ Bild 04):

Mit etwas Draht klemmen wir ein Stück Eis unten in einem Reagenzglas fest und füllen Wasser dazu. Obwohl wir das Wasser oben bis zum Sieden erhitzen, schmilzt das Eis nicht!

Der Mensch ist in der Regel von Luft umgeben. Da Luft ein sehr schlechter Wärmeleiter ist, spielt die Wärmeleitung bei der Energieabgabe des menschlichen Körpers praktisch keine Rolle.

/// Energie kann thermisch durch Wärmeleitung übertragen werden. Dabei wirkt eine Temperaturdifferenz als Antrieb. Metalle sind gute Wärmeleiter, Gase besonders schlechte.

WÄRMELEITUNG IM TEILCHENMODELL · Die Vorgänge bei der Wärmeleitung kann man im Teilchenmodell beschreiben. Wir tun dies hier für Luft (▸ Bild 03 A): Wenn die linke Seite heißer ist als der Rest, dann bewegen sich die Teilchen links heftiger. Diese Teilchen stoßen ihre langsameren Nachbarn an, sodass auch diese sich heftiger bewegen (▸ Bild 03 B). Damit steigt auch in diesem Bereich die Temperatur. Auf diese Weise wird die Energie von links nach rechts weitergegeben. Bei anderen Gasen, Flüssigkeiten und Festkörpern läuft dies ähnlich ab.

ENERGIEABGABE DURCH STRAHLUNG · Im ▸ Bild 05 siehst du eine Rettungsdecke aus dünner Metallfolie. Nach einem Unfall deckt man damit Verletzte zu, um eine Unterkühlung zu vermeiden. Die Energieabgabe des Körpers wird effizient verhindert – mit einer dünnen Folie?

Offensichtlich gibt es neben Konvektion und Wärmeleitung eine weitere Möglichkeit der thermischen Energieübertragung. Das zeigt folgender Versuch (▸ Bild 06): Wir stellen die Modell-Dose unter eine Glasglocke und pumpen die Luft ab. Die Dose kann nun weder durch Konvektion noch durch Wärmeleitung Energie abgeben. Durch die Glühlampe bekommt sie ständig Energie geliefert. Ihre Temperatur müsste also wesentlich zunehmen. Wir beobachten aber, dass die Temperatur praktisch nicht zunimmt!

Die Dose gibt offenbar ständig Energie ab – und zwar ohne umgebende Materie! Bei der Dose geschieht das durch Infrarotstrahlung. Du weißt, dass man diese z.B. mit speziellen Kameras sichtbar machen kann (▸ Bild 07B).

SICHTBARE UND UNSICHTBARE STRAHLUNG · Wenn ein Körper eine höhere Temperatur hat, kann er auch Energie durch sichtbares Licht und durch Ultraviolettstrahlung abgeben. Das kannst du für sichtbares Licht an einem Glühdraht gut beobachten (▸ Bild 07A): Bei kleineren Stromstärken glüht er noch nicht, aber seine Temperatur ist gestiegen und du kannst spüren, wie er Energie thermisch an seine Umgebung abgibt. Wenn man die Stromstärke erhöht, dann beginnt der Draht zu glühen, d.h. er gibt Energie auch durch das sichtbare Licht ab.

Du hast gelernt, dass Licht, Infrarot- und Ultraviolettstrahlung im Spektrum direkt nebeneinander liegen. Wir nehmen sie unterschiedlich wahr, aber sie sind nicht grundsätzlich verschieden: Es handelt sich jeweils um sogenannte **elektromagnetische Strahlung.**

05 Die Rettungsdecke hilft!

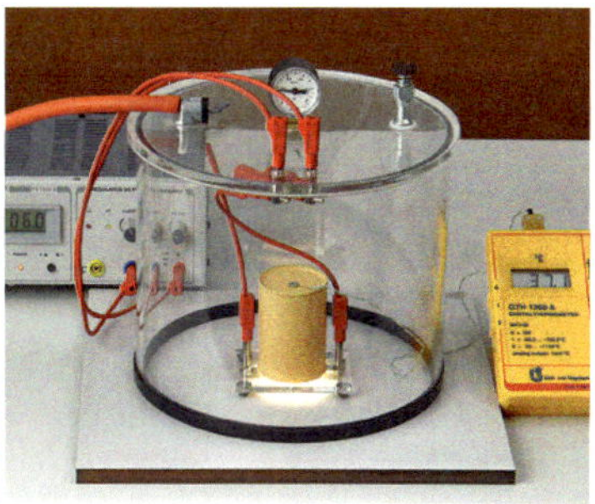

06 Die Dose gibt Energie ab.

Der Mensch gibt einen wesentlichen Anteil der Energie durch elektromagnetische Strahlung ab: Wenn du ruhig sitzt, dann sind es etwa 50 %!

Energie kann ohne Materie durch elektromagnetische Strahlung thermisch übertragen werden.

1 **a)** Erkläre, wie eine Rettungsdecke die Energieabgabe verhindert.
b) Wetterstationen messen Temperaturen immer nur im Schatten. Erläutere.

2 Wenn man barfuß über Steinfliesen läuft, scheinen diese kälter zu sein als z.B. Teppichboden. Erkläre.

3 **a)** Wasser ist ein schlechter Wärmeleiter. Trotzdem friert man in kaltem Wasser sehr schnell. Löse diesen scheinbaren Widerspruch auf.
b) Zur Wärmedämmung werden aufwendige Doppelglasfenster eingesetzt. Wäre es nicht leichter, einfach ein dickeres Fensterglas zu nehmen? Erläutere.

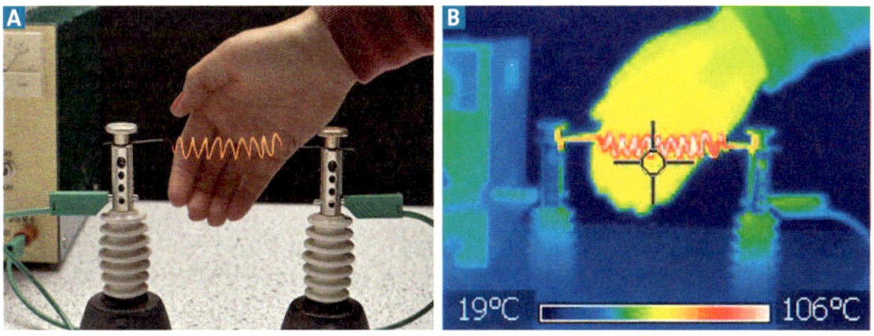

07 Energieabgabe durch **A** sichtbares Licht, **B** Infrarotstrahlung

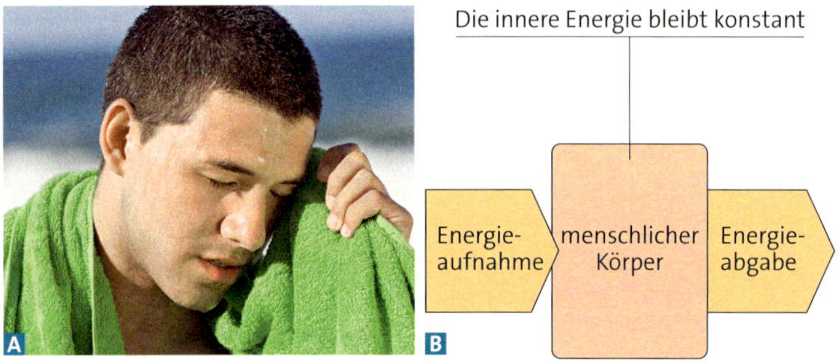

01 **A** Energieabgabe durch Schwitzen **B** Im Fließgleichgewicht

SCHWITZEN · Wenn es sehr heiß ist oder du dich beim Sport anstrengst, fängst du an zu schwitzen (▸ Bild 01 A). Warum schwitzt du überhaupt? Beim Schwitzen verdunstet der Schweiß auf der Hautoberfläche. Du hast gelernt, dass das Verdunsten viel Energie benötigt. Sie wird der inneren Energie deines Körpers entzogen, der dadurch effektiv gekühlt wird.

Das Verdunsten hat einen großen Vorteil gegenüber Konvektion, Wärmeleitung und Strahlung: Man kann auch Energie abgeben, wenn es keine Temperaturdifferenz gibt. Nur darf die Luftfeuchtigkeit nicht zu hoch sein, d.h. die Luft muss Feuchtigkeit aufnehmen können.

Durch Verdunsten von Flüssigkeiten kann ein Körper sehr effektiv Energie abgeben. Dafür ist keine Temperaturdifferenz nötig.

FLIESSGLEICHGEWICHT · Im Sommer wie im Winter: Deine Körpertemperatur bleibt fast immer bei 37 °C. Die innere Energie deines Körpers ist also praktisch konstant. Mit der Nahrung nimmst du immer wieder Energie auf. Müsste da die Körpertemperatur nicht ständig steigen?

Natürlich bekommt dein Körper nicht nur während des Essens Energie zur Verfügung gestellt. Durch den Stoffwechsel ist es so, dass deine Organe und Muskeln ständig Energie aufnehmen. Dadurch kann deine Körpertemperatur mit 37 °C auf einem Wert gehalten werden, der meistens über der Umgebungstemperatur liegt.

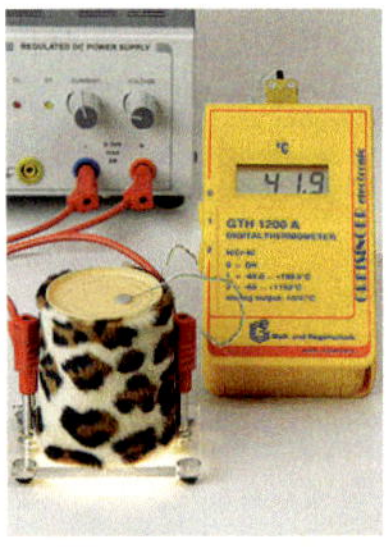

02 „Kleidung" für die Dose

Offensichtlich musst du die Energie auch wieder abgeben, sonst würde deine innere Energie und damit deine Körpertemperatur ständig steigen. Wenn sie über 42 °C hinaus steigt oder unter 32 °C sinkt, kann es zu unwiderruflichen Schäden bis hin zum Tod kommen! Energieaufnahme und Energieabgabe sind demzufolge im Gleichgewicht. Diesen Zustand des Körpers nennt man daher **Fließgleichgewicht** (▸ Bild 01 B).

Fließgleichgewichte gibt es häufig, z.B. bei einem beheizten Haus: Durch die Heizungsanlage wird Energie aufgenommen. Genauso viel Energie wird nach außen wieder abgegeben. Dadurch bleibt die Raumtemperatur konstant.

Wenn ein Körper immer genauso viel Energie abgibt, wie er aufnimmt, dann bleibt seine innere Energie konstant. Es herrscht ein Fließgleichgewicht.

BEI DER MODELL-DOSE · Wir untersuchen nun an der Modell-Dose, wie Energieaufnahme bzw. -abgabe und die innere Energie beim Fließgleichgewicht zusammenhängen.

Welchen Einfluss hat die Energieaufnahme? Dazu erhöhen wir die Eingangsleistung der Lampe. Nach einiger Zeit stellt sich eine höhere Temperatur ein. Im Fließgleichgewicht wird die innere Energie des Körpers also größer, wenn die Eingangsleistung größer ist.
Wie sieht es bei der Energieabgabe aus? Sie stellt sich entsprechend der Energieaufnahme ein. Die Energieübertragung an die Umgebung lässt sich aber hemmen: Beim menschlichen Körper geschieht dies vor allem durch die Kleidung. Wenn wir der Dose entsprechend ein Stück Stoff „anziehen", dann erreicht sie bei gleicher Eingangsleistung eine höhere Temperatur (▸ Bild 02).
Je schwieriger beim Fließgleichgewicht also die Energieabgabe an die Umgebung ist, desto höher ist die innere Energie des Körpers.

VERSUCHE ▸ Thermische Energieübertragung bei deiner Hand

V1 Kalt oder warm?

Material:

Wasser, Metallstück, Holzstück, Wolle, jeweils bei Raumtemperatur

Durchführung:

a) Untersuche, wie warm oder kalt sich die Materialien anfühlen, wenn du sie anfasst.

b) Beim Anfassen gibt deine Hand jeweils Energie ab. Erkläre, warum sich die Materialien unterschiedlich anfühlen. Gib an, welche Art der Energieübertragung jeweils wesentlich ist.

c) Wasser ist bei der Wärmeleitung schlechter als alle Metalle. Trotzdem fühlt es sich ähnlich kühl an. Erkläre.

V2 Die eingepackte Hand

Material:

Gefrierbeutel

Durchführung:

a) Stecke deine Hand in den Gefrierbeutel und warte kurz. Beobachte.

b) Erkläre deine Beobachtungen. Gib an, welche Art der Energieübertragung hier nachgewiesen wird.

c) In der Werbung wird Kleidung häufig als „atmungsaktiv und wasserdicht" bezeichnet. Erläutere.

d) Auf einer Website steht: „Zum Verdunsten von einem Liter Schweiß benötigt der Mensch 2,4 MJ." Stimmt das? Schätze durch eine Rechnung mit der spezifischen Verdampfungswärme ab.

V3 Die silberne Hand

Material:

Aluminiumfolie, zwei Eiswürfel gleicher Größe und Temperatur, Teller o. Ä. als Unterlage

Durchführung:

a) Wickle die Folie locker um deine Hand und warte kurz. Beobachte.

b) Erkläre deine Beobachtung. Gib die Art der Energieübertragung an.

c) Wickle einen der beiden Eiswürfel gut in Aluminiumfolie ein. Welcher Würfel wird schneller schmelzen? Stell zunächst eine begründete Vermutung auf, beobachte dann. Wird deine Vermutung bestätigt?

d) Was geschieht, wenn ein Eiswürfel in Wolle eingewickelt wird?

Material A ▸ Die Thermosflasche

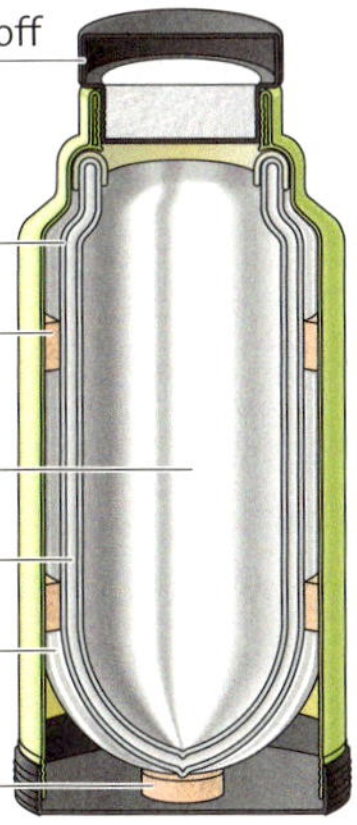

03 Aufbau einer Thermosflasche

A1 In einer Thermosflasche bleiben Tee oder Kaffee stundenlang heiß. Die Flasche ist so aufgebaut, dass Konvektion, Wärmeleitung und Strahlung möglichst effizient verhindert werden. Erläutere anhand von ▸ Bild 03, wie dies geschieht.

Material B ▸ Konvektion weltweit: Der Golfstrom

Durch den Golfstrom gibt es in Westeuropa ein mildes Klima. Aus der Nähe des Äquators bringt er warmes Wasser in den Nordatlantik. Von Meeresströmungen wird so weltweit durch Konvektion Energie umverteilt (▸ Bild 04).

B1 **a)** Vergleiche die mittlere Temperatur und die geografische Breite von New York, Berlin und Lissabon. Erkläre die Unterschiede.

b) Im Golfstrom bewegen sich in der Sekunde etwa $1{,}5 \cdot 10^{8}\ \mathrm{m}^3$ Wasser. Er überträgt dadurch Energie mit einer Leistung von ca. $3 \cdot 10^{15}$ W nach Norden. Berechne, wie stark sich das Wasser im Golfstrom dabei abkühlt.

B2 **a)** Beschreibe mit ▸ Bild 04, was mit dem Wasser des Golfstroms geschieht, nachdem es den Nordatlantik erreicht hat.

b) Das Wasser der Tiefenströmungen hat eine größere Dichte als das in den Strömungen nahe der Wasseroberfläche. Erkläre.

c) Die Dichte von Meerwasser hängt vom Salzgehalt und der Temperatur des Wassers ab. Erläutere.

d) Das Wasser des Golfstroms ist relativ salzhaltig, gelangt aber erst bei Grönland in die Tiefe. Begründe.

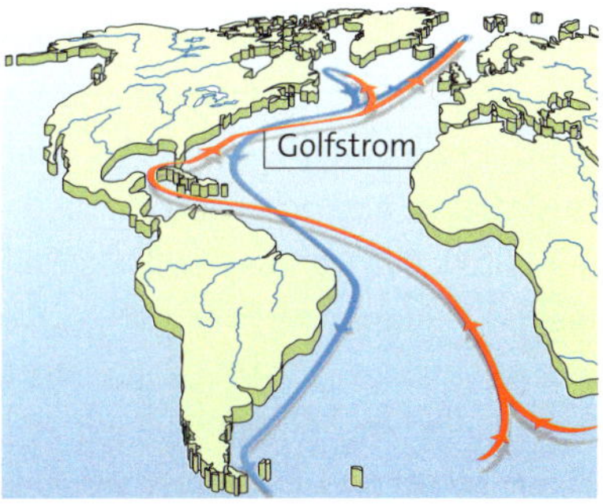

04 Der Golfstrom

BLICKPUNKT

Energietransporte in der Atmosphäre

01 Kilimandscharo

02 Inversionswetterlage

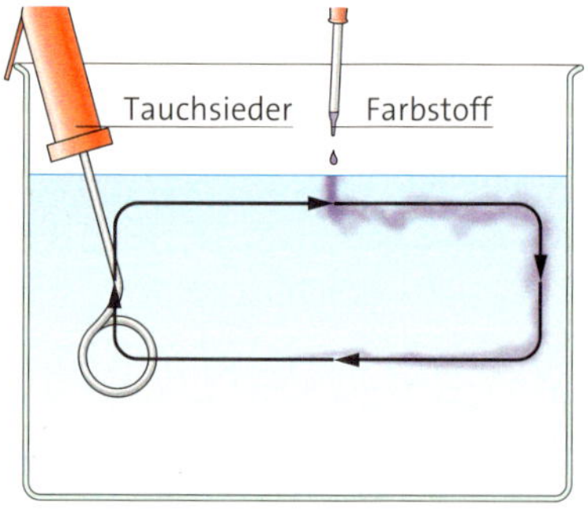

03 Modellversuch Inversionswetterlage

Nach oben wird es kalt? · Je höher man auf einen Berg steigt, desto kälter wird es. Du kennst das vielleicht aus eigener Erfahrung. Beim Kilimandscharo in Tansania ist der Unterschied extrem: Auf seinem Gipfel liegt Schnee, während unten in der Savanne tropische Temperaturen herrschen (▸ Bild 01). Aber ist es nicht so, dass warme Luft aufsteigt, weil sie eine geringere Dichte hat als kalte? Müsste es dann nicht mit zunehmender Höhe wärmer werden? Diesen scheinbaren Widerspruch klären wir im Folgenden.

Durch die Sonneneinstrahlung erwärmt sich zunächst der Erdboden. Dadurch erwärmt sich auch die bodennahe Luft und steigt auf. Es kommt zur selbsttätigen Konvektion. Warum kühlt sich diese erwärmte Luft nun beim Aufsteigen ab? Das kannst du verstehen, wenn du den Vorgang mithilfe der Energie beschreibst:
Da Luft ein schlechter Wärmeleiter und für den Großteil der elektromagnetischen Strahlung von der Sonne durchsichtig ist, kann die aufsteigende Luft thermisch fast keine Energie aufnehmen. Wenn bei einem Vorgang keine Energie thermisch übertragen wird, dann nennt man ihn **adiabatisch.** Das Aufsteigen eines solchen „Luftpakets" durch selbsttätige Konvektion ist also praktisch adiabatisch.
Wenn so ein Luftpaket aufsteigt, nimmt seine Lageenergie zu. Da der Vorgang adiabatisch abläuft, kann die Lageenergie nur auf Kosten der inneren Energie des Luftpakets zunehmen: Die Temperatur nimmt deshalb ab. Man kann berechnen, wie groß z. B. die Temperaturabnahme bei einem Höhenunterschied von 100 m ist: Steigt 1 kg Luft um 100 m auf, dann nimmt ihre Lageenergie um etwa 1 kJ zu. Da Luft eine spezifische Wärmekapazität von etwa $1\,\frac{\text{kJ}}{\text{kg}\cdot\text{K}}$ hat, ergibt sich eine Temperaturabnahme von 1 K. Diese Temperaturabnahme von 1 K je 100 Höhenmeter wird **adiabatischer Temperaturgradient** genannt.

Oben warm, unten kalt? · Gerade im Winter gibt es auch Wetterlagen, bei denen es umgekehrt ist (▸ Bild 02): In Tälern ist es neblig und kalt, während es auf den Bergen sonnig und warm ist. Wie kommt es zu solch einer so genannten **Inversionswetterlage?**

Damit es zur „normalen" Temperaturverteilung kommt, muss die Luft direkt über dem Erdboden erwärmt werden. Im Winter kühlt der Boden nachts aus. Die selbsttätige Konvektion setzt daher nicht ein. Selbst wenn weiter oben liegende Luftschichten wärmer werden, bleibt die kalte Luft darunter, da sie eine größere Dichte hat. Die Temperaturschichtung ist bei Inversionswetterlagen sehr stabil. Erst wenn Wind einsetzt, entweicht die kalte Luft aus den Tälern und es gilt „nach oben wird es kalt".

Ein Modellversuch veranschaulicht die stabile Temperaturschichtung (▸ Bild 03): Man erhitzt Wasser mit einem Tauchsieder, aber taucht ihn nicht vollständig ein. Es kommt zur selbsttätigen Konvektion. Allerdings vermischt sich nur der obere Teil des Wassers. Farbstofftropfen machen diese Konvektionsströmung sichtbar. Nach einigen Minuten stellt man fest, dass der vom Farbstoff gefärbte obere Teil gleichmäßig erhitzt wurde. Die untere Wasserschicht ist praktisch so kalt geblieben wie zuvor.

04 Hurrikan

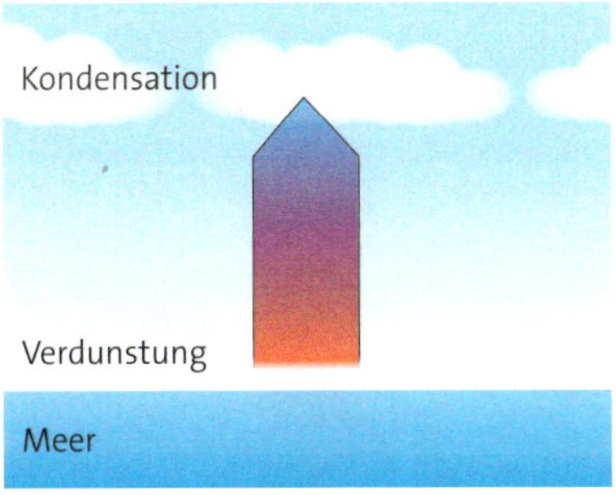

05 So entstehen Wolken.

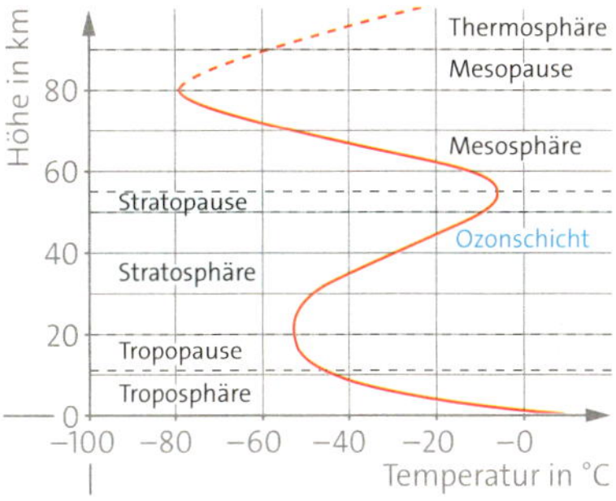

06 Temperaturverteilung

Hurrikane · Auf Satellitenbildern sehen Hurrikane sehr eindrucksvoll aus (▸ Bild 04). Du weißt, wie unglaublich viel zerstörerische Energie in diesen riesigen Wirbelstürmen steckt. Wie kommen Hurrikane zustande? Warum gibt es sie z. B. nie in Deutschland?

Damit ein Hurrikan entsteht, müssen sich zunächst über dem Meer viele große Wolken bilden (▸ Bild 05): Dabei verdunstet an der Meeresoberfläche Wasser. Die erwärmte, feuchte Luft steigt auf. Beim Aufsteigen kühlt die Luft so weit ab, dass der Wasserdampf zu kleinen Tröpfchen kondensiert, die man als Wolken sieht. Beim Kondensieren nimmt das Volumen des Wasserdampfs schlagartig ab. In der Wolke entsteht dadurch ein großer Unterdruck. Es kommt zu starken Aufwinden, die dafür sorgen, dass Wolken mehrere Kilometer hoch werden können. Unter der Wolke herrscht durch die Aufwinde ebenfalls ein Unterdruck und kalte Luft strömt mit großer Geschwindigkeit von außen nach.

Damit aus normalen Wolken, wie du sie auch kennst, Hurrikane werden, müssen noch zwei weitere Bedingungen erfüllt sein: Zum einen muss die Energie, die mit der aufsteigenden feuchten Luft nach oben transportiert wird, groß genug sein. Die Energie kommt aus dem Meerwasser. Dessen Temperatur muss daher genügend hoch sein, um ausreichend Energie zu liefern. In der Regel ist das der Fall, wenn die Wassertemperatur mindestens 26 °C beträgt.
Zum anderen werden die von außen nachströmenden Luftmassen durch den so genannten **Coriolis-Effekt** so abgelenkt, dass sie gegen den Uhrzeigersinn zur Mitte des Hurrikans strömen und nicht direkt dorthin gelangen (▸ Bild 04). Hierdurch erreichen die Windgeschwindigkeiten in einem Hurrikan teilweise über 300 $\frac{km}{h}$!
Der Coriolis-Effekt ist eine Folge der Erdrotation: Durch sie werden alle Körper, die sich auf der Nordhalbkugel der Erde bewegen, nach rechts abgelenkt und auf der Südhalbkugel nach links. Der Effekt ist im Alltag praktisch nicht nachweisbar und wird erst bei den Bewegungen der riesigen Luftmassen wichtig.

1 Weise durch eine entsprechende Rechnung nach, dass der adiabatische Temperaturgradient den im Text angegebenen Wert hat.

2 Bei Inversionswetterlagen nimmt die Schadstoffbelastung in Städten stark zu. Erläutere.

3 ▸ Bild 06 zeigt die Temperaturverteilung in der Erdatmosphäre.
a) Beschreibe die Verteilung.
b) In welchem Bereich gilt der adiabatische Temperaturgradient?
c) Die Atmosphäre ist in Höhe der Ozonschicht und auf der Erdoberfläche etwa gleich warm. Die Luftschicht dazwischen ist kälter. Offensichtlich kommt es nicht zu einem Temperaturausgleich. Erläutere.

4 **a)** In Deutschland kann es keine Hurrikane geben. Erkläre.
b) Auf der Südhalbkugel gibt es auch Wirbelstürme, nicht aber auf dem Äquator. Begründe.

01 Leben mit Energie von der Sonne

Energie von der Sonne

Die Eidechse wärmt sich im Sonnenschein. Die Sonne wärmt auch die Erde als Ganzes. Ohne die Energie von der Sonne wäre Leben auf der Erde unmöglich. Wie viel Energie bekommt die Erde eigentlich von der Sonne?

Statt von „elektromagnetischer Strahlung" spricht man oft einfach von „Strahlung".

ERWÄRMUNG DURCH DIE SONNE · Die Energie kommt von der Sonne durch elektromagnetische Strahlung zur Erde. Etwa 50 % kommt mit dem sichtbaren Licht, etwa 40 % mit Infrarotstrahlung und der Rest mit Ultraviolett- und anderer elektromagnetischer Strahlung. Damit sich die Eidechse wärmen kann, muss die Strahlung genügend „stark" sein. Mit „stark" meint man hier, dass in einer bestimmten Zeitspanne möglichst viel Energie mit der Strahlung übertragen wird. Das bedeutet, dass die damit verbundene Leistung möglichst groß ist. Wir präzisieren daher die Frage von oben: Wie groß ist die Strahlungsleistung, mit der die Energie von der Sonne auf die Erde übertragen wird?

BESTIMMUNG DER STRAHLUNGSLEISTUNG · Diese Frage untersuchen wir mit einem Versuch. Dabei gehen wir von einer Alltagserfahrung aus: Wenn du einen Gegenstand aus dem Schatten ins direkte Sonnenlicht stellst, dann beginnt seine Temperatur zu steigen. Anschaulich ist klar: Je größer die Strahlungsleistung ist, desto schneller steigt die Temperatur. Aus diesem Temperaturanstieg können wir die Strahlungsleistung bestimmen.

Als Gegenstand verwenden wir einen Würfel aus Aluminium mit einer Kantenlänge von 4,0 cm (▸ Bild 03). Der Würfel ist auf einer Seite geschwärzt, damit er die Strahlung gut absorbiert, und auf den anderen Seiten gedämmt. Bei wolkenlosem Himmel stellen wir ihn so auf, dass das Sonnenlicht die geschwärzte Seite senkrecht trifft und messen die Temperatur ϑ

02 Solarkollektor

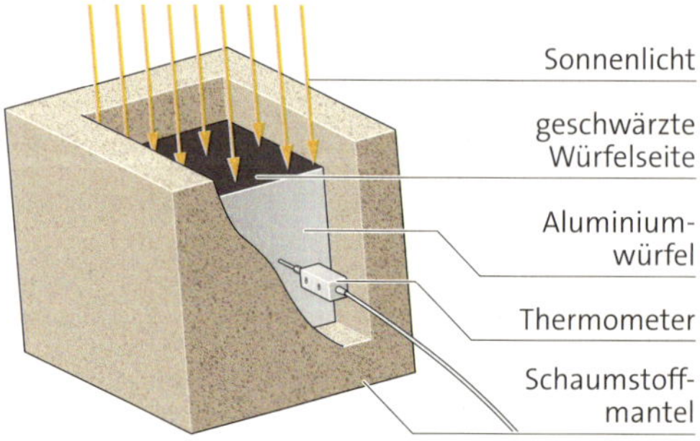

03 Messung der Strahlungsleistung

des Würfels in Abhängigkeit von der Zeit t. ▸ Tabelle 04 zeigt die Messwerte.

Die Dichte und die spezifische Wärmekapazität von Aluminium kennen wir. Somit können wir die Zunahme ΔE der inneren Energie des Würfels berechnen. Das Diagramm zeigt, dass ΔE und t zueinander proportional sind (▸ Bild 05). Die Steigung der Ausgleichsgeraden ergibt die Strahlungsleistung P. Sie beträgt hier 1,4 W.

DIE STRAHLUNGSINTENSITÄT · Die Fläche eines Solarkollektors wie im ▸ Bild 02 ist viel größer als die des Aluminium-Würfels. Deshalb absorbiert der Kollektor viel mehr Strahlung als der Würfel und nimmt folglich auch mehr Energie auf. Daher ist es sinnvoll, die Strahlungsleistung pro Fläche anzugeben. Diesen Quotienten nennt man **Strahlungsintensität *S***. Bei unserer Messung mit dem Würfel ergibt sich hierfür:

$$S = \frac{P}{A} = \frac{1{,}4\ \text{W}}{(0{,}04\ \text{m})^2} = 875\ \frac{\text{W}}{\text{m}^2}.$$

Die Gleichung für die Strahlungsintensität gilt nicht nur für die Sonnenstrahlung, sondern für jede elektromagnetische Strahlung, z.B. für die Strahlung einer Glühlampe.

Die Strahlungsintensität S gibt an, wie groß die Leistung P einer Strahlung ist, die senkrecht auf eine Fläche mit dem Inhalt A trifft: $S = \frac{P}{A}$.

DIE SOLARKONSTANTE · Oberhalb der Atmosphäre ist die Strahlungsintensität der Sonnenstrahlung noch größer als der von uns gemessene Wert, da die Atmosphäre einen Teil der Strahlung reflektiert und absorbiert. Die Strahlungsleistung beträgt dort 1370 $\frac{\text{W}}{\text{m}^2}$; diesen Wert nennt man die **Solarkonstante S_E**.

Die Strahlungsintensität der Sonnenstrahlung oberhalb der Erdatmosphäre beträgt 1370 $\frac{\text{W}}{\text{m}^2}$. Diesen Wert nennt man die Solarkonstante S_E.

t in s	0	100	200	300	400
ϑ in °C	27,4	28,2	29,3	30,2	31,0

04 Messwerte

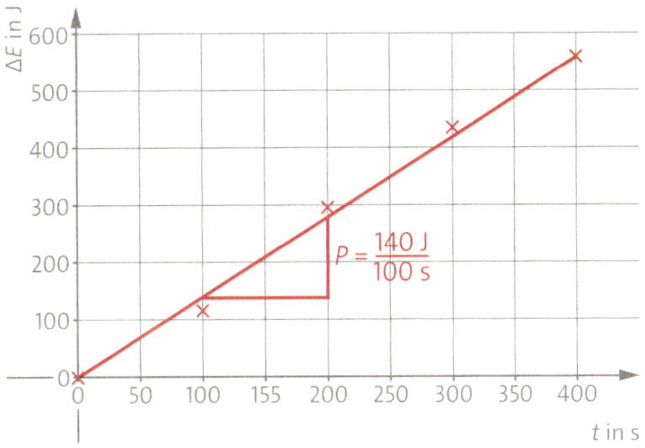

05 Zunahme der inneren Energie

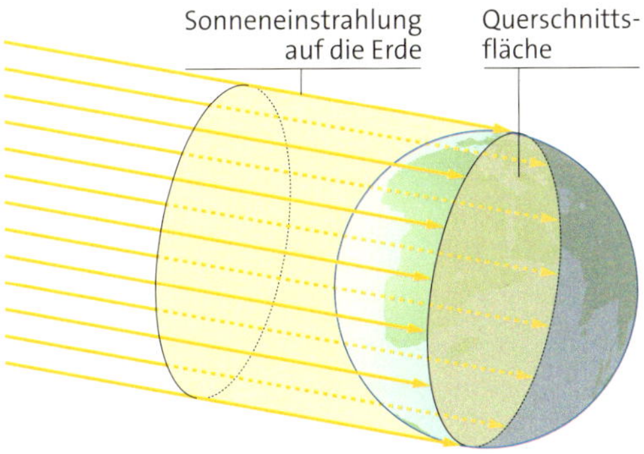

06 Entscheidend ist die Querschnittsfläche

Mit der Solarkonstante berechnen wir nun die gesamte Strahlungsleistung, die die Erde von der Sonne aufnimmt. Hierfür benötigen wir die von der Sonne bestrahlte Fläche. Dabei handelt es sich nicht um die gesamte Erdoberfläche, sondern nur um die Querschnittsfläche (▸ Bild 06). Mit dem mittleren Erdradius von 6370 km ergibt sich:

$$P = S_E \cdot A = 1{,}75 \cdot 10^{17}\ \text{W}.$$

1 Ein typisches Kohlekraftwerk hat eine Leistung von 875 MW. Wie viele solcher Kraftwerke würden benötigt, um die Leistung von $1{,}75 \cdot 10^{17}$ W zu erbringen?

2 Berechne aus den Werten in ▸ Tabelle 04 jeweils die Zunahme der inneren Energie des Würfels. Benutze die Tabellen im Anhang und auf Seite 27.

01 Hilft weiße Farbe gegen Hitze?

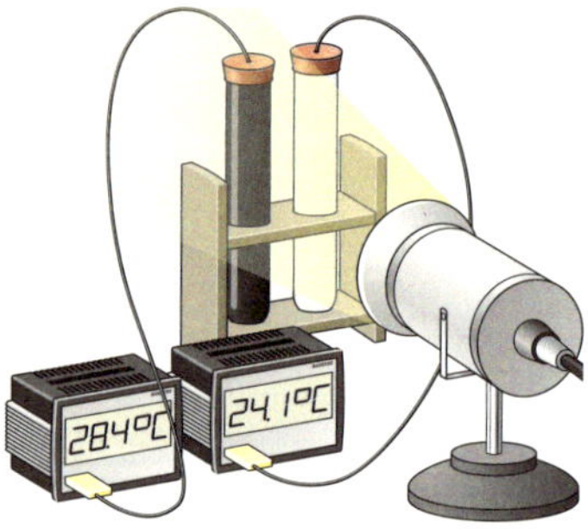

02 Absorption im Experiment

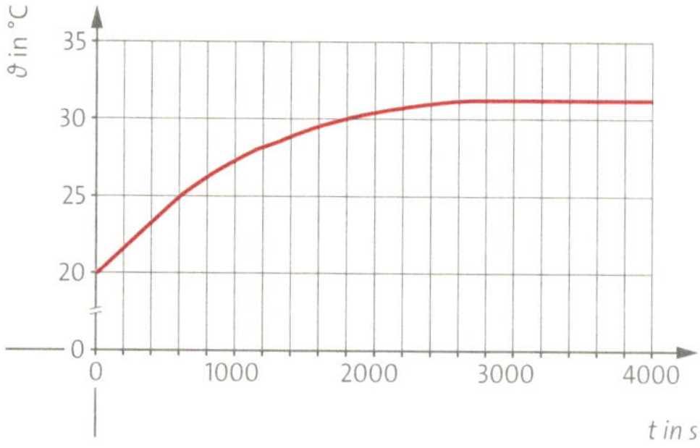

03 $\vartheta(t)$-Diagramm für das schwarze Reagenzglas

ABSORPTION VON STRAHLUNG · In heißeren Ländern sind die Häuser oft hell gestrichen (▸ Bild 01). Welchen Vorteil bietet das?

Wir führen hierzu einen Versuch durch (▸ Bild 02): Zwei gleiche Reagenzgläser werden mit Wasser gefüllt. Ein Glas wird schwarz und das andere weiß angestrichen. Wenn beide mit einer Lampe bestrahlt werden, dann steigt die Temperatur des schwarzen Reagenzglases schneller als die des weißen.
Die elektromagnetische Strahlung der Lampe wird also vom schwarzen Reagenzglas besser absorbiert als vom weißen. Die weiße Oberfläche streut einen Teil der Strahlung. Bei der Absorption wird Energie auf das Reagenzglas übertragen, bei der Streuung nicht. Das nutzt man bei den hell gestrichenen Häusern aus.

INFRAROTSTRAHLUNG · Vom sichtbaren Licht kennst du Absorption und Streuung. Aber gibt es das auch bei Infrarotstrahlung? Zur Klärung der Frage ersetzen wir bei dem Versuch die Lampe durch ein heißes Bügeleisen, das hier als Quelle für die Infrarotstrahlung dient. Auch hier zeigt sich ein Unterschied im Temperaturanstieg beim schwarzen und weißen Reagenzglas, nur schwächer. Die Infrarotstrahlung verhält sich hier ähnlich wie das sichtbare Licht.

Wenn wir zwischen das Bügeleisen und die Reagenzgläser eine Glasplatte halten, ändert sich das Ergebnis der Versuchs wesentlich: Die Temperatur steigt bei beiden Reagenzgläsern kaum noch! Offensichtlich ist die Glasplatte für das sichtbare Licht durchsichtig, nicht aber für die Infrarotstrahlung. Sie wird von der Glasplatte stark absorbiert: Die Temperatur der Platte steigt mit der Zeit.

Wenn Strahlung auf einen Körper trifft, dann hängt es von der Oberfläche ab, wie viel der Strahlung absorbiert und wie viel gestreut wird. Es gibt Stoffe, die Infrarotstrahlung absorbieren, aber für sichtbares Licht durchlässig sind.

IM FLIESSGLEICHGEWICHT · Wenn so ein Reagenzglas durch die Absorption von Strahlung ständig Energie aufnimmt, dann müsste es doch eigentlich immer heißer und heißer werden. Das entspricht offensichtlich nicht der Realität. ▸ Diagramm 03 zeigt, dass dies tatsächlich auch nicht so ist: Anfangs steigt die Temperatur fast linear an, aber nach einer gewissen Zeit stellt sich eine konstante Temperatur ein.
Den Grund hierfür kennst du schon: Das Reagenzglas gibt die Energie, die es durch die Strahlung aufgenommen hat, gleich wieder ab. Im Fließgleichgewicht steigt deswegen seine Temperatur nicht weiter.

1 Solarkollektoren sind in der Regel schwarz beschichtet. Erkläre.

2 Niklas sagt: „Je länger man die Temperatur beim Alu-Würfel misst, desto besser ist der Wert für die Solarkonstante.“ Äußere dich.

VERSUCHE ▸ Infrarotstrahlung und sichtbares Licht – ähnlich oder anders?

Material:

Lampe (möglichst hell), Bügeleisen, schwarzes und weißes Papier (etwa postkartengroß), Glasplatte, feuerfeste Unterlage

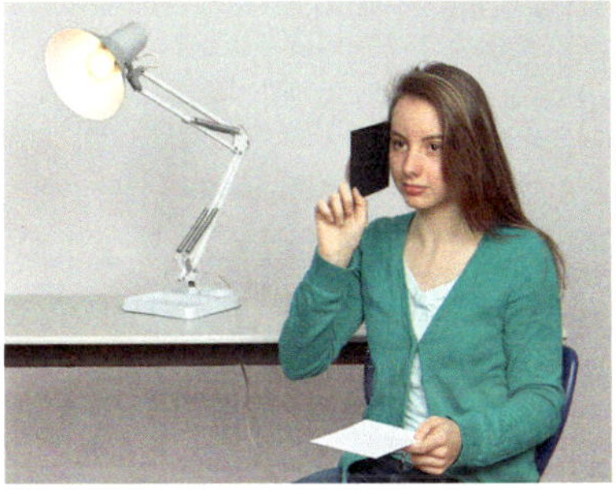

04

V1 Schwarz und weiß

Durchführung:

a) Halte das schwarze Papier etwa eine Minute lang ca. 10 cm vor die Lampe. Bringe die bestrahlte Seite dicht vor deine Wange (▸ Bild 04). Beschreibe, was du spürst.

b) Wiederhole den Versuch mit dem weißen Papier. Vergleiche mit a).

c) Halte die Glasplatte zwischen Lampe und Papier. Wiederhole a) und vergleiche.

d) Erkläre deine Beobachtungen. Verwende dabei folgende Begriffe: sichtbares Licht, Infrarotstrahlung, absorbieren, streuen, durchsichtig, Energie aufnehmen/abgeben.

V2 Das Infrarot-Bügeleisen

Durchführung:

Vorsicht beim Umgang mit dem heißen Bügeleisen! Verbrennungsgefahr!

Stell das Bügeleisen auf eine feuerfeste Unterlage, sodass die Bügelfläche senkrecht steht (▸ Bild 05).

a) Nähere deine Hand vorsichtig der Bügelfläche. Sie gibt Infrarotstrahlung ab. Gib an, ab welcher Entfernung du die Infrarotstrahlung spüren kannst.

b) Wiederhole V1 a) bis c). Beschreibe die Unterschiede zu V1.

c) Aufgrund deiner Versuchsergebnisse kannst du auf Unterschiede und Gemeinsamkeiten von Infrarotstrahlung und sichtbarem Licht schließen. Fasse diese zusammen.

05

Material A ▸ Wolken und Sonne

06 Die Erde global betrachtet

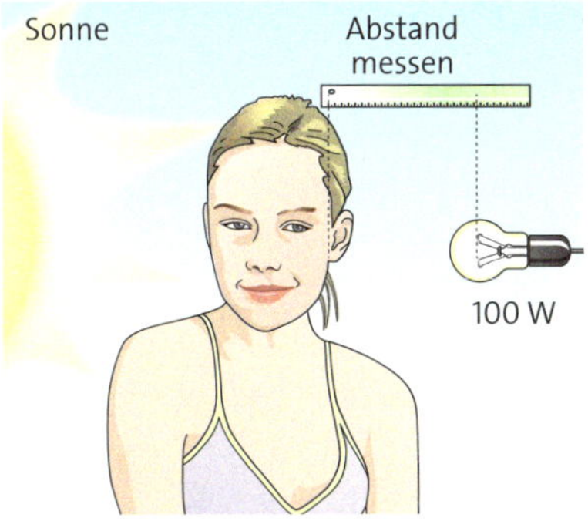

07 Wie stark scheint die Sonne?

A1 a) ▸ Bild 06 zeigt die Erde vom Weltall aus gesehen. Wolken, Ozeane, Wüsten und Gebiete mit Vegetation sehen verschieden hell aus. Wo wird mehr Energie von der Sonne aufgenommen, wo wird viel Strahlung reflektiert? Erkläre.

b) Man hört häufig: „Die Sonne ist am Äquator stärker als in Deutschland." Was ist damit gemeint?

c) Erkläre: Wenn es nachts bewölkt ist, kühlt es weniger ab, als wenn es klar ist. Erkläre, welche Wirkung Wolken tagsüber haben.

A2 In einem Experimentierbuch steht: „Wie stark scheint die Sonne? Finde es heraus: Lass die Sonne senkrecht auf eine Wange scheinen (▸ Bild 07). Nähere der anderen Wange eine Glühlampe mit bekannter Leistung, bis sich beide Wangen gleich warm anfühlen. Miss den Abstand zwischen Wange und Glühwendel." So kann man tatsächlich die Solarkonstante bestimmen! Erkläre. Führe die Messung durch.

01 Leben mit Energie von der Sonne

Der Energiehaushalt der Erde

Ohne Energie von der Sonne gäbe es kein Leben auf der Erde. Aber wenn die Erde keine Energie abgäbe, dann stiege ihre innere Energie immer weiter! Auch dann wäre das Leben unmöglich: Nur bei passender Temperatur konnte es sich entwickeln. Wie kommt diese Temperatur zustande?

STRAHLUNGSGLEICHGEWICHT · Damit die Erde eine konstante Temperatur behält, muss sie sich im Fließgleichgewicht befinden. Die Erde gibt folglich genauso viel Energie ins Weltall ab, wie sie von der Sonne erhält. An den Weltraum kann die Erde die Energie nur durch elektromagnetische Strahlung abgeben. Da sowohl die Energieaufnahme als auch die Energieabgabe durch Strahlung geschieht, spricht man von einem **Strahlungsgleichgewicht.**

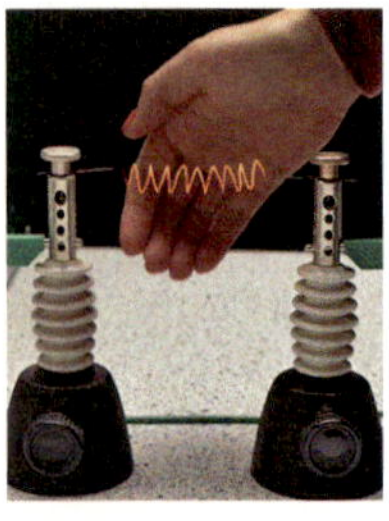

02 Die Glühwendel strahlt Energie ab.

Wie gelingt es der Erde, immer die richtige Leistung bei der Energieabgabe zu erreichen? Hierfür ist die Temperatur entscheidend: Du hast gelernt, dass z.B. ein Draht umso mehr Energie abstrahlt, je heißer er ist (▸ Bild 02). Dieser Zusammenhang gilt auch bei der Erde. Je höher die Temperatur auf der Erde ist, desto größer ist die Leistung bei der Abstrahlung in den Weltraum.

LEISTUNG UND TEMPERATUR · Wir untersuchen nun den Zusammenhang zwischen Temperatur und abgegebener Leistung in einem Experiment. Dabei benutzen wir wie bei der thermischen Energieübertagung die Modell-Dose mit einer Glühlampe (▸ Bild 03 A). Wir messen die Temperatur der Dose in Abhängigkeit von der elektrischen Leistung.

▸ Tabelle 03 B zeigt die Messwerte. Du erkennst, dass die Leistung stark mit der Temperatur ansteigt: Sie verzehnfacht sich, während die Temperatur gerade um ein Drittel höher ist.

Genauere Untersuchungen zeigen, dass allgemein gilt: Wenn ein Körper durch Strahlung Energie abgibt, dann ist die abgegebene Leistung P proportional zur vierten Potenz der absoluten Temperatur T (kurz: $P \sim T^4$). Das bedeutet z.B., dass ein Temperaturanstieg um 19 % schon zu einer Verdopplung der Leistung führt!

Du weißt, dass bei der Energieaufnahme durch Strahlung die Fläche eine entscheidende Rolle spielt. Das ist auch bei der Energieabgabe der Fall. Deswegen muss man auch hier die Strahlungsintensität betrachten.

Für sie gilt das Gesetz von STEFAN und BOLTZMANN:

Je höher die Temperatur T eines Körpers ist, desto größer ist die abgestrahlte Leistung. Dabei gilt für die Strahlungsintensität :
$S = \sigma \cdot T^4$
mit $\sigma = 5{,}67 \cdot 10^{-8}\, \frac{\text{W}}{\text{m}^2 \cdot \text{K}^4}$.

DIE TEMPERATUR AUF DER ERDE · Im Prinzip kann man damit schon die mittlere Temperatur auf der Erde berechnen:
Die gesamte Strahlungsleistung, die die Erde von der Sonne erhält, beträgt $175 \cdot 10^{15}$ W. Allerdings nimmt die Erde davon nur 70 % auf. 30 % werden direkt in den Weltraum reflektiert. Im Strahlungsgleichgewicht muss die Leistung bei der Energieabgabe also $122 \cdot 10^{15}$ W betragen.

Anders als bei der Energieaufnahme gibt die Erde die Energie über ihre gesamte Oberfläche ab (▸ Bild 04). Damit ergibt sich für die Strahlungsintensität:

$$S = \frac{P}{A} = \frac{1{,}22 \cdot 10^{17}\ \text{W}}{4\,\pi \cdot (6{,}37 \cdot 10^6\ \text{m})^2} = 240\ \frac{\text{W}}{\text{m}^2}.$$

Mit dem Gesetz von STEFAN und BOLTZMANN berechnet man folgende Temperatur:

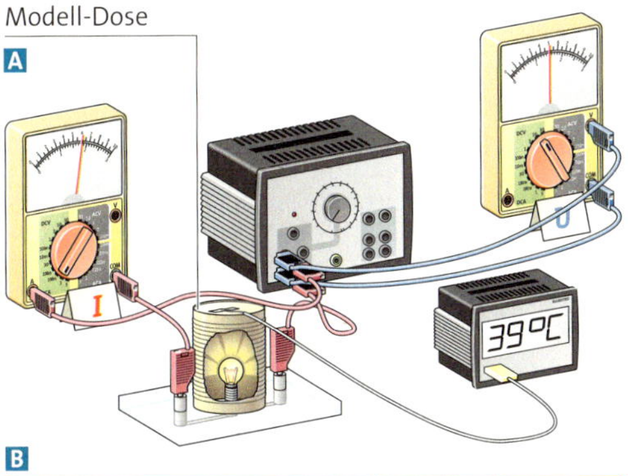

B

P in W	3,0	6,0	15	30
ϑ in °C	39	55	94	136
T in K	312	328	367	409

03 **A** Messung mit der Modell-Dose, **B** Messwerte

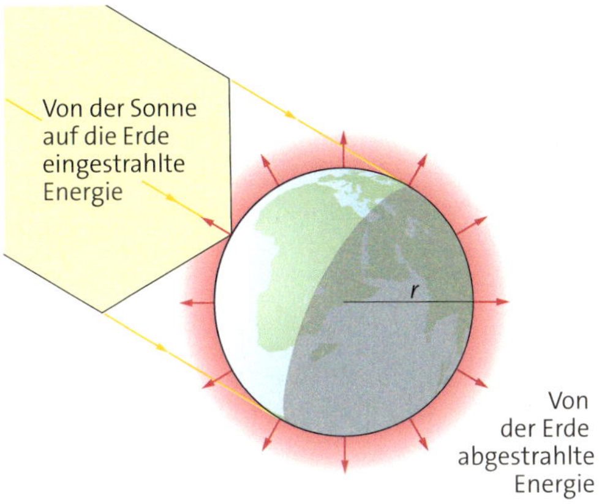

04 Energieabstrahlung der Erde

$$T = \sqrt[4]{\frac{S}{\sigma}} = \sqrt[4]{\frac{240\ \frac{\text{W}}{\text{m}^2}}{5{,}67 \cdot 10^{-8}\ \frac{\text{W}}{\text{m}^2 \cdot \text{K}^4}}} = 255\ \text{K} = -18\ °\text{C}.$$

Das Ergebnis entspricht nicht der mittleren Temperatur auf der Erde. Sie liegt bei 15 °C. Aber die mittlere Temperatur auf dem Mond liegt bei etwa –18 °C! Woher kommt dieser Unterschied?

Anders als der Mond besitzt die Erde eine Atmosphäre. Sie sorgt dafür, dass die Energieabgabe im Strahlungsgleichgewicht gehemmt wird. Das nennt man **Treibhauseffekt.** Erst dadurch ergibt sich die lebensfreundliche Temperatur auf der Erde.

Oberfläche einer Kugel:
$A = 4\,\pi\,r^2$

1 Im Experiment wird nur die aufgenommene Leistung gemessen, aber dann eine Aussage über die abgegebene Leistung gemacht.
Erkläre, warum dies möglich ist.

2 Berechne die Leistung, die die Erde bei einer Temperatur von 15 °C eigentlich abgeben müsste.

3 **a)** Berechne die Temperatur auf der Erde, wenn keine Reflexion vorhanden wäre.
b) Angenommen, der Anteil der reflektierten Strahlung wird kleiner (größer) als er zurzeit ist. Welche Auswirkungen hat dies auf die Temperatur der Erde? Erläutere.

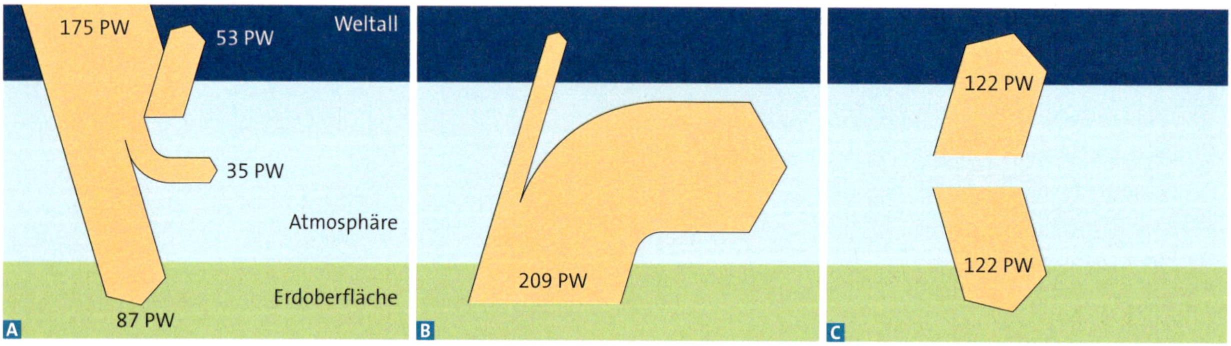

01 Energiehaushalt der Erde; 1 PW = 10^{15} W

EIN MODELL FÜR DAS TREIBHAUS · Wir untersuchen nun näher, wie die Atmosphäre durch den Treibhauseffekt die Temperatur auf der Erde beeinflusst. Wir verbessern hierfür das Modell des Energiehaushalts der Erde.

Wir betrachten zunächst die Strahlung von der Sonne (▸ Bild 01A): 30% werden von der Atmosphäre und der Erdoberfläche reflektiert. 20% werden von der Atmosphäre absorbiert. Nur 50% der ursprünglichen Strahlung, also $87 \cdot 10^{15}$ W, kommen bis zur Erdoberfläche und werden absorbiert. Atmosphäre und Erdoberfläche nehmen zusammen $122 \cdot 10^{15}$ W auf.
▸ Bild 01B stellt die Situation bei der Energieabgabe durch die Erdoberfläche dar: Nur wenig Strahlung gelangt direkt ins Weltall. Fast alles wird von der Atmosphäre absorbiert.

DER TREIBHAUSEFFEKT · ▸ Bild 01A und 01B zeigen: Die Atmosphäre nimmt Energie von der Sonne und von der Erdoberfläche auf. Diese Energie muss sie auch wieder abgeben (▸ Bild 01C). Einen Teil davon strahlt sie in den Weltraum, den andern Teil aber gibt sie wieder an die Erdoberfläche ab. Die Erdoberfläche erhält also Energie von der Sonne und von der Atmosphäre. Diese Energie strahlt die Erdoberfläche wiederum zum großen Teil in die Atmosphäre zurück, sodass viel Energie ständig zwischen Erdoberfläche und Atmosphäre hin und her gereicht wird. Diese Energie sorgt dafür, dass es mit Atmosphäre wärmer ist als ohne. Man nennt diesen Effekt Treibhauseffekt.

Den Treibhauseffekt gibt es auch unter den Glasscheiben eines Gewächs- oder Treibhauses – daher der Name!

DIE VORHERSAGE DES MODELLS · Mit dem verbesserten Modell berechnen wir die mittlere Temperatur auf der Erde: Da Erdoberfläche und Atmosphäre zusammen $122 \cdot 10^{15}$ W aufnehmen, müssen sie die Energie wieder mit dieser Leistung an das Weltall abgeben.

Vereinfachend gehen wir nun davon aus, dass die gesamte von der Erdoberfläche ausgehende Strahlung von der Atmosphäre absorbiert wird. Die Abstrahlung an den Weltraum geschieht also komplett von der Atmosphäre aus (▸ Bild 01C). Wir nehmen zudem an, dass die Atmosphäre mit der gleichen Leistung von $122 \cdot 10^{15}$ W zurück zur Erdoberfläche strahlt. Die Erdoberfläche nimmt also durch die Sonneneinstrahlung und über die Atmosphäre Energie mit folgender Leistung auf:

$$P_{\text{ges}} = 87 \cdot 10^{15}\ \text{W} + 122 \cdot 10^{15}\ \text{W} = 209 \cdot 10^{15}\ \text{W}.$$

Im Fließgleichgewicht entspricht dies gerade der abgegebenen Leistung. Damit ergibt sich für die mittlere Temperatur:

$$T = \sqrt[4]{\frac{P_{\text{ges}}}{A \cdot \sigma}} = 292\ \text{K} = 19\ °\text{C}.$$

Du siehst: Selbst dieses relativ einfache Modell liefert eine vernünftige Vorhersage für die mittlere Temperatur der Erdoberfläche.

Die Erde befindet sich im Strahlungsgleichgewicht. Die lebensfreundliche Temperatur auf der Erde ergibt sich durch den Treibhauseffekt der Atmosphäre.

VERSUCHE ▸ Ein Modell-Experiment für den Energiehaushalt der Erde

02

Du untersuchst den Energiehaushalt der Erde an einem Modell-Experiment. Die Energie wird dabei durch Wasser veranschaulicht.

Material:

zwei Joghurtbecher, Nagel, Waschbecken

Durchführung:

Stich mit dem Nagel kurz über dem Boden mehrere Löcher in den Becher. Halte bei den Versuchen den Becher unter den Wasserhahn (▸ Bild 02). Lass das Wasser jeweils so lange laufen, bis sich im Becher eine konstante Wasserhöhe einstellt. Stell das Wasser nur an, wenn du es brauchst!

V1 Temperatur und Leistung

a) Drehe den Wasserhahn unterschiedlich stark auf. Untersuche, wie sich dadurch die Wasserhöhe ändert.
b) Im Modell entspricht der Becher der Erde. Die Wassermenge im Becher entspricht der inneren Energie auf der Erde. Finde die Entsprechungen für die Temperatur auf der Erde und die von der Erde aufgenommene bzw. abgegebene Leistung.

V2 Gehemmter Abfluss

a) Drehe den Wasserhahn schwach auf. Halte nun einige der Löcher im Becher zu. Beobachte, was sich dadurch ändert.
b) Übertrage deine Beobachtungen auf den Energiehaushalt der Erde.

V3 Treibhauseffekt

a) Drehe den Wasserhahn schwach auf. Fange mit dem zweiten Becher einen Teil des Wassers aus dem ersten Becher auf und schütte es zurück in den ersten Becher. Wiederhole dies regelmäßig. Beobachte, was sich dadurch ändert.
b) Übertrage deine Beobachtungen auf den Energiehaushalt der Erde. Was entspricht hierbei dem zweiten Becher?

Material A ▸ Temperaturen auf der Sonne und den Planeten

A1 Die Sonne hat einen Radius von $6{,}96 \cdot 10^8$ m und eine Strahlungsleistung von $3{,}84 \cdot 10^{26}$ W. Berechne die Temperatur auf der Sonnenoberfläche mit dem Gesetz von STEFAN und BOLTZMANN.

A2 Man kennt inzwischen nicht nur die Planeten der Sonne, sondern auch viele, die um andere Sterne kreisen. Ob sich auf einem Planeten Leben entwickeln kann, hängt unter anderem davon ab, wie groß die Strahlungsleistung ist, die sie von dem entsprechenden Stern erhalten. Im Sonnensystem weiß man, dass sich daher nur auf Venus, Erde und Mars Leben entwickeln könnte.
a) Venus ist $108 \cdot 10^6$ km und Mars $228 \cdot 10^6$ km von der Sonne entfernt. Berechne die Solarkonstante für Venus bzw. Mars und damit jeweils die Temperatur auf diesen Planeten.
b) Aus Messungen von Raumsonden weiß man: Die Temperatur auf der Venus beträgt 464 °C und auf dem Mars –55 °C. Vergleiche mit deinen Ergebnissen aus a). Finde mögliche Gründe für die auftretenden Abweichungen.

A3 Die Solarkonstante schwankt regelmäßig etwa alle 11 Jahre zwischen $1366\,\frac{\text{W}}{\text{m}^2}$ und $1368\,\frac{\text{W}}{\text{m}^2}$.
a) Schätze durch eine Rechnung ab, wie stark die Temperatur auf der Erde dadurch schwankt.
b) Finde mögliche Gründe für die Schwankung der Solarkonstante. Informiere dich.

Material B ▸ Treibhauseffekt

B1 **a)** Im Modell (▸ Bild 01) absorbiert die Atmosphäre 20 % der Strahlung von der Sonne, aber 100 % der Strahlung von der Erde. Begründe diese Annahme physikalisch.
b) In Wirklichkeit wird die Strahlung von der Erde nicht vollständig, sondern zu 90 % von der Atmosphäre absorbiert. Erkläre, welche Auswirkung dies auf die Temperatur der Erde hat.

01 Was geschieht mit dem Lebensraum der Eisbären?

Der Einfluss des Menschen

Das Eis der Arktis schmilzt. Ist das eine Folge des Klimawandels? In Europa sind die Winter doch strenger geworden. Kann es da sein, dass die mittlere Temperatur auf der Erde um mehrere Kelvin steigen soll? Stimmt das überhaupt? Wenn ja: Muss man etwas dagegen tun? Wäre es nicht schön, wenn es bei uns ein bisschen wärmer wäre?

DAS EIS DER ARKTIS SCHMILZT! · ▸ Bild 02 zeigt die minimale Ausdehnung des arktischen Eises im Sommer 2012. Die Linie zeigt den Mittelwert von 1979 bis 2010. Der Rückgang ist deutlich erkennbar. Verglichen mit 1979 ist die Eisfläche nur noch halb so groß! Um diese Eismenge zu schmelzen, ist sehr viel Energie nötig. Schon hieran erkennt man, dass die innere Energie zugenommen hat und damit die Temperatur zumindest in der Arktis gestiegen ist.

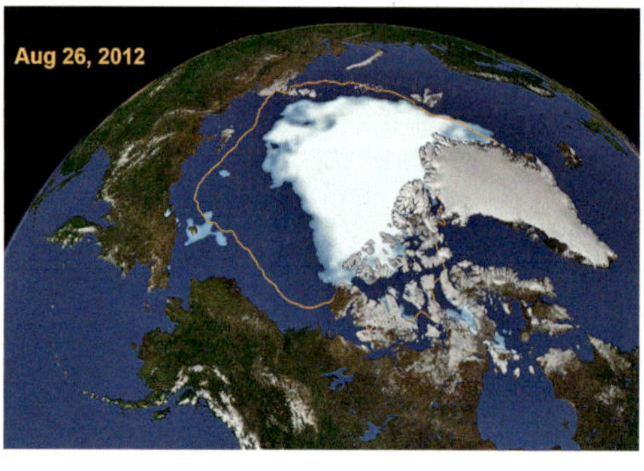

02 Die Eisfläche der Arktis war 2012 so klein wie nie zuvor.

WO STECKT DIE ENERGIE? · Wie lässt sich nachweisen, dass die mittlere Temperatur auf der Erde steigt? Mit der Temperatur nimmt die innere Energie zu. Die größten Energiespeicher auf der Erdoberfläche sind die Ozeane. Deswegen misst man seit 1955 regelmäßig die Energieänderung der Ozeane bis in eine Tiefe von 700 m. ▸ Diagramm 03 zeigt diese Messwerte. Auch wenn die Messwerte streuen, siehst du: Die dort gespeicherte Energie hat eindeutig zugenommen. Die globale Erwärmung ist eine Tatsache.

DIE URSACHE DER ERWÄRMUNG · Könnte es sein, dass z. B. eine stärkere Sonneneinstrahlung diese Erwärmung verursacht? Man hat gemessen, dass die Sonneneinstrahlung in diesem Zeitraum bis auf kleine Schwankungen konstant geblieben ist. Sie verursacht also die Erwärmung nicht. In ähnlicher Weise konnte man andere natürliche Ursachen ausschließen, sodass man sich inzwischen sicher ist: Die Menschheit verursacht die globale Erwärmung durch die Umweltbelastung bei der Industrialisierung. Sie ist ein anthropogener – vom Menschen ausgehender – Effekt.

DER ANTHROPOGENE TREIBHAUSEFFEKT · Wie verursacht die Industrialisierung die Erwärmung (▸ Bild 04)? Bei der Verbrennung fossiler Brennstoffe entstehen sogenannte Treibhausgase, vor allem Kohlenstoffdioxid (CO_2). Diese Gase absorbieren Infrarotstrahlung sehr gut und verstärken daher den natürlichen Treibhauseffekt durch die Atmosphäre. Man spricht dabei vom **anthropogenen Treibhauseffekt.**

Durch Messungen an Eisbohrkernen hat man nachgewiesen, dass CO_2-Konzentration und Temperatur eng zusammenhängen. In ▸ Diagramm 06 siehst du, dass die beiden Messkurven seit einer halben Million Jahren praktisch parallel verlaufen. Es fällt zudem auf, dass die heutige CO_2-Konzentration mit Abstand die höchste ist! Weitere Untersuchungen haben gezeigt, dass dieser Anstieg eindeutig auf die Verbrennung fossiler Brennstoffe zurückzuführen ist.

WELCHE FOLGEN GIBT ES BISHER? · Die mittlere Erdtemperatur ist im 20. Jahrhundert vor allem durch anthropogene Effekte um etwa 0,6 K gestiegen. Das hört sich nach wenig an. Allerdings hat dies jetzt schon weitreichende Folgen: Durch das Abschmelzen des Festlandeises und durch die thermische Ausdehnung ist der Meeresspiegel um mehr als 15 cm gestiegen. Für Küstenländer und Inselstaaten wird dies existenzbedrohend. Da sich mehr Energie im Klimasystem befindet, kommt es vermehrt zu extremen Wettererscheinungen (▸ Bild 05): Zum Beispiel gibt es mehr und stärkere Wirbelstürme, zum Teil an Orten, wo es zuvor noch keine gab, wie vor Brasilien oder bei den Kanarischen Inseln.

Und bei uns? Die fünf Jahre mit den höchsten Durchschnittstemperaturen in Europa zwischen 1500 und 2010 waren: 2010, 2003, 2002, 2006 und 2007. Durch die Hitze sind 2003 in Europa über 20 000 Menschen gestorben!

04 Rauchende Schlote

05 Auswirkungen eines Hurrikans

Der anthropogene Treibhauseffekt wird vor allem durch Verbrennen fossiler Energieträger verursacht. Er führt schon jetzt zu einer globalen Erwärmung mit weitreichenden Folgen.

1 **a)** Das oberflächennahe Wasser der Ozeane kann wesentlich mehr Energie speichern als die gesamte Atmosphäre und die Oberfläche der Kontinente. Erkläre.
b) Die im ▸ Diagramm 03 dargestellte Größe nennt man „Ocean heat content". Erkläre diese Bezeichnung.

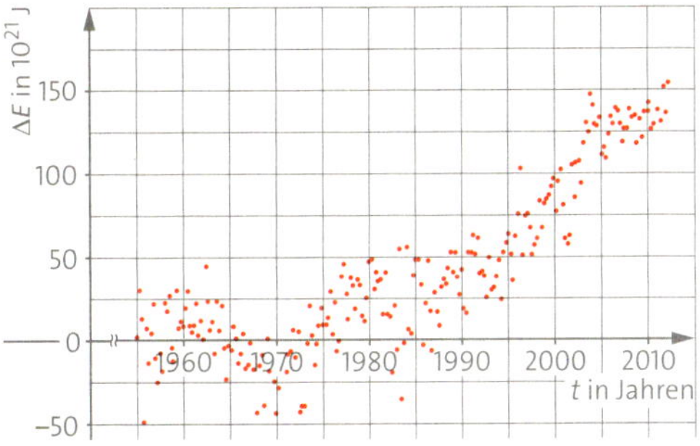

03 Änderung des „Ocean heat content" seit 1955

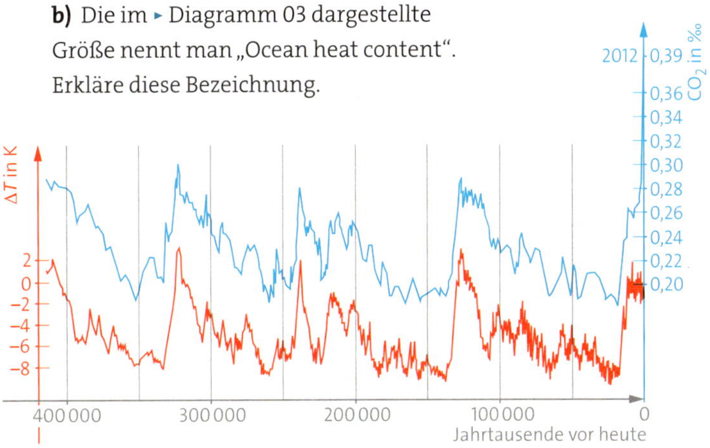

06 CO_2-Konzentration (blau) und Temperaturänderung (rot) in der Antarktis

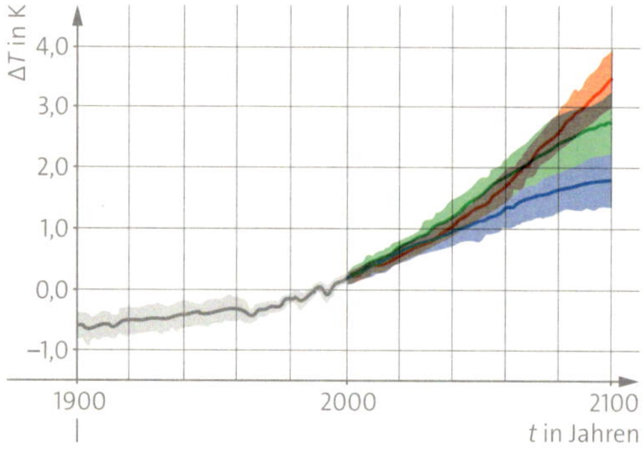

01 Entwicklung der durchschnittlichen Erdtemperatur bis 2100 für verschiedene Szenarien

Die Entwicklung der mittleren Erdtemperatur hängt wesentlich von der zukünftigen Abgabe von Treibhausgasen ab. Diese schätzt man u.a. aufgrund der möglichen wirtschaftlichen Entwicklungen ab und stellt dies in verschiedenen sogenannten Szenarien dar. ▸ Bild 01 zeigt zum einen die gemessene Änderung der mittleren Erdtemperatur bis 2000, zum anderen die wahrscheinliche Entwicklung bis 2100 aufgrund dieser Szenarien.

WIE GEHT ES WEITER? · Aufgrund der vorhandenen Daten und der bisher bekannten Zusammenhänge zwischen den Faktoren, die das Klima beeinflussen, versucht man die Entwicklung des Klimas zu modellieren. Die Berechnungen benötigen große Expertenteams aus verschiedenen Wissenschaftsbereichen und zudem äußerst leistungsfähige Computer. Als derzeit beste Modellierung gilt die des von der UNO eingerichteten IPCC (▸ Bild 01).

IPCC: Intergovernmental Panel on Climate Change

Du siehst, dass mit einer weiteren Steigerung um etwa 3 K zu rechnen ist. Verglichen mit der bisherigen Erwärmung um 0,6 K wird deutlich: Die heute beobachtbaren Folgen sind nur ein Vorgeschmack auf das, was kommen wird!

Zum Vergleich: Am Ende der letzten Eiszeit stieg die Temperatur um 5 K. Allerdings geschah dies über einen Zeitraum von 5000 Jahren. Bis 2100 sind es aber nicht einmal mehr 100 Jahre.

METHODE

Messwerte interpretieren

Komplexes Klima · Wovon hängt es ab, mit welcher Frequenz ein Fadenpendel schwingt? Von der Masse des Pendelkörpers? Von der Fadenlänge? Von der Amplitude? Das hast du vielleicht selbst durch Messungen untersucht und kannst die Fragen beantworten. Beim Klima der Erde ist die Situation wesentlich komplexer: Wenn sich die Temperatur auf der Erde ändert, kann das sehr viele verschiedene Ursachen haben. Anders als beim Pendel kann man diese Einflüsse zudem nicht getrennt untersuchen.
Man kann aber modellieren, welcher Beitrag sich aus den einzelnen Ursachen ergeben müsste. So hat man herausgefunden, dass die relativ regelmäßigen wiederkehrenden Temperaturänderungen in den letzten 400 000 Jahren durch Schwankungen in der Erdbahn zustande kommen. Aufgrund solcher Modelle weiß man inzwischen, dass die globale Erwärmung nicht allein durch natürliche Ursachen zu erklären ist.

Sicherheit trotz unsicherer Messungen? · Es ist leicht, die aktuelle Temperatur mit einem Thermometer zu messen – aber die Temperatur vor 400 000 Jahren? Man kennt sie aufgrund der Untersuchung von über 3 km tief reichenden Eisbohrkernen aus der Antarktis (▸ Bild 02). Aus deren Zusammensetzung in einer bestimmten Tiefe kann man die Temperatur relativ genau bestimmen.
So wie in diesem Fall ist man bei Klimadaten häufig auf indirekte Messungen angewiesen, die für sich genommen mehr oder weniger sicher sind. Dass es die globale Erwärmung gibt, weiß man nur durch Vergleich vieler verschiedener Messmethoden und unterschiedlicher Modelle.

02 Teil eines Eisbohrkerns aus der Antarktis

Material A ▸ Die globale Erwärmung und die Weltmeere

03 Anstieg des Meeresspiegels

A1 Aufgrund der Änderung des „Ocean heat content" kann man abschätzen, dass die mittlere Meerestemperatur seit 1955 um etwa 0,1 K bis 0,2 K zugenommen hat.

a) Die mittlere Temperatur auf dem Land hat im gleichen Zeitraum um etwa 0,5 K zugenommen. Ungenaue Messungen erklären den Unterschied nicht. Lena sagt: „In Physik hieß es, das hat etwas mit der Wärmekapazität und der Konvektion zu tun." Stell den Zusammenhang her.

b) Überprüfe die Abschätzung durch eine Rechnung.

A2 ▸ Diagramm 03 zeigt die Änderung des mittleren Meeresspiegels.

a) Beschreibe den Verlauf des Graphen.

b) Gib mögliche Gründe für den Anstieg des Meeresspiegels an.

c) Schätze anhand des Diagramms ab, wie stark der Meeresspiegel bis 2100 ansteigt.

d) Überlege dir, welche Folgen dieser Anstieg für Städte wie Hamburg oder Länder wie die Niederlande hat.

e) Informiere dich, in welchem Bereich die wissenschaftlichen Vorhersagen für den Anstieg des Meeresspiegels liegen.

A3 Der Klimawandel hat auch Folgen für die chemische Zusammensetzung, vor allem den Säuregehalt („acidity") der Meere. Der Text zu ▸ Bild 04 stammt aus dem Jahrbuch 2013 des Umweltprogramms der Vereinten Nationen, kurz UNEP.

a) Fasse die im Text genannten Ursachen für die veränderte chemische Zusammensetzung der Meere zusammen. Stell den Zusammenhang zum „sea butterfly" her.

b) Überlege, welche Folgen das Verschwinden dieser Tierart für andere Tiere und den Menschen hätte.

04 „Sea butterfly – Flügelschnecke"

The ocean has become 30 per cent more acidic in the past two centuries. This is largely because some of the CO_2 emitted to the atmosphere by human activity dissolves in ocean waters, forming carbonic acid. In addition, changes in ocean chemistry due to melting sea ice lead to calcium carbonate being less available to animals that need it to build shells and external skeletons. The "sea butterfly" is about the size of a small pea and a major food source for animals ranging from krill to whales. When placed in seawater with an acidity and carbonate concentration at levels projected for the year 2100 the shell slowly dissolves.

Material B ▸ Gletscher und das Eis in der Arktis und der Antarktis

05 Morteratsch-Gletscher **A** 1911, **B** 2011

B1 ▸ Bild 05 zeigt, dass Gebirgsgletscher genauso abschmelzen wie das Eis der Antarktis. Das Abschmelzen der Gletscher trägt zum Anstieg des Meeresspiegels bei, aber der Rückgang des arktischen Meereises nicht, obwohl dort viel mehr Eis schmilzt. Erkläre.

B2 **a)** Um die globale Erwärmung möglichst deutlich aussehen zu lassen, eignet sich die Arktis sehr gut. Informiere dich über die Gründe.

b) Anders als die Eismenge in der Arktis nimmt die Eismenge in der Antarktis zu.
Manche Leute sagen: „Das spricht dafür, dass es keine globale Erwärmung gibt." Informiere dich und nimm Stellung.

Druck und Temperatur

In einem Gas oder in einer Flüssigkeit gilt für den Druck p:
$p = \frac{F}{A}$.
Dabei ist F die Kraft auf das eingeschlossene Gas bzw. die eingeschlossene Flüssigkeit und A die Fläche, auf die die Kraft ausgeübt wird.

Schweredruck: Der Schweredruck in einer Flüssigkeit beträgt $p = \rho \cdot h \cdot g$.
ρ: Dichte der Flüssigkeit,
h: Höhe bis zur Oberfläche der Flüssigkeit,
g: Ortsfaktor.

Auftrieb: Auf jeden Körper in einer Flüssigkeit wirkt eine **Auftriebskraft.** Sie ist gleich der Schwerkraft auf die vom Körper verdrängten Flüssigkeit.

Absolute Temperatur: Der absolute Temperaturnullpunkt liegt bei −273,15 °C. Die absolute Temperatur T wird in Kelvin (K) gemessen. Es gilt:
$T\,(\text{in K}) = \vartheta\,(\text{in °C}) + 273{,}15$.

Gasgesetze: Für eine Gasmenge gilt:
$p \sim T$, bei konstantem Volumen V.
$V \sim T$, bei konstantem Druck p.
Es gilt das allgemeine Gasgesetz:
Für eine feste Gasmenge erhält man für jeden Zustand den gleichen Wert für
$p \cdot \frac{V}{T}$.

Ideales Gas: Bei einem idealen Gas üben die Gasteilchen nur dann Kräfte aufeinander aus, wenn sie zusammenstoßen. Außerdem sind die Teilchen so klein, dass ihr eigenes Volumen keine Rolle spielt.

Ein **reales Gas** verhält sich in guter Näherung wie ein ideales Gas, wenn der Druck nicht zu groß und die Temperatur nicht zu klein sind.

Innere Energie

Spezifische Wärmekapazität: Um einen Körper der Masse m um die Temperaturdifferenz ΔT zu erwärmen, benötigt man die Energie
$\Delta E = c \cdot m \cdot \Delta T$.
c: spezifische Wärmekapazität des Stoffes, aus dem der Körper besteht.
Für Wasser gilt: $c = 4{,}2\,\frac{\text{kJ}}{\text{kg} \cdot \text{K}}$.

Spezifische Schmelzwärme: Um einen Körper der Masse m zu schmelzen, muss man ihm die Energie
$\Delta E = s \cdot m$
zuführen.
s: spezifische Schmelzwärme des Stoffes, aus dem Körper besteht.
Für Wasser gilt: $s = 334\,\frac{\text{kJ}}{\text{kg}}$.

Spezifische Verdampfungswärme: Um einen Körper der Masse m zu verdampfen, muss man ihm die Energie
$\Delta E = r \cdot m$
zuführen.
s: spezifische Verdampfungswärme des Stoffes, aus dem Körper besteht.
Für Wasser gilt: $r = 2260\,\frac{\text{kJ}}{\text{kg}}$.

Innere Energie: Beim Schmelzen und Verdampfen eines Körpers wird Energie zugeführt, ohne dass die Temperatur des Körpers steigt. Die Energie steckt im Körper. Die gesamte Energie, die in einem Körper steckt, nennt man innere Energie.

Energie wird übertragen

Es gibt verschiedene Arten der **thermischen Übertragung von Energie.** Dabei wird Energie von selbst von einem wärmeren Körper auf einen kälteren übertragen.

Konvektion: Strömende Gase oder Flüssigkeiten führen Energie mit sich.

Wärmeleitung: Als Antrieb der Wärmeleitung wirkt eine Temperaturdifferenz. Metalle sind gute, Gase schlechte Wärmeleiter.

Elektromagnetische Strahlung: Energie wird ohne Materie durch Strahlung übertragen.

Fließgleichgewicht: Wenn ein Körper immer genauso viel Energie abgibt, wie er aufnimmt, dann bleibt seine innere Energie konstant. Es herrscht ein Fließgleichgewicht.

Die **Strahlungsintensität** S gibt an, wie groß die Leistung P einer Strahlung ist, die senkrecht auf eine Fläche mit dem Inhalt A trifft. Sie wird in $\frac{\mathrm{W}}{\mathrm{m}^2}$ angegeben: $S = \frac{P}{A}$.
Die Strahlungsintensität der Sonnenstrahlung oberhalb der Erdatmosphäre beträgt $1370\,\frac{\mathrm{W}}{\mathrm{m}^2}$. Diesen Wert nennt man die **Solarkonstante** S_{E}.

Gesetz von STEFAN und BOLTZMANN: Je höher die Temperatur T eines Körpers ist, desto größer ist die abgestrahlte Leistung. Dabei gilt für die Strahlungsintensität:
$S = \sigma \cdot T^4$ mit
$\sigma = 5{,}67 \cdot 10^{-8}\,\frac{\mathrm{W}}{\mathrm{m}^2 \cdot \mathrm{K}^4}$.

Treibhauseffekt: Die Erdatmosphäre hemmt die Energieabgabe im Strahlungsgleichgewicht. Dadurch stellt sich eine höhere Temperatur auf der Erde ein als ohne Atmosphäre.

Der **anthropogene Treibhauseffekt** wird vor allem durch Verbrennen fossiler Energieträger verursacht. Er hemmt die Energieabgabe im Strahlungsgleichgewicht zusätzlich und führt zu einem globalen Anstieg der Temperatur auf der Erde.

Überprüfe dich selbst:

Kann ich …

… bei einem Gas oder einer Flüssigkeit mit Druck, Kraft und Fläche rechnen?

… die Funktionsweise einer hydraulischen Presse erläutern?

… erläutern, wie der Schweredruck in einer Flüssigkeit zustande kommt?

… erläutern, wie der Auftrieb eines Körpers in Flüssigkeiten oder Gasen zustande kommt?

… den absoluten Nullpunkt im Teilchenmodell veranschaulichen?

… die Kelvin-Skala erläutern und wie man diese Skala erhält?

… mit Druck, Volumen und absoluter Temperatur einer eingeschlossenen Gasmenge rechnen?

… ein typisches Experiment zur Bestimmung der spezifischen Wärmekapazität beschreiben?

… Energiemengen zum Erwärmen, Schmelzen und Verdampfen berechnen?

… den Begriff der inneren Energie erläutern und von der thermischen Energie abgrenzen?

… verschiedene Formen der thermischen Energieübertragung nennen und voneinander abgrenzen?

… den Begriff des Fließgleichgewichts erläutern und auf den Energiehaushalt der Erde übertragen?

… erläutern, was man unter dem Treibhauseffekt versteht?

… Hinweise auf den anthropogenen Treibhauseffekt angeben und erläutern?

Struktur der Materie

In diesem Kapitel beschäftigst du dich mit

- Eigenschaften von Materie. Du erfährst, dass jeder Körper elektrische Ladungsträger enthält und dabei nach außen hin elektrisch geladen oder neutral sein kann. Du lernst, dass es analog zum Magnetfeld auch ein elektrisches Feld gibt und lernst einige seiner Eigenschaften kennen.

- dem Aufbau von Atomen. Dabei lernst du verschiedene Bausteine wie Elektronen, Protonen und Neutronen kennen. Du erfährst etwas über Kernkraft und Kernenergie. Du beschäftigst dich mit technischen Nutzungsmöglichkeiten und möglichen Gefährdungen des Menschen.

- radioaktiven Stoffen und deren Eigenschaften. Du lernst verschiedene Arten ionisierender Strahlung kennen. Du erfährst etwas über Entstehung, Eigenschaften und Auswirkungen auf den menschlichen Organismus und wie man sich vor den Gefahren schützen kann.

- Quantenobjekten und erfährst, dass ihre Eigenschaften sich nicht mit herkömmlichen, klassischen Methoden beschreiben lassen.

Eigenschaften von Magneten

Magnetische Wirkung: Ein Magnet und ein Körper aus einem ferromagnetischen Stoff wie z. B. Eisen ziehen sich gegenseitig an.

Jeder Magnet hat mindestens zwei verschiedene Pole. Sie heißen magnetischer Nordpol und magnetischer Südpol. Die Pole sind die Stellen, an denen der Magnet die größte magnetische Wirkung hat. Es gibt keine Magnete mit nur einem Magnetpol.
Ungleichnamige Pole ziehen sich an, gleichnamige Pole stoßen sich ab.

Elementarmagnete: Mit dem Modell der Elementarmagnete kann man die Magnetisierung eines ferromagnetischen Körpers als Gleichausrichtung der Elementarmagnete beschreiben. In einem unmagnetisierten Körper liegen die Elementarmagnete völlig ungeordnet vor. In einem Magneten oder magnetisierten Körper sind die Elementarmagnete regelmäßig angeordnet.

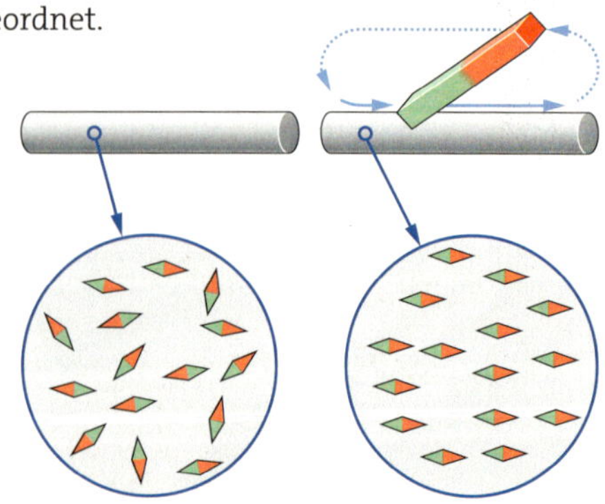

Das Magnetfeld

Ein Magnet wirkt auch über große Entfernungen hinweg auf andere Magnete oder ferromagnetische Körper. Dabei nimmt die Wirkung mit der Entfernung zwischen Magnet und Körper ab. Die magnetische Wirkung über Entfernungen hinweg beschreibt man mit dem Magnetfeld.

Das Magnetfeld hat eine räumliche Struktur, die man mithilfe von **Feldlinien** darstellen kann.
Die Richtung der Feldlinien entspricht der Richtung, in die der Nordpol einer Magnetnadel auf dieser Feldlinie zeigt.
Magnetische Feldlinien schneiden sich nicht.

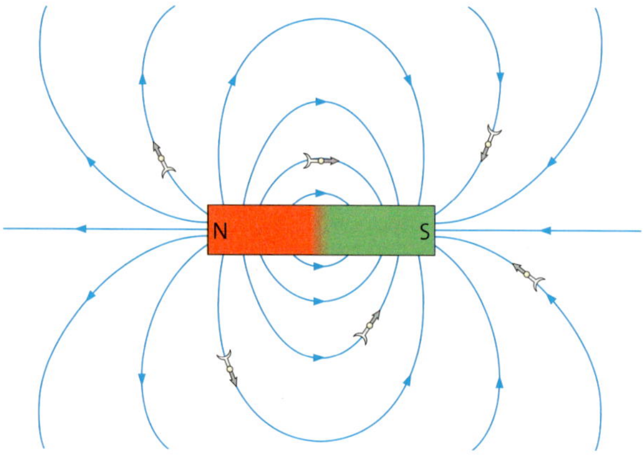

Magnetfeld der Erde: Die Erde ist von einem Magnetfeld umgeben. Der magnetische Südpol der Erde liegt in der Arktis, der magnetische Nordpol liegt in der Antarktis.

Elektrischer Stromkreis

In einem elektrischen Stromkreis fließt elektrische **Ladung** im Kreis. Die elektrische Ladung fließt dabei vom Pluspol der elektrischen Energiequelle über das Gerät zum Minuspol der Quelle. Die elektrische Ladung wird dabei nirgends verbraucht.
Durch den elektrischen Strom wird Energie von der elektrischen Energiequelle zum elektrischen Gerät übertragen.

Wirkungen des elektrischen Stroms: Wenn elektrische Ladung durch einen Draht fließt, dann bewirkt das eine **Erwärmung** des Drahtes. Die Erwärmung ist oft gering.
Ein stromführender Draht ist von einem **Magnetfeld** umgeben. Das nutzt man beim Elektromagneten aus.
Wenn Ladung durch eine LED fließt, dann zeigt die LED eine **Lichtwirkung** des elektrischen Stroms, nahezu ohne Wärmewirkung.
Wenn elektrische Ladung durch eine Knallgaszelle fließt, dann wird Wasser in seine chemischen Bestandteile Wasserstoff und Sauerstoff zersetzt. Hier zeigt sich die **chemische Wirkung** des elektrischen Stroms.

Magnetismus

1 Erkläre mit dem Modell der Elementarmagnete, dass es keinen magnetischen Einzelpol geben kann.

2 Beschreibe, wie man bei einem Magneten feststellen kann, welcher Pol der Nordpol und welcher Pol der Südpol ist.

3 Es gibt viele verschiedene Möglichkeiten zur Magnetisierung eines ferromagnetischen Gegenstands. Die Magnetisierung ohne Berührung bezeichnet man als magnetische Influenz. Nur so lange sich der Magnet in der Nähe des Gegenstands befindet, richten sich die Elementarmagnete nach dem Magneten aus. Sobald er entfernt wird, liegen die Elementarmagnete wieder ungeordnet vor. Erkläre den im Bild dargestellten Versuch.

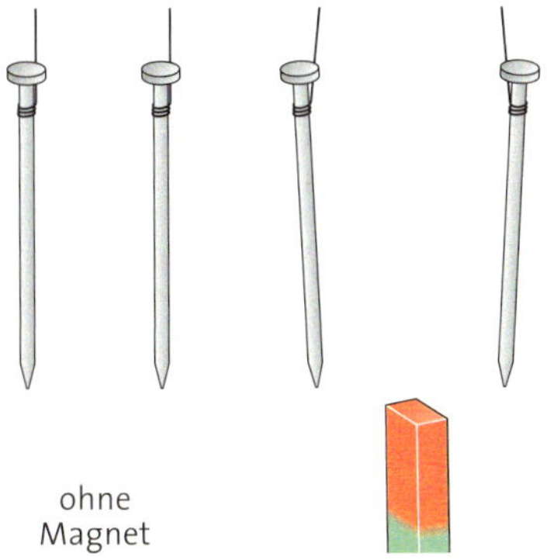

4 Lege ein Blatt Transparentpapier über das folgende Bild und zeichne an den vorgegebenen Markierungen ein, wie sich kleine Magnetnadeln im Feld des Stabmagneten dort jeweils ausrichten würden.

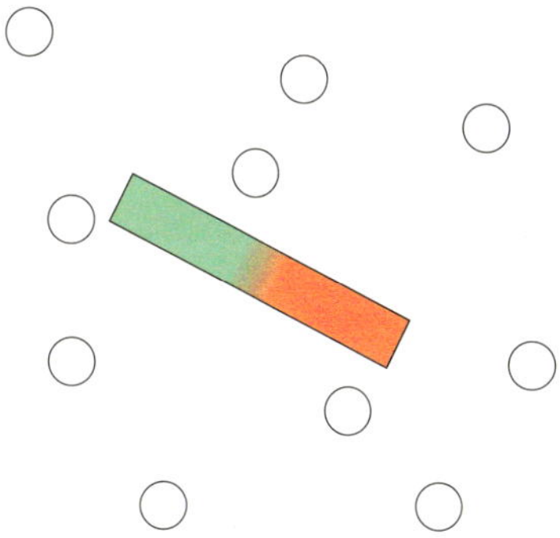

Elektrischer Stromkreis

5 Beschreibe, was geschieht, wenn man einen der beiden Schalter in der Schaltung unten betätigt. Warum heißt die Schaltung wohl Wechselschaltung?

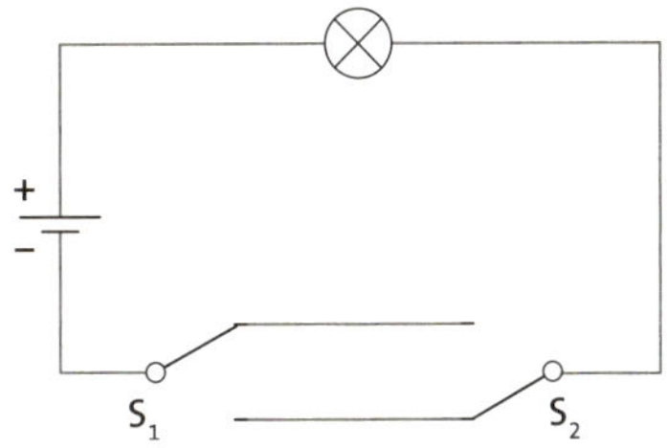

6 Max und Anna haben eine Schaltung aufgebaut. Was meinst du dazu? Zeichne den zugehörigen Schaltplan und erläutere.

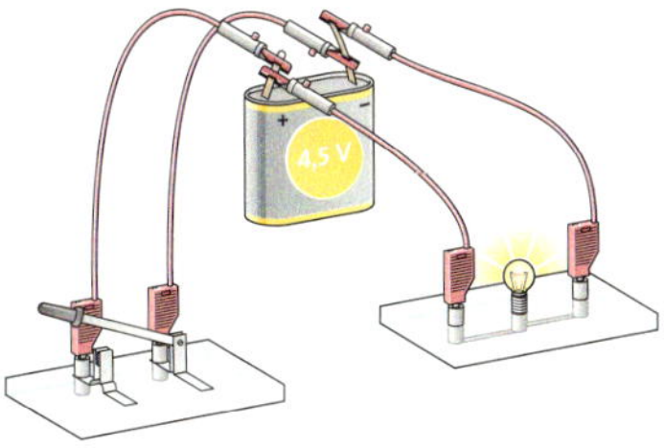

7 Den elektrischen Strom kann man nicht sehen. Nenne die Wirkungen, an denen wir den elektrischen Strom erkennen können. Gib jeweils Beispiele für Geräte, die diese Wirkung nutzen.

8 Bei den Untersuchungen zur magnetischen Wirkung des elektrischen Stroms verwendet man normalerweise keine Eisendrähte. Begründe.

9 Im Bild unten siehst du einen Wasserstromkreis **A** und einen elektrischen Stromkreis **B**. Beschreibe, worin Gemeinsamkeiten und Unterschiede bestehen. Stell die Eigenschaften in einer Tabelle gegenüber.

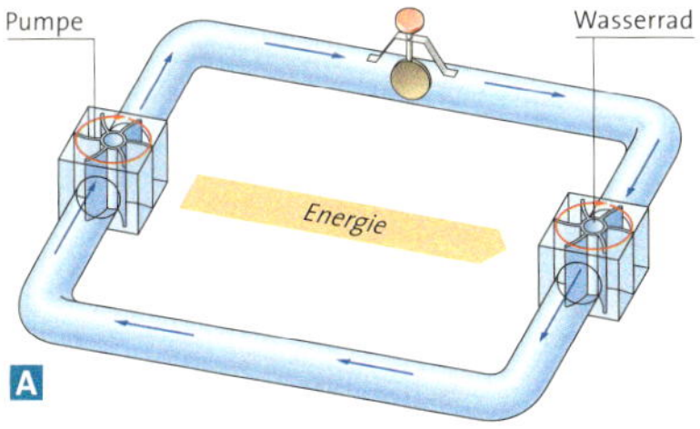

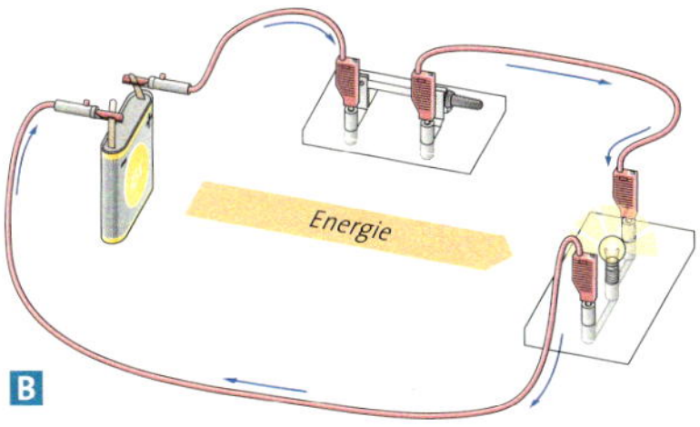

10 Im Alltag spricht man häufig vom „Stromverbrauch“. Was ist damit gemeint? Nimm Stellung.

11 Die Oberleitung bei der Eisenbahn muss nur aus einer Leitung bestehen. Der elektrische Stadtbus benötigt hingegen zwei. Erläutere.

01 Eine hoch spannende Angelegenheit

Die elektrische Ladung

Jeder hat das schon einmal erlebt: Beim Kämmen stehen die Haare plötzlich hoch. Man sagt, die Haare sind „elektrisch geladen". Meistens ist dieser Effekt nicht so stark wie im Bild. Was dies mit Elektrizität zu tun hat, untersuchen wir im Folgenden genauer.

Zur Unterscheidung von unterschiedlich geladenen Körpern hat BENJAMIN FRANKLIN (1706–1790) die Bezeichnungen „positiv" und „negativ" geladen eingeführt.

ELEKTRISCH GELADENE KÖRPER · Die abstehenden Haare im ▸ Bild 01 lassen vermuten, dass sie sich gegenseitig abstoßen. Wo diese abstoßenden Kräfte plötzlich herkommen, untersuchen wir mithilfe von Luftballons.

Wir reiben zwei Luftballons an einem Wollpullover. Anschließend beobachten wir, dass sich die beiden Luftballons gegenseitig abstoßen (▸ Bild 02) – wie die Haare. Wenn wir aber einen der Luftballons statt an Wolle an einer Kunststofffolie reiben, dann ziehen sich beide Luftballons anschließend an (▸ Bild 03).

Durch das Reiben werden die Luftballons elektrisch geladen. Da es sowohl Anziehung als auch Abstoßung gibt, muss es auch zwei verschiedene Fälle von „elektrisch geladen" geben. Zur Unterscheidung sagt man, die Luftballons sind **positiv** bzw. **negativ geladen.** Wenn beide Luftballons positiv oder beide negativ geladen sind, dann stoßen sie sich ab. Wenn sie unterschiedlich geladen sind, dann ziehen sie sich an.

Elektrisch geladene Körper üben Kräfte aufeinander aus. Ungleichnamig geladene Körper ziehen sich an, gleichnamig geladene Körper stoßen sich ab.

02 Gleichnamig geladene Körper stoßen sich ab.

03 Ungleichnamig geladene Körper ziehen sich an.

LADUNG UND STROM · Du weißt, elektrischer Strom ist fließende Ladung. Gibt es einen Zusammenhang zwischen der fließenden Ladung im Stromkreis und der Ladung eines Luftballons? Wir prüfen das, indem wir mit einer Metallkugel einen Pol eines Hochspannungsnetzgeräts berühren und die Kugel dann z.B. dem positiv geladenen Luftballon nähern. Wenn die Kugel elektrisch geladen ist, dann müsste der Ballon abgestoßen oder angezogen werden. Tatsächlich, wenn die Kugel zuvor den Pluspol der Quelle berührt hat, dann stößt sie den positiv geladenen Ballon ab. Wenn sie zuvor den Minuspol berührt hat, dann zieht sie den positiv geladenen Ballon an. Bei einem negativ geladenen Ballon ist es umgekehrt (▸ Bild 04).
Wir sehen also: Ein Körper kann an einem Pol des Netzgeräts positiv und an dem anderen Pol negativ geladen werden. Die Bezeichnung der Pole bei elektrischen Quellen mit Plus (+) und Minus (–) ist damit verständlich.

Metallische Körper können an den Polen einer elektrischen Energiequelle positiv oder negativ geladen werden.

DAS ELEKTROSKOP · Die abstoßenden Kräfte zwischen gleichnamig geladenen Körpern werden im Elektroskop zur Messung der elektrischen Ladung benutzt (▸ Bild 05). Wenn das Elektroskop geladen wird, dann stoßen sich Zeiger und Halterung voneinander ab. Der Zeiger dreht sich (▸ Bild 06).

MESSUNG DER LADUNG · Wir laden eine Metallkugel am Pluspol eines Hochspannungsnetzgeräts auf. Anschließend berühren wir mit der Kugel ein Elektroskop. Der Zeiger des Elektroskops schlägt aus. Wenn wir diesen Vorgang wiederholen, dann vergrößert sich der Zeigerausschlag. Es wird jedes Mal Ladung auf das Elektroskop übertragen und damit ist jetzt mehr Ladung auf dem Elektroskop. Man sagt, die Ladungsmenge des Elektroskops ist größer geworden.

Mit einem Elektroskop kann man die Ladungsmenge messen. Die Einheit der Ladungsmenge ist ein Coulomb (1 C).

Wir laden nun ein Elektroskop mit einer positiv geladenen Metallkugel positiv und ein zweites Elektroskop mit einer negativ geladenen Kugel negativ auf. Beide Elektroskope zeigen denselben Ausschlag.
Wenn wir die beiden geladenen Elektroskope mit einem Kabel verbinden, dann gehen die Zeigerausschläge zurück (▸ Bild 07). Beide Elektroskope sind wieder ungeladen. Die Ladungsmenge kann also positiv oder negativ sein. Positive und negative Ladungsmengen können sich ausgleichen. Man sagt, sie neutralisieren sich.

Die Ladungsmenge kann positiv oder negativ sein.
Ungeladene Körper haben die Ladungsmenge 0 C.

04 Kugel und Luftballon stoßen sich ab.

Eine geladene Metallkugel hat eine Ladungsmenge von ungefähr zehn Milliardstel Coulomb.

05 Geladenes Elektroskop

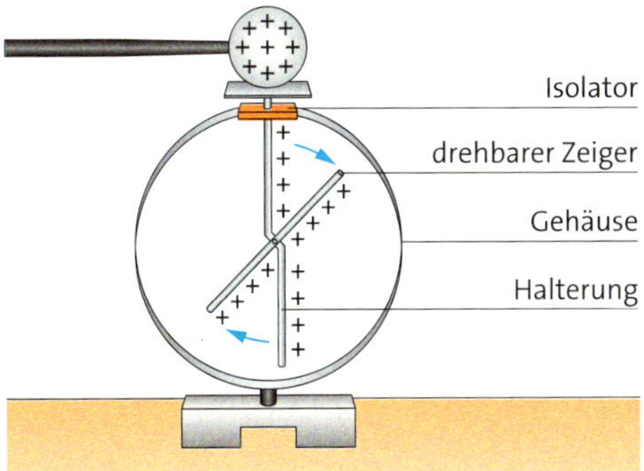

06 Positiv geladenes Elektroskop

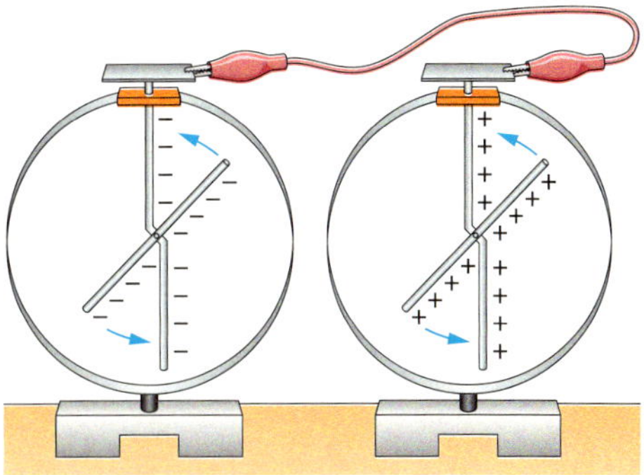
07 Ladungsmengen neutralisieren sich.

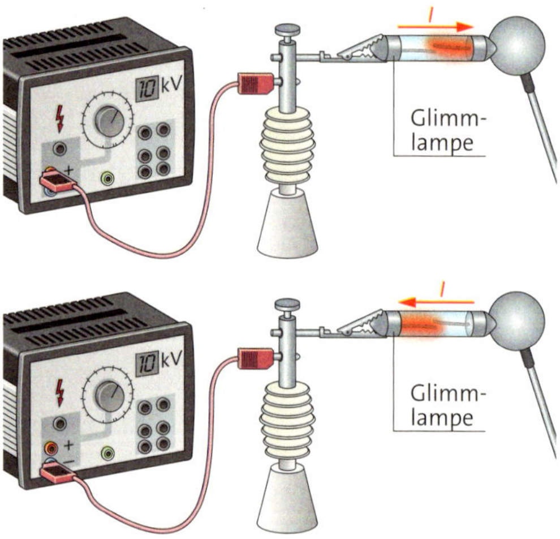

01 Stromnachweis mit der Glimmlampe

LADUNG UND STROMKREIS · Mit einer sogenannten **Glimmlampe** gelingt es, kleine elektrische Ströme nachzuweisen (▸ Bild 01). Wir schließen dazu eine Glimmlampe an den Pluspol eines Hochspannungsnetzgeräts an. Beim Berühren der Glimmlampe mit einer elektrisch neutralen Metallkugel blitzt eine Seite der Lampe kurz auf und zeigt damit, dass Ladung auf die Kugel fließt (▸ Bild 01 A). Die Kugel wird positiv geladen. Nun schließen wir die Glimmlampe an den Minuspol an. Wenn wir die Lampe wieder mit einer neutralen Metallkugel berühren, dann blitzt die andere Seite der Lampe auf und zeigt an, dass Ladung von der Kugel abfließt (▸ Bild 01 B). Die Kugel wird negativ geladen.

Eine Glimmlampe zeigt an, dass elektrische Ladung fließt.

Mithilfe von Glimmlampen können wir die Vorgänge in einem Stromkreis verstehen (▸ Bild 02). Wenn man die am Pluspol angeschlossene Glimmlampe A mit einer elektrisch neutralen Metallkugel berührt, dann leuchtet die Glimmlampe kurz auf. Dabei fließt Ladung auf die Kugel. Berührt man danach mit der geladenen Kugel die zweite Glimmlampe B, dann leuchtet diese auch auf und zeigt, dass die Ladung von der Kugel zum Minuspol des Netzgeräts fließt. Schließt man die Lücke zwischen den beiden Glimmlampen mit einem Kabel, dann leuchten beide Glimmlampen andauernd (▸ Bild 02 C). Es wird dann ständig Ladung vom Pluspol zum Minuspol transportiert. Im Netzgerät wird diese Ladung wieder zum Pluspol befördert.

In einem geschlossenen Stromkreis fließt ständig Ladung vom Pluspol zum Minuspol. Ein elektrischer Strom ist fließende elektrische Ladung.

1 Eine Folie wurde durch das Reiben mit einem Wolltuch elektrisch negativ geladen. Beschreibe, wie du damit feststellen kannst, ob ein Luftballon positiv oder negativ geladen ist.

2 Im Versuch (▸ Bild 02) wird zuerst die Glimmlampe bei B am Minuspol berührt. Beschreibe, was man beobachtet.

3 Einem elektrisch geladenen Elektroskop sieht man nicht an, ob es positiv oder negativ geladen ist. Erkläre.

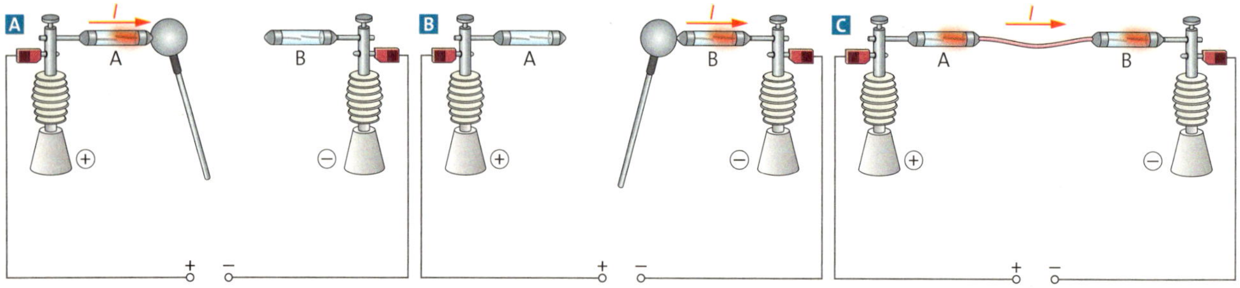

02 **A** Bewegte Ladung, **B** von Plus (+) nach Minus (–), **C** fließende Ladung

VERSUCHE ▸ Kräfte zwischen geladenen Körpern

03 Ein selbstgebautes Elektroskop

V1 Elektroskop

Material:

Marmeladenglas mit Deckel, Kupferdraht (Länge ca. 15 cm; Durchmesser mind. 1 mm), Alufolie (40 mm x 5 mm), Zange, Akkuschrauber mit Bohrer, Isolierband, Kunststofflineal, Wolle (Pullover)

Durchführung:

Der Deckel des Marmeladenglases wird in der Mitte durchbohrt. Ein Ende des Drahtes wird mit der Zange zu einem Haken mit waagerechtem Haltesteg gebogen (▸ Bild 03).
Ist der Deckel aus Metall, dann muss an der Durchführungsstelle um den Kupferdraht eine Isolierung angebracht werden, z. B. mit Isolierband.
Der Streifen Aluminiumfolie wird in der Mitte gefaltet und wie ein Handtuch über den Haltesteg des Drahtes gehängt. Zwischen den herabhängenden Hälften muss ein wenig Luft bleiben, so dass sich die Innenflächen der Folie nicht berühren können.
Schraube nun das Glas vorsichtig auf den Deckel, ohne dass das Stück Aluminiumfolie herunterfällt.

a) Reibe das Kunststofflineal kräftig an der Wolle und berühre damit vorsichtig die Drahtspitze.
Beschreibe und erkläre die Beobachtungen.

b) Wenn du nach dem Reiben die Drahtspitze des Elektroskops mit der Wolle berührst, dann schlägt der Zeiger des Elektroskops auch aus. Erkläre.

Material A ▸ Ladung und elektrischer Strom

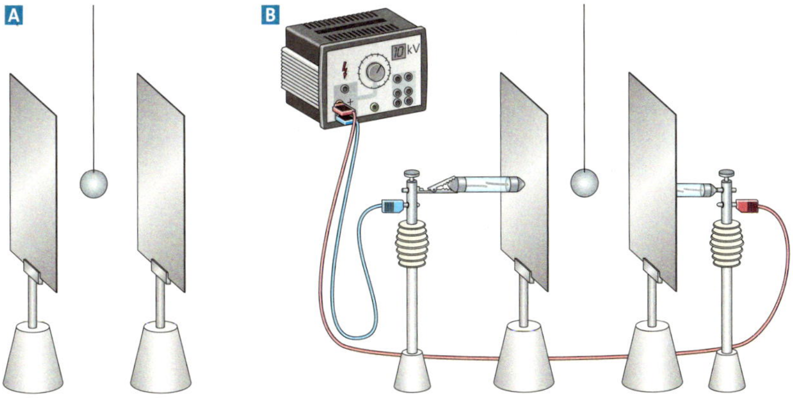

04 **A** Elektrisches Pendel, **B** elektrisches Pendel mit Lichteffekten

A1 Zwischen zwei unterschiedlich geladenen Metallplatten wird eine elektrisch leitende leichte Kugel an einem isolierenden Faden aufgehängt (▸ Bild 04 A).

a) Mit der beweglichen Kugel wird kurz eine Platte berührt. Dann wird die Kugel losgelassen. Beschreibe, was anschließend passieren wird. Erkläre.

b) Skizziere die Anordnung kurz bevor und kurz nachdem die Kugel die rechte Platte berührt.
Beschrifte, wie Kugel und Platte jeweils geladen sind.

c) Begründe, warum die Bewegung nach einiger Zeit aufhört.

d) Vermute, was geschehen würde, wenn beide Platten gleich geladen sind? Begründe.

A2 Die linke Platte wird nun an eine Glimmlampe und dann an den Minuspol eines Hochspannungsnetzgerätes angeschlossen, entsprechend die rechte Platte mit einer Glimmlampe an den Pluspol (▸ Bild 04 B).

a) Wieder wird mit der beweglichen Kugel kurz die linke Platte berührt. Dann wird die Kugel losgelassen.
Beschreibe, was passieren wird.
Wann und wie leuchten die Glimmlampen auf? Erkläre.

b) Beschreibe, wann die Bewegung aufhört. Begründe.

01 Um die Ecke sprühen – geht das?

Das elektrische Feld

Wie kann es sein, dass die Farbe der Sprühpistole auch auf die Rückseite der Stangen gelangt? Die Farbtröpfchen müssen abgelenkt werden. Es müssen also Kräfte wirken. Im Folgenden wollen wir dies untersuchen.

ELEKTRISCHE KRÄFTE · Tatsächlich müssen die Stangen aus Metall und elektrisch geladen sein, z.B. negativ. Die Farbtröpfchen sind ebenfalls elektrisch geladen, und zwar positiv. Dadurch werden die Farbtröpfchen von den Stangen angezogen, es wirken elektrische Kräfte auf sie. In einem Modellversuch verwenden wir statt der Farbtröpfchen ein Wattestück, um die Kraftwirkung von geladenen Metallkugeln zu zeigen. Das Wattestück wird an einer Kugel aufgeladen (▸ Bild 02). Danach wird es abgestoßen und bewegt sich auf einer gekrümmten Bahn zur anders geladenen Kugel (wie die Farbtröpfchen). Je nach Startpunkt ergibt sich eine andere Bahn. Wie kommen diese gekrümmten Bahnen zustande? Sie sind das Ergebnis von zwei Kräften: Das Wattestück wird gleichzeitig von der einen Kugel abgestoßen und von der anders geladenen Kugel angezogen.

02 Krumme Flugbahnen eines Wattestücks (Momentaufnahmen)

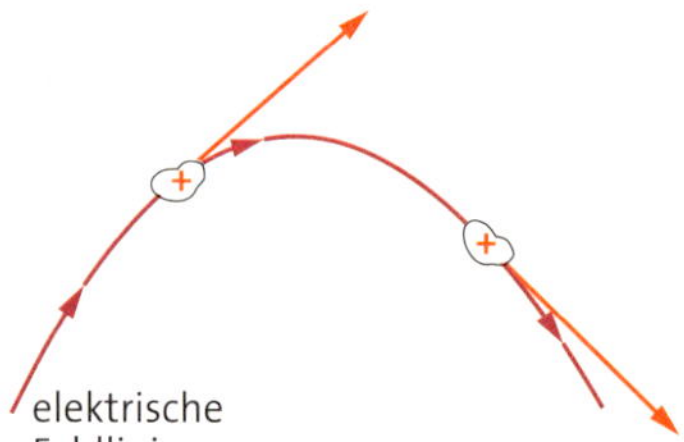

03 Feldlinie und Kraftrichtung auf einen positiv geladenen Körper

FELDVORSTELLUNG · In der Physik stellt man sich das folgendermaßen vor: Die beiden geladenen Kugeln erzeugen ein **elektrisches Feld,** so wie die Pole eines Stabmagneten ein magnetisches Feld erzeugen. Beim Stabmagneten haben wir das magnetische Feld mit magnetischen Feldlinien beschrieben. Entsprechend können wir das elektrische Feld mit **elektrischen Feldlinien** beschreiben. Die Richtung der Feldlinien ergibt sich aus der Kraftrichtung auf einen elektrisch positiv geladenen Körper (▸ Bild 03).

Geladene Körper erzeugen in ihrer Umgebung ein elektrisches Feld.
Elektrische Feldlinien veranschaulichen das elektrische Feld.

DIE STRUKTUR DES FELDES · Mit einem einfachen Versuch untersuchen wir das elektrische Feld. Beim Magnetfeld haben wir zur Veranschaulichung der Feldstruktur Eisenfeilspäne benutzt. Beim elektrischen Feld benutzen wir kleine Grießkörner in Öl (▸ Bild 04 A, 05 A). Im elektrischen Feld bilden die Grießkörner Ketten, sie richten sich entlang von Feldlinien aus. Die Grießkörner zeigen uns die Struktur des Feldes. In der grafischen Darstellung zeichnet man nur einige Feldlinien, um die Struktur des Feldes zu veranschaulichen (▸ Bild 04 B, 05 B).

INFLUENZ · Wenn man eine positiv geladene Kugel in die Nähe der Platte eines ungeladenen Elektroskops bringt, dann dreht sich der Zeiger, obwohl die Platte noch gar nicht berührt wurde (▸ Bild 06). Wie kann das sein? Das Elektroskop besteht aus Metall, daher sind die Ladungsmengen verschiebbar. Die positiv geladene Kugel ist von einem elektrischen Feld umgeben. Das Feld sorgt dafür, dass sich die Ladungsmengen des Elektroskops verschieben. Dadurch werden die Platte negativ, Zeiger und Halterung aber positiv aufgeladen. Der Zeiger schlägt aus. Wird die geladene Kugel entfernt, geht der Zeigerausschlag wieder zurück.
Die Trennung von Ladungsmengen in einem elektrischen Leiter durch ein elektrisches Feld nennt man **elektrische Influenz.**

POLARISATION · Warum haben sich die Grießkörner im elektrischen Feld ausgerichtet, obwohl sie nicht aus Metall sind (▸ Bild 04 A)? Ein Grießkorn ist kein metallischer Leiter. Trotzdem enthält auch ein Grießkorn elektrische Ladungsmengen. Diese Ladungsmengen werden unter dem Einfluss des elektrischen Feldes jedoch nicht getrennt, sondern nur minimal gegeneinander verschoben, sodass ein Ende des Korns positiv und das andere Ende negativ geladen ist. Diesen Effekt nennt man **Polarisation.**

FARADAY-KÄFIG · Wenn man einen geschlossenen Metallkörper, z. B. einen Ring, in ein elektrisches Feld bringt, dann bleiben die Grießkörner im Innern des Körpers ungeordnet. Offenbar wirken dann keine elektrischen Kräfte auf sie (▸ Bild 07). Warum ist das so?
Durch Influenz ist eine Seite des Rings positiv, die andere negativ geladen. Die von außen auf den Ring zulaufenden Feldlinien enden auf der negativen Seite des Rings. Umgekehrt beginnen von der positiven Seite des Rings neue Feldlinien. Man sagt: Das elektrische Feld wird vom Ring **abgeschirmt.** Einen geschlossenen Metallkörper nennt man zu Ehren von MICHAEL FARADAY auch **Faraday-Käfig.**

1 Es gibt verschiedene Möglichkeiten, einen Zeigerausschlag beim Elektroskop zu erzeugen. Beschreibe mindestens zwei unterschiedliche Vorgehensweisen.

2 Begründe, warum ein Elektroskop aus Kunststoff nicht funktioniert.

3 Zeichne zum Versuch von ▸ Bild 07 ein passendes Feldlinienbild.

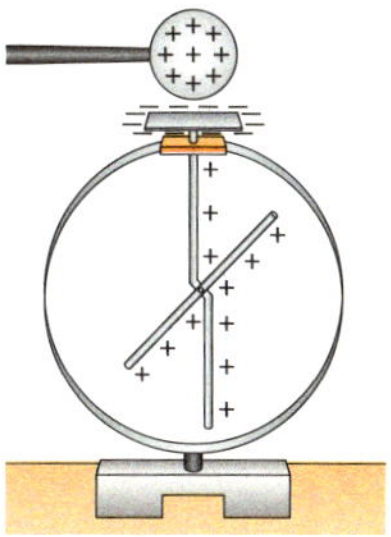

06 Influenz

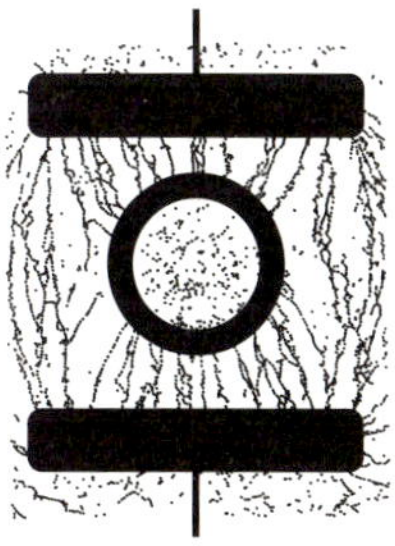

07 Feldfreier Raum

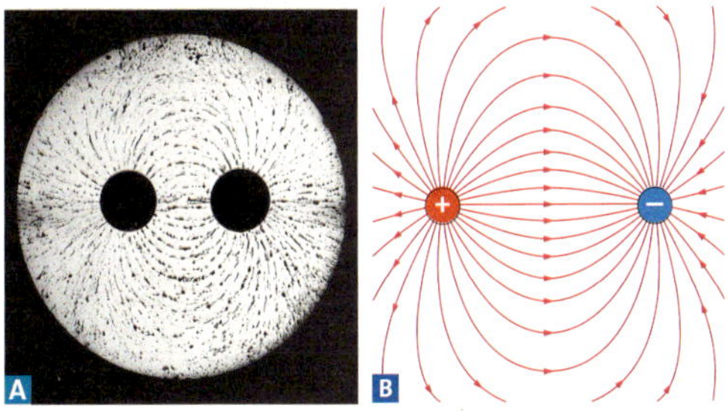

04 **A** Grießkörner ordnen sich im elektrischen Feld, **B** Darstellung mit Feldlinien

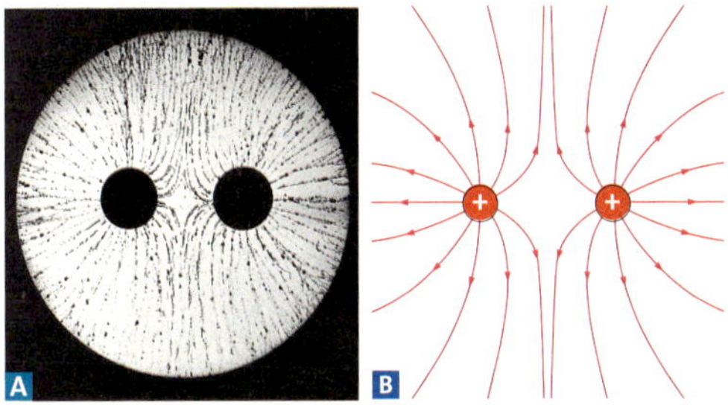

05 **A** Grießkörner zwischen zwei positiv geladenen Körpern, **B** Darstellung mit Feldlinien

METHODE

Elektrisches und magnetisches Feld im Vergleich
Für den Vergleich fassen wir das Wesentliche über die beiden Felder zusammen.

Magnete
Magnete haben immer zwei verschiedene Pole, genannt Nordpol und Südpol. Ungleichnamige Pole ziehen sich an, gleichnamige Pole stoßen sich ab.

Magnetfeld
Magnete erzeugen Magnetfelder – Magnetfelder wirken auf Magnete.

Magnetische Feldlinien
Magnetnadeln richten sich entlang der magnetischen Feldlinien aus. Die Richtung der Feldlinie ist gleich der Richtung, in die der Nordpol der Magnetnadel zeigt.

Feldlinienbild ungleichnamiger Pole

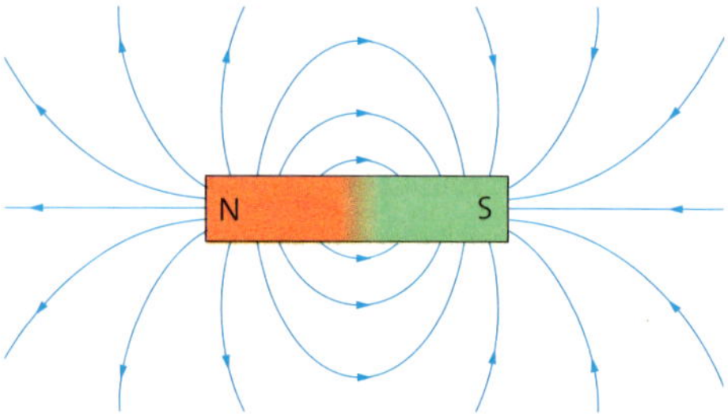

Elektrisch geladene Körper
Körper können positiv oder negativ geladen sein. Ungleichnamig geladene Körper ziehen sich an, gleichnamig geladene Körper stoßen sich ab.

Elektrisches Feld
Elektrisch geladene Körper erzeugen elektrische Felder – elektrische Felder wirken auf elektrisch geladene Körper.

Elektrische Feldlinien
Elektrisch geladene Körper erfahren Kräfte entlang der elektrischen Feldlinien. Die Richtung der Feldlinien ist gleich der Richtung der Kraft auf einen positiv geladenen Körper.

Feldlinienbild ungleichnamig geladener Körper

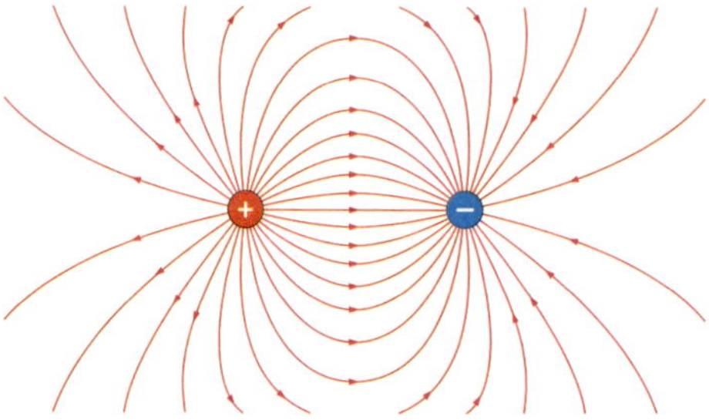

Achtung, Verwechslungsgefahr! Plus- und Minuspol bei Batterien, Nord- und Südpol bei Magneten.

Die Gegenüberstellung von Magnetfeld und elektrischem Feld zeigt viele Gemeinsamkeiten. Es gibt jedoch auch **Unterschiede:**
Magnete haben immer Nord- **und** Südpole. Nord- und Südpole können nicht getrennt werden.
Elektrisch geladene Körper können nur positiv oder nur negativ geladen sein. Positive und negative Ladungsmengen können also getrennt werden.
Magnetismus und Elektrizität zeigen Gemeinsamkeiten und Unterschiede. Gibt es auch Zusammenhänge zwischen beiden? Du weißt, es gibt neben dem Dauermagneten auch noch eine andere Ursache für Magnetfelder: Auch ein stromführender Draht, ob gerade oder als Spule, ist von einem Magnetfeld umgeben!

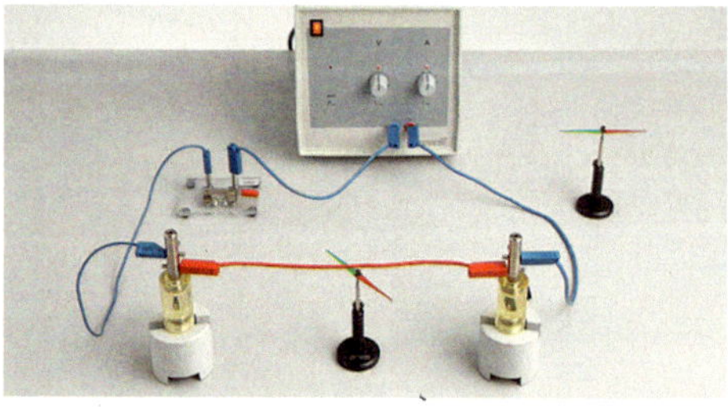

VERSUCHE ▸ Influenz und Polarisation

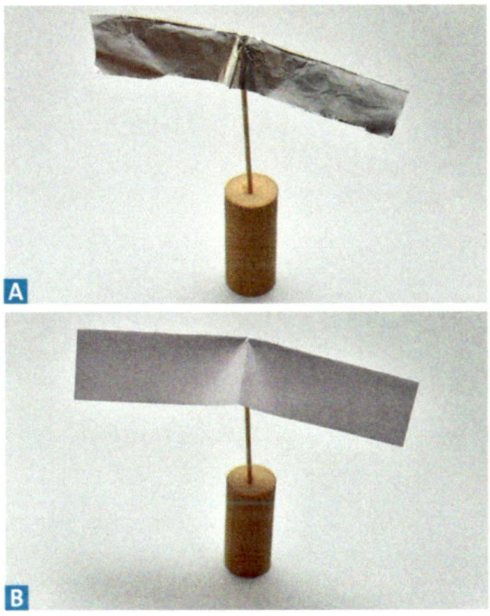

01 Elektrizitätsanzeiger: **A** Aluminium, **B** Papier

V1 Elektrizitätsanzeiger

Material:

1 Stück Alufolie (4 cm x 12 cm), Wolle (Pullover), Schere, Zahnstocher (als Achse), Korken (als Standfuß), Kunststofflineal

Durchführung:

a) Falte die Alufolie zweimal so, dass du die Mitte der Folie erhältst. Stecke den Zahnstocher senkrecht in das obere Ende des Korkens. Lege die Alufolie mit dem Mittelpunkt auf die Spitze des Zahnstochers, sodass sie sich leicht drehen lässt (▸ Bild 01 A). Reibe das Lineal mehrmals kräftig an der Wolle und halte es in die Nähe der Alufolie. Beschreibe und erkläre deine Beobachtung.

b) Berühre die Alufolie mehrmals vorsichtig mit dem an der Wolle geriebenen Lineal und nähere dann das Lineal wieder der Alufolie. Beschreibe und erkläre deine Beobachtung.

c) Ersetze die Alufolie durch ein gleich großes Stück Papier (▸ Bild 01 B). Reibe das Lineal wieder mehrmals kräftig an der Wolle und halte es in die Nähe des Papierstreifens. Beschreibe und erkläre deine Beobachtung.

Material A ▸ Elektrische Ladung und elektrisches Feld

A1 Auf einem elektrisch neutralen Elektroskop ist eine Metallkugel befestigt.

a) Eine zweite positiv geladene Metallkugel wird angenähert. Beschreibe, wie das Elektroskop reagiert. Fertige eine Skizze mit eingezeichneten Ladungsmengen an.

b) Beschreibe, was sich ändert, wenn die zweite Kugel negativ geladen ist. Fertige eine Skizze an.

A2 Die Skizze im ▸ Bild 02 zeigt das elektrische Feld zwischen einer Metallplatte und einer Metallspitze.

a) Gib an, welches Metallteil positiv und welches negativ geladen ist. Begründe.

b) Was kann man über die Kraft auf einen elektrisch geladenen Körper zwischen Platte und Spitze sagen? Begründe.

c) Beschreibe, was sich ändert, wenn die Platte und die Spitze genau umgekehrt geladen sind wie in a). Begründe.

A3 Auf einem kleinen Teller liegen Grießkörner (▸ Bild 03). Ein Plastiklineal wird an Wolle gerieben. Hält man das Lineal in die Nähe der Grießkörner, so springen diese auf das Lineal („Staubsauger"). Begründe.

A4 Ein Luftballon wird an den Haaren gerieben. Nähert man ihn einer leeren Alu-Dose, so setzt sich diese in Bewegung (▸ Bild 04).

a) Gib an, in welche Richtung sich die Alu-Dose bewegt. Begründe.

b) Erläutere, wie man erreichen kann, dass die Dose in die umgekehrte Richtung rollt.

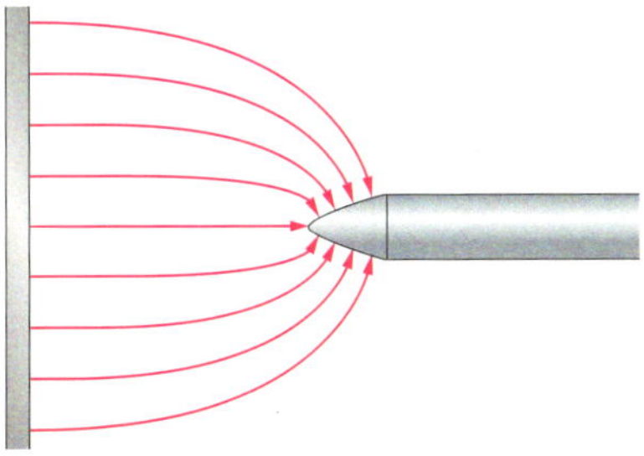

02 Wie sind die Körper geladen?

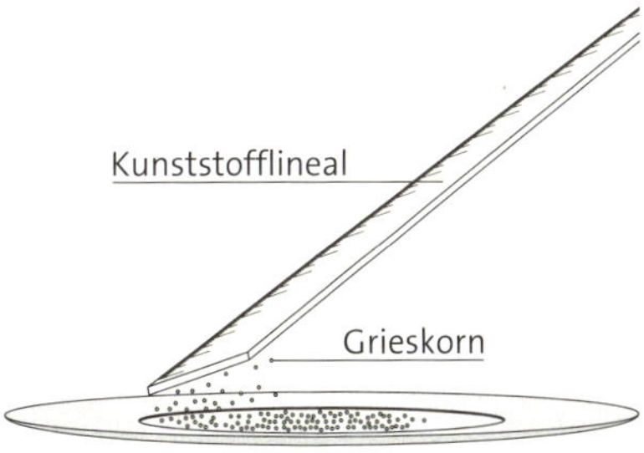

03 „Elektrischer Staubsauger"

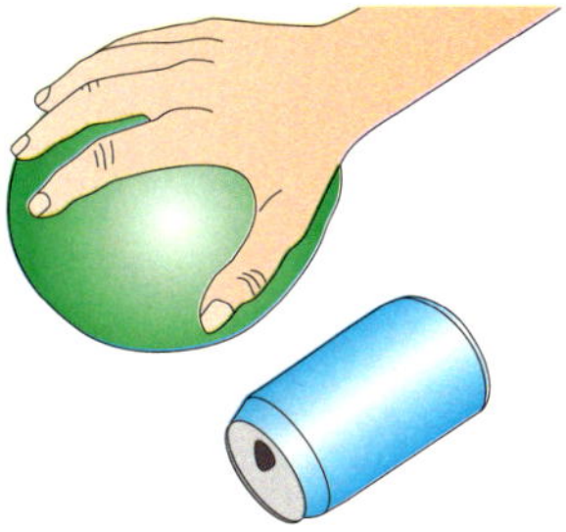

04 „Elektrischer Antrieb"

01 Am CERN in Genf (Schweiz) wird mit gewaltigen Geräten der Aufbau der Materie erforscht.

Der Aufbau des Atoms

Noch heute untersucht man mit riesigen Apparaturen, wie es im Innern der Atome aussieht. Warum? Wir können Atome nicht sehen. Bis heute hat man aber einiges über den Aufbau herausgefunden.

MATERIE IST AUS ATOMEN AUFGEBAUT · Die heutige Vorstellung über Atome hat sich im Laufe vieler Hundert Jahre entwickelt. Einige Experimente haben der Erkenntnis neuen Schub gegeben. Du weißt schon, dass sich Materie aus Atomen und Molekülen aufbaut. Eine Abschätzung über die Größe hat ergeben, dass diese sehr klein sind. Die Größe eines Atoms beträgt etwa 0,000 000 0001 m, also etwa 0,1 Millionstel Millimeter! Woraus die Atome bestehen, haben wir bisher noch nicht betrachtet.

Du weißt, dass alle Stoffe elektrische Ladungsmengen enthalten, sowohl negative als auch positive. Wie können wir dies erklären? Wir brauchen ein detaillierteres Bild vom Aufbau der Materie. Dazu benutzen wir einen Versuch, den THOMAS ALVA EDISON 1883 durchführte.

GLÜHELEKTRISCHER EFFEKT · In einem evakuierten Glaskolben sind ein Glühdraht (Kathode) und zusätzlich eine Metallplatte (Anode) eingeschmolzen (Edison-Röhre, ▸ Bild 02). Wir verbinden die Anode mit einem Elektroskop (▸ Bild 04). Das Elektroskop laden wir positiv auf. Sobald der Glühdraht hell leuchtet, geht der Ausschlag des Elektroskops zurück. Wenn wir das Elektroskop negativ aufladen, dann bleibt der Ausschlag auch bei glühendem Draht bestehen.

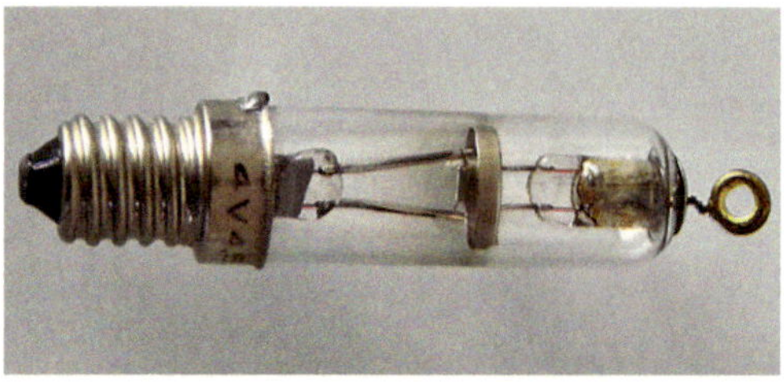

02 Edison-Röhre mit Glühdraht und Anode

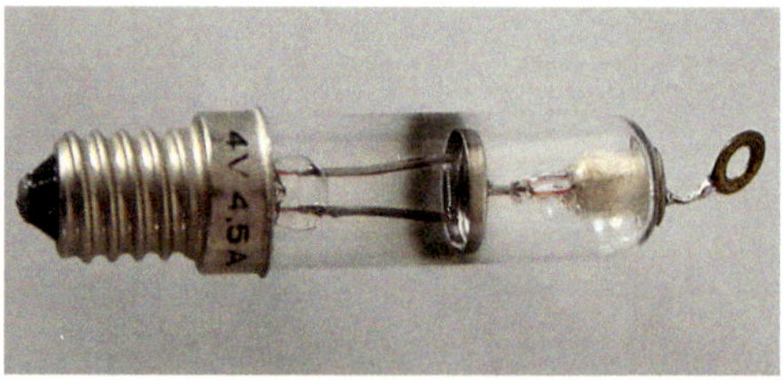

03 Durchgebrannte Edison-Röhre

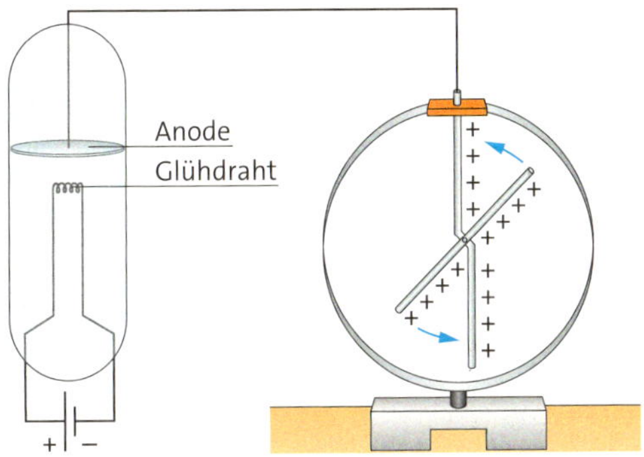

04 Versuch zum glühelektrischen Effekt

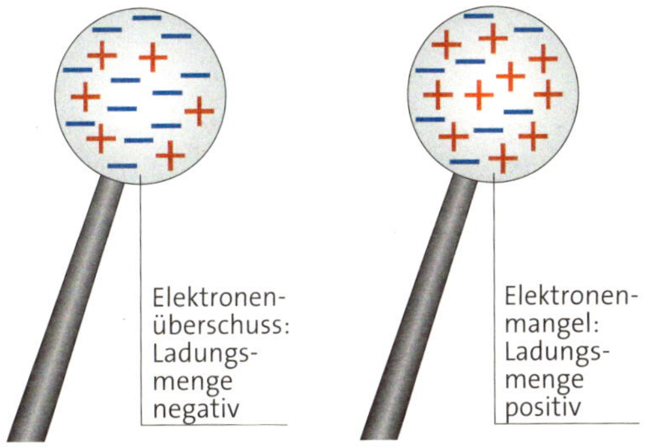

05 Elektronenüberschuss und Elektronenmangel

Diese Beobachtungen legen folgende Vorstellung nahe: Ein glühendes Metall gibt negativ geladene Teilchen ab. Diese negativ geladenen Teilchen nennt man **Elektronen.** Die Elektronen sind nicht sehr fest gebunden und werden durch das Glühen aus dem Draht gelöst. Dies nennt man den **glühelektrischen Effekt.**

Ein glühendes Metall gibt Elektronen ab.
Elektronen sind negativ geladen.

UND POSITIVE TEILCHEN? · Beim glühelektrischen Effekt verlassen negativ geladene Elektronen den metallischen Glühdraht. Metalle sind normalerweise elektrisch neutral. Folglich muss ein Metall auch positiv geladene Teilchen enthalten. Man hat dies durch folgenden Versuch bestätigen können: Das Elektroskop in ▸ Bild 04 wird negativ geladen. Anschließend wird die Stromstärke im Glühdraht immer weiter erhöht. Schließlich wird auch das negative geladene Elektroskop entladen. Gleichzeitig bildet sich im Innern des Glaskolbens eine metallische Schicht und der Glühdraht „brennt durch" (▸ Bild 03). Der Glühdraht ist offensichtlich so heiß geworden, dass der Draht verdampft ist. Die dabei herausgelösten positiven Teilchen haben das negativ geladene Elektroskop neutralisiert.

Die positiv geladenen Teilchen sind folglich viel fester an das Metall gebunden als die Elektronen. Sie können nicht aus dem Metall entfernt werden, ohne das Metall selbst zu zerstören.

LADUNG IM ATOM · Aus weiteren Experimenten weiß man, dass alle Stoffe sowohl positiv als auch negativ geladene Teilchen enthalten. Daraus haben Physiker geschlossen, dass die Atome selbst positiv und negativ geladene Teilchen enthalten. Normalerweise ist ein Atom elektrisch neutral. Das bedeutet, die Ladungsmengen der positiv und der negativ geladenen Teilchen heben sich gegenseitig auf. Damit erhalten wir eine erste Vorstellung vom Aufbau der Atome.

Jedes Atom ist aus positiv und negativ geladenen Teilchen aufgebaut.
Nach außen ist das Atom elektrisch neutral.

GELADENE KÖRPER IM ELEKTRONENBILD · Du weißt, dass Körper negativ und positiv geladen sein können. Mit den Elektronen kann man das folgendermaßen beschreiben: Wenn ein Körper einen Überschuss an Elektronen hat, dann ist er negativ geladen. Hat er einen Mangel an Elektronen, so ist er positiv geladen (▸ Bild 05).

1 Im Versuch im ▸ Bild 04 wird das Elektroskop negativ geladen. Jemand vermutet, dass die Ladung auf dem Elektroskop beim Glühen der Drahtwendel zunehmen sollte. Dies geschieht jedoch nicht. Erkläre.

2 Manchmal ist bei einer „durchgebrannten" Glühlampe ein metallischer dunkler Belag am Glas sichtbar. Erkläre, wie dieser entstanden ist.

01 THOMSONs Vorstellung vom Atom

03 RUTHERFORDs Überlegungen zum Atom

VORSTELLUNGEN ZUM ATOM · Eine Frage ist weiterhin nicht geklärt: Wie sind die positiv geladenen Teilchen und die Elektronen im Atom verteilt? JOSEPH JOHN THOMSON entwickelte im Jahr 1903 folgende Vorstellung: Die Elektronen sind in einer positiv geladenen Substanz gleichmäßig verteilt, etwa so, wie die Rosinen in einem Kuchen (▸ Bild 01).

α-Teilchen werden im Kapitel Kernphysik und Radioaktivität genauer behandelt.

Wenige Jahre später, 1909, machte ERNEST RUTHERFORD eine erstaunliche Entdeckung zum Aufbau des Atoms. In einer luftleer gepumpten Kammer ließ er positiv geladene α-Teilchen auf eine etwa 1000 Atomlagen dicke Goldfolie treffen (▸ Bild 02). Mit einem Mikroskop beobachtete er die Lichtblitze beim Auftreffen der α-Teilchen auf dem Leuchtschirm.

RUTHERFORD beobachtete, dass fast alle Teilchen geradlinig durch die Folie hindurch gingen. Völlig überraschend war aber, dass einige

„... es war beinahe so unglaublich, als wenn man mit einer 38 cm-Granate auf ein Stück Seidenpapier schießt, die Granate zurückkommt und einen selber trifft."

E. RUTHERFORD über das Goldfolienexperiment

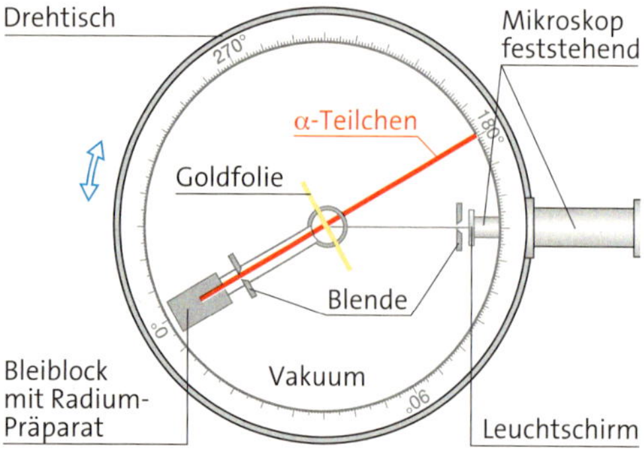

02 RUTHERFORD'scher Streuversuch

Teilchen stark abgelenkt wurden. Wenige Teilchen wurden sogar in die ursprüngliche Richtung zurückgestoßen. RUTHERFORD folgerte aus den Messungen:
Die meisten α-Teilchen gehen durch die Folie geradlinig durch, somit muss zwischen den positiv geladenen Teilchen viel freier Raum sein. Die wenigen stark abgelenkten α-Teilchen sind von einem eng begrenzten positiv geladenen Bereich abgestoßen worden (▸ Bild 03).

KERN-HÜLLE-MODELL · RUTHERFORD konnte seine Beobachtungen mit THOMSONs Vorstellung vom Atomaufbau nicht erklären. Daher entwickelte er eine andere Vorstellung. Demnach besteht das Atom aus einem kleinen, positiv geladenen Bereich, dem **Atomkern** und einer darum befindlichen negativ geladenen **Atomhülle** aus Elektronen. Ihm zu Ehren wird diese Modellvorstellung **RUTHERFORD'sches Atommodell** genannt.

Atome bestehen aus einem kleinen positiv geladenen Atomkern und einer negativ geladenen Atomhülle. Die Atomhülle setzt sich aus Elektronen zusammen.

RUTHERFORDs Messungen ergaben, dass der Durchmesser des Atomkerns etwa 10 000-mal kleiner ist als der des gesamten Atoms.

Ein Atomkern ist ungefähr 10^{-14} m, ein Atom etwa 10^{-10} m groß.

Material A ▸ Atommodelle

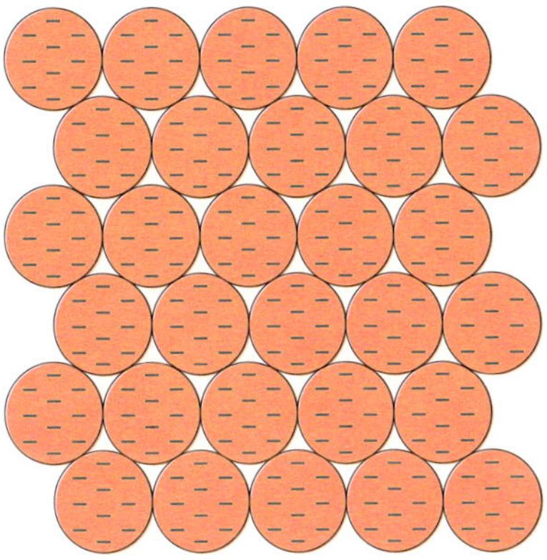

04 Atome im THOMSON'schen Atommodell

A1 Im Atommodell von THOMSON sind die Atome ganz ausgefüllt. ▸ Bild 04 zeigt einen nach diesem Modell skizzierten Ausschnitt der Goldfolie.

a) Beschreibe, welches Ergebnis man erwarten würde, wenn auf diese Folie α-Teilchen geschossen werden. Übertrage die Skizze in dein Heft und ergänze mögliche Teilchenbahnen. Begründe.

b) RUTHERFORD beobachtete bei seinen Versuchen, dass fast alle α-Teilchen, die auf die Goldfolie geschossen wurden, die Folie durchdrangen. Erkläre diese Beobachtung mithilfe des RUTHERFORD'schen Atommodells. Skizziere dazu den Aufbau der Goldfolie nach dem Kern-Hülle-Modell und zeichne einige Teilchenbahnen ein.

c) Überlege, was mit einem positiven α-Teilchen geschieht, das sich direkt auf den Atomkern zubewegt.
Skizziere eine solche Teilchenbahn. Skizziere auch Bahnen von α-Teilchen, die sich nahe am Kern vorbei bewegen.

d) Auch das RUTHERFORD'sche Atommodell kann nicht alles erklären. Welche Widersprüche kannst du aufzeigen?

A2 **a)** Nimm an, das ganze Atom habe die Größe eines Fußballs (Durchmesser 20 cm). Gib an, wie groß der Atomkern dann wäre.

b) Stell dir vor, man würde den Atomkern auf die Größe eines Tischtennisballs (Durchmesser 2 cm) vergrößern. Gib an, wie groß dann das gesamte Atom wäre.

A3 Suche im Internet und in anderen Quellen nach Darstellungen für Atome.

a) Vergleiche sie mit dem RUTHERFORD'schen Atommodell.

b) Erarbeite Gemeinsamkeiten und Unterschiede der Modelle und bewerte diese.

A3 Der Begriff „Teilchen" wird für viele kleine und kleinste Objekte verwendet. Erstelle eine Liste mit möglichen Bedeutungen des Begriffs in der Physik.

Material B ▸ Fotoeffekt

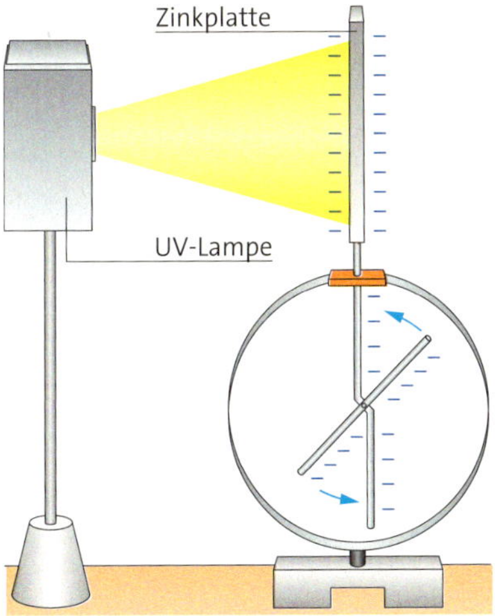

05 Versuch zum Fotoeffekt

B1 Eine elektrisch negativ geladene Zinkplatte wird mit einem Elektroskop verbunden. Der Zeiger des Elektroskops schlägt aus. Wenn man die Zinkplatte mit ultraviolettem Licht bestrahlt, dann wird das Elektroskop entladen. Der Zeigerausschlag geht zurück. Wenn die Zinkplatte positiv geladen ist, dann bleibt die Ladung auch bei Bestrahlung mit UV-Licht auf der Platte.

a) Nenne mehrere mögliche Erklärungen für die Entladung des Elektroskops.

b) Beschreibe, wie ein Versuch zur Überprüfung deiner Vermutungen aussehen könnte.

c) Die Versuchsergebnisse können wie beim glühelektrischen Effekt gedeutet werden. Elektronen sind im Metall nicht fest gebunden und können durch Licht herausgelöst werden. Diesen Vorgang nennt man **Fotoeffekt.**
Erkläre damit die Entladung des Elektroskops.

01 Polarlicht – ein faszinierendes Naturschauspiel

Das Elektron

Polarlichter sind eine faszinierende Leuchterscheinung. Die Ursache der Polarlichter war lange Zeit unklar und Anlass zu vielen Mythen. Inzwischen weiß man, dass die Sonne Elektronen und andere elektrisch geladene Teilchen mit großer Geschwindigkeit ins Weltall schleudert. Wenn diese Teilchen in die Nähe der Erde kommen, dann werden sie vom Erdmagnetfeld eingefangen und zu den magnetischen Polen der Erde geführt. Beim Eindringen in die Atmosphäre stoßen die Teilchen auf Luftmoleküle und bringen die Moleküle zum Leuchten.

Das Polarlicht ist ein Beispiel dafür, dass Elektronen von Feldern beeinflusst werden. An Polarlichtern sind Untersuchungen für uns nicht möglich. Daher untersuchen wir die Bewegung von Elektronen in einer speziellen luftleeren Glasröhre, der sogenannten **BRAUN'schen Röhre** (▸ Bild 02).

ERZEUGEN EINES ELEKTRONENSTRAHLS · Um einen Elektronenstrahl zu erzeugen, benötigt man eine Glühwendel und eine dazu stark positiv geladene Anode. Zuerst werden aufgrund des glühelektrischen Effekts Elektronen aus der

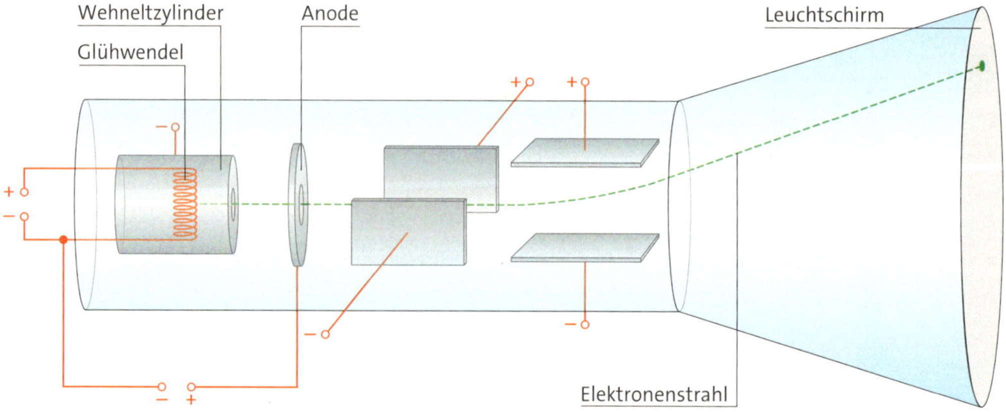

02 BRAUN'sche Röhre

Glühwendel gelöst. Da die Elektronen negativ geladen sind, werden sie im elektrischen Feld zwischen Glühwendel und Anode beschleunigt. Der negativ geladene Wehneltzylinder bündelt den Elektronenstrahl. Mit großer Geschwindigkeit fliegen die Elektronen durch eine Öffnung in der Anode auf den Leuchtschirm (▸ Bild 02). An der Auftreffstelle des Elektronenstrahls sendet die Leuchtschicht Licht aus.

ABLENKUNG IM ELEKTRISCHEN FELD · In der BRAUN'schen Röhre werden die Elektronen durch das elektrische Feld zwischen den Ablenkplatten abgelenkt (▸ Bild 04). Da sie negativ geladen sind, erfahren sie eine Kraft entgegengesetzt zur Richtung der elektrischen Feldlinien. Vergrößert man die elektrische Spannung an den Ablenkplatten, dann wird auch das elektrische Feld stärker und damit vergrößert sich die Kraft auf die Elektronen. Mit zwei Paaren von Ablenkplatten kann der Elektronenstrahl auf jede Stelle des Leuchtschirms gelenkt werden.

Elektronen erfahren im elektrischen Feld Kräfte entgegengesetzt zur Richtung der elektrischen Feldlinien.

ABLENKUNG IM MAGNETFELD · Für die Entstehung des Polarlichts ist die Ablenkung elektrisch geladener Teilchen im Magnetfeld von Bedeutung. Um dies zu untersuchen, halten wir einen Magneten in die Nähe des Elektronenstrahls. Wir sehen, dass sich der Strahl leicht ablenken lässt. Die Ursache dieser Ablenkung ist die sogenannte **Lorentzkraft.** Genauere Untersuchungen zeigen: Die Lorentzkraft wirkt nur auf Elektronen, die sich bewegen. Die Elektronen werden allerdings nicht in Richtung der Magnetpole, sondern immer senkrecht zu den magnetischen Feldlinien abgelenkt (▸ Bild 03). Die Richtung der Lorentzkraft kannst du mit der „Linke-Hand-Regel" vorhersagen (▸ Bild 05).

Bewegte Elektronen werden im Magnetfeld durch die Lorentzkraft abgelenkt.

DIE ELEMENTARLADUNG · Die Ladungsmenge eines Elektrons ist sehr klein und daher schwer messbar. ROBERT MILLIKAN gelang dies 1910, indem er die Bewegung kleiner geladener Öltröpfchen im elektrischen Feld untersuchte. Das Ergebnis seiner Messungen war erstaunlich. Obwohl die Öltröpfchen ganz unterschiedlich geladen waren, ergab sich als Ladungsmenge immer ein ganzzahliges Vielfaches einer kleinsten Ladungsmenge, der **Elementarladung *e*.** Für die Elementarladung erhält man bei genauen Messungen den Wert $e = 1{,}602 \cdot 10^{-19}$ C.

MILLIKAN nahm an, dass die Ladung der Öltröpfchen durch einen Elektronenüberschuss oder einen Elektronenmangel zustande kommt. Da es keine halben Elektronen gibt, folgt, dass die Elektronen selbst die Ladungsmenge $-1\,e$ tragen.

Die Ladungsmenge eines Elektrons beträgt $-1\,e = -1{,}602 \cdot 10^{-19}$ C.

Was für Öltröpfchen gilt, ist selbstverständlich auch für alle anderen Körper der Fall.

Die elektrische Ladung von Körpern ist immer ein Vielfaches der Elementarladung $e = 1{,}602 \cdot 10^{-19}$ C.

1 **a)** Gib an, wie die Polung der Ablenkplatten im ▸ Bild 02 gewählt werden muss, damit der Elektronenstrahl nach rechts (nach links unten) abgelenkt wird.
b) Erläutere, wie diese Ablenkung durch einen Magneten erreicht werden kann.

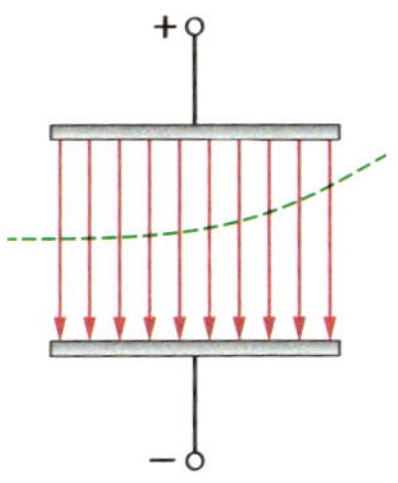

04 Ablenkung von Elektronen im elektrischen Feld

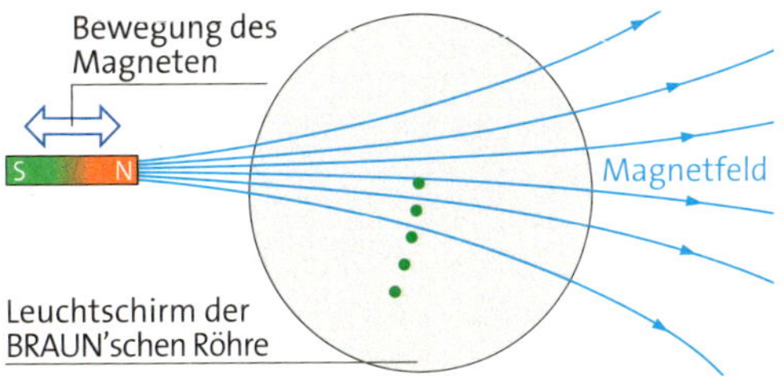

03 Ablenkung von Elektronen im Magnetfeld

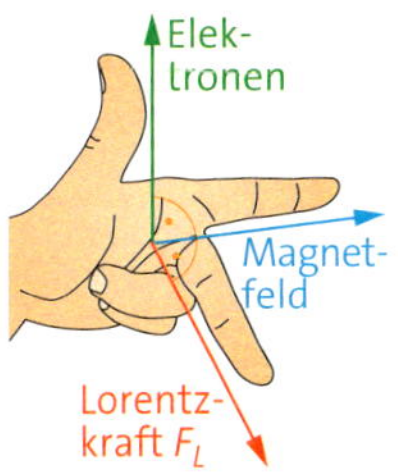

05 „Linke-Hand-Regel"

BLICKPUNKT

Teilchenbeschleuniger

01 Ein Beschleunigerelement bei DESY (Deutsches Elektronen-Synchrotron)

Wozu Teilchenbeschleuniger? · Mit Teilchenbeschleunigern wie im ▸ Bild 01 untersucht man die Struktur der Materie. Man könnte auch sagen: Die Physiker versuchen, mithilfe der Teilchenbeschleuniger herauszufinden, „was die Welt im Innersten zusammenhält". Schießt man energiereiche geladene Teilchen auf Materie, so kommt es zu heftigen Zusammenstößen. Aus der Verteilung der „Trümmerstücke" kann man Erkenntnisse über den Aufbau der Materie gewinnen. Je leistungsfähiger und größer die Beschleuniger sind, desto kleinere Strukturen können untersucht werden. In der Medizin werden spezielle Beschleuniger zur Bestrahlung von Tumoren eingesetzt.

Mit einem **Linearbeschleuniger** oder Linac (Linear Accelerator) können geladene Teilchen, z. B. Elektronen, auf gerader Bahn beschleunigt werden (▸ Bild 02). Auf ihrer Bahn passieren die geladenen Teilchen abwechselnd positiv und negativ geladene, sogenannte Driftröhren. Während die Teilchen in den Driftröhren sind, wird das elektrische Feld zwischen den Röhren umgepolt und zwar so, dass die Teilchen immer wieder durch das elektrische Feld zwischen den Röhren beschleunigt werden. Da die Teilchen immer schneller werden, müssen die Driftröhren immer länger werden.

Bei einem **Ringbeschleuniger** (z. B. dem LHC von CERN) lässt man geladene Teilchen mehrfach durch „Beschleunigungsstrecken" laufen. Durch starke Magnetfelder werden die Teilchen auf ringförmige Bahnen gelenkt. Damit die Teilchen auf ihrer Bahn bleiben, muss die Stärke der Magnetfelder synchron mit ihrem Umlauf vergrößert werden. Der Ringbeschleuniger bei CERN hat einen Umfang von ca. 27 km und befindet sich zwischen 50 m und 175 m unter der Erdoberfläche.

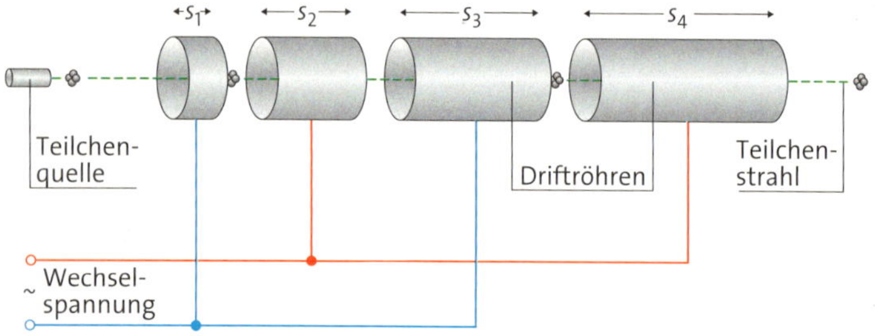

02 Linearbeschleuniger

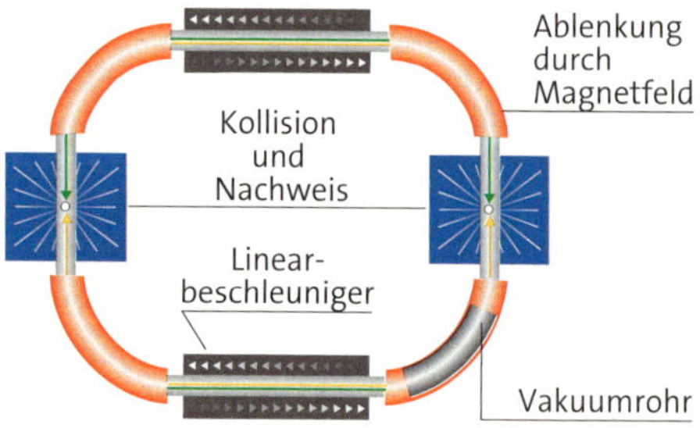

03 Ringbeschleuniger

VERSUCHE ► Kräfte auf Elektronen im Magnetfeld

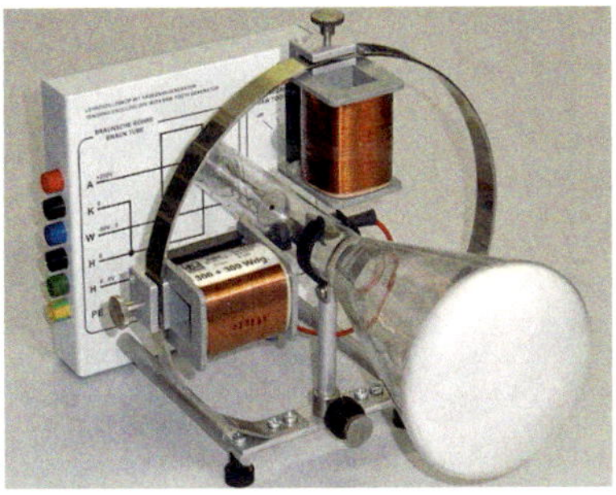

04 BRAUN'sche Röhre mit Elektromagneten

Material:

BRAUN'sche Röhre, 2 Elektromagnete (Spulen), Betriebsgerät für die Röhre, 2 regelbare Gleichspannungsnetzgeräte (20 V), 2 regelbare Wechselspannungsnetzgeräte (20 V)

Durchführung:

Befestige die Elektromagnete am metallenen Haltering der BRAUN'schen Röhre, sodass sie zueinander senkrecht stehen (► Bild 04).

V1 **a)** Schließe zunächst nur den oberen Magneten an ein Gleichspannungsnetzgerät an.
Nimm die BRAUN'sche Röhre in Betrieb. Beschreibe, wie sich der Leuchtpunkt verschiebt, wenn die Stromstärke durch die Spule vergrößert wird. Erkläre.
b) Schließe nun den zweiten Magneten an das zweite Gleichspannungsnetzgerät an.
Schaffst du es, den Leuchtpunkt an jede Stelle des Schirms zu verschieben? Erläutere, wie die Netzgeräte geschaltet werden müssen, um dies zu erreichen.

V2 **a)** Schließe nun statt des Gleichspannungsnetzgerätes ein Wechselspannungsnetzgerät an den oberen Elektromagneten an. Der zweite Magnet wird zunächst nicht angeschlossen.
Beschreibe, was du auf dem Schirm beobachtest. Erkläre.
b) Schließe nun den zweiten Magneten an das zweite Wechselspannungsgerät an. Beschreibe die Beobachtung. Erkläre.

Material A ► Elektrischer Strom und Elektronen

A1 In einem Stromkreis aus Batterie, Glühlampe und Stromstärkemessgerät zeigt das Messgerät eine Stromstärke von 0,3 A an.
a) Zeichne einen Schaltplan.
b) Berechne, wie viele Elektronen sich je Sekunde durch die Glühlampe bewegen.
b) In einer anderen Schaltung fließen 12,5 Trillionen Elektronen je Sekunde durch das Stromstärkemessgerät. Gib an, welche Stromstärke das Messgerät anzeigt.

A2 **a)** Ein Körper hat eine negative Ladungsmenge von 0,1 C. Berechne den Elektronenüberschuss des Körpers.
b) Ein Körper hat eine positive Ladungsmenge von 0,5 C. Wie viele Elektronen müssen auf ihn übergehen, damit er elektrisch neutral ist.

A3 Der Akku eines Handys trägt die Aufschrift: 3,6 V/1100 mAh. Wie du weißt, bedeutet die Angabe 1000 mAh = 1 Ah, dass der Akku so viel Energie gespeichert hat, dass er eine Ladungsmenge von 1 Ah = 1 A · 3600 s = 3960 C durch ein elektrisches Gerät pumpen kann.
a) Berechne, wie viele Elektronen der Akku durch das Handy treiben kann.
b) Begründe, warum der „leere" Akku immer noch gleich viele Elektronen wie zu Beginn enthält.
c) Die Stand-by-Zeit des Handys wird mit 980 Stunden angegeben. Berechne, wie viele Elektronen sich je Sekunde durch das Gerät bewegen, während es im Stand-by Modus ist.

A4 Ein elektrischer Strom durch einen Draht kann durch die Bewegung von Elektronen beschrieben werden. In 1 g Kupfer befinden sich ca. $9{,}4 \cdot 10^{21}$ bewegliche Elektronen, die zum elektrischen Strom beitragen können.
a) Berechne die Zahl der beweglichen Elektronen in einem Kupferdraht mit der Querschnittsfläche 1,0 mm^2 und der Länge 1,0 m.
b) Die Stromstärke durch den Kupferdraht beträgt 1 A. Berechne die Durchschnittsgeschwindigkeit der Elektronen im Kupferdraht.

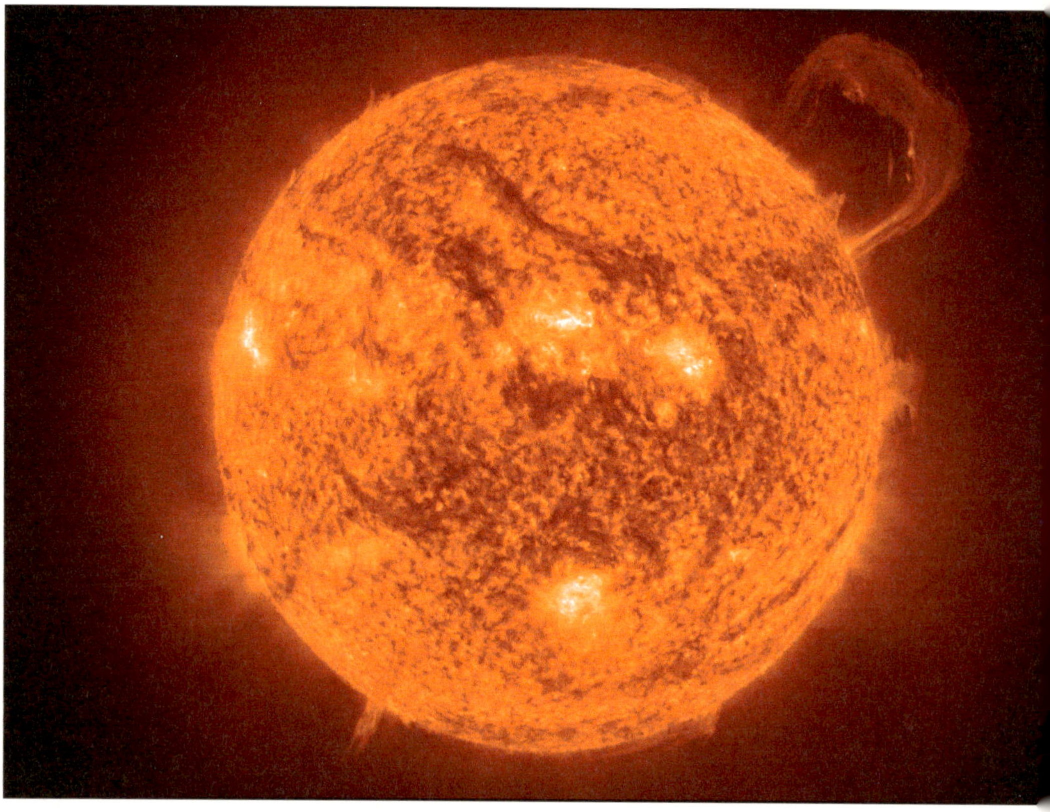

01 Ultraviolett-aufnahme der Sonne

Der Atomkern hat eine Struktur

In der Sonne wie auch in allen anderen Sternen entstehen unter extremen Bedingungen aus leichten Elementen schwerere Elemente. Die Gesetze der Chemie scheinen hier aufgehoben zu sein. Könnte der alte Traum, aus Blei Gold herzustellen, vielleicht doch Realität werden?

EIN „BLICK" IN DEN ATOMKERN · An der Sonnenoberfläche herrschen „kühle" 6000 °C, im Zentrum der Sonne beträgt die Temperatur jedoch mehrere Millionen Grad. Bei solchen extremen Bedingungen kommt es zu Stoffumwandlungen, die jedoch nicht mehr mithilfe der Chemie erklärbar sind. Die hohen Temperaturen zeigen, welche gewaltige Energie für solche Reaktionen erforderlich ist. Man spricht hier von Kernreaktionen, weil die Atomkerne „umgebaut" werden. Das geht deshalb, weil sie selbst aus noch kleineren Bausteinen zusammengesetzt sind. Woher weiß man das eigentlich?

Atomkerne sind so klein, dass sie sich nicht direkt beobachten lassen. Darum untersuchen Physiker ihren Aufbau indirekt mit gewaltigen Maschinen. Sie lassen z.B. schnelle Elektronen auf die Kerne prallen und messen, was dabei passiert. ▸ Bild 02 zeigt einen modernen Elektronenbeschleuniger, bei dem genau das geschieht. Das Ziel solcher Experimente sind Erkenntnisse darüber, woraus die Atomkerne bestehen.

02 Elektronenbeschleuniger DALINAC, TU Darmstadt

EINE VORSTELLUNG VOM ATOMKERN · Die Experimente legen folgende Vorstellung nahe: Atomkerne sind aus zwei Bausteinen aufgebaut, **Protonen** und **Neutronen.** Protonen sind elektrisch geladen. Ihre Ladungsmenge ist genauso groß wie die der Elektronen, aber sie ist positiv. Neutronen sind ungeladen, also elektrisch neutral. Eine Modellvorstellung vom Aufbau der Atomkerne ist im ▸ Bild 03 dargestellt.

Atomkerne bestehen aus elektrisch positiv geladenen Protonen und elektrisch neutralen Neutronen.

Die Protonenanzahl beim Helium und beim Kohlenstoff stimmt jeweils mit der Ordnungszahl im Periodensystem überein (▸ Bild 04). Das gilt auch für alle anderen Elemente. Ein vollständiges Atom hat genauso viele Protonen im Kern, wie es Elektronen in der Hülle hat. Es ist insgesamt elektrisch neutral.

Um Atomkerne zu beschreiben, gibt es eine physikalische Symbolschreibweise. Vor dem Symbol des chemischen Elements steht oben die Summe aus Protonenanzahl und Neutronenanzahl. Diese Summe heißt **Nukleonenzahl.** Unter der Nukleonenzahl wird die Anzahl der Protonen, also die **Ordnungszahl,** angegeben. Für die beiden Kerne aus ▸ Bild 03 lautet die Symbolschreibweise $^{4}_{2}\mathrm{He}$ und $^{12}_{6}\mathrm{C}$.

Die Symbolschreibweise für Atomkerne ist: $^{\text{Nukleonenzahl}}_{\text{Ordnungszahl}}\text{Elementsymbol}$.

WAS HÄLT DEN ATOMKERN ZUSAMMEN? · Von den elektrischen Ladungen weißt du, dass sich gleichnamig geladene Körper abstoßen. Eigentlich müssten die Protonen im Kern „auseinanderfliegen“. Es muss also eine anziehende Kraft geben, die größer ist als die elektrische Kraft. Diese Kraft wird **Kernkraft** genannt. Sie überwiegt die abstoßende elektrische Kraft aber nur dann, wenn sich die Protonen sehr nahe kommen. Die Kernkraft hat eine Reichweite von etwa 10^{-15} m, das heißt, ihre anziehende Wirkung erstreckt sich nur auf benachbarte Protonen und Neutronen. Atomkerne müssen sich bis auf diesen Abstand annähern, damit sie zu einem Kern verschmelzen können. Bei der extrem hohen Temperatur und dem extrem großen Druck, wie sie in der Sonne und in anderen Sternen herrschen, kommen sich die Kerne von verschiedenen Elementen so nahe, dass sie verschmelzen und neue Elemente bilden.

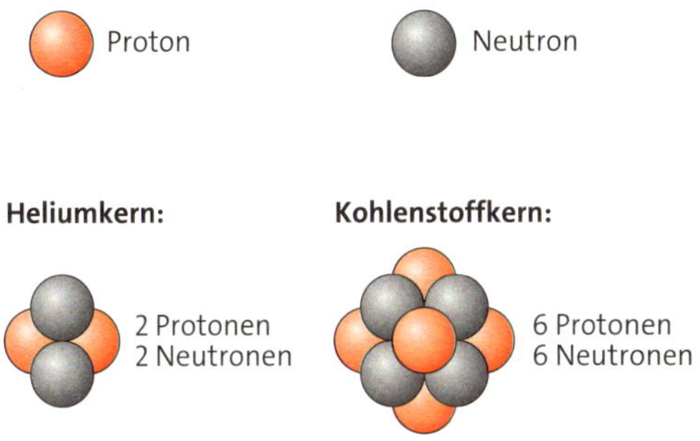

03 Modellvorstellung der Atomkerne von He und C

Hauptgruppe				
III	IV	V	VI	VII
5 10,81 **B**	6 12,01 **C**	7 14,01 **N**	8 16,00 **O**	9 19,00 **F**
13 26,98 **Al**	14 28,09 **Si**	15 30,97 **P**	16 32,07 **S**	17 35,45 **Cl**

04 Ausschnitt aus dem Periodensystem der Elemente

Der Begriff „Nukleonen“ stammt ab von nucleus (lat.): Kern.

Zwischen den Protonen im Atomkern wirkt die Kernkraft. Sie ist bei sehr kleinem Teilchenabstand größer als die abstoßende elektrische Kraft.

1 **a)** Gib für die folgenden Atomkerne jeweils an, wie viele Protonen und Neutronen sie enthalten: $^{1}_{1}\mathrm{X}$, $^{60}_{27}\mathrm{X}$, $^{137}_{55}\mathrm{X}$, $^{238}_{92}\mathrm{X}$.

b) Gib an, um welche Elemente es sich handelt und ergänze die Symbole.

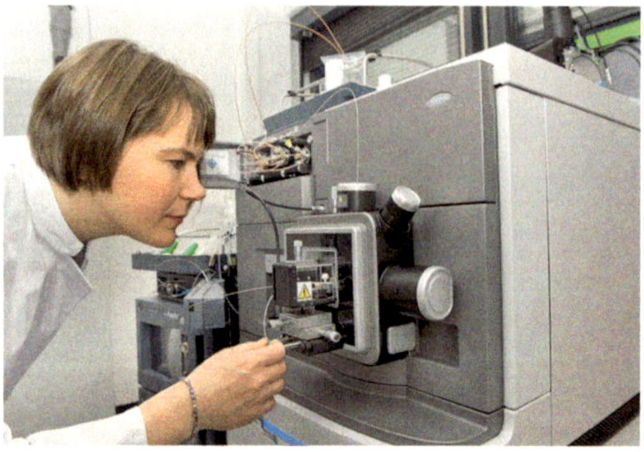

01 Bei der Arbeit mit einem Massenspektrometer

GLEICH UND DOCH NICHT GLEICH – ISOTOPE · Eine der genauesten Methoden, um Massen zu bestimmen, ist die Messung mithilfe eines Massenspektrometers (▸ Bild 01). Damit können sogar die Massen von Atomen präzise gemessen werden. Bei solchen Messungen hat es sich gezeigt, dass die Massen von Atomen desselben Elements nicht alle die gleichen Werte haben. Wie kommt das?

Hätten z.B. alle Kohlenstoffkerne gleich viele Protonen und Neutronen – nämlich sechs, dann wäre der Wert für die Atommasse immer gleich. Zwar stimmt das auch für mehr als 99 % aller Kohlenstoffatome. Aber in der Natur gibt es auch Kohlenstoffkerne mit mehr oder weniger als sechs Neutronen. Viele andere Elemente haben auch Atomkerne mit unterschiedlicher Neutronenanzahl. Man nennt die Atomkerne, die sich im Kern nur in der Anzahl der Neutronen unterscheiden, **Isotope.**

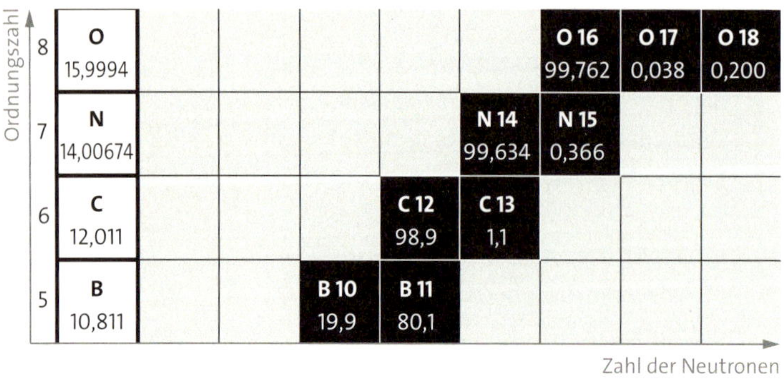

02 Ausschnitt aus der Nuklidkarte (Darstellung der stabilen Nuklide)

Isotope lassen sich chemisch nicht unterscheiden. In chemischen Reaktionen verhalten sich verschiedene Isotope desselben Elements immer gleich. Im Periodensystem der Elemente sind die Isotope nicht auseinanderzuhalten. Wenn es auf die Kernstruktur ankommt, dann benötigt man deshalb eine andere Darstellung. Eine solche Darstellung ist die **Nuklidkarte.** Sie stellt alle verschiedenen Kerne systematisch dar. **Nuklide** sind Atomkerne der gleichen Sorte, bei denen Protonen- und Neutronenzahl jeweils übereinstimmen. Während das Periodensystem alle zurzeit bekannten 112 Elemente enthält, findet man in der Nuklidkarte weit über 2000 Nuklide.

Atomkerne der gleichen Sorte bezeichnet man als Nuklide. Nuklide mit der gleichen Ordnungszahl und unterschiedlichen Neutronenanzahlen heißen Isotope.

▸ Bild 02 zeigt einen Ausschnitt der Nuklidkarte. Darin ist auch der Kohlenstoff mit zwei verschiedenen Nukliden enthalten. Die Bezeichnung „C-12“ bedeutet, dass dieser Kern die Nukleonenzahl 12 hat. Weil die Atomkerne des Kohlenstoffs immer sechs Protonen enthalten, muss die Neutronenanzahl von C-12 also sechs betragen. Ein Beispiel für ein schwereres Kohlenstoff-Nuklid ist $^{13}_{6}C$. Dieser Kern enthält wiederum sechs Protonen, aber sieben Neutronen. Man bezeichnet ihn auch mit C-13.

1 **a)** Entnimm dem Ausschnitt der Nuklidkarte im ▸ Bild 02 die Beispiele O-16, O-18, N-15 und B-11. Notiere, um welche Elemente es sich jeweils handelt.
b) Gib für die in a) genannten Nuklide die Symbolschreibweise an.

2 Welche der folgenden Nuklide haben
a) die gleiche Ordnungszahl,
b) die gleiche Nukleonenzahl,
c) die gleiche Anzahl an Neutronen?
$^{12}_{6}C$, $^{14}_{7}N$, $^{13}_{6}C$, $^{16}_{8}O$, $^{15}_{7}N$, $^{18}_{8}O$, $^{14}_{6}C$
(C-14 ist nicht stabil.)

VERSUCHE ▸ Modellversuch zum Aufbau eines Atomkerns

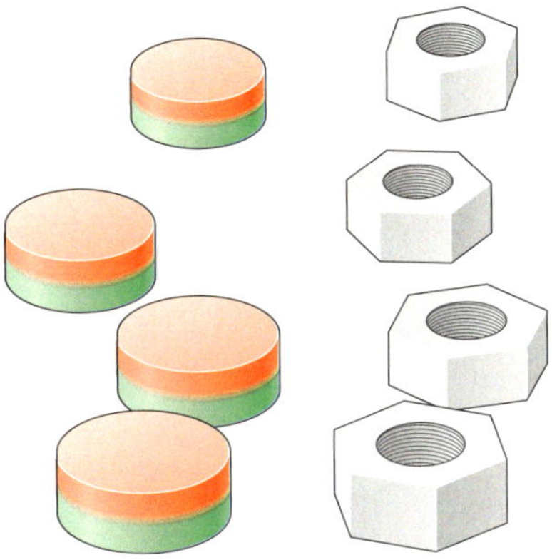

03 Material für ein Atomkernmodell

Material:

Einige scheibenförmige Magnete, Stahlmuttern (etwa so groß wie die Magnete)

Durchführung:

V1 **a)** Bringe die Magnete jeweils mit dem gleichen Pol nach oben auf einer ebenen Oberfläche möglichst nahe zueinander. Beschreibe deine Beobachtung.

b) Nutze jetzt die Stahlmuttern, um die Magnete näher zueinander zu bringen. Vergleiche mit der Beobachtung aus a).

c) Überlege: Welche Teile im Modellversuch übernehmen die Rolle der Protonen, welche die der Neutronen in einem Atomkern?

d) Bewerte den Modellversuch: Was kann mit ihm gut, was kann schlecht oder gar nicht erklärt werden?

Material A ▸ Systematische Darstellung zum Aufbau der Atome

A1 **a)** Übertrage und ergänze die Tabelle (keine Ionen). Nutze das Periodensystem der Elemente (PSE).

b) Notiere, welche Informationen über den Aufbau von Atomkernen das PSE nicht gibt.

Name der Atomsorte	Symbol des Nuklids	Anzahl der Nukleonen	Anzahl der Protonen	Anzahl der Neutronen	Anzahl der Elektronen
	${}^{16}_{8}O$				
Natrium				12	
				14	13
		30			14
Quecksilber		200			
			80	124	
	${}^{238}_{92}U$				
		241	94		

Material B ▸ Wasserstoff ist nicht gleich Wasserstoff

B1 Wasserstoff kommt in drei Nukliden vor (▸ Bild 04):

a) normaler Wasserstoff,

b) schwerer Wasserstoff (Deuterium),

c) überschwerer Wasserstoff (Tritium).

Gib jeweils die Symbolschreibweise an.

Zeichne den Ausschnitt der Nuklidkarte, der die drei Wasserstoffsorten enthält.

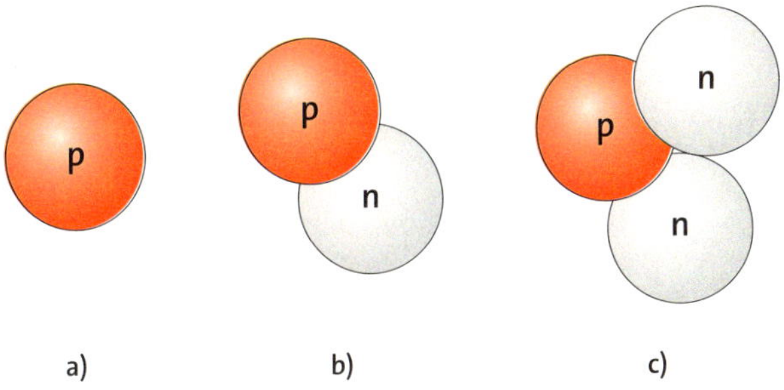

04 Drei Nuklide des Wasserstoffs

01 Umweltmessstation auf dem Schauinsland bei Freiburg

Ionisierende Strahlung

Die Bundesrepublik Deutschland ist von einem Netz aus Messstationen wie dieser auf dem Schauinsland durchzogen. Sie überwachen die bodennahe Radioaktivität in der Luft. Was ist Radioaktivität und aus welchen Gründen ist ihre ständige Überwachung wichtig für uns?

EINE UNSICHTBARE STRAHLUNG · In den „Wunderjahren der Physik" 1895 und 1896 wurden zwei neue Strahlungen entdeckt. Die erste, zu Beginn noch X-Strahlung genannt, ist uns heute bekannt als **Röntgenstrahlung.** Mit dem Namen wird ihr Entdecker, WILHELM CONRAD RÖNTGEN, geehrt.

Die zweite Strahlung wurde von HENRI BECQUEREL entdeckt. Sie wird von einigen natürlichen Stoffen ausgesendet. Ein solcher Stoff ist Pechblende, eine Uranverbindung (▸ Bild 02). Stoffe, die solch eine Strahlung aussenden, nennt man **radioaktiv.**

Die von BECQUEREL entdeckte Strahlung können wir mit unseren Sinnen nicht wahrnehmen. Dennoch kann sie Organe schädigen. So musste BECQUEREL nach seiner Entdeckung und der Arbeit mit radioaktiven Stoffen bald Verbrennungsmerkmale auf seiner Haut feststellen.

Heute kennt man den Zusammenhang zwischen der von BECQUEREL entdeckten Strahlung und möglichen Erkrankungen gut. Wir verstehen, wie das Risiko solcher Schäden gering gehalten werden kann. Dafür helfen uns solche Warnsysteme wie die Messstation am Schauinsland.

02 Pechblende – eine Uranverbindung, die in der Natur vorkommt.

03 Ionisation von Luft durch einen radioaktiven Stoff

04 „Spuren“ in der Nebelkammer

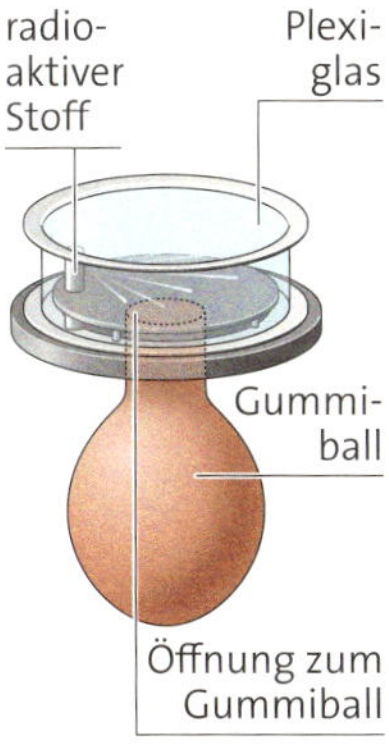

05 Aufbau einer Nebelkammer

Der Begriff „Ión“ kommt aus dem Griechischen und bedeutet so viel wie „wandernd/gehend“.

IONISATION · Du hast gelernt, dass Atome elektrisch neutral sind, das heißt, sie haben gleich viel positiv geladene Protonen und negativ geladene Elektronen. Durch äußere Einflüsse lassen sich jedoch Elektronen aus dem Atom herauslösen. Aus dem elektrisch neutralen Atom wird dann ein positiv geladenes **Ion.** Dieser Vorgang heißt **Ionisation.** Durch Abtrennen von Elektronen entstehen positive, durch Anlagern negative Ionen.

Ionisation heißt das Abtrennen oder Anlagern von Elektronen an zuvor elektrisch neutrale Atome.

Ionisation erfolgt auf verschiedene Weise. Bringen wir eine brennende Kerze zwischen zwei elektrisch geladene Metallplatten, so beobachten wir an einem angeschlossenen Elektroskop eine Entladung. Zwischen den Metallplatten befindet sich Luft – normalerweise ein schlechter elektrischer Leiter. In der heißen Kerzenflamme entstehen Ionen und Elektronen. Sie gelangen zwischen die Metallplatten, machen die Luft dort leitfähig und das Elektroskop entlädt sich.

Eine andere Art der Ionisation von Luft zeigt das Experiment im ▸ Bild 03: Ein Draht wird wenige Millimeter über eine Metallplatte gespannt. Draht und Metallplatte sind mit den Anschlüssen eines Hochspannungsnetzgeräts verbunden.

Bringt man einen radioaktiven Stoff in die Nähe des Drahts, dann wird die Luft dort leitfähig und es sind Funken zu erkennen. Nebelkammern machen die ionisierende Wirkung der Strahlung aus radioaktiven Stoffen sichtbar (▸ Bild 04 und ▸ Bild 05). Wenn Strahlung eines radioaktiven Stoffes in die mit Alkoholdampf gefüllte Nebelkammer gelangt, werden einige Moleküle des Dampfes ionisiert. An den entstandenen Ionen kondensiert der Dampf und es bilden sich feine Tröpfchen, die als Nebelspuren sichtbar sind.

IONISATION DURCH STRAHLUNG IST GEFÄHRLICH! · Die Strahlung radioaktiver Stoffe ionisiert auch Moleküle in unserem Körper. Daraus können sich chemische und biologische Veränderungen unserer Organe ergeben. Die ionisierende Wirkung der Strahlung ist somit der eigentliche Grund für die Gefahr, die von radioaktiven Stoffen ausgeht.

Die Strahlung radioaktiver Stoffe kann Atome oder Moleküle ionisieren. Dies kann bei Lebewesen zu biologischen Veränderungen und Schäden der Organe führen.

1 **a)** Fertige eine Skizze des Versuchs im ▸ Bild 03 an. Nimm an, dass die elektrische Ladung des Drahts positiv ist.
b) Beschreibe, was nach der Ionisation von Stickstoffmolekülen in der Luft geschieht.

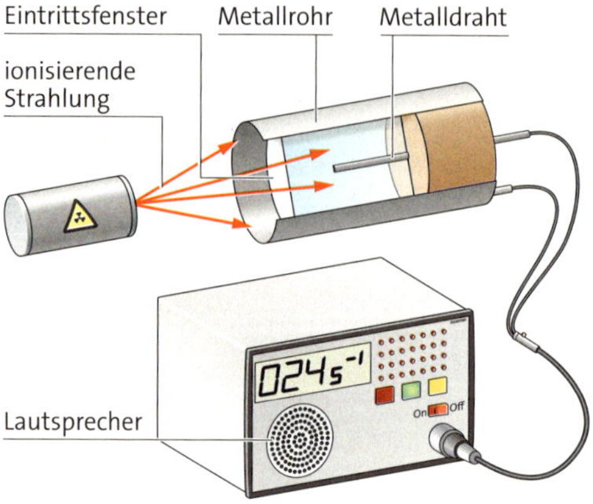

01 Aufbau eines Geiger-Müller-Zählrohrs

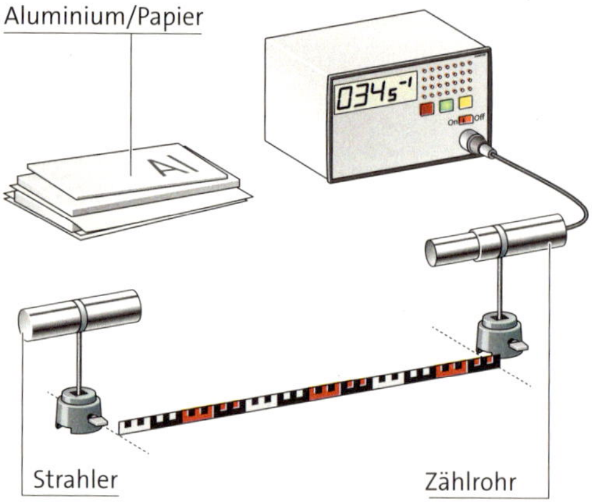

02 Wie weit reicht die ionisierende Strahlung?

MESSEN MIT ZÄHLROHREN · Zählrohre nutzen die ionisierende Wirkung von Strahlung. Sie sind mit einem Gas von geringem Druck gefüllt. Durch ein Eintrittsfenster gelangt die Strahlung eines radioaktiven Stoffes in das Rohr hinein und ionisiert das Gas (▸ Bild 01).

Ähnlich wie bei dem Experiment mit dem Draht und der Metallplatte wird zwischen dem Metallrohr und dem Draht im Inneren des Zählrohrs eine Hochspannung angelegt. Die im Gas entstehenden Elektronen und Ionen werden durch elektrische Kräfte so stark beschleunigt, dass sie selbst weitere Gasatome ionisieren. Du kannst dir den Vorgang wie eine „elektrische Lawine" vorstellen, durch die es zu ständigen Entladungen kommt.

Die Spannung am Zählrohr wird bei jeder Entladung so kurzzeitig geändert, dass ein angeschlossener Lautsprecher sie nur als „Knack" hörbar macht. Gleichzeitig werden die Spannungsänderungen von einer Zähleinrichtung registriert. Die Anzahl der Spannungsänderungen pro Zeiteinheit heißt **Zählrate.**

Zählrohre nutzen die ionisierende Wirkung von Strahlung in Gasen.
Die Zahl der registrierten Signale pro Zeiteinheit heißt Zählrate.

In unserer Umgebung gibt es immer ionisierende Strahlung. Das können wir daran erkennen, dass ein Zählrohr auch dann Signale registriert, wenn sich gar kein radioaktives Präparat in seiner Nähe befindet. Die Anzahl dieser Signale pro Zeiteinheit heißt **Nullrate.** Für Messungen an radioaktiven Präparaten muss man zunächst die Nullrate bestimmen und sie dann von der ermittelten Zählrate abziehen.

In unserer Umwelt gibt es ionisierende Strahlung. Diese Strahlung wird von einem Zählrohr als Nullrate registriert.

ZÄHLRATE UND ABSTAND · Mithilfe von Zählrohren lässt sich die Strahlung radioaktiver Stoffe genauer untersuchen. Dabei können wir von folgendem Zusammenhang ausgehen: Je größer die Zählrate ist, desto stärker ist die ionisierende Strahlung.

In einem ersten Experiment wird die Reichweite der ionisierenden Strahlung eines radioaktiven Stoffes, z.B. von Ra-226, bestimmt (▸ Bild 02). Dafür muss zunächst die Nullrate ermittelt werden. Dann wird die Zählrate für verschiedene Abstände ermittelt. Man erhält das Ergebnis:

Je kleiner der Abstand zwischen Zählrohr und Präparat ist, desto größer ist die Zählrate.

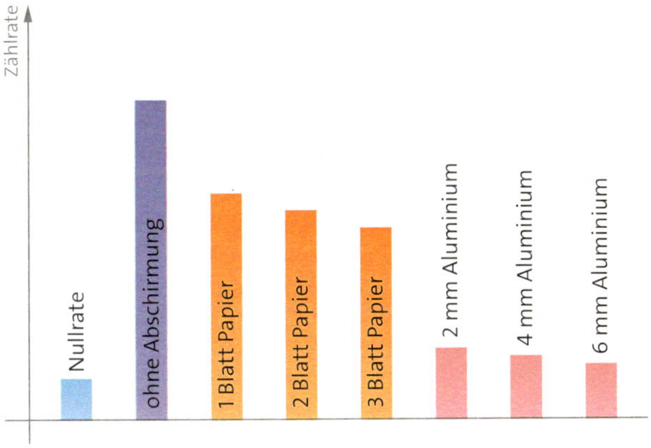

03 Durchdringungsvermögen der Strahlung von Ra-226

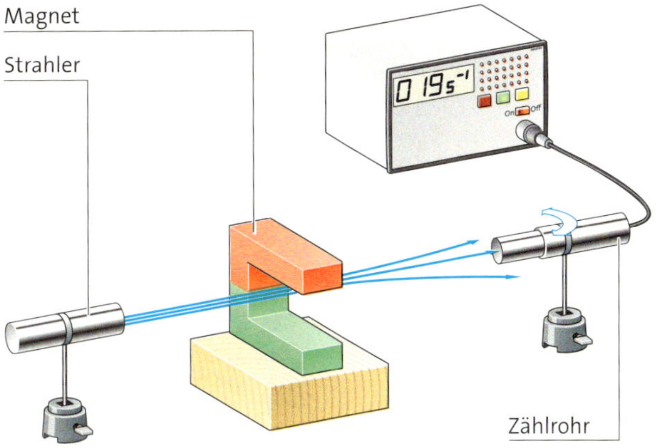

04 Ablenkung von ionisierender Strahlung im Magnetfeld

ABSCHIRMUNG VON STRAHLUNG · In einer zweiten Experimentierreihe wird untersucht, ob und wie gut verschiedene Materialien mit unterschiedlichen Schichtdicken die Strahlung von Ra-226 abschirmen. Dafür werden Platten aus verschiedenen Metallen, Kunststoffen oder auch Papier zwischen das Zählrohr und den jeweiligen radioaktiven Stoff gebracht. ▸ Bild 03 zeigt die Versuchsergebnisse für den Ra-226-Strahler: Bringt man ein Blatt Papier zwischen Zählrohr und Strahler, dann nimmt die Zählrate deutlich ab. Weitere Papierlagen verringern die Zählrate nur noch wenig. Bringt man eine Aluminiumplatte von 2 mm Dicke in den Strahlengang, dann nimmt die Zählrate erneut stark ab. Bei weiteren Aluminiumplatten geht die Zählrate wieder nur wenig zurück.

Ionisierende Strahlung kann verschiedene Materialien durchdringen. Dabei kann sie unterschiedlich gut abgeschwächt werden.

IONISIERENDE STRAHLUNG IM MAGNETFELD · Das Abschirmungsexperiment deutet darauf hin, dass es verschiedene Arten von ionisierender Strahlung gibt. In einem dritten Experiment wird deshalb untersucht, ob sich ionisierende Strahlung in einem Magnetfeld ablenken lässt. Dafür wird zwischen Zählrohr und Strahler ein Magnetfeld gebracht (▸ Bild 04). Das bewegliche Zählrohr kann Strahlung aus verschiedenen Richtungen registrieren. Dabei zeigt sich, dass die Strahlung einiger radioaktiver Stoffe im Magnetfeld abgelenkt wird. Es gibt aber auch radioaktive Stoffe, deren Strahlung sich durch Magnetfelder nicht beeinflussen lässt. Du weißt schon, dass auf elektrisch geladene Körper im Magnetfeld die Lorentzkraft wirkt. Man kann somit vermuten, dass es Strahlungsarten gibt, die elektrische Ladung tragen. Ionisierende Strahlung, die sich in Magnetfeldern nicht ablenken lässt, trägt keine elektrische Ladung.

Aus den Ergebnissen aller Experimente können wir schließen, dass es verschiedene Arten ionisierender Strahlung gibt. Dazu gehören **Alphastrahlung** (α-Strahlung), **Betastrahlung** (β-Strahlung) und **Gammastrahlung** (γ-Strahlung).

Alphastrahlung, Betastrahlung und Gammastrahlung sind verschiedene Arten ionisierender Strahlung.

1 Die Messung eines Strahlers mit dem Zählrohr ergibt 120 in 30 s. Die Nullrate beträgt 200 in 10 min. Gib die von dem Strahler erzeugte Zählrate an.

2 In welche Richtung müsste das Zählrohr aus ▸ Bild 04 verschoben werden bei Strahlung, die elektrisch positiv bzw. negativ geladen ist? Skizziere.

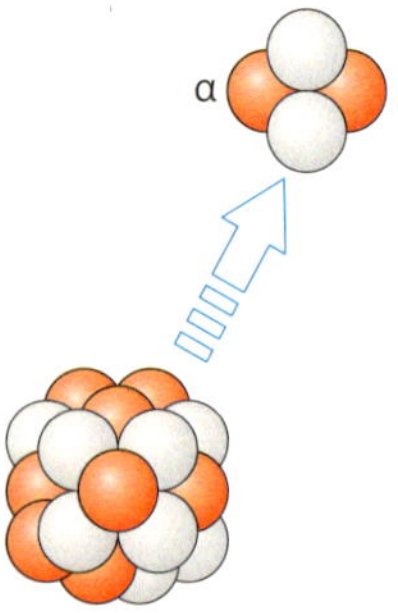

01 Alphastrahler

02 Betastrahler

03 Gammastrahler

ALPHA-, BETA- UND GAMMASTRAHLUNG IM MODELL · Als **Alphastrahlung** wird das Aussenden von Heliumkernen bezeichnet (▸ Bild 01). Das physikalische Symbol für Heliumkerne kennst du bereits. In Symbolschreibweise kann die Kernumwandlung eines Alphastrahlers, z.B. Ra-226, so beschrieben werden:

$^{226}_{88}\mathrm{Ra} \rightarrow ^{222}_{86}\mathrm{Rn} + ^{4}_{2}\mathrm{He}$.

Aus dem Radium ist ein neues Element, das Radon, entstanden. Der Heliumkern wird abgestrahlt.

Du kannst erkennen, dass die Protonen- und Neutronenzahl insgesamt beim Alphazerfall erhalten bleibt. Heliumkerne sind elektrisch positiv geladen. Damit kannst du dir auch erklären, warum diese Strahlung in elektrischen und magnetischen Feldern abgelenkt wird. Alphastrahlung hat ein sehr geringes Durchdringungsvermögen. Bereits mit einem Blatt Papier kann sie vollständig abgeschirmt werden.

Unter Alphastrahlung versteht man das Aussenden von Heliumkernen. Alphastrahlung wird im elektrischen und magnetischen Feld abgelenkt. Sie hat ein sehr geringes Durchdringungsvermögen.

Als **Betastrahlung** wird das Aussenden von Elektronen aus einem Atomkern bezeichnet (▸ Bild 02). Dieser Vorgang unterscheidet sich vom Herauslösen der Elektronen aus der Atomhülle. Wie kann aber ein positiv geladener Kern Elektronen aussenden? Im Atomkern eines Betastrahlers wird ein Neutron in ein Proton und ein Elektron umgewandelt. Das Elektron wird abgestrahlt, das Proton bleibt im Kern:

$^{1}_{0}\mathrm{n} \rightarrow ^{1}_{1}\mathrm{p} + ^{0}_{-1}\mathrm{e}$.

Ein Beispiel ist das Cäsiumnuklid Cs-137:

$^{137}_{55}\mathrm{Cs} \rightarrow ^{137}_{56}\mathrm{Ba} + ^{0}_{-1}\mathrm{e}$.

An der Gleichung erkennst du, dass sich auch Betastrahler in neue Elemente umwandeln. In dem Beispiel entsteht aus Cäsium das Element Barium sowie Betastrahlung. Auch beim Betazerfall bleibt die Ladungsmenge insgesamt erhalten.

Unter Betastrahlung versteht man das Aussenden von Elektronen. Sie wird im elektrischen und magnetischen Feld abgelenkt. Ihr Durchdringungsvermögen ist 100-mal größer als das der Alphastrahlung.

Mit der Alpha- und Betastrahlung hast du zwei Strahlungsarten kennen gelernt, bei denen mit der Umwandlung des Atomkerns Teilchen abgestrahlt werden. Im Unterschied dazu ist die **Gammastrahlung** keine Teilchenstrahlung (▸ Bild 03). Deshalb ändern sich auch nicht die Kernladungszahl und die Massenzahl, wie das folgende Beispiel zeigt:

$^{222}_{86}\mathrm{Ra} \rightarrow ^{222}_{86}\mathrm{Ra} + \gamma$.

Gammastrahlung ist wie das Licht eine elektromagnetische Strahlung. Sie kann jedoch Atome ionisieren. Gammastrahlung tritt häufig gemeinsam mit Alpha- oder Betastrahlung auf. In den Experimenten zur Strahlung in magnetischen und elektrischen Feldern zeigt sich, dass Gammastrahlung sich nicht ablenken lässt. Das kannst du nun verstehen, da Gammastrahlung nicht aus elektrisch geladenen Teilchen besteht.

Gammastrahlung hat ein wesentlich höheres Durchdringungsvermögen als Alpha- oder Betastrahlung. Selbst meterdicke Wände aus Beton und sogar Blei werden von Gammastrahlung durchdrungen.

Gammastrahlung ist eine elektromagnetische Strahlung. In elektrischen und magnetischen Feldern wird sie nicht abgelenkt. Gammastrahlung hat ein hohes Durchdringungsvermögen.

1 Erläutere Unterschiede und Gemeinsamkeiten der drei Strahlungsarten.

VERSUCHE ▸ Natürliche Radioaktivität in Gebäuden

V1 Messung der Radioaktivität

Mit diesem einfachen Versuch kannst du die natürliche Radioaktivität erkunden.

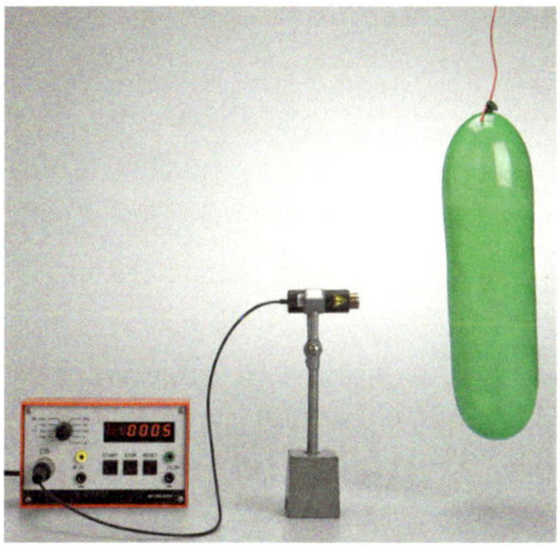

04 Versuch zur Umweltradioaktivität

Material:

Luftballon, Bindfaden, Wolltuch oder Folie für Tageslichtprojektor, Zählrohr, Stoppuhr

Durchführung:

a) Bestimme zu Beginn des Versuches mit dem Zählrohr die Nullrate (30 s).

b) Reibe den aufgeblasenen Luftballon mit dem Wolltuch oder der Folie. Er ist jetzt elektrisch geladen. Hänge ihn an der Raumdecke auf. Achte darauf, dass der Ballon sich nicht entladen kann und lass ihn für ca. 30 min dort hängen.

c) Nimm den Ballon ab, lass die Luft heraus und bringe die leere Ballonhaut sofort direkt vor das Eintrittsfenster des Zählrohrs. Bestimme die Zählrate (30 s).

d) Wiederhole die Messung der Zählrate unmittelbar danach. Halte aber jetzt ein Blatt Papier zwischen Zählrohr und Ballonhaut.

e) Wiederhole die Messungen c) und d) nach 10 min.

f) Ziehe von allen Messwerten jeweils die Nullrate ab. Stelle die Ergebnisse übersichtlich in einer Tabelle dar.

g) Interpretiere deine Ergebnisse. Stelle eine Vermutung über die Strahlenart auf. Erkläre, warum es wichtig ist, zur Messung aus dem Ballon die Luft wieder herauszulassen.

Material A ▸ Radioaktivität und Medizin – Diagnose mit „Szintigrafien“

Nuklearmedizin ist die Anwendung von Radioaktivität zur Diagnose und zur Therapie. Für die Untersuchung der Funktion von Organen werden z. B. sogenannte Szintigrafien angefertigt. Dem Patienten wird dafür eine geringe Menge einer radioaktiven Substanz verabreicht. Eine spezielle Kamera kann dann von außen die Strahlung dieser Substanz registrieren. ▸ Bild 05 zeigt eine Szintigrafie des Herzens.

A1 **a)** Gib eine Vermutung an, welche Strahlenart für eine Szintigrafie in Frage kommt. Begründe deine Vermutung.

b) Bewerte die Nachteile solcher Untersuchungen.

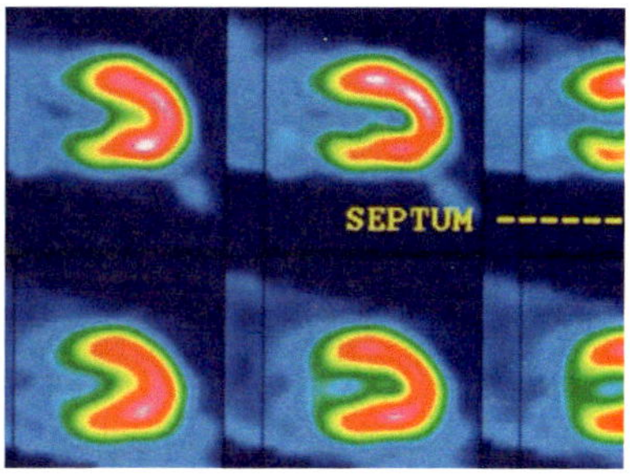

05 Herz-Szintigrafie

Material B ▸ Strahlung im elektrischen Feld

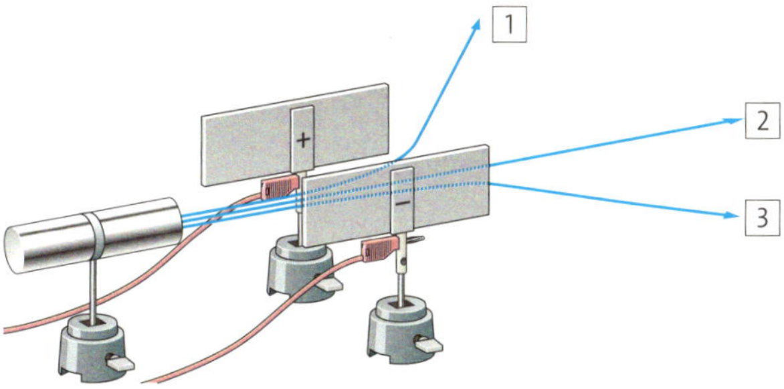

06 Ablenkung von Strahlung im elektrischen Feld

B1 Mischstrahler senden gleichzeitig Alpha-, Beta- und Gammastrahlung aus. ▸ Bild 06 zeigt die Wege der Strahlung eines Mischstrahlers im elektrischen Feld. Ordne den Strahlungsarten den zugehörigen Weg zu. Begründe deine Entscheidung.

BLICKPUNKT

Neutrinos

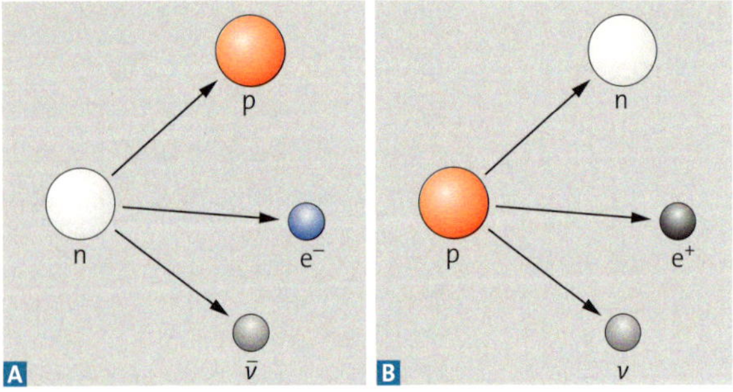

01 **A** Beta-Minus-Zerfall, **B** Beta-Plus-Zerfall

02 Der Neutrino-Detektor „Ice Cube" ragt aus dem Antarktiseis.

Neutrinos aus dem Betazerfall · Du weißt, dass beim Betazerfall im Atomkern ein Neutron in ein Proton und ein Elektron umgewandelt wird. In der Anfangszeit der modernen Physik war die Erklärung dafür ein ernsthaftes Problem. Zwar stimmt die Bilanz der Ladungen für diese Umwandlung im Kern – die Kernladungszahl ändert sich beim Aussenden eines Elektrons um +1. Jedoch schienen die von der Theorie geforderten Erhaltungssätze für Energie und Impuls verletzt zu sein. Der österreichische Physiker WOLFGANG PAULI schlug 1930 deshalb die Existenz eines neuen Teilchens vor, das beim Betazerfall entsteht. Es wurde später **Neutrino** genannt. ▸ Bild 01A zeigt einen **Beta-Minus-Zerfall,** bei dem aus einem Neutron n ein positiv geladenes Proton p, ein negativ geladenes Elektron e^- und ein Neutrino entstehen. Genau genommen ist es ein **Antineutrino** $\bar{\nu}$.

Es gibt auch Betastrahlung, bei der sogenannte **Positronen** entstehen. Positronen sind die Antiteilchen der Elektronen und tragen eine positive elektrische Ladung mit dem gleichen Betrag. Deshalb heißt diese Zerfallsart **Beta-Plus-Zerfall** (▸ Bild 01B). Dabei entstehen aus einem Proton p ein Neutron n, ein Positron e^+ und ein Neutrino ν. Das Antineutrino $\bar{\nu}$ aus dem Beta-Minus-Zerfall ist das Antiteilchen zu dem Neutrino ν aus dem Beta-Plus-Zerfall.

Neutrinos als Einzelgänger · Es hat allerdings noch ganze 26 Jahre gedauert, bis Physiker 1956 die vermuteten Neutrinos im Experiment tatsächlich finden konnten. Die Ladung eines Kerns, seine Masse und auch die ausgesendeten Elektronen und Positronen lassen sich im Labor gut beobachten. Sehr schwierig ist es dagegen, Neutrinos nachzuweisen. Du kannst dir diese Teilchen wie Einzelgänger vorstellen. Sie haben mit anderer Materie kaum eine Wechselwirkung. Von einer Milliarde Neutrinos, die sich aus dem Kosmos in Richtung Erde bewegen, schaffen es bis auf ein Teilchen alle, die Erde ungestört zu „durchfliegen". Messen oder „Nachweisen" heißt aber immer auch Wechselwirken. Für die allermeisten Neutrinos aber bleibt die Messapparatur „durchsichtig".

Neutrino-Forschung · Neutrinos haben keine Ladung und fast keine Masse. Dennoch spielen sie eine große Rolle für unser Universum. Sie kommen nämlich extrem häufig vor! Riesige Mengen an Neutrinos stammen aus Kernreaktionen in Sternen wie unserer Sonne. Diese Neutrinos versuchen Wissenschaftler mithilfe aufwendiger Detektoren zu „fassen".

▸ Bild 02 zeigt den über dem Eis liegenden Teil des Neutrino-Detektors „Ice Cube", der sich im Eis des Südpols befindet. Weil die Wahrscheinlichkeit einer Wechselwirkung mit Neutrinos so gering ist, sind die Detektoren sehr groß. Ice Cube, der weltweit größte Detektor, hat ein Volumen von einem Kubikkilometer!

1 Entscheide und begründe: Handelt es sich bei der Kernumwandlung um einen Beta-Plus- oder Beta-Minus-Zerfall: $^{101}_{42}\text{Mo} \rightarrow {}^{101}_{43}\text{Tc}$.
Gib auch an, welche Neutrinosorte dabei entsteht.

METHODE

Arbeiten mit der Nuklidkarte

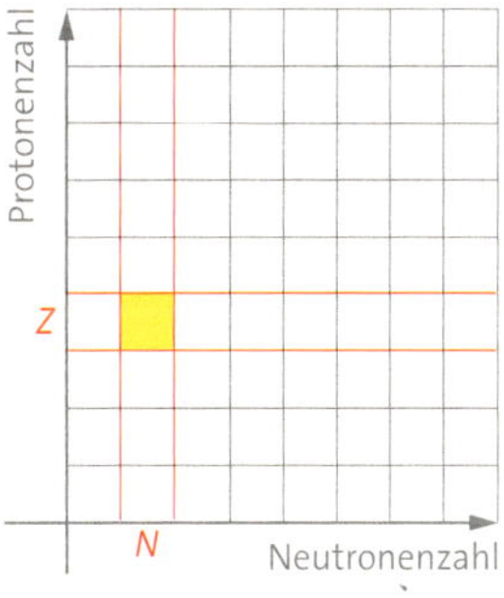

03 Aufbau der Nuklidkarte

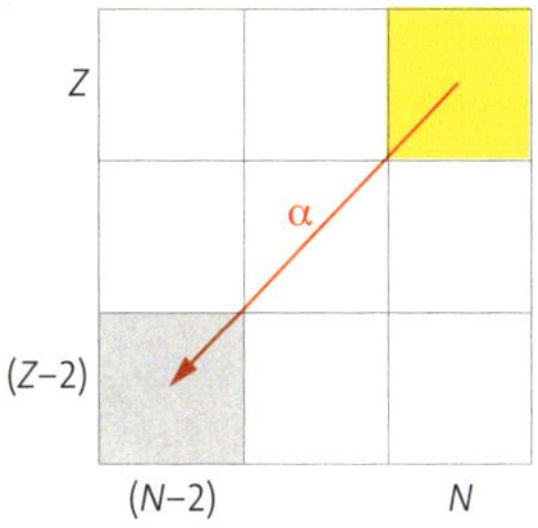

04 Alphazerfall

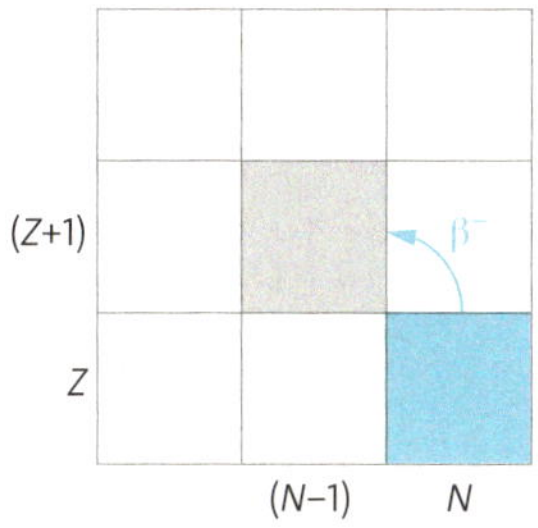

05 Beta-Minus-Zerfall

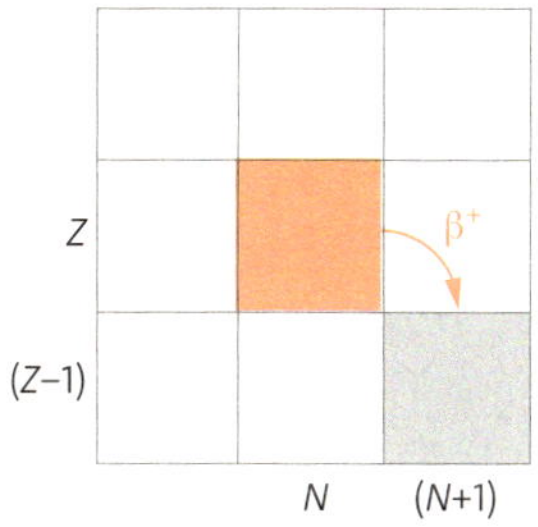

06 Beta-Plus-Zerfall

Ähnlich wie das Periodensystem der Elemente ist die Nuklidkarte systematisch aufgebaut. Du kannst sie dir wie eine große Tabelle vorstellen (▸ Bild 03): In den Zeilen stehen alle Nuklide mit der gleichen Protonenanzahl. Diese Zahl der Kernladungen entspricht somit auch der Ordnungszahl und wird mit *Z* bezeichnet. Du findest also alle Nuklide, die zu demselben Element gehören, in einer Zeile der Nuklidkarte. In den Spalten der Nuklidkarte stehen alle Nuklide mit der gleichen Anzahl von Neutronen.

Mithilfe der Nuklidkarte kannst du Kernumwandlungen und ganze **Zerfallsreihen** voraussagen. Die Farbgebung in der Nuklidkarte enthält die Information über die Zerfallsart für ein bestimmtes Nuklid.

Gelb bedeutet **Alphazerfall.** Bei dem neu entstehenden Nuklid werden die Neutronenzahl *N* und die Protonenzahl *Z* jeweils um zwei verringert (▸ Bild 04).

Blau bedeutet **Beta-Minus-Zerfall.** Ein Elektron wird ausgesendet. Weil sich dabei aus einem Neutron ein Proton und ein Elektron bilden, verringert sich *N* um 1 und *Z* erhöht sich um 1 (▸ Bild 05).

Rot bedeutet, dass ein Positron ausgesendet oder ein Elektron eingefangen wird. Diese Kernumwandlung wird als Beta-Plus-Zerfall bezeichnet. Hierbei verringert sich *Z* um 1 und *N* vergrößert sich um 1 (▸ Bild 06).

Schwarz markierte Nuklide sind stabil. Sie wandeln sich von selbst nicht weiter um.

Einen Ausschnitt aus der Nuklidkarte findest du im Anhang des Buches.

2 ▸ Bild 07 zeigt die Entstehung des radioaktiven Nuklids Rn-222. Radon trägt wesentlich zur natürlichen Radioaktivität auf der Erde bei. Übertrage die Zerfallsreihe und vervollständige sie mithilfe der Nuklidkarte. Gib jeweils die Zerfallsart (α- bzw. β-Strahlung) an.

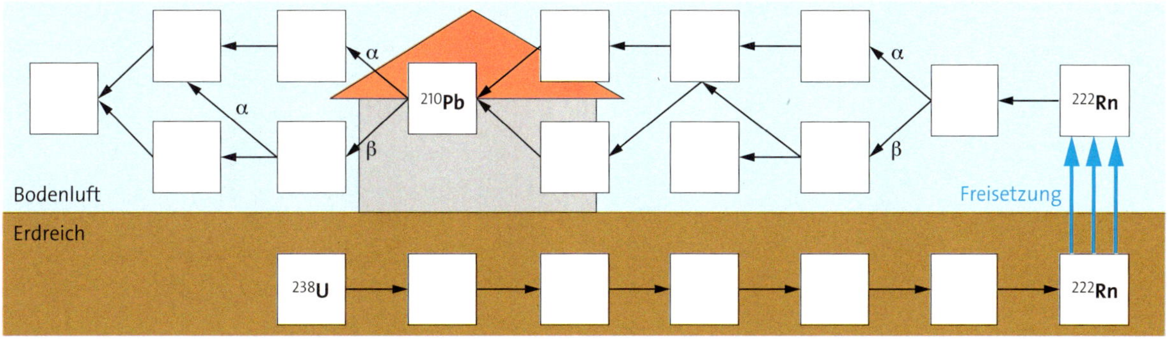

07 Entstehung des bodennahen radioaktiven Radons aus der U-238-Zerfallsreihe

01 Urgeschichtliche Höhlenmalerei in Altamira (Spanien)

Radioaktiver Zerfall

Im spanischen Altamira wurden in Höhlen spektakuläre Malereien gefunden. Archäologen haben das Alter der über 900 Malereien auf 10 000 bis 14 000 Jahre bestimmt! Wie können die Wissenschaftler darauf kommen?

DIE C-14-METHODE · Die Farben der Höhlenmalereien sind aus Tierknochen und Pflanzenteilen hergestellt worden. Sie bestehen aus Kohlenstoff, der zu einem bestimmten Anteil das Nuklid C-14 enthält. C-14 ist ein Betastrahler und wandelt sich in das stabile Nuklid N-14 um. Dadurch ändert sich mit der Zeit das Verhältnis von C-14 zu C-12. Jedoch beginnt dieser Prozess erst nach dem Absterben des Organismus. Solange Pflanzen und Tiere leben, ändert sich das Verhältnis nicht, weil ihr Stoffwechsel ständig für „Nachschub" an C-14 sorgt.

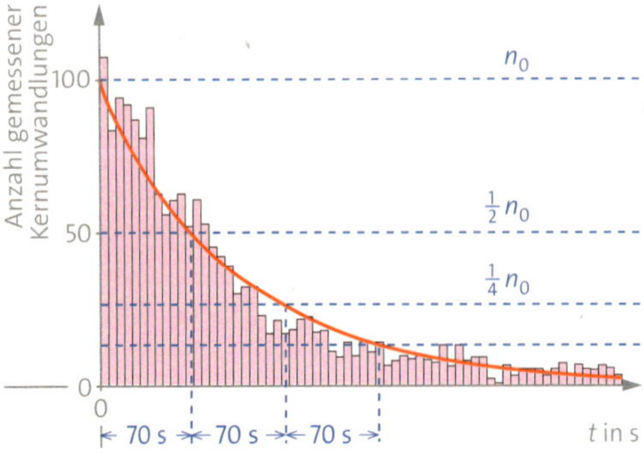

02 Abnahme der Zählrate von Protactinium-234

Wissenschaftler können das Verhältnis von C-14 zu C-12 sehr genau messen. Wie können sie aber aus der Menge des vorhandenen C-14 auf das Alter einer Probe schließen? Experimente mit einer Dauer von mehreren Tausend Jahren können wir kaum durchführen. Dafür geben uns Experimente mit anderen radioaktiven Stoffen Hinweise. Ein solcher Stoff ist Protactinium. Weil die Menge des radioaktiven Nuklids Pa-234 nicht direkt messbar ist, misst man mit einem Zählrohr die Zahl der Zerfälle in Abhängigkeit von der Zeit. Diese Zahl ist ein Maß für die vorhandene Menge an Pa-234.

DIE HALBWERTSZEIT · ▸ Bild 02 zeigt, dass die Zahl der registrierten Zerfälle und damit die Menge von Protactinium-234 mit der Zeit immer mehr abnimmt. Eine genaue Auswertung zeigt, dass nach einer Zeitspanne von etwa 70 s die Zählrate und damit auch die Menge an

Protactinium-234 auf die Hälfte, nach etwa 140 s auf ein Viertel und nach 210 s auf ein Achtel abgenommen hat.

Auch für andere radioaktive Nuklide kann man beobachten, dass immer nach derselben Zeitspanne die Anzahl der vorhandenen Kerne um die Hälfte abgenommen hat. Bei dem für die Altersbestimmung wichtigen Nuklid C-14 ist nach 5730 Jahren die Hälfte „weg". Nach weiteren 5730 Jahren ist von der verbliebenen Hälfte wieder die Hälfte „weg" (▸ Bild 03). Die nach jeweils 5730 Jahren „verschwundene" Hälfte ist jedoch nicht weg. Die Kerne des Nuklids C-14 sind zerfallen und haben sich in das Nuklid N-14 umgewandelt und dabei Betastrahlung ausgesendet.

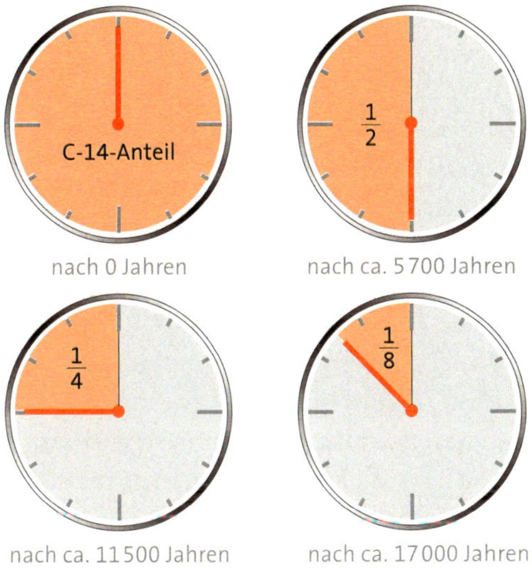

03 Der „C-14-Kuchen": Anteil des Nuklids C-14 am vorhandenen Kohlenstoff in Abhängigkeit von der Zeit

Nuklid	Halbwertszeit
B-12	20 ms
Rn-220	55,6 s
C-14	5730 a
Pu-239	24 110 a
K-40	$1{,}277 \cdot 10^9$ a

04 Halbwertszeiten einiger radioaktiver Stoffe

Man nennt die Zeitspanne, in der die Hälfte eines radioaktiven Stoffes zerfallen ist, die **Halbwertszeit $T_{1/2}$**. Sie ist eine charakteristische Größe – jedes radioaktive Nuklid hat eine andere Halbwertszeit. Halbwertszeiten können von Sekundenbruchteilen bis zu Hunderten von Milliarden Jahren reichen (▸ Tabelle 04).

Die Halbwertszeit $T_{1/2}$ ist die Zeitspanne, in der sich die Hälfte der Kerne eines radioaktiven Nuklids umgewandelt hat. Sie ist eine charakteristische Größe radioaktiver Nuklide.

Die Halbwertszeit sagt nur etwas über eine große Anzahl von Kernen aus. Die Umwandlung einzelner Kerne geschieht immer zufällig. Niemand kann sie voraussagen oder durch Änderung physikalischer Größen wie Temperatur oder Druck beeinflussen.

AKTIVITÄT · Du hast gelernt, dass die Zählrate die von einem Zählrohr pro Zeiteinheit registrierte Anzahl von Signalen ist. Jedes Signal entspricht dabei dem radioaktiven Zerfall eines Kerns. Allerdings gelangt die ionisierende Strahlung des Stoffes nicht nur in das Fenster des Zählrohrs. Die Strahlung wird in alle Richtungen ausgesendet. Die Anzahl aller radioaktiven Kernumwandlungen eines Stoffes pro Zeiteinheit wird **Aktivität** genannt. Finden in einer Stoffmenge z.B. 100 radioaktive Zerfälle in einer Sekunde statt, dann beträgt die Aktivität 100 s^{-1}. Die Einheit 1 s^{-1} wird als **1 Becquerel (1 Bq)** bezeichnet. Die Aktivität eines Stoffes hängt von seiner Menge ab. Wenn man die Menge, also die Anzahl der Kerne verdoppelt, dann zerfallen pro Sekunde doppelt so viele Kerne. Die Aktivität ist also proportional zur Menge des radioaktiven Stoffes. Dies haben wir beim Experiment zum Zerfall von Protactinium-234 ausgenutzt.

Das Becquerel ist eine SI-Einheit und trägt diesen Namen zu Ehren von ANTOINE HENRI BECQUEREL, einem der Entdecker der Radioaktivität.

Die Aktivität gibt die Anzahl der radioaktiven Zerfälle einer Stoffmenge pro Zeiteinheit an.
Die Einheit ist $1\,Bq = 1\,s^{-1}$.

1 **a)** Bestimme, nach wie viel Halbwertszeiten über 99% eines radioaktiven Stoffes zerfallen sind.
b) Bestimme, wann dieser Zeitpunkt bei C-14 erreicht ist.

ZERFALLSREIHEN · Viele radioaktive Nuklide kommen in der Natur vor – sie umgeben uns ständig. Sie wandeln sich um, indem sie Alpha- oder Betateilchen aussenden. Oft entsteht dabei auch noch Gammastrahlung. Das im Gas Radon enthaltene Nuklid Rn-220 wandelt sich z.B. um, indem es Alphateilchen aussendet. Du weißt, dass ein Alphateilchen aus zwei Protonen und zwei Neutronen besteht. Somit muss nach der Umwandlung ein neuer Stoff entstanden sein, dessen Nukleonenzahl um vier und dessen Ordnungszahl um zwei verringert ist. Die Umwandlung kann durch folgende Gleichung beschrieben werden:

$$^{220}_{86}\text{Rn} \rightarrow {}^{216}_{84}\text{Po} + {}^{4}_{2}\text{He}$$

Das entstehende Poloniumnuklid Po-216 ist selbst radioaktiv und wandelt sich auch um. Auf diese Weise sind natürliche radioaktive Nuklide in Zerfallsreihen eingebunden. An ihrem Ende steht dann jeweils ein stabiles Nuklid, das sich nicht mehr weiter umwandelt.

In der Natur kommen drei solcher Zerfallsreihen vor. Ein Beispiel, die Thorium-Reihe, ist in ▸ Bild 01 dargestellt. Sie nimmt ihren Ausgangspunkt beim Nuklid Th-232 und bricht beim Bleinuklid Pb-208 ab. Dieses Nuklid ist stabil, es zerfällt also nicht weiter.
Die beiden weiteren natürlichen Zerfallsreihen beginnen beim Urannuklid U-238 (Uran-Radium-Reihe) und beim Urannuklid U-235 (Uran-Actinium-Reihe).

Eine Zerfallsreihe ist eine Folge von Umwandlungen radioaktiver Kerne, die bei einem stabilen Nuklid endet. In der Natur kommen drei Zerfallsreihen vor.

1 $^{238}_{92}$U ist ein Alphastrahler. Welches Nuklid folgt damit in der Uran-Actinium-Reihe? Gib die Umwandlungsgleichung an.

2 Die Uran-Radium-Reihe endet bei dem stabilen Nuklid $^{206}_{82}$Pb, das gleich zwei Vorgängernuklide hat – einen Alphastrahler und einen Betastrahler. Gib die beiden Vorgängernuklide in der Zerfallsreihe an.

3 Gib eine Vermutung über die Halbwertszeiten der Ausgangsnuklide der Zerfallsreihen an. Begründe deine Vermutung.

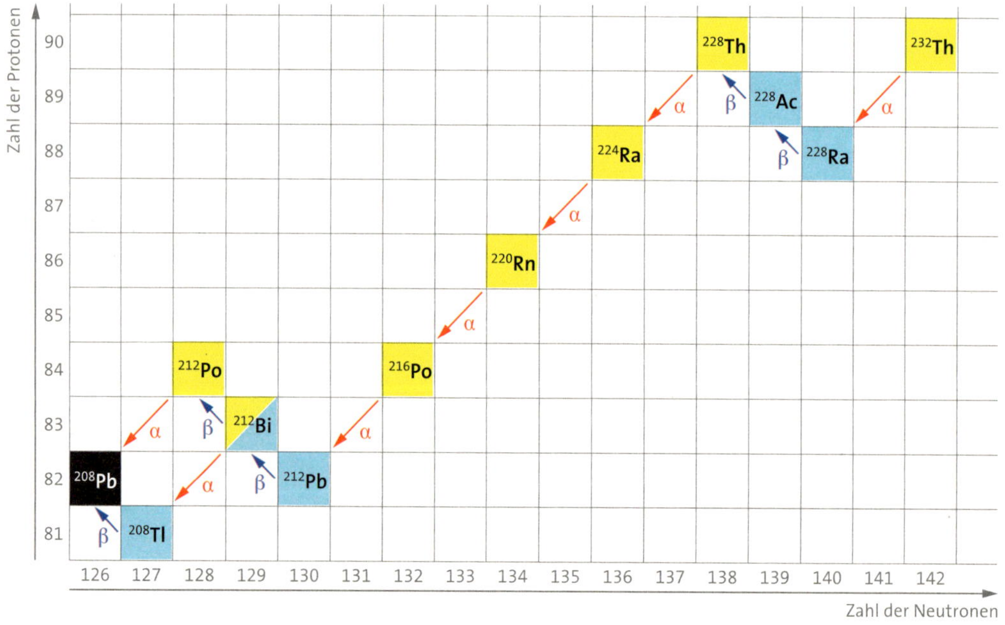

01 Thorium-Zerfallsreihe

VERSUCH ▸ Modellversuch „Reißnagelzerfall“

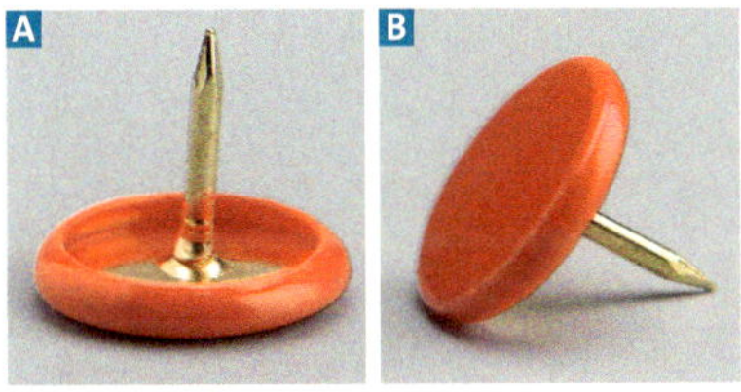

02 A „nicht zerfallen“, B „zerfallen“

Material:

100 Reißnägel oder mehr
Hinweis: kleine Reißnagelpackungen enthalten 100 bis 120 Stück.

Durchführung:

Zunächst vereinbaren wir: Reißnägel, die auf dem Rücken liegen, gelten als „nicht zerfallen“, gekippte Reißnägel gelten als „zerfallen“ (▸ Bild 02 A, B)

a) Lege die Reißnägel in einen Behälter, schüttle sie und entleere den Behälter auf einer freien Fläche. Sortiere alle „zerfallenen“ Reißnägel aus und notiere ihre Anzahl. Wiederhole jeweils mit den verbliebenen Reißnägeln den Versuch so oft, bis alle Reißnägel zerfallen sind.

b) Notiere deine „Messwerte“ in ▸ Tabelle 04 und stelle das Ergebnis in einem Säulendiagramm dar.

c) Gib an, welche Vorgänge oder Größen im Modellexperiment der Halbwertszeit und der Aktivität bei einem radioaktiven Zerfall entsprechen. Was entspricht einer Zeiteinheit?

d) Bestimme die „Halbwertszeit“ deines Reißnagelzerfalls.

e) Die Vereinbarung über „zerfallene“ Reißnägel wird gerade umgekehrt getroffen. Ermittle, wie sich die Halbwertszeit in deinem Versuch ändert.

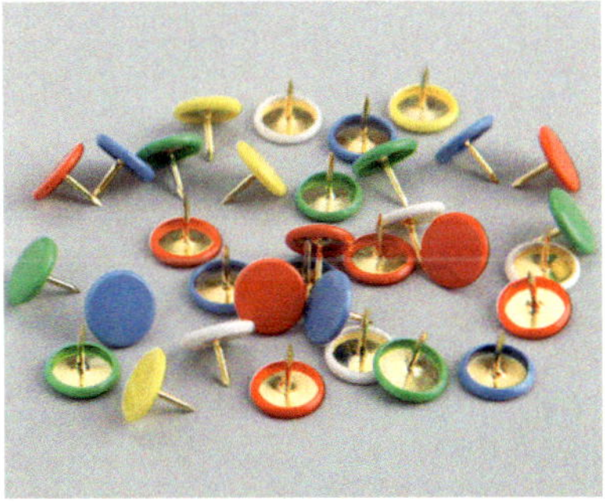

03 „Zerfallene“ Reißnägel scheiden aus!

Anzahl der Würfe	0	1	2	3	4	5	6	...
Anzahl „zerfallener“ Reißnägel	0							
Anzahl „nicht zerfallener“ Reißnägel	100							

04 „Messwerte“-Tabelle

Material A ▸ Np-237-Reihe

Seit dem Entstehen der Erde vor etwa 4,6 Milliarden Jahren existieren drei natürliche Zerfallsreihen. Theoretisch sollte es noch eine vierte Zerfallsreihe geben. Sie müsste mit dem Nuklid Np-237 beginnen. Jedoch kommt diese Zerfallsreihe in der Natur nicht vor.

A1 a) Gib mithilfe der Nuklidkarte die vollständige Zerfallsreihe ausgehend von Np-237 an.
Hinweis: Das letzte Nuklid dieser Reihe ist das stabile Bi-209.
b) Begründe, dass die Np-237-Zerfallsreihe in der Natur nicht existiert.
Hinweis: Beachte die Halbwertszeiten der Zerfallsprodukte.

Material B ▸ Eine Gleichung für den Zerfall

B1 Ra-226 zerfällt mit einer Halbwertszeit von 1600 Jahren.
a) Bestimme, nach wie viel Jahren noch ein Achtel der ursprünglichen Menge Ra-226 vorhanden ist.
b) Berechne, welcher Anteil nach 80 000 Jahren noch vorhanden ist.

B2 Wenn du die Anzahl der Kerne einer radioaktiven Stoffprobe für einen bestimmten Zeitpunkt und auch die Halbwertszeit kennst, dann kannst du die Anzahl der Kerne für jeden beliebigen Zeitpunkt *t* sogar genau berechnen.
Wir bezeichnen die Anzahl der Kerne, die zu einem Zeitpunkt *t* vorhanden sind, mit $N(t)$. Für den Startpunkt $t = 0$ s nennen wir die Anzahl N_0. Die Halbwertszeit $T_{1/2}$ kennst du schon. $N(t)$ ist dann:

$$N(t) = N_0 \cdot \left(\frac{1}{2}\right)^{\frac{t}{T_{1/2}}}.$$

Diese Gleichung wird **Zerfallsgesetz** genannt.

Das Alter der Höhlenmalereien in Altamira in Spanien wurde mit der C-14-Methode auf 10 000 Jahre bestimmt. Berechne mit dem Zerfallsgesetz, welcher Anteil des ursprünglich vorhandenen C-14 nach 10 000 Jahren noch vorhanden ist. ($T_{1/2}$ von C-14: 5730 a)

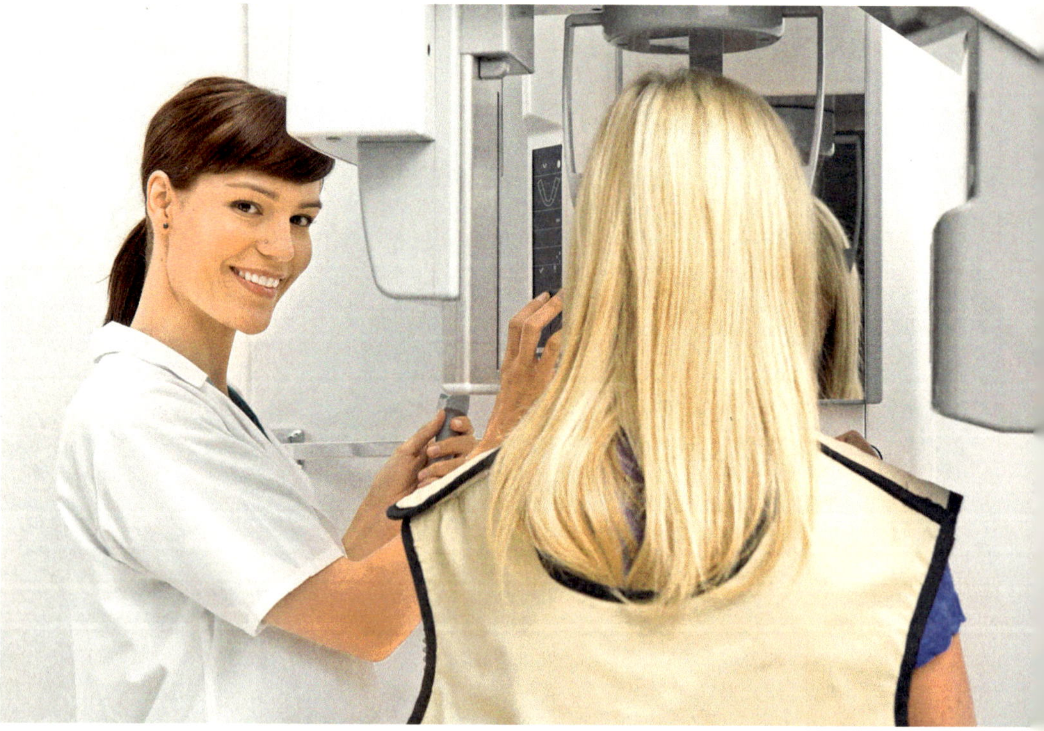

01 Röntgenaufnahme beim Zahnarzt

Strahlenschäden und Strahlenschutz

Vielleicht kennst du das: In der Zahnarztpraxis wird eine Röntgenaufnahme von den Zähnen gemacht. Dazu wird der Patientin eine Bleischürze umgehängt. Warum ist diese Schutzmaßnahme wichtig?

WIRKUNG IONISIERENDER STRAHLUNG · Die ionisierende Wirkung von Alpha-, Beta- und Gammastrahlung hast du bereits kennen gelernt. Auf eine andere ionisierende Strahlung ist WILHELM CONRAD RÖNTGEN im Jahr 1895 gestoßen, also bereits ein Jahr vor der Entdeckung der natürlichen Radioaktivität. Er nannte sie zunächst X-Strahlung. Heute ist sie uns als **Röntgenstrahlung** bekannt und begegnet uns z.B. bei der Röntgenaufnahme unserer Zähne.

Wie Gammastrahlung ist auch Röntgenstrahlung eine elektromagnetische Strahlung und durchdringt Stoffe unterschiedlich gut. Man erkannte schnell diesen Nutzen für die Medizin. Jedoch dauerte es Jahrzehnte, bis man auch eine Gefahr für die Gesundheit durch unkontrollierte und sorglose Röntgenbestrahlung des Körpers erkannte (▸ Bild 02).

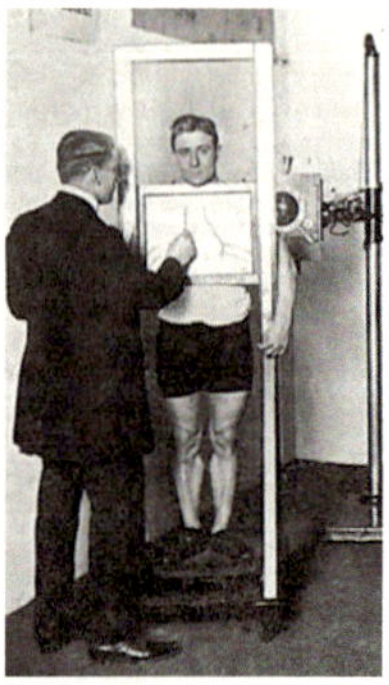

02 Röntgenaufnahme vor über 100 Jahren

Heute weiß man, dass ionisierende Strahlung Moleküle in unserem Körper zerstören kann. Als Folge der Ionisation kommt es zu chemischen Reaktionen im bestrahlten Körperteil. So werden im Wassermolekül (H_2O) die Hüllen der Atome verändert und dadurch die chemischen Bindungen umgebaut. Es entsteht Wasserstoffperoxid (H_2O_2), ein Zellgift, das bereits in geringer Konzentration schädlich ist.

Als biologische Folge der Ionisation kann es zu Brüchen der Chromosomen kommen. Die betroffenen Zellen zeigen dann ein verändertes biologisches Verhalten, weil das Erbgut geschädigt ist.

Alpha-, Beta-, Gamma- und Röntgenstrahlung ionisieren Moleküle im menschlichen Körper. Dabei kann die DNA und damit die Erbinformation beschädigt werden.

WIE GELANGT DIE STRAHLUNG IN DEN KÖRPER? · Hier müssen wir zwischen den Strahlenarten unterscheiden. Von der Alphastrahlung hast du gelernt, dass sie bereits durch ein Blatt Papier abgeschirmt werden kann. Somit kann sie erst recht schon durch die äußere Hautschicht aufgehalten werden. Alphastrahler werden aber dann gefährlich, wenn sie über die Atmung oder mit der Nahrung in unseren Körper gelangen.

Betastrahlung wie auch Gamma- und Röntgenstrahlung kann Kleidung und Haut durchdringen. Sie gelangt also direkt von außen in den Körper. Damit z.B. bei einer Röntgenuntersuchung nur die für die Diagnose notwendige Körperregion durchstrahlt wird, muss der restliche Körper mit einem gut abschirmenden Material geschützt werden. Diese Funktion übernimmt die Bleischürze.

Woher kommt die Strahlung eigentlich? Die natürliche Strahlung in unserer Umwelt stammt aus der Luft, aus dem Boden oder z.B. aus Baumaterialien wie Ziegelsteinen. Über die Nahrungskette und mit der Atmung gelangen radioaktive Substanzen in unseren Körper. Damit werden wir Menschen selbst auch zu Strahlenquellen. Die Wege der Strahlung in unseren Körper zeigt ▸ Bild 03.

STRAHLENSCHÄDEN · Das Leben auf der Erde entwickelte sich von Beginn an unter den Bedingungen natürlicher Radioaktivität. Deshalb kann unser Organismus geschädigte Zellen erkennen und sogar reparieren. Wird dieses natürliche Abwehrsystem überfordert, dann kommt es zu Strahlenschäden.

Das Ausmaß und die Art der Schädigung hängen von mehreren Faktoren ab. Grundsätzlich gilt: Je stärker die Strahlung ist und je länger die Bestrahlung andauert, desto schwerwiegender sind die Strahlenschäden. Es kommt auch darauf an, welche Organe oder Gewebearten bestrahlt werden. Eine Einteilung der Organempfindlichkeiten findest du in ▸ Bild 04. Schließlich ist die biologische Wirkung abhängig von der Art der Strahlung.

Die biologische Wirkung von ionisierender Strahlung hängt von der Intensität, der Dauer und der Art der Strahlung sowie von der Empfindlichkeit des bestrahlten Organs ab.

Die Wahrscheinlichkeit des Auftretens von Strahlenschäden und ihr Ausmaß hängen von individuellen Faktoren wie dem Immunsystem ab. Zu den sogenannten **somatischen Frühschäden** gehören Veränderungen des Blutbildes und Entzündungen. Solche Frühschäden können geheilt werden. Bei **somatischen Spätschäden** können Krankheitssymptome wie Leukämie oder Krebs erst nach Jahren auftreten. Die Schädigung des Erbguts durch ionisierende Strahlung kann zu **genetischen Schäden** führen. Das bedeutet, dass sich die Veränderungen an den Keimzellen erst an nachfolgenden Generationen auswirken.

Somatische Strahlenschäden treten beim einzelnen Individuum auf.
Bei genetischen Strahlenschäden wirken sich die biologischen Veränderungen erst bei den Nachkommen aus.

04 Strahlenempfindlichkeit von Organen und Gewebearten

03 Wege ionisierender Strahlung in den Körper

01 Einfaches Dosimeter für den Personenschutz

02 Symbol zur Warnung vor radioaktiven Stoffen und ionisierender Strahlung

DIE EFFEKTIVE STRAHLENDOSIS · Du kennst die Aktivität als Eigenschaft radioaktiver Stoffe. Sie sagt aber nichts über die Wirkungen im Körper aus. Um das Risiko für Strahlenschäden beurteilen zu können, benötigen wir eine neue Größe.

Mit Dosimetern lässt sich die Wirkung einer Strahlung messen (▸ Bild 01). Genau genommen bedeutet die Strahlendosis die Energie, die durch Strahlung auf einen Körper übertragen wird. Aus der gemessenen Strahlendosis wird die **effektive Äquivalentdosis** berechnet. Sie berücksichtigt die unterschiedlichen Wirkungen der Strahlenarten. Außerdem werden in dieser Größe den Organen je nach Strahlungsempfindlichkeit bestimmte Faktoren zugeordnet. Die Einheit der effektiven Äquivalentdosis ist ein **Sievert (1 Sv).** Oft wird die Dosis in Millisievert (mSv) oder Mikrosievert (µSv) angegeben.
Experten gehen heute davon aus, dass eine effektive Äquivalentdosis von 2,4 mSv pro Jahr kein erhöhtes Risiko für eine Strahlenkrankheit darstellt. Empfängt ein Mensch jedoch innerhalb kurzer Zeit eine effektive Dosis von 4 Sv, also ungefähr das 1700fache von 2,4 mSv, dann ist die Wahrscheinlichkeit einer Erkrankung mit Todesfolge sehr groß.

/// Die effektive Äquivalentdosis gibt Auskunft über biologische Strahlenwirkungen. Sie berücksichtigt Strahlenarten und Strahlenempfindlichkeiten der Organe.
Die Einheit ist ein Sievert (1 Sv).

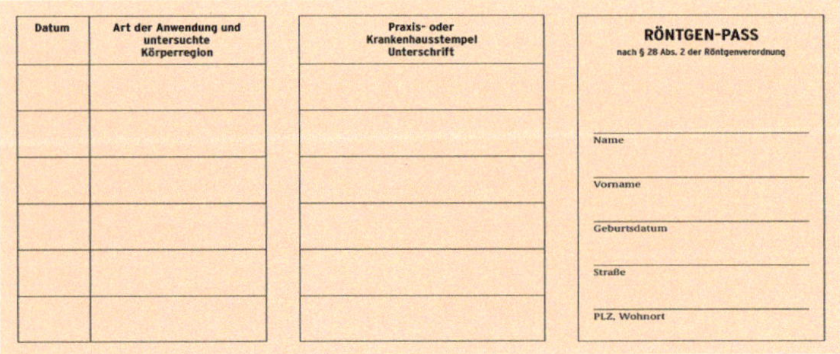

03 Röntgenpass zur Kontrolle der medizinischen Strahlenbelastung

SCHUTZ VOR STRAHLUNG · Für ein möglichst geringes gesundheitliches Risiko durch ionisierende Strahlung müssen bestimmte Regeln eingehalten werden. Diese Regeln kannst du mithilfe der physikalischen Eigenschaften von ionisierender Strahlung verstehen. Für Anwendungen in Medizin, Technik und Forschung, aber auch beim Experimentieren in der Schule gilt:

1. Die Aktivität des benutzten Stoffs soll so gering wie möglich gehalten werden.
2. Die Zeit, in der Menschen ionisierender Strahlung ausgesetzt sind, ist auf das absolut notwendige Minimum zu begrenzen.
3. Der Abstand zwischen Mensch und Strahlenquelle soll so groß wie möglich sein (Mindestabstand einhalten).
4. Die Strahlung soll so gut wie möglich abgeschirmt werden, um ihre Wirkung auf das notwendige Maß zu begrenzen (z. B. Bleischürze).
5. Die Aufnahme radioaktiver Substanzen in den Körper soll möglichst vermieden werden.

Diese Regeln lassen sich als **„5-A-Regel" des Strahlenschutzes** kurz zusammenfassen:

/// **A**ktivität verringern; **A**ufenthaltsdauer verringern; **A**bstand vergrößern; **A**bschirmung erhöhen; **A**ufnahme vermeiden.

Einen Beitrag zum eigenen Schutz kannst du übrigens selbst leisten: Das **Bundesamt für Strahlenschutz** stellt dir auf Wunsch kostenlos einen **Röntgenpass** aus (▸ Bild 03). Darin wird jede Röntgenuntersuchung, ihr Zeitpunkt und die jeweils untersuchte Körperregion notiert. Dein Röntgenpass kann dir helfen, unnötige Mehrfachuntersuchungen zu vermeiden.

1 An der Halbwertszeit eines Präparats lässt sich nichts ändern. Beschreibe, wie sich dennoch die Aktivität des Präparats verringern lässt.

2 Begründe geometrisch die Aussage: Bei zweifacher Entfernung beträgt die Strahlungsstärke $\frac{1}{4}$ ihres ursprünglichen Werts.

Material A ▸ Künstliche (zivilisatorische) und natürliche Radioaktivität

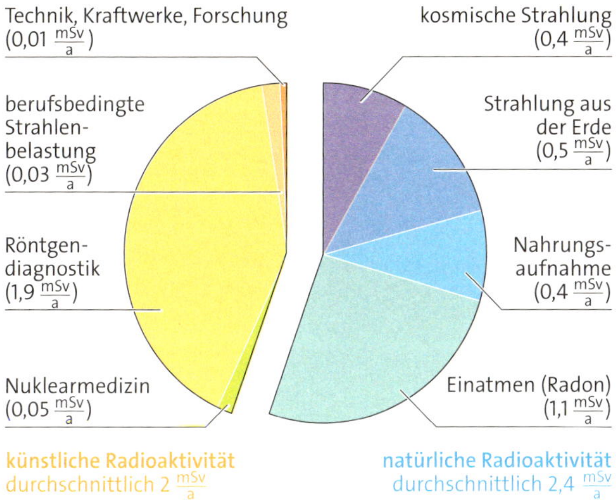

04 Durchschnittliche jährliche Äquivalenzdosis

Das Diagramm zeigt die Werte für die effektive Äquivalentdosis aufgrund der natürlichen und künstlichen Radioaktivität. Dabei handelt es sich um Durchschnittswerte, die individuell stark schwanken können. Die tatsächliche Strahlenbelastung eines Menschen hängt von verschiedenen Faktoren ab wie Wohnort, Beruf und Lebensweise.

A1 Für Flüge in normaler Reisehöhe (12 km) wird aufgrund der kosmischen Strahlung eine zusätzliche Belastung von 0,005 $\frac{mSv}{h}$ angenommen. Bestimme daraus für einen Flug von Frankfurt nach New York – Flugdauer ca. 8 Stunden – den Anteil an der durchschnittlichen jährlichen Gesamtstrahlung.

A2 Berechne, nach wie vielen Flugstunden das Bordpersonal die durchschnittliche berufsbedingte Strahlenbelastung erreicht hat.

Material B ▸ Auch der Stoffwechsel spielt eine Rolle – Die biologische Halbwertszeit

Für eine Bewertung des Risikos von Schäden durch Radioaktivität aus Umwelt und Technik oder durch medizinische Anwendungen ist die Halbwertszeit eine wichtige Größe. Sie macht eine Aussage darüber, wie schnell die Strahlung einer radioaktiven Substanz abklingt.

Für radiologische Untersuchungen (z. B. Szintigrafien) wird dem Patienten eine radioaktive Substanz verabreicht. Dann befindet sich die Strahlenquelle im Körper. Nun kommt es auch darauf an, wie schnell sie biologisch abgebaut bzw. ausgeschieden wird. Man spricht hierbei von der **biologischen Halbwertszeit T_{biol}**. Aus dieser wird dann mit der physikalischen Halbwertszeit T_{phys} zusammen eine neue Größe berechnet, in der sowohl der biologische als auch der physikalische Effekt berücksichtigt wird: die **effektive Halbwertszeit T_{eff}**. Du kannst sie so berechnen:

$$T_{eff} = \frac{T_{phys} \cdot T_{biol}}{T_{phys} + T_{biol}}$$

Nuklid	Symbol	Strahlung	T_{phys}	T_{biol}	T_{eff}
Tritium	$^{3}_{1}H$	β	12,3 a	12 d	12 d
Phosphor-32	$^{32}_{15}P$	β	14,2 d	3 a	14 d
Kalium-40	$^{40}_{19}K$	β, γ	$1{,}3 \cdot 10^9$ a	58 d	
Strontium-89	$^{89}_{38}Sr$	β, γ	50,5 d	49 a	
Technetium-99m	$^{99}_{43}Tc$	β, γ	6 h	6–24 h	
Iod-131	$^{131}_{53}I$	β, γ	8 d	80 d	
Caesium-137	$^{137}_{55}Cs$	β, γ	30,2 a	110 d	
Radium-226	$^{226}_{88}Ra$	α, γ	1600 a	45 a	

05 Halbwertszeiten

Gelangt z. B. Tritium (H-3) in unseren Körper, dann ist einerseits die große physikalische Halbwertszeit sehr ungünstig. Andererseits wird Tritium im Körper recht schnell abgebaut. Anders ist es z. B. bei dem Nuklid Phosphor-32, das auch in der Medizin verwendet wird. Hier verläuft der biologische Abbauprozess langsam. Dafür ist die physikalische Halbwertszeit relativ klein.

B1 Übertrage die Tabelle und berechne die fehlenden Werte der effektiven Halbwertszeit.

B2 Für die radiologische Untersuchung der Schilddrüse wurde den Patienten früher Iod-131 verabreicht. Heute wird dafür das Nuklid Technetium-99m verwendet. Gib einen Vorteil der Verwendung von Tc-99m an.

01 Die Sonne – eine nahezu unerschöpfliche Energiequelle

Kernenergie

Fast unerschöpflich ist der Energievorrat der Sonne. Ihr Inneres „brennt" durch Kernverschmelzung. Billiger „Brennstoff" und keine Abgase – wäre das nicht auch die Lösung aller Energieprobleme auf der Erde?

KERNENERGIE UND MASSE · In der Sonne verschmelzen leichte Kerne zu schwereren Kernen, z. B. Wasserstoff zu Helium. Eine Rechnung für solch einen Prozess zeigt dabei etwas Erstaunliches: Ein $^{4}_{2}$He-Kern besteht aus zwei Protonen und zwei Neutronen. Addiert man alle einzelnen Massen (▸ Tabelle 02), so erhält man $6{,}6950 \cdot 10^{-27}$ kg – das ist mehr als die Masse des Heliumkerns! Beim Verschmelzen der Bestandteile ist offenbar Masse verloren gegangen. Aber wo ist sie geblieben? Messungen zeigen auch für andere Kernmassen solche Abweichungen. Physiker sprechen hierbei vom **Massendefekt.**

Vom Massendefekt hängt die Energie ab, die bei Kernumwandlungen „übrig" bleibt und die z. B. von der Sonne ständig abgestrahlt wird. Genau genommen kommt die Energie aus dem Zusammenschmelzen der Nukleonen. Man nennt sie Kernenergie.

Für den Zusammenhang zwischen dem Massendefekt und der abgegebenen Energie kann man ALBERT EINSTEINs berühmte Gleichung anwenden:

$E = m \cdot c^2$ mit c: Lichtgeschwindigkeit.

In Atomkernen ist Energie gespeichert. Bei Kernumwandlungen ändern sich Masse und Energie des Kerns.

Massen einzelner Nukleonen und Atomkerne in kg
Proton ($^{1}_{1}$p) $m_p = 1{,}6726 \cdot 10^{-27}$
Neutron ($^{1}_{0}$n) $m_n = 1{,}6749 \cdot 10^{-27}$
Heliumkern ($^{4}_{2}$He) $m_{He} = 6{,}6447 \cdot 10^{-27}$
Kohlenstoffkern ($^{12}_{6}$C) $m_C = 19{,}9210 \cdot 10^{-27}$

02

03 Skulptur des Berliner „Walk of Ideas"

04 Der Schleier-Nebel – Überreste einer Supernova

06 ITER – eine Forschungsanlage zur Kernfusion

KERNFUSION IN STERNEN · Das Verschmelzen von Kernen zu einem neuen Kern bezeichnet man als **Kernfusion.** Kernfusion läuft als natürlicher Prozess in allen Sternen von selbst ab.

Im Laufe seines „Lebens" entsteht in einem Stern wie unserer Sonne zunächst aus Wasserstoff Helium. Später werden aus den Heliumkernen weitere Kerne gebildet. So entstehen z.B. der Kohlenstoff, Baustein aller Lebewesen auf der Erde, sowie die schweren Kerne bis zum $^{56}_{26}Fe$ und $^{56}_{28}Ni$. Am Ende ihrer Entwicklung können Sterne aufgrund der Schwerkraft in sich zusammenfallen. Dadurch kommt es zu einer extremen Explosion, bei der die äußere Hülle des Sterns abgestoßen wird. Solche Explosionen heißen **Supernovae.** ▸ Bild 04 zeigt die heute sichtbaren Überreste einer solchen Supernova, die vor über 5000 Jahren stattgefunden hat. Auch die für solche heftigen Explosionen notwendige Energie stammt aus der Kernfusion.

KERNFUSION IM LABOR · Wissenschaftler versuchen es den Sternen nachzumachen. In aufwendigen Experimenten untersuchen sie die Kernfusion von Wasserstoff zu Helium zur Energiegewinnung (▸ Bild 06). Ein großes Problem dabei ist, dass man zunächst sehr viel Energie aufwenden muss. Atomkerne sind elektrisch positiv geladen. Um sie zu verschmelzen, müssen die Kerne nahe zusammengebracht werden. Dabei muss man die elektrische Abstoßung zwischen ihnen überwinden. Erst dann kann man die Kernenergie aus dem Massendefekt nutzen (▸ Bild 07).

In Sternen herrschen extreme Bedingungen, die die Fusion in Gang halten. Auf der Erde lässt sich die kontrollierte Fusion zur Energiegewinnung bis jetzt noch nicht realisieren.

Bei einer Kernfusion verschmelzen Atomkerne zu einem schwereren Kern. Dabei wird Energie abgegeben.

05 Kernfusion „auf der Waage"

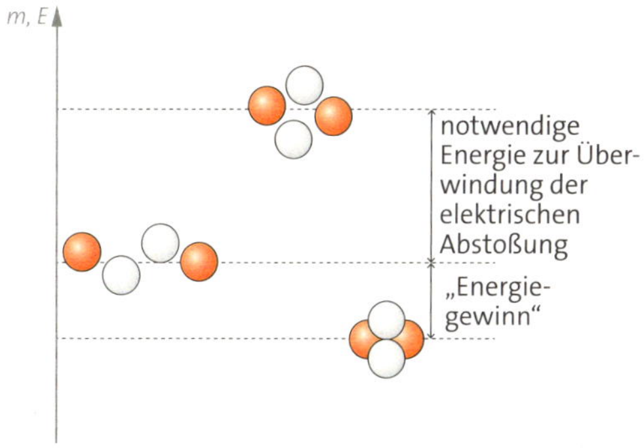

07 Massen- und Energiebilanz bei der Kernfusion

01 Modellvorstellung zur Kernenergie

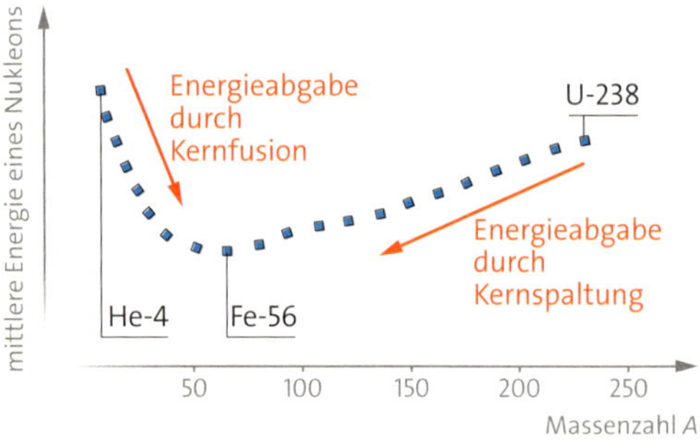

03 Energieabgabe durch Kernreaktionen

KERNSPALTUNG · Du hast gelernt, dass in Atomkernen Energie gespeichert ist. Eine Modellvorstellung hilft dir, diese Kernenergie zu verstehen (▸ Bild 01): Zwei Magnete sind auf Wagen befestigt. Um die gleichnamigen Pole einander zu nähern, muss man zunächst ihre Abstoßung überwinden. Sind sie sich nahe genug, dann werden die Magnete durch ein Klebeband zusammengehalten. Jetzt ist Energie in dem System aus zwei Magneten gespeichert. Führt man nun eine geringe Energie zu, z.B. durch Zerschneiden des Klebebands, dann wird mehr Energie abgegeben als zugeführt wurde. Die Magnete bewegen sich auseinander.

Im Atomkern besteht zwischen Protonen, zwischen Neutronen sowie zwischen Protonen und Neutronen eine starke Anziehung, wenn sie sich sehr nahe sind – ähnlich wie zwischen den Magneten durch das Klebeband. Zwischen Protonen besteht aber auch eine elektrische Abstoßung. Führt man Energie zu, um die Protonenabstände im Kern zu vergrößern, so überwiegt die elektrische Abstoßung und Energie wird abgegeben. Die Nukleonen bewegen sich auseinander. Bei schweren Atomkernen kann man einen solchen Prozess zur Energiegewinnung nutzen. Dafür werden schwere Atomkerne mit Neutronen beschossen.
Macht man das beim Urannuklid U-235, dann dringt das Neutron in den Urankern ein (▸ Bild 02). Der Kern ändert sich zu U-236. Dieser Kern ist instabil und platzt auseinander. Dabei werden nun zwei oder drei Neutronen ausgesendet.

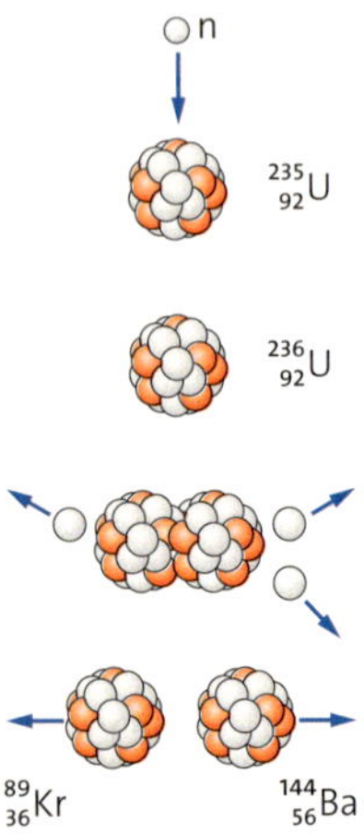

02 Kernspaltung von U-235

Bei der Kernspaltung zerplatzt ein Atomkern in zwei leichtere Kerne und Neutronen. Dabei wird Energie abgegeben.

ENERGIEGEWINN AUS KERNREAKTIONEN · Aus der Fusion zweier Kerne lässt sich Energie gewinnen. Aus der Spaltung eines Kerns ebenso. Wie kann das sein?
Das Diagramm im ▸ Bild 03 zeigt die mittlere Energie eines Nukleons in Abhängigkeit von der Massenzahl der Kerne. Bis zum Fe-56 nimmt der Wert ab, dann steigt er wieder an. Energie wird immer dann abgegeben, wenn durch die Kernreaktion die Kernenergie pro Nukleon kleiner wird. Die Gesamtmasse aller beteiligten Nukleonen hat bei der Kernreaktion dann abgenommen. Das hast du als Massendefekt kennen gelernt.

Man kann aus Kernreaktionen Energie gewinnen, wenn durch die Reaktion die durchschnittliche Kernenergie pro Nukleon kleiner wird.

1 **a)** Berechne jeweils den gesamten Massendefekt sowie den Massendefekt pro Nukleon für folgende Kerne:
$^{2}_{1}H$ ($m = 3{,}3436 \cdot 10^{-27}$ kg);
$^{12}_{6}C$ ($m = 19{,}9210 \cdot 10^{-27}$ kg);
$^{56}_{26}Fe$ ($m = 9{,}2859 \cdot 10^{-26}$ kg).
b) Vergleiche mit ▸ Bild 03. Erkläre.

2 Gib die Kernspaltung von U-235 in Symbolschreibweise an.

BLICKPUNKT

Kernkraftwerke

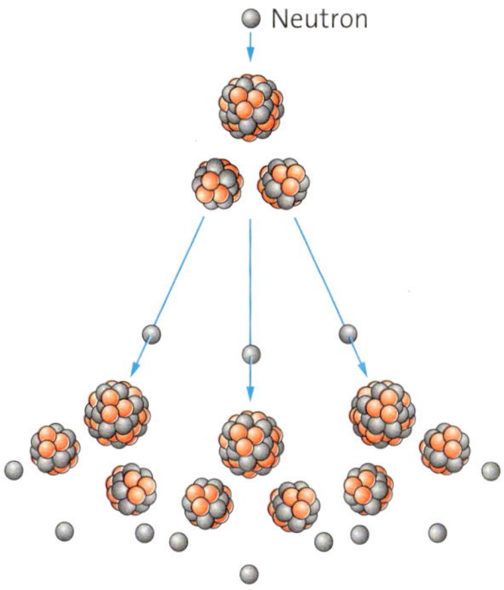

04 Kettenreaktion

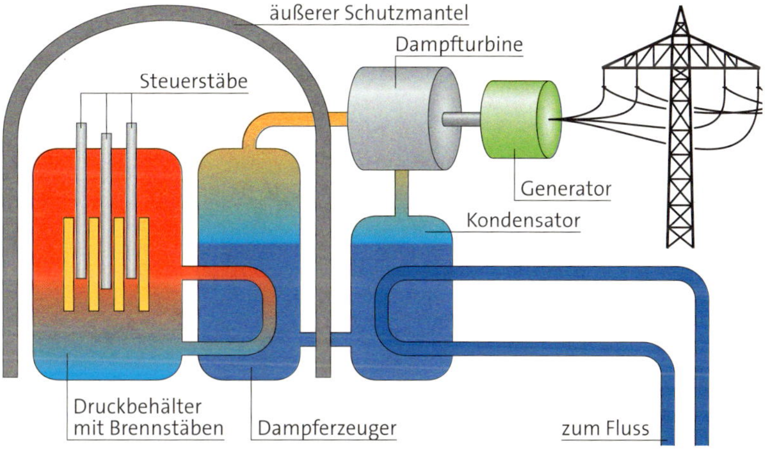

05 Vereinfachtes Prinzip eines Kernkraftwerks mit Druckwasserreaktor

Die Kettenreaktion · 1938 entdeckten OTTO HAHN, LISE MEITNER und FRITZ STRASSMANN die Kernspaltung, als sie Uran mit Neutronen beschossen. Bei jeder einzelnen Spaltung eines Kerns werden zwei bis drei Neutronen frei. Diese können weitere Kerne spalten. Es müssen also nicht ständig von außen Neutronen eingeschossen werden, sondern die Kernspaltungen laufen von selbst ab. Man nennt diesen Vorgang Kettenreaktion (▸ Bild 04). Du weißt schon, dass bei der Spaltung eines schweren Kerns Energie frei wird. Bei U-235 sind das pro Kernspaltung etwa $29 \cdot 10^{-12}$ Joule.

Steuerung der Kettenreaktion · Damit die Kettenreaktion ablaufen kann, müssen die Neutronen mit der richtigen Geschwindigkeit auf die Kerne treffen. In einem Kernkraftwerk ist das spaltbare Material im Druckbehälter von Wasser umgeben (▸ Bild 05). Wasser bremst die frei gewordenen Neutronen auf eine Geschwindigkeit ab, bei der die Kettenreaktion abläuft. Die Kettenreaktion würde von selbst lawinenartig anwachsen und schließlich zu einer Explosion führen. Deshalb muss man für eine Steuerung der Kettenreaktion sorgen. Im Reaktor übernehmen das die Steuerstäbe. Sie bestehen aus einem für Neutronen undurchdringlichen Material. Schiebt man sie zwischen die Brennstäbe, dann läuft die Kettenreaktion kontrolliert ab und kann im Notfall auch ganz gestoppt werden.

Kernreaktoren · Im Kernreaktor wird die aus den Kernspaltungen freigesetzte Energie zum Erhitzen des Wassers im Druckbehälter genutzt (▸ Bild 05). Durch die Kernumwandlungen verbraucht sich dabei der Brennstoff U-235. Vom Druckbehälter wird Energie thermisch an den Dampferzeuger übertragen. Dort wird in einem geschlossenen Kreislauf Wasser verdampft und treibt – wie in einem Wärmekraftwerk – Dampfturbinen an. Hat der Wasserdampf seine Energie übertragen, wird er im Kondensator abgekühlt und wieder in den flüssigen Zustand gebracht.

Woraus bestehen Brennstäbe? · Natürliches Uran enthält nur 0,7 % des spaltbaren Nuklids U-235. Um es im Kernkraftwerk zu nutzen, muss dieser Anteil auf 3 % erhöht werden. Man spricht von **Anreicherung.** Dafür wird Uran pulverisiert und in eine gasförmige Verbindung überführt. In Zentrifugen werden die Urannuklide, die sich durch ihre Massen unterscheiden, voneinander getrennt. Anschließend wird das angereicherte Uran zu Uranoxid weiterverarbeitet.

3 **a)** Nimm an, bei einer Kernspaltung entstehen drei Neutronen, die wieder je drei Kerne spalten. Bestimme, wie viele Kernspaltungen dann nach der 5. (10., 20.) „Generation" stattgefunden haben.
b) Schätze die dabei frei werdende Energie ab.

BLICKPUNKT

Energieerzeugung durch Kernfusion

01 Die USA zündeten 1952 die erste Wasserstoffbombe.

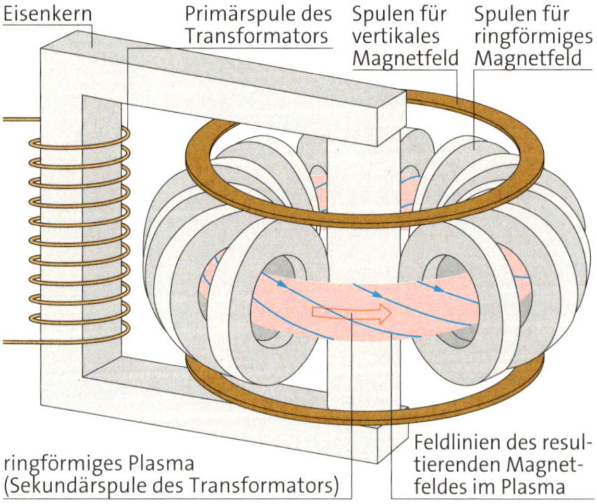

02 Vereinfachtes Prinzip eines Tokamak-Fusionsreaktors

Bedingungen der Kernfusion · Atomkerne können sich nur dann sehr nahe kommen, wenn sie sich mit großer Geschwindigkeit aufeinander zubewegen. Solche Kernreaktionen finden nur in Gasen statt, in denen sich Atomkerne und Elektronen getrennt und unabhängig voneinander bewegen. Man spricht dann von einem **Plasma**. Große Geschwindigkeiten der Kerne lassen sich nur in einem Plasma von sehr hoher Temperatur erreichen, z. B. in der Sonne. Die Grundlage für Kernfusion ist das Verschmelzen von Wasserstoffkernen. Eine mögliche Kernreaktion ist

$^{2}_{1}H + ^{3}_{1}H \rightarrow ^{4}_{2}He + ^{1}_{0}n.$

Wenn die Bedingungen für solch eine Kernreaktion stimmen, kann es zur unkontrollierten Kernfusion kommen. Das wurde mit Wasserstoffbomben erstmals 1952 durch die USA, später auch von anderen Staaten auf katastrophale Weise unter Beweis gestellt. Die amerikanische Bombe „Ivy Mike" (▸ Bild 01) hatte eine fast 1000fach größere Sprengkraft als die Hiroshima-Bombe!

Kontrollierte Kernfusion · Im Labor bereitet die Kernfusion größte technische Schwierigkeiten. Wolfram als das hitzebeständigste Element hat eine Schmelztemperatur von 3400 °C. Das sehr viel heißere Plasma kann also nicht mechanisch eingeschlossen werden. Eine Möglichkeit ist der magnetische Einschluss. In einem sogenannten Tokamak-Fusionsreaktor wird das Plasma, das elektrische Ladung trägt, durch Überlagerung von Magnetfeldern in einem Ring gehalten (▸ Bild 02). Dieser Ring wirkt gleichzeitig als Transformatorspule. In ihm wird somit ein elektrischer Strom induziert. Neben anderen Heizeffekten führt dieser Strom zur Erhöhung und Aufrechterhaltung der extremen Temperatur im Plasma.

Energiequellen im Vergleich · Beim Verbrennen von fossilen Brennstoffen finden chemische Reaktionen in der Atomhülle statt. Bei der Kernfusion ist im Vergleich dazu die pro Masse frei gesetzte Energie wesentlich größer. Die Verschmelzung von 1 kg Wasserstoff liefert die gleiche Energiemenge wie das Verbrennen von 1000 t Kohle! Zur Bewertung der Kernfusion muss aber auch Folgendes berücksichtigt werden: In einem Fusionsreaktor entstehen zwar weniger langlebige radioaktive Abfälle als in Kernkraftwerken, aber auch diese Technologie ist nicht frei davon.

1 Weitere Kernfusions-Reaktionen sind:

$^{2}_{1}H + ^{3}_{2}He \rightarrow ^{4}_{2}He + X;$ $^{2}_{1}H + ^{2}_{1}H \rightarrow ^{3}_{1}H + X;$
$^{2}_{1}H + ^{2}_{1}H \rightarrow ^{3}_{2}He + X;$

Gib jeweils an, für welches Nukleon das X steht.

Material A ▸ Der Brennstoffkreislauf – wirklich ein Kreislauf?

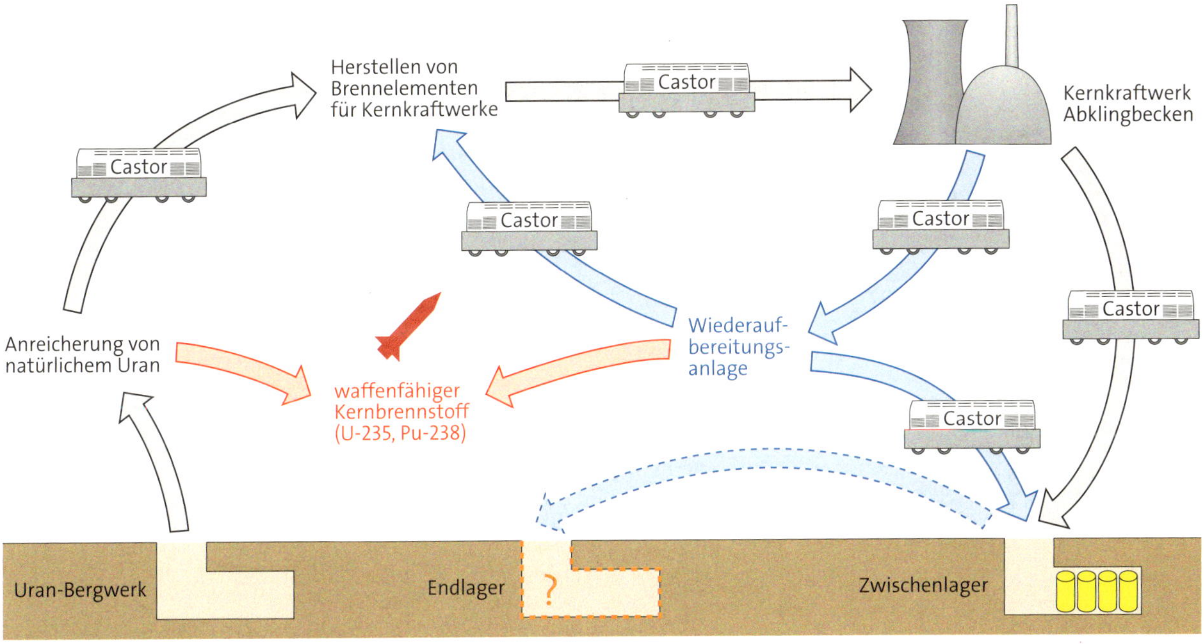

03 Der Weg des Kernbrennstoffs

Die Bundesrepublik Deutschland befindet sich in einer Phase der Erneuerung der Energieversorgung. Damit ist die Stilllegung der Kernkraftwerke verbunden. Dennoch muss unsere Gesellschaft das Problem des Kernbrennstoff-Abfalls aus der Vergangenheit lösen. Dieser Abfall ist zum Teil hoch radioaktiv, giftig und entwickelt sehr viel thermische Energie. Er besteht aus den folgenden Nukliden: Np-237; Pu-238; Pu-239; Pu-240;Pu-241, Pu-242; Am-241 und Am-243. Frische Brennstäbe sind nach einigen Jahren „verbrannt". Durch Kernumwandlungen verbraucht sich das U-235. In Wiederaufbereitungsanlagen werden die radioaktiven Spaltprodukte voneinander getrennt. Dabei erhält man auch Plutonium, das in Kernwaffen eingesetzt wird.

A1 Beschreibe die Grafik zum Brennstoffkreislauf.

A2 Erkläre, was beim „Anreichern" von natürlichem Uran geschieht.

A3 Beurteile Risiken und Probleme auf dem Weg vom natürlichen Uran bis zum Zwischenlager.

A4 Bestimme die Halbwertszeiten der Anteile im radioaktiven Abfall. Wann sind die langlebigsten Nuklide auf ein Zehntel abgeklungen?

Material B ▸ Endlagerung radioaktiver Abfälle

Die Frage der Endlagerung radioaktiver Abfälle ist ein drängendes Problem. Auch in sozialen Netzwerken wird das Thema diskutiert. Rechts findest du eine Auswahl von Vorschlägen zum Umgang mit den Abfällen.

- „Den Atommüll einfach bei hohen Temperaturen verbrennen."
- „Verteilen der Abfälle über große Flächen, also verdünnen."
- „Entsorgen im Weltraum, am besten direkt in der Sonne."
- „Entsorgen im Eis der Antarktis oder in Tiefseegräben."

B1 Bewerte die Vorschläge zum Thema Endlagerung. Berücksichtige dabei auch die Lösung von Aufgabe A4.

B2 Erläutere, gegen welche Gefahren eine geeignete Endlagerstätte abgesichert werden muss. Berücksichtige dabei natürliche und zivilisatorische Faktoren.

Schall

Schallerzeugung: Damit ein hörbarer Ton entsteht, muss ein Gegenstand genügend schnell und genügend stark schwingen.

Schallausbreitung: Schall kann sich nur in einem **Schallträger** ausbreiten. Verschiedene Materialien übertragen den Schall unterschiedlich gut. Der Schall breitet sich in Luft mit der Geschwindigkeit 340 $\frac{m}{s}$ aus.
Wenn Schall auf eine glatte Oberfläche trifft, dann wird er **reflektiert.**
Schall kann sich auch um die Ecke ausbreiten, ohne dass er reflektiert wird. Man sagt: Der Schall wird **gebeugt.**

Licht

Lichtausbreitung: Licht breitet sich geradlinig aus. Licht braucht keinen Träger, es breitet sich auch im Vakuum aus. Die Lichtgeschwindigkeit in Vakuum und Luft beträgt etwa 300 000 $\frac{km}{s}$.
Wenn man das von einer Lichtquelle ausgehende Licht durch Blenden räumlich eingrenzt, dann entsteht ein mehr oder weniger dickes **Lichtbündel.** Zum Zeichnen werden idealerweise **Lichtstrahlen** verwendet. Sie zeigen, in welche Richtung sich das Licht ausbreitet.

Schatten: Trifft Licht auf einen lichtundurchlässigen Körper, dann entsteht hinter dem Körper ein lichtfreier Raum, der **Schattenraum.** Das **Schattenbild** kann auf einer Fläche hinter dem Körper entstehen. Bei ausgedehnten Lichtquellen wird das Schattenbild unscharf.

Wenn Licht auf Gegenstände trifft, dann kann Folgendes geschehen:
Absorption: Die Oberfläche verschluckt das Licht.
Streuung: Das Licht wird in alle Richtungen umgelenkt.
Reflexion: Das Licht wird in eine bestimmte Richtung umgelenkt. Dabei gilt: Einfallendes Lichtbündel, reflektiertes Lichtbündel und Lot liegen in einer Ebene. Einfallswinkel und Reflexionswinkel sind gleich groß.
Beugung: Wenn ein Laserlichtbündel auf ein winziges Loch trifft, dann wird dahinter ein Bereich ausgeleuchtet, der deutlich größer als das Loch ist.

Lichtbrechung: Wenn Licht auf die Grenzfläche zwischen einem optisch dünneren Stoff und einem optisch dichteren Stoff trifft, dann wird es zum Lot hin gebrochen. Das einfallende und das gebrochene Lichtbündel und das Lot liegen in einer Ebene.

Totalreflexion: Wenn Licht aus einem optisch dichteren Stoff auf die Grenzfläche zu einem optisch dünneren Stoff trifft, dann wird das Lichtbündel ab einem Einfallswinkel, der größer als der Grenzwinkel ist, vollständig reflektiert.

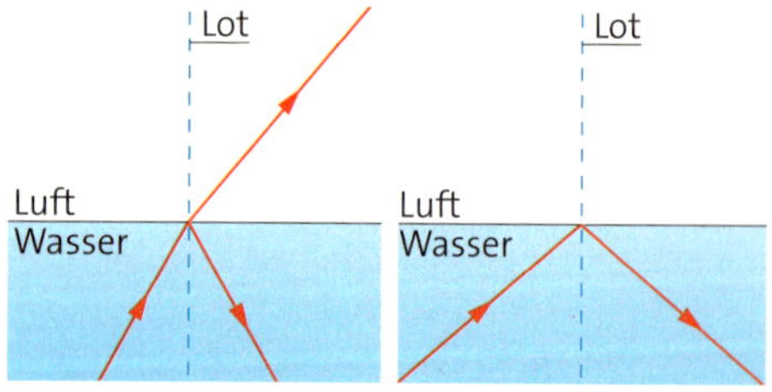

Optische Abbildungen

Lochkamera: Hier entsteht das Bild durch Ausblenden von Lichtbündeln. Das Bild steht auf dem Kopf.
Je größer die Gegenstandsweite ist, desto kleiner ist das Bild. Je größer die Bildweite ist, desto größer ist das Bild.

Sammellinsen erzeugen scharfe und helle Bilder nur an einer Stelle. Dabei vereinigen sie das Licht, das von einem Gegenstandspunkt auf sie trifft, in einem Bildpunkt.
Der Abstand des Brennpunkts zur Mittelebene einer Linse heißt **Brennweite.**
Je kleiner die Gegenstandsweite ist, desto größer sind Bildweite und Bildgröße. Bei Gegenstandsweiten kleiner als die Brennweite entsteht kein Bild.

Die Farben des Lichts

Weißes Licht kann durch Brechung in Spektralfarben zerlegt werden. Licht unterschiedlicher **Spektralfarben** wird unterschiedlich stark gebrochen.
Am roten Ende des **Spektrums** schließt sich das unsichtbare **Infrarot** an, am violetten Ende das unsichtbare **Ultraviolett.**

Farbmischung: Bei der **additiven Farbmischung** wird Licht unterschiedlicher Farbe überlagert. Das Mischlicht wird heller.
Bei der **subtraktiven Farbmischung** werden Farbstoffe gemischt. Die Mischfarbe wird dunkler.

Schall

1 **a)** Erläutere, woran man an einem Schwingungsbild erkennt, ob ein Ton leiser bzw. lauter wird.
b) Mit dem Computer wurde ein Schwingungsbild aufgezeichnet. Dies ist unten dargestellt. Bestimme die Frequenz der Schwingung.

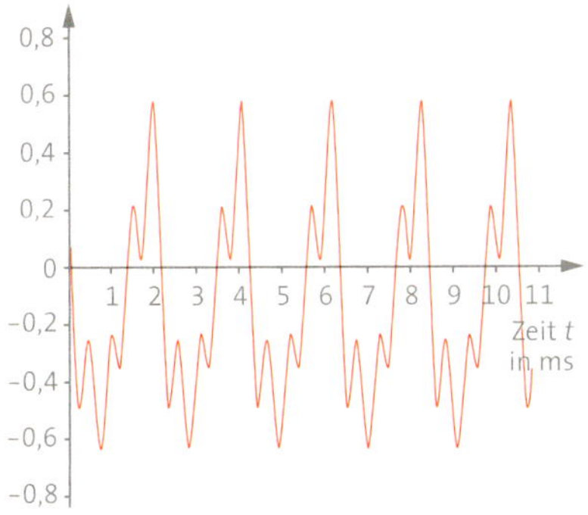

2 Die Membran eines Lautsprechers schwingt 4000-mal in der Minute. Berechne die Frequenz der Schwingung. Könnte man diesen Ton hören?

3 Ordne den Wahrnehmungen laut, leise, hoch, tief physikalische Größen zu.

4 **a)** Bei einem Gewitter siehst du zuerst den Blitz und kurze Zeit später hörst du den Donner. Erkläre.
b) Erkläre mithilfe eines Modells, warum zur Schallausbreitung ein Träger nötig ist.

Lichtausbreitung

5 Tom sagt: „Licht kann man immer sehen. Wenn ich in einem dunklen Zimmer eine Lampe einschalte, kann ich das Licht immer sehen.“ Nimm Stellung zu Toms Aussage. Überlege dir einen einfachen Versuch, um Toms Behauptung zu widerlegen.

6 Hinter zwei Lichtquellen L_1 und L_2 steht eine rechteckige Platte, die die verschiedenen Schattenbereiche im Bild unten erzeugt.
Übertrage die Abbildung möglichst genau in dein Heft.
Bestimme zeichnerisch die Lage der rechteckigen Platte.

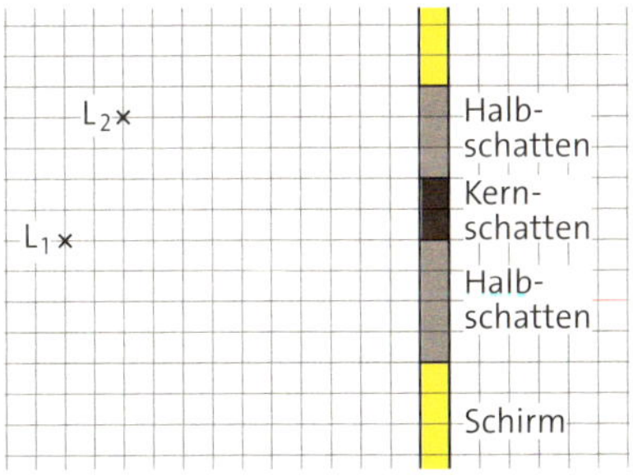

Licht – Reflexion und Brechung

7 **a)** Ein Lichtstrahl wird am Spiegel 1 an der Stelle S reflektiert. Übertrage die Zeichnung in dein Heft und zeichne den weiteren Verlauf des Lichtstrahls ein.
b) Nimm Stellung zu der Aussage: „Ein Spiegel vertauscht rechts und links.“

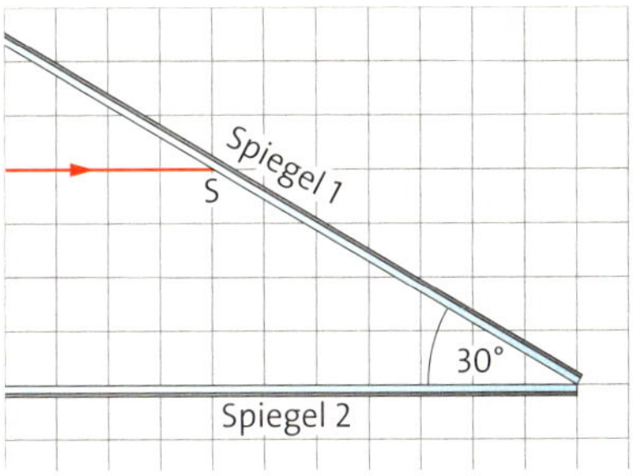

8 **a)** In den folgenden Skizzen ist jeweils ein Lichtstrahl beim Übergang zwischen verschiedenen Grenzflächen eingezeichnet. Entscheide und begründe, ob die Zeichnungen falsch oder richtig sind. Erstelle für die falschen Zeichnungen eine richtige in dein Heft.
b) Erläutere den Begriff der Totalreflexion.

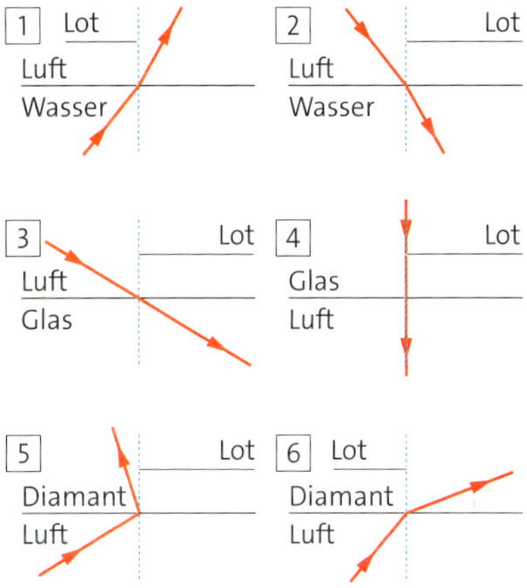

Licht – Linsen

9 Ein Gegenstand ist 3 cm hoch und steht 6 cm vor einer Sammellinse mit einer Brennweite von 2 cm. Konstruiere das Bild.

10 Ein Gegenstand wird mit einer Linse abgebildet. Bei einer Gegenstandsweite von 4 cm ergibt sich eine Bildweite von 6 cm. Bestimme die Brennweite der Linse durch Konstruktion.

11 **a)** Erkläre, wie beim menschlichen Auge das Nah- und Fernsehen funktioniert.
b) Erläutere den Begriff des Sehwinkels. Gehe dabei auch auf die Bedeutung im Zusammenhang mit optischen Geräten ein.

Licht – Farben

12 **a)** Erkläre den Unterschied zwischen additiver und subtraktiver Farbmischung und gib typische Beispiele an.
b) Erläutere den Begriff der Grundfarben und ihre Bedeutung für die Farbwahrnehmung.

01 **A** Die kleinste Geldportion – 1 Cent.
B Gibt es auch eine kleinste Wasserportion?

Quantisierung und Materiewellen

Bei Geld ist die kleinste Portion 1 Cent. Beträge wie 0,5 Cent oder 5,2 Cent können nicht ausgezahlt werden. Auch bei Wasser gibt es eine kleinste Portion – obwohl man das im Alltag nicht bemerkt.

TEILCHEN · Wie du weißt, besteht Wasser aus Molekülen. Man kann mit einzelnen Molekülen experimentieren. Wenn man viele Wassermoleküle zusammenbringt, dann erhält man wieder Wasser. Ebenso wie Wasser bestehen viele Gase wie Stickstoff oder Sauerstoff aus Molekülen. Metalle sind aus Atomen, Salze sind aus Ionen aufgebaut. Materie hat also etwas Körniges.

Die uns umgebende Materie besteht aus Teilchen. Diese Teilchen sind je nach Stoff Moleküle, Atome oder Ionen.

Im Alltag spielt die Körnigkeit der Materie keine Rolle, weil die Teilchen so klein und so zahlreich sind.
Mit Energieaufwand kann man die Wassermoleküle zerlegen. Dann erhält man Wasserstoff- und Sauerstoffatome. Atome wiederum sind – ebenso wie Ionen – aus Protonen, Neutronen und Elektronen aufgebaut.

$+3{,}2 \cdot 10^{-19}$ C
$-4{,}8 \cdot 10^{-19}$ C
$-1{,}6 \cdot 10^{-19}$ C
$+1{,}6 \cdot 10^{-19}$ C
$-3{,}2 \cdot 10^{-19}$ C
$+6{,}4 \cdot 10^{-19}$ C
$+1{,}6 \cdot 10^{-19}$ C
$+1{,}6 \cdot 10^{-19}$ C
$-3{,}2 \cdot 10^{-19}$ C
$-6{,}4 \cdot 10^{-19}$ C
$+3{,}2 \cdot 10^{-19}$ C
$-1{,}6 \cdot 10^{-19}$ C
$+8{,}0 \cdot 10^{-19}$ C
$+4{,}8 \cdot 10^{-19}$ C
$-1{,}6 \cdot 10^{-19}$ C
$+3{,}2 \cdot 10^{-19}$ C

02 Messwerte für die elektrische Ladung von Öltröpfchen

QUANTISIERUNG · Wenn man Öl versprüht, dann werden einige der entstehenden sehr kleinen Tröpfchen elektrisch aufgeladen. Misst man die Ladung dieser Öltröpfchen, dann stellt man fest, dass die Ladung nur ganz bestimmte Werte annehmen kann (▸ Tabelle 02):

$0; \pm 1{,}6 \cdot 10^{-19}$ C; $\pm 3{,}2 \cdot 10^{-19}$ C usw.

Diese Werte sind ganzzahlige Vielfache des Werts $e = 1{,}6 \cdot 10^{-19}$ C. Man sagt: Die Ladung ist quantisiert. e nennt man **Elementarladung.**

Die elektrische Ladung ist quantisiert. Sie kann nur ganzzahlige Vielfache der Elementarladung annehmen.

Der Grund für die Quantisierung der elektrischen Ladung ist folgender: Die uns umgebende Materie, also auch die Öltröpfchen, ist aus Protonen, Neutronen und Elektronen aufgebaut. Das Elektron trägt die Ladung $-1e$, das Proton die Ladung $+1e$, das Neutron ist neutral. Jede Zusammensetzung dieser Bausteine hat deshalb eine Ladung, die ein ganzzahliges Vielfaches von e ist. Beim elektrischen Strom merkt man von der Quantisierung nichts. e *ist* zu klein im Vergleich zu den fließenden Ladungsmengen.

MATERIEWELLEN · Eine Blende mit zwei schmalen parallelen Schlitzen nennt man **Doppelspalt.** Wenn man Farbe mit einer Sprühdose durch einen Doppelspalt sprüht, dann erhält man zwei streifenförmige Bereiche, in denen die Farbtröpfchen auftreffen (▸ Bild 03). Was erhält man, wenn man einen Strahl von Atomen oder Elektronen auf einen Doppelspalt treffen lässt und dahinter auf einem Schirm auffängt?

Mit Atomen oder Elektronen und einem sehr feinen Doppelspalt erhält man überraschenderweise ein ganz anderes Ergebnis: Auf dem Schirm kann man mehrere Streifen beobachten (▸ Bild 04, 05 A)! Je heller eine Stelle ist, umso größer ist die Intensität der ankommenden Atome oder Elektronen an diesem Ort.

Um die Beobachtung zu verstehen, schauen wir uns Wasserwellen in einem Doppelspalt-Experiment an: Wir erzeugen gerade Wellen und lassen sie auf einen Doppelspalt laufen. In diesem Fall ist der Doppelspalt eine Barriere mit zwei Lücken (▸ Bild 05 B, oben). Die Wellen aus den beiden Spalten überlagern sich. Wenn an einer bestimmten Stelle ein Wellenberg aus dem einen Spalt auf ein Wellental aus dem anderen Spalt trifft, dann bewegt sich an dieser Stelle das Wasser nicht auf und ab, die Bewegungen löschen sich aus. An einer Stelle, an der ein Wellenberg auf einen Wellenberg trifft, ist dafür die Wellenbewegung doppelt so stark. Dieses Phänomen bei der Überlagerung von zwei Wellen nennt man **Interferenz.**

/// Wenn sich zwei Wellen überlagern, dann kann es Verstärkung und Auslöschung geben. Dies nennt man Interferenz.

Trägt man entlang einer Linie parallel zum Doppelspalt die Intensität der Wellenbewegung über dem Ort auf, dann erhält man ein ähnliches Diagramm wie für Atome oder Elektronen im Doppelspalt-Experiment. Daraus schließt man:

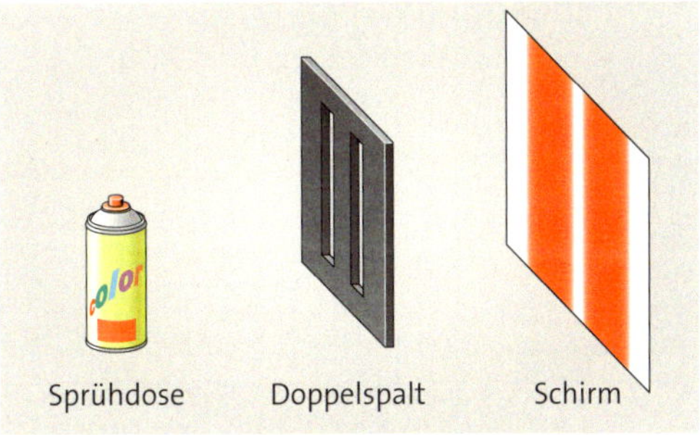

03 Farbe wird durch einen Doppelspalt gesprüht (schematische Darstellung).

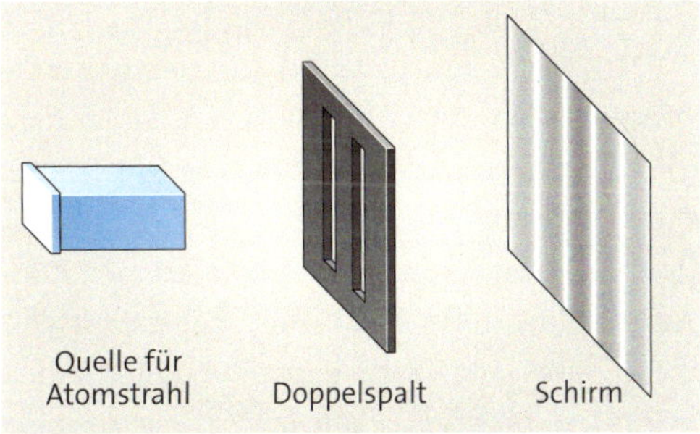

04 Ein Strahl von Atomen trifft auf einen Doppelspalt und dahinter auf einen Schirm (schematische Darstellung).

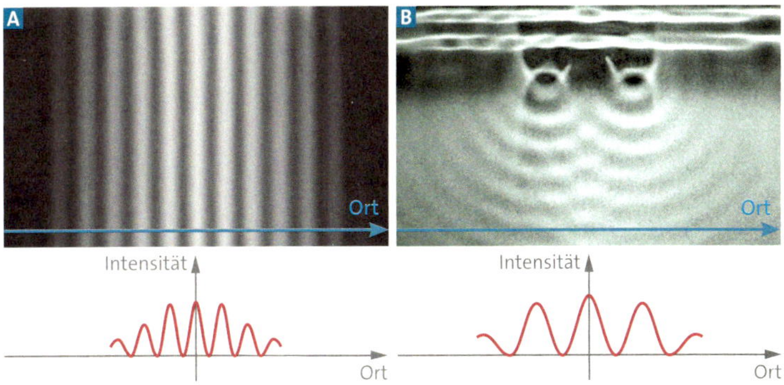

05 **A** Originalaufnahme eines Interferenzmusters von Elektronen am Doppelspalt. Unten: Intensitätsdiagramm. **B** Wasserwellen am Doppelspalt. Unten: Intensitätsdiagramm. Man erhält Stellen mit starker Wellenbewegung und Stellen ohne Wellenbewegung.

/// Materie hat etwas Welliges. Sie zeigt Interferenzerscheinungen.

Das typische Streifenmuster in ▸ Bild 05A nennt man **Interferenzmuster.**

1 Atome und Elektronen haben etwas Körniges und etwas Welliges.
Erläutere die Indizien, die du für diese beiden Eigenschaften kennengelernt hast.

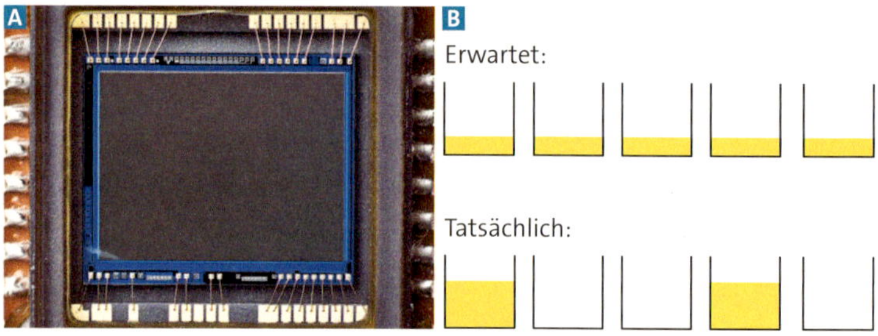

01 **A** Ein Fotochip besteht aus einem Feld von lichtempfindlichen Zellen, den Pixeln. **B** Verteilung der Energie auf einzelne Pixel bei schwachem Licht

PHOTONEN · Um zu untersuchen, ob Licht wie Materie auch etwas Körniges hat, kann man sehr schwaches Licht für kurze Zeit gleichmäßig verteilt auf einen Fotochip wie in ▸ Bild 01 A treffen lassen. Dann würde man zunächst erwarten, dass alle n Pixel des Chips die gleiche, wenn auch sehr kleine Energie E_{ges}/n erhalten (▸ Bild 01 B, oben). E_{ges} gibt hierbei die gesamte Energie des Lichts an. Tatsächlich ist das jedoch nicht so: Die Gesamtenergie ist zwar nach wie vor E_{ges}. Jedoch erhält jedes Pixel das Vielfache einer bestimmten Energieportion E_0: Pixel können gar keine Energie erhalten oder die Energie $1\,E_0$ oder die Energie $2\,E_0$ usw. Wie die Energieportionen verteilt werden, ist zufällig (▸ Bild 01 B, unten). Dies ist ein Beispiel dafür, dass auch die Energie quantisiert sein kann.

Den beschriebenen Sachverhalt kann man so erklären: Man nimmt dazu an, dass Licht aus kleinen Portionen besteht, die man **Photonen** nennt. Jedes Photon trägt die Energie E_0. Beim Auftreffen auf den Fotochip wird ein Photon stets als Ganzes absorbiert. Licht hat also auch etwas Körniges.

02 Doppelspalt-Versuch mit Laserlicht

Licht ist quantisiert, das heißt es gibt eine kleinste Portion des Lichts. Diese kleinste Portion heißt Photon.

Die Energie der Photonen hängt von der Farbe des Lichts ab. Photonen von violettem Licht sind energiereicher als Photonen von rotem Licht. Bei ultraviolettem Licht (UV-Licht) sind die Energieportionen noch größer als bei blauem oder violettem Licht. UV-Licht kann Sonnenbrand verursachen, sichtbares Licht hingegen nicht. UV-Licht schädigt das Erbgut der Haut und kann Hautkrebs verursachen.

LICHTWELLEN · Hat Licht wie Materie auch etwas Welliges? In einem Versuch lassen wir Laserlicht auf einen Doppelspalt treffen (▸ Bild 02). Nach dem Prinzip der geradlinigen Ausbreitung müssten wir zwei helle Streifen auf dem Schirm sehen. Stattdessen beobachten wir wie bei Materie mehrere helle Streifen.

Licht hat etwas Welliges. Es zeigt Interferenzerscheinungen.

WEDER WELLE NOCH TEILCHEN · Licht und Materie sind sich also ähnlicher, als man vermuten könnte. Sie zeigen beide etwas Körniges und etwas Welliges. Photonen, Elektronen und Atome sind keine gewöhnlichen Teilchen. Man nennt sie **Quantenobjekte.**

Sowohl Licht als auch Materie sind quantisiert. Beide zeigen aber auch Welleneigenschaften.

1 **a)** Du stellst bei starkem Regen 20 Wassergläser für fünf Minuten ins Freie. Beschreibe deine Erwartung bezüglich der Wassermenge in den Gläsern.
b) Du stellst bei schwachem Regen 20 Wassergläser für zehn Sekunden ins Freie. Beschreibe deine Erwartung.
c) Erläutere, inwiefern dies ein Beispiel für Quantisierung ist.

Material A ▸ Quantisierte Materie

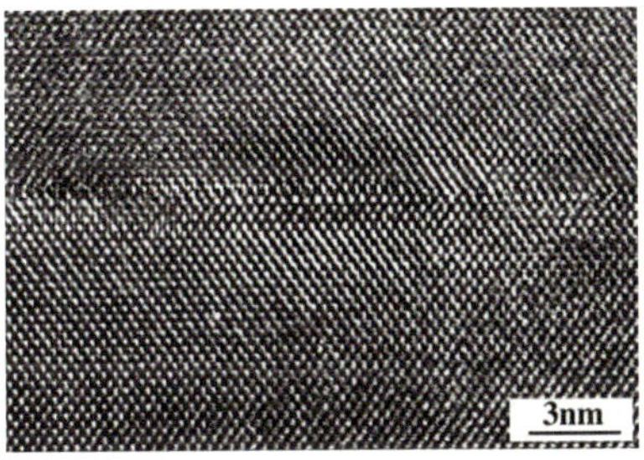

03 Silicium unter dem Elektronenmikroskop

A1 a) ▸ Bild 03 zeigt eine Elektronenmikroskop-Aufnahme eines Siliciumkristalls. Erläutere, für welche Eigenschaft von Materie dieses Bild ein Indiz ist.

b) Skizziere, wie eine Momentaufnahme von Silicium in der flüssigen und in der dampfförmigen Phase aussehen könnte.

A2 Wenn man die elektrische Ladung eines Objekts (z. B. eines Öltröpfchens) erhöhen möchte, dann kann man das nicht in beliebigen Schritten tun. Ein kleinster solcher Schritt heißt Quantensprung. Wie groß ist ein Quantensprung bei der elektrischen Ladung? Begründe deine Antwort.

Material B ▸ Wellenartige Materie und Licht

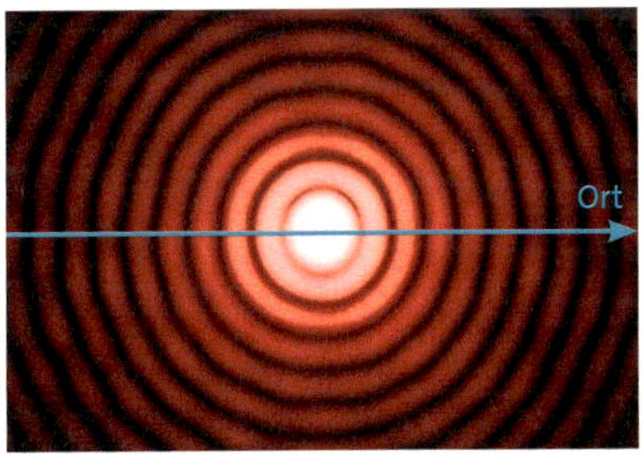

04 Interferenzringe von Licht

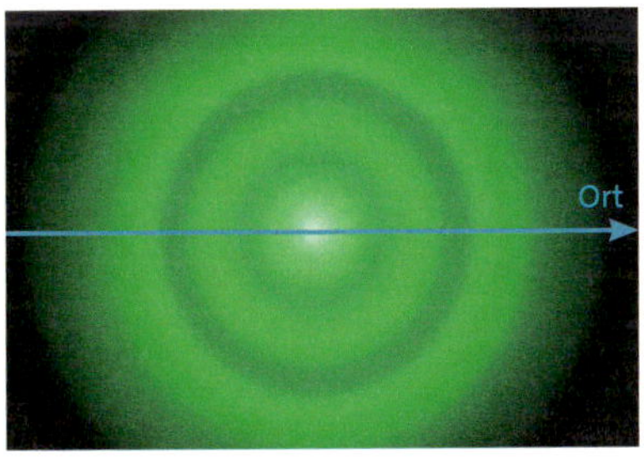

05 Interferenzringe von Elektronen

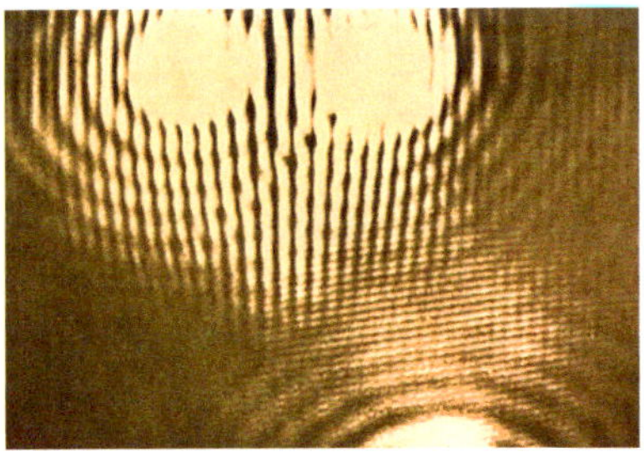

06 Interferenz von Elektronen

B1 Bei Experimenten mit Licht oder mit Elektronen kann man auch ringförmige Interferenzmuster erhalten (▸ Bild 04, 05).

a) Skizziere jeweils den Intensitätsverlauf, den man entlang der eingezeichneten Ortslinie messen würde.

b) Erläutere, inwiefern diese Interferenzmuster zeigen, dass sich Licht und Materie ähnlich sind.

B2 Für ▸ Bild 06 wurde ein sehr feines Sieb so lange mit Gold zugedampft, bis nur noch drei Löcher vorhanden waren. Durch diese Löcher gelangten Elektronen. Sie wurden auf einem Schirm dahinter aufgefangen.

a) Die Aufnahme zeigt helle und dunkle Stellen. Erläutere, was diese Stellen im Wellenmodell jeweils bedeuten. Vergleiche mit ▸ Bild 04 und ▸ Bild 05.

b) Zwischen den beiden oberen Löchern bilden sich grobe Streifen aus. Zwischen dem rechten oberen und dem unteren Loch sind die Streifen viel feiner. Wie hängt der Abstand der hellen und dunklen Streifen zwischen je zwei Löchern vom Abstand der jeweiligen Löcher ab? Bilde einen Je-desto-Satz.

Material C ▸ Körnig und wellenartig

07 Oberfläche von festem Kupfer

Das ▸ Bild 07 wurde mit einem Rastertunnelmikroskop erstellt. Dieses tastet die Elektronen an einer Kupferoberfläche ab. Dabei offenbart sich die gezeigte Struktur.

C1 Im ▸ Bild 07 wird das Körnige und das Wellige von Materie deutlich. Erläutere.

01 Experimentiertisch in einem modernen Quantenoptik-Labor

Experimente mit einzelnen Quanten

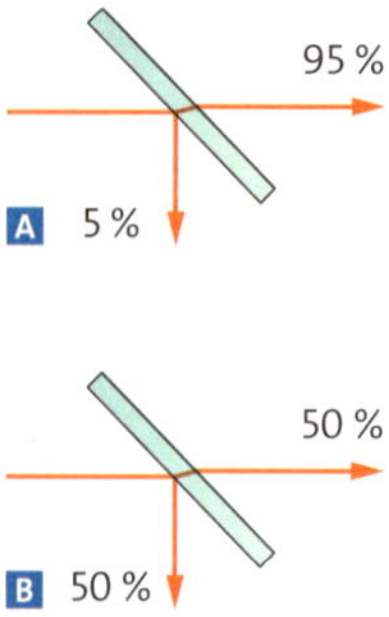

02 Licht trifft auf **A** eine Glasplatte, **B** einen Strahlteiler.

Als vor etwa 100 Jahren die Quantentheorie erfunden wurde, konnte man von der heutigen Experimentiertechnik nur träumen. Mittlerweile ist es möglich, Experimente mit einzelnen Photonen, Atomen oder Elektronen durchzuführen. Für solche Experimente mit einzelnen Atomen erhielten S. HAROCHE und D. WINELAND 2012 den Physik-Nobelpreis.

DER ZUFALL IN QUANTENEXPERIMENTEN · Wenn man Licht auf eine Glasscheibe treffen lässt, so werden etwa 95 % des Lichts durchgelassen, 5 % werden reflektiert (▸ Bild 02 A). Man kann die Glasoberfläche so behandeln, dass 50 % des Lichts durchgelassen und 50 % reflektiert werden. Auf diese Weise erhält man einen sogenannten Strahlteiler (▸ Bild 02 B).

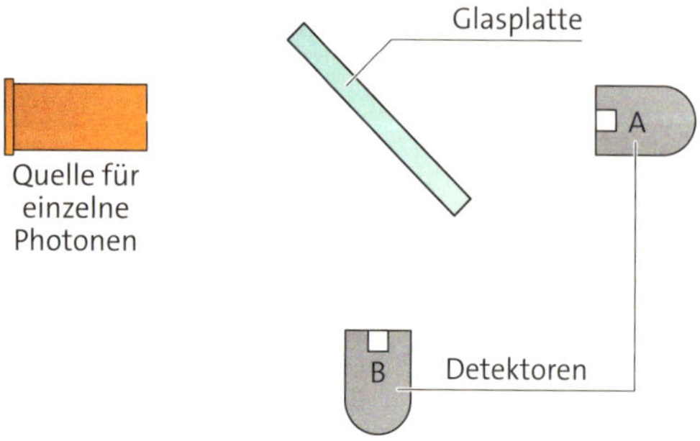

03 Einzelne Photonen treffen auf eine Glasplatte.

Was beobachtet man, wenn man einzelne Photonen auf einen solchen Strahlteiler treffen lässt? Einzelne Photonen können nur mit empfindlichen Nachweisgeräten, sogenannten **Detektoren,** gefunden werden (A und B in ▸ Bild 03).

Bei der Durchführung des Experiments stellt man fest: Das Photon wird stets als Ganzes entweder von Detektor A oder von Detektor B nachgewiesen. Niemals weisen beide Detektoren gleichzeitig Teile des gleichen Photons nach. Welcher der Detektoren A oder B das nächste Photon nachweist, hängt vom Zufall ab. Man kann dafür keine Vorhersage machen. Ein mögliches Versuchsergebnis nach 20 Wiederholungen lautet z. B:
ABABBBAAABAABAABBBBB

Einzelne Elektronen und einzelne Atome verhalten sich in ähnlichen Experimenten ebenfalls zufällig. Allgemein stellt man bei Quantenobjekten fest:

Die Ergebnisse von Experimenten mit einzelnen Quantenobjekten sind häufig vom Zufall abhängig.

Für ein einzelnes Photon kann man im Strahlteiler-Experiment keine Vorhersage machen, ob es von Detektor A oder B nachgewiesen wird. Je öfter man das Experiment wiederholt, umso wahrscheinlicher ist es, dass die Häufigkeit der Nachweise je zur Hälfte auf die Detektoren A und B verteilt ist. Die Wahrscheinlichkeiten für die zwei Ereignisse sind also: 50 % für Detektor A und 50 % für Detektor B.

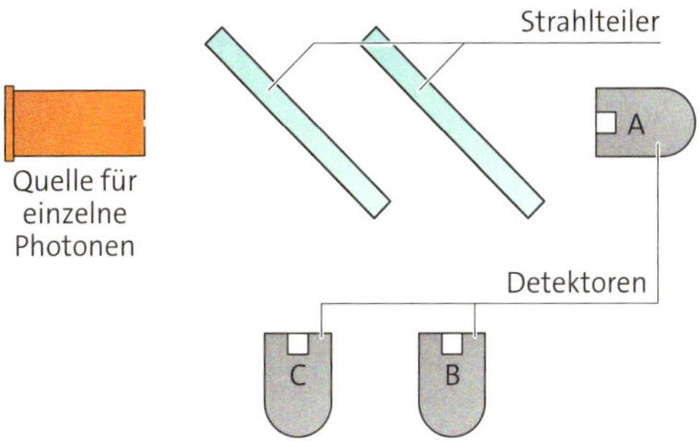

05 Einzelne Photonen treffen auf zwei Strahlteiler.

Bei Experimenten mit einzelnen Quantenobjekten treten die verschiedenen Ereignisse mit bestimmten Wahrscheinlichkeiten auf.

1 Einzelne Photonen treffen auf zwei Strahlteiler (▸ Bild 05). Welche Wahrscheinlichkeiten erwartest du für Nachweise an den Detektoren A, B und C? Begründe.

BLICKPUNKT

Der Zufall in der klassischen Physik

In der klassischen Physik sind Vorgänge im Prinzip determiniert. Das bedeutet, wenn man nur genau genug die Anfangsbedingungen für einen Vorgang kennt, dann ist bestimmt, wie er ablaufen wird. Mit den Gesetzen der Physik kann man einen solchen Vorgang zumindest im Prinzip vorhersagen.

Scheinbarer Zufall · Vorgänge, für die man die Anfangsbedingungen nicht genau genug kennt, erscheinen oft auf den ersten Blick zufällig. Ein Beispiel ist der Münzwurf.

Minimale Änderungen bei der Handhaltung können zu einem anderen Ergebnis führen. Die Handhaltung ist ein sogenannter „Parameter" für das Ergebnis des Münzwurfs.

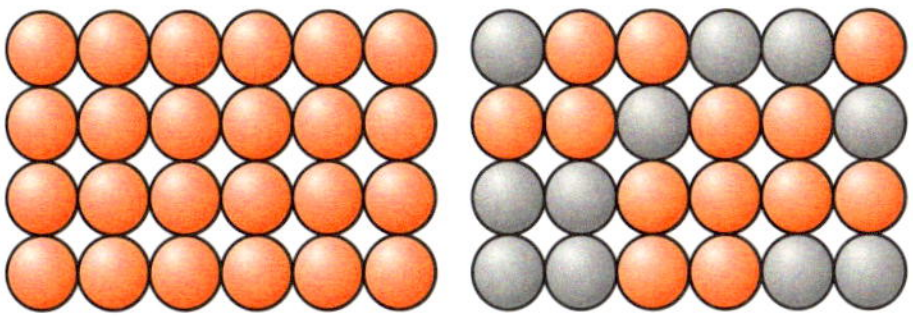

04 Nach der Halbwertszeit sind von 24 Kernen etwa die Hälfte zerfallen (hier: 11).

Echter Zufall · Viele Vorgänge im Bereich der Quantenphysik sind wirklich zufällig. Diese Zufälligkeit ist von einer ganz anderen Qualität als z. B. beim Münzwurf. Ein Beispiel ist der Versuch „Ein einzelnes Photon trifft auf einen Strahlteiler". Nun könnte man annehmen, dass bei dem Versuch irgendwelche unerkannte Anfangsbedingungen (sogenannte „verborgene Parameter") das Ergebnis mitbestimmen.

Allerdings konnte man durch theoretische und experimentelle Forschung zeigen, dass man die zufälligen Ergebnisse nicht nur mit solchen verborgenen Parametern erklären kann. Somit gibt es keine einfache Erklärung für das Auftreten des Zufalls bei Quantenexperimenten.

Ein weiteres Beispiel ist der Zerfall eines radioaktiven Atomkerns (▸ Bild 04). Ob ein einzelner Kern innerhalb der Halbwertszeit zerfallen wird, lässt sich nicht vorhersagen. Dies liegt nicht an unserem begrenzten Wissen über die Eigenschaften der einzelnen Atomkerne. Atomkerne haben keine verborgenen Parameter, die bestimmen, welcher Kern zu welchem Zeitpunkt zerfallen wird.

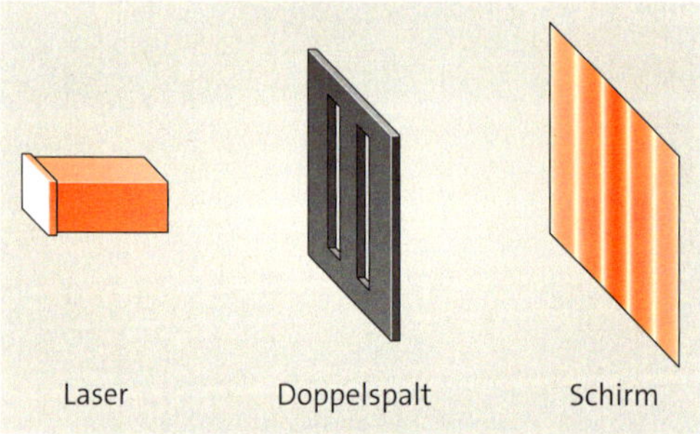

01 Doppelspalt-Experiment mit Laserlicht

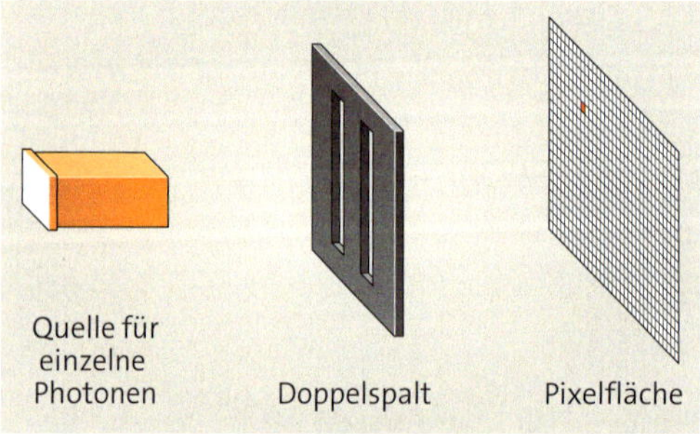

02 Teilchencharakter: Detektion eines Photons

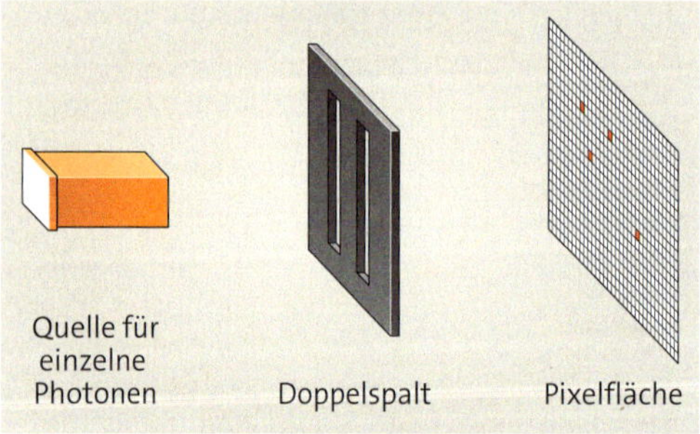

03 Wahrscheinlichkeits-Verhalten: Detektion von vier Photonen nacheinander

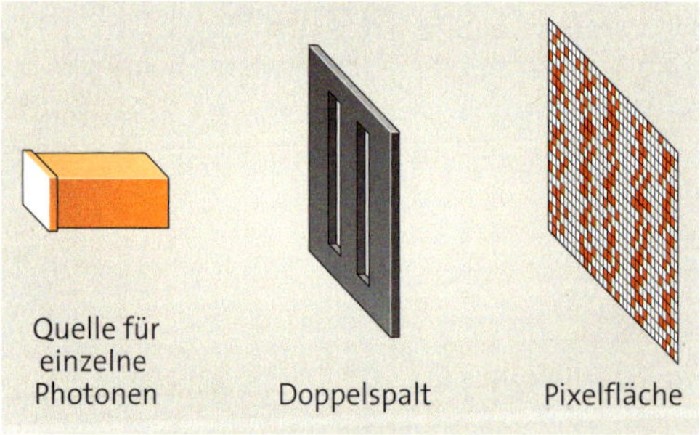

04 Wellencharakter: Detektion von vielen Photonen nacheinander

EINZELNE PHOTONEN IM DOPPELSPALT-EXPERIMENT · Im vorigen Abschnitt haben wir gesehen, dass man beim Doppelspalt-Experiment mit Laserlicht ein Interferenzmuster erhält (▸ Bild 01).

Was geschieht, wenn man das Doppelspalt-Experiment mit einzelnen Photonen durchführt? Zeigt jedes Photon ein Interferenzmuster? Oder setzt sich der Teilchencharakter durch?

Zunächst scheint es so: Jedes Photon wird nur von einem Pixel bzw. Detektor nachgewiesen (▸ Bild 02). Wenn man das Experiment wiederholt, erhält man unterschiedliche Nachweisorte in dem Bereich, in dem in ▸ Bild 01 das Licht auf den Schirm trifft. Man kann jedoch nicht vorhersagen, wo das einzelne Photon auftreffen wird. Der Nachweisort ist zufällig. Auch hier wird – wie beim Strahlteiler-Experiment – das Messergebnis vom Zufall bestimmt. Allerdings gibt es für verschiedene Nachweisorte verschiedene Nachweiswahrscheinlichkeiten. An den Orten, an denen beim Doppelspalt mit Licht die Streifen erscheinen, ist die Nachweiswahrscheinlichkeit besonders hoch. Dies erkennt man, wenn man das Experiment oft wiederholt und die Nachweisorte sammelt (▸ Bild 04). Schließlich kann man wieder die Streifenstruktur von ▸ Bild 01 erkennen. Die einzelnen Nachweisorte bilden im Lauf der Zeit ein Interferenzmuster. Hier zeigt sich das Wellige der Photonen.

Beachte, dass dabei immer nur ein Photon in der Anordnung ist. Das Interferenzmuster entsteht also nicht, weil sich mehrere Photonen gegenseitig beeinflussen. Vielmehr findet Interferenz bereits bei einem einzelnen Photon statt. Das bedeutet nicht, dass das einzelne Photon schon ein Interferenzmuster erzeugt. Erst nach vielen Wiederholungen des Experiments ergeben die Nachweisorte der einzelnen Photonen ein Interferenzmuster.

Interferenzexperimente mit einzelnen Atomen und Elektronen liefern die gleichen Ergebnisse.

Quantenobjekte sind keine gewöhnlichen Objekte. Sie zeigen gleichzeitig Teilchen- und Welleneigenschaften und verhalten sich nach Zufallsgesetzen.

Material A ▸ Doppelspalt-Experimente mit Heliumatomen

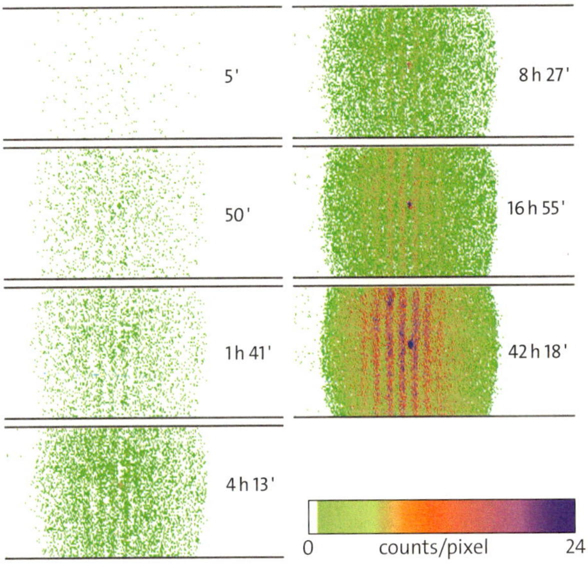

05 Gesammelte Nachweisorte von Heliumatomen im Doppelspalt-Experiment nach verschiedenen Zeiten

A1 ▸ Bild 05 zeigt Aufnahmen aus einem Doppelspalt-Experiment mit Heliumatomen. Dabei wurden die Nachweisorte nach und nach gesammelt. Das erste Bild zeigt die gesammelten Orte nach 5 min (5').

a) Gib an, ab welchem Bild es Pixel gibt, an denen schon mehr als zehn Heliumatome angekommen sind. Für wie lange sind bis zu diesem Bild schon Nachweisorte gesammelt worden?

b) Auch Heliumatome sind Quantenobjekte. Ein Teil der Eigenschaften von Quantenobjekten wird schon im ersten Bild deutlich, der andere Teil später. Erläutere.

c) Das einzelne Heliumatom hat in dem Experiment eine Geschwindigkeit von etwa $1\,\frac{\text{km}}{\text{s}}$. Die Apparatur ist kleiner als 1 m. Argumentiere, warum sich im Mittel nicht mehr als ein Heliumatom in der Apparatur befindet. Erläutere, inwiefern dies wichtig ist für die Aussage: „Die Heliumatome beeinflussen sich nicht gegenseitig. So kann das Interferenzmuster also nicht erklärt werden."

Material B ▸ Experimente mit Fullerenmolekülen

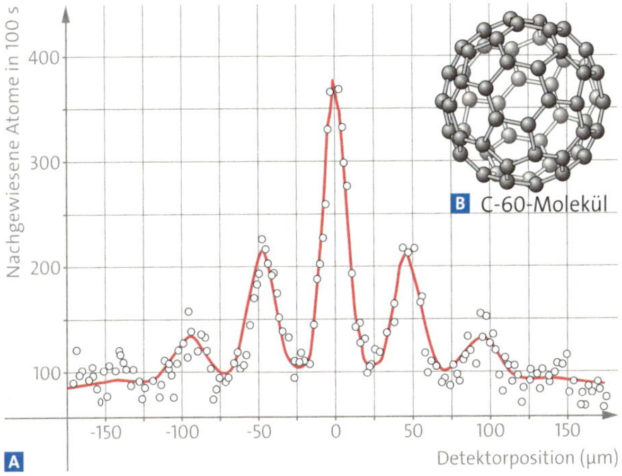

06 **A** Häufigkeitsdiagramm für die Interferenz von Fullerenmolekülen, **B** Strukturmodell des Fullerenmoleküls

B1 Fullerenmoleküle sind Moleküle, die aus 60 Kohlenstoffatomen bestehen und die Form eines Fußballs bilden. Im ▸ Bild 06 B ist das Strukturmodell gezeigt.
Mit diesen Molekülen ist 1999 in einer Spaltanordnung ein Interferenzmuster beobachtet worden. ▸ Bild 06 A zeigt die Zahl der Detektionen in Abhängigkeit von der Detektorposition.

a) Lies ab, wie viele Fullerenmoleküle bei einer Detektorposition von 50 µm nachgewiesen wurden.

b) Erläutere, inwiefern man an dem Häufigkeitsdiagramm das Wellige, das Körnige und das Zufällige von Quantenobjekten sieht.

c) Zeichne das Häufigkeitsdiagramm, das man erhalten würde, wenn man ein Doppelspalt-Experiment in großen Dimensionen mit Fußbällen durchführen würde. Begründe.

d) Die folgende Formel beschreibt den Zusammenhang zwischen den Abmessungen des Experiments und den Daten der Moleküle:

$$\frac{b \cdot d_1}{a} = \frac{h}{m \cdot v}$$

Hierbei ist
$b = 1{,}0 \cdot 10^{-7}$ m der Abstand der Spalte,
$a = 1{,}25$ m der Abstand von den Spalten zum Schirm,
$h = 6{,}63 \cdot 10^{-34}$ Js eine Naturkonstante,
$m = 1{,}2 \cdot 10^{-24}$ kg die Masse des Moleküls und
d_1 ist der Abstand zwischen zwei Maxima im Häufigkeitsdiagramm. Berechne die Geschwindigkeit v der Moleküle.
($1\,\mu\text{m} = 10^{-6}$ m)

BLICKPUNKT

Modellvorstellungen in der Quantenphysik

Das Teilchenmodell für Quantenobjekte · Quantenobjekte sind zu klein, als dass wir sie sehen können. Aber können wir sie uns wenigstens vorstellen?

Können wir uns Quantenobjekte z. B. wie sehr kleine Fußbälle vorstellen? Wenn wir Gammastrahlen mit einem Zählrohr nachweisen, hören wir einzelne „Knacks“. Dies ist so, wie wenn Fußbälle gegen ein Garagentor knallen. Hier funktioniert das Teilchenmodell noch gut. Wie ist es aber in Interferenzversuchen? Wenn sich Fußbälle in einem Doppelspaltversuch wie Quantenobjekte verhalten würden, dann würde man Ergebnisse wie in ▸ Bild 01 erhalten. Ein solches Ergebnis ist für Kugeln oder Bälle nicht möglich, deshalb sind Teilchen kein gutes Modell für Quantenobjekte in Interferenz-Experimenten.

01 Quantenfußball

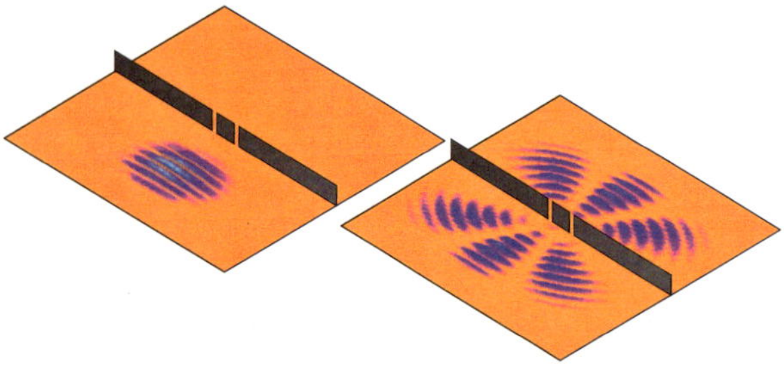

02 Ein Wellenpaket vor und nach dem Doppelspalt

$$i\hbar \frac{\partial}{\partial t}\Psi(\boldsymbol{r}, t) = \left(-\frac{\hbar^2}{2m}\Delta + V(\boldsymbol{r}, t)\right)\Psi(\boldsymbol{r}, t)$$

03 Die berühmte Schrödingergleichung

Das Wellenmodell für Quantenobjekte · Wenn man einen Stein ins Wasser wirft, breitet sich eine Welle in alle Richtungen aus. Wenn man diese Welle nur an einer Stelle durch einen Spalt laufen lässt, so erhält man hinter dem Spalt ein sogenanntes Wellenpaket (▸ Bild 02, links). Wenn man ein Wellenpaket auf einen Doppelspalt laufen lässt, dann erhält man dahinter Stellen mit Auslöschung und Verstärkung (▸ Bild 02, rechts). Ist also das Wellenpaket ein gutes Modell für ein Quantenobjekt?

Wenn man in einiger Entfernung Detektoren für das Wellenpaket aufstellt, so zeigt sich Folgendes: Man kann die Wellenbewegung im ganzen Bereich des Wellenpakets nachweisen und nicht nur an einem Ort, wie das bei der Detektion des Quantenobjekts der Fall ist. Auch ein Wellenpaket ist also kein gutes Modell für ein Quantenobjekt.

Quantenobjekte lassen sich also weder durch klassische Teilchen noch durch Wellen noch durch sonst etwas aus der Alltagserfahrung vollständig beschreiben. Wie geht man in der Physik mit diesem Problem um? Welches Modell verwendet man für die Quantenobjekte?

Die Kopenhagener Interpretation · Die Lösung der Quantenphysiker für das genannte Problem ist ungewohnt und drastisch:

- Rede nur über Messergebnisse.
- Mach dir keine Vorstellung von den Quantenobjekten und den Vorgängen in den Experimenten.
- Berechne die Wahrscheinlichkeiten und mache damit Aussagen über mögliche Messergebnisse.

Wie berechnen die Quantenphysiker die Wahrscheinlichkeiten für ihre Experimente? Sie lösen dazu die sogenannte Schrödingergleichung (▸ Bild 03). Die Lösungen der Schrödingergleichung bestimmen die Wahrscheinlichkeiten für die verschiedenen Messergebnisse von Quantenexperimenten. Damit ist es möglich, Wahrscheinlichkeiten vorherzusagen, ohne Aussagen über das Verhalten der Quantenobjekte machen zu müssen.

Eine grafische Veranschaulichung · Das Lösen der Schrödingergleichung ist für uns zu schwierig. Allerdings kann man den wesentlichen Aspekt der Lösungen grafisch als Wolke darstellen. Mit der zeitlichen Entwicklung der Wolke kann man die beobachteten Messergebnisse beschreiben.

Dazu muss man Folgendes wissen: Die Dichte der Wolke gibt zu jeder Zeit für jeden Ort an, mit welcher Wahrscheinlichkeit das Quantenobjekt an diesem Ort nachgewiesen wird (▸ Bild 04). Quantenobjekte haben in der Regel keinen genau bestimmten Ort. Wenn man am gleichen Objekt in der gleichen Situation den Ort immer wieder misst, weist man das Objekt im Kernbereich der Wolke besonders oft und weiter außen seltener nach.

Wenn das Quantenobjekt sich nach rechts bewegt, wird es mit fortschreitender Zeit mit großer Wahrscheinlichkeit weiter rechts nachgewiesen. Folglich muss sich auch die Wolke, die das Quantenobjekt beschreibt, nach rechts bewegen. Oft dehnt sich die Wolke auch im Laufe der Bewegung aus.

Anwendung des Wolkenmodells auf den Doppelspalt · Die zeitliche Entwicklung der Wolke wird gemäß der Schrödingergleichung durch folgende Gesetze bestimmt:
- An einem Hindernis wie z. B. einem Doppelspalt kann die Wolke geteilt werden.
- Wenn sich Teile der Wolke überlappen, dann kann es Verstärkung und Auslöschung geben (▸ Bild 05). (Die Schrödingergleichung ist eine Wellengleichung.)
- Bei einer Ortsmessung zieht sich die Wolke schlagartig auf Detektorgröße zusammen (▸ Bild 06). Dies muss so sein: Unmittelbar nach dem Nachweis befindet sich das Quantenobjekt mit 100 % Wahrscheinlichkeit im Detektor.

So kann man das Quantenobjekt im Doppelspalt-Experiment mathematisch durch eine Bilderfolge beschreiben (▸ Bild 07) und dadurch die Messergebnisse erklären.

04 Die Wahrscheinlichkeitswolke

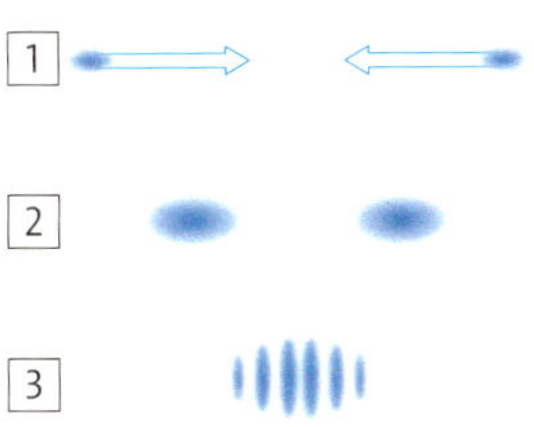

05 Zwei Teilwolken überlappen sich.

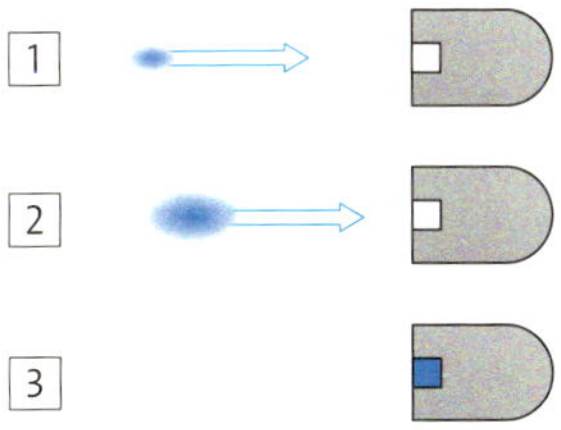

06 Beim Nachweis zieht sich die Wolke zusammen.

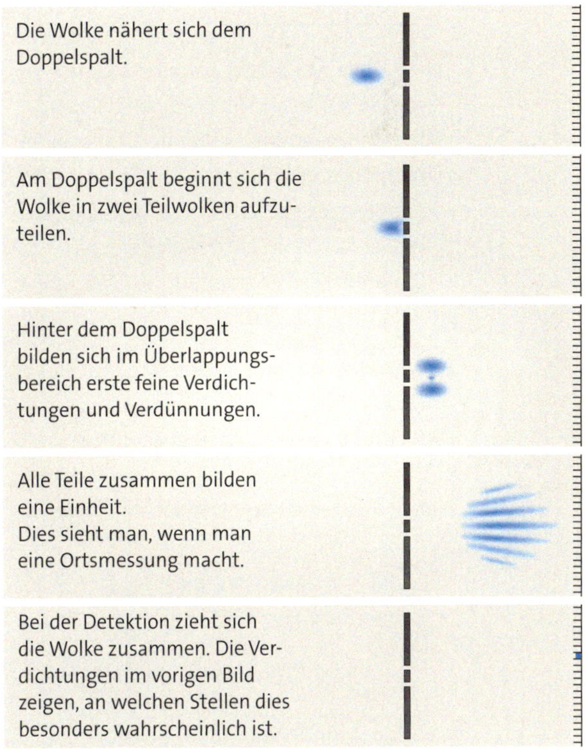

07 Die Wahrscheinlichkeitswolke im Doppelspalt-Experiment

Ladung und elektrisches Feld

Elektrische Ladung: Ungleichnamig geladene Körper ziehen sich an, gleichnamig geladene Körper stoßen sich ab.
Die Einheit der Ladungsmenge ist ein **Coulomb** (1 C).
Die Ladungsmenge kann **positiv** oder **negativ** sein. Positive und negative Ladungsmengen können sich **neutralisieren.**

Elektrisches Feld: Geladene Körper erzeugen in ihrer Umgebung ein elektrisches Feld. Elektrische Feldlinien veranschaulichen das elektrische Feld. Die Richtung der Feldlinien ergibt sich aus der Richtung der Kraft auf einen positiv geladenen Körper.
Elektrische Felder können durch metallische Körper **abgeschirmt** werden.

Atome und Elektronen

Kern-Hülle-Modell des Atoms: Atome bestehen aus einem kleinen positiv geladenen Atomkern und einer negativ geladenen Atomhülle. Die Atomhülle setzt sich aus Elektronen zusammen. Nach außen hin ist das Atom elektrisch neutral.
Ein Atomkern ist ungefähr 10^{-14} m, ein Atom etwa 10^{-10} m groß.

Elektronen: Elektronen erfahren im elektrischen Feld Kräfte entgegengesetzt zur Richtung der elektrischen Feldlinien.
Bewegte Elektronen werden im Magnetfeld durch die **Lorentzkraft** abgelenkt.

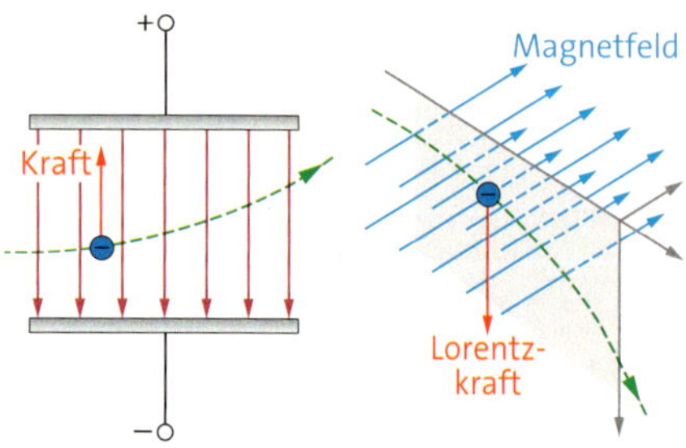

Die Ladungsmenge eines Elektrons beträgt $-1\,e = -1{,}602 \cdot 10^{-19}$ C.

Kernphysik und Radioaktivität

Atomkerne bestehen aus elektrisch positiv geladenen **Protonen** und elektrisch neutralen **Neutronen.** Zwischen den Protonen im Atomkern wirkt die **Kernkraft.** Sie ist bei sehr kleinem Teilchenabstand größer als die abstoßende elektrische Kraft.

Atomkerne der gleichen Sorte bezeichnet man als **Nuklide.** Nuklide mit der gleichen Ordnungszahl und unterschiedlichen Neutronenzahlen heißen **Isotope.**

Ionisierende Strahlung: Die Strahlung radioaktiver Stoffe kann Atome oder Moleküle ionisieren.
Es gibt verschiedene Arten von ionisierender Strahlung:
Alphastrahlung: Aussenden von Heliumkernen; wird im elektrischen und magnetischen Feld abgelenkt; hat sehr geringes Durchdringungsvermögen.
Betastrahlung: Aussenden von Elektronen; wird im elektrischen und magnetischen Feld abgelenkt; 100-mal größeres Durchdringungsvermögen als Alphastrahlung.
Gammastrahlung: elektromagnetische Strahlung; wird im elektrischen und magnetischen Feld nicht abgelenkt; hat hohes Durchdringungsvermögen.
Röntgenstrahlung: wie Gammastrahlung, aber energieärmer.

Die **Halbwertszeit** $T_{1/2}$ ist die Zeitspanne, in der sich die Hälfte der Kerne eines radioaktiven Nuklids umgewandelt hat.

Die **Aktivität** gibt die Anzahl der radioaktiven Zerfälle einer Stoffmenge pro Zeiteinheit an. Die Einheit ist ein **Becquerel** ($1\,Bq = 1\,s^{-1}$).

Eine **Zerfallsreihe** ist eine Folge von Umwandlungen radioaktiver Kerne, die bei einem stabilen Nuklid endet. In der Natur kommen drei Zerfallsreihen vor.

Strahlenschäden und Strahlenschutz: Alpha-, Beta-, Gamma- und Röntgenstrahlung ionisieren Moleküle im menschlichen Körper. Dabei kann die DNA und damit die Erbinformation beschädigt werden. Die biologische Wirkung ionisierender Strahlung hängt von Intensität, Dauer und Art der Strahlung sowie von der Empfindlichkeit des bestrahlten Organs ab.

5-A-Regel: Aktivität verringern; Aufenthaltsdauer verringern; Abstand vergrößern; Abschirmung erhöhen; Aufnahme vermeiden

Kernenergie: In Atomkernen ist Energie gespeichert. Bei Kernumwandlungen ändern sich Masse und Energie des Kerns.
Bei einer **Kernfusion** verschmelzen Atomkerne zu einem schwereren Kern. Dabei wird Energie abgegeben.
Bei der **Kernspaltung** zerplatzt ein Atomkern in zwei leichtere Kerne und Neutronen. Dabei wird Energie frei.

Grenzen der klassischen Physik

Sowohl Licht als auch Materie ist quantisiert. Beide zeigen aber auch Welleneigenschaften. Letzteres zeigt sich in **Interferenzerscheinungen** bei Licht und Materie.

Quantenobjekte sind keine gewöhnlichen Objekte. Sie zeigen gleichzeitig Teilchen- und Welleneigenschaften und verhalten sich nach Zufallsgesetzen. Bei Experimenten mit einzelnen Quantenobjekten treten die verschiedenen Ereignisse mit bestimmten Wahrscheinlichkeiten auf. Beispiele für Quantenobjekte sind Photonen, Elektronen und Atome

Überprüfe dich selbst:

Kann ich ...

... die Anziehung und Abstoßung zwischen geladenen Körpern beschreiben?

... die Vorstellung vom elektrischen Feld erläutern?

... Gemeinsamkeiten und Unterschiede beim elektrischen und magnetischen Feld erläutern?

... die elektrische Influenz erklären?

... den glühelektrischen Effekt beschreiben?

... das RUTHERFORD'sche Experiment beschreiben und die Folgerungen daraus für den Atomaufbau erläutern?

... den Aufbau des Atomkerns beschreiben und erklären, warum der Kern zusammenhält?

... anhand der Nuklidkarte Zerfallsreihen vorhersagen?

... verschiedene Arten ionisierender Strahlung nennen und erläutern, wie man sie experimentell unterscheiden könnte?

... die Wirkung ionisierender Strahlung auf den menschlichen Organismus beschreiben und Schutzmaßnahmen angeben?

... den Begriff der Halbwertszeit erläutern?

... den Energiegewinn sowohl bei der Kernspaltung als auch bei der Kernfusion erläutern?

... die Risiken und Probleme der Kernenergieversorgung im Vergleich zu ihrem Nutzen abwägen?

... experimentelle Indizien für die Welleneigenschaften von Materie und Licht beschreiben?

Elektrizität

In diesem Kapitel beschäftigst du dich mit

- der Erzeugung magnetischer Felder durch elektrischen Strom. Dabei erfährst du, dass es geschlossene Feldlinien gibt, ohne magnetische Pole. Du lernst, wie elektrische Spannung erzeugt werden kann, und lernst dabei den Begriff der Induktion kennen. Du erfährst, dass dieses Phänomen Grundlage vieler wichtiger technischer Anwendungen ist und lernst einige davon kennen.

- Leitungsmechanismen in Leitern und Halbleitern. Du lernst Modelle kennen, die diese Mechanismen beschreiben und erklären.

- Halbleiter-Bauteilen wie Diode, LED, Transistor. Du lernst ihre Eigenschaften und Funktionsweisen kennen sowie eine Reihe technischer Anwendungen.

Das Magnetfeld

Ein Magnet wirkt auch über große Entfernungen hinweg auf andere Magnete oder ferromagnetische Körper. Dabei nimmt die Wirkung mit der Entfernung zwischen Magnet und Körper ab. Die magnetische Wirkung über Entfernungen hinweg beschreibt man mit dem Magnetfeld.

Das Magnetfeld hat eine räumliche Struktur, die man mithilfe von **Feldlinien** darstellen kann.
Die Richtung der Feldlinien entspricht der Richtung, in die der Nordpol einer Magnetnadel auf dieser Feldlinie zeigt. Magnetische Feldlinien schneiden sich nicht.

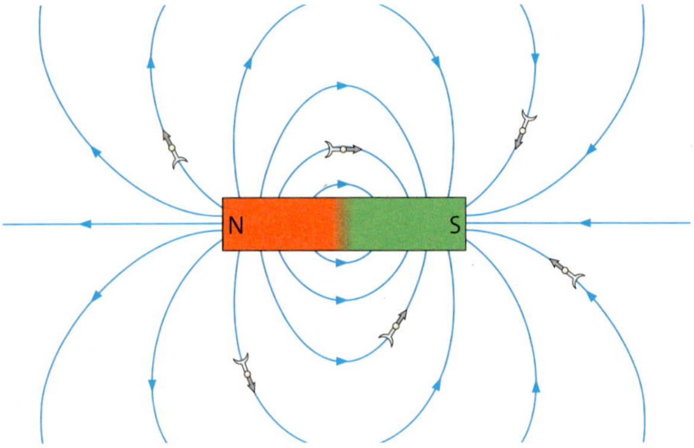

Elektrischer Stromkreis

In einem elektrischen Stromkreis fließt elektrische **Ladung** im Kreis. Die elektrische Ladung fließt dabei vom Pluspol der elektrischen Energiequelle über das Gerät zum Minuspol der Quelle. Die elektrische Ladung wird dabei nirgends verbraucht.

Magnetische Wirkung des elektrischen Stroms: Ein stromführender Draht ist von einem **Magnetfeld** umgeben. Das nutzt man beim Elektromagneten aus.

Elektromagnet: Ein Elektromagnet besteht aus einer Wicklung Draht um einen Eisenstab und hat einen Nord- und einen Südpol. Einen Elektromagneten kann man ein- und ausschalten.

Elektrische Stromstärke: Die elektrische Stromstärke I beschreibt, wie groß die Ladungsmenge ist, die pro Sekunde durch eine feste Stelle des Stromkreises fließt. Die Einheit der Stromstärke ist ein Ampere (1 A). Es gilt:

$I = \frac{\Delta Q}{\Delta t}$.

Elektrische Spannung: Die elektrische **Spannung** U stellt den Antrieb für die Ladung dar. Die Spannung einer elektrischen Quelle ist gleich dem **Potenzialunterschied** $\Delta\varphi$ von Plus- und Minuspol. Die Einheit von Spannung und Potenzial ist ein Volt (1 V).

Entlang einer Leitung ändert sich das elektrische Potenzial praktisch nicht. In einem stromführenden Gerät nimmt das Potenzial ab, in einer elektrischen Energiequelle nimmt es zu.

Elektrischer Strom und Energie

Eine elektrische Energiequelle pumpt Ladung vom Minuspol zum Pluspol. Dazu muss der Energiequelle Energie zugeführt werden. Diese Energie gibt sie durch den elektrischen Strom wieder ab. Durch den elektrischen Strom wird Energie von der elektrischen Energiequelle zum elektrischen Gerät übertragen.

Leistung: Die pro Sekunde übertragene Energie wird durch die **Leistung** P beschrieben. Für die Leistung gilt:

$P = \frac{\Delta E}{\Delta t}$.

Die Einheit der elektrischen Leistung ist ein Watt (1 W). Die elektrische Leistung hängt von der Spannung und der Stromstärke ab. Es gilt:

$P = U \cdot I$.

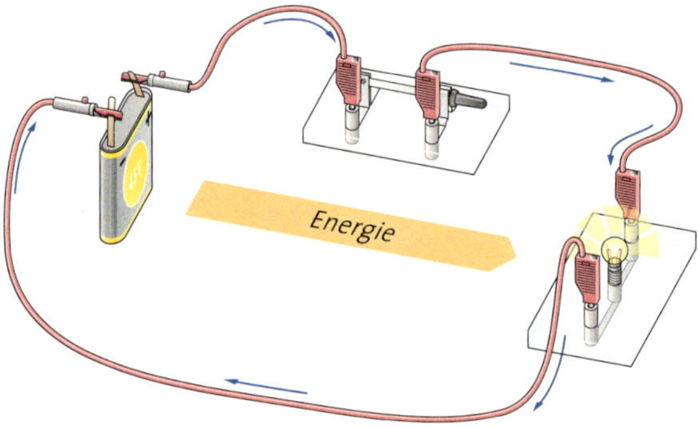

Energiequellen und Geräte: Elektrische Energiequellen und elektrische Geräte sind Energiewandler.
Zu einigen elektrischen Energiequellen gibt es Geräte, die die Energieumwandlung umkehren, z. B.:
Generator – Elektromotor,
Solarzelle – Leuchtdiode,
Brennstoffzelle – Knallgaszelle.

Magnetische Stromwirkung

1 Welchen Vorteil hat ein Elektromagnet gegenüber einem Dauermagneten? Nenne einige Einsatzmöglichkeiten von Elektromagneten.

2 Im Bild unten ist der Draht in Nord-Süd-Richtung gespannt. Erkläre, warum man die magnetische Wirkung nicht beobachten kann, wenn der Draht in Ost-West-Richtung verläuft.

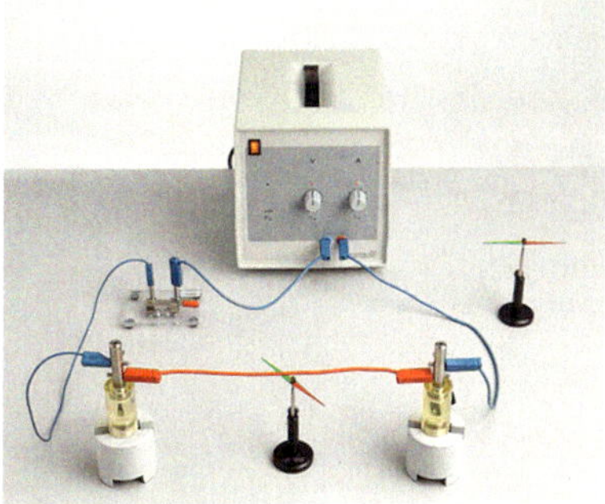

3 Das Bild unten zeigt einen Modellversuch zur elektrischen Klingel. Erläutere mithilfe des Modellversuchs, wie eine elektrische Klingel funktioniert.

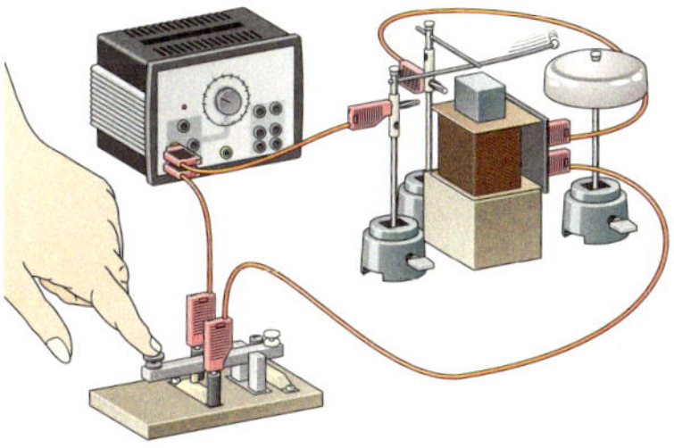

Elektrischer Strom und Energie

4 Viele elektrische Geräte haben einen Akkumulator (kurz Akku) als Energiequelle. Was bedeutet es, wenn der Akku „leer" ist? Was geschieht mit dem Akku beim Laden bzw. beim Betrieb des Geräts? Erläutere deine Antwort mithilfe der Energie.

5 **a)** Erkläre, wie die Einheit 1 kWh zustande kommt. Handelt es sich um eine Einheit für die Energie oder die Leistung? Begründe.
b) Berechne die Energiekosten für deinen Computer. Informiere dich auf dem Typenschild und schätze die Betriebsstunden.

6 Zwei Glühlampen haben die Aufschrift 6 V/5 A bzw. 12 V/35 W. Welche der Lampen hat im Betrieb die größere Leistung, welche die größere Stromstärke?

7 Herr Brauns Wasserkocher hat eine Leistung von 2400 W. Um einen Liter kaltes Wasser zum Kochen zu bringen, dauert es 2 min 45 s.
a) Berechne die aufgenommene Energie in J und in kWh.
b) Herr Braun möchte Energie „sparen" und überlegt sich, seinen Kocher durch einen mit einer Leistung von 1800 W zu ersetzen. Nimm Stellung.

8 Sechs Lampen (2,5 V/1,0 A) sollen korrekt an einer Quelle betrieben werden. Zeichne alle möglichen Schaltpläne. Gib jeweils *I*, *U* und *P* an.

9 Fünf Zink-Kohle-Batterien sind in Reihe geschaltet. Zwischen welchen Anschlüssen kann man eine Lampe mit der Nennspannung von 4,5 V anschließen?

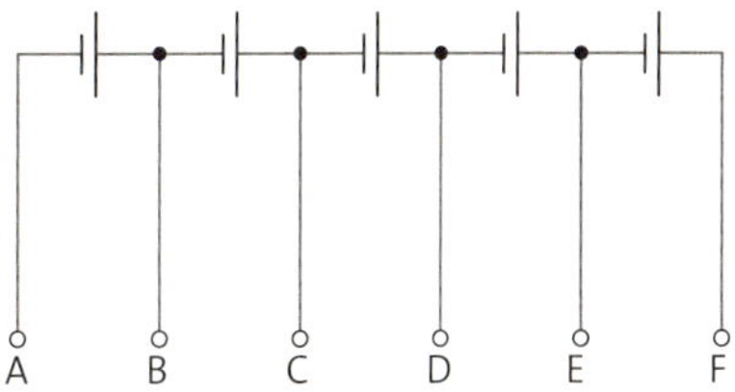

Elektromotor

10 Erläutere anhand der unten abgebildeten Skizzen die Funktionsweise eines Elektromotors.

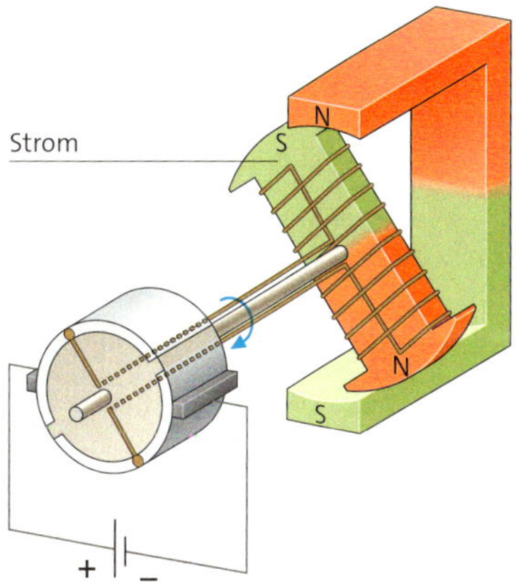

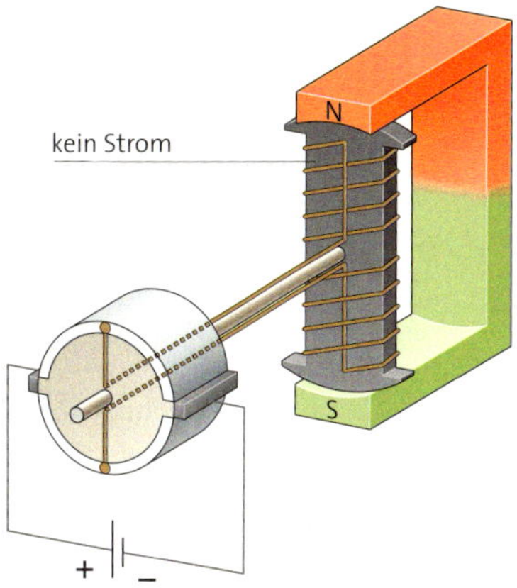

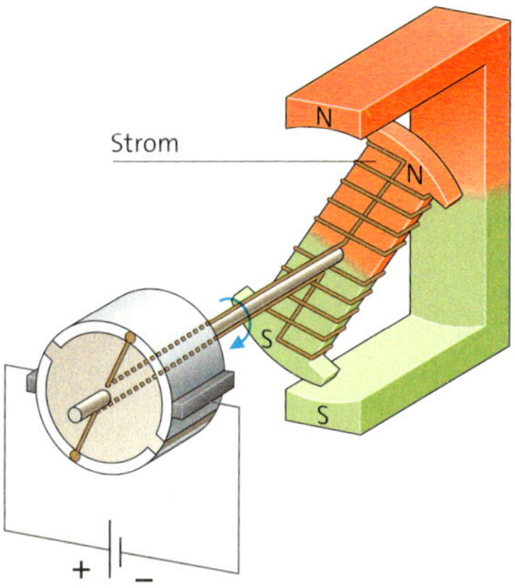

01 Stromzange zur Messung der Stromstärke

Magnetfelder durch Strom

Mit einer Stromzange kann man die Stromstärke in einem Kabel messen. Gewöhnlich sind Stromstärkemessgeräte in den Stromkreis eingebaut. Welchen physikalischen Effekt nutzt die Stromzange, sodass man damit die Stromstärke im Kabel messen kann?

ELEKTRISCHER STROM UND MAGNETFELDER · Du weißt, dass es eine magnetische Wirkung gibt, wenn Ladung durch einen Draht fließt. Die Stromzange nutzt diese Wirkung. Wir untersuchen die magnetische Wirkung eines stromführenden Drahtes mithilfe vieler Magnetnadeln (▸ Bild 03). Aus der Ausrichtung der Magnetnadeln können wir schließen, dass die Feldlinien kreisförmig sind. Es gibt hier also ein Magnetfeld, aber keine Magnetpole, da die Feldlinien geschlossen sind. Die Magnetnadeln zeigen uns noch mehr, nämlich eine Richtung für die geschlossenen Feldlinien. Wenn wir die Richtung des Stroms umkehren, dann kehrt sich auch die Richtung der Feldlinien um. Ihre Richtung steht also in direktem Zusammenhang mit der Stromrichtung. Eine Verknüpfung von Stromrichtung und Feldlinienrichtung liefert die „Rechte-Hand-Regel" (▸ Bild 02):
Wenn du den Daumen der rechten Hand in die Stromrichtung von „plus nach minus" hältst, dann zeigen die gekrümmten Finger die Richtung der magnetischen Feldlinien an.

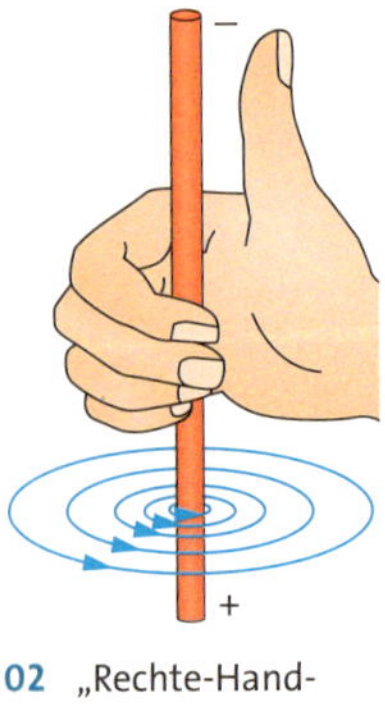

02 „Rechte-Hand-Regel"

03 Von Magnetnadeln umgebener Draht

Die magnetischen Feldlinien um einen stromführenden Draht bilden geschlossene Kreise. Die Kreisebene liegt senkrecht zum Draht.

Wenn wir die Stromstärke im Draht verändern, dann ändert sich auch die Stärke des Magnetfelds. Die Stromzange nutzt diesen Effekt und berechnet daraus die Stromstärke im Draht.

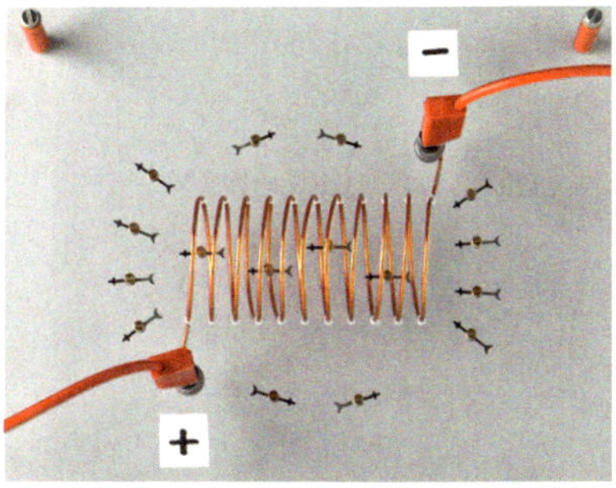

04 Spule mit Magnetnadeln innen und außen

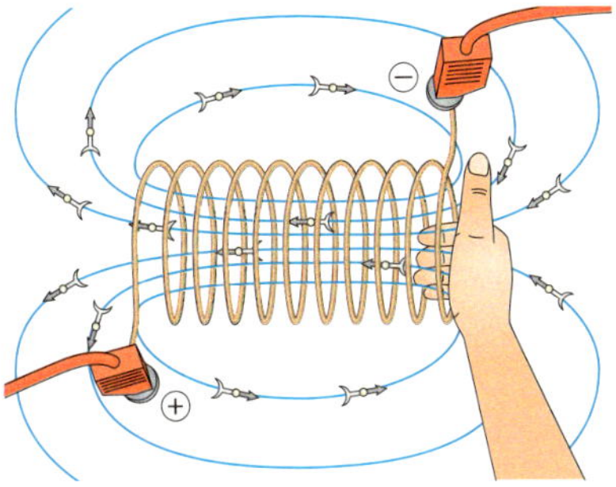

05 Ermittlung der Richtung der Feldlinien bei einer Spule

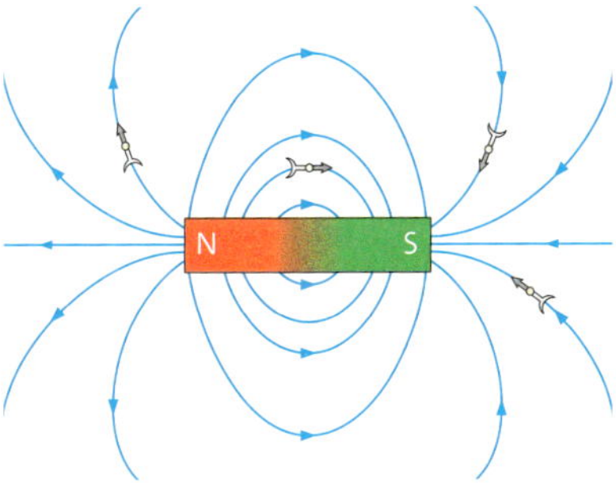

06 Feldlinienbild eines Stabmagneten

DAS MAGNETFELD DER SPULE · Ein Elektromagnet besteht oft aus einem Eisenstück, das mit isoliertem Draht umwickelt ist. Einen gewickelten Draht nennt man auch **Spule.** Wir untersuchen wieder mit Magnetnadeln das Feld einer stromführenden Spule. Im Inneren der Spule richten sich die Magnetnadeln parallel zueinander aus (▸ Bild 04). Im Außenbereich sieht das Feldlinienbild der Spule sehr ähnlich aus wie das eines Stabmagneten (▸ Bild 06).

Wenn wir eine Magnetnadel von innen nach außen und um die Spule herum wieder nach innen zurück schieben, so sehen wir, dass es auch hier – wie beim stromführenden Draht – geschlossene Feldlinien sind.

Die magnetischen Feldlinien einer stromführenden Spule sind geschlossen.

Wir können die Richtung der Feldlinien wieder mit der „Rechte-Hand-Regel" vorhersagen: Die Ursache für die magnetische Wirkung ist der Strom. Wir zeigen mit dem Daumen in die Richtung des Stroms. Die gekrümmten Finger zeigen dann in die Richtung der magnetischen Feldlinien, auch im Innenbereich der Spule. Die Fingerspitzen müssen sich dabei im Innenbereich befinden (▸ Bild 05).

Was geschieht, wenn wir die Stromrichtung durch die Spule ändern? Wie beim Draht kehrt sich auch hier die Richtung der Feldlinien um.

SPULE MIT EISENKERN · Wenn wir die Spule mit einem Eisenstück füllen, dann verändert sich der Verlauf der Feldlinien kaum. Aber die magnetische Wirkung der Spule ist erheblich stärker geworden (▸ Bild 07).

Wie können wir uns diese Verstärkung der magnetischen Wirkung erklären? Erinnern wir uns an den Aufbau von Eisen. Wir haben die Vorstellung entwickelt, dass Eisen kleine Elementarmagnete enthält. Diese sind gewöhnlich ungeordnet, so dass sich die einzelnen Magnetfelder gegenseitig aufheben. Wenn nun elektrische Ladung durch die Spule fließt, dann richtet das entstehende Magnetfeld der Spule die einzelnen Elementarmagnete aus (▸ Bild 08). Die einzelnen Felder addieren sich. Das Magnetfeld der Spule mit Eisenkern ist deshalb viel stärker als das der Spule ohne Eisenkern.

Eine mit Eisen gefüllte Spule hat ein viel stärkeres magnetisches Feld als eine mit Luft gefüllte Spule.

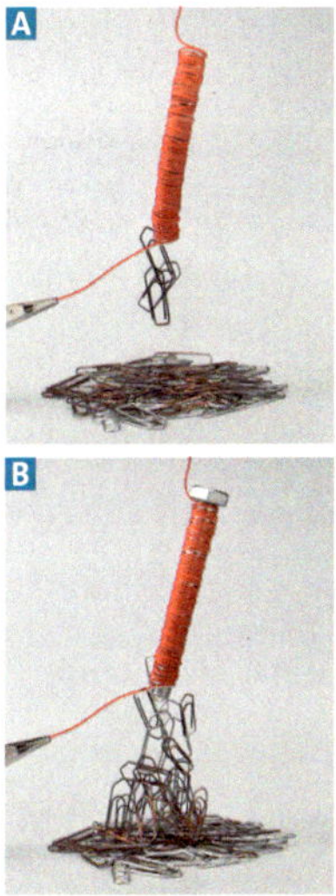

07 Spule **A** ohne, **B** mit Eisenkern

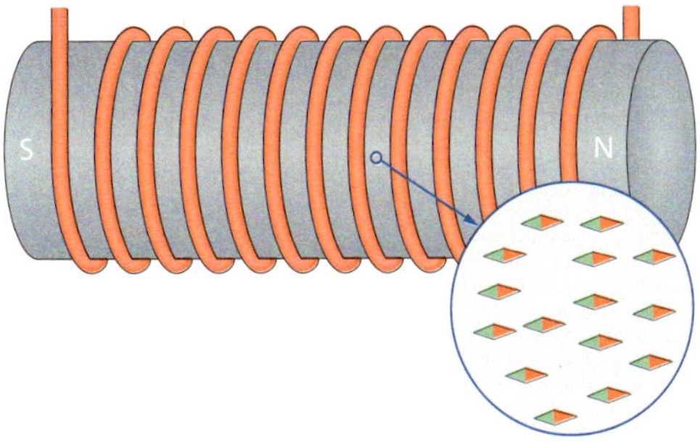

08 Magnetisiertes Eisen in einer stromführenden Spule

BLICKPUNKT

Elektromagnete – vielfältig im Einsatz

01 Elektromagnete heben schwere Stahlrohre an.

02 Elektromagnete (rot) unter einer Straßenbahn

Elektromagnete sind sehr verbreitet. Winzig kleine Elektromagnete sind z. B. in Computern enthalten. Riesige Elektromagnete hängen an einem Kran, mit dem Rohre für Ölpipelines verladen werden (▸ Bild 01). Elektromagnete haben einige Vorteile. Sie können in fast jeder Größe und Stärke hergestellt werden. Man kann bei ihnen die Stärke des Magnetfelds verändern, indem man die Stromstärke anpasst. Außerdem ist der Elektromagnet jederzeit sofort ein- bzw. ausschaltbar.

Straßenbahnen · An der Unterseite von Straßenbahnen hängen dicht über der Schiene Elektromagnete (▸ Bild 02). Für den normalen Fahrbetrieb werden diese nicht gebraucht. Kommt es jedoch zu einer Notbremsung, dann werden die Magnete eingeschaltet und auf die Schienen abgesenkt. Magnete und Schienen ziehen sich nun an, sodass die Unterseite der Magnete sehr stark an den Gleisen reibt. Dadurch kommt die Straßenbahn schnell zum Stehen.

Brandschutztüren · Bei Brandschutztüren sind die Elektromagnete dauerhaft eingeschaltet. Sie halten entgegen einer Federkraft die Türen offen. Wenn die Brandmelder ansprechen, dann wird der Strom abgeschaltet und die Türen werden durch die Federkraft geschlossen. Da bei Bränden oft der Strom ausfällt, gewährleistet die Feder, dass die Türen schließen.

Musik mittels Elektromagneten · Manche Lautsprecher sind aus einem Dauermagneten und einer Spule aufgebaut (▸ Bild 03). Der Strom in der Spule schwankt im Rhythmus der Musik. Dadurch ändert sich das Magnetfeld der Spule. Dies führt zu Änderungen der Kraft zwischen Dauermagnet und Spule. Infolgedessen schwingt die Spule und die mit ihr verbundene Membran hin und her. Die Membran ihrerseits regt die Luft wieder zu Schwingungen an, die wir als Musik wahrnehmen.

Supraleitende Magnete · Supraleitende Magnete sind besondere Elektromagnete. Sie werden z. B. in der Medizin bei Kernspintomographen oder in der physikalischen Forschung verwendet. Das Besondere ist der Draht, aus dem die Spulen gewickelt sind. Dieser hat bei sehr tiefen Temperaturen keinen elektrischen Widerstand mehr. Die elektrische Ladung kann ohne Widerstand im Kreis fließen. Man benötigt nur am Anfang Energie, um das Magnetfeld aufzubauen. Die Stärke des Magnetfelds ist jedoch begrenzt, da die supraleitende Eigenschaft bei zu großen Magnetfeldern zerstört wird.

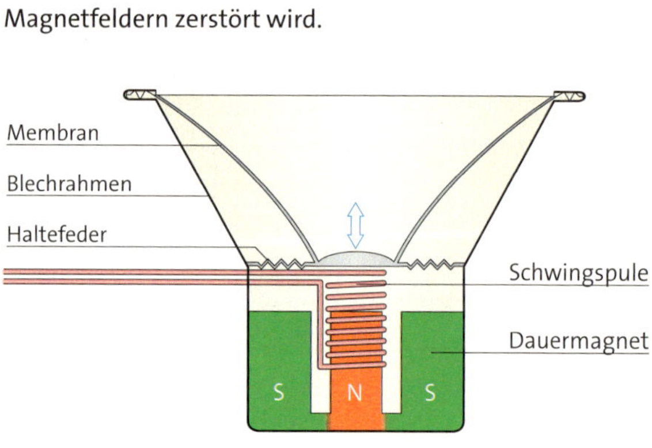

03 Prinzip eines Lautsprechers

VERSUCHE ▸ ... mit dem einfachsten Motor der Welt

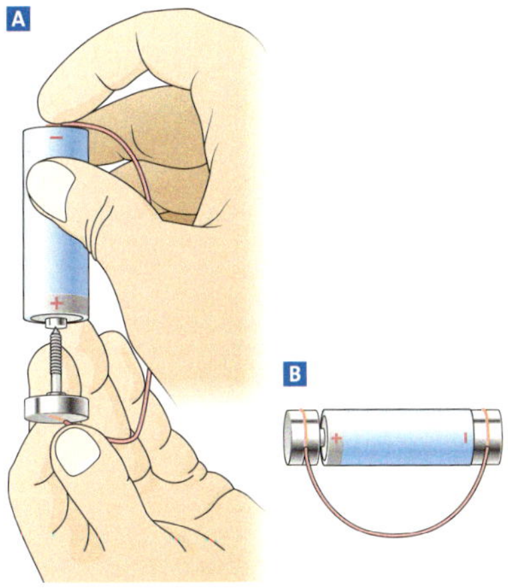

04 Motoren – einfach und schnell gebaut

Material:

Batterie (AAA), zylinderförmige Neodymmagnete, Draht, Schraube

V1 Schraubenmotor

Durchführung:

a) Setze den Schraubenkopf auf den Magneten, hänge die Schraube mit der Spitze an den Pluspol der Batterie, drücke ein Drahtende auf den Minuspol und halte das andere Drahtende seitlich an den Magneten (▸ Bild 04 A). Notiere deine Beobachtung.

b) Halte den Draht an verschiedene Stellen des Magneten. Dreht er sich immer?

c) Wie kannst du die Drehrichtung verändern?

V2 Roller

Durchführung:

a) Setze je zwei Magnete auf die Pole der Batterie. Fertige einen Bügel und lege ihn auf die Magnete wie in ▸ Bild 04 B. Läuft der Roller?

b) Wie müssen die Magnete angeordnet sein?

Material A ▸ Elektrische Ströme und magnetische Felder

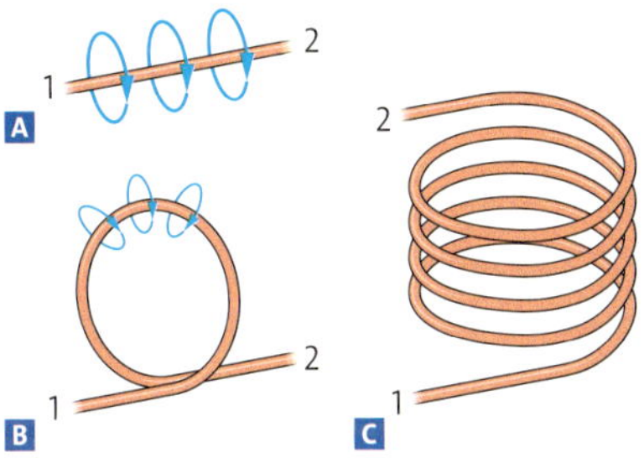

05 **A** Gerader Draht, **B** Drahtwindung, **C** Spule

A1 a) Wie muss man die Drahtenden 1 und 2 in ▸ Bild 05 A, B anschließen, damit das Magnetfeld die gezeigte Richtung hat?

b) Bei der Spule in ▸ Bild 05 C ist der Anschluss 1 am Pluspol und der Anschluss 2 am Minuspol angeschlossen. Beschreibe den Feldlinienverlauf.

A2 a) Die Drahtwindungen einer Spule müssen isoliert sein. Begründe.

b) Ein Eisenkern führt zu einer Verstärkung des Magnetfelds. Warum verwendet man nicht einen Kern aus Aluminium oder Kupfer?

c) Wie erhält man einen möglichst starken Elektromagneten? Stelle Vermutungen auf.

Material B ▸ Magnetfelder üben Kräfte aus

Magnetfelder können Kräfte auf stromführende Drähte ausüben. Dies kann man mit der Überlagerung von Feldern erklären.

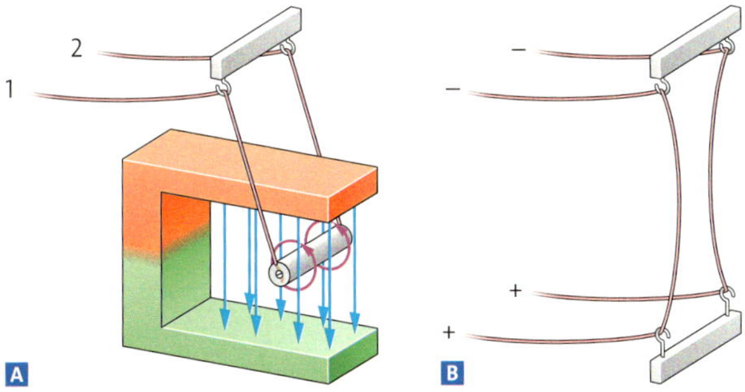

06 **A** Leiter im Magnetfeld, **B** parallele Drähte ziehen sich an.

B1 a) Ein Metallstab in einem Hufeisenmagneten ist wie eine Schaukel an zwei Drähten aufgehängt (▸ Bild 06 A). Wie muss man die beiden Drahtenden 1 und 2 anschließen, damit das Magnetfeld des Stabs mit den violett gezeichneten Feldlinien übereinstimmt?

b) Auf den Stab wirkt eine Kraft nach rechts. Man kann das so erklären: Links verstärken sich die Magnetfelder, rechts schwächen sie sich ab. Wie kann man erreichen, dass die Leiterschaukel nach links ausgelenkt wird?

c) Die Stromrichtungen in den beiden Drähten sind gleich (▸ Bild 06 B). Zeichne ein Feldlinienbild in einer Ebene senkrecht zu den Drähten. Begründe, dass sich die Drähte anziehen.

01 Windpark zur umweltfreundlichen Energieversorgung

Die elektromagnetische Induktion

Zentrales Bauteil einer Windkraftanlage ist der Generator. Durch ihn wird eine Spannung erzeugt. Diese Spannung treibt den elektrischen Strom an. Was ist die Ursache für die Spannung?

ERZEUGUNG VON SPANNUNG · Als Beispiel für einen Generator betrachten wir einen Fahrraddynamo (▸ Bild 02). Er besteht aus einer feststehenden Spule und einem drehbaren Dauermagneten. Wir schließen ein Spannungsmessgerät an die Spule des Fahrraddynamos an. Drehen wir am Antriebsrad, so zeigt das Messgerät eine Spannung an. Anscheinend muss nur der Magnet in der Spule gedreht werden, damit eine Spannung entsteht. In der Physik sagt man üblicherweise „eine Spannung wird **induziert**" anstatt „eine Spannung entsteht".

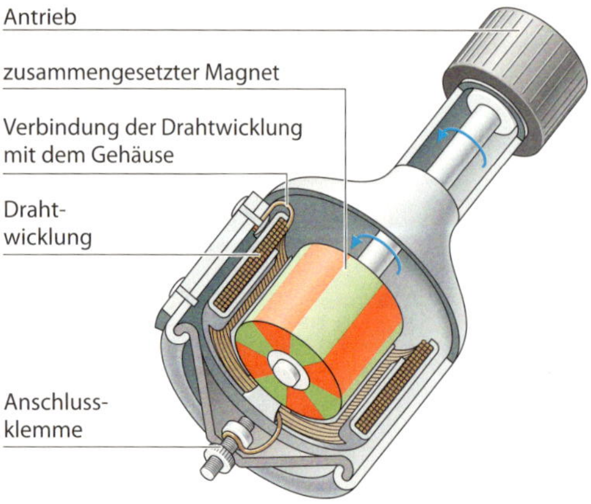

02 Ein spezieller Generator, der Fahrraddynamo

INDUKTION DURCH BEWEGUNG · Im Folgenden untersuchen wir das Phänomen der Induktion einer Spannung genauer. Hierzu verwenden wir eine Spule, einen Stabmagneten und ein Spannungsmessgerät. Bewegen wir den Stabmagneten in die Spule hinein, so zeigt das Messgerät eine Spannung an (▸ Bild 03). Ziehen wir den Magneten wieder heraus, dann zeigt das Messgerät wiederum eine Spannung an. Diesmal jedoch schlägt der Zeiger in die andere Richtung aus, das Vorzeichen der Spannung hat sich also umgekehrt (▸ Bild 04). Solange der Magnet unbewegt in der Spule bleibt, wird keine Spannung induziert.

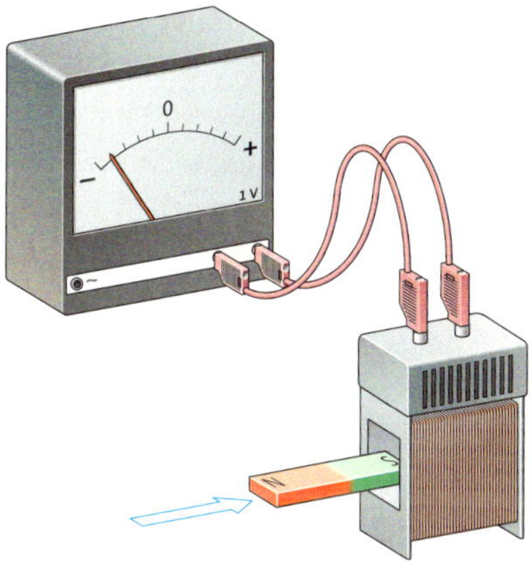

03 Wird der Magnet in die Spule hineinbewegt, so wird eine Spannung induziert.

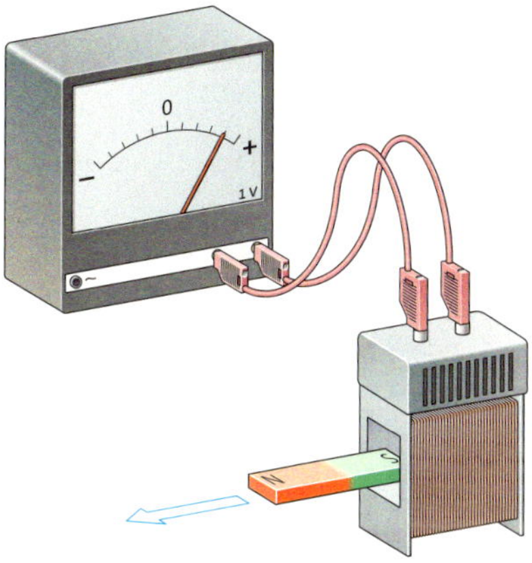

04 Wird der Magnet aus der Spule herausbewegt, so wird eine Spannung induziert.

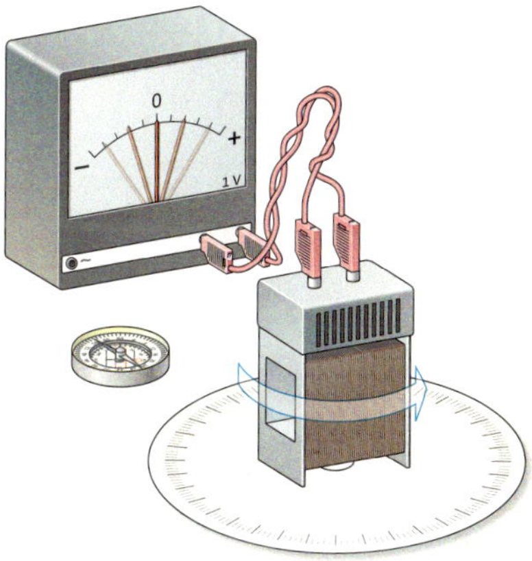

05 Eine Spule dreht sich im Magnetfeld der Erde. Es wird eine Wechselspannung induziert.

Wie können wir eine größere Spannung induzieren? Es ist naheliegend, dass wir dazu den Magneten schneller bewegen müssen. Tatsächlich ist der Zeigerausschlag größer, wenn man den Magneten schneller in die Spule hinein- oder aus ihr herausbewegt. Je schneller die Bewegung ist, desto größer ist die induzierte Spannung.

Wird auch eine Spannung induziert, wenn man statt des Magneten die Spule bewegt? Wir halten den Magneten fest und bewegen die Spule auf den Magneten zu oder von ihm weg. Auch dann wird eine Spannung induziert und wieder hängt das Vorzeichen der Spannung von der Bewegungsrichtung ab.

Wenn sich ein Magnet und eine Spule relativ zueinander bewegen, dann wird eine Spannung induziert.
Das Vorzeichen der Spannung hängt von der Bewegungsrichtung ab.
Je schneller die Bewegung ist, desto größer ist die Spannung.

Beim Fahrraddynamo wird der Magnet gedreht. Wenn es wirklich nur auf die relative Bewegung von Magnet und Spule zueinander ankommt, dann sollte auch eine Spannung induziert werden, wenn die Spule gedreht wird.

DREHUNG DER SPULE IM MAGNETFELD · Wir nehmen eine Spule mit vielen Windungen und stellen diese auf einen Drehteller. An die Enden der Spule schließen wir ein Spannungsmessgerät an (▸ Bild 05). Als Magnetfeld nutzen wir das Magnetfeld der Erde.

Drehen wir die Spule, dann zeigt das Messgerät eine Spannung an. Der Zeiger des Messgeräts zeigt abwechselnd nach rechts und links. Offensichtlich ist die Spannung nicht konstant. Wir schließen statt des Messgerätes nun ein Messwerterfassungssystem an und zeichnen den Verlauf der Spannung über der Zeit auf. Den genauen zeitlichen Verlauf zeigt das ▸ Bild 06. Bei diesem Experiment haben wir die Spule mit konstanter Drehzahl gedreht. Wir beobachten, dass die induzierte Spannung abwechselnd positive und negative Werte annimmt. Da dies kontinuierlich geschieht, spricht man von einer **Wechselspannung.**

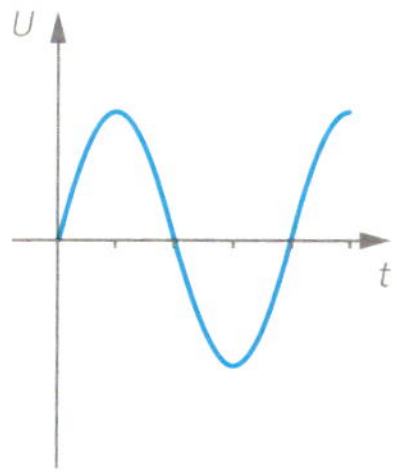

06 Wechselspannung: Die Spannung ist über der Zeit dargestellt.

Wenn eine Spule in einem Magnetfeld gedreht wird, dann wird eine Wechselspannung induziert.

1 Ein Stabmagnet wird durch eine Spule hindurchgeschoben. Beschreibe, wie sich die Anzeige eines angeschlossenen Spannungsmessgeräts ändert.

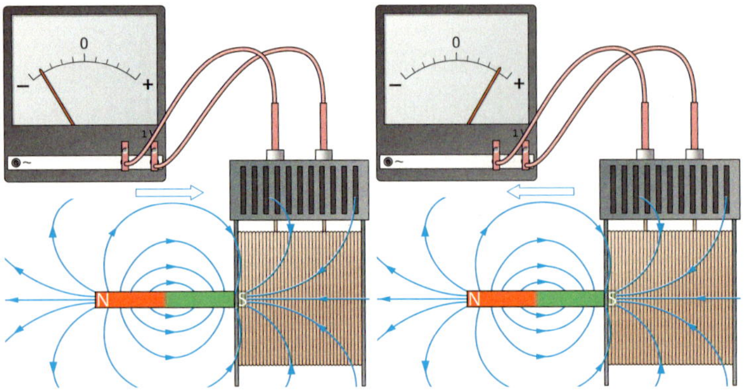

01 Solange der Magnet bewegt wird, ändert sich das Magnetfeld in der Spule und es wird eine Spannung induziert.

DAS MAGNETFELD ÄNDERT SICH · Bis jetzt haben wir immer etwas bewegt, die Spule oder den Magneten, um Spannung zu induzieren. Bei der Bewegung des Magneten oder der Drehung der Spule gibt es eine Gemeinsamkeit: Das Magnetfeld in der Spule ändert sich.

Bewegt man den Magneten in die Spule hinein, so wird das Feld in der Spule stärker und es wird eine Spannung induziert (▸ Bild 01). Beim Herausziehen des Magneten wird das Feld in der Spule schwächer. Wieder wird eine Spannung induziert, nur mit umgekehrten Vorzeichen. Bleibt der Magnet unbewegt in der Spule, so ändert sich auch das Magnetfeld in der Spule nicht. Es wird keine Spannung induziert.

Wenn die Spule im Magnetfeld gedreht wird, dann ändert sich ständig die Richtung des Magnetfeldes relativ zur Spule (▸ Bild 02). Die Stärke des Feldes bleibt hier konstant. Auch in diesem Fall wird eine Spannung induziert.

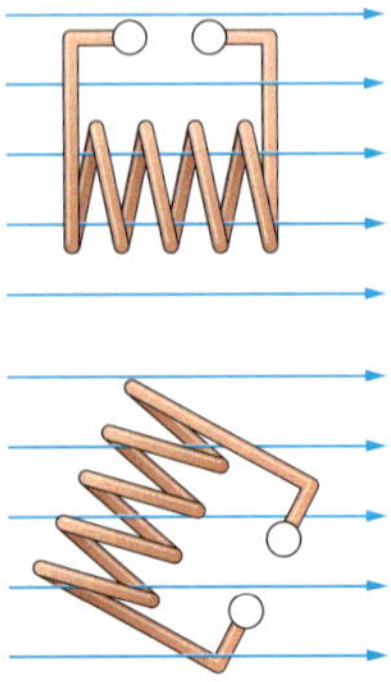

02 Induktion durch Änderung der „Richtung“ des magnetischen Feldes.

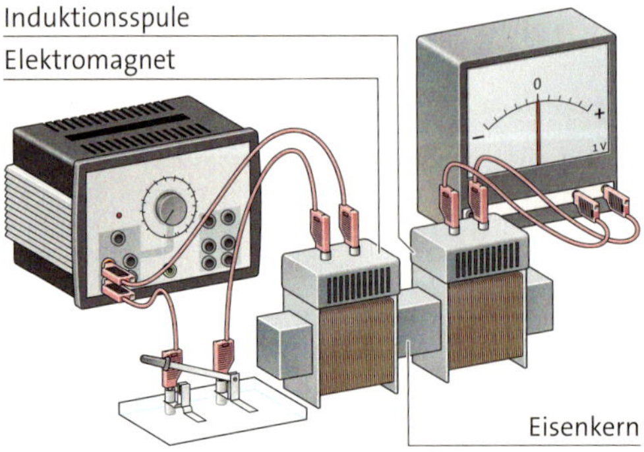

03 Elektromagnet neben einer Induktionsspule

Wir schließen daraus, dass es auf die Änderung des Magnetfeldes in der Spule ankommt, um eine Spannung zu induzieren. Eine Bestätigung soll das folgende Experiment liefern.

INDUKTION OHNE BEWEGUNG · Wir stellen einen Elektromagneten vor eine Spule, an die wir ein Spannungsmessgerät anschließen (▸ Bild 03). Schließen wir den Schalter, dann erzeugt der elektrische Strom durch den Elektromagneten ein Magnetfeld. Beim Schließen des Schalters lesen wir am Messgerät eine Spannung ab, danach nicht mehr. Erst beim Öffnen des Schalters beobachten wir wieder eine Spannung, aber mit umgekehrtem Vorzeichen.

Wir variieren das Experiment noch etwas. Wir schalten den Elektromagneten ein und erhöhen die elektrische Stromstärke. Das Magnetfeld wird dadurch stärker. Auch während der Verstärkung des Magnetfeldes wird eine Spannung induziert.

Wenn sich in einer Spule das Magnetfeld ändert, dann wird eine Spannung induziert. Ist das Feld konstant, dann gibt es keine Induktionsspannung.

EINE VERANSCHAULICHUNG · Die bisherigen Versuche haben gezeigt, dass eine Spannung nur induziert wird, wenn sich das Magnetfeld in der Spule ändert. Es spielt keine Rolle, wie das Magnetfeld zustande kommt. Dies klingt abstrakt, lässt sich aber gut veranschaulichen.

Dazu beschreiben wir das Magnetfeld mithilfe von Feldlinien. Die Richtung einer Feldlinie in einem bestimmten Punkt stellt die Richtung des Magnetfeldes in diesem Punkt dar. Die gezeichnete Anzahl der Feldlinien in einem Bereich stellt die Stärke des Feldes in diesem Bereich dar. Zwar lässt sich die absolute Stärke nicht ablesen, aber zwei Felder sind hinsichtlich ihrer Stärke vergleichbar.

Durch Abzählen der gezeichneten Feldlinien innerhalb der Spule können wir erkennen, ob sich die Stärke des magnetischen Feldes in der Spule geändert hat, und damit beurteilen, ob eine Spannung induziert wird.

Illustrieren wir es mit Bildern. Hierzu wählen wir eine besondere Darstellung. Die Feldlinien zeichnen wir senkrecht zur Papierebene. Sehen wir ein Kreuz, dann läuft die Feldlinie in die Ebene hinein. Sehen wir einen Punkt, dann läuft die Feldlinie aus der Papierebene heraus.

▸ Bild 04 A zeigt eine Spule mit einer Windung, in einem Magnetfeld, einmal vor und einmal nach einer Magnetfeldänderung. Im Bild rechts ist das Magnetfeld in der Spule schwächer als im Bild links. Das erkennst du daran, dass die Anzahl der Kreuze, das heißt die Anzahl der gezeichneten Feldlinien, in der Spule abgenommen hat. Also wird eine Spannung induziert.

Im ▸ Bild 04 B ändert sich die Anzahl der gezeichneten Feldlinien in der Spule ebenfalls. Die Stärke des Feldes hat sich aber nicht verändert. Aus dem Bild ist nicht ersichtlich, ob sich die Spule oder das Feld bewegt hat. Zur Beurteilung, ob eine Spannung induziert wird, ist dies auch nicht wichtig. Es kommt nur auf die Veränderung der Anzahl der Feldlinien durch die Spule an. Es kommt nicht darauf an, wie diese Veränderung zustande kommt. In dem dargestellten Fall wird folglich eine Spannung induziert.

Im ▸ Bild 04 C wird keine Spannung induziert. Bei der Bewegung der Spule verändert sich die Anzahl der Feldlinien in der Spule nicht.

Am ▸ Bild 05 können wir die Erzeugung von Wechselspannung nachvollziehen. Durch die Drehbewegung ändert sich laufend die Anzahl der Feldlinien im Spuleninneren. Im Bild links wird die Spule von neun Feldlinien durchsetzt. Wegen der Drehbewegung sind es nach kurzer Zeit nur noch drei Feldlinien. Es wird kontinuierlich eine Spannung induziert.

Auch der Wechsel des Vorzeichens der Spannung lässt sich aus der Veranschaulichung verstehen. Ist die Spule um eine halbe Umdrehung weitergedreht, dann treffen die Feldlinien die Spule auf der Rückseite der Querschnittsfläche. Deswegen kehrt sich das Vorzeichen der Spannung um.

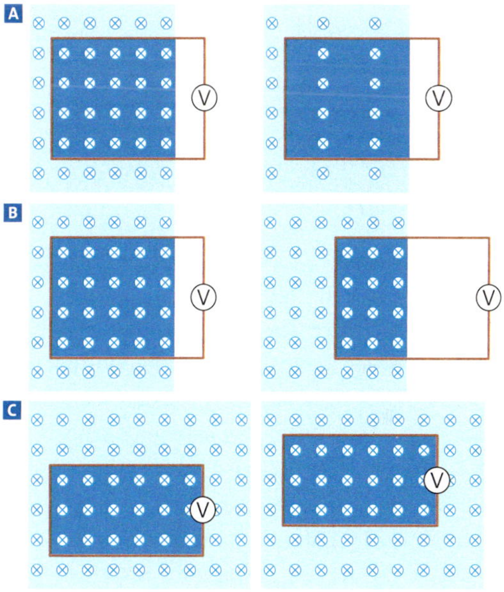

04 A Induktionsspannung durch Abschwächen des Magnetfelds

B Induktionsspannung durch Verkleinern des felddurchsetzten Spulenbereichs

C Keine Induktionsspannung trotz Bewegung

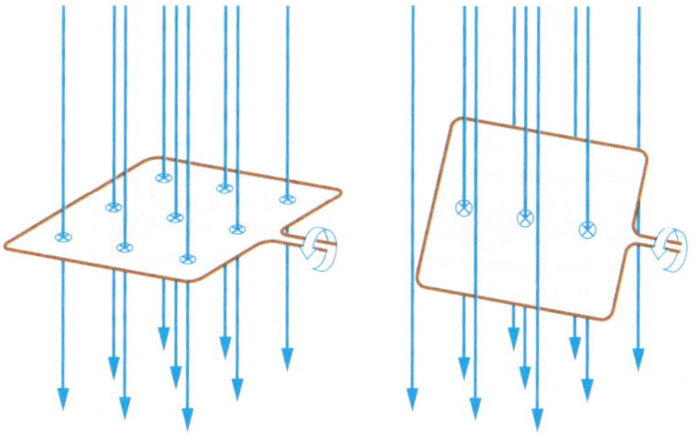

05 Die Spule dreht sich und der vom Feld durchsetzte Spulenbereich ändert sich. Es wird eine Spannung induziert.

1 Zeichne ein Veranschaulichungsbild, bei dem das Magnetfeld in der Spule zunimmt.

2 Zeichne ein Veranschaulichungsbild für den Fall „Induktion ohne Bewegung“.

BLICKPUNKT

Vom Laufburschen zum Entdecker

01 FARADAY um 1829

MICHAEL FARADAY wurde 1791 in England geboren. Mit 13 Jahren wurde er Laufbursche eines Buchhändlers in London. Dieser war zufrieden und übernahm den Jungen ein Jahr später in eine siebenjährige Ausbildung zum Buchbinder. Der kleine Michael lernte schnell, las nebenbei viele der bearbeiteten Bücher, interessierte sich für Wissenschaft und der Buchhändler erlaubte ihm zu experimentieren sowie wissenschaftliche Vorträge zu besuchen. Nach Abschluss seiner Ausbildung hätte FARADAY gerne bei der großen Londoner Wissenschaftsgesellschaft Royal Society gearbeitet – seine Bewerbung blieb jedoch erfolglos. Doch der junge Mann folgte nicht nur bei Versuchen akribisch seinen Planungen. Er verfolgte auch bei der Berufswahl beharrlich sein Ziel, Wissenschaftler zu werden. Er bewarb sich bei der Royal Institution, einer Gesellschaft zur Verbreitung wissenschaftlicher Erkenntnisse, und wurde 1813 als Laborgehilfe angestellt. Er verrichtete regelmäßige Aufgaben, nutzte das Labor für eigene Versuche und hatte 1819 schon 37 wissenschaftliche Veröffentlichungen publiziert. Im Jahr 1821 baute er eine elektrische Spule, die sich in der Nähe eines Stabmagneten allein durch magnetische Kräfte drehte. Sie ist die Grundlage des **Elektromotors** und seine erste große Entdeckung – weitere folgten:
Er vermutete 1822, dass es möglich sein müsse, die zwei Jahre zuvor entdeckte magnetische Stromwirkung umzukehren. Seine geniale Intuition notierte er in seinem Tagebuch: „convert magnetism into electricity“. Durch seine vielen Aufgaben verzögerte sich sein Projekt; erst 1831 konnte er damit beginnen. Sein Assistent ANDERSON wickelte um den Eisenkern eines Elektromagneten eine zweite Spule. Wenn FARADAY den Stromkreis der ersten Spule schloss, dann konnte er einen elektrischen Strom durch die zweite Spule nachweisen. Mit dieser Anordnung von zwei Spulen hatte FARADAY das Prinzip des **Transformators** entdeckt. FARADAY vermutete, dass die eigentliche Ursache für den neuartigen Strom die Änderung des Magnetismus in der zweiten Spule sei. Zur Überprüfung bewegte er einen Stabmagneten in einer Spule und konnte tatsächlich einen elektrischen Strom nachweisen. FARADAY hatte das Prinzip des **Generators** entdeckt.

FARADAY untersuchte über Jahrzehnte elektrische und magnetische Kräfte. Sein Ergebnis ist heute eines der fruchtbarsten physikalischen Konzepte: Es gibt elektrische und magnetische Felder, die Kräfte bewirken können. Auch entdeckte er, dass das elektrische Feld durch Nichtleiter geschwächt wird und dabei die Fähigkeit des Körpers, Ladung zu speichern, steigt. Diese Fähigkeit heißt Kapazität. Ihre Einheit wird nach ihm **Farad** genannt.
FARADAY war nicht nur ein großartiger Forscher. Er begeisterte auch die Öffentlichkeit durch anschauliche Experimentalvorträge – schließlich hatte er als Lehrling selbst von solchen Veranstaltungen profitiert.

VERSUCHE ▸ Erkundung der Induktion

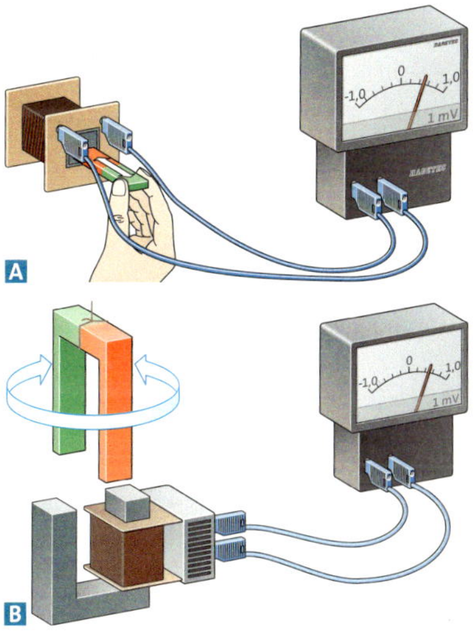

02 Versuche zur Induktion

V1 Induktion durch Bewegung

Material:

Stabmagnet, Spulen mit unterschiedlichen Windungszahlen, Spannungsmessgerät mit mV-Bereich und Mitteneinstellung

Durchführung:

a) Schließe die Spule an das Spannungsmessgerät an. Bewege den Magneten ruckartig in die Spule hinein und heraus. Notiere die Beobachtungen.

b) Untersuche, wovon das Vorzeichen und der Betrag der Spannung abhängen.

V2 Induktion durch Drehung

Material:

Hufeisenmagnet, Spule mit 500 Windungen, U-förmiger Eisenkern, Schnur, Spannungsmessgerät mit Mittenstellung

Durchführung:

a) Befestige die Schnur mittig am Magneten und hänge ihn über dem U-Kern auf. Drehe den Magneten. Beobachte die Anzeige des Messgeräts. Notiere. Handelt es sich um Gleich- oder Wechselspannung?

b) Beschreibe, wie du eine möglichst große Spannung erzeugst.

Material A ▸ Viele Möglichkeiten zur Induktion

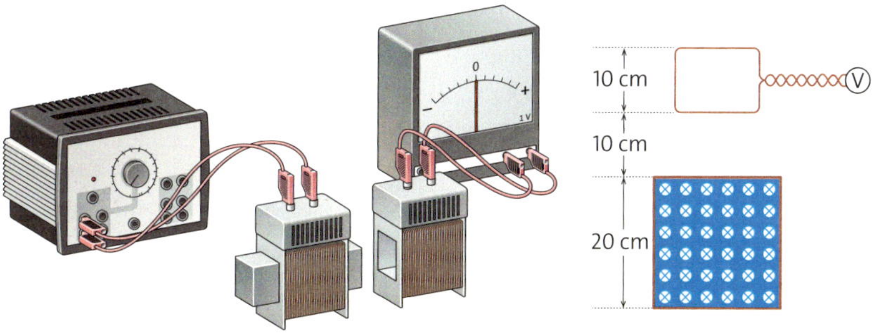

A1 **a)** Beschreibe fünf Möglichkeiten, wie man mit dem obigen Versuchsaufbau eine Spannung induzieren kann. Erkläre jeweils, warum eine Spannung induziert wird.

b) Die linke Spule wird an eine Wechselspannung angeschlossen. Begründe, warum in der rechten Spule ebenfalls eine Wechselspannung induziert wird.

A2 Kann man auch ohne Eisenkerne eine Spannung induzieren? Begründe. Warum geht es mit Eisen besser?

A3 Eine Spule wird mit einer konstanten Geschwindigkeit von $10\,\frac{\text{cm}}{\text{s}}$ durch ein Magnetfeld bewegt.

a) Beschreibe, wie sich die Anzeige des Spannungsmessgeräts ändert.

b) Skizziere den zeitlichen Verlauf der Spannung.

c) Wie ändert sich der Verlauf der induzierten Spannung, wenn die Spule mit größerer Geschwindigkeit durch das Magnetfeld bewegt wird?

d) Die Spule ist nun 20 cm und der Bereich des Magnetfeldes 10 cm hoch. Beantworte die Fragen von a).

Material B ▸ FARADAYs Versuche

B1 MICHAEL FARADAY, der Entdecker der Induktion, hat seine Versuche in Bild und Text genauestens dokumentiert (▸ Bild 03). Beschreibe, wie man mit den dargestellten Versuchsaufbauten eine Spannung induzieren kann.

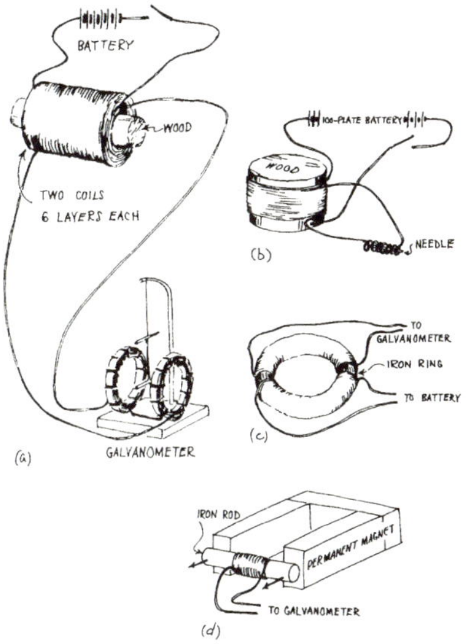

03 FARADAYs Induktionsversuche

01 Ein Elektroauto – heute noch eine Ausnahme, in Zukunft die Regel?

Elektromotor und Generator

Sauber, leise, effizient – sehen so die Autos der Zukunft aus? Elektroautos fahren abgasfrei und geräuscharm, haben eine hohe Beschleunigung und benötigen wenig Energie. Sie werden durch Elektromotoren angetrieben – doch Elektromotoren können nicht nur antreiben: Im Generatorbetrieb können sie sogar Energie beim Bremsen zurückholen!

EIN BAUTEIL – ZWEI FUNKTIONEN · Ein Elektromotor erhält Energie durch den elektrischen Strom und gibt sie auf mechanische Weise wieder ab. Beim Generator ist es genau umgekehrt. Man sagt kurz: Ein Motor wandelt elektrische in mechanische Energie um – ein Generator wandelt mechanische in elektrische Energie um.

Elektromotor und Generator sind im Prinzip gleich aufgebaut, oft kann man sogar dasselbe Gerät für beide Funktionen verwenden. Im ▸ Bild 02 A lassen wir einen Motor eine Last anheben. Anschließend bringen wir im Generatorbetrieb mit der angehobenen Last eine Glühlampe zum Leuchten (▸ Bild 02 B).

PRINZIP DES ELEKTROMOTORS · ▸ Bild 03 zeigt einen einfachen Aufbau eines Gleichstrommotors. Er besteht aus einem feststehenden

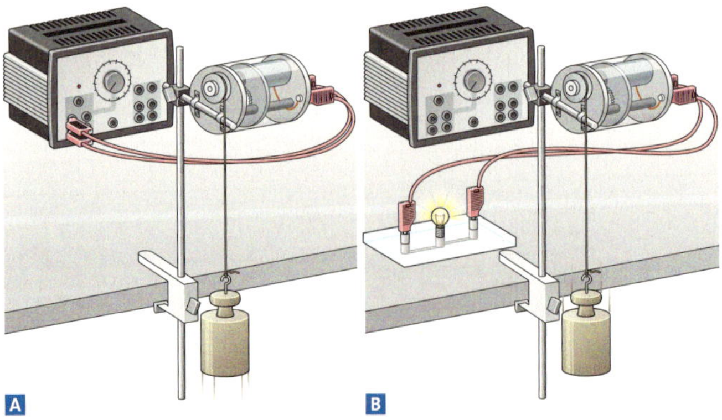

02 Anwendung als **A** Elektromotor und **B** Generator

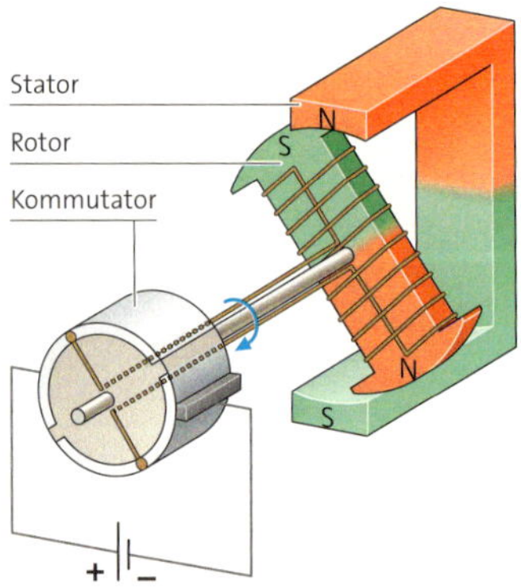

03 Einfacher Elektromotor

Dauermagneten, dem **Stator,** und einem drehbar gelagerten Elektromagneten, dem **Rotor.** Diese üben Kräfte aufeinander aus. Der Strom wird dem Elektromagneten über zwei metallische Halbringe und zwei darauf schleifende Kontakte, dem sogenannten **Kommutator,** zugeführt. Er kehrt die Richtung des elektrischen Stroms durch den Rotor immer zum richtigen Zeitpunkt um.

Im ▸ Bild 04 A bewirkt die Anziehung zwischen den ungleichnamigen Magnetpolen eine Drehbewegung nach rechts. Kurze Zeit später hat der Rotor die Position wie im ▸ Bild 04 B. In dieser Stellung ist der Stromkreis unterbrochen, folglich wirken auch keine Kräfte auf den Rotor, er befindet sich im sogenannten **Totpunkt.** Der Rotor hat jedoch genügend Schwung, um sich weiter zu drehen. In der sich anschließenden Position ist der Stromkreis in umgekehrter Richtung geschlossen (▸ Bild 04 C). Dadurch sind beim Elektromagneten wie gewünscht Nord- und Südpol vertauscht und der Rotor dreht sich weiter bis zur nächsten Umkehrung der Stromrichtung.

Beim Elektromotor dreht sich der Rotor aufgrund von magnetischen Kräften zwischen Rotor und feststehendem Stator.

PRINZIP DES GENERATORS · Im Generatorbetrieb wird der Rotor im Magnetfeld des Stators gedreht. Dadurch ändert sich andauernd die Richtung des Magnetfelds relativ zur Spule. Folglich wird in der Spule des Rotors eine Wechselspannung induziert. ▸ Bild 05 zeigt die Induktion in der Feldlinienvorstellung: Durch die Drehung des Rotors ändert sich ständig die Anzahl der gezeichneten Feldlinien, die jede Windung der Spule durchsetzen.

Beim Generator wird durch Drehung des Rotors im Magnetfeld des Stators eine Wechselspannung im Rotor induziert.

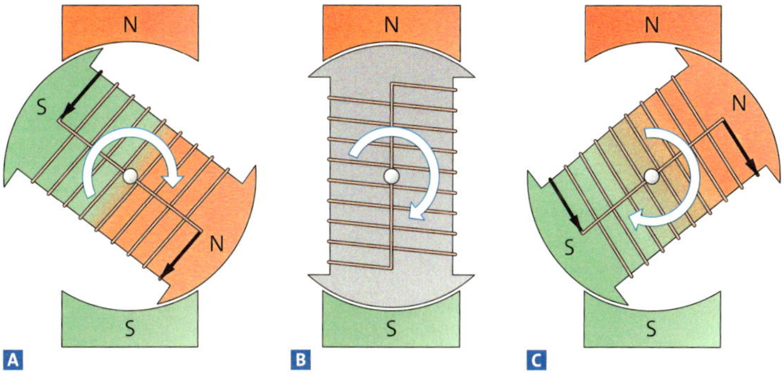

04 Elektromotor: Von **(A)** zu **(C)** wird die Stromrichtung umgekehrt. Durch seinen Schwung dreht sich der Rotor über den Totpunkt **(B)** hinweg.

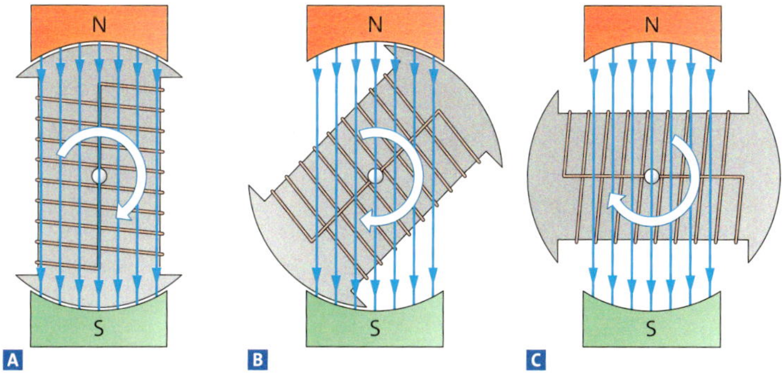

05 Generatorbetrieb: Wenn der Rotor im Magnetfeld des Stators gedreht wird, ändert sich ständig die Richtung des Magnetfelds relativ zur Spule.

VIELE AUSFÜHRUNGEN · Elektromotoren und Generatoren gibt es von winzig klein, etwa für ein CD-/DVD-Laufwerk, bis riesengroß, wie bei den Generatoren und Motoren im Pumpspeicherkraftwerk. Die Leistung reicht von wenigen Milliwatt bis zu vielen Megawatt. Elektromotoren und Generatoren sind sehr effizient; sie erreichen Wirkungsgrade bis zu 98 %. Für die vielfältigen Anwendungen gibt es die unterschiedlichsten Bauarten. Es gibt Motoren und Generatoren für Gleich- und für Wechselstrom, solche, bei denen der Rotor innen läuft und solche, bei denen er außen läuft.

1 **a)** Der Motor nach ▸ Bild 04 läuft nicht in jeder Stellung an. Erkläre.
b) Der Motor benötigt einen Kommutator. Beim Generator wird mit und ohne Kommutator eine Spannung induziert. Erläutere.

01 Leistung einer Bohrmaschine

02 Stromstärke im Leerlauf

DIE LEISTUNG BEIM ELEKTROMOTOR · Die Angabe 12 V/30 W bei einer Glühlampe bedeutet, dass bei einer angelegten Spannung von 12 V die Leistung 30 W beträgt. Man könnte vermuten, dass dies beim Elektromotor genauso ist. Als Beispiel betrachten wir eine Bohrmaschine. Auf dem Typenschild lesen wir: 230 V/650 W. Was bedeutet das?

$P = \frac{\Delta E}{\Delta t}$

Eigentlich würde man erwarten, dass bei einer Spannung von 230 V die Eingangsleistung 650 W beträgt. Mithilfe eines Leistungsmessgeräts messen wir die tatsächliche Eingangsleistung der Bohrmaschine (▸ Bild 01). Lassen wir die Maschine im „Leerlauf" laufen, so zeigt das Messgerät nur etwa 230 W an. Wenn wir aber ein dickes Loch bohren, sodass sich der Bohrer ganz langsam dreht, dann steigt die Anzeige auf über 380 W!

Energetisch betrachtet ist das klar: Beim Bohren gibt der Motor viel Energie ab, mit dieser Energie werden Holzspäne abgetrennt und erwärmt. Folglich muss er auch viel Energie aufnehmen. Man sagt, die Eingangsleistung hängt von der Belastung des Motors ab.

$P = U \cdot I$

Für die elektrische Eingangsleistung sind Spannung und Stromstärke maßgeblich. Die Spannung beträgt immer 230 V. Folglich muss sich die Stromstärke ändern. Wie aber kann sich die Stromstärke ändern, wenn der Antrieb durch die Spannung immer gleich bleibt?

Wie du weißt, ist der Motor gleichzeitig auch ein Generator. Wenn der Rotor des Motors sich dreht, dann wird in ihm eine Wechselspannung induziert. Diese Spannung ist der von außen angelegten Spannung entgegen gerichtet. Dadurch ist die Stromstärke kleiner als man erwarten würde. Je langsamer sich der Motor dreht, desto kleiner ist die induzierte Spannung und desto größer ist folglich die Stromstärke.

Wir prüfen diese Folgerung durch eine direkte Messung der Stromstärke (▸ Bild 02). Im Leerlauf beträgt die Stromstärke tatsächlich nur 1,0 A, während sie beim Bohren des Holzes etwa 1,7 A beträgt! Wie erwartet steigt die Stromstärke durch die Belastung an.

DER WIRKUNGSGRAD · Nicht nur die elektrische Eingangsleistung P_{ein} und die mechanische Nutzleistung P_{nutz}, sondern auch der Wirkungsgrad

$$\eta = \frac{P_{nutz}}{P_{ein}}$$

hängen von der Belastung ab. Im Leerlauf ist die Nutzleistung null, nicht aber die Eingangsleistung. Genauso ist es, wenn der Motor so stark belastet wird, dass er sich nicht mehr dreht. Der Wirkungsgrad ist für eine mittlere Belastung am größten.

1 Bei einem Elektromotor wurden $U = 12$ V, $I = 2{,}5$ A und $P_{nutz} = 18$ W gemessen. Berechne den Wirkungsgrad.

VERSUCHE ▸ Leistung und Wirkungsgrad

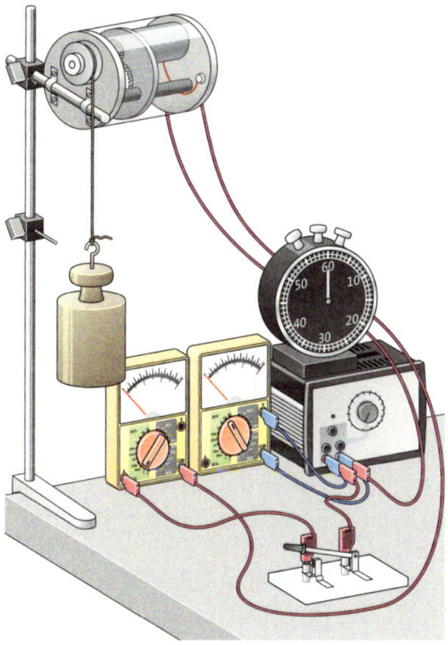

Vorsicht: Motor rechtzeitig ausschalten und Massestück festhalten!

V1 Wirkungsgrad eines Motors

Du bestimmst den Wirkungsgrad eines Elektromotors. Dazu lässt du einen Motor verschiedene Körper anheben und bestimmst die mechanische Nutzleistung P_{nutz} und die elektrische Eingangsleistung P_{ein}. Der Wirkungsgrad ist der Quotient $\frac{P_{nutz}}{P_{ein}}$. Führe den Versuch mit einem Partner durch.

Material:

Elektromotor (z. B. Dynamot), Stativmaterial, verschiedene Massestücke (z. B. 0,5 kg, 1,0 kg, 2,0 kg), Netzgerät, 2 Vielfachmessgeräte, Stoppuhr, Maßband, Schnur, Kabel

Durchführung:

a) Baue den Versuch wie im ▸ Bild gezeigt auf. Stelle am Netzgerät eine geeignete Spannung ein (z. B. 5,0 V beim Dynamot). Hänge das Massestück mit 0,5 kg an die Schnur. Betätige den Schalter und lies die Werte von Stromstärke und Spannung ab. Stoppe die Zeit, die der Motor zum Anheben des Massestücks um z. B. 2,0 m benötigt. Wiederhole die Messung dreimal.

b) Berechne aus den gemittelten Messwerten die Nutzleistung, die Eingangsleistung und den Wirkungsgrad.

c) Wiederhole den Versuch für verschiedene Massestücke und bestimme jeweils den Wirkungsgrad. Erstelle ein Diagramm für den Wirkungsgrad in Abhängigkeit von der Masse.

Material A ▸ Ein Elektromotor

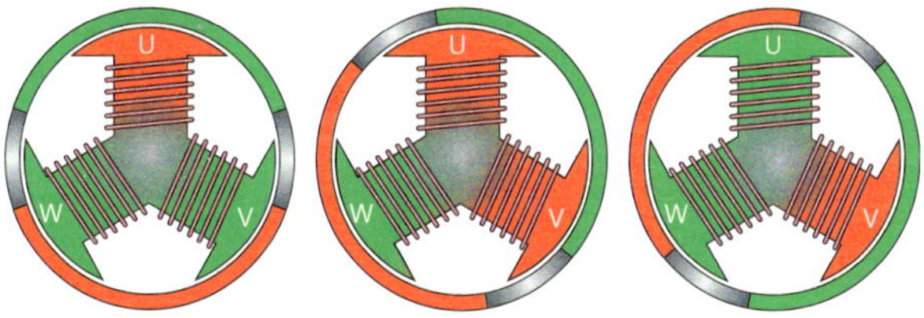

In neuen Motoren wird die Stromrichtung elektronisch umgeschaltet. Das ▸ Bild zeigt drei Momentbilder eines Motors mit einem Stator aus drei festen Elektromagneten U, V, W und einem drehbaren Ring als Rotor mit je einem Nord- und einem Südpol.

A1 **a)** Bei jeder Stromumschaltung wird ein Elektromagnet umgepolt. Entnimm der Zeichnung, welcher Elektromagnet von A nach B und welcher von B nach C umgepolt wird. Welcher Magnet wird als nächstes umgepolt?
b) Die Magnetpole des Rotors folgen dem sich ändernden Magnetfeld des Stators. In welche Richtung dreht sich der Rotor? Um welchen Winkel dreht er sich jeweils?
c) Skizziere die Pole des Stators und die Position des Rotors für das nach C folgende Momentbild.
d) Der Rotor läuft aus jeder Position an. Begründe.

Material B ▸ Ein Fahrraddynamo

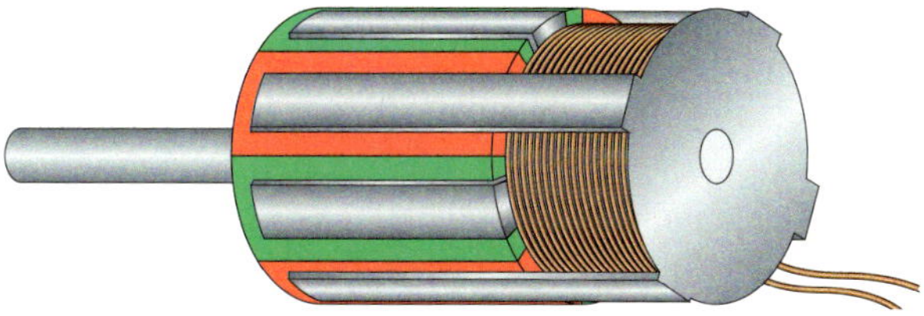

Ein Fahrraddynamo besteht aus einem drehbaren Magneten mit jeweils vier Nord- und Südpolen, einer Spule mit Eisenkern und acht magnetisierbaren Blechstreifen. Durch die Drehung des Dauermagneten wird der Eisenkern ständig ummagnetisiert.

B1 **a)** Jedes Mal, wenn sich der Magnet um 45° weitergedreht hat, ändert sich die Richtung des magnetischen Feldes durch die Spule. Begründe.
b) In der Spule wird eine Wechselspannung induziert. Begründe. Wie oft wechselt die Spannung bei einer kompletten Umdrehung des Magneten das Vorzeichen?
c) Skizziere den zeitlichen Verlauf der Wechselspannung für die Zeitdauer einer Umdrehung.
d) Der Magnet wird schneller gedreht. Erläutere, wie sich die induzierte Spannung ändert.

01 Laptop mit Netzteil

Der Transformator

Ob Laptop oder Handy-Ladegerät – elektronische Geräte werden oft über ein sogenanntes Netzteil angeschlossen. Die Spannung der Steckdose beträgt 230 V, der Laptop benötigt aber eine Spannung von z. B. 20 V. Das Netzteil verändert die Spannung. Man sagt dazu, die Spannung wird transformiert. Wie funktioniert das?

Achtung!
Zerlege niemals ein Netzteil. Jemand könnte das geöffnete Netzteil an die Steckdose anschließen und einen elektrischen Schlag bekommen!

AUFBAU EINES NETZTEILS · ▸ Bild 03 zeigt das Innenleben eines Netzteils. Es enthält neben etlichen elektronischen Bauteilen ein Teil mit vielen Drahtwindungen. Eine genauere Betrachtung zeigt, dass es sich bei diesem Teil um zwei Spulen mit einem gemeinsamen ringförmigen Eisenkern handelt. Ein solches Bauteil heißt Transformator, kurz Trafo. Das Schaltsymbol zeigt ▸ Bild 02. Wie ein Transformator prinzipiell aufgebaut ist, ist im ▸ Bild 04 dargestellt.

PRINZIP DES TRANSFORMATORS · Von den beiden Spulen des Transformators ist eine an die Steckdose angeschlossen. Diese Spule heißt **Primärspule.** Von der zweiten Spule, der sogenannten **Sekundärspule,** führen die Leitungen über die elektronischen Bauteile letztlich zum Laptop. Die beiden Spulen des Transformators sind nicht miteinander verbunden. Dennoch wird Energie von der Primärspule auf die Sekundärspule übertragen. Wie funktioniert das?

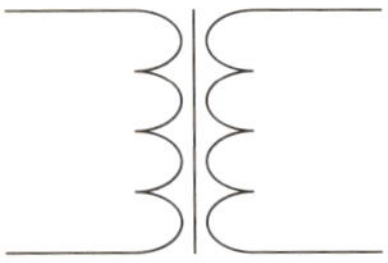

02 Schaltsymbol

03 Innenleben eines Netzteils

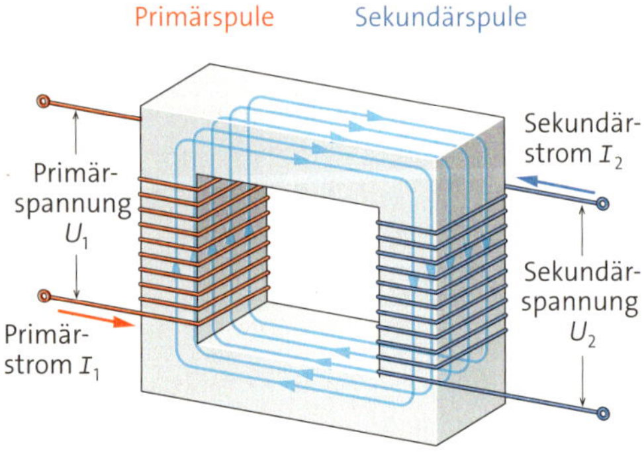

04 Prinzipieller Aufbau eines Transformators

An der Primärspule liegen 230 V Wechselspannung an. Die Frequenz der Wechselspannung beträgt 50 Hz. Der Strom in der Spule wechselt also 100-mal in der Sekunde die Richtung. Durch den Strom wird in der Primärspule ein Magnetfeld erzeugt, das ebenfalls 100-mal in der Sekunde seine Richtung ändert. Dieses Feld bewirkt eine ständige Ummagnetisierung im gesamten Eisenkern. Folglich ändert sich das Magnetfeld in der Sekundärspule genauso wie in der Primärspule. Durch das sich ständig ändernde Magnetfeld wird in der Sekundärspule eine Wechselspannung induziert.

Der Wechselstrom in der Primärspule eines Transformators erzeugt ein sich ständig änderndes Magnetfeld, das in der Sekundärspule eine Wechselspannung induziert.

TRANSFORMATION DER SPANNUNG · Wir untersuchen nun, wovon die in der Sekundärspule induzierte Spannung abhängt. Dazu verwenden wir einen Transformator mit austauschbaren Spulen (▸ Bild 05). Wir stellen fest: Wenn die Spulen dieselbe Windungszahl haben, dann sind die **Primärspannung U_1** und die **Sekundärspannung U_2**, also die Spannungen an der Primär- bzw. Sekundärspule, annähernd gleich. Das gilt unabhängig davon, wie hoch die Primärspannung gewählt wird. Der geringe Unterschied zwischen Sekundär- und Primärspannung entsteht dadurch, dass ein Teil des Magnetfeldes den Eisenkern verlässt und die Sekundärspule nicht durchsetzt. Im Idealfall können wir diesen Unterschied vernachlässigen.

Halbieren wir die Windungszahl der Sekundärspule, so halbiert sich auch die Sekundärspannung. Entsprechendes gilt, wenn wir die Windungszahl verdoppeln oder vervierfachen. Wenn wir aber die Windungszahl der Primärspule halbieren, dann verdoppelt sich die Sekundärspannung. Tatsächlich hängt das Verhältnis der Spannungen nur vom Verhältnis der Windungszahlen ab und es gilt:

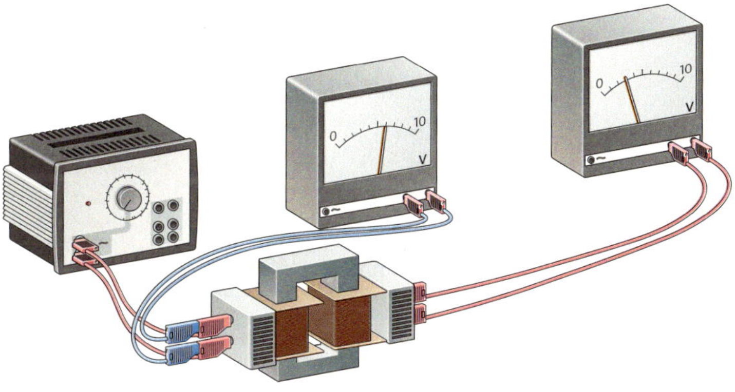

05 Untersuchung des Verhältnisses von Primär- zu Sekundärspannung

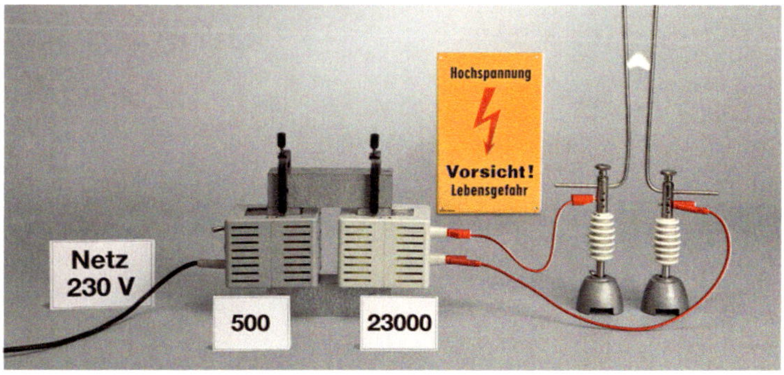

06 Funkenüberschlag durch Hochspannung

Bei einem Transformator mit den Windungszahlen n_1 und n_2 von Primär- bzw. Sekundärspule gilt für das Verhältnis von Primärspannung U_1 zu Sekundärspannung U_2 im Idealfall

$$\frac{U_1}{U_2} = \frac{n_1}{n_2}.$$

Das Laptop-Netzteil muss die Spannung von 230 V auf 20 V transformieren, n_2 muss also deutlich kleiner sein als n_1. Wenn man umgekehrt n_2 viel größer wählt als n_1, dann kann man aus der Netzspannung von 230 V eine Hochspannung von 10 kV erzeugen, bei der es sogar zum Funkenüberschlag kommt (▸ Bild 06)!

1 Ein Transformator kann nur mit Wechselspannung betrieben werden. Erkläre.

2 Bei einem Transformator ist $U_1 = 36$ V, $n_1 = 1200$ und $n_2 = 300$. Berechne U_2.

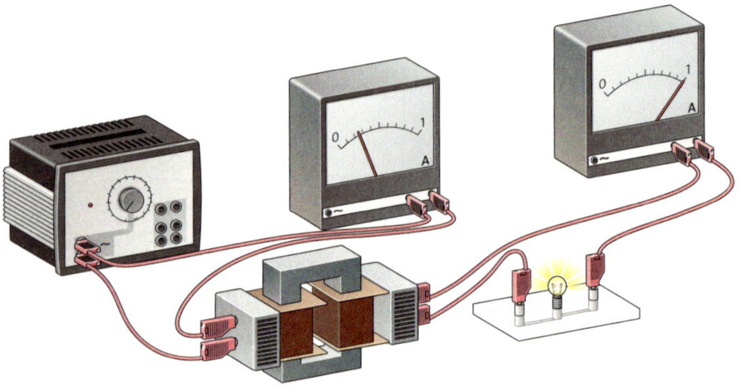

01 Primär- und Sekundärstromstärke beim belasteten Transformator

02 Elektroschweißen

03 Die große Stromstärke lässt den Nagel schmelzen!

DER BELASTETE TRANSFORMATOR · Bisher haben wir nur die Spannungen betrachtet. Wenn der Transformator aber belastet wird, also an der Sekundärseite ein Gerät angeschlossen ist, dann müssen wir auch die Ströme berücksichtigen.

Als Beispiel betrachten wir eine Lampe (2,5 V/ 1,0 A), die wir über einen Transformator an eine Wechselspannung von 10,0 V anschließen. Die Spannung muss also um den Faktor vier verkleinert werden. Dies erreichen wir z.B. mit $n_1 = 1000$ und $n_2 = 250$. Wenn wir die **Primärstromstärke I_1** und die **Sekundärstromstärke I_2** messen, so erhalten wir $I_1 \approx 0{,}25$ A und $I_2 = 1{,}0$ A (▸ Bild 01). Das Verhältnis der Stromstärken ist also genau umgekehrt wie das Verhältnis der Spannungen! Zur Erklärung betrachten wir den Transformator energetisch: Im Idealfall gibt die Sekundärspule genauso viel Energie ab, wie die Primärspule erhält. Das bedeutet, dass die Leistungen im Primär- und im Sekundärstromkreis gleich sind:

$P_1 = P_2$ bzw. $U_1 \cdot I_1 = U_2 \cdot I_2$.

Daraus folgt:

$$\frac{I_1}{I_2} = \frac{U_2}{U_1} = \frac{n_2}{n_1}.$$

Die Rechnung bestätigt also den experimentell gefundenen Zusammenhang.

Zum elektrischen Schweißen benötigt man eine große Stromstärke (▸ Bild 02). Dazu benötigt man einen Transformator, bei dem n_2 sehr viel kleiner ist als n_1, wie im Modellversuch im ▸ Bild 03.

UNERWÜNSCHTE ENERGIEABGABE · Die soeben hergeleitete Gleichung für den belasteten Transformator gilt nur für den Idealfall, dass der Transformator die gesamte auf der Primärseite zugeführte Energie auf der Sekundärseite wieder abgibt. In Wirklichkeit wird ein Teil der elektrisch zugeführten Energie auf thermische Art abgegeben. Dies hat im Wesentlichen zwei Ursachen:
Erstens führt ein Strom in den Spulen zu einer Erwärmung des Drahts. Zweitens bewirkt die ständige Umkehrung des Magnetfelds eine Erwärmung des Eisenkerns. Die unerwünschte Energieabgabe durch Erwärmung kannst du spüren, wenn du ein in Betrieb befindliches Netzteil in die Hand nimmst.

Selbst wenn der Laptop ausgeschaltet ist, wandelt das Netzteil elektrische Energie in thermische Energie um. Deswegen solltest du bei nicht benötigten Netzteilen den Stecker ziehen! Auch im Fernseher, in der Stereoanlage, im Drucker usw. sind Transformatoren eingebaut. Bei vielen Geräten braucht der Transformator auch im Stand-By-Betrieb noch Energie. Auch hier gilt: Bei Nichtgebrauch ganz ausschalten oder Stecker ziehen!

Material A ▸ Der Transformator

A1 **a)** Erkläre, warum der Transformator einen geschlossenen Eisenkern hat. Kann man auch ein anderes Material für den Kern verwenden?
b) Primär- und Sekundärspule müssen nicht gegenüberliegen. Begründe. Gib andere mögliche Anordnungen an.

A2 Ein Netzteil einer Handy-Ladestation hat eine Sekundärspannung von 6 V. Berechne das Verhältnis von Primärwindungszahl zu Sekundärwindungszahl.

A3 Die Wechselspannung eines Experimentiernetzgeräts beträgt 24 V. Zum Bau eines Transformators stehen Spulen mit 3600, 12 000 und 36 000 Windungen zur Verfügung. Berechne, welche Spannungen sich damit erreichen lassen.

A4 Um einen Nagel zu schmelzen, benötigt man eine große Stromstärke. Beim Transformator nach ▸ Bild 03 auf der gegenüberliegenden Seite ist $n_1 = 500$ und $n_2 = 5$. Wird er an die Steckdose angeschlossen, so beträgt die Primärstromstärke ca. 4 A.
a) Berechne Sekundärspannung, Sekundärstromstärke und den Widerstand des Nagels.
b) Der Nagel ist nach 20 s geschmolzen. Berechne, wie viel Energie dafür benötigt wurde.

A5 Eine Lampe (6 V/1 A) soll an eine Wechselspannung von 12 V angeschlossen werden. Max schlägt vor, einen Vorwiderstand zu verwenden, Paul möchte einen Transformator verwenden. Nimm Stellung.

A6 Ein Schweißtransformator transformiert die Spannung der Steckdose auf 23 V. Die Steckdose ist mit 16 A abgesichert. Der Wirkungsgrad des Trafos beträgt 90 %. Kann der Trafo 100 A zum Schweißen liefern?

A7 Die erste Fernübertragung von elektrischer Energie erfolgte von Lauffen am Neckar nach Frankfurt. Jeder der drei Generatoren des Wasserkraftwerks lieferte eine Spannung von 55 V bei einer Leistung von 44 kW. Die Spannungen wurden im Verhältnis 1 : 160 hochtransformiert.
a) Berechne Spannung und Stromstärke in der Fernleitung.
b) Berechne die „Verlust"-Leistung in der Fernleitung ($R = 500\ \Omega$).
Ohne Transformation wäre die Übertragung unmöglich. Begründe.

Material B ▸ Die elektrische Zahnbürste

Mit einer elektrischen Zahnbürste kann man die Zähne gründlich und bequem reinigen. Zum Aufladen des Akkus dockt man die Bürste einfach an der Ladestation an. Die Energieübertragung erfolgt über Induktion. Das nebenstehende Bild zeigt einen stark vereinfachten Aufbau. Das Bauteil mit dem Pfeil ist eine Diode. Die Diode lässt den Strom nur in die Richtung des Pfeils durch.

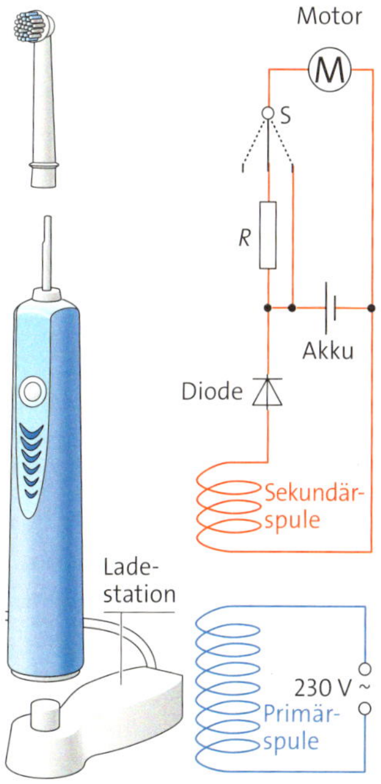

B1 **a)** Beschreibe den Aufbau. Erläutere Gemeinsamkeiten und Unterschiede zum Transformator.
b) Erkläre die Energieübertragung. Begründe, warum die Energieübertragung nicht so gut funktioniert wie beim Transformator.

B2 Erläutere den Zweck der Diode.

B3 **a)** Der Schalter S hat drei Stellungen: Aus, Langsamlauf, Schnelllauf. Erläutere.
b) Im geladenen Zustand hat der Akku eine Spannung von 1,2 V. Im Langsamlauf beträgt die Spannung am Motor 1,0 V und die Stromstärke 1,0 A. Bestimme die Leistung des Motors im Langsamlauf.
c) Berechne den Vorwiderstand R und den Widerstand des Motors.
d) Berechne Stromstärke und Leistung des Motors im Schnelllauf.

B4 Tatsächlich wird die Wechselspannung der Steckdose mit einer Frequenz von 50 Hz zuerst in eine Wechselspannung sehr hoher Frequenz umgewandelt. Vermute, welche Funktion dies hat.

BLICKPUNKT

Elektrischer Strom – Gefahren und Schutzmaßnahmen

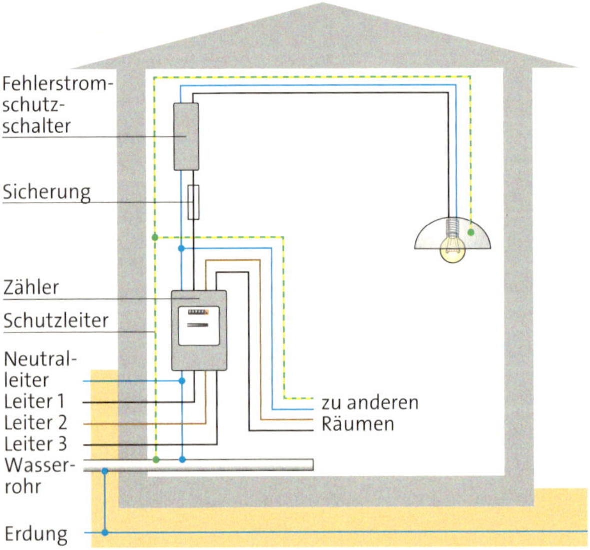

01 Prinzipielle Darstellung der Elektroinstallation

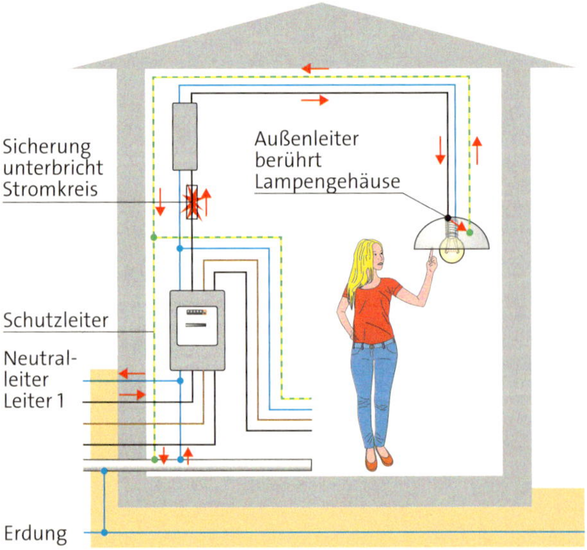

02 Wirkung des Schutzleiters

Jedes Jahr geschehen in Deutschland über tausend schwere Unfälle durch Elektrizität. Die meisten Unfälle könnten durch geeignete Schutzmaßnahmen vermieden werden. Daher ist es wichtig, dass du die Gefahren sowie die passenden Schutzmaßnahmen verstehst und dir mögliche Fehler bewusst machst.

Elektroinstallation · Das Prinzip der Elektroinstallation zeigt ▸ Bild 01: Vier Leitungen führen von außen in das Haus. Die sogenannten **Außenleiter** 1 bis 3 (schwarz oder braun) stellen je eine Wechselspannung bereit. Der **Neutralleiter** (blau) dient als gemeinsame „Rückleitung". Zusätzlich ist innerhalb des Hauses noch eine weitere Leitung, der sogenannte **Schutzleiter,** (grün-gelb) verlegt. Sowohl der Neutralleiter als auch der Schutzleiter sind mit dem Erdboden verbunden. Man spricht hier von der Erdung. Sicherheitshalber sollte man aber selbst geerdete Kabel nicht berühren.

Sicherung · Durch einen Kurzschluss oder zu viele Geräte kann eine übergroße Stromstärke verursacht werden. Als Folge kann ein Kabel glühen und einen Brand entzünden. Passende Schutzmaßnahmen sind eine Schmelzsicherung oder ein Sicherungsautomat. Beide unterbrechen den Stromkreis, wenn die Stromstärke einen gefährlichen Grenzwert übersteigt (▸ Bild 01). Vorbeugend solltest du darauf achten, dass nicht zu viele Elektrogeräte an eine Steckdose angeschlossen sind.

Berührungsschutz · Eine elektrische Spannung an einem Gehäuse kann lebensgefährlich sein. Sie kann schon durch eine defekte Isolierung eines Kabels verursacht werden. Wenn das beschädigte Kabel Kontakt mit dem Gehäuse eines Gerätes hat und ein Mensch dieses berührt, dann kann er einen tödlichen elektrischen Schlag bekommen. Diese Gefahr wendet man durch einen Berührungsschutz ab (▸ Bild 02). Dazu schließt man die metallischen Gehäuse von Elektrogeräten an den Schutzleiter an. Der Schutzleiter stellt eine Verbindung zwischen dem Metallgehäuse, z. B. dem Lampenschirm, und der Erdung dar. Dadurch kann zwischen Erde und Lampenschirm keine gefährliche Spannung anliegen. Falls ein beschädigtes Kabel den Lampenschirm berührt, entsteht ein Kurzschluss und die Sicherung unterbricht den Stromkreis.
Du kannst an der Steckdose den Schutzkontakt gut erkennen. Er besteht aus zwei frei stehenden Metallstiften. Diese stehen einander gegenüber. Passend dazu gibt es beim Schutzkontaktstecker an zwei Seiten je einen Metallkontakt.

Fehlerstromschutz · Ein Strom, der durch einen Menschen fließt, kann tödlich sein. Es kann schon ein winziger Strom genügen, der den vorgesehenen Stromkreis verlässt. Ein solcher Strom heißt Fehlerstrom. Dieser kann auf vielfältige Weise entstehen. Beispielsweise kann er durch die Feuchtigkeit beim Duschen auftreten. Diese Gefahr wird durch eine sogenannte **Fehlerstrom-Schutzeinrichtung** abgewendet. Diese Schutzeinrichtung unterbricht den Stromkreis, falls die „rückführende Leitung" eine andere Stromstärke aufweist als die „hinführende". Selbst wenn eine Fehlerstrom-Schutzeinrichtung vorhanden ist, bleibt noch ein kleines Risiko. Denn ein Strom kann so lange durch den Körper fließen, bis der Schalter den Stromkreis unterbrochen hat. Daher solltest du immer darauf achten, dass kein Wasser in eine Steckdose oder ein Elektrogerät gelangt.

Funktionsweise der Fehlerstrom-Schutzeinrichtung · Wie kann die Fehlerstrom-Schutzeinrichtung winzige Unterschiede zwischen den Stromstärken der „hin-" und „rückführenden" Leitung feststellen? Das kannst du schrittweise verstehen. Erstens: Eine Wechselstrom führende Leitung ist von einem Magnetfeld umgeben. Dieses kann in einer Spule eine Spannung induzieren. Nach diesem Prinzip arbeitet auch die **Stromzange** im ▸ Bild 03. Mit dieser kann man die Stromstärke eines Wechselstroms messen, indem man das Kabel umschließt. Zweitens: Wenn man mit der Stromzange die „hin-" und die „rückführende" Leitung zugleich umschließt wie im ▸ Bild 04, dann heben sich die Effekte genau auf. Das gilt allerdings nur für ein intaktes Gerät, bei dem die Stromstärken in der „hin-" und in der „rückführenden" Leitung gleich sind.

Ein Fehlerstrom führt dazu, dass die Stromstärken in der „hin-" und in der „rückführenden" Leitung verschieden groß sind. Die Stromzange zeigt dann eine Stromstärke an. So funktioniert auch die Fehlerstrom-Schutzeinrichtung. Sie misst den Fehlerstrom mit einer Art Stromzange, die die „hin-" und die „rückführende" Leitung umschließt (▸ Bild 05 links). Wenn der Fehlerstrom einen kleinen Grenzwert übersteigt, so wird das über das rote Kabel an einen Schalter signalisiert. Dieser öffnet dann den Stromkreis (▸ Bild 05 rechts).

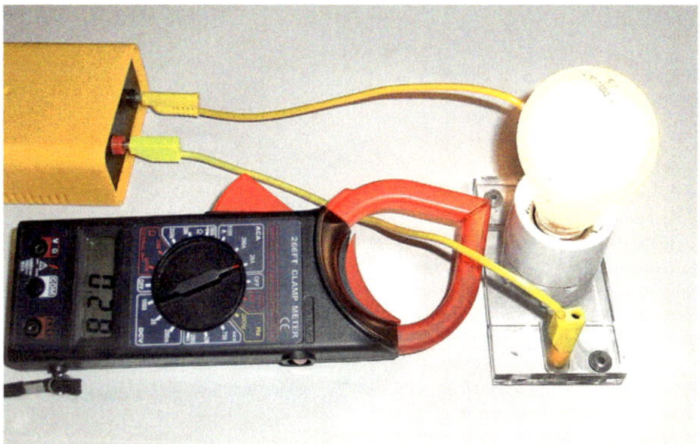

03 Stromzange

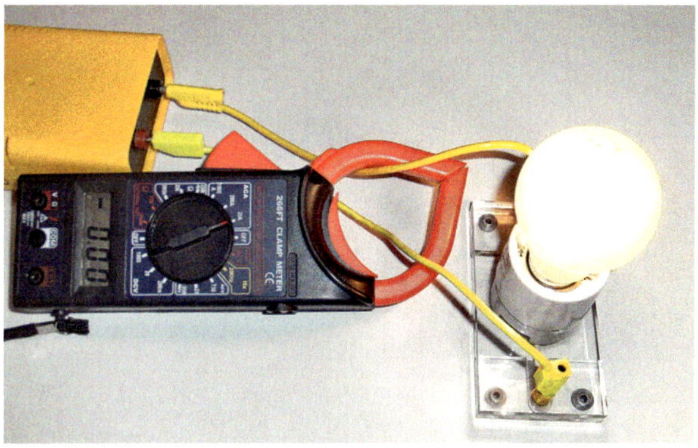

04 Stromzange: Modellversuch zum Fehlerstromschutz

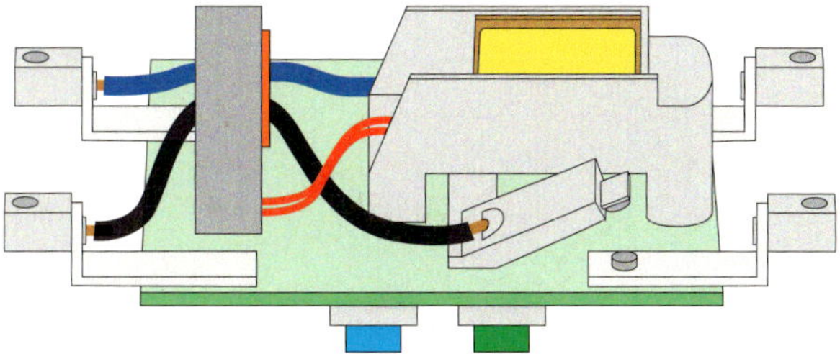

05 Fehlerstrom-Schutzeinrichtung: Innerer Aufbau

1 Elektrogeräte mit einem Kunststoffgehäuse haben keinen Schutzkontaktstecker. Erkläre.

2 Ohne Berührungsschutz und Fehlerstromschutz können durch defekte Kabel und Geräte usw. leicht Brände entstehen. Erläutere.

BLICKPUNKT

Energieübertragung durch elektrischen Strom

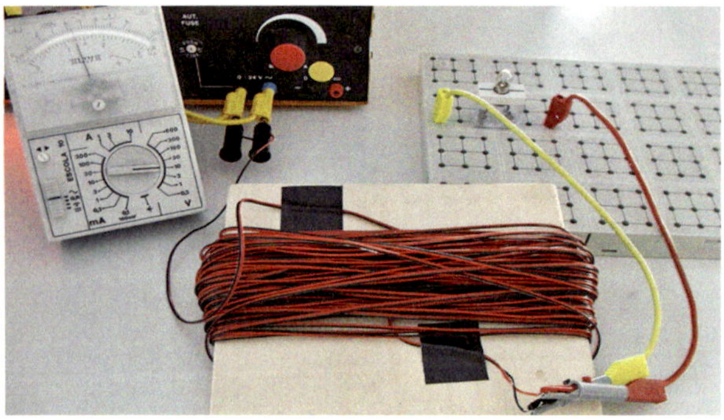

01 Energieübertragung über ein Kabel von 50 m Länge

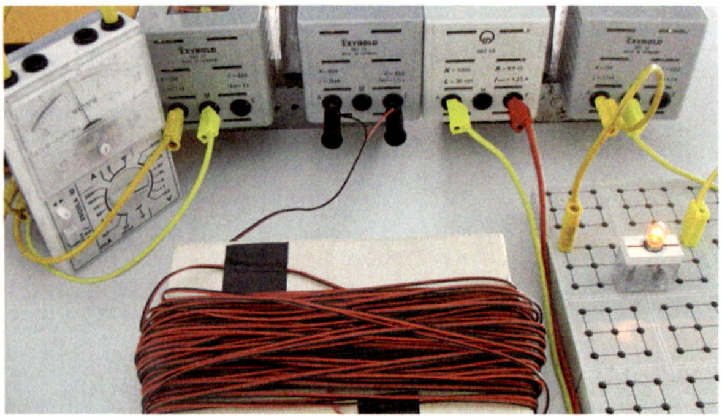

02 Energieübertragung mit hoher Spannung

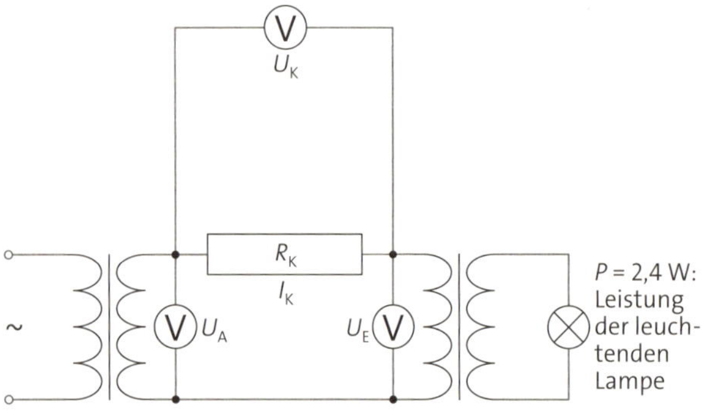

03 Schaltskizze

Elektrische Energieübertragung erfolgt in der Regel mit Wechselstrom bei sehr hoher Spannung von bis zu 380 000 V. Warum wird Energie nicht mit niedriger Spannung übertragen? Das wäre doch ungefährlicher und einfacher. Das Problem zeigt der Modellversuch in ▸ Bild 01. Eine Wechselspannung von 4 V wird mit einem Kabel an eine Glühlampe angeschlossen, der man eine Leistung von 2,4 W zuführen muss, damit sie leuchtet. Während die Lampe bei einem kurzen Kabel leuchtet, bleibt sie bei einer Kabellänge von 50 m dunkel.

Um das Problem zu lösen, probieren wir es mit höherer Spannung. Dazu erhöhen wir die Spannung am Anfang mit einem Transformator auf 32 V, übertragen anschließend die Energie durch das Kabel und senken am Ende die Spannung mit einem Transformator auf 4 V (▸ Bild 02). Die Lampe leuchtet nun! Warum funktioniert die Übertragung mit Hochspannung?

Um diese Frage zu klären, berechnen wir die Stromstärken: Damit die Lampe leuchtet, muss die Leistung $P = 2{,}4$ W übertragen werden. Wegen $P = U \cdot I$ sollte das sowohl mit $U = 4$ V und $I = 0{,}6$ A als auch mit $U = 32$ V und $I = 0{,}075$ A gelingen. Beim langen Kabel funktioniert aber nur die zweite Variante. Hohe Spannung bedeutet zugleich niedrige Stromstärke. Offensichtlich erfolgt die Übertragung in dieser Kombination besser. Wie kommt das?

Ungenutzte Leistung beim Kabel · Die Lampe im ▸ Bild 01 bleibt dunkel, weil das lange Kabel einen sehr viel größeren Widerstand hat als das kurze Kabel. Durch den großen Widerstand wird ein Teil der zugeführten Energie entwertet. Das führt zu einer sogenannten Verlustleistung P_K im Kabel (▸ Bild 03). Sie ist das Produkt aus der Spannung U_K zwischen den Kabelenden und der Stromstärke I_K im Kabel:

$$P_K = I_K \cdot U_K.$$

Wir drücken die Spannung durch den Widerstand R_K des Kabels aus. Mit der Beziehung $U_K = R_K \cdot I_K$ folgt:

$$P_K = I_K^2 \cdot R_K.$$

Aus der Gleichung folgt, dass die Verlustleistung im Kabel quadratisch mit der Stromstärke ansteigt. Wenn wir also die Stromstärke I_K im Kabel auf ein Achtel reduzieren, dann wird die Verlustleistung wegen I_K^2 um den Faktor 64 kleiner. Deshalb leuchtet die Lampe bei der hohen Spannung.

Das Hochspannungsnetz · Da Hochspannung die Verlustleistung bei der Übertragung deutlich senkt, ist Deutschland von einem Hochspannungsnetz durchzogen (▸ Bild 04). Neben den üblichen Wechselstromleitungen gibt es auch zwei Gleichstromleitungen. Welchen Vorteil hat Gleichstrom?

Innerhalb des Kabels ist der elektrische Widerstand für Gleich- und Wechselstrom gleich, aber was passiert außerhalb des Kabels? Dazu erinnern wir uns, dass in der Umgebung eines stromführenden Leiters ein Magnetfeld entsteht. Dadurch werden eisenhaltige Gegenstände in der Umgebung magnetisiert. Da sich bei Wechselstrom die Stromrichtung ständig ändert, richten sich die Elementarmagnete im Eisen ständig neu aus. Das passiert 100-mal in jeder Sekunde. Ähnlich richten sich auch elektrisch geladene Teilchen in der Umgebung eines Wechselstroms 100-mal in der Sekunde neu aus, weil die Magnetfeldänderung wie beim Transformator einen Induktionsstrom erzeugt. Diese ständige Ummagnetisierung und Umpolung benötigt Energie und verursacht beim Wechselstrom zusätzliche Verluste. Beim Gleichstrom gibt es solche Verluste nicht.

Die geringsten Verluste haben Hochspannungsgleichstromleitungen. Warum baut man dann nicht nur solche Leitungen? Bei Hochspannung können leicht Funken überspringen, deshalb braucht ein Hochspannungskabel viel Platz. Daher baut man in Deutschland Leitungen für 380 kV, 220 kV, 110 kV, 20 kV, 10 kV und 400 V. Das erfordert Umspannwerke, deren Transformatoren nur mit Wechselspannung funktionieren. Deswegen nutzt man auf kurzen Strecken Wechselstrom.

Erdkabel · In großen Städten fehlt der Platz für die großen Hochspannungsmasten. Dort werden Erdkabel verlegt. In Berlin hat man dazu Tunnel so breit gebaut, dass keine Funken in die Nachbartunnel mit den anderen Leitern überspringen (▸ Bild 05 A). In New York hat man das armdicke Kabel direkt in die Erde verlegt (▸ Bild 05 B). Es leitet den elektrischen Strom völlig ohne elektrischen Widerstand. Dabei wird die Supraleitung ausgenutzt, bei der sich die Elektronen völlig ohne elektrischen Widerstand bewegen.

04 Das Hochspannungsnetz in Deutschland

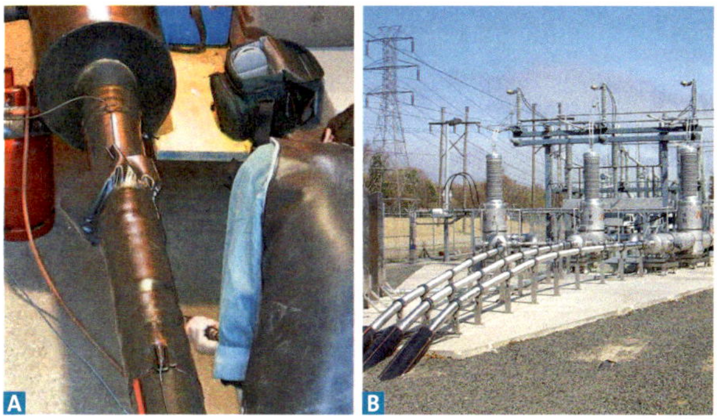

05 Erdkabel in **A** Berlin und **B** New York

1 Hochspannungskabel können bei 380 kV eine Leistung von 900 MW übertragen und haben dennoch einen Durchmesser von weniger als 50 mm. Erkläre.

2 Die Nutzung von Wind- und Sonnenenergie erfordert zusätzliche Hochspannungskabel. Erkläre.

3 Ein Gleichstromkabel überträgt bei 800 kV eine Leistung von 5000 MW. Vergleiche mit Aufgabe 1 und erläutere.

Elektrischer Stromkreis

Elektrische Leiter: Alle Metalle sind gute elektrische Leiter. Glas, Keramik und die meisten Kunststoffe leiten den Strom nicht; sie sind Nichtleiter. Man sagt dazu auch **Isolatoren.** Gewöhnliches Wasser ist ein Leiter. Luft leitet den Strom normalerweise nicht.

Wärmewirkung des elektrischen Stroms: Wenn elektrische Ladung durch einen Draht fließt, dann kann das eine **Erwärmung** des Drahtes bewirken. Bei der Wärmewirkung wird die elektrisch zugeführte Energie thermisch abgegeben.

Elektrische Stromstärke: Die elektrische Stromstärke I beschreibt, wie groß die Ladungsmenge ist, die pro Sekunde durch eine feste Stelle des Stromkreises fließt. Die Einheit der Stromstärke ist ein Ampere (1 A). Es gilt:

$$I = \frac{\Delta Q}{\Delta t}$$

Elektrische Spannung: Die elektrische Spannung U stellt den Antrieb für die Ladung dar. Die Spannung einer elektrischen Quelle ist gleich dem **Potenzialunterschied $\Delta\varphi$** von Plus- und Minuspol. Die Einheit von Spannung und Potenzial ist ein Volt (1 V).

Elektrischer Widerstand: Der elektrische Widerstand R gibt an, wie stark ein Gerät oder ein Gegenstand den Strom hemmt. Bei gleicher Spannung gilt: Je größer der Widerstand ist, desto kleiner ist die Stromstärke im gesamten Stromkreis. Die Einheit des Widerstands ist ein Ohm (1 Ω). Es gilt:

$$R = \frac{U}{I}.$$

Widerstand als Bauteil: Ein Bauteil, das im Wesentlichen durch seinen elektrischen Widerstand gekennzeichnet ist, bezeichnet man als Widerstand.

Kennlinien: Die $I(U)$-Kennlinie eines elektrischen Bauteils oder Geräts zeigt an, wie die Stromstärke in diesem Bauteil von der angelegten Spannung abhängt. $R(U)$-Kennlinien zeigen, wie der Widerstand eines Bauteils von der angelegten Spannung abhängt.

Elektrische Schaltungen

Ein Stromstärkemessgerät muss in Reihe zu einem elektrischen Gerät eingebaut werden.
Ein Spannungsmessgerät muss parallel zu einem elektrischen Gerät oder einer Energiequelle eingebaut werden.

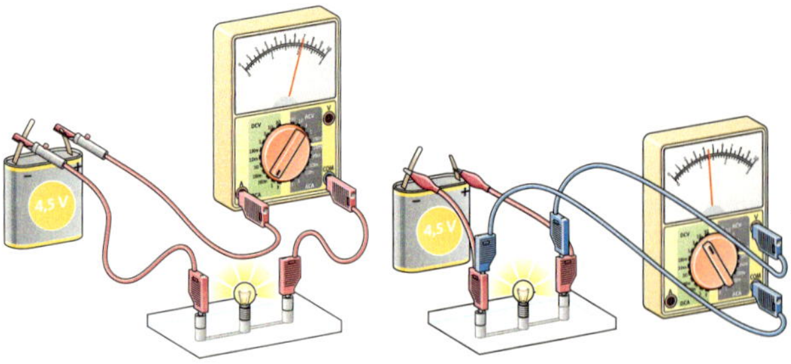

Parallelschaltung: Mehrere Geräte werden mit der gleichen Spannung an einer Quelle betrieben. An jedem Gerät liegt die Spannung der Energiequelle an.

$I_1 + I_2 + I_3 + ... = I_{ges}.$
$U_1 = U_2 = U_3 = ... = U_Q.$
$P = U_Q \cdot I_1 + U_Q \cdot I_2 + U_Q \cdot I_3 + ... = P_1 + P_2 + P_3 + ...$

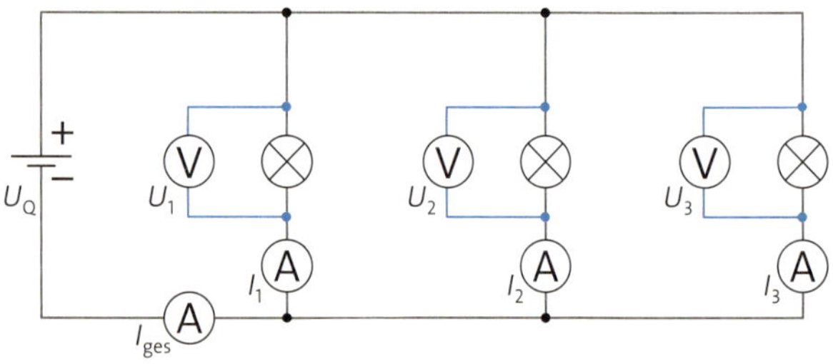

Reihenschaltung: Mehrere Geräte werden hintereinander an einer Quelle betrieben. Die Stromstärke ist im ganzen Stromkreis und daher in allen Geräten gleich.

$I_1 = I_2 = I_3 = ... = I.$
$U_1 + U_2 + U_3 + ... = U_Q.$
$P = U_1 \cdot I + U_2 \cdot I + U_3 \cdot I + ... = P_1 + P_2 + P_3 + ...$

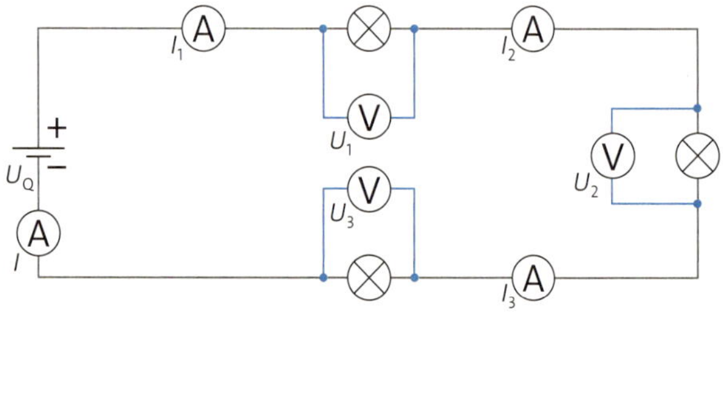

Reihen- und Parallelschaltung

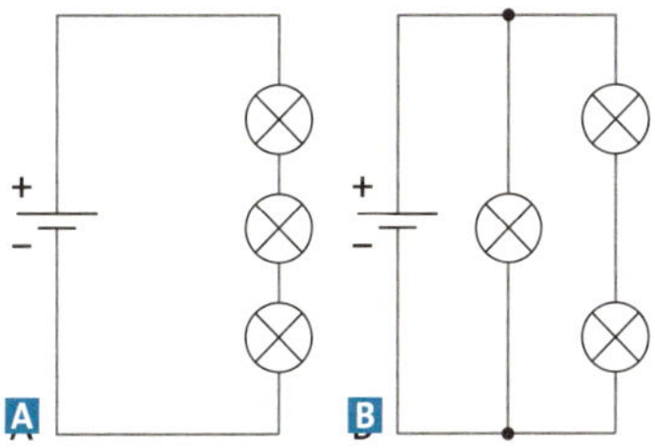

1 Beschreibe, was geschieht, wenn in den Schaltungen eine der drei Lampen aus der Fassung geschraubt wird.

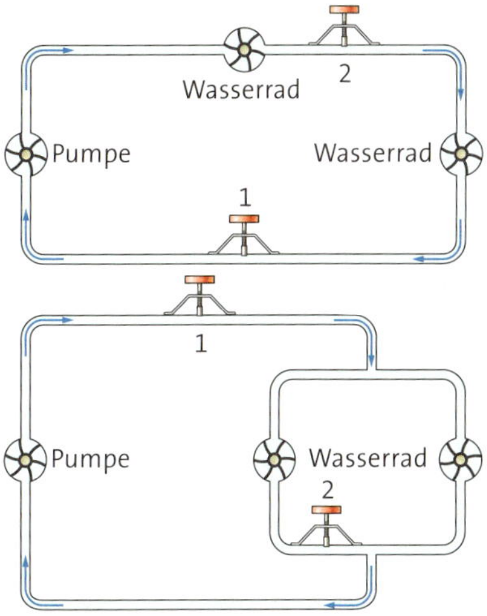

01 Wasserstromkreise

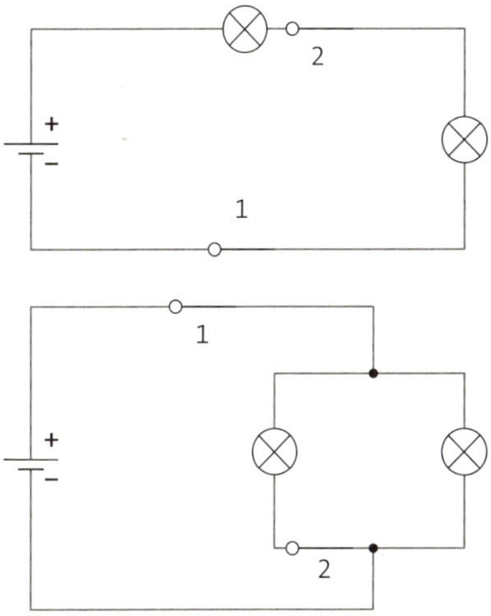

02 Elektrische Stromkreise

2 Beschreibe, wie das Wasser in den beiden Wasserstromkreisen nach ▸ Bild 01 A bzw. B fließt. Was geschieht, wenn man einen der beiden Absperrhähne zudreht?

3 ▸ Bild 02 zeigt die Schaltpläne der entsprechenden elektrischen Stromkreise. Man nennt sie Reihenschaltung bzw. Parallelschaltung. Erläutere, was geschieht, wenn man einen oder beide Schalter öffnet.

Stromstärke und Spannung

4 In einem einfachen Stromkreis aus einer Batterie und einer Glühlampe wird eine Stromstärke von 0,45 A gemessen. Gib jeweils die Stromstärke durch die Lampe und durch die Batterie an.

5 Es ist I_1 = 1,2 A und I_3 = 1,8 A. Berechne die Stromstärke I_2.

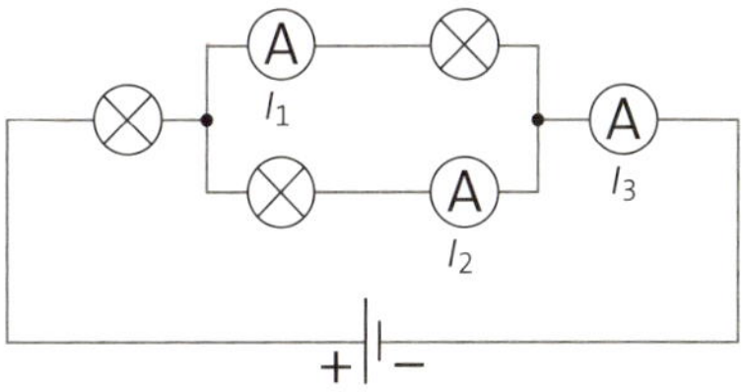

6 Es ist I_2 = 0,3 A und I_5 = 0,8 A. Bestimme I_1, I_3 und I_4.

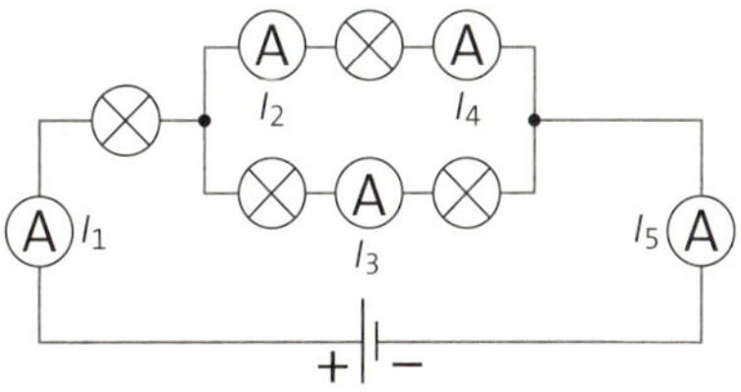

7 Zeichne den folgenden Schaltplan ab und ersetze die Zahlen in den Kreisen sinnvoll durch das Messgerätezeichen A oder V.

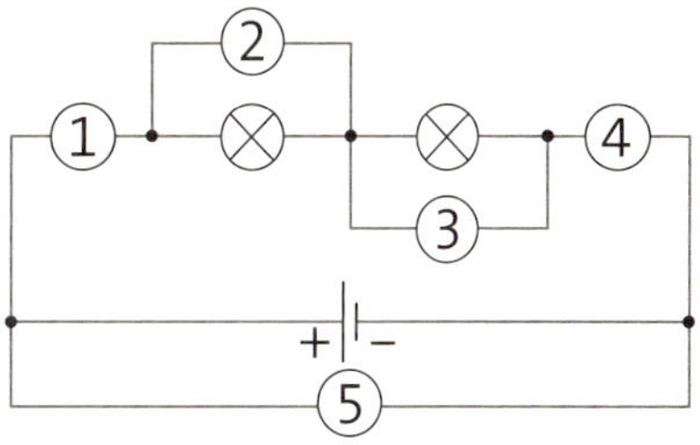

Widerstand

8 **a)** Bei einem Festwiderstand wird bei einer Spannung von 4,0 V eine Stromstärke von 1,2 mA gemessen. Berechne den Widerstandswert.
b) Berechne die Stromstärke bei einer Spannung von 24 V.

9 **a)** Lisa möchte die $I(U)$-Kennlinie einer Glühlampe aufnehmen. Zeichne einen Schaltplan.
b) Nico hat die Stromstärke einer Glühlampe in Abhängigkeit von der Spannung gemessen (siehe Tabelle). Zeichne die $I(U)$-Kennlinie. Vergleiche den Widerstand bei 6,0 V mit dem bei 3,0 V. Erkläre, warum die Werte unterschiedlich sind.

U in V	0	2,0	4,0	6,0	8,0	10,0
I in mA	0	220	380	480	530	550

10 Die Lämpchen tragen alle die Aufschrift 3 V/0,2 A. Die Spannung der Batterie beträgt 9 V. Gib an, welche Spannung bzw. Stromstärke gemessen wird, wenn
a) der Schalter offen ist,
b) der Schalter geschlossen ist.

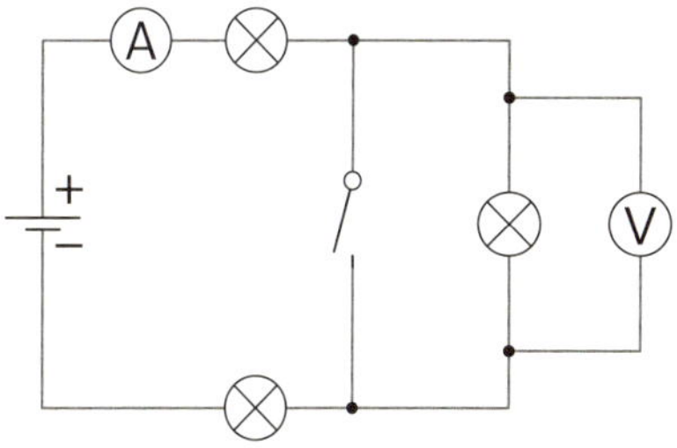

01 In der Technik braucht man sowohl Leiter als auch Nichtleiter.

Elektrizitätsleitung

Das weißt du schon: Es gibt Stoffe, die den elektrischen Strom leiten und Stoffe, die ihn nicht leiten. Worin unterscheiden sich Leiter und Nichtleiter? Und was geschieht eigentlich bei der Elektrizitätsleitung genau?

Metalle sind gute elektrische Leiter. Beispiele für Nichtleiter oder Isolatoren sind Kunststoff, Glas und Keramik. Wie ist es mit Wasser?

WASSER – EIN LEITER? · Wir untersuchen, ob destilliertes, also hochreines Wasser den Strom leitet (▸ Bild 02). Trotz angelegter Spannung beträgt die Stromstärke 0 A. Reines Wasser ist ein Isolator. Vielleicht weißt du noch, dass Wasser durch Zugabe von Salz elektrisch leitfähig wird. Wir rühren etwas Kochsalz in das Wasser. Anschließend steigt die Anzeige des Stromstärkemessgeräts stark an. Das Salz macht das Wasser leitfähig. Und wie ist es mit reinem Salz?:

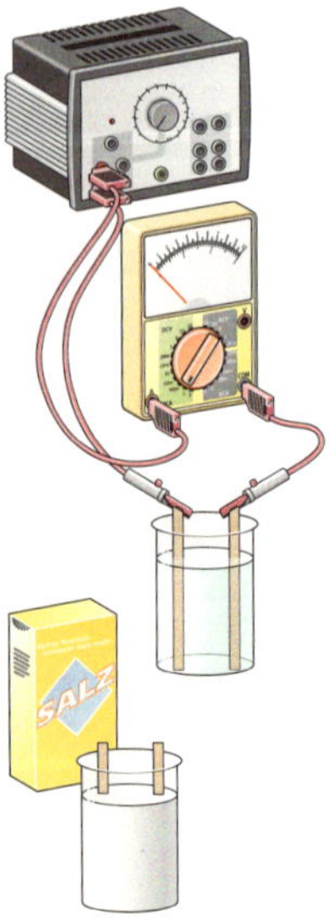

02 Wasser ohne Salz ist ein Nichtleiter – Salz ohne Wasser ebenso.

SALZ – EIN LEITER? · Wir tauschen das Becherglas mit Wasser durch ein Glas mit Kochsalz aus. Wir beobachten, dass die Stromstärke wieder 0 A beträgt. Salz ohne Wasser ist offensichtlich ein Isolator. Wasser ohne Salz auch. Warum leitet dann Salzwasser?

BEWEGLICHE LADUNGSTRÄGER · Aus der Chemie weißt du, dass eine Kochsalzlösung positiv geladene Natriumionen (Na^+-Ionen) und negativ geladene Chlorionen (Cl^--Ionen) enthält. Die Ionen sind elektrisch geladen und außerdem beweglich. Das bedeutet, dass sie elektrische Ladung transportieren können. Man sagt: Die elektrisch geladenen Ionen sind die beweglichen Ladungsträger der Salzlösung. Damit ein Stoff den Strom leitet, muss er bewegliche Ladungsträger enthalten. Wasser hat zwar bewegliche Moleküle, aber diese sind elektrisch neutral. Salz dagegen ist aus geladenen Ionen aufgebaut, aber diese sind nicht beweglich.

Damit kennen wir den Unterschied zwischen Leitern und Nichtleitern: Leiter haben bewegliche Ladungsträger, Nichtleiter haben sie nicht.

Damit ein Stoff den elektrischen Strom leitet, muss er bewegliche Ladungsträger enthalten.

LEITUNG IN SALZLÖSUNGEN · Wir betrachten die Elektrizitätsleitung in der Salzlösung genauer. In die Salzlösung tauchen zwei Stäbe, sogenannte **Elektroden,** ein (▸ Bild 03). Die eine Elektrode ist an den Pluspol, die andere an den Minuspol einer elektrischen Quelle angeschlossen. Zwischen den Elektroden liegt eine Spannung an. Du weißt, dass die Spannung der Antrieb für die Ladung ist. Genau genommen ist es folgendermaßen: Zwischen den Elektroden gibt es ein elektrisches Feld. Das Feld übt auf die elektrisch geladenen Ionen Kräfte aus. Es treibt die positiven Ionen zur negativen Elektrode und die negativen Ionen zur positiven Elektrode (▸ Bild 03).

LADUNGSTRÄGER UND LADUNG · In der Salzlösung gibt es also zwei Bewegungen von Ladungsträgern. Heben sich diese beiden Ladungsträgerbewegungen gegenseitig nicht auf? Wenn das so wäre, dann müsste die Stromstärke im gesamten Stromkreis 0 A betragen. Das ist aber gerade nicht der Fall. Die beiden Ladungsträgerbewegungen heben sich also nicht auf. Der Grund dafür ist, dass die Ionen unterschiedlich geladen sind. Du kannst dir es so vorstellen, als ob die Na^+-Ionen Guthaben transportierten und die Cl^--Ionen Schulden. Ein „Schuldenstrom“ von rechts nach links ist gleichbedeutend mit einem „Guthabenstrom“ von links nach rechts. Deswegen tragen beide Ionenarten zu einem Ladungsstrom von der positiven zur negativen Elektrode bei.

In Salzlösungen bewegen sich positive Ionen zur negativen Elektrode und negative Ionen zur positiven Elektrode. Beide Ionenarten tragen zu einem elektrischen Strom vom Pluspol zum Minuspol bei.

LEITUNG IN METALLEN · Da Metalle sehr gute elektrische Leiter sind, müssen sie ebenfalls bewegliche Ladungsträger enthalten. Welche Ladungsträger kommen dafür in Frage? Der glühelektrische Effekt hat gezeigt, dass man aus Metallen leicht Elektronen herauslösen kann. Es ist daher naheliegend, dass die beweglichen Ladungsträger in Metallen Elektronen sind. Da die Elektronen negativ geladen sind, werden sie vom elektrischen Feld vom Minuspol zum Pluspol getrieben. Die negativen Elektronen kannst du dir als Schuldenträger vorstellen. Die Ladung fließt wie immer vom Pluspol zum Minuspol.

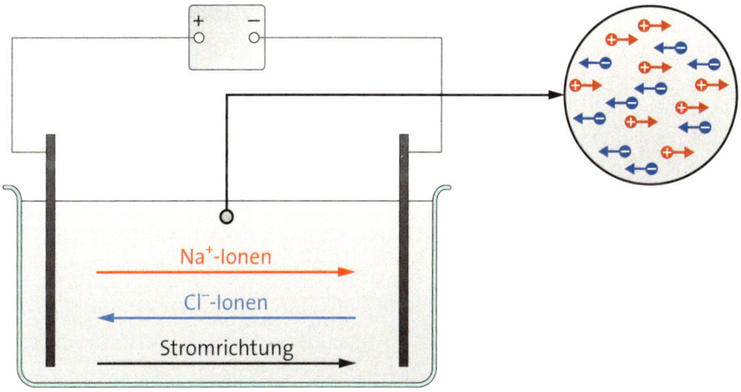

03 Ionenbewegung und Stromrichtung bei einer Salzlösung (schematisch)

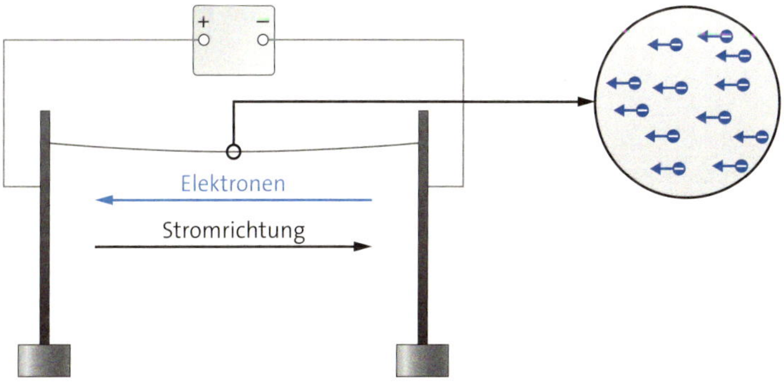

04 Elektronenbewegung und Stromrichtung bei einem Metall (schematisch)

In Metallen bewegen sich negativ geladene Elektronen vom Minus- zum Pluspol. Dadurch ergibt sich ein elektrischer Strom vom Plus- zum Minuspol.

1 Wenn man in einen Stromkreis Drähte aus unterschiedlichen Metallen einbaut, dann vermischen sich die Metalle niemals. Diese Beobachtung bestätigt die Hypothese von den Elektronen als beweglichen Ladungsträgern. Erkläre.

ELEKTRIZITÄTSLEITUNG UND ELEKTRONIK

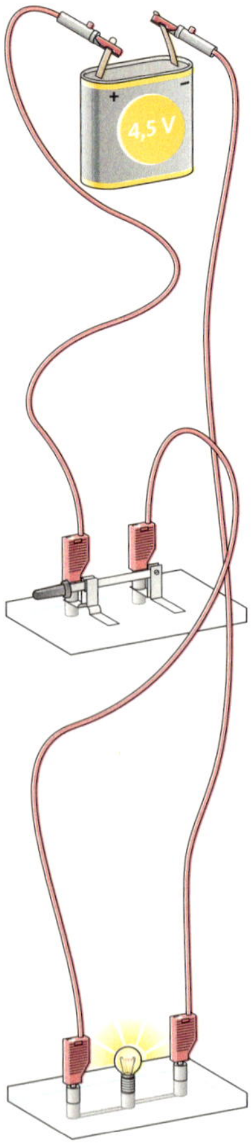

01 Wenn der Schalter geschlossen wird, dann leuchtet die Lampe sofort auf.

METALLE UND ELEKTRONEN · Wir erinnern uns an den Atomaufbau: Ein Atom besteht aus einem Kern und einer Hülle aus Elektronen. Typisch für ein Metallatom ist, dass die Hülle ein Elektron enthält, das sehr schwach gebunden ist. Das führt dazu, dass sich in einem Metall von jedem Atom ein Elektron ablöst. Die abgelösten Elektronen können sich durch das ganze Metall bewegen. Die Atome können sich nicht durch das Metall bewegen. Sie schwingen nur um ihre Mittellage, und zwar umso heftiger, je höher die Temperatur ist.

ELEKTRIZITÄTSLEITUNG IM MODELL · Wir betrachten einen Stromkreis mit einer Glühlampe (▸ Bild 01). Wenn man den Schalter schließt, dann leuchtet die Lampe sofort – gleichgültig, wie lang die Kabel sind! Daraus folgt, dass sich die Elektronen im Stromkreis alle gleichzeitig in Bewegung setzen. Die Ursache dafür ist das elektrische Feld, das im ganzen Stromkreis die Elektronen antreibt.

Warum benötigen die Elektronen einen Antrieb? Dies erklären wir im Modell folgendermaßen: Durch Stöße mit den schwingenden Atomen werden die Elektronen in ihrer Bewegung ständig gehemmt. Deswegen müssen die Elektronen ständig angetrieben werden. Dieses Hemmen der Elektronenbewegung kennst du als elektrischen Widerstand.

Wenn wir die Spannung vergrößern, so vergrößert sich auch die Stromstärke. Das kennst du schon. Wir können das folgendermaßen erklären: Je größer die angelegte Spannung ist, desto stärker ist das elektrische Feld im Draht, desto schneller bewegen sich die Elektronen und desto größer ist folglich die Stromstärke (▸ Bild 02).

WIDERSTAND UND TEMPERATUR · Wir untersuchen, wie sich der Widerstand eines metallischen Drahts beim Erhitzen ändert. Ein gewendelter Eisendraht ist an eine elektrische Energiequelle angeschlossen (▸ Bild 03). Wenn wir den Draht erhitzen, dann nimmt die Stromstärke ab. Die Spannung ist konstant geblieben. Wegen $R = \frac{U}{I}$ bedeutet das, dass der Widerstand mit zunehmender Temperatur zunimmt. Im Modell können wir das folgendermaßen verstehen: Die Elektronenbewegung wird umso mehr gehemmt, je heftiger die Atome schwingen. Daraus folgt: Je höher die Temperatur des Metalls ist, desto langsamer bewegen sich die Elektronen.

In Metallen nimmt der elektrische Widerstand mit zunehmender Temperatur zu.

WÄRMEWIRKUNG · Ein Draht kann so heiß werden, dass er glüht. Dies ist ein Beispiel für die Wärmewirkung des Stroms. Wir erklären dies folgendermaßen: Durch Stöße übertragen die Elektronen ständig Energie auf die schwingenden Atome. Dadurch schwingen die Atome heftiger und die Temperatur des Metalls steigt. Damit die Elektronen ihre mittlere Geschwindigkeit beibehalten, müssen sie ständig Energie von der elektrischen Energiequelle erhalten. Die Übertragung der Energie von der Quelle auf die Elektronen erfolgt über das elektrische Feld.

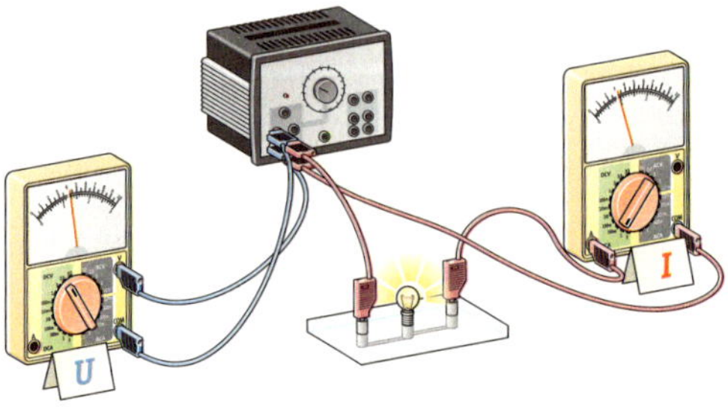

02 Je größer die Spannung ist, desto größer ist auch die Stromstärke.

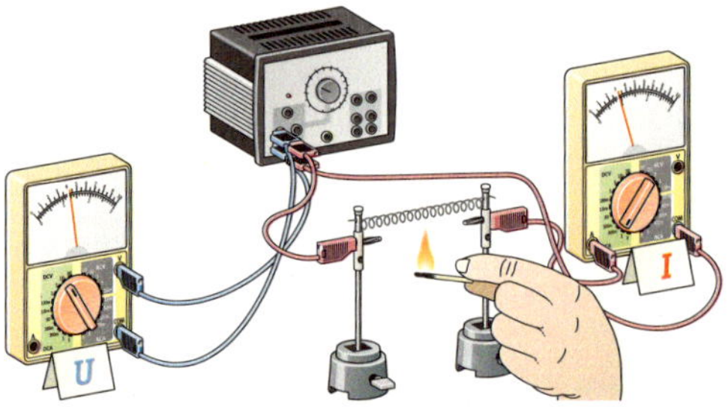

03 Beim Erhitzen des Eisendrahts nimmt die Stromstärke ab.

WIDERSTAND ALS BAUTEIL · Ein Bauteil, das maßgeblich durch seinen elektrischen Widerstand gekennzeichnet ist, nennt man Widerstand. Bei einem **Festwiderstand** (▸ Bild 04) wird durch Kombination bestimmter Materialien erreicht, dass der Widerstand über einen weiten Temperaturbereich annähernd konstant ist. Widerstände werden für viele Zwecke benötigt, z.B. um empfindliche Geräte vor zu großer Stromstärke zu schützen.

Für den Zusammenhang zwischen Spannung und Stromstärke gilt $U = R \cdot I$. Da R konstant ist, sind Spannung und Stromstärke beim Festwiderstand proportional zueinander, d.h. $U \sim I$.

Bei einem Festwiderstand sind Spannung und Stromstärke proportional zueinander.

PARALLELSCHALTUNG VON WIDERSTÄNDEN · Sind mehrere Widerstände parallel an eine elektrische Energiequelle angeschlossen, so teilt sich der Strom an den Verzweigungen auf (▸ Bild 05). Die Gesamtstromstärke I ist gleich der Summe der Teilstromstärken I_1, I_2 und I_3. Aber wie groß sind die Teilstromstärken?

Anhand des eingefärbten Schaltplans kannst du erkennen, dass der Potenzialunterschied, das heißt die Spannung, bei allen Widerständen gleich ist, und zwar gleich der Spannung der Energiequelle $U = 10$ V. Für die Teilstromstärke I_1 gilt dann:

$$I_1 = \frac{U}{R_1} = \frac{10\ \text{V}}{20\ \Omega} = 0{,}50\ \text{A}.$$

Entsprechend erhält man $I_2 = 0{,}20$ A und $I_3 = 0{,}10$ A. Die Teilstromstärke ist also umso kleiner, je größer der Widerstand ist.

Bei der Parallelschaltung gilt: Je größer der Widerstand ist, desto kleiner ist die entsprechende Teilstromstärke.

REIHENSCHALTUNG VON WIDERSTÄNDEN · Bei einer Reihenschaltung ist die Stromstärke im gesamten Stromkreis gleich – es geht ja nirgends Ladung verloren. Dafür unterscheiden sich aber die Potenzialunterschiede oder Teilspannungen an den unterschiedlichen Widerständen (▸ Bild 06). Warum ist das so?

Bei einer Gesamtspannung von $U = 17$ V messen wir für die Stromstärke $I = 0{,}10$ A. Dann gilt für die Teilspannung U_1 am Widerstand R_1:

$$U_1 = R_1 \cdot I = 20\ \Omega \cdot 0{,}10\ \text{A} = 2{,}0\ \text{V}.$$

Entsprechend erhält man $U_2 = 5{,}0$ V und $U_3 = 10$ V. Ein Vergleich mit den Widerständen zeigt, dass die Teilspannung umso größer ist, je größer der Widerstand ist.

Bei der Reihenschaltung gilt: Je größer der Widerstand ist, desto größer ist die entsprechende Teilspannung.

1 **a)** Zwei Widerstände von 3,3 kΩ und 4,7 kΩ sind in Reihe geschaltet. Die Stromstärke beträgt 5,0 mA. Berechne alle auftretenden Spannungen.
b) Die Widerstände werden nun parallel geschaltet und an eine Spannung von 18 V angeschlossen. Berechne alle auftretenden Stromstärken.

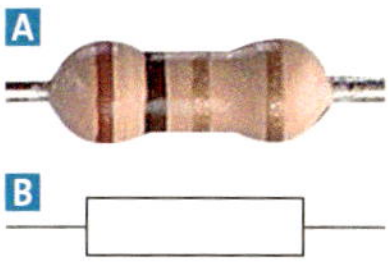

04 Festwiderstand: **A** Die farbigen Ringe kennzeichnen den Widerstandswert. **B** Schaltsymbol

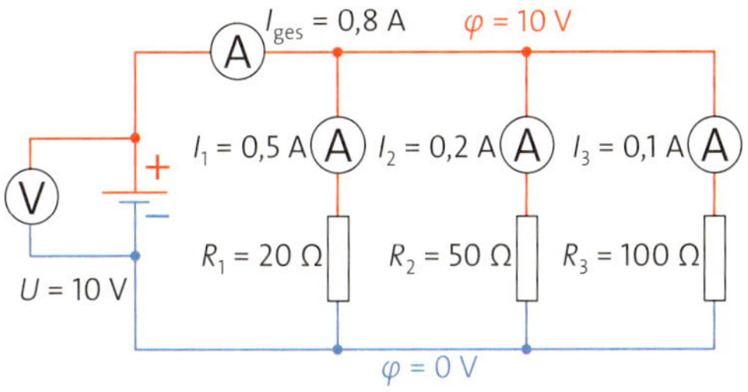

05 Parallelschaltung von Widerständen

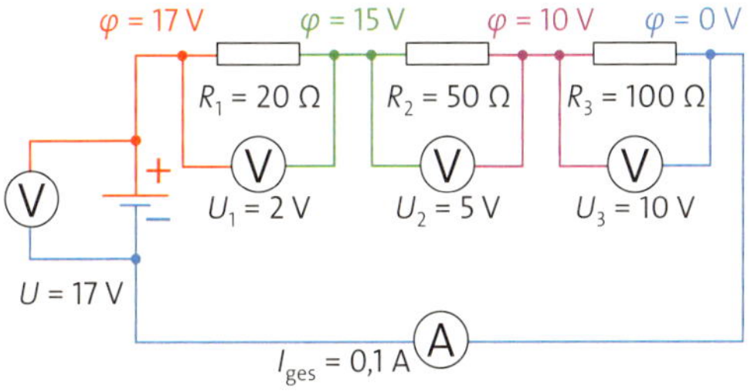

06 Reihenschaltung von Widerständen

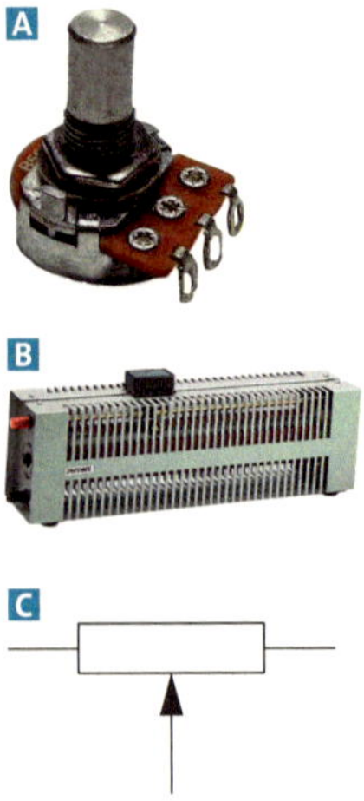

01 Potenziometer:
A Drehpotenziometer,
B Schiebepotenziometer,
C Schaltsymbol

POTENZIOMETER · Manchmal muss man die Spannung ganz genau einstellen können, auch wenn die Ausgangsspannung fest ist. Dies gelingt mit einem sogenannten Potenziometer (▸ Bild 01). Ein Potenziometer hat drei Anschlüsse. Wir schließen die beiden äußeren Anschlüsse an die Pole eines 12 V-Akkus an (▸ Bild 02). Zwischen dem mittleren Anschluss und dem Minuspol schließen wir ein Spannungsmessgerät an. Durch Verstellen des Dreh- oder Schiebeknopfes können wir die Spannung U_1 zwischen 0 V und 12 V einstellen. Wie funktioniert ein solches Potenziometer?

Ein Potenziometer besteht im Wesentlichen aus einem langen dünnen Draht, der auf einen Ring oder auf ein Rohr gewickelt ist. Die Drahtenden stellen die beiden äußeren Anschlüsse dar. Der mittlere Anschluss ist mit einem Gleitkontakt verbunden, der entlang des gewickelten Drahts verschoben werden kann.

In einem Modellversuch schließen wir die Enden eines dünnen Drahts an den Akku an (▸ Bild 03). Als Gleitkontakt nehmen wir eine verschiebbare Klemme. Dadurch wird der Draht in zwei Abschnitte unterteilt. Jeder Abschnitt hat einen bestimmten Widerstand, der von der Länge des Drahtabschnitts abhängt. Wir können uns das Potenziometer daher als eine Reihenschaltung von zwei Widerständen R_1 und R_2 vorstellen (▸ Bild 4). Dadurch wird die Spannung U_Q des Akkus in die zwei Teilspannungen U_1 und U_2 aufgeteilt. Eine solche Schaltung nennt man auch **Spannungsteilerschaltung.**

Da die Stromstärke entlang des Drahts konstant ist, gilt:

$$I = \frac{U_1}{R_1} = \frac{U_Q}{R}.$$

Dabei ist R der Widerstand des ganzen Drahts. Daraus folgt

$$\frac{U_1}{U_Q} = \frac{R_1}{R}.$$

Durch Verschieben des Gleitkontakts kann das Verhältnis $\frac{R_1}{R}$ geändert werden. Dadurch ändert sich auch das Verhältnis $\frac{U_1}{U_Q}$. Ist z.B. $R_1 = \frac{1}{4}R$, dann ist auch $U_1 = \frac{1}{4}U_Q$.

1 Durch Verschieben des Gleitkontakts kann man das Potenzial φ_A am mittleren Anschluss des Potenziometers verändern (▸ Bild 02).
a) Formuliere dazu einen Je-desto-Satz.
b) Skizziere in einem Diagramm die Abhängigkeit des Potenzials von der Position des Gleitkontakts.

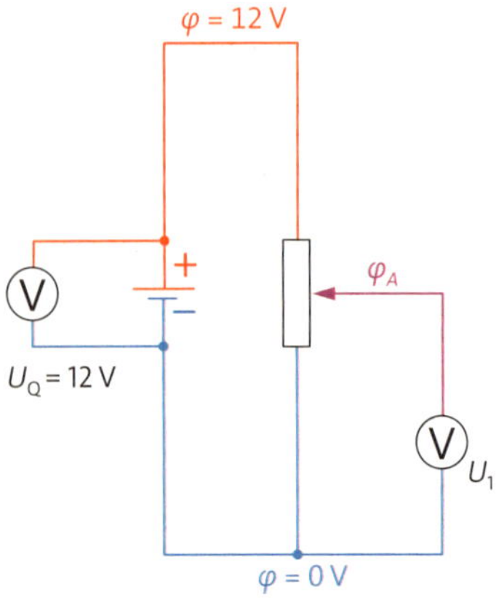

02 Mit einem Potenziometer kann man die Spannung U_1 verändern.

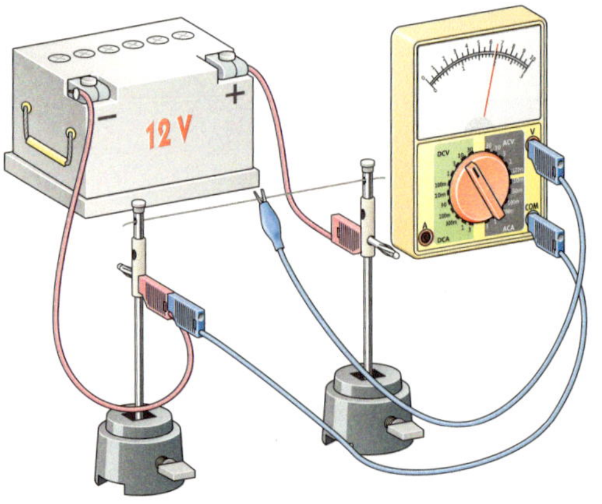

03 Ein Potenziometer besteht im Wesentlichen aus einem langen dünnen Draht mit Gleitkontakt.

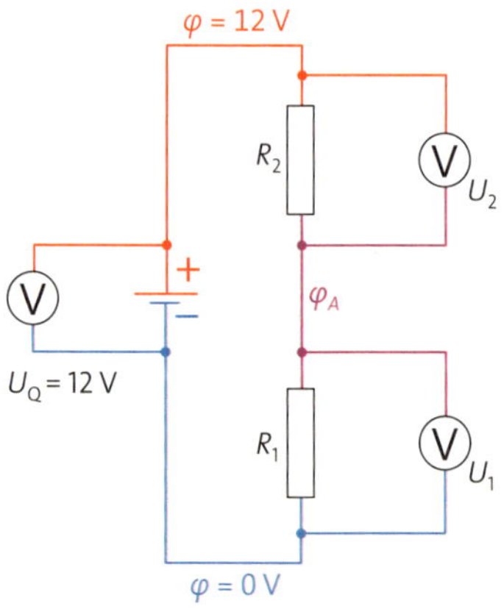

04 Ein Potenziometer als Spannungsteilerschaltung

Material A ▸ Widerstand von Drähten

Für den Widerstand eines Drahtes mit der Länge l und der Querschnittsfläche A gilt:

$$R = \rho \cdot \frac{l}{A}$$

ρ ist der spezifische Widerstand des Metalls (siehe Anhang).

A1 a) Beschreibe, wie der Widerstand von der Drahtlänge und der Querschnittsfläche abhängt.
b) Berechne den Widerstand eines 0,50 m langen und 0,20 mm dicken Eisendrahtes.

A2 Eine Glühlampe (6 V/5 A) wird über eine insgesamt 100 m lange Kupferleitung (A = 1,5 mm^2) an einen 6 V-Akku geschlossen. Begründe durch eine Rechnung, warum die Lampe nicht leuchtet.

Material B ▸ Widerstand bei Reihen- und Parallelschaltung

Wenn mehrere Widerstände in Reihe in einem Stromkreis eingebaut sind, dann kann man diese durch einen geeigneten Ersatzwiderstand ersetzen. Dasselbe gilt auch für parallel geschaltete Widerstände. Im Folgenden lernst du, wie man den Ersatzwiderstand berechnet.

B1 Bei einer Reihenschaltung von R_1, R_2 und R_3 gilt für den Ersatzwiderstand:
$R_{Ers} = R_1 + R_2 + R_3$.

a) Die Widerstände R_1 = 1,0 kΩ und R_2 = 333 Ω sind in Reihe an eine Spannung von 12 V angeschlossen. Berechne den Ersatzwiderstand, die Stromstärke und die Teilspannungen.
b) Drei gleiche Drähte werden in Reihe geschaltet. Begründe mit der Gleichung aus Material A, dass sich der Ersatzwiderstand verdreifacht.

B2 Bei einer Parallelschaltung von R_1, R_2 und R_3 gilt für den Ersatzwiderstand:
$\frac{1}{R_{Ers}} = \frac{1}{R_1} + \frac{1}{R_2} + \frac{1}{R_3}$.

a) Die Widerstände R_1 = 1,0 kΩ und R_2 = 333 Ω sind parallel an eine Spannung von 12 V angeschlossen. Berechne den Ersatzwiderstand, die Gesamtstromstärke und die Teilstromstärken.
b) Zwei gleiche Drähte werden parallel geschaltet. Begründe mithilfe der Gleichung aus Material A, dass sich der Ersatzwiderstand halbiert.

B3 Es ist R_1 = 100 kΩ, R_2 = 3,3 kΩ und R_3 = 100 Ω. Wie groß ist der Ersatzwiderstand bei Reihenschaltung bzw. bei Parallelschaltung? Schätze zuerst, ohne zu rechnen. Kontrolliere dann durch eine Rechnung.

Material C ▸ Temperaturmessung mit Widerständen

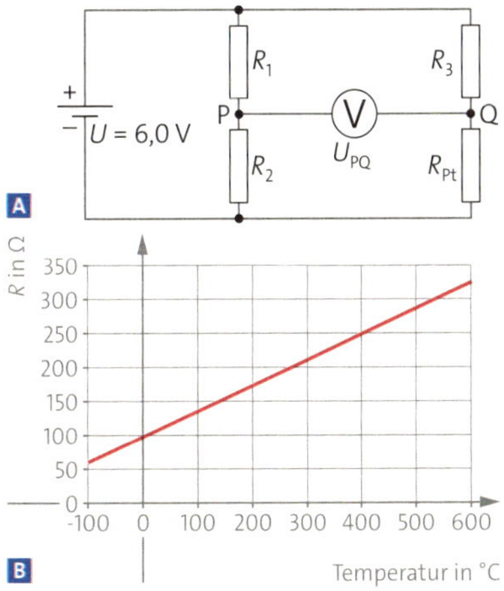

05 **A** Schaltung, **B** $R(\vartheta)$-Diagramm

In digitalen Thermometern wird die Temperatur elektrisch gemessen. Dafür eignet sich nebenstehende Schaltung. Dabei sind R_1, R_2 und R_3 Festwiderstände mit exakt 100,0 Ω. R_{Pt} ist ein temperaturabhängiger Platinwiderstand, der bei 0 °C ebenfalls einen Widerstand von exakt 100,0 Ω hat. Die genaue Abhängigkeit des Platinwiderstands von der Temperatur zeigt das Diagramm. Um die Temperatur zu bestimmen, wird die Spannung zwischen den Punkten P und Q gemessen. Aus dieser Spannung wird die Temperatur elektronisch berechnet.

C1 a) Bestimme das Potenzial der beiden Punkte P und Q bei 0 °C. Begründe, dass die Spannung U_{PQ} bei einer Temperatur von 0 °C exakt null ist.
b) Wie ändert sich das Potenzial der beiden Punkte P und Q, wenn die Temperatur größer bzw. kleiner als 0 °C ist? Begründe.
c) Bei welcher Temperatur ist R_{Pt} = 200,0 Ω? Berechne die zugehörige Spannung U_{PQ}.
d) Bestimme die Temperatur, wenn die Spannung U_{PQ} = 1,5 V beträgt.

01 Ein sogenannter Halbleiterwafer – Grundlage zur Herstellung von elektronischen Geräten

Halbleiter

MP3-Player, Handys, Computer: Alle elektronischen Geräte enthalten Bauteile aus Halbleitern. Halbleiter sind das Ausgangsmaterial zur Herstellung von Prozessoren, Speichern, Leuchtdioden, Solarzellen usw. Was ist das Besondere an Halbleitern?

NICHT LEITER, NICHT ISOLATOR · Halbleiter stehen in ihrer Fähigkeit, den elektrischen Strom zu leiten, zwischen Leitern und Isolatoren. Dies allein erklärt jedoch nicht ihre Besonderheit. Interessant ist, dass sich die Leitfähigkeit von Halbleitern auf viele Arten beeinflussen lässt.

TEMPERATURABHÄNGIGKEIT · Wir betrachten als Beispiel Silicium – der bekannteste und wichtigste Halbleiter. Ein Stück Silicium ist in einen Stromkreis eingebaut (▸ Bild 02). Wir legen eine Spannung von etwa 10 V an: Die Stromstärke beträgt nur wenige Milliampere. Der Widerstand des Siliciumstücks ist also um ein Vielfaches größer als der eines Metallstücks. Was passiert, wenn wir das Siliciumstück erwärmen? Wir beobachten, dass die Stromstärke stark ansteigt. Im Gegensatz zu Metallen nimmt der Widerstand eines Halbleiters mit zunehmender Temperatur ab! Wenn man umgekehrt Silicium abkühlt, dann nimmt der Widerstand zu. Man hat festgestellt, dass reines Silicium bei sehr tiefen Temperaturen nahe dem absoluten Nullpunkt ein Isolator ist.

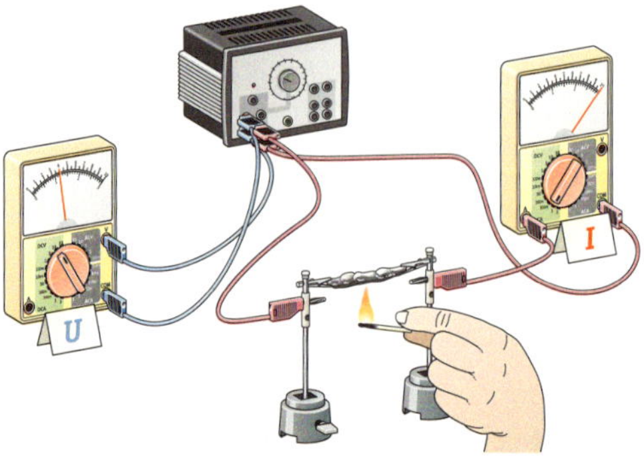

02 Beim Erhitzen des Siliciumstücks steigt die Stromstärke stark an.

In Halbleitern nimmt der elektrische Widerstand mit zunehmender Temperatur stark ab.

HALBLEITER IM MODELL · Warum verhalten sich Halbleiter ganz anders als Metalle? Um das zu verstehen, betrachten wir den Aufbau von Silicium. Im Periodensystem der Elemente befindet sich Silicium in der vierten Hauptgruppe. Ein Siliciumatom kann also vier Bindungen mit benachbarten Atomen eingehen. Dadurch entsteht eine regelmäßige räumliche Struktur, bei der jedes Atom von vier Nachbaratomen umgeben ist. Im hier betrachteten Modell bilden zwei Elektronen – je ein Elektron von zwei benachbarten Atomen – eine sogenannte Elektronenpaar-Bindung. Im Halbleiter sind die Elektronen also, anders als im Metall, fest gebunden. Da sie die Bindungen nicht ohne Weiteres verlassen können, gibt es keine beweglichen Ladungsträger. Deswegen ist reines Silicium ein Isolator – zumindest bei sehr tiefen Temperaturen.

ELEKTRIZITÄTSLEITUNG · Bei Raumtemperatur aber ist Silicium kein Isolator. Und mit steigender Temperatur leitet Silicium immer besser. Im Modell erklären wir dies folgendermaßen: Auch wenn die Elektronen fest in den Bindungen integriert sind, können einzelne Elektronen aus den Bindungen herausgelöst werden. Dazu ist jedoch Energie erforderlich – Energie, die z.B. aus der Energie der schwingenden Siliciumatome stammt.
Jedes herausgelöste Elektron hinterlässt eine Lücke in der Elektronenpaar-Bindung. Der Bereich um diese Lücke ist positiv geladen, da dem vorher elektrisch neutralen Bereich ein Elektron fehlt. Die Lücke kann von einem Elektron einer benachbarten Elektronenpaar-Bindung gefüllt werden. Dabei wandert die Lücke und mit ihr die positive Ladung. Die Lücken sind also ebenfalls beweglich. Eine solche bewegliche Lücke in der Atomhülle mit der zugehörigen positiven Ladung wird als „Loch" bezeichnet.

Silicium hat somit zwei Sorten beweglicher Ladungsträger: Negativ geladene Elektronen und positiv geladene Löcher. Liegt eine Spannung an, dann bewegen sich die Elektronen in Richtung Pluspol. Gleichzeitig bewegen sich die Löcher in Richtung Minuspol (▸ Bild 03). Wie bei den Ionen in der Salzlösung gilt: Obwohl die Bewegungen von Elektronen und Löchern in entgegengesetzte Richtungen erfolgen, heben sich diese Bewegungen nicht gegenseitig auf, da Elektronen und Löcher unterschiedlich geladen sind.
Was wir hier für Silicium erklärt haben, gilt für Halbleiter allgemein.

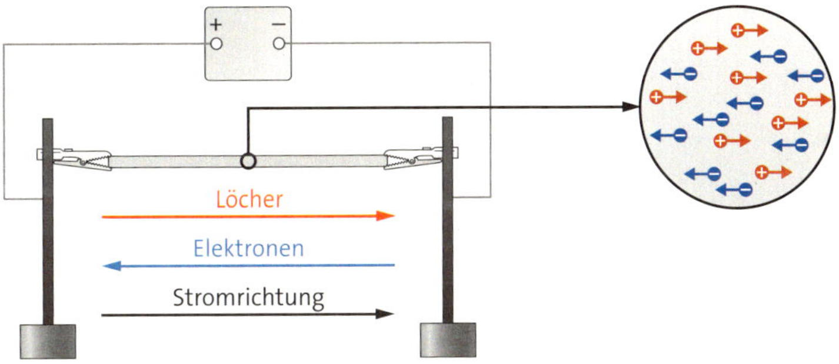

03 Ladungsträgerbewegung und Stromrichtung bei einem Halbleiter

In Halbleitern bewegen sich negativ geladene Elektronen in Richtung Pluspol und positiv geladene Löcher in Richtung Minuspol. Beide Ladungsträger tragen zu einem elektrischen Strom vom Pluspol zum Minuspol bei.

LADUNGSTRÄGER DURCH ERHITZEN ... · Wir können nun die Temperaturabhängigkeit des Widerstands bei Halbleitern erklären. Um die Elektronen aus den Bindungen herauszulösen, ist Energie erforderlich. Je höher die Temperatur des Halbleiters ist, umso mehr Energie steht zur Verfügung und umso größer ist die Anzahl der beweglichen Elektronen und Löcher. Die Temperaturabhängigkeit ist besonders stark ausgeprägt. Bei Silicium z.B. verdoppelt sich die Anzahl der Ladungsträger, wenn die Temperatur um etwa 30 K erhöht wird. Diesen Effekt nutzt man beim sogenannten **Heißleiter** aus (▸ Bild 04). Er leitet umso besser, je höher seine Temperatur ist.

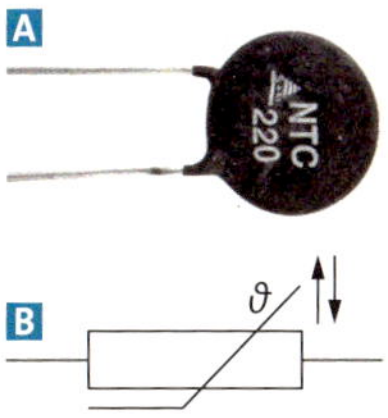

04 Heißleiter **(A)** mit Schaltsymbol **(B)**

... ODER DURCH LICHT · Die Energie kann auch durch Licht zugeführt werden. Auf diesem Effekt beruht der sogenannte **LDR** (**L**ight **De**pendend **R**esistor, ▸ Bild 05), dessen Widerstand beim Bestrahlen mit Licht stark abnimmt.

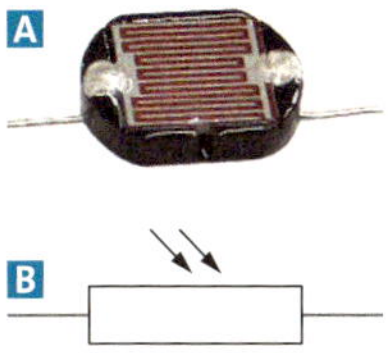

05 LDR **(A)** mit Schaltsymbol **(B)**

1 Auch beim Halbleiter werden die beweglichen Ladungsträger umso mehr gebremst, je heftiger die Atome schwingen. Dennoch nimmt der Widerstand mit zunehmender Temperatur nicht zu, sondern ab. Erkläre.

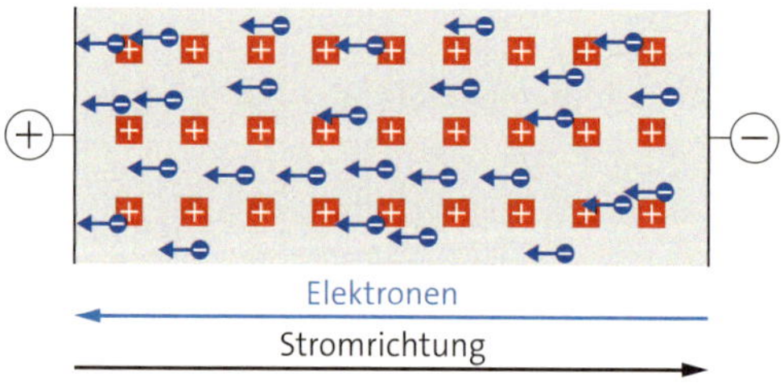

01 n-Halbleiter mit beweglichen Elektronen (blau) und genauso vielen ortsfesten Ionen (rot)

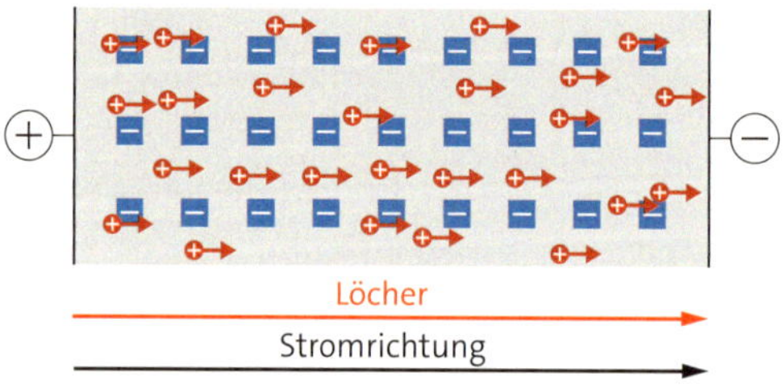

02 p-Halbleiter mit beweglichen Löchern (rot) und genauso vielen ortsfesten Ionen (blau)

DOTIEREN VON HALBLEITERN · Silicium ist bei Raumtemperatur ein schlechter Leiter. Interessanterweise kann man die Leitfähigkeit von Silicium durch Zugabe von Fremdstoffen künstlich erhöhen. Man nimmt dazu Elemente aus der dritten oder aus der fünften Hauptgruppe. Die Konzentration der Fremdatome ist extrem gering: Nur etwa jedes zehntausendste oder gar millionste Siliciumatom wird durch ein Fremdatom ersetzt. Man sagt, Silicium ist dotiert.

Beim n-dotierten bzw. p-dotierten Halbleiter spricht man häufig auch von der n-Leitung bzw. p-Leitung.

N-DOTIERUNG · Wir betrachten zuerst die Dotierung mit einem Element aus der fünften Hauptgruppe, z.B. Phosphor. Dabei werden einige wenige Siliciumatome durch Phosphoratome ersetzt. Ein eingebautes Phosphoratom ist wie jedes Siliciumatom von vier benachbarten Atomen umgeben. Ein Phosphoratom hat aber fünf Bindungselektronen und damit eines mehr, als für die vier Bindungen benötigt wird. Folglich ist ein Elektron nicht in die Elektronenpaar-Bindungen integriert. Dieses Elektron löst sich leicht vom Phosphoratom ab und ist anschließend frei beweglich. Dem Phosphoratom fehlt nun ein Elektron; es ist also positiv geladen.

Wir fassen zusammen: Für jedes Phosphoratom erhält man ein frei bewegliches negatives Elektron und ein ortsfestes positives Phosphorion. Der Halbleiter ist insgesamt elektrisch neutral. Da die beweglichen Ladungsträger negative Elektronen sind, spricht man vom n-dotierten Halbleiter.

Durch Dotieren mit einem Element aus der fünften Hauptgruppe erhält man einen n-Halbleiter mit beweglichen negativ geladenen Elektronen und ortsfesten positiv geladenen Ionen.

P-DOTIERUNG · Bei der Dotierung mit einem Element aus der dritten Hauptgruppe werden einige wenige Siliciumatome durch z.B. Boratome ersetzt. Ein eingebautes Boratom ist wieder von vier benachbarten Siliciumatomen umgeben. Es hat aber drei Bindungselektronen und damit eines zu wenig, als für die vier Bindungen benötigt wird. Folglich hat eine der Elektronenpaar-Bindungen eine Lücke. Diese Lücke wird leicht von einem Elektron einer benachbarten Elektronenpaar-Bindung aufgefüllt. Dadurch entsteht in den Elektronenpaar-Bindungen ein bewegliches positiv geladenes Loch. Das Boratom hat nun ein zusätzliches Elektron; es ist also negativ geladen.

Wir fassen zusammen: Für jedes Boratom erhält man ein frei bewegliches positives Loch und ein ortsfestes negatives Borion. Der Halbleiter ist insgesamt elektrisch neutral. Da die beweglichen Ladungsträger positive Löcher sind, spricht man vom p-dotierten Halbleiter.

Durch Dotieren mit einem Element aus der dritten Hauptgruppe erhält man einen p-Halbleiter mit beweglichen, positiv geladenen Löchern und ortsfesten, negativ geladenen Ionen.

1 Silicium wird mit Stickstoff, Kohlenstoff oder Aluminium dotiert. Erläutere, wie sich dies auf Art und Anzahl der beweglichen Ladungsträger auswirkt.

VERSUCHE ▸ Licht- und temperaturabhängige Widerstände

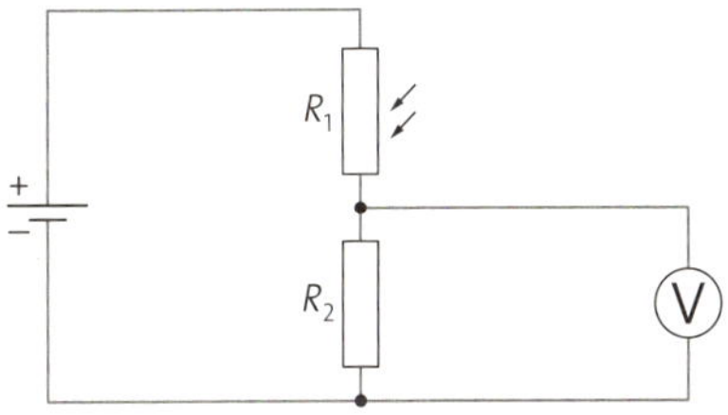

03 Lichtabhängige Spannung (zu V1)

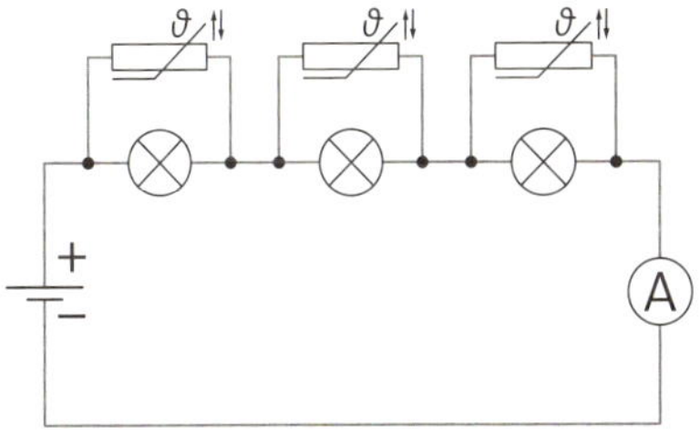

04 Zur Lichterkette (zu V2)

V1 Lichtabhängige Spannung

Material:

LDR, Festwiderstand, Akku oder Netzgerät, Spannungsmessgerät

Durchführung:

a) Baue die Schaltung nach ▸ Bild 03 auf. Untersuche, wie sich die Spannung am Widerstand R_2 bei stärkerer oder schwächerer Beleuchtung ändert. Erkläre.

b) Vertausche LDR und Festwiderstand. Untersuche, wie sich nun die Spannung bei stärkerer oder schwächerer Beleuchtung ändert. Erkläre.

V2 Clevere Lichterkette

Material:

3 Glühlampen (z. B. 6 V/0,1 A), 3 Heißleiter (z. B. NTC1k8), Netzgerät 18 V, Stromstärkemessgerät

Durchführung:

a) Baue die Schaltung nach ▸ Bild 04 auf. Simuliere das Durchbrennen einer Lampe. Drehe dazu eine Lampe aus ihrer Fassung. Beobachte die Anzeige des Stromstärkemessgeräts. Beschreibe die Helligkeitsänderungen der beiden anderen Lampen.

b) Erkläre die Beobachtungen.

Material A ▸ Heißleiter

A1 Ein Heißleiter R_1 und ein Festwiderstand R_2 sind in Reihe geschaltet und an eine Energiequelle mit konstanter Spannung angeschlossen.

a) Zeichne einen Schaltplan.

b) Beschreibe, wie sich die Spannung U_1 am Widerstand R_1 ändert, wenn die Temperatur zu- bzw. abnimmt.

c) Beantworte die Frage für die Spannung U_2 am Widerstand R_2.

A2 Ein Heißleiter hat bei Raumtemperatur einen Widerstand von 1,8 kΩ. Er wird an eine Energiequelle mit einer Spannung von 6 V angeschlossen.

a) Berechne die Stromstärke unmittelbar nach dem Anschließen.

b) Begründe, dass die Stromstärke mit der Zeit immer mehr zunimmt.

c) Ein Heißleiter darf nicht direkt an eine elektrische Energiequelle angeschlossen werden. Begründe.

A3 Bei Weihnachtslichterketten sind viele Glühlampen in Reihe geschaltet. Wenn eine Lampe durchbrennt, müsste eigentlich die ganze Kette ausgehen. Damit das nicht passiert, baut man zu jeder Lampe einen parallel geschalteten Heißleiter ein. Das Prinzip zeigt ▸ Bild 03.

a) Im Normalzustand, also wenn die Lampen alle leuchten, sind die Heißleiter kalt und der Strom geht praktisch nur durch die Lampen. Erkläre.

b) Brennt eine Lampe durch, so ist die Spannung am entsprechenden Heißleiter zuerst sehr groß. Begründe.

d) Die Stromstärke durch den Heißleiter nimmt mit der Zeit immer mehr zu. Begründe. Was folgt daraus für die Lampen? Erkläre.

Material B ▸ Elektrizitätsleitung

B1 **a)** Fülle die Tabelle aus.

b) Beschreibe, wie sich positive bzw. negative Ladungsträger im Stromkreis bewegen.

c) Die Richtung des elektrischen Stroms ist immer gleich. Erkläre mit Guthaben- und Schuldenströmen.

Material	Bewegliche Ladungsträger	sind vorhanden bzw. entstehen durch
Kochsalzlösung	Positive und negative Ionen	sind immer vorhanden
Metall		
undotierter Halbleiter		
n-dotierter Halbleiter		
p-dotierter Halbleiter		

01 Farbiges Licht durch Leuchtdioden

Leuchtdioden und andere Dioden

Jeder kennt sie: Sie leuchten rot, gelb, grün oder blau. Leuchtdioden oder LEDs erobern immer mehr Anwendungsgebiete. Neben den farbigen Leuchtdioden gibt es auch LEDs für weißes Licht und sogar für Infrarot- und Ultraviolettstrahlung. Wie funktionieren die Leuchtdioden?

AUF DIE POLUNG KOMMT ES AN · Eine Leuchtdiode muss richtig gepolt in den Stromkreis eingebaut werden. Außerdem muss man darauf achten, dass die Stromstärke nicht zu hoch ist, sonst wird die LED zerstört. Deswegen schließen wir einen passenden Widerstand in Reihe zur LED in den Stromkreis (▸ Bild 03). Wir stellen fest:

A

B

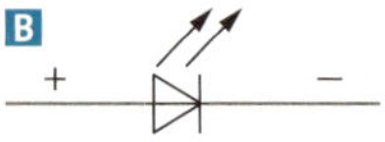

02 LED **(A)** mit Schaltsymbol **(B)**

03 Eine LED muss richtig gepolt und mit einem Vorwiderstand in den Stromkreis eingebaut werden.

Nur wenn der lange Anschlussdraht mit dem Pluspol verbunden ist, leuchtet die LED. Werden die Anschlüsse vertauscht, dann leuchtet die LED nicht. Die Stromstärke ist dann 0 A. Offensichtlich lässt die Leuchtdiode den Strom nur in eine Richtung durch. Sie wirkt also wie ein elektrisches Ventil. Die Stromrichtung wird im Schaltsymbol durch einen Pfeil (Dreieck) symbolisiert.

Eine Leuchtdiode lässt nur bei richtiger Polung Strom durch. Bei falscher Polung ist die Stromstärke null und die Leuchtdiode leuchtet nicht.

P-N-ÜBERGANG · Um die Vorgänge in der Leuchtdiode zu verstehen, musst du wissen, dass eine LED aus einem p-dotierten und einem n-dotierten Bereich aufgebaut ist. Den prinzipiellen Aufbau zeigt ▸ Bild 04.

Wir betrachten zuerst den Fall, dass keine Spannung an der LED anliegt. Ohne Spannung bewegen sich die beweglichen Ladungsträger völlig ungeordnet. Dadurch gelangen Löcher aus dem p-Bereich in den n-Bereich und umgekehrt. Sobald aber ein Loch, also eine Lücke in den Elektronenpaar-Bindungen im n-Bereich ist, trifft es sehr bald auf ein bewegliches Elektron. Dabei füllt das bewegliche Elektron die Lücke. Mit anderen Worten: Elektron und Loch neutralisieren sich gegenseitig. Dasselbe passiert mit den Elektronen, die vom n-Bereich in den p-Bereich gelangen. Dadurch entsteht ein Bereich ohne bewegliche Ladungsträger, die **Sperrschicht.**

DER P-N-ÜBERGANG SPERRT … · Wird der p-dotierte Bereich an den Minuspol und der n-dotierte Bereich an den Pluspol angeschlossen, dann werden die Löcher vom elektrischen Feld zum Minuspol und die Elektronen zum Pluspol hin getrieben (▸ Bild 05). Das bedeutet aber, dass sich die Sperrschicht vergrößert. Deswegen ist kein Ladungsfluss möglich. Die LED sperrt.

… UND LÄSST DURCH · Wird die Polung der LED getauscht, also der p-Bereich an den Pluspol und der n-Bereich an den Minuspol angeschlossen, dann werden sowohl die Löcher als auch die Elektronen zur Grenzschicht getrieben (▸ Bild 06). Wie oben erklärt, neutralisieren sich Löcher und Elektronen gegenseitig. Der Strom hört aber dadurch nicht auf! Die elektrische Ladung wird von den positiven Löchern bis zur Grenzschicht transportiert. Von dort wird sie durch die entgegenkommenden negativen Elektronen weitertransportiert.

DAS LEUCHTEN · Jetzt kannst du verstehen, warum der Strom nur in eine Richtung durchgelassen wird. Aber warum kommt es zum Leuchten? Immer wenn ein bewegliches Elektron und ein bewegliches Loch sich gegenseitig neutralisieren, wird Licht ausgesendet. Dabei wird die Energie, die zuvor benötigt wurde, um solch ein bewegliches Elektron und ein bewegliches Loch zu erzeugen, durch Licht wieder abgegeben.

AUFBAU EINER LED · Der Halbleiter ist in eine kegelförmige Vertiefung des Metallhalters eingebettet (▸ Bild 07). Der n-dotierte Teil des Halbleiters ist direkt über den Metallhalter an den kurzen Anschlussdraht angeschlossen. Der p-dotierte Bereich ist durch einen dünnen Draht mit dem langen Anschlussdraht verbunden. Die gesamte Anordnung ist in ein lichtdurchlässiges Kunststoffgehäuse eingeschmolzen. LEDs strahlen farbiges Licht aus, auch wenn das Gehäuse farblos ist. Zur einfacheren Unterscheidung wird das Gehäuse oft eingefärbt. Der Halbleiter selbst besteht, je nach Farbe des ausgesendeten Lichts, aus unterschiedlichen halbleitenden Materialien. LEDs können nur einfarbiges Licht aussenden. LED-Lampen für weißes Licht arbeiten nach dem Prinzip der Farbaddition. Sie enthalten z.B. LEDs für rotes, grünes und blaues Licht.

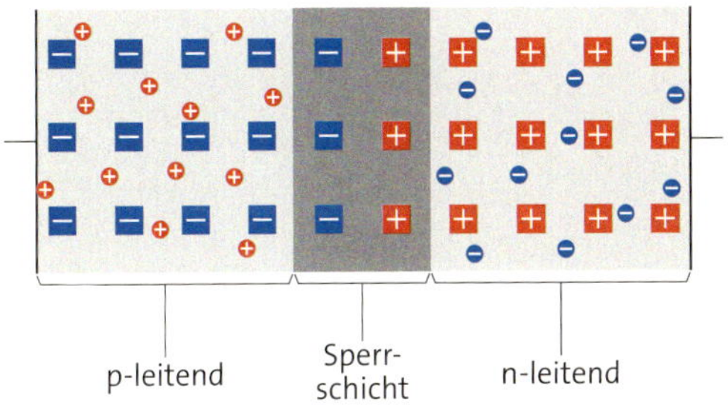

04 Beim p-n-Übergang bildet sich eine Sperrschicht.

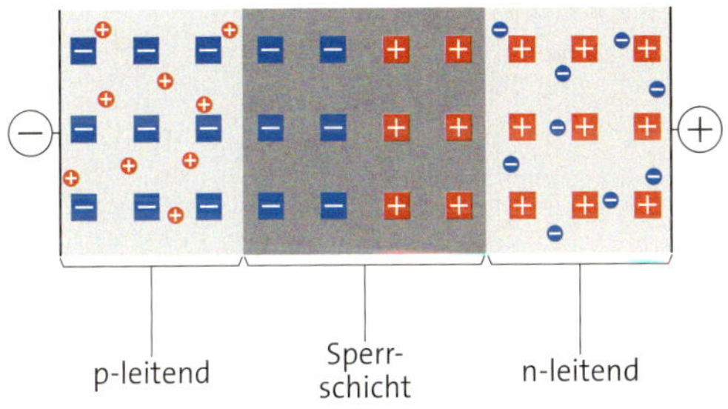

05 In Sperrrichtung vergrößert sich die Sperrschicht.

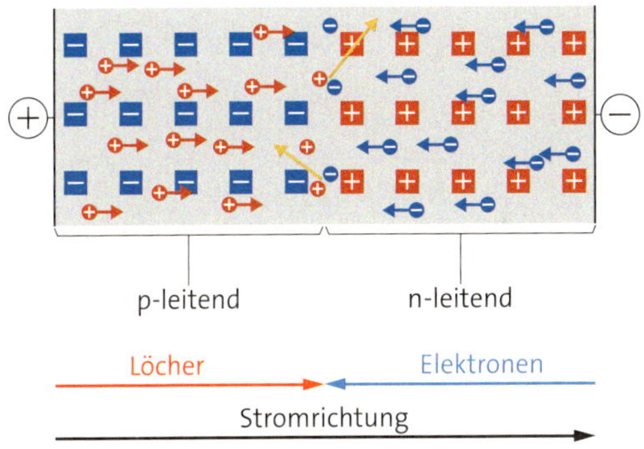

06 In Durchlassrichtung bewegen sich Löcher und Elektronen zur Grenzschicht. Bei der Neutralisation wird Licht ausgesendet.

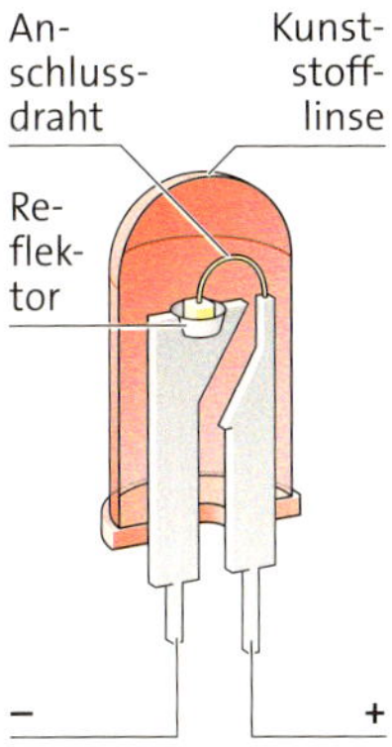

07 Aufbau einer Leuchtdiode

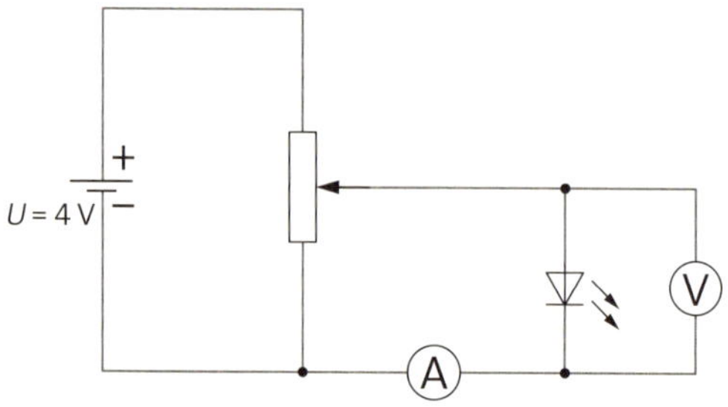

01 Potenziometerschaltung zur Messung der Kennlinie einer Leuchtdiode.

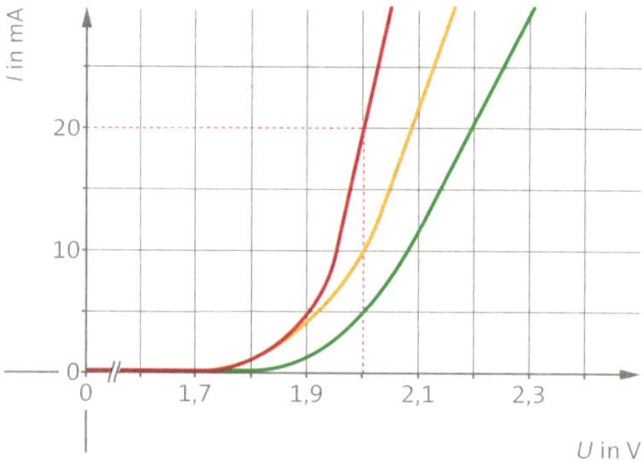

02 Kennlinien einer roten, gelben und grünen Leuchtdiode. Beachte: Die Rechtsachse beginnt nicht bei 0 V.

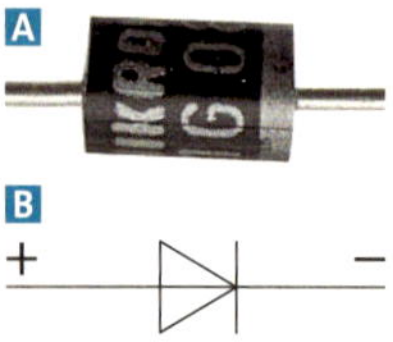

03 Diode (**A**) mit Schaltsymbol (**B**)

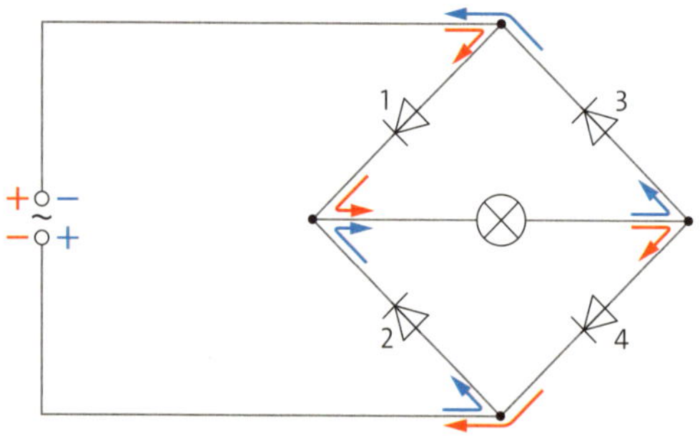

04 Umwandlung von Wechselstrom in Gleichstrom mithilfe von vier Dioden.

KENNLINIEN · Bei einer Leuchtdiode darf die Stromstärke einen Maximalwert nicht überschreiten. Um zu wissen, bei welcher Spannung dies eintritt, muss man den Zusammenhang zwischen Stromstärke und Spannung messen. Dazu eignet sich eine Potenziometerschaltung (▸ Bild 01). Wir verändern die Potenziometerstellung und notieren die Spannung und die zugehörige Stromstärke. ▸ Bild 02 zeigt für verschiedene Leuchtdioden die so erhaltenen $I(U)$-Kennlinien. Es fällt auf, dass bis zu einer Spannung von etwa 1,7 V die Stromstärke 0 A beträgt. Für größere Spannungen steigt die Stromstärke steil an.

Der Grund für dieses Verhalten ist der p-n-Übergang: Solange die Spannung einen gewissen Wert nicht überschreitet, können die Elektronen und Löcher die Sperrschicht nicht überwinden. Der Widerstand des p-n-Übergangs ist dann fast unendlich groß. Die Sperrschicht wird nur bei genügend großer Spannung aufgehoben.

DER PASSENDE VORWIDERSTAND · Damit die maximale Stromstärke nicht überschritten wird, schließt man beim Betrieb einer Leuchtdiode einen Vorwiderstand in Reihe zur LED. Zum Beispiel liest man für die rote Leuchtdiode zur Nennstromstärke von 20 mA – das ist die Stromstärke, mit der die LED betrieben werden soll – eine Spannung von 2,0 V ab. Da die Spannung des Akkus 6,0 V beträgt, muss am Vorwiderstand eine Spannung von 4,0 V anliegen. Damit kann man den Vorwiderstand berechnen:

$$R = \frac{U_1}{I} = \frac{4{,}0\ \text{V}}{0{,}02\ \text{A}} = 200\ \Omega.$$

DIODEN – NICHT NUR ZUM LEUCHTEN · Dioden aus Silicium leuchten nicht (▸ Bild 03). Aber sie haben wie die LEDs die Eigenschaft, den Strom nur in eine Richtung durchzulassen. Dies nutzt man aus, um Wechselstrom in Gleichstrom umzuwandeln, z.B. in einem Netzgerät. Dazu schließt man vier Dioden wie im ▸ Bild 04 an die Sekundärwicklung des Transformators an. Ist die Spannung oben positiv, dann lassen die Dioden 1 und 4 den Strom durch (rote Pfeile). Ist sie negativ, dann lassen die Dioden 2 und 3 den Strom durch (blaue Pfeile). Die Stromrichtung durch das Gerät ist in beiden Fällen gleich.

1 Eine rote, gelbe und grüne LED sollen in Reihe an einer 9 V-Batterie betrieben werden. Berechne den Vorwiderstand.

VERSUCHE ► Versuche mit Leuchtdioden

Material:

Netzgerät, Leuchtdioden, Widerstände, Spannungsmessgerät

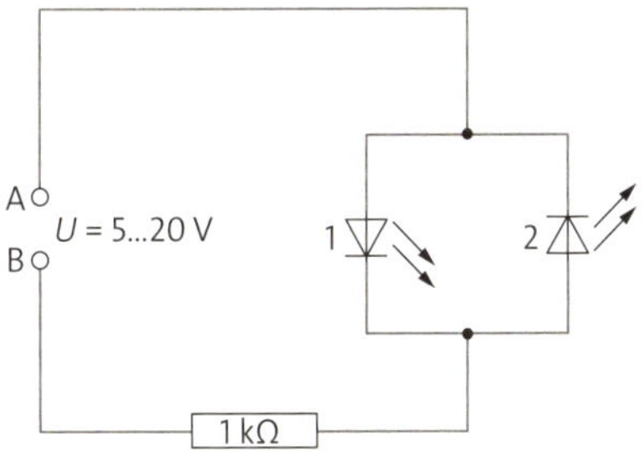

05 Polungsanzeiger (zu V1)

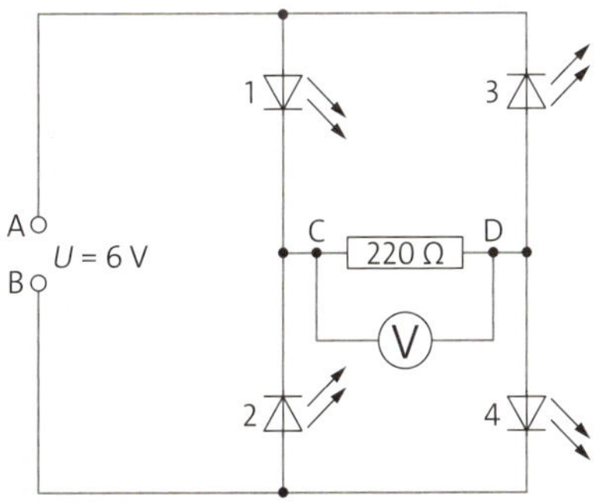

06 Zwei-Wege-Gleichrichtung (zu V2)

V1 Polungsanzeiger

Mit der Schaltung nach ► Bild 05 kannst du feststellen, wie eine elektrische Spannung, z. B. eine Batterie, gepolt ist.

Durchführung:

a) Baue die Schaltung mit unterschiedlich farbigen LEDs auf. Teste deinen Polungsanzeiger und beschrifte ihn sinnvoll.

b) Notiere, wie die Spannung gepolt ist, wenn die LED 1 leuchtet bzw. wenn die LED 2 leuchtet.

c) Untersuche, wie der Polungsanzeiger bei Wechselspannung reagiert. Erkläre.

V2 Zwei-Wege-Gleichrichtung

Untersuche die Zwei-Wege-Gleichrichtung von ► Bild 06 mit LEDs.

Durchführung:

a) Übertrage den Schaltplan in dein Heft und baue die Schaltung auf.

b) Überlege, welche LEDs leuchten, wenn A positiv und B negativ gepolt ist. Zeichne die Stromrichtung durch den Widerstand ein. Folgere daraus, wie die Spannung zwischen den Punkten C und D gepolt ist. Überprüfe deine Vermutung mit dem Spannungsmessgerät.

c) Was erwartest du, wenn die Polung vertauscht wird? Überprüfe.

c) Lege eine Wechselspannung zwischen A und B an. Notiere deine Beobachtung und erkläre.

Material A ► LEDs und Vorwiderstand

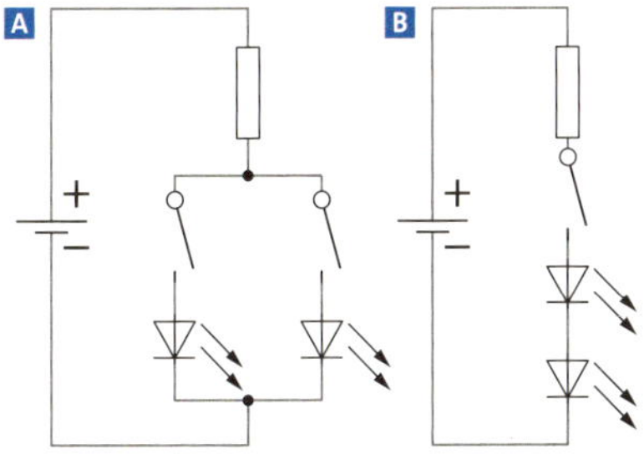

07 Vorwiderstand bei zwei LEDs

A1 ► Bild 07 A und B zeigt zwei Möglichkeiten, um zwei baugleiche LEDs anzuschließen. Die Spannung der Quelle beträgt 6 V. Die LEDs benötigen eine Spannung von 2,2 V und eine Stromstärke von 20 mA.

a) Berechne die Widerstände.

b) Bewerte Vor- und Nachteile der beiden Schaltungen.

A2 Drei LEDs (rot, gelb, grün) sollen an einer Spannung von 6 V betrieben werden. Die LEDs sollen sich einzeln ein- und ausschalten lassen. Zeichne einen Schaltplan. Berechne die erforderlichen Vorwiderstände. Verwende dazu die Kennlinien von ► Bild 02 auf der linken Seite.

Material B ► Dioden und Lampen bei Gleich- und Wechselstrom

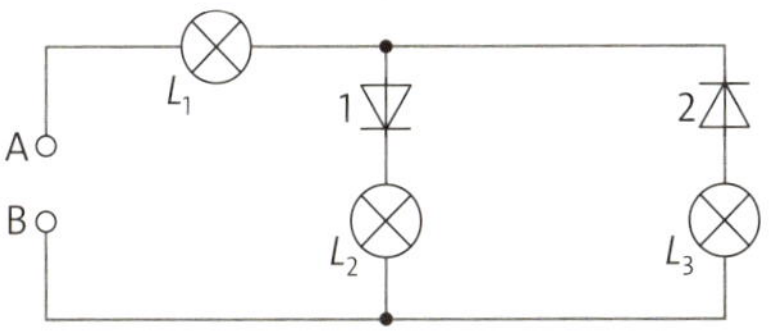

B1 **a)** In der Schaltung links wird eine Gleichspannung zwischen die Anschlüsse A und B angelegt. Dabei ist A der Plus- und B der Minuspol. Gib an, welche Lampen leuchten.

b) Zwischen A und B wird eine Wechselspannung angelegt. Gib an, welche Lampen leuchten. Mache eine Aussage über die relative Helligkeit der baugleichen Lampen.

BLICKPUNKT

Die Solarzelle

01 Solarmodule einer Fotovoltaikanlage

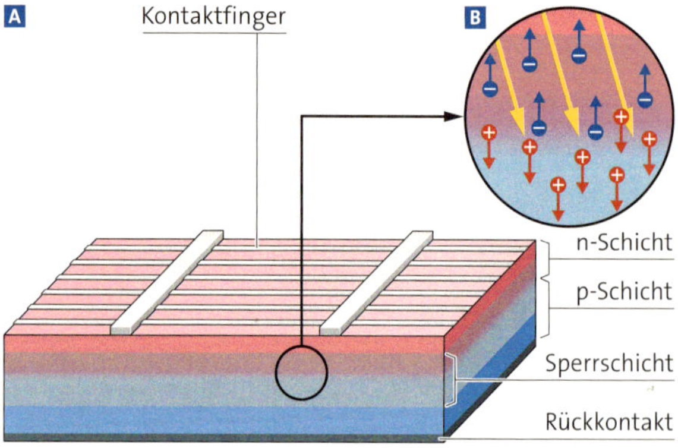

02 Silicium-Solarzelle: **A** Aufbau, **B** Funktionsweise

Fotovoltaikanlagen stellen einen zunehmenden Beitrag zur Energieversorgung dar. Eine Fotovoltaikanlage besteht aus Solarmodulen, die wiederum aus einzelnen Solarzellen aufgebaut sind. Wie funktioniert solch eine Solarzelle? Wie groß sind Spannung, Stromstärke und Leistung?

Eine Solarzelle stellt wie eine Leuchtdiode ebenfalls eine Diode dar. Während eine Leuchtdiode elektrisch zugeführte Energie durch Licht abgibt, ist es bei einer Solarzelle genau umgekehrt. Wird eine Solarzelle mit Licht bestrahlt, so gibt sie einen Teil der zugeführten Energie auf elektrische Art ab.

Eine Silicium-Solarzelle besteht prinzipiell aus einer n-dotierten und einer p-dotierten Schicht (▸ Bild 02). Wegen der p-n-Schichtfolge hat die unbeleuchtete Solarzelle eine ausgedehnte Sperrschicht ohne bewegliche Ladungsträger. Wird die Solarzelle beleuchtet, dann dringt Licht in die Sperrschicht ein, bricht dort Elektronenpaar-Bindungen auf und erzeugt so bewegliche Elektronen und Löcher. Die Elektronen bewegen sich innerhalb der Sperrschicht zur n-Schicht und werden dort von metallischen Streifen, den Kontaktfingern, weitergeleitet. Die Löcher bewegen sich zur p-Schicht und werden von Elektronen aus der metallischen Beschichtung, dem Rückkontakt, aufgefüllt. Die Elektronen und Löcher bewegen sich also genau umgekehrt wie bei einer Leuchtdiode. Die Solarzelle wirkt folglich als Pumpe für die elektrische Ladung im geschlossenen Stromkreis. Die Energie für das Pumpen der Ladung erhält die Solarzelle durch das Licht.

Für die Leistung der Solarzelle sind ihre Spannung und ihre Stromstärke maßgeblich. Bestrahlt man eine Solarzelle mit Licht, dann misst man eine Spannung von etwa 0,5 V. Diese sogenannte Leerlaufspannung U_L ist unabhängig von der Größe der Solarzelle und steigt bei stärkerer Bestrahlung kaum. Dagegen hängt die maximale Stromstärke, die sogenannte Kurzschlussstromstärke I_K, sowohl von der Größe der Solarzelle als auch von der Intensität des Lichts ab. Damit kann man die Leistung einer einzelnen Solarzelle mit einer Fläche von 100 cm² abschätzen zu:

$$P \approx U_L \cdot I_K = 0{,}5\,\text{V} \cdot 2{,}2\,\text{A} = 1{,}1\,\text{W}$$

Um größere Spannungen und Stromstärken zu erreichen, schließt man immer dieselbe Anzahl an Solarzellen zu einem Strang in Reihe. Die Stränge schließt man parallel.

Eine Solarzelle kann nur einen kleinen Teil der Energie des Lichts auf elektrische Art abgeben. Der Wirkungsgrad eines kompletten Solarmoduls beträgt zwischen 16 % und 20 %.

1 60 Solarzellen sind zu einem Strang in Reihe, 40 Stränge sind parallel geschaltet. Berechne Leerlaufspannung, Kurzschlussstromstärke und maximale Leistung.

METHODE

Kennlinien von elektrischen Energiequellen

Elektrische Energiequellen werden meistens durch eine Spannungsangabe gekennzeichnet. Bisher sind wir davon ausgegangen, dass die Spannung einer Quelle konstant ist. Wir prüfen, ob das auch wirklich der Fall ist. Dazu messen wir die Spannung eines Akkus zuerst ohne und dann mit angeschlossener Glühlampe. Ohne Lampe erhalten wir etwa 6,5 V. Wenn wir aber eine Lampe mit der Aufschrift 6 V/5 A anschließen, so sinkt die Spannung unter 4 V.

Um diesen Zusammenhang genauer zu untersuchen, ersetzen wir die Lampe durch einen verstellbaren Widerstand (▸ Bild 03). Wir messen für verschiedene Widerstände die Spannung zwischen den Anschlüssen des Akkus und die Stromstärke. Die gemessenen Werte für U und I tragen wir in ein $I(U)$-Diagramm ein (▸ Bild 04, rotes Schaubild). Aus der $I(U)$-Kennlinie können wir ablesen, wie Stromstärke und Spannung des Akkus zusammenhängen. Die maximale Spannung erhält man ohne angeschlossenes Gerät für $I = 0$ A. Für diese sogenannte **Leerlaufspannung** lesen wir $U_L = 6{,}5$ V ab. Die maximale Stromstärke erhält man für $U = 0$ V, also wenn man die Anschlüsse des Akkus kurzschließt. Für die zugehörige **Kurzschlussstromstärke** entnehmen wir dem Diagramm $I_K = 5{,}5$ A. ▸ Bild 04 zeigt auch die $I(U)$-Kennlinie der Glühlampe. Für den Schnittpunkt der beiden Kennlinien lesen wir $U = 3{,}8$ V und $I = 4{,}6$ A ab. Das sind genau die Werte für U und I, die man beim Anschluss der Lampe erhält.

Die $I(U)$-Kennlinie ist auch für Solarzellen wichtig. Wir verwenden die Schaltung aus ▸ Bild 03 und ersetzen den Akku durch eine beleuchtete Solarzelle. Je nach Lichtintensität erhalten wir unterschiedliche Kennlinien (▸ Bild 05). Die Leerlaufspannung U_L beträgt maximal 0,55 V und hängt nur schwach von der Lichtintensität ab, außer bei geringen Intensitäten. Dagegen hängt die Kurzschlussstromstärke I_K stark von der Lichtintensität ab.

Mithilfe der Kennlinie kann man die maximale Leistung der Solarzelle bestimmen. Für die Leistung gilt $P = U \cdot I$. Im Leerlaufbetrieb ist $I = 0$ A und somit ist die Leistung gleich null. Im Kurzschlussbetrieb ist $U = 0$ V und die Leistung ist ebenfalls gleich null. Im $I(U)$-Diagramm entspricht die Leistung dem Flächeninhalt eines Rechtecks mit Spannung U und Stromstärke I (▸ Bild 06). Je nach Wahl von U und I erhält man einen anderen Flächeninhalt. Die maximale Leistung erhält man für das eingezeichnete Rechteck. Die Leistung ist also kleiner als das Produkt aus Leerlaufspannung und Kurzschlussstromstärke. Für eine typische Solarzelle mit einer Fläche von 100 cm² erhält man für die maximale Leistung aus der Kennlinie $P_{max} = 0{,}84$ W.

1 Bestimme die von der Glühlampe im ▸ Bild 04 abgegebene Leistung.

2 Wie müsste die $I(U)$-Kennlinie einer elektrischen Quelle aussehen, damit $P = U_L \cdot I_K$ gilt?

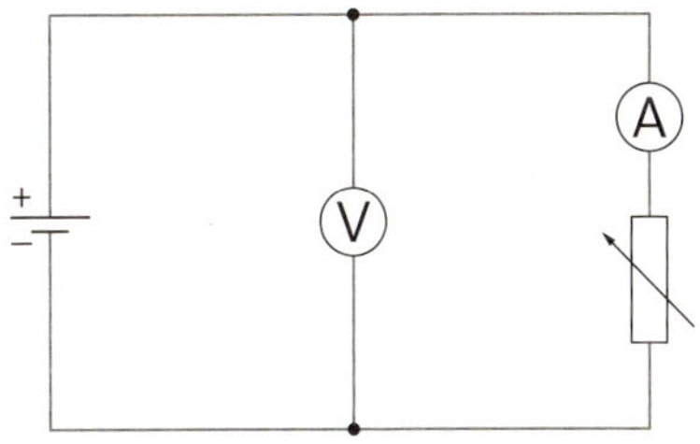

03 Aufnahme der $I(U)$-Kennlinie eines Akkus

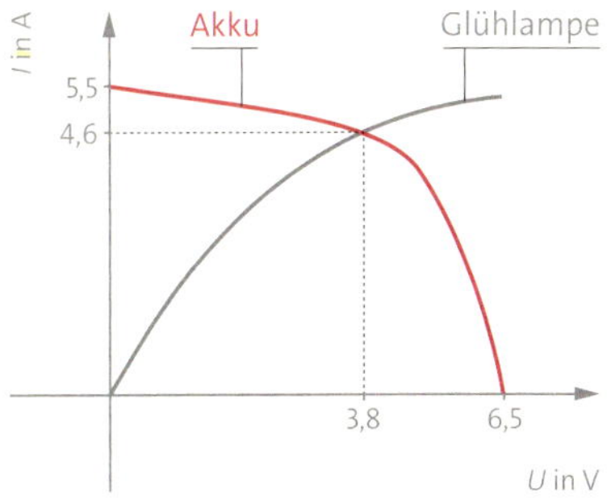

04 $I(U)$-Kennlinie eines 6 V-Akkus

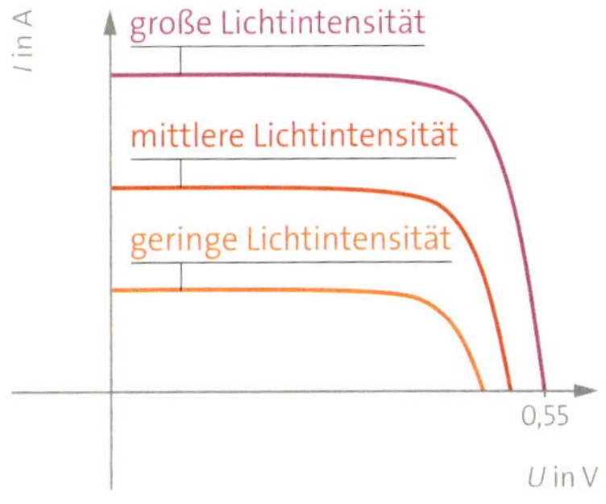

05 $I(U)$-Kennlinie einer Si-Solarzelle

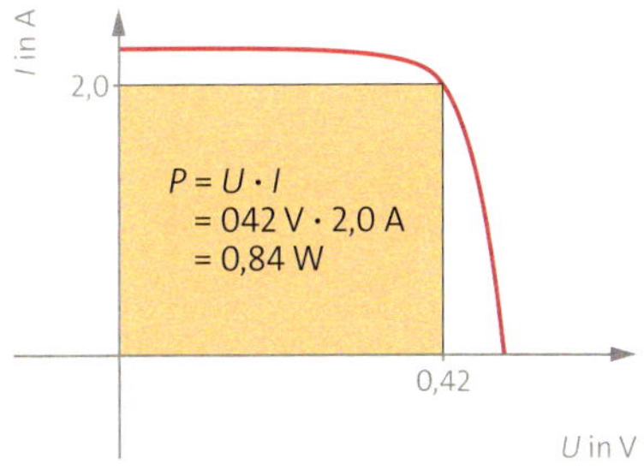

06 Maximale Leistung der Solarzelle

01 Der Transistor – auffallend sind die drei Anschlüsse

Transistoren steuern Ströme

Der Transistor ist ein äußerst nützliches elektronisches Bauteil. Der Begriff des Transistors leitet sich von „transfer resistor" ab, was sinngemäß steuerbarer Widerstand bedeutet. Damit kann ein Strom gesteuert und sogar ein- und ausgeschaltet werden. – Wie verwendet man den Transistor und wie funktioniert er?

EIN WICHTIGER TRANSISTORTYP · Es gibt sehr viele Typen von Transistoren. Wir betrachten hier den **M**etall-**O**xid-**S**emiconductor-**F**eldeffekttransistor, abgekürzt **MOSFET.** ▸ Bild 02 zeigt die Bezeichnung der Anschlüsse und das Schaltsymbol. Zwischen Drain und Source befindet sich der steuerbare Widerstand. Mit dem Gate kann dieser Widerstand gesteuert werden.

MOSFET ALS SCHALTER · Wir bauen einen Stromkreis aus Akku, Glühlampe und MOSFET auf (▸ Bild 03). Die Lampe leuchtet nicht. Wir testen zwei Möglichkeiten, das Gate anzuschließen: Sobald das Gate mit dem Pluspol verbunden ist, leuchtet die Lampe. Die Lampe leuchtet auch dann noch, wenn wir das Kabel vom Pluspol wieder entfernen. Erst wenn wir das Gate mit dem Minuspol verbinden, leuchtet die Lampe nicht mehr. Man kann den MOSFET also wie einen elektrisch gesteuerten Schalter verwenden.

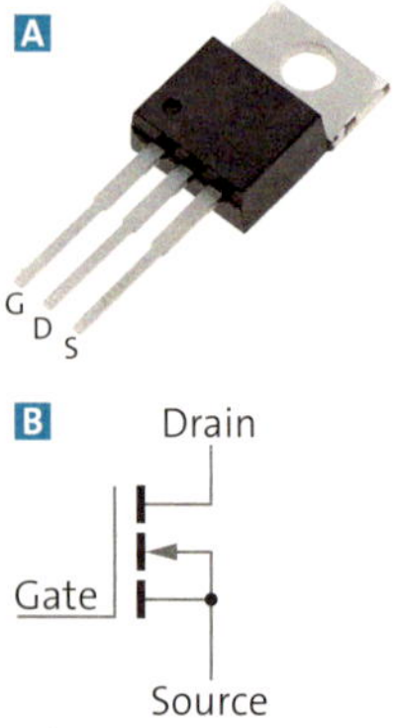

02 **A** MOSFET, **B** Schaltsymbol

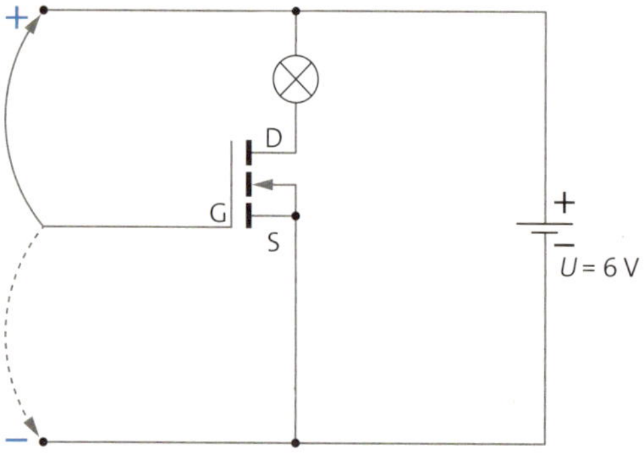

03 MOSFET als Schalter: Gate an „+" und die Lampe geht an, Gate an „–" und die Lampe geht aus.

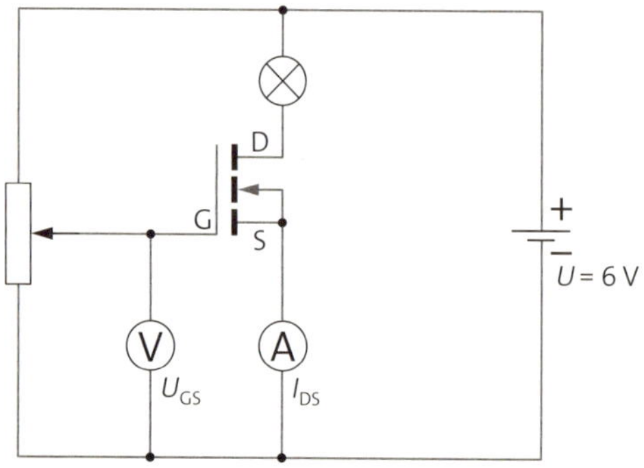

04 Mit der Spannung U_{GS} zwischen Gate und Source kann man die Stromstärke I_{DS} steuern.

MOSFET ZUM STEUERN · Wir können nun die Lampe ein- und ausschalten. Kann man mit dem MOSFET auch die Helligkeit der Lampe steuern? Dazu benötigen wir zwischen Gate und Source eine veränderliche Spannung U_{GS}. Dies lässt sich einfach mit einem Potenziometer erreichen (▸ Bild 04). Wir erhöhen die Spannung U_{GS} langsam von 0 V bis 6 V. Ab etwa 3 V beginnt die Lampe erst schwächer und dann immer heller zu leuchten. Mit der Gatespannung U_{GS} kann man also tatsächlich die Stromstärke I_{DS} steuern. Damit $I_{DS} > 0$ A ist, ist ein Mindestwert für U_{GS}, die sogenannte Schwellenspannung, nötig.

Mit einem MOSFET kann man einen Strom steuern. Solange die Spannung U_{GS} zwischen Gate und Source kleiner als die Schwellenspannung ist, ist die Stromstärke I_{DS} zwischen Drain und Source null. Mit zunehmender Spannung U_{GS} nimmt auch die Stromstärke I_{DS} zu.

AUFBAU · Der MOSFET ist aus drei Halbleiterbereichen aufgebaut (▸ Bild 05 A). Das sogenannte Substrat ist so schwach p-dotiert, dass es nicht nur frei bewegliche Löcher, sondern auch einige frei bewegliche Elektronen enthält. In das Substrat sind die stark n-dotierten Bereiche Source und Drain eingelassen. Das Gate ist durch einen Isolator vom Substrat getrennt. Der MOSFET hat also zwei gegeneinander geschaltete p-n-Übergänge. Nun kannst du verstehen, warum der MOSFET ohne Spannung am Gate sperrt: Der p-n-Übergang zwischen Drain und Substrat ist in Sperrrichtung geschaltet.

EIN LEITFÄHIGER KANAL ENTSTEHT · Legt man eine Gatespannung an, dann leitet der MOSFET. Wie kommt das zustande? Substrat und Source sind bei den meisten MOSFETs leitend verbunden (▸ Bild 05 B). Deswegen entsteht ein elektrisches Feld zwischen Gate und Substrat, sobald man eine Spannung U_{GS} anlegt. Durch das Feld werden die Löcher nach unten geschoben und die Elektronen nach oben gezogen. Folglich entsteht ein n-leitender Kanal, vorausgesetzt die Gatespannung ist größer als die Schwellenspannung.

Wenn nun zusätzlich zwischen Drain und Source eine Spannung anliegt, dann bewegen sich Elektronen vom Source-Bereich durch den Kanal zum Drain-Bereich. Der MOSFET leitet.

STEUERUNG OHNE STROM · Beim Einstiegsversuch nach ▸ Bild 03 haben wir festgestellt, dass der MOSFET auch dann noch leitet, wenn man das Gate vom Pluspol wieder trennt. Die Erklärung dazu ist recht einfach: Wenn das Gate positiv geladen ist, dann bleibt diese Ladung auf dem Gate gespeichert, auch ohne Verbindung zum Pluspol. Mit der Ladung bleibt auch das elektrische Feld bestehen und der MOSFET bleibt leitfähig. Erst durch eine Verbindung mit dem Minuspol kann die positive Ladung vom Gate abfließen und der MOSFET sperrt.

1 Erkläre die Bezeichnung „Feldeffekttransistor".

2 Wenn man die Drain-Source-Spannung umpolt, dann leitet der MOSFET immer. Erkläre anhand ▸ Bild 05 B.

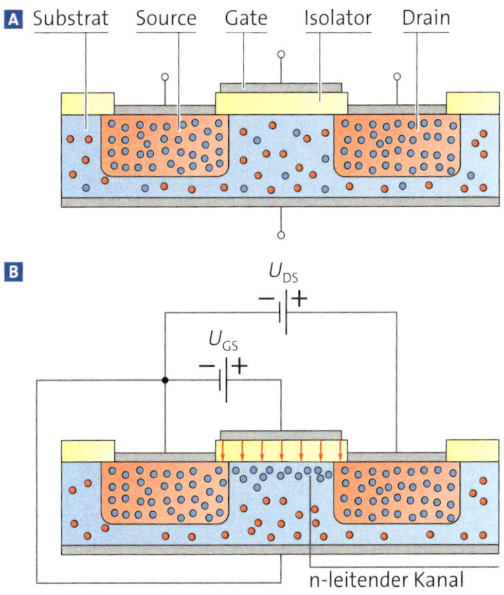

05 **A** Aufbau eines MOSFETS
B Durch das elektrische Feld zwischen Gate und Substrat entsteht ein n-leitender Kanal.

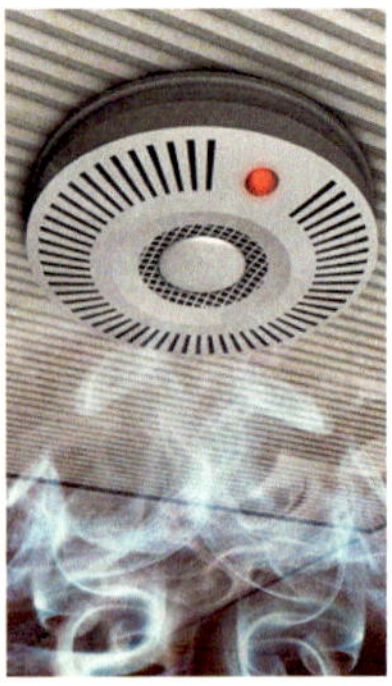

01 Rauchmelder

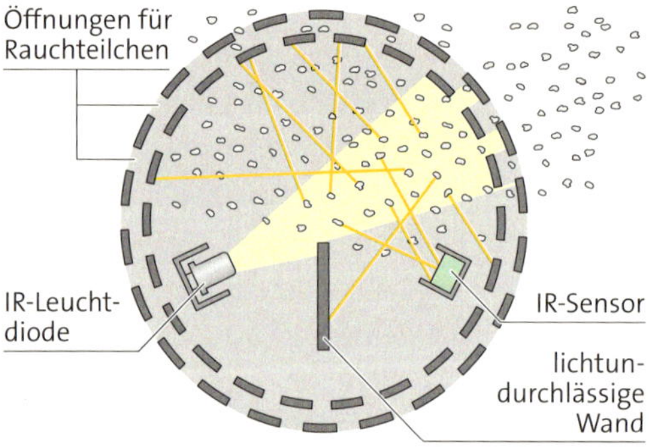

02 Prinzipieller Aufbau eines Rauchmelders

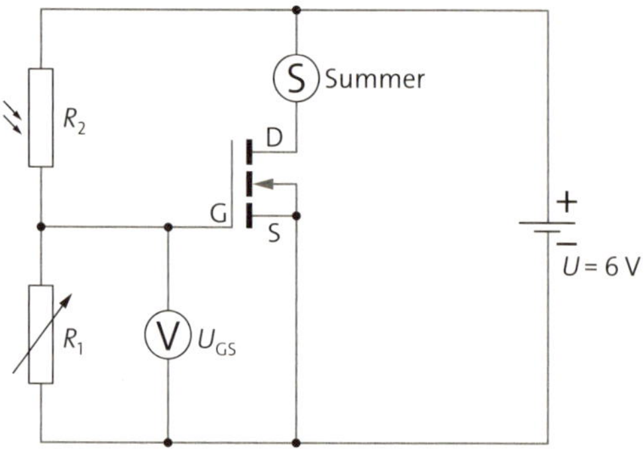

03 Modellversuch zum Rauchmelder

MOSFETS KÖNNEN LEBEN RETTEN · In vielen elektronischen Warnschaltungen stecken Transistoren. Ein wichtiges Beispiel ist der Rauchmelder (▸ Bild 01). Er gibt einen grellen Pfeifton von sich, sobald Rauch in die Schlitze der Abdeckung eingedrungen ist. Wie wird der Rauch erkannt?

Leuchtdiode und Sensor arbeiten im Infrarotbereich, um gegenüber Licht von außen unempfindlich zu sein.

▸ Bild 02 zeigt den prinzipiellen Aufbau eines Rauchmelders. Er enthält eine Leuchtdiode, einen lichtempfindlichen Sensor, eine Platine mit einer elektronischen Schaltung und einen Lautsprecher. Leuchtdiode und Sensor sind so angeordnet, dass kein direktes Licht von der LED auf den Sensor gelangen kann. Sobald aber Rauch in den Rauchmelder eindringt, wird das Licht durch die Rauchteilchen in alle Richtungen gestreut und ein Teil des Lichts trifft auf den Sensor. Dieses Licht löst den Alarm aus.

Im Modellversuch bauen wir eine Schaltung nach, die bei Lichteinfall einen Summer einschaltet (▸ Bild 03). Ein verstellbarer Widerstand R_1 und ein lichtempfindlicher Widerstand (LDR) R_2 sind in Reihe geschaltet. Die Spannung des Akkus teilt sich folglich in die beiden Teilspannungen U_1 am verstellbaren Widerstand und U_2 am LDR auf. Die Teilspannung U_1 liegt als Gatespannung am MOSFET an ($U_{GS} = U_1$). Für das Verhältnis der Teilspannungen gilt:

$$\frac{U_1}{U_2} = \frac{R_1}{R_2}.$$

Wir stellen R_1 so ein, dass der Summer bei normaler Zimmerbeleuchtung gerade aus ist. $U_1 = U_{GS}$ ist dann kleiner als die Schwellenspannung und der MOSFET sperrt. Wenn wir nun den LDR mit einer Lampe beleuchten, dann wird R_2 kleiner. Mit dem Widerstandsverhältnis ändert sich auch das Spannungsverhältnis: U_2 wird kleiner und $U_1 = U_{GS}$ wird größer und steigt über die Schwellenspannung. Dadurch leitet der MOSFET und der Summer geht an.

WEITERE SCHALTUNGEN MIT SENSOREN · Das Prinzip der Schaltung nach ▸ Bild 03 lässt sich einfach auf andere Anwendungen übertragen. Das Prinzip ist immer dasselbe: Ein Sensor und ein verstellbarer Widerstand bzw. passender Festwiderstand bilden eine Spannungsteilerschaltung. Als Sensoren können lichtempfindliche, temperaturempfindliche oder druckempfindliche Widerstände usw. eingesetzt werden. Je nach Anwendung ist R_1 der Sensor und R_2 der Festwiderstand oder umgekehrt. Dabei gilt: Eine Vergrößerung von R_1 vergrößert die Gatespannung; eine Vergrößerung von R_2 verkleinert die Gatespannung.

1 Ändere die Schaltung von ▸ Bild 03 zu einer Dämmerungsschaltung ab, die bei Dunkelheit automatisch eine Lampe einschaltet.

2 Entwirf einen Schaltplan für eine temperaturgesteuerte Heizung, die bei niedriger Temperatur eine Heizspirale einschaltet.

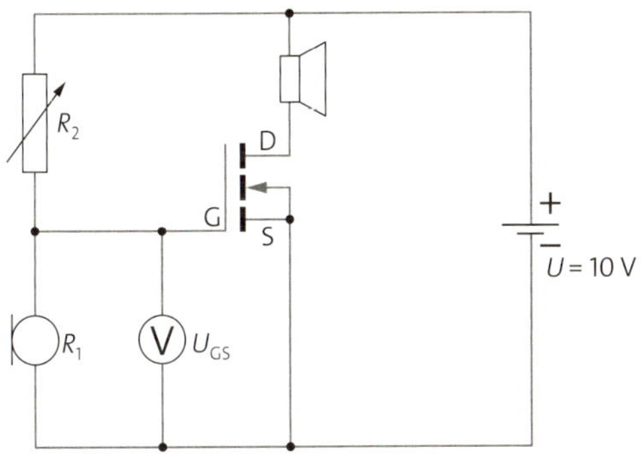

04 Einfacher Mikrofonverstärker

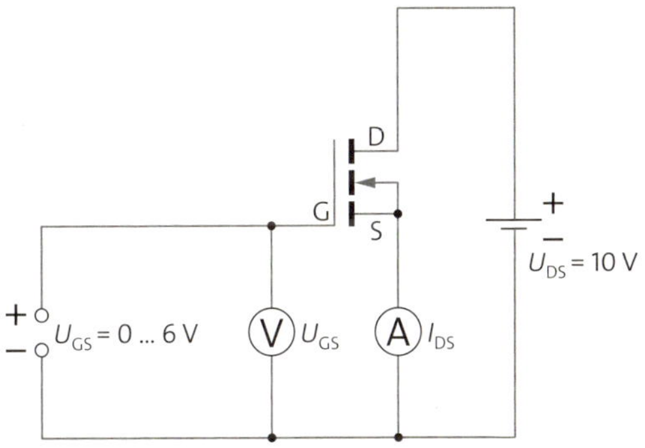

05 Messung der Steuerkennlinie eines MOSFET

MIKROFONVERSTÄRKUNG · Mit dem MOSFET kann man einen Strom nicht nur ein- und ausschalten, man kann sogar die Stromstärke steuern. Dies nutzt man beim Mikrofonverstärker aus (▸ Bild 04). Dabei ist das Gate an eine Spannungsteilerschaltung aus einem Kohlekörnermikrofon und einem verstellbaren Widerstand R_2 angeschlossen. Der Widerstand des Mikrofons ändert sich im Rhythmus der Schwingungen. Entsprechend ändert sich die Gatespannung U_{GS} und damit auch die Drainstromstärke I_{DS}.

Wenn wir z.B. eine Stimmgabel vor dem Mikrofon anschlagen, dann schwingt die Gatespannung mit der Frequenz der Stimmgabel. Es kann allerdings sein, dass der Lautsprecher nicht arbeitet. Dann muss man den Widerstand R_2 verändern. Bei einer geeigneten Einstellung von R_2 schwingt der Lautsprecher mit derselben Frequenz wie die Stimmgabel. Selbstverständlich werden auch andere Töne vom Lautsprecher wiedergegeben.

KENNLINIE · Um die Verstärkung und die Widerstandseinstellung besser zu verstehen, nehmen wir eine sogenannte **Steuerkennlinie** des MOSFETs auf. Mit der Schaltung von ▸ Bild 05 untersuchen wir, wie die Drainstromstärke I_{DS} von der Gatespannung U_{GS} abhängt. Bei der maximal zulässigen Stromstärke brechen wir die Messung ab. Das Ergebnis zeigt ▸ Bild 06. Du weißt, dass unterhalb der Schwellenspannung die Drainstromstärke null ist. Oberhalb dieser Spannung steigt die Drainstromstärke steil an.

Wir können nun verstehen, warum der Widerstand R_2 beim Mikrofonverstärker geeignet gewählt werden muss. Ist R_2 zu groß im Verhältnis zum Mikrofonwiderstand R_1, so ist U_{GS} kleiner als die Schwellenspannung und der MOSFET sperrt. R_2 muss so gewählt werden, dass die Spannung U_{GS} im linearen Bereich der Kennlinie schwingt. Dann schwingt die Drainstromstärke I_{DS} mit derselben Frequenz wie die Gatespannung U_{GS} (▸ Bild 06). Man nennt den Punkt, um den U_{GS} und I_{DS} schwingen, den **Arbeitspunkt A.** Die richtige Einstellung des Arbeitspunktes erreicht man mit dem Widerstand R_2.

3 Bei einer Mikrofonverstärkung ist R_2 so eingestellt, dass die Gatespannung gerade gleich der Schwellenspannung ist.
Erkläre, warum die Wiedergabe durch den Lautsprecher verzerrt klingt.

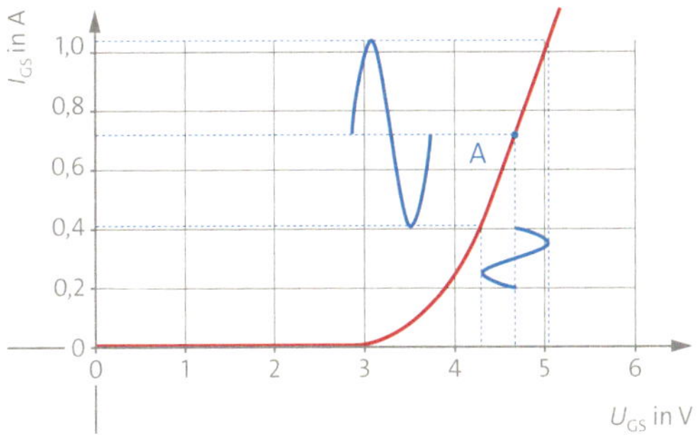

06 Steuerkennlinie eines MOSFET mit Arbeitspunkt

BLICKPUNKT

Transistoren in der Praxis

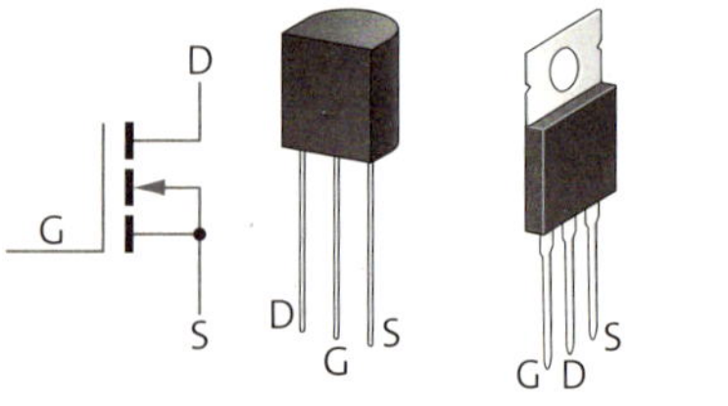

01 Selbstsperrender n-MOSFET: Schaltbild und Anschlüsse mit Drain (D), Gate (G) und Source (S)

1. Anschluss	2. Anschluss	Anzeige
G	D	> 10 MΩ
G	S	> 10 MΩ
D an (+)	S an (–)	> 10 MΩ
D an (–)	S an (+)	< 1 MΩ

02 Bei einem intakten MOSFET muss eine Widerstandsmessung obige Werte ergeben. Man muss bei den Messungen zwischen Drain und Source auf die Polung des Messgeräts achten.

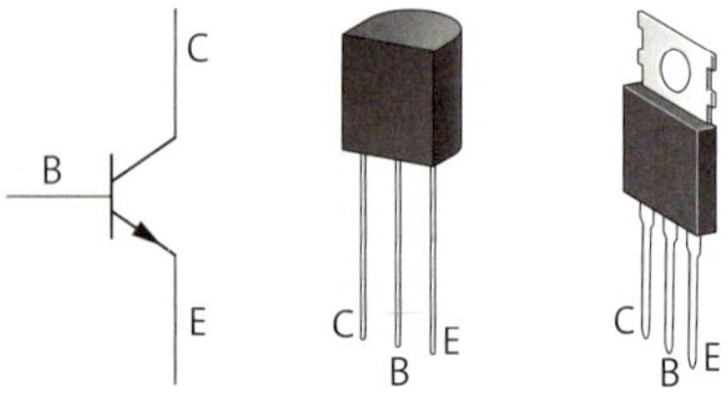

03 n-p-n-Transistor: Schaltbild und Anschlüsse mit Kollektor (C), Basis (B) und Emitter (E)

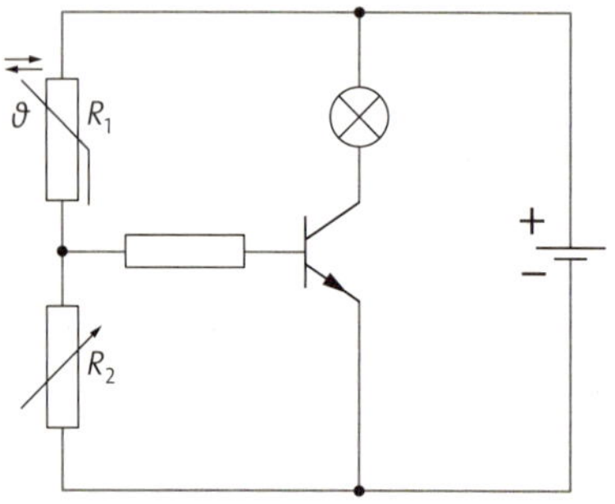

04 Schaltung mit n-p-n-Transistor

MOSFET · Wenn du eine Transistorschaltung aufbaust, musst du wissen, wie die Anschlüsse belegt sind. Von der Vielzahl an Transistortypen betrachten wir hier nur die selbstsperrenden n-MOSFETs. Sie heißen so, weil sie von selbst sperren und bei Anliegen einer Gatespannung einen n-leitenden Kanal bilden. ▸ Bild 01 zeigt zwei gängige Bauformen und ihre Anschlüsse.

Durch eine zu hohe Gatespannung wird die isolierende Schicht zwischen Gate und Substrat eines MOSFETs zerstört. Oft passiert dies versehentlich, z. B. wenn du durch Kleidung aus Kunststoff elektrisch geladen bist und das Gate berührst. Mit einem Erdungsarmband kann man eine versehentliche Aufladung des Gates verhindern. Bei vielen MOSFETs ist dies nicht nötig, da sie eine interne Schutzschaltung gegen eine versehentliche Aufladung des Gates haben.

Bevor man einen MOSFET in eine Schaltung einbaut, kann man einen einfachen Schnelltest durchführen. Ergibt die Widerstandsmessung nach (▸ Tabelle 02) nicht die angegebenen Werte, dann ist der MOSFET defekt.

Wir haben MOSFETs als steuerbare Widerstände kennen gelernt. Tatsächlich steuert die Gatespannung U_{GS} nicht den Widerstand des MOSFETs, sondern die Drainstromstärke. Diese hängt nämlich kaum von der Drain-Source-Spannung ab. MOSFETs eignen sich daher gut zur Stromsteuerung.

Bipolare Transistoren · Auf vielen Schaltplänen findest du sogenannte bipolare Transistoren (▸ Bild 03). Sie haben ebenfalls drei Anschlüsse (Kollektor, Basis, Emitter) und sind aus drei aufeinanderfolgenden Halbleiterschichten aufgebaut. Wir betrachten hier nur die Schichtfolge n-p-n. So wie man beim MOSFET mit dem Gateanschluss den Drain-Source-Strom steuern kann, steuert man mit dem Basisanschluss des n-p-n-Transistors den Kollektor-Emitter-Strom. Während aber das Gate beim MOSFET isoliert ist, gibt es beim bipolaren Transistor einen Basisstrom. Dieser Basisstrom ist etwa 100-mal kleiner als der Kollektorstrom.

Den n-p-n-Transistor kann man wie den MOSFET mit einer Spannungsteilerschaltung einsetzen (siehe vorhergehende Doppelseite). Wie beim MOSFET muss die Basisspannung einen Schwellenwert überschreiten, damit überhaupt Ladung fließen kann. Die Schwellenspannung liegt bei etwa 0,7 V. Mit zunehmender Basisspannung steigen Basisstrom und Kollektorstrom stark an.

Der n-p-n-Transistor wird durch eine zu große Basisstromstärke leicht zerstört. Damit das nicht passiert, baut man vor die Basis oft einen Schutzwiderstand ein.

1 Erkläre, was in der Schaltung im ▸ Bild 04 bei Erwärmung geschieht.

VERSUCHE ▸ Versuche mit MOSFETs

Material:

Netzgerät (z. B. 6 V), zwei Glühlampen (z. B. 6 V/1 A), zwei MOSFETs, verstellbarer Widerstand (ca. 5 kΩ), LDR

V1 Magische Hände

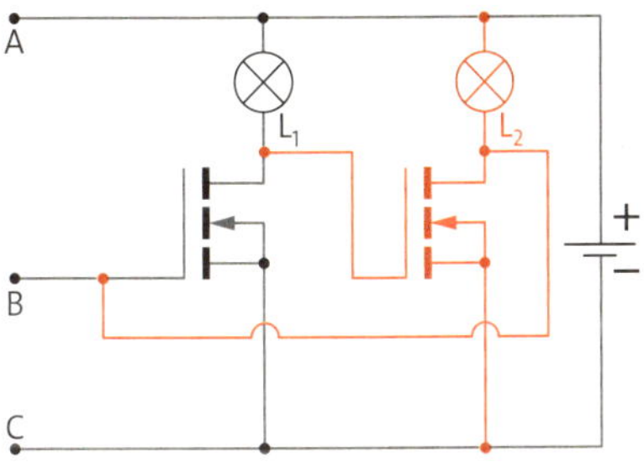

Durchführung:

a) Baue vorerst nur den schwarz gezeichneten Teil der Schaltung auf. Stelle mit deinen Händen eine Verbindung des Punktes B mit dem Punkt A bzw. mit dem Punkt C her. Notiere die Beobachtungen. Erkläre.

b) Ergänze den rot gezeichneten Teil. Wiederhole den Versuch aus a). Notiere die Beobachtungen. Erkläre.

V2 Dämmerungsschaltung

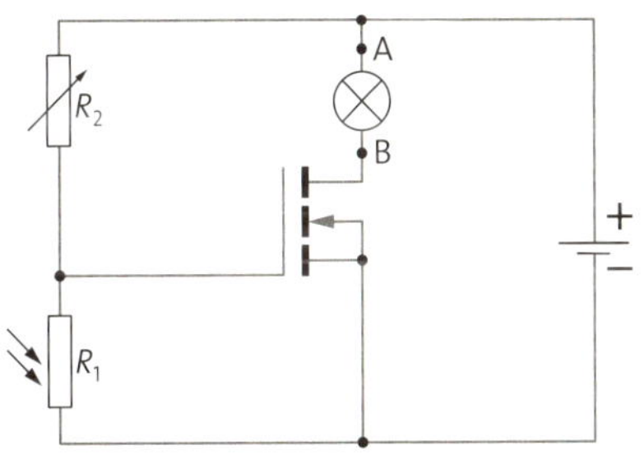

Durchführung:

a) Baue die Schaltung auf. Stell den Widerstand R_2 so ein, dass die Lampe bei normaler Zimmerbeleuchtung gerade nicht leuchtet. Simuliere nun Dämmerung, indem du den LDR abdeckst. Notiere die Beobachtung. Erkläre.

b) Baue die Lampe aus und schließe sie über zwei längere Kabel zwischen die Punkte A und B wieder an. Verwende die Lampe, um den LDR zu beleuchten. Verändere den Abstand zwischen Lampe und LDR. Beschreibe deine Beobachtung. Erkläre.

c) Man nennt diese Art der Selbstbeeinflussung „negative Rückkopplung“. Erläutere.

Material A ▸ Transistorschaltungen

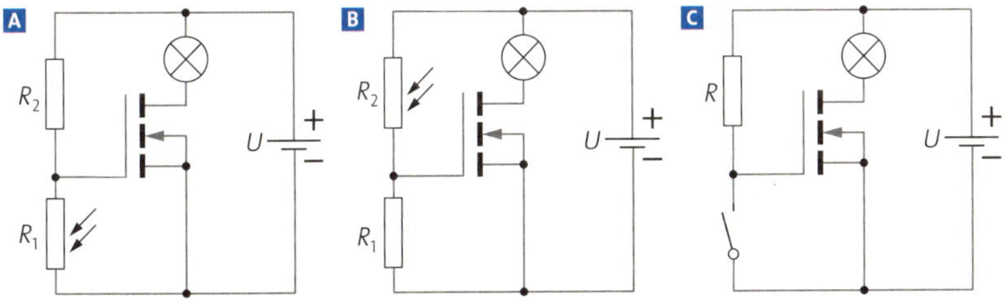

05

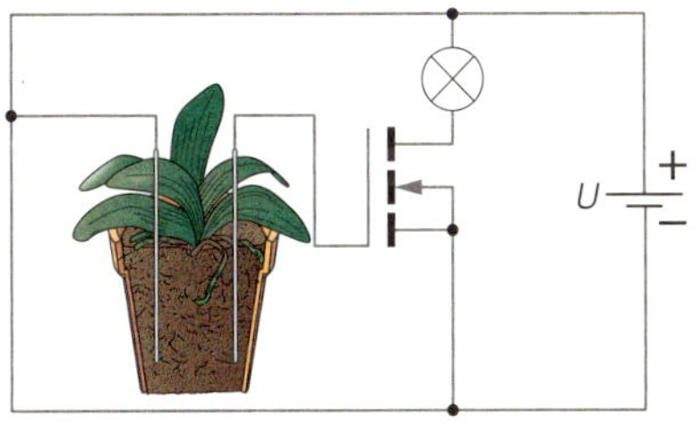

06

A1 **a)** Bei Zimmerhelligkeit leuchtet die Lampe in der Schaltung ▸ Bild 05 A schwach. Wie ändert sich die Helligkeit der Lampe, wenn der LDR beleuchtet bzw. abgedunkelt wird? Begründe mithilfe der Gate-Source-Spannung.

b) Beantworte die Frage aus a) für die Schaltung ▸ Bild 05 B. Begründe deine Antwort.

c) In der Schaltung ▸ Bild 05 B ist $U = 9{,}0$ V und $R_1 = 1{,}0$ kΩ. Die Schwellenspannung des MOSFET beträgt 3,0 V. Wie groß muss R_2 mindestens sein, damit die Lampe aus ist?

d) In der Schaltung von ▸ Bild 05 C ist der Schalter zuerst offen. Begründe, dass die Lampe leuchtet. Der Schalter wird nun geschlossen. Erkläre, was mit der Lampe geschieht.

e) Beim Öffnen der Autotür geht die Innenbeleuchtung an. Erkläre, wie man die Schaltung ▸ Bild 05 C dafür verwenden kann. Wie muss man die Schaltung abändern, damit sie auch bei zwei oder mehr Türen funktioniert?

A2 Lars vergisst des öfteren, die Topfpflanze zu gießen. Deshalb möchte er eine Schaltung bauen, die bei trockener Erde automatisch eine Warnlampe einschaltet. Seine Schaltung funktioniert aber nicht (▸ Bild 06). Finde die Fehler. Zeichne den korrekten Schaltplan.

BLICKPUNKT

Datenspeicherung – analog und digital

01 Auf einer Schallplatte ist die Musik analog gespeichert.

02 In einem MP3-Player ist die Musik digital gespeichert.

Zeichen	binär	Zeichen	binär
0	00110000	A	01000001
1	00110001	B	01000010
2	00110010	C	01000011
3	00110011	D	01000100

03 Beispiele für Digitalisierung von Ziffern und Buchstaben im ASCII-Code.

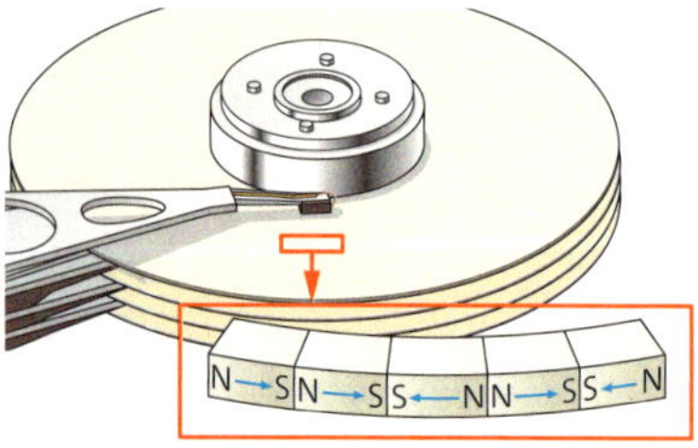

04 Prinzip der digitalen Datenspeicherung bei einer Festplatte.

Auf einer Schallplatte sind die Töne in Form von seitlichen Vertiefungen in einer spiralförmigen Rille gespeichert (▸ Bild 01). Beim Abspielen der Platte werden die Vertiefungen mit einer feinen Nadel abgetastet, dabei schwingt die Nadel mit genau der Frequenz und Lautstärke des gespeicherten Tons. Man sagt, die Musik ist **analog** gespeichert.

Bei einem MP3-Player sind die Musikstücke dagegen **digital** gespeichert (▸ Bild 02). Dazu ist die Musik bei der Aufnahme digitalisiert worden. Das bedeutet, dass das Musikstück in extrem kurzen Zeitabständen (44100-mal pro Sekunde) abgetastet und in eine unvorstellbar lange Reihe von Nullen und Einsen übersetzt worden ist. Beim Abspielen wird das Muster von Nullen und Einsen wieder zurück in Schwingungen übersetzt.

Nicht nur Musik, auch Fotos und Videos werden heute digital aufgenommen und gespeichert. Alle digitalen Daten liegen im binären Zahlensystem, also in Form von Nullen und Einsen vor. Die kleinste digitale Einheit ist ein Bit (englisch: binary digit). Ein Bit kann nur zwei Zustände annehmen, diese werden als 0 und 1 bezeichnet. Acht Bit werden zu einem Byte zusammengefasst. Ein Byte entspricht 256 verschiedenen Kombinationen von Nullen und Einsen, nämlich 00000000, 00000001, 00000010 bis 11111111. Mit einem Byte können alle Ziffern, Buchstaben und viele Sonderzeichen dargestellt werden. Diese international übliche Codierung heißt ASCII-Code (▸ Tabelle 03).

Zur digitalen Datenspeicherung gibt es verschiedene Datenträger: Auf der Computerfestplatte sind die Daten magnetisch gespeichert. Dabei sind kleinste Bereiche der Festplatte in unterschiedliche Richtungen magnetisiert (▸ Bild 04). Die beiden Magnetisierungen entsprechen den beiden Zuständen 0 und 1. Die Festplatte ist ein Beispiel für einen permanenten Datenspeicher, da die Daten auch nach dem Ausschalten des Computers erhalten bleiben. Weitere Beispiele für permanente Speicher sind CD, DVD und Blue-Ray-Disc. Die Daten sind in Form von Vertiefungen gespeichert, die mithilfe eines Lasers gelesen werden.

Neben einer Festplatte braucht ein Computer noch einen Arbeitsspeicher, um Daten schnell speichern und wieder ausgeben zu können. Als Arbeitsspeicher werden sogenannte RAM-Speicher verwendet. Dabei sind die Daten in Form von elektrischen Strömen oder Ladungen in Halbleiterstrukturen gespeichert. Da die Daten nach dem Ausschalten verloren sind, handelt es sich beim Arbeitsspeicher um einen flüchtigen Speicher.

Bei der Speicherkarte und dem USB-Stick kommt der Flash-Speicher zum Einsatz. Obwohl die Daten hier ebenfalls elektrisch gespeichert sind, bleiben sie nach dem Ausschalten erhalten. Flash-Speicher werden z. B. in Kameras und MP3-Playern eingesetzt.

BLICKPUNKT

Datenverarbeitung und Datenspeicherung

Im Computer, im Handy, im MP3-Player werden Daten im binären Zahlensystem Bit für Bit verarbeitet und gespeichert. Die Verarbeitung der Daten baut auf wenigen sogenannten logischen Operationen auf. Die einfachste Operation ist NOT („nicht"). Sie hat einen Eingang x und einen Ausgang y (▸ Tabelle 05 A). Aus $x = 1$ macht sie $y = 0$. Die Operation AND („und") verknüpft zwei Eingänge x_1 und x_2 miteinander. Nur wenn beide Eingänge gleich 1 sind, ist der Ausgang gleich 1, ansonsten ist er gleich 0 (▸ Tabelle 05 B). Bei der Operation OR („oder") folgt schon aus einer 1 an einem der beiden Eingänge automatisch eine 1 am Ausgang (▸ Tabelle 05 C).

Diese Operationen können durch Transistorschaltungen realisiert werden. Dazu werden die Eingänge und Ausgänge durch Potenzialwerte dargestellt. Dabei bedeutet niedriges Potenzial 0 und hohes Potenzial 1. ▸ Bild 06 zeigt eine Schaltung für die Operation NOT. Sie hat einen Eingang E und einen Ausgang A. Liegt der Eingang E auf hohem Potenzial gegenüber O, dann leitet der Transistor (▸ Bild 06 A). Der Stromkreis über den Widerstand und den Transistor ist geschlossen und das Potenzial fällt praktisch vollständig am Widerstand ab. Folglich liegt der Ausgang A auf niedrigem Potenzial. Wenn der Eingang auf niedrigem Potenzial liegt, dann sperrt der Transistor und der Ausgang liegt auf hohem Potenzial (▸ Bild 06 B). Übersetzt macht die Schaltung aus 1 den Wert 0 und aus 0 den Wert 1.

▸ Bild 07 A zeigt eine Schaltung für die Operation AND. Nur wenn beide Eingänge auf hohem Potenzial liegen, ist der Stromkreis geschlossen und der Ausgang liegt auch auf hohem Potenzial. Dagegen reicht es bei der Schaltung nach ▸ Bild 07 B für OR aus, wenn nur einer der beiden Eingänge auf hohem Potenzial liegt, damit auch der Ausgang auf hohem Potenzial liegt.

Die Speicherung von Daten kann ebenfalls mit Transistoren erfolgen. Da die Daten binär vorliegen, muss die kleinste Speichereinheit zwei unterschiedliche Zustände annehmen können. Die beiden Zustände entsprechen 0 und 1. Eine Schaltung zur Realisierung einer solchen Speicherzelle zeigt ▸ Bild 08. Die Schaltung ist aus zwei NOT-Schaltungen aufgebaut. Der Ausgang A_1 der ersten NOT-Schaltung ist gleich dem Eingang der zweiten NOT-Schaltung. Entsprechend ist der Ausgang A_2 der zweiten NOT-Schaltung gleich dem Eingang der ersten NOT-Schaltung. Liegt der Eingang E einmal auf hohem Potenzial, dann bleibt die Schaltung in diesem Zustand – selbst dann noch, wenn das äußere Potenzial nicht mehr anliegt. Auch wenn das Potenzial am Eingang niedrig ist, bleibt die Schaltung in diesem Zustand. Die Schaltung hat also zwei stabile Zustände, die über den Eingang E gesetzt und zu einem späteren Zeitpunkt wieder ausgelesen werden können.

1 Veranschauliche für die Schaltungen in ▸ Bild 07 für $x_1 = 0$, $x_2 = 1$ das Potenzial in Farbe.

A

x	0	1
$y = \bar{x}$	1	0

B

x_1	0	0	1	1
x_2	0	1	0	1
$y = x_1 \wedge x_2$	0	0	0	1

C

x_1	0	0	1	1
x_2	0	1	0	1
$y = x_1 \vee x_2$	0	1	1	1

05 Die Operationen NOT **(A)**, AND **(B)**, OR **(C)**

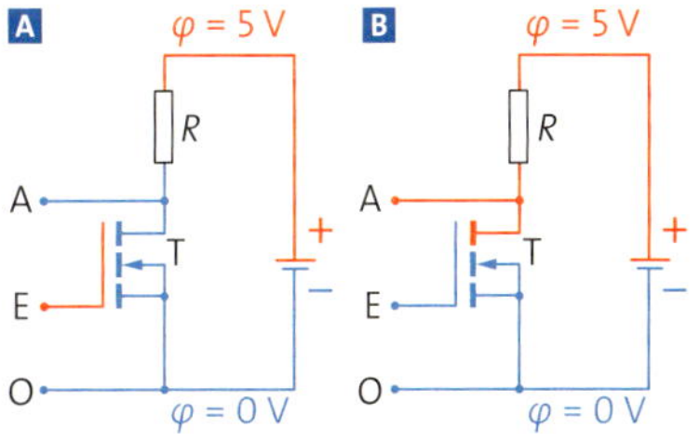

06 Eine Schaltung für NOT.

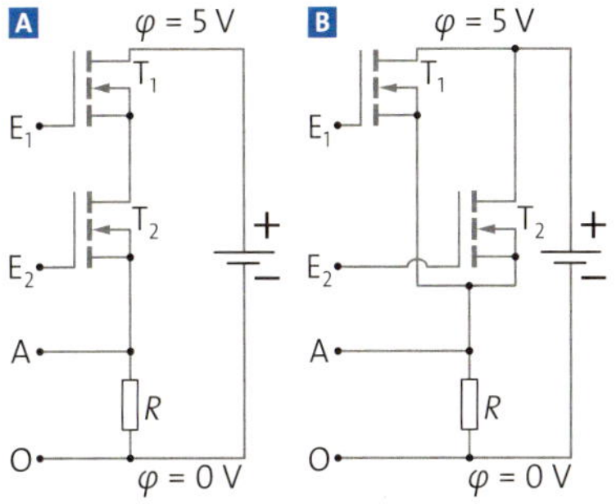

07 Schaltungen **A** AND, **B** OR

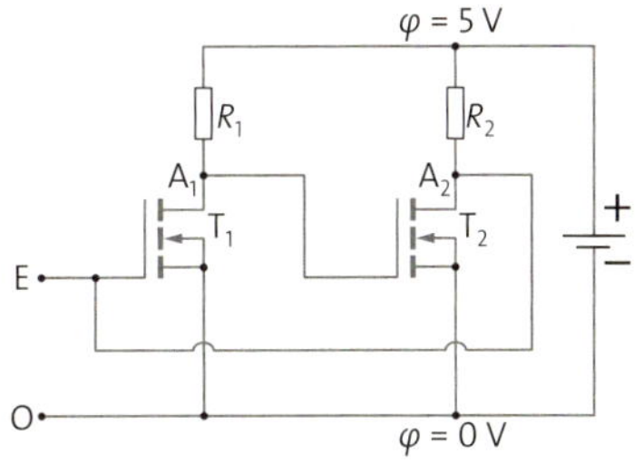

08 Speicherung von 0 oder 1

Elektromagnetismus

Magnetfelder durch Strom: Ein stromführender Draht ist von einem Magnetfeld umgeben. Die magnetischen Feldlinien bilden geschlossene Kreise. Die Kreisebene liegt senkrecht zum Draht.

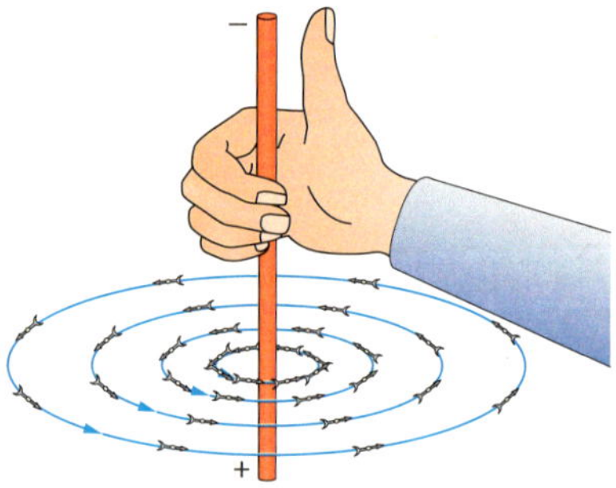

Magnetfeld einer Spule: Die magnetischen Feldlinien einer stromführenden Spule sind geschlossen. Eine mit Eisen gefüllte Spule hat ein stärkeres Magnetfeld als eine mit Luft gefüllte Spule.

Elektromagnetische Induktion: Wenn sich ein Magnet und eine Spule relativ zueinander bewegen, dann wird eine Spannung induziert. Das Vorzeichen der Spannung hängt von der Bewegungsrichtung ab. Je schneller die Bewegung ist, desto größer ist die induzierte Spannung.
Wenn sich in einer Spule das Magnetfeld ändert, dann wird eine Spannung induziert. Ist das Feld konstant, dann gibt es keine Induktionsspannung.
Wenn eine Spule in einem Magnetfeld gedreht wird, dann wird eine **Wechselspannung** induziert.

Elektromotor und Generator: Elektromotor und Generator sind im Prinzip gleich aufgebaut. Beim Elektromotor dreht sich der Rotor aufgrund von magnetischen Kräften zwischen Rotor und Stator.

Beim Generator wird durch Drehung des Rotors im Magnetfeld des Stators eine Wechselspannung im Rotor induziert.

Transformator: Der Wechselstrom in der Primärspule eines Transformators erzeugt ein sich ständig änderndes Magnetfeld, das in der Sekundärspule eine Wechselspannung induziert.

Bei einem Transformator mit den Windungszahlen n_1 und n_2 von Primär- bzw. Sekundärspannung gilt für das Verhältnis von Primärspannung U_1 zu Sekundärspannung U_2 im Idealfall:

$$\frac{U_1}{U_2} = \frac{n_1}{n_2}.$$

Für den **belasteten Transformator** gilt für die Primärstromstärke I_1 und die Sekundärstromstärke I_2 im Idealfall, dass der Transformator die gesamte auf der Primärseite zugeführte Energie auf der Sekundärseite wieder abgibt:

$$\frac{I_1}{I_2} = \frac{U_2}{U_1} = \frac{n_2}{n_1}.$$

Energieübertragung: Bei der Energieübertragung durch elektrischen Strom mithilfe eines Kabels tritt wegen des Widerstands des Kabels eine Verlustleistung auf:

$$P_K = I_K \cdot U_K \quad \text{bzw.} \quad P_K = I_K^2 \cdot R_K.$$

Aus diesem Grund wird die Energie bei hoher Spannung und niedriger Stromstärke übertragen.

Elektrizitätsleitung und Elektronik

Elektrizitätsleitung: Damit ein Stoff den elektrischen Strom leiten kann, muss er bewegliche Ladungsträger enthalten.

In **Salzlösungen** bewegen sich positive Ionen zur negativen Elektrode und negative Ionen zur positiven Elektrode. Beide Ionenarten tragen zu einem elektrischen Strom vom Pluspol zum Minuspol bei.

In **Metallen** bewegen sich negativ geladene Elektronen vom Minuspol zum Pluspol.

Dadurch ergibt sich ein elektrischer Strom vom Pluspol zum Minuspol.
In Metallen nimmt der elektrische Widerstand mit zunehmender Temperatur zu.

In **Halbleitern** bewegen sich negativ geladene Elektronen in Richtung Pluspol und positiv geladene Löcher in Richtung Minuspol. Beide Ladungsträger tragen zu einem elektrischen Strom vom Pluspol zum Minuspol bei.
In Halbleitern nimmt der elektrische Widerstand mit zunehmender Temperatur ab.

Dotieren: Durch Dotieren mit einem Element aus der fünften Hauptgruppe erhält man einen **n-Halbleiter** mit beweglichen, negativ geladenen Elektronen und ortsfesten, positiv geladenen Ionen.
Durch Dotieren mit einem Element aus der dritten Hauptgruppe erhält man einen **p-Halbleiter** mit beweglichen, positiv geladenen Löchern und ortsfesten, negativ geladenen Ionen.

Dioden lassen nur bei richtiger Polung (Durchlassrichtung) Strom durch. Bei falscher Polung (Sperrrichtung) ist die Stromstärke null.
Eine **Leuchtdiode** leuchtet, wenn sie in Durchlassrichtung geschaltet ist.
Eine **Solarzelle** stellt ebenfalls eine Diode dar. Wenn eine Solarzelle mit Licht bestrahlt wird, dann gibt sie einen Teil der zugeführten Energie auf elektrische Art ab.

Transistoren: Mit einem **MOSFET** kann man einen Strom steuern. Solange die Spannung U_{GS} zwischen Gate und Source kleiner als die Schwellenspannung ist, ist die Stromstärke I_{DS} zwischen Drain und Source null. Mit zunehmender Spannung U_{GS} nimmt auch die Stromstärke I_{DS} zu.

Überprüfe dich selbst:

Kann ich ...

... die Magnetfelder eines stromführenden Drahts und einer stromführenden Spule skizzieren?

... die Rechte-Hand-Regel anwenden?

... verschiedene Versuche beschreiben, bei denen eine Spannung induziert wird?

... erläutern, wann in einer Spule eine Spannung induziert wird und wann nicht?

... anhand von Beispielen erklären, wovon das Vorzeichen und der Betrag der induzierten Spannung abhängen?

... Aufbau und Funktionsweise von Elektromotor und Generator beschreiben und vergleichen?

... das Funktionsprinzip eines Transformators beschreiben?

... Spannungen und Stromstärken beim Transformator berechnen?

... die Elektrizitätsleitung in verschiedenen Stoffen mithilfe von Ladungsträgern erklären?

... eine Spannungsteilerschaltung erläutern und die Teilspannungen berechnen?

... die Eigenschaften von Halbleitern beschreiben und mit denen von Metallen vergleichen?

... erläutern, was man unter Dotieren versteht?

... erklären, warum eine Diode den Strom je nach Polung sperrt oder durchlässt?

... den Aufbau und die Funktionsweise eines MOSFETs beschreiben?

... helligkeits- oder temperaturgesteuerte Schaltungen mit MOSFETS entwerfen?

Mechanik

In diesem Kapitel beschäftigst du dich mit

- geradlinigen Bewegungen. Du erweiterst deine Kenntnisse über die Geschwindigkeit und Beschleunigung von Körpern. Du lernst Verfahren zur Modellierung von Bewegungen kennen und erfährst etwas über computergestützte Messwerterfassung.
- dem Zusammenwirken von Kräften. Du erfährst, wie sie den Impuls eines Körpers ändern. Dabei lernst du den vektoriellen Charakter der Größen Impuls und Kraft kennen. Du erfährst, wie man vektorielle Größen addiert.
- Kreis- und Drehbewegungen. Du lernst, dass man sie analog zu geradlinigen Bewegungen beschreiben kann. Dabei begegnen dir neue Größen wie Drehimpuls und Drehmoment.
- mit Bewegungen unter dem Einfluss der Gravitation. Du lernst ein fundamentales Gesetz kennen, mit dem man die Bewegung von Himmelskörpern weitgehend beschreiben kann.

Körper in Bewegung

Geschwindigkeit: Wenn bei einer Bewegung während der kleinen Zeitspanne Δt die Strecke Δs zurückgelegt wird, dann gilt für die Geschwindigkeit v hierbei:

$v = \frac{\Delta s}{\Delta t}$.

Spezialfall: Wenn die Geschwindigkeit v konstant bleibt, dann ist die zurückgelegte Strecke s proportional zur Zeit t und es gilt:

$v = \frac{s}{t}$.

Impuls

Der **Impuls *p*** eines Körpers ist das Produkt aus seiner Masse m und seiner Geschwindigkeit v:

$p = m \cdot v$.

Die Einheit des Impulses ist $1\,\text{kg} \cdot \frac{\text{m}}{\text{s}}$.
Der Impuls eines Körpers hat einen Betrag und eine Richtung. Er zeigt immer in die Richtung, in die der Körper sich bewegt.

Impulserhaltungssatz: Der Impuls eines Körpers bleibt erhalten, solange kein anderer Körper auf ihn einwirkt. Wenn mehrere Körper aufeinander einwirken, dann bleibt die Summe der Impulse der einzelnen Körper insgesamt erhalten.

Kräfte

Wenn sich der Impuls eines Körpers ändert, dann übt ein anderer Körper eine **Kraft *F*** auf ihn aus. Wenn der Impuls eines Körpers während der Zeitspanne Δt durch eine Kraft F geändert wird, dann beträgt die Impulsänderung

$\Delta p = F \cdot \Delta t$.

Die Einheit der Kraft ist ein **Newton** (1 N).

Jede Kraft hat einen Betrag und eine Richtung. Wenn die Kraft auf den Körper

a) in Bewegungsrichtung zeigt, dann nimmt der Impuls zu.

b) Wenn die Kraft gegen die Bewegungsrichtung des Körpers zeigt, dann nimmt der Impuls ab.

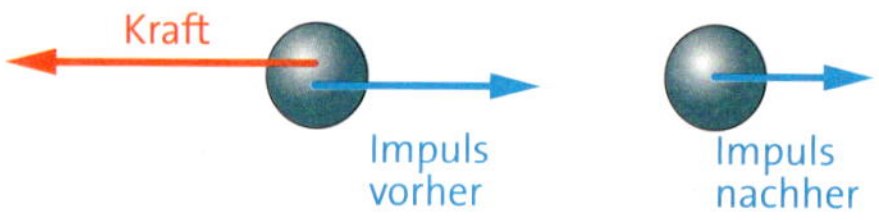

c) Wenn die Kraft quer zur Bewegungsrichtung zeigt, dann ändert sich die Impulsrichtung des Körpers.

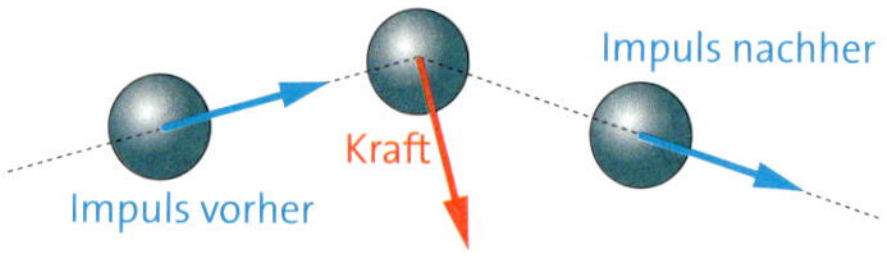

Kräftegleichgewicht: Wenn zwei Kräfte auf einen Körper ausgeübt werden, die entgegengesetzt gerichtet sind und den gleichen Betrag haben, dann bleibt der Impuls des Körpers gleich.

Kraftmessung: Beim Kräftegleichgewicht wird der Körper, auf den die Kräfte ausgeübt werden, verformt. Je größer der Betrag der Kräfte ist, desto stärker ist die Verformung. Das nutzt man beim Federkraftmesser.

Schwerkraft: Der Betrag der Schwerkraft auf einen Körper ist proportional zu seiner Masse. Es gilt:

$F = m \cdot g$ bzw. $g = \frac{F}{m}$.

Der Ortsfaktor g ist vom Ort abhängig, an dem sich der Körper befindet. Auf der Erdoberfläche beträgt g etwa $9{,}8\,\frac{\text{N}}{\text{kg}}$.

Jeder Körper übt eine Schwerkraft auf jeden anderen Körper aus. Je weiter die beiden Körper voneinander entfernt sind, desto kleiner ist die Schwerkraft. Je größer die Masse eines Körpers ist, desto größer ist die Schwerkraft, die er auf einen anderen Körper ausübt.

Reibung: Wenn ein Körper sich bewegt und dabei andere Körper berührt, dann werden auf ihn Kräfte gegen die Bewegungsrichtung ausgeübt: z. B. die **Luftwiderstandskraft,** die **Gleitreibungskraft** und die **Rollreibungskraft.**
Wenn ein Körper an einem anderen haftet, dann ist hierfür die **Haftkraft** verantwortlich.

Geschwindigkeit

1 **a)** Ein ICE braucht 35 Minuten von Mannheim nach Stuttgart (107 km). Bestimme seine Durchschnittsgeschwindigkeit.
b) Paula fährt auf dem 4 km langen Schulweg mit dem Rad durchschnittlich 5 $\frac{m}{s}$. Berechne, wie lange sie unterwegs ist.
c) Beim Cooper-Test im Sportunterricht muss man 12 Minuten lang laufen. Tim läuft gleichmäßig mit 4 $\frac{m}{s}$. Ermittle die zurückgelegte Strecke.
d) Herr Meyer fährt einen Teil seines Arbeitsweges über die Autobahn. Normalerweise fährt er mit 100 $\frac{km}{h}$. Auf dem Hinweg konnte er heute nur 80 $\frac{km}{h}$ fahren. Er sagt: „Ich fahre heute mit 120 $\frac{km}{h}$ zurück. So habe ich die Zeit wieder eingespart!“ Stimmt das?

2 Paula hat die Bewegung einer Spielzeuglokomotive untersucht. Sie hat dabei die folgenden Messwerte notiert:

Zeit in s	0	1	2	3	4	5
Ort in m	0	0,32	0,63	0,97	1,33	1,61

Fertige ein $s(t)$-Diagramm.
Zeichne eine Ausgleichsgerade.
Bestimme die Geschwindigkeit der Lok.
Gib an, wo sich die Lok nach 2,5 s befindet.

3 Das $s(t)$-Diagramm unten zeigt die Bewegung eines Autos.
a) Beschreibe die Bewegung des Autos.
b) Bestimme aus dem Schaubild die Geschwindigkeit des Autos.
c) Berechne die Strecke, die das Auto zurückgelegt hätte, wenn es die ganze Zeit mit der Anfangsgeschwindigkeit gefahren wäre.

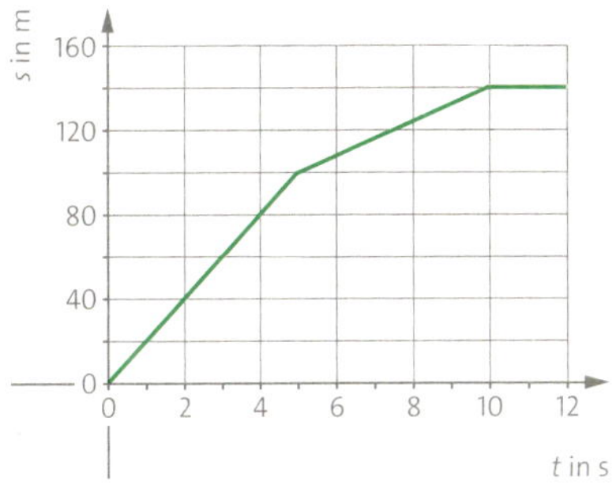

Impuls

4 **a)** Erläutere den Begriff „Impuls“.
b) Erläutere, was man in der Physik unter Impulserhaltung versteht.
c) Erläutere, wie Impulsänderung und Kraft zusammenhängen.

5 Ein Auto (1,0 t) steht an einer roten Ampel. Der Fahrer eines Lieferwagens (2,5 t) ist kurz unaufmerksam, sodass der Lieferwagen ungebremst mit 54 $\frac{km}{h}$ von hinten auf das Auto auffährt. Die beiden Fahrzeuge verkeilen sich ineinander und bewegen sich zusammen weiter.
a) Berechne die Geschwindigkeit der beiden Fahrzeuge kurz nach dem Zusammenstoß.
b) Beurteile, ob dieser Zusammenstoß gefährlicher für den Autofahrer oder den Lieferwagenfahrer ist.

6 Bei einem Fahrbahnexperiment stößt ein grüner Wagen mit 0,15 $\frac{m}{s}$ auf einen stehenden roten Wagen. Stahlfedern sorgen dafür, dass die Wagen sich getrennt weiterbewegen. Die Masse des grünen Wagens ist doppelt so groß wie die des roten Wagens. Nach dem Stoß ist der grüne Wagen 0,05 $\frac{m}{s}$ schnell. Bestimme die Geschwindigkeit des roten Wagens.

Kräftegleichgewicht

7 Im Alltag befindest du dich häufiger im Kräftegleichgewicht. Entscheide, ob das in folgenden Situationen der Fall ist. Begründe:
- Du sitzt auf einer still stehenden Schaukel.
- Du schaukelst.
- Du fährst mit dem Fahrrad gleichmäßig im Kreis.
- Du fährst mit dem Fahrrad gleichmäßig geradeaus.
- Du wirst von zwei Freunden hochgehoben.

Schwerkraft

8 Gib die Gleichung für die Schwerkraft an. Erläutere, welche Bedeutung der Ortsfaktor hat.

9 **a)** Nina meint: „Auf der ISS ist ja alles schwerelos. Deswegen können die Astronauten dort auch mit einem Medizinball Kopfbälle machen.“ Erkläre ihr, warum das keine gute Idee ist.
b) In der ISS kann man weder eine normale Personenwaage noch eine Balkenwaage dazu benutzen, um die Masse eines Körpers zu bestimmen. Erläutere.

Reibung

10 Erläutere, wo Reibungskräfte auftreten und wie sie wirken.
Gib Beispiele an, wo sie erwünscht bzw. unerwünscht sind.

01 Bei der Formel 1

Die Geschwindigkeit

Um sich für das Rennen einen guten Startplatz zu sichern, ist es wichtig, im Qualifying eine schnelle Runde zu fahren. Entscheidend ist nicht die Höchstgeschwindigkeit, sondern die Durchschnittsgeschwindigkeit. Wie berechnet man allgemein Geschwindigkeiten?

DIE GESCHWINDIGKEIT · Um die Durchschnittsgeschwindigkeit für eine Runde zu berechnen, dividiert man die Rundenlänge durch die Rundenzeit. Beim Hockenheimring mit einer Länge von 4,574 km beträgt der Rundenrekord 1 min 13,780 s. Das ergibt eine Durchschnittsgeschwindigkeit von

$$v = \frac{\Delta s}{\Delta t} = \frac{4574\ \text{m}}{73{,}78\ \text{s}} = 62{,}00\ \frac{\text{m}}{\text{s}} = 223{,}2\ \frac{\text{km}}{\text{h}}.$$

Der Rennwagen fährt sicher nicht mit konstanter Geschwindigkeit. Möchte man die Höchstgeschwindigkeit bestimmen, dann muss man eine sehr kleine Zeitspanne Δt wählen, sodass sich die Geschwindigkeit währenddessen praktisch nicht ändert. Wenn man die dabei zurückgelegte Strecke Δs kennt, dann kann man daraus die Geschwindigkeit berechnen. Man erhält z. B.

$$v = \frac{\Delta s}{\Delta t} = \frac{0{,}85\ \text{m}}{0{,}01\ \text{s}} = 85\ \frac{\text{m}}{\text{s}} = 306\ \frac{\text{km}}{\text{h}}.$$

02 Modellauto

Wenn bei einer Bewegung während der kleinen Zeitspanne Δt die Strecke Δs zurückgelegt wird, dann kann man die Geschwindigkeit mit folgender Gleichung berechnen:
$v = \frac{\Delta s}{\Delta t}$.

GESCHWINDIGKEIT IM DIAGRAMM · Wir nehmen für ein Modellauto wie in ▸ Bild 02 mithilfe eines Messgeräts ein $s(t)$-Diagramm auf (▸ Bild 03 A). Im Bereich II ist das Schaubild eine Gerade, die Geschwindigkeit ist daher konstant. Anhand eines Steigungsdreiecks bestimmen wir die Größen Δs und Δt. Die Geschwindigkeit im Bereich II beträgt folglich

$$v = \frac{\Delta s}{\Delta t} = \frac{1\ \text{m}}{0{,}2\ \text{s}} = 5\ \frac{\text{m}}{\text{s}}.$$

Im Bereich III ist die Geschwindigkeit ebenfalls konstant. Mithilfe des Steigungsdreiecks erhalten wir $v = 2{,}5\ \frac{\text{m}}{\text{s}}$.
Dagegen ist die Geschwindigkeit im Bereich I nicht konstant. Wählen wir als Zeitspanne $\Delta t = 0{,}8$ s, dann lesen wir für die in dieser Zeit zurückgelegte Strecke $\Delta s = 2$ m ab. Wir erhalten daraus im Bereich I eine Durchschnittsgeschwindigkeit von $2{,}5\ \frac{\text{m}}{\text{s}}$.

VOM *s(t)*- ZUM *v(t)*-DIAGRAMM · Der Computer hat aus dem *s(t)*-Diagramm im ▸ Bild 03 A ein *v(t)*-Diagramm für die Geschwindigkeit erstellt (▸ Bild 03 B). Wie macht man so etwas?

Im Bereich II ist dies einfach. Da sich die Geschwindigkeit nicht ändert, berechnet man den Quotienten aus Δs und Δt. Mathematisch betrachtet gibt dieser Quotient die Steigung im *s(t)*-Diagramm an, physikalisch gesehen entspricht er der Geschwindigkeit *v*. Diesen Wert trägt man in das *v(t)*-Diagramm ein. Entsprechend verfährt man im Bereich III.
Da sich die Geschwindigkeit im Bereich I ändert, muss man die Zeitspanne Δt sehr klein wählen, sodass sich die Geschwindigkeit währenddessen praktisch nicht ändert. Der Computer kann mit sehr kleinen Zeitspannen rechnen und so Werte für die Geschwindigkeit bestimmen.

Vergleicht man die beiden Diagramme, so stellt man fest:

- Im Bereich I nimmt die Steigung im *s(t)*-Diagramm zu. Im *v(t)*-Diagramm wird die Geschwindigkeit größer.
- Im Bereich II ändert sich die Steigung im *s(t)*-Diagramm nicht. Die Geschwindigkeit ändert sich ebenfalls nicht.
- Im Bereich III ist die Steigung im *s(t)*-Diagramm kleiner als im Bereich II. Mit der Geschwindigkeit ist es genauso.

Im *s(t)*-Diagramm gibt die Steigung die Geschwindigkeit *v* an.

VOM *v(t)*- ZUM *s(t)*-DIAGRAMM · Aus dem *v(t)*-Diagramm kann man auch Informationen über die zurückgelegte Strecke erhalten. Im Bereich II ist die Geschwindigkeit konstant. Also gilt für die zurückgelegte Strecke

$$\Delta s = v \cdot \Delta t = 5\,\frac{\text{m}}{\text{s}} \cdot 0{,}6\ \text{s} = 3\ \text{m}.$$

Dieser Wert entspricht im *v(t)*-Diagramm genau dem Flächeninhalt der getönten Fläche zwischen Schaubild und *t*-Achse.

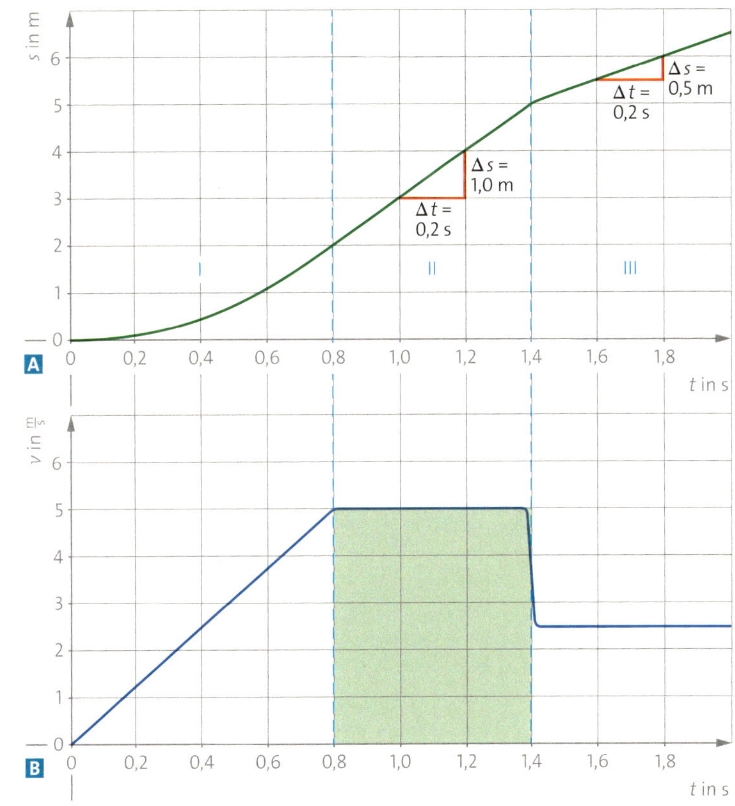

03 **A** Das *s(t)*-Diagramm, **B** das zugehörige *v(t)*-Diagramm

Auch wenn die Geschwindigkeit nicht konstant ist, kann man mit dieser Methode die in der Zeitspanne Δt zurückgelegte Strecke Δs bestimmen.

Im *v(t)*-Diagramm erhält man die zurückgelegte Strecke Δs als Inhalt der Fläche zwischen dem Schaubild und der *t*-Achse.

1 Mit zwei Lichtschranken wird die Geschwindigkeit eines Autos gemessen. Der Abstand der beiden Lichtschranken beträgt 30 cm. Die Messung ergibt 16,5 ms. Berechne die Geschwindigkeit des Fahrzeugs in $\frac{\text{m}}{\text{s}}$ und in $\frac{\text{km}}{\text{h}}$.

2 Bestimme mithilfe des *v(t)*-Diagramms die im Bereich I zurückgelegte Strecke. Kontrolliere dein Ergebnis anhand des *s(t)*-Diagramms.

01 Radrennen auf den Champs-Élysées

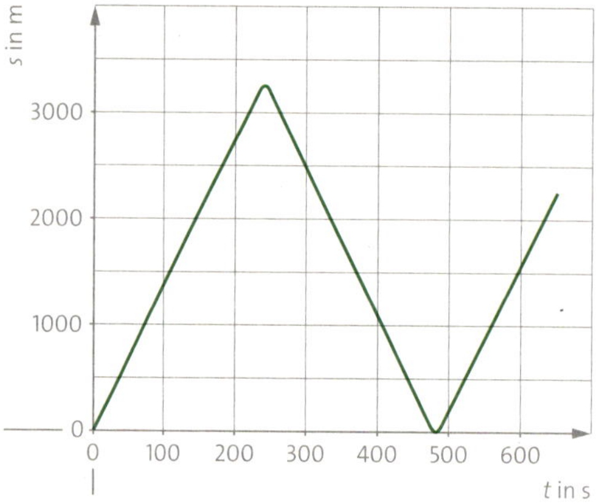

02 $s(t)$-Diagramm

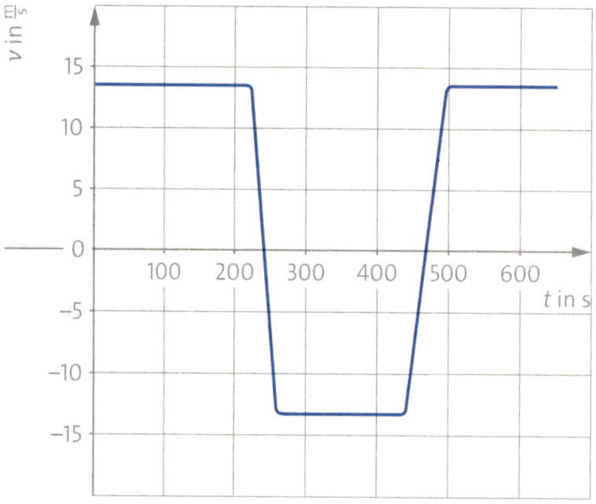

03 $v(t)$-Diagramm

HIN UND ZURÜCK · Bei der Tour de France endet die letzte Etappe traditionell auf den Champs-Élysées in Paris. Dabei wird diese große Straße mehrfach hinauf und herunter gefahren (▸ Bild 01). Im ▸ Bild 02 siehst du ein vereinfachtes $s(t)$-Diagramm dieses Rennens. Nach 240 Sekunden sind die Fahrer am Wendepunkt angelangt, nach 480 Sekunden sind sie wieder am Start angekommen.

Wenn man im $s(t)$-Diagramm abliest, wo die Fahrer nach 480 Sekunden sind, dann erhält man erstaunlicherweise null Meter. Wie kann das sein? Die Fahrer haben sich doch bewegt!
Das $s(t)$-Diagramm gibt nicht die zurückgelegte Strecke Δs an, sondern den Ort s, an dem die Fahrer sich zu einem bestimmten Zeitpunkt befinden. Ein Beispiel:
Zum Zeitpunkt $t = 350$ s liest man $s = 1750$ m ab. Dies bedeutet nicht, dass die Fahrer 1750 m weit gefahren sind, sondern dass sie so weit vom Startpunkt entfernt sind. Insgesamt haben sie zu diesem Zeitpunkt nämlich eine Strecke von 3250 m + 3250 m − 1750 m = 4750 m zurückgelegt.

NEGATIVE GESCHWINDIGKEIT · Wenn man aus dem $s(t)$-Diagramm das $v(t)$-Diagramm erstellt, dann stellt man die nächste Merkwürdigkeit fest. Wenn die Fahrer auf den Startort zufahren, dann ist die Steigung im $s(t)$-Diagramm negativ, also ist die Geschwindigkeit dort negativ (▸ Bild 03). In den Diagrammen steckt also eine weitere Information. Die Bewegungsrichtung hat sich umgekehrt.

Wenn sich bei einer Bewegung die Bewegungsrichtung umkehrt, dann ändert sich das Vorzeichen der Geschwindigkeit.

1 Bestimme mithilfe des $s(t)$-Diagramms den Ort s und die zurückgelegte Strecke Δs zum Zeitpunkt $t = 400$ s.

2 Erläutere, wie die negative Geschwindigkeit zustande kommt.

Material A ▸ Diagramme zuordnen

A1 a) Ordne den *v(t)*-Diagrammen im ▸ Bild 04 die richtigen *s(t)*-Diagramme zu. Begründe deine Wahl.

b) Zeichne für das übrige *s(t)*-Diagramm ein *v(t)*-Diagramm.

A2 Suche dir einen Partner, mit dem du diese Aufgabe bearbeiten kannst. Wähle ein *s(t)*-Diagramm aus ▸ Bild 04 aus, ohne dass dein Partner es mitbekommt, und bewege dich entsprechend. Dein Partner soll das richtige *s(t)*-Diagramm deiner Bewegung zuordnen.

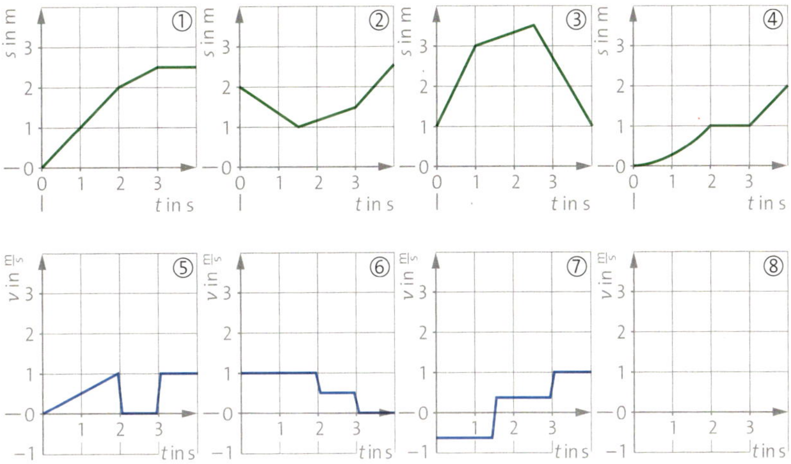

04 Welche Diagramme gehören zusammen?

Material B ▸ *s(t)*-Diagramm

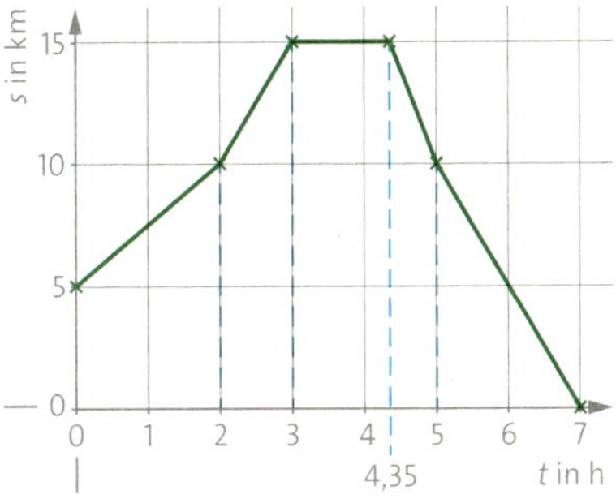

05 Ein *s(t)*-Diagramm

B1 Zu einer Bewegung gehört das *s(t)*-Diagramm im ▸ Bild 05.

a) Berechne die Geschwindigkeiten in den 5 Teilintervallen.

b) Zeichne das zugehörige *v(t)*-Diagramm.

B2 Ein Formel-1-Wagen beschleunigt 5 s lang von 0 $\frac{km}{h}$ auf 200 $\frac{km}{h}$. In dieser Zeitspanne legt er eine Strecke von 140 m zurück. Danach fährt er mit konstanter Geschwindigkeit weiter.

a) Berechne die Strecke, die der Wagen nach 20 s insgesamt zurückgelegt hat.

b) Berechne die Zeit, nach der der Wagen eine Strecke von insgesamt zwei Kilometern zurückgelegt hat.

Material C ▸ *v(t)*-Diagramm

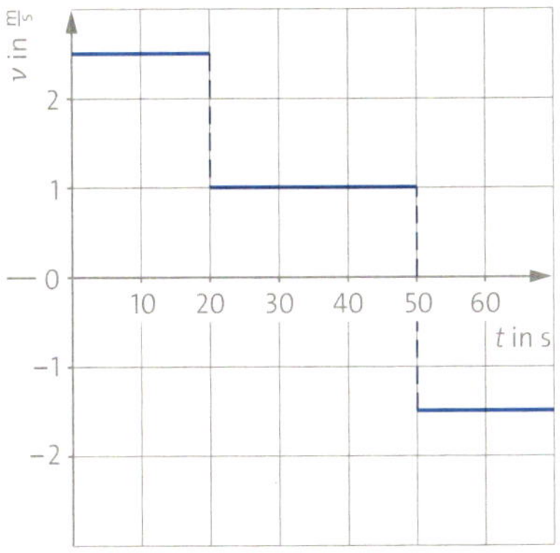

06 Ein *v(t)*-Diagramm

C1 Zu einer Bewegung gehört das *v(t)*-Diagramm im ▸ Bild 06.

a) Berechne die insgesamt zurückgelegte Strecke.

b) Berechne die Entfernung vom Start zum Ziel.

c) Zeichne das zugehörige *s(t)*-Diagramm, wenn der Körper für $t = 0$ s bereits am Ort $s = 40$ m ist.

C2 Während ein Krankenwagen mit einem Verletzten, aber ohne Arzt, in Richtung des 30 km entfernten Krankenhauses startet, fährt gleichzeitig vom Krankenhaus ein Notarzt los, dem Krankenwagen entgegen. Dessen mittlere Geschwindigkeit beträgt 60 $\frac{km}{h}$, die des Notarztes 90 $\frac{km}{h}$.
Bestimme, wie viele Minuten nach dem Losfahren der Verletzte ärztlich versorgt werden kann. Löse zeichnerisch oder rechnerisch.

01 Beim Überholen

Die Beschleunigung

Bei der Formel 1 gewinnt nicht unbedingt das Auto mit der größten Höchstgeschwindigkeit, sondern das Auto, das beim Start und nach der Kurve am „schnellsten schnell" fährt. Im Folgenden untersuchen wir solche Geschwindigkeitsänderungen genauer.

$\frac{1\,\frac{m}{s}}{1\,s} = 1\,\frac{m}{s^2}$
„1 Meter pro Sekunde zum Quadrat"

DIE BESCHLEUNIGUNG · „Von 0 auf 200 in 4 Sekunden" – das schaffen Formel-1-Autos. Ein Mittelklasse-Pkw benötigt etwa dreimal solange, um von $0\,\frac{km}{h}$ auf nur $100\,\frac{km}{h}$ zu beschleunigen. Gut vergleichen kann man beide Beschleunigungsvorgänge, wenn man die Geschwindigkeitsänderungen Δv durch die dafür benötigten Zeitspannen Δt dividiert. Den Quotienten aus Δv und Δt nennt man die **Beschleunigung *a*.**

Für die Beschleunigung des Formel-1-Autos ergibt sich:

$$a = \frac{\Delta v}{\Delta t} = \frac{200\,\frac{km}{h}}{4\,s} = \frac{55{,}6\,\frac{m}{s}}{4\,s} = 13{,}9\,\frac{m}{s^2}.$$

Beim Pkw beträgt die Beschleunigung:

$$a = \frac{\Delta v}{\Delta t} = \frac{100\,\frac{km}{h}}{12\,s} = \frac{27{,}8\,\frac{m}{s}}{12\,s} = 2{,}3\,\frac{m}{s^2}.$$

Die Beschleunigung des Formel-1-Autos ist also etwa sechsmal so groß wie die Beschleunigung des Pkws.

Die Beschleunigung gibt an, wie schnell sich die Geschwindigkeit ändert. Zum Beispiel bedeutet eine Beschleunigung von $4\,\frac{m}{s^2}$, dass sich die Geschwindigkeit pro Sekunde um $4\,\frac{m}{s}$ erhöht. Allerdings steigt bei einem Auto die Geschwindigkeit meistens nicht so gleichmäßig an. Die Beschleunigung ist dann nicht konstant. Um die Beschleunigung genauer zu berechnen, muss man wie bei der Geschwindigkeit eine kleine Zeitspanne Δt betrachten.

Wenn sich bei einer Bewegung während der kleinen Zeitspanne Δt die Geschwindigkeit um Δv ändert, dann kann man die Beschleunigung a mit folgender Gleichung berechnen:
$a = \frac{\Delta v}{\Delta t}$.
Die Einheit der Beschleunigung ist $1\,\frac{m}{s^2}$.

VOM *v(t)*- ZUM *a(t)*-DIAGRAMM · Ein Messwerterfassungssystem liefert neben dem $v(t)$- auch das $a(t)$-Diagramm einer Bewegung. Wie hängen beide zusammen? Zur Berechnung der Beschleunigung a muss man die Geschwindigkeitsänderung Δv und die zugehörige Zeitspanne Δt kennen. ▸ Bild 02 A zeigt, wie man Δv und Δt mithilfe eines Steigungsdreiecks bestimmen kann.

In den Bereichen II und IV ist das einfach, weil dort die Beschleunigung konstant ist. Im Bereich II liest man $\Delta v = 0{,}8\,\frac{m}{s}$ und $\Delta t = 0{,}2$ s ab. Aus diesen Werten berechnet man die Beschleunigung zu $a = 4\,\frac{m}{s^2}$. Für den Bereich IV entnimmt man dem *v(t)*-Diagramm $\Delta v = 0\,\frac{m}{s}$ und erhält daraus $a = 0\,\frac{m}{s^2}$. Diese Werte zeigt das *a(t)*-Diagramm in den entsprechenden Bereichen II und IV.

In den Bereichen I und III ändert sich die Beschleunigung. Deshalb muss man die Zeitspanne Δt so klein wählen, dass sich die Beschleunigung währenddessen praktisch nicht ändert. Ein Computer hat das für uns gemacht und so die Werte für die Beschleunigung berechnet (▸ Bild 02 B).

Ein Vergleich der beiden Diagramme zeigt:

- Im Bereich I nimmt die Steigung im *v(t)*-Diagramm zu. Im *a(t)*-Diagramm wird die Beschleunigung größer.
- Im Bereich II ändert sich die Steigung im *v(t)*-Diagramm nicht. Die Beschleunigung ändert sich ebenfalls nicht.
- Im Bereich III nimmt die Steigung im *v(t)*-Diagramm ab. Die Beschleunigung wird kleiner.
- Im Bereich IV ist die Steigung im *v(t)*-Diagramm null. Die Beschleunigung ist ebenfalls null.

Im *v(t)*-Diagramm gibt die Steigung die Beschleunigung an.

VOM *a(t)*- ZUM *v(t)*-DIAGRAMM · Im *a(t)*-Diagramm sind auch Informationen über die Geschwindigkeit enthalten. Wenn die Beschleunigung wie im Bereich II konstant ist, dann gilt für die Geschwindigkeitsänderung

$$\Delta v = a \cdot \Delta t = 4\,\frac{m}{s^2} \cdot 0{,}6\ s = 2{,}4\,\frac{m}{s}.$$

Dieser Wert entspricht im *a(t)*-Diagramm genau dem Flächeninhalt der getönten Fläche zwischen Schaubild und *t*-Achse.

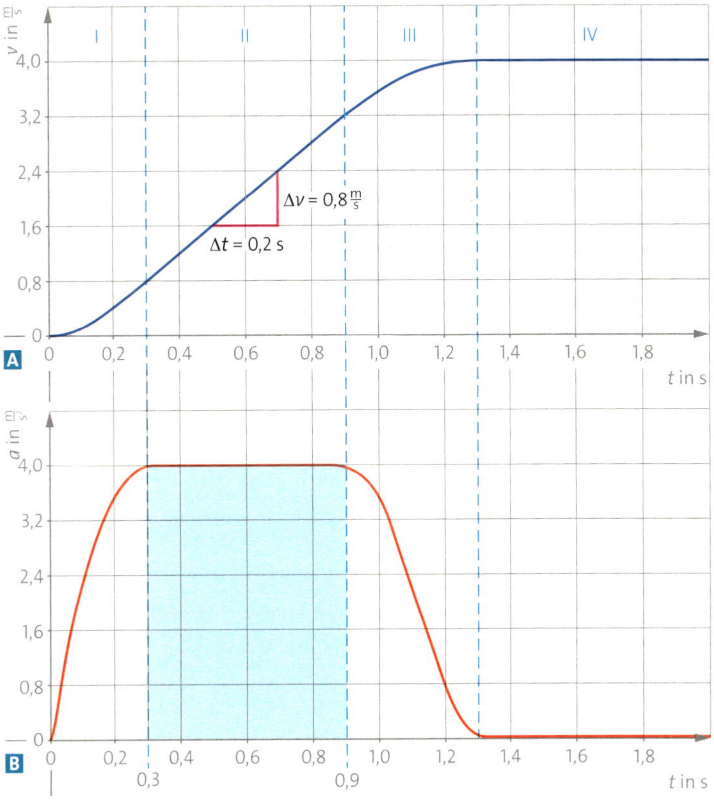

02 **A** Das *v(t)*-Diagramm, **B** das zugehörige *a(t)*-Diagramm

Mit dieser Methode kann man aber nur Geschwindigkeitsänderungen berechnen, nicht die Geschwindigkeit selbst. Was wir hier für einen Spezialfall gezeigt haben, gilt allgemein:

Im *a(t)*-Diagramm erhält man die Geschwindigkeitsänderung Δv als Inhalt der Fläche zwischen dem Schaubild und der *t*-Achse.

1 Ein Auto beschleunigt in sieben Sekunden von 30 $\frac{km}{h}$ auf 80 $\frac{km}{h}$. Berechne die Beschleunigung.

2 Bestimme mithilfe des *a(t)*-Diagramms die Geschwindigkeitsänderung im Bereich I. Kontrolliere dein Ergebnis anhand des *v(t)*-Diagramms.

3 Im Bereich III von ▸ Bild 02 nimmt die Beschleunigung ab. Bedeutet dies, dass das Auto langsamer wird? Erläutere.

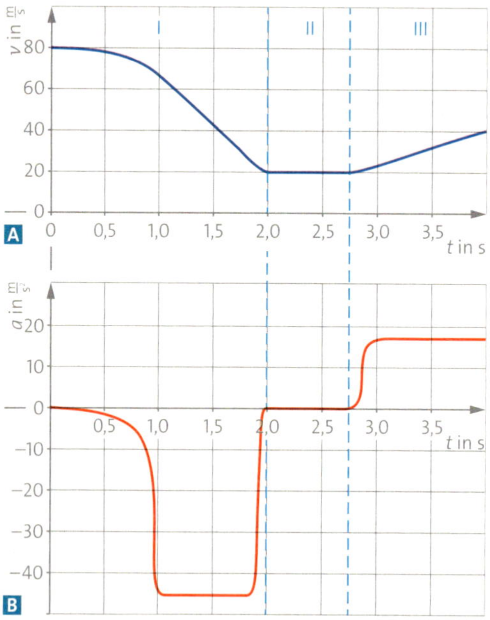

01 **A** Das *v(t)*-Diagramm, **B** das zugehörige *a(t)*-Diagramm

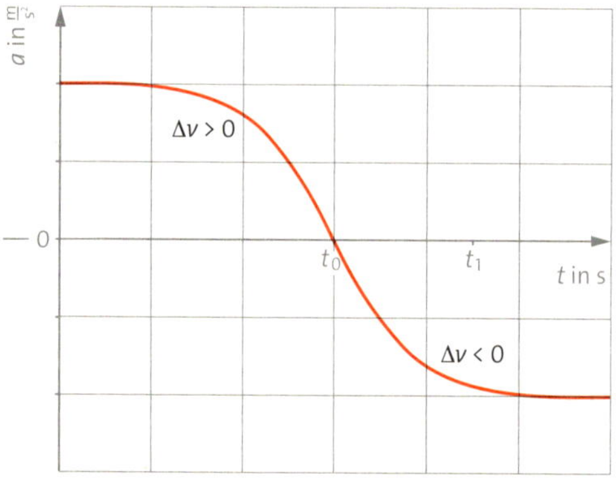

02 Beschleunigen und Bremsen

BREMSEN · Spät auf die Bremse, schnell durch die Kurve und gleich wieder Vollgas – so gewinnt man ein Autorennen. Im *v(t)*-Diagramm erkennt man die drei Bereiche gut (▸ Bild 01): Abbremsen (I), Fahrt mit konstanter Geschwindigkeit (II) und Beschleunigen (III). Wie erkennt man diese drei Abschnitte im *a(t)*-Diagramm?

Im Bereich I wird die Geschwindigkeit kleiner. Das bedeutet, die Geschwindigkeitsänderung Δv ist negativ. Damit wird auch der Quotient $\frac{\Delta v}{\Delta t}$ negativ, denn Δt ist positiv. Die Beschleunigung ist also negativ. Im *a(t)*-Diagramm verläuft das Schaubild deshalb unterhalb der *t*-Achse.

Im Bereich II ändert sich die Geschwindigkeit nicht, also ist die Beschleunigung null. Das Schaubild im *a(t)*-Diagramm verläuft auf der *t*-Achse.

Im Bereich III nimmt die Geschwindigkeit zu, die Beschleunigung ist also positiv. Im *a(t)*-Diagramm verläuft das Schaubild oberhalb der *t*-Achse. Fassen wir zusammen:

Wenn die Beschleunigung *a* positiv ist, dann nimmt die Geschwindigkeit *v* zu.
Wenn die Beschleunigung *a* negativ ist, dann nimmt die Geschwindigkeit *v* ab.
Wenn die Beschleunigung *a* null ist, dann bleibt die Geschwindigkeit *v* konstant.

NEGATIVE FLÄCHENINHALTE? · Wenn wir aus dem *a(t)*-Diagramm die Geschwindigkeitsänderung Δv bestimmen, dann müssen wir das Vorzeichen der Beschleunigung *a* berücksichtigen. Es ist ein Unterschied, ob die Geschwindigkeit zu- oder abnimmt!

▸ Bild 02 zeigt das *a(t)*-Diagramm einer Bewegung. Bis zum Zeitpunkt t_0 ist die Beschleunigung positiv, danach negativ. Um die Gesamtänderung der Geschwindigkeit bis zum Zeitpunkt t_1 zu bestimmen, muss man die Geschwindigkeitszunahme bis zum Zeitpunkt t_0 und die Geschwindigkeitsabnahme ab dem Zeitpunkt t_0 miteinander verrechnen.

Dabei ist es sinnvoll, Flächen oberhalb der *t*-Achse einen positiven Flächeninhalt und Flächen unterhalb der *t*-Achse einen negativen Flächeninhalt zuzuordnen.

1 Der McLaren F1-Rennwagen kann in ca. sieben Sekunden von 371 $\frac{km}{h}$ auf 80 $\frac{km}{h}$ abbremsen. Berechne die Beschleunigung.

2 Man kann im ▸ Bild 02 näherungsweise den Zeitpunkt bestimmen, an dem die Geschwindigkeit genauso groß wie zum Zeitpunkt $t = 0$ s ist. Erläutere.

Material A ▸ Diagramme

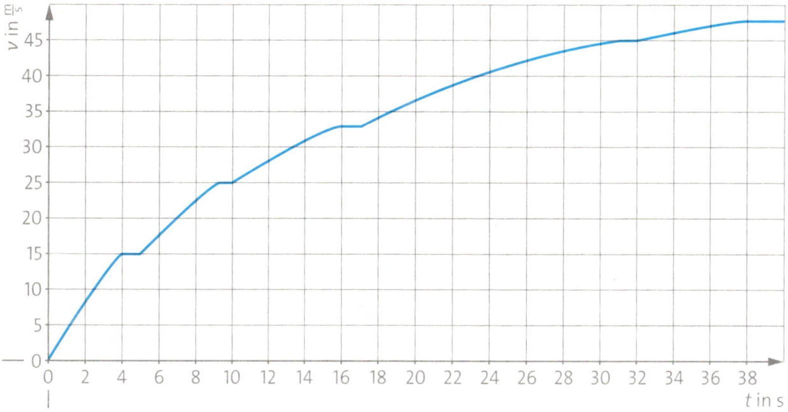

03 $v(t)$-Diagramm der Bewegung eines Autos

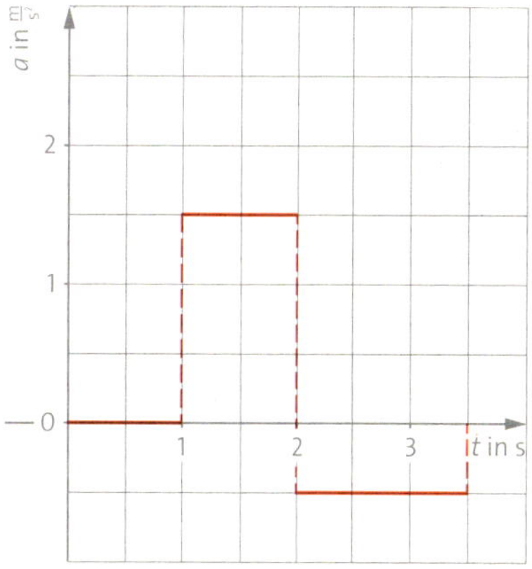

04 Ein $a(t)$-Diagramm

A1 ▸ Bild 03 zeigt das $v(t)$-Diagramm eines anfahrenden Autos. Beim Schalten wird kurz die Kupplung gedrückt und das Auto rollt ohne Antrieb weiter.

a) Im Diagramm erkennt man fünf Gänge. Begründe.

b) Begründe anhand des Diagramms, dass die Beschleunigung im ersten Gang am größten ist und dann von Gang zu Gang abnimmt.

c) Berechne die Beschleunigung im ersten, zweiten und dritten Gang.

A2 Zu der Bewegung eines Experimentierwagens gehört das idealisierte $a(t)$-Diagramm im ▸ Bild 04.

a) Zeichne jeweils das zugehörige $v(t)$-Diagramm für die Anfangsgeschwindigkeiten ($t = 0$ s): $0\,\frac{m}{s}$; $2\,\frac{m}{s}$; $-1\,\frac{m}{s}$.

b) Nimm Stellung zu folgenden Aussagen:

1. Während der zweiten Sekunde nimmt die Geschwindigkeit des Wagens zu.
2. Ab dem Zeitpunkt $t = 2$ s fährt der Wagen rückwärts.
3. Während der ersten Sekunde bewegt sich der Wagen nicht.

c) Erläutere, inwiefern das Diagramm idealisiert ist.

A3 Skizziere jeweils ein $v(t)$-Diagramm mit folgenden Eigenschaften:

a) Die Geschwindigkeit nimmt zu und die Beschleunigung ist konstant.

b) Die Geschwindigkeit nimmt zu und die Beschleunigung nimmt ab.

c) Die Geschwindigkeit nimmt ab und die Beschleunigung ist konstant.

Material B ▸ Geschwindigkeit und Beschleunigung

B1 Die Beschleunigung eines Motorrads beträgt $6\,\frac{m}{s^2}$.

a) Es startet aus dem Stand und beschleunigt fünf Sekunden lang. Berechne die Geschwindigkeit in $\frac{km}{h}$.

b) Das Motorrad beschleunigt von $50\,\frac{km}{h}$ auf $120\,\frac{km}{h}$. Berechne die dafür benötigte Zeit in Sekunden.

c) Wenn das Motorrad zwei Sekunden lang beschleunigt, dann nimmt die Geschwindigkeit unabhängig von der Anfangsgeschwindigkeit immer um den gleichen Betrag zu. Legt das Motorrad dabei auch immer die gleiche Strecke zurück? Begründe.

B2 Eine Kugel rollt einen Hang hinunter (▸ Bild 05). Wie ändern sich dabei die Geschwindigkeit und die Beschleunigung der Kugel?

05 Eine Kugel rollt einen Hang hinunter.

METHODE

Computergestützte Messwerterfassung

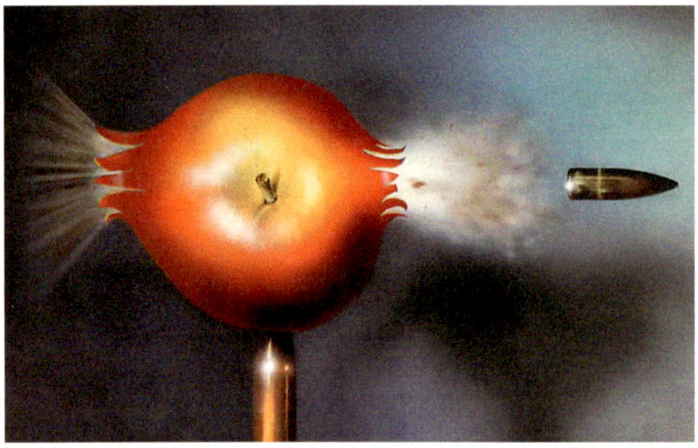

01 Eine Gewehrkugel trifft auf einen Apfel.

02 Der Großglocknergletscher

Zu schnell oder zu langsam? · Eine Gewehrkugel bewegt sich zu schnell für unser Auge (▸ Bild 01). Um die Bewegung dennoch zu untersuchen, muss man die Position der Kugel in sehr kurzen Zeitabständen bestimmen. Ein Gletscher in den Alpen verändert sich dagegen nur sehr langsam (▸ Bild 02). Um diese Veränderung zu verfolgen, muss man viele Messungen durchführen, diesmal allerdings in großen Zeitabständen. In beiden Fällen kann eine computergestützte Messwerterfassung helfen.

Das Prinzip der Messwerterfassung · Am Anfang steht ein Sensor, der die interessierende physikalische Größe automatisch aufnimmt. Dies kann z. B. ein Thermometer oder ein Abstandsmesser sein. Auch die Kamera deines Handys kann als Sensor verwendet werden. Die Verbindung zum Computer stellt ein sogenanntes Interface her. Es übersetzt die Messwerte in eine für den Computer verständliche Sprache – man sagt: Die Werte werden digitalisiert. Der Computer speichert die Messwerte und bietet die Möglichkeit, sie weiter zu bearbeiten.
Ein Beispiel, Messwerte zu erfassen und auszuwerten, ist die **Videoanalyse.** Dafür benötigt man eine Kamera und eine Analysesoftware. Wir untersuchen damit die Fallbewegung eines Tischtennisballs.

Momentaufnahmen · Im ▸ Bild 03 siehst du den Ball zu vier unterschiedlichen Zeitpunkten. Die Bilder wurden aus einer Videoaufnahme ausgeschnitten.

Jedes Video besteht aus vielen einzelnen Bildern, die schnell hintereinander abgespielt werden. Ab ca. 25 Bildern pro Sekunde nehmen wir die Einzelbilder als Film wahr. Hochgeschwindigkeitskameras, mit denen man zum Beispiel die Bewegung der Gewehrkugel auflösen kann, liefern mehrere Tausend Bilder pro Sekunde.

Analyse der Einzelbilder · Der Zeitabstand zwischen den vier Bildern beträgt jeweils $\Delta t = 0{,}16$ s. Mithilfe des abgebildeten Lineals kann man die Strecken Δs bestimmen, die der Ball zwischen den Aufnahmen zurücklegt. Wir legen fest, dass zum ersten Bild der Zeitpunkt $t = 0$ s und der Ort $s = 0$ m gehören soll. So erhalten wir für jedes Bild den Zeitpunkt und den Ort des Balles.

Mehr Messwerte · Für das $s(t)$-Diagramm im ▸ Bild 04 A wurden Einzelbilder mit den kleineren Zeitabständen $\Delta t = 0{,}04$ s ausgewertet. Die Werte liegen offensichtlich nicht auf einer Geraden. Man erkennt, dass der Tischtennisball in gleichen Zeitabständen immer größere Strecken zurücklegt. Die Geschwindigkeit nimmt also zu. Wie sieht nun das zugehörige $v(t)$-Diagramm aus?

Auswertung · Um dieses Diagramm zu erstellen, berechnen wir die Geschwindigkeit aus den Messwerten mit $v = \frac{\Delta s}{\Delta t}$. Das $v(t)$-Diagramm im ▸ Bild 04 B zeigt die so berechneten Werte. Die Werte scheinen auf einer Ursprungsgeraden zu liegen. Das würde bedeuten, dass die Geschwindigkeit gleichmäßig

03 Aufnahmen eines fallenden Tischtennisballs

zunimmt. Die Beschleunigung des Tischtennisballs müsste demnach konstant sein.

Um dies zu überprüfen, berechnen wir die Beschleunigung aus den Werten für Δv nach $a = \frac{\Delta v}{\Delta t}$ und tragen die Werte in ein $a(t)$-Diagramm ein (▸ Bild 04 C). Das Diagramm zeigt: Die Beschleunigung wird mehrmals größer und kleiner, scheint aber um den Wert von ungefähr $10\,\frac{\text{m}}{\text{s}^2}$ zu schwanken. Dieser Wert bestätigt sich, wenn wir ein Lineal mit einer feineren Skala verwenden und die Position des Balls genauer bestimmen. Die Werte der Beschleunigung weichen dann weniger von $10\,\frac{\text{m}}{\text{s}^2}$ ab.

Das Beispiel zeigt: Schon kleine Ungenauigkeiten beim Ablesen der Position des Balls können zu großen Abweichungen bei den berechneten Größen Geschwindigkeit und Beschleunigung führen. Auch der Einsatz eines Messwerterfassungssystems garantiert keine genauen Daten. Man muss darauf achten, die Werte möglichst genau zu bestimmen, vor allem, wenn man mit ihnen weiterrechnen will.

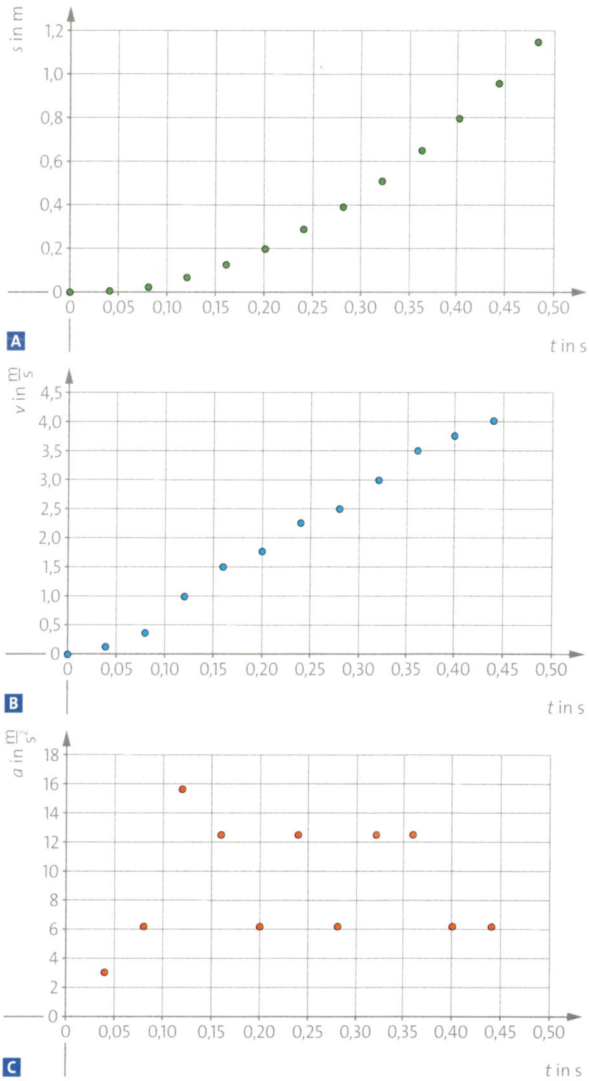

04 **A** $s(t)$-Diagramm, **B** $v(t)$-Diagramm, **C** $a(t)$-Diagramm

1 Computergestützte Messwerterfassung kommt nicht nur bei sehr schnellen oder sehr langsamen Bewegungen zum Einsatz. Nenne andere Einsatzmöglichkeiten.

2 **a)** Eine Hochgeschwindigkeitskamera liefert 360 Bilder pro Sekunde. Berechne den Zeitabstand zwischen zwei Einzelbildern.

b) Eine Gewehrkugel verlässt den Lauf mit einer Geschwindigkeit von $500\,\frac{\text{m}}{\text{s}}$. Ihre Bewegung auf den ersten fünf Zentimetern soll per Videoanalyse untersucht werden. Berechne, wie viele Bilder pro Sekunde die Kamera mindestens liefern muss.

01 Bahnsprint

Modellieren von Bewegungen

Ein Radsprint über mehrere Runden. Nach einer Beschleunigungsphase wird die Zeit für die letzte Runde gemessen. Wie lässt sich so ein Rennen beschreiben?

DIE BESCHLEUNIGUNGSPHASE · ▸ Bild 02 zeigt das $v(t)$-Diagramm eines solchen Rennens. Anfangs beschleunigt der Rennfahrer auf seine Höchstgeschwindigkeit von ungefähr $70\,\frac{\text{km}}{\text{h}}$. Diese erreicht er zu Beginn der letzten Runde, 40 s nach dem Start. Welche Strecke legt er beim Beschleunigen zurück?

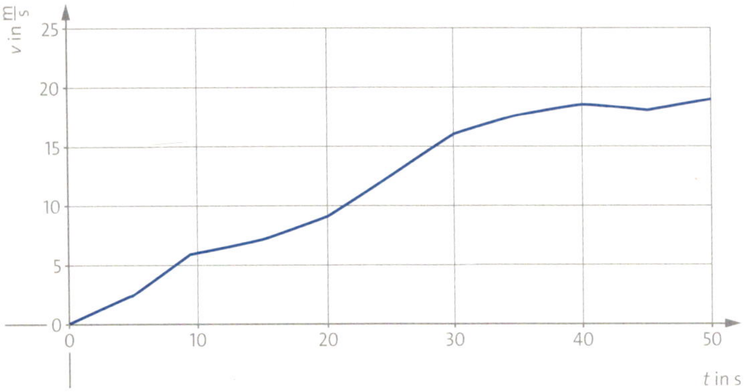

02 $v(t)$- Diagramm des Radfahrers

Du weißt schon, dass die zurückgelegte Strecke der Fläche zwischen Schaubild und t-Achse im $v(t)$-Diagramm entspricht. Da das Schaubild keine Gerade ist, ist die Flächenberechnung aufwendig.

Einfacher wird es, wenn wir annehmen, dass das Schaubild für die ganze Beschleunigungsphase eine Gerade ist. Dann steigt die Geschwindigkeit gleichmäßig und die Beschleunigung ist konstant. So eine Vereinfachung nennt man Modellierung.

ANWENDUNG DES MODELLS · ▸ Bild 03 zeigt das $v(t)$-Diagramm nach der Modellierung. Die Fläche und damit die zurückgelegte Strecke Δs lässt sich nun leicht berechnen, da es sich um ein Dreieck handelt. Für die Höhe lesen wir $v = 19\,\frac{\text{m}}{\text{s}}$ ab und für die Grundseite $\Delta t = 40$ s. Für die Dreiecksfläche gilt somit:

$$\Delta s = \frac{1}{2} \cdot v \cdot \Delta t = \frac{1}{2} \cdot 19\,\frac{\text{m}}{\text{s}} \cdot 40\text{ s} = 380\text{ m}.$$

Während der Beschleunigungsphase hat der Rennfahrer also eine Strecke von ca. 400 Metern zurückgelegt.

EINE ALLGEMEINE FORMEL FÜR DIE STRECKE · Wir haben gerade die zurückgelegte Strecke zum Zeitpunkt $t = 40\ \text{s}$ ausgerechnet. Um die Strecke für jeden anderen Zeitpunkt bestimmen zu können, suchen wir eine allgemeine Formel. Wir beginnen wie oben:

$$\Delta s = \frac{1}{2} \cdot v \cdot \Delta t.$$

Während der Bewegung ändert sich aber die Geschwindigkeit v. Wir müssen umständlich für jedes t die zugehörige Geschwindigkeit v bestimmen. Eine andere Größe hilft weiter: Die Beschleunigung a. Wir erhalten sie als Steigung im $v(t)$-Diagramm (▸ Bild 03):

$$a = \frac{\Delta v}{\Delta t} = \frac{19\ \frac{\text{m}}{\text{s}}}{40\ \text{s}} = 0{,}48\ \frac{\text{m}}{\text{s}^2}.$$

Dieser Wert ist bei der Modellierung während der gesamten Beschleunigungsphase konstant!

Da die betrachtete Bewegung aus der Ruhe startet, gilt sogar

$$a = \frac{v}{t} \text{ bzw. } v = a \cdot t.$$

Damit folgt für die zurückgelegte Strecke

$$\Delta s = \frac{1}{2} \cdot v \cdot \Delta t = \frac{1}{2} \cdot (a \cdot t) \cdot t = \frac{1}{2} \cdot a \cdot t^2.$$

Bei einer Bewegung aus der Ruhe mit der konstanten Beschleunigung a gilt für die Strecke Δs, die bis zum Zeitpunkt t zurückgelegt wird:
$\Delta s = \frac{1}{2} \cdot a \cdot t^2.$

WIR ÜBERPRÜFEN DAS MODELL · Im ▸ Bild 04 hat ein Computer ein $s(t)$-Diagramm der Bewegung erstellt (graues Schaubild). Das grüne Schaubild ist eine Parabel. Man erhält sie, wenn man die zurückgelegte Strecke zu verschiedenen Zeitpunkten mit der Gleichung $\Delta s = \frac{1}{2} \cdot 0{,}48\ \frac{\text{m}}{\text{s}^2} \cdot t^2$ berechnet.

Die beiden Schaubilder unterscheiden sich kaum, also ist unsere Modellierung gut geeignet, um die Bewegung zu beschreiben.

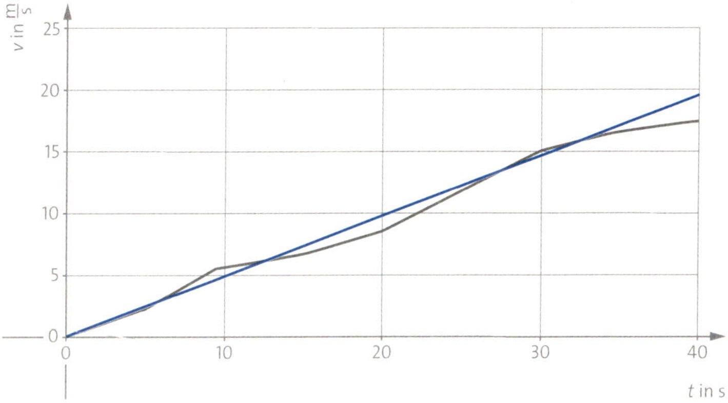

03 Modellierung der Beschleunigungsphase: $v(t)$- Diagramm

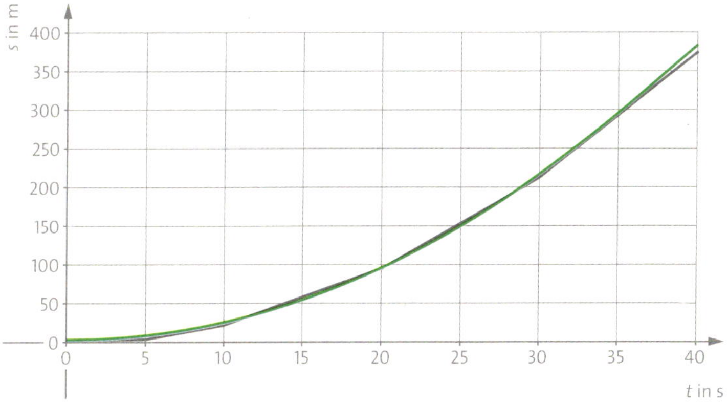

04 Modellierung des $s(t)$-Diagramms

KONSTANTE GESCHWINDIGKEIT · Auch die letzte Runde kann man modellieren. Die Geschwindigkeit ändert sich kaum, deswegen nehmen wir sie als konstant an. Du weißt schon, dass man in diesem Fall die zurückgelegte Strecke Δs so berechnet:

$$\Delta s = v \cdot \Delta t.$$

1 Berechne die Strecke, die der Radfahrer zu den Zeitpunkten 10 s und 35 s zurückgelegt hat. Kontrolliere deine Ergebnisse im Diagramm (▸ Bild 04).

2 Berechne allgemein die in der dreifachen Zeit zurückgelegte Strecke beim Beschleunigen aus der Ruhe.

3 Berechne die Länge der letzten Runde.

01 Vollbremsung

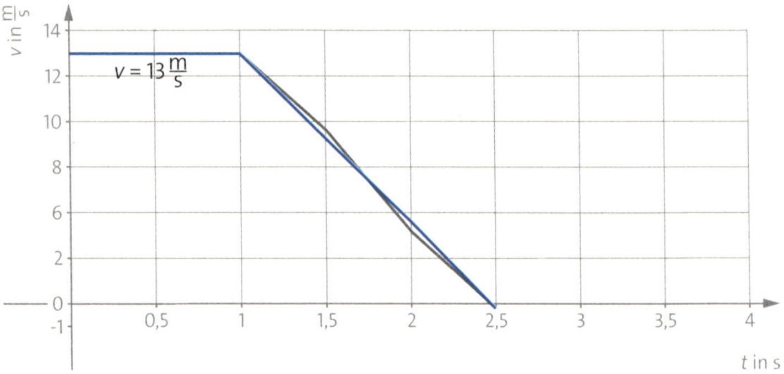

03 $v(t)$-Diagramm der Bremsbewegung

BREMSEN · Gerade noch mal gut gegangen (▸ Bild 01)! Da der Autofahrer sich an die Geschwindigkeitsbegrenzung gehalten hat, kommt er bei einer Vollbremsung noch vor dem Kind zum Stillstand. Wie hängt die Strecke, die das Auto bis zum Stillstand braucht, von der Geschwindigkeit ab?

Klar ist: Je größer die Geschwindigkeit ist, desto größer ist die Strecke, die der Fahrer zum Anhalten benötigt. Zudem spielen sicher die Bodenverhältnisse eine Rolle (▸ Bild 02).

Untergrund	$\lvert a\rvert$ in $\frac{\text{m}}{\text{s}^2}$
trockener Beton	9,8
nasser Beton	5,9
trockener Asphalt	8,8
nasser Asphalt	4,9
vereiste Fahrbahn	2,0

02 Maximale Beschleunigung eines Autos beim Bremsen

▸ Bild 03 zeigt das $v(t)$-Diagramm einer solchen Bewegung bei trockenem Asphalt. Bei $t = 0$ s erkennt der Fahrer die Gefahr. In der ersten Sekunde, der sogenannten Schrecksekunde, fährt das Auto noch mit konstanter Geschwindigkeit weiter. Erst danach beginnt das Bremsen. Aus dem Diagramm lesen wir die Bremszeit $\Delta t_B = 2{,}5\text{ s} - 1\text{ s} = 1{,}5\text{ s}$ ab. Dann berechnen wir die Strecke, die bis zum Stillstand zurückgelegt wird, den **Bremsweg Δs_B**:

$$\Delta s_B = \frac{1}{2} \cdot v \cdot \Delta t_B = \frac{1}{2} \cdot 13\,\frac{\text{m}}{\text{s}} \cdot 1{,}5\text{ s} = 9{,}8\text{ m}.$$

EINE FORMEL FÜR DEN BREMSWEG · Wir suchen eine Möglichkeit, den Bremsweg ohne die Bremszeit zu berechnen. Denn die Bremszeit kennt man oft gar nicht. Dazu modellieren wir die Bremsbewegung als eine Bewegung mit konstanter Beschleunigung. Die Geschwindigkeit nimmt dann gleichmäßig ab (▸ Bild 03).

Für die konstante Beschleunigung a während des Bremsens bis zum Stillstand gilt:

$$a = \frac{\Delta v}{\Delta t_B} = \frac{0 - v}{\Delta t_B} = -\frac{v}{\Delta t_B}.$$

Bei der Berechnung des Bremswegs kommt es nur auf den Betrag $\lvert a\rvert$ der Beschleunigung an:

$$\lvert a\rvert = \frac{v}{\Delta t_B} \text{ bzw. } \Delta t_B = \frac{v}{\lvert a\rvert}.$$

Damit können wir die Bremszeit ersetzen und erhalten für den Bremsweg:

$$\Delta s_B = \frac{1}{2} \cdot v \cdot \Delta t_B = \frac{1}{2} \cdot v \cdot \frac{v}{\lvert a\rvert} = \frac{1}{2} \cdot \frac{v^2}{\lvert a\rvert}.$$

Beim Bremsen mit der konstanten Beschleunigung a aus der Geschwindigkeit v bis zum Stillstand gilt für den Bremsweg Δs_B:
$\Delta s_B = \frac{1}{2} \cdot \frac{v^2}{\lvert a\rvert}.$

Der Bremsweg ist also nicht proportional zur Geschwindigkeit. Bei der doppelten Geschwindigkeit vervierfacht sich der Bremsweg! Deswegen ist es wichtig, dass man die Geschwindigkeitsbegrenzungen einhält.

1 Das Auto aus dem Text bremst auf nassem Asphalt. Berechne den Bremsweg.

2 Ein Auto fährt mit $v = 26\,\frac{\text{m}}{\text{s}}$ auf trockenem Asphalt. Berechne den Bremsweg.

Material A ▸ Beschleunigen

A1 **a)** Die Beschleunigung eines Motorrads beträgt $6{,}0\,\frac{m}{s^2}$. Es beschleunigt aus dem Stand 4 s lang und fährt danach mit konstanter Geschwindigkeit weiter. Berechne die zurückgelegte Strecke und die Geschwindigkeit 2,0 s; 4,0 s und 6,0 s nach dem Start.

b) Ein anderes Motorrad beschleunigt aus dem Stand und erreicht nach 30 m die Geschwindigkeit $65\,\frac{km}{h}$. Berechne die benötigte Zeitspanne und die Beschleunigung.

A2 „Der Rekordzug, ein umgerüsteter TGV, fuhr am 3.4.2007 um 13:00 Uhr bei km 264 in westlicher Richtung ab. $200\,\frac{km}{h}$ wurden bei km 258 erreicht. Bei km 191,92 wurde um 13:13 Uhr mit $574{,}8\,\frac{km}{h}$ der Weltrekord aufgestellt."

a) Modelliere die Beschleunigungsphase bis 200 km/h als Bewegung mit konstanter Beschleunigung. Berechne die Beschleunigung und die benötigte Zeit.

b) Zeige durch Rechnung, dass die Beschleunigung für die gesamte Beschleunigungsphase nicht konstant ist.

A3 100 m-Sprinter interessiert häufig ihre Geschwindigkeit an bestimmten Positionen und nicht zu bestimmten Zeitpunkten. In der ▸ Tabelle 04 siehst du Originaldaten zu USAIN BOLTs Weltrekordlauf (9,58 s) aus dem Jahr 2009 in Berlin.

a) Stelle die Werte der Tabelle in einem *v(s)*-Diagramm. dar.

b) Nach welcher Strecke erreichte BOLT seine Höchstgeschwindigkeit? Gib diese Geschwindigkeit in $\frac{km}{h}$ an.

c) Modelliere die ersten 50 Meter des Laufs als Bewegung mit konstanter Beschleunigung. Berechne die Beschleunigung und die benötigte Zeit. Beurteile die Modellierung.

s in m	0	10	20	30	40	50	60	70	80	90	100
v in $\frac{m}{s}$	0	5,29	10,10	11,11	11,63	12,05	12,20	12,35	12,20	12,05	12,05

04 USAIN BOLTs Weltrekordlauf: Geschwindigkeiten während des Laufs

Material B ▸ Bremsen

B1 Die Maximalbeschleunigung eines ICE beim Bremsen beträgt $0{,}6\,\frac{m}{s^2}$.

a) Berechne den Bremsweg des ICE beim Bremsen aus $200\,\frac{km}{h}$.

b) Gib an, wie sich der Bremsweg bei einer Halbierung der Geschwindigkeit ändert.

B2 Ein Auto bremst auf trockenem Asphalt von $50\,\frac{km}{h}$ bis zum Stillstand ab. Modelliere dies als Bewegung mit konstanter Beschleunigung.

a) Berechne den Bremsweg.

b) Zeichne das *v(t)*-Diagramm.

c) Nach der Hälfte der Bremszeit hat das Auto einen Teil des Bremswegs zurückgelegt. Bestimme diesen Anteil. Gilt das Ergebnis allgemein?

d) Nach der Hälfte des Bremswegs hat das Auto noch einen gewissen Teil der ursprünglichen Geschwindigkeit. Bestimme diesen Anteil. Gilt das Ergebnis allgemein?

B3 „Tachoanzeige (in $\frac{km}{h}$) durch 10 mal Tachoanzeige (in $\frac{km}{h}$) durch 10."
In der Fahrschule lernt man diese Faustformel für den Bremsweg (in m) bis zum Stillstand.

a) Berechne den Bremsweg bei $60\,\frac{km}{h}$ mit der Faustformel.

b) Berechne die Beschleunigung, die bei der Faustformel verwendet wird. Beurteile die Faustformel.

01 Immer schneller?

Die resultierende Kraft

Der Fahrradfahrer tritt kräftig in die Pedale. Anfangs wird sein Impuls immer größer. Doch nach einiger Zeit wird er nicht mehr schneller, obwohl er weiter tritt. Warum nimmt sein Impuls nicht weiter zu?

Erinnere dich: Impuls $p = m \cdot v$

DIE IMPULSÄNDERUNG · Du weißt schon, dass die Ursache jeder Impulsänderung eine Kraft ist. Je größer die Kraft auf das Fahrrad ist, desto größer ist die Impulsänderung. Außerdem ist die Impulsänderung umso größer, je länger die Kraft auf das Fahrrad ausgeübt wird. Wenn während der Zeitspanne Δt eine Kraft F ausgeübt wird, dann ändert sich der Impuls um Δp und es gilt die Gleichung

$$\Delta p = F \cdot \Delta t.$$

MEHRERE KRÄFTE · Auf den Radfahrer werden zwei Kräfte ausgeübt: Wenn es nicht zu glatt ist, „stößt" sich der Radfahrer mit dem Rad vom Boden ab. Diese Kraft alleine würde den Impuls des Radfahrers vergrößern. Vor allem der Luftwiderstand verhindert das: Die Reibungskraft ist der Bewegung entgegen gerichtet. Sie alleine würde den Impuls des Radfahrers verringern. Wie wirken diese beiden Kräfte nun zusammen? Wie bestimmen sie die tatsächliche Bewegung des Radfahrers? Da die Kräfte am Radfahrer schlecht zu bestimmen sind, stellen wir die Situation in einem Modellversuch nach.

EIN MODELLVERSUCH · Wir ziehen einen Wagen mit einem Federkraftmesser, der die Kraft in Bewegungsrichtung misst (▸ Bild 02). Die Reibungskraft bremst den Wagen. Beide Kräfte sind entgegengesetzt gerichtet – wie beim Radfahrer.

Wie sich der Impuls mit der Zeit ändert, bestimmen wir mit einem Messwerterfassungssystem. Die Zugkraft lesen wir am Federkraftmesser ab. Wir führen den Versuch für drei verschiedene Situationen durch:

I. Wir ziehen so stark, dass der Impuls gleichmäßig zunimmt.
II. Wir ziehen so, dass der Impuls konstant bleibt.
III. Wir lassen den Wagen ausrollen. Dabei nimmt der Impuls ab.

▸ Bild 02 zeigt die dabei aufgenommenen $p(t)$-Diagramme.

Betrachten wir zunächst den Versuch II: Der Impuls ändert sich nicht. Der Wagen ist also im Kräftegleichgewicht. Der Federkraftmesser zeigt eine Kraft von 0,2 N an. Die Reibungskraft muss daher ebenfalls 0,2 N betragen. Stimmt das?

Zur Klärung betrachten wir Versuch III: Hier gibt es nur die Reibungskraft. Aus dem $p(t)$-Diagramm lesen wir für die Kraft ab:

$$F = \frac{|\Delta p|}{\Delta t} = \frac{0{,}8\ \mathrm{kg} \cdot \frac{\mathrm{m}}{\mathrm{s}}}{4\ \mathrm{s}} = 0{,}2\ \frac{\mathrm{kg} \cdot \mathrm{m}}{\mathrm{s}^2} = 0{,}2\ \mathrm{N}.$$

Unsere Überlegung zu Versuch II ist also richtig.

KRÄFTEADDITION · Wir wenden unser Vorgehen auf den Versuch I an. Der Federkraftmesser zeigt hier eine Kraft von 0,5 N an. Wir ziehen die Reibungskraft von 0,2 N ab, da sie entgegengesetzt gerichtet ist, und erhalten eine Kraft von 0,3 N. Genau diesen Wert bestimmen wir auch im $p(t)$-Diagramm!

Wenn wir die beiden Kräfte also zusammenfassen und dabei die Kraftrichtung berücksichtigen, erhalten wir die Kraft, die für die Impulsänderung entscheidend ist. Dieses Zusammenfassen von Kräften nennt man **Kräfteaddition** und das Ergebnis die **resultierende Kraft F_{res}**.

Folgende Fälle für die Kräfteaddition sind in unserem Versuch aufgetreten:

Versuch III: Wenn nur eine Kraft F auf den Körper ausgeübt wird, dann gilt: $F_{res} = F$.
Versuche I und II: Wenn eine Kraft F_1 in Bewegungsrichtung und eine Kraft F_2 entgegen der Bewegungsrichtung auf den Körper ausgeübt werden, dann gilt: $F_{res} = F_1 - F_2$.
Wenn zwei Kräfte F_1 und F_2 in gleicher Richtung auf den Körper ausgeübt werden, dann gilt: $F_{res} = F_1 + F_2$.

Die resultierende Kraft bestimmt, wie sich der Impuls eines Körpers wie z.B. beim Radfahrer ändert. Dabei gilt die **NEWTON'sche Grundgleichung:**

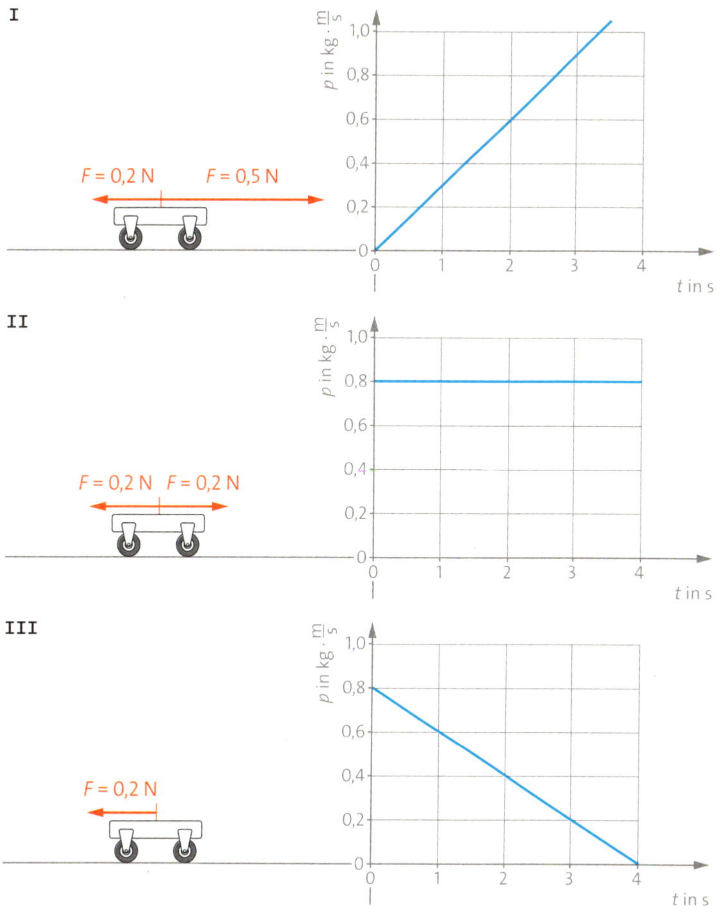

02 $p(t)$- Diagramme zu den Modellversuchen I, II und III

Wenn die resultierende Kraft F_{res} während der Zeitspanne Δt auf einen Körper ausgeübt wird, dann beträgt die Impulsänderung Δp:
$\Delta p = F_{res} \cdot \Delta t$.

1 Ein Wagen der Masse 1 kg wird 10 s lang mit einer resultierenden Kraft von 10 N gezogen. Berechne seine Impuls- und Geschwindigkeitsänderung.

2 „Wenn die resultierende Kraft auf einen Körper null ist, dann bewegt er sich nicht." Nimm Stellung zu dieser Aussage.

IMPULSÄNDERUNGEN UND KRAFT

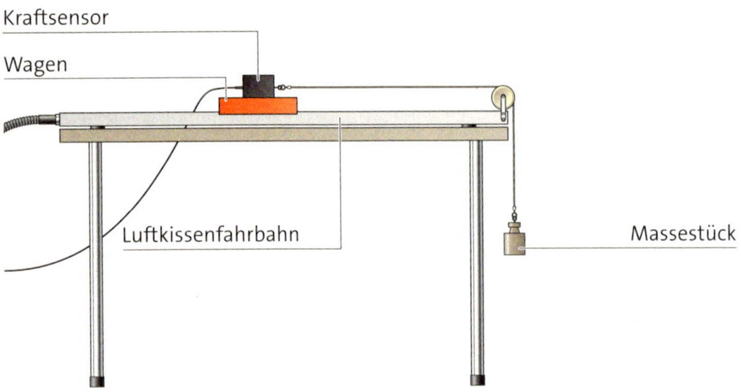

01 Fahrbahnversuch

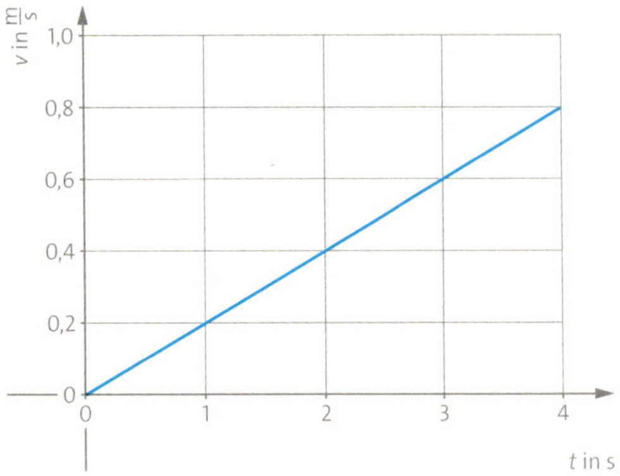

02 $v(t)$-Diagramm zum Fahrbahnversuch

KRAFT UND BESCHLEUNIGUNG · Du weißt: Durch die resultierende Kraft ändert sich der Impuls eines Körpers. Mit dem Impuls ändert sich die Geschwindigkeit des Körpers, das heißt, er wird beschleunigt. Wie hängt diese Beschleunigung von der resultierenden Kraft ab?

Wenn sich die Masse des Körpers nicht ändert, dann ändert sich mit dem Impuls nur die Geschwindigkeit des Körpers und es gilt:

$\Delta p = \Delta(m \cdot v) = m \cdot \Delta v.$

Aus dem letzten Merksatz ergibt sich, dass die Einheit des Impulses 1 N · s ist. Wie passt das mit der Einheit $1\,\text{kg} \cdot \frac{\text{m}}{\text{s}}$ zusammen? Die Einheit der Kraft ist $1\,\text{N} = 1\,\text{kg} \cdot \frac{\text{m}}{\text{s}^2}$, also ist $1\,\text{N} \cdot \text{s} = 1\,\text{kg} \cdot \frac{\text{m}}{\text{s}}$.

Dieses Ergebnis setzten wir in die NEWTON'sche Grundgleichung ein:

$F_{\text{res}} = \frac{\Delta p}{\Delta t} = m \cdot \frac{\Delta v}{\Delta t}.$

Wie du schon weißt, ist der Quotient $\frac{\Delta v}{\Delta t}$ die Beschleunigung a. Für die resultierende Kraft gilt also:

$F_{\text{res}} = m \cdot a.$

AUF DER FAHRBAHN · Wir überprüfen diese Gleichung in einem Versuch auf der Luftkissenfahrbahn (▸ Bild 01):
Der Wagen mit dem Kraftsensor und das Massestück mit einer Masse von insgesamt 0,5 kg werden beschleunigt. Da die Reibungskraft auf der Luftkissenfahrbahn vernachlässigbar ist, messen wir mit dem Kraftmesser die resultierende Kraft. Wir lassen den Wagen los und nehmen ein $v(t)$-Diagramm auf (▸ Bild 02).

Während der Fahrt zeigt der Kraftsensor konstant 0,1 N als resultierende Kraft an. Am $v(t)$-Diagramm erkennt man, dass der Wagen eine Bewegung mit konstanter Beschleunigung ausgeführt hat. Mit der Steigung bestimmen wir sie zu:

$a = \frac{\Delta v}{\Delta t} = 0{,}2\,\frac{\text{m}}{\text{s}^2}.$

Zusammen mit der Gesamtmasse ergibt sich:

$m \cdot a = 0{,}5\,\text{kg} \cdot 0{,}2\,\frac{\text{m}}{\text{s}^2} = 0{,}1\,\text{kg} \cdot \frac{\text{m}}{\text{s}^2} = 0{,}1\,\text{N}.$

Das entspricht dem gemessenen Wert für die resultierende Kraft!

Dieser Zusammenhang zwischen Kraft, Masse und Beschleunigung gilt allgemein. Mit ihm lassen sich häufig Rechnungen leichter durchführen als mit der NEWTON'schen Grundgleichung.

Wenn die Masse m eines Körpers sich nicht ändert, dann sind die resultierende Kraft F_{res} auf den Körper und die Beschleunigung a proportional zueinander und es gilt:
$F_{\text{res}} = m \cdot a.$

1 Ein Körper der Masse 1 kg wird aus der Ruhe mit einer Kraft von 0,1 N beschleunigt. Erstelle ein $v(t)$-Diagramm und vergleiche mit ▸ Bild 02.

Material A ▸ Raketen und Autos

03 Start der Falcon 9

A1 Das US-Raumschiff Dragon wird mit der Trägerrakete Falcon 9 ins All gebracht. Beim Start (▸ Bild 03) besitzen sie zusammen eine Masse von 338 Tonnen. Die Rakete stößt heißes Gas nach hinten aus, um vorwärts zu kommen.

a) Beim Start beträgt die resultierende Kraft $4{,}9 \cdot 10^6$ N. Berechne die Beschleunigung.

b) Ein Astronaut (85 kg) startet mit der Rakete. Berechne die resultierende Kraft, die beim Start auf ihn wirkt. Gib sie in Vielfachen der Schwerkraft an.

A2 Eine Spielzeugrakete (500 g) stößt in 5 s 10 g Gas mit einer Geschwindigkeit von 500 $\frac{m}{s}$ aus.

a) Berechne die Kraft vom Gas auf die Rakete.

b) Die Rakete startet senkrecht nach oben. Berechne die Beschleunigung zu Beginn.

c) Bei einer Rakete strömt das Gas gleichmäßig aus. Dennoch nimmt die Beschleunigung zu. Erläutere.

A3 Autos haben eine sogenannte Knautschzone, die bei einem Unfall eingedrückt werden soll, und eine sehr starre Fahrgastzelle, um die Insassen zu schützen. In einem Crashtest prallt ein Auto mit 30 $\frac{km}{h}$ frontal gegen eine starre Mauer (▸ Bild 04). Beim Aufprall wird die Knautschzone des Autos um 60 cm eingedrückt, bevor das Auto zum Stehen kommt.

a) Berechne die Zeitspanne vom Beginn des Aufpralls bis zum Stillstand des Autos.

b) Berechne die Kraft des Gurtes auf den Fahrer-Dummy (75 kg) und vergleiche mit der Schwerkraft auf ihn.

c) Für Kleinkinder sind Kindersitze vorgeschrieben. Einfacher wäre es, das Kind (15 kg) auf den Schoß zu nehmen. Dann könnte man entweder sich selbst anschnallen und das Kind festhalten oder den Gurt über das Kind und sich selbst legen. Begründe, dass beides keine gute Idee ist.

d) Bei einem Unfall sind sowohl die verformbare Knautschzone als auch die starre Fahrgastzelle wichtig, um die Insassen bei einem Unfall zu schützen. Erläutere.

04 Ein Crashtest

Material B ▸ Zusammenstöße

B1 Eine Knetkugel und ein Gummiball haben beide die gleiche Geschwindigkeit und Masse. Sie werden gegen einen Holzklotz geworfen. Während die Knetkugel an dem Klotz kleben bleibt, prallt der Gummiball zurück. Erläutere, welche der beiden Kugeln den Holzklotz eher umwirft.

B2 Ein schwerer Lastwagen und ein leichtes Auto fahren mit gleichem Geschwindigkeitsbetrag aufeinander zu (▸ Bild 05). Begründe, in welchem der beiden Fahrzeuge du auf keinen Fall sitzen wolltest.

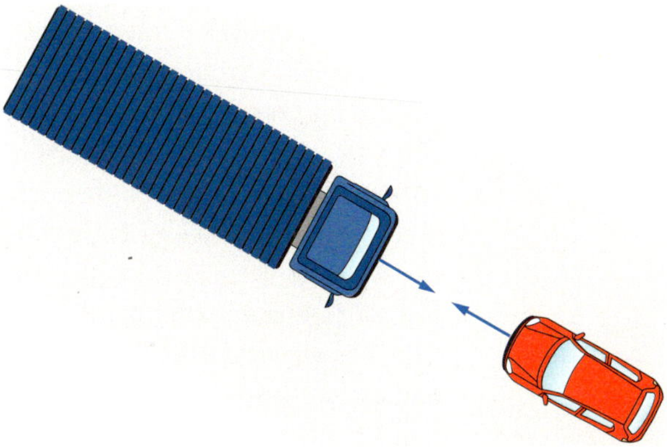

05

01 Fallschirmspringer

Fallbewegungen

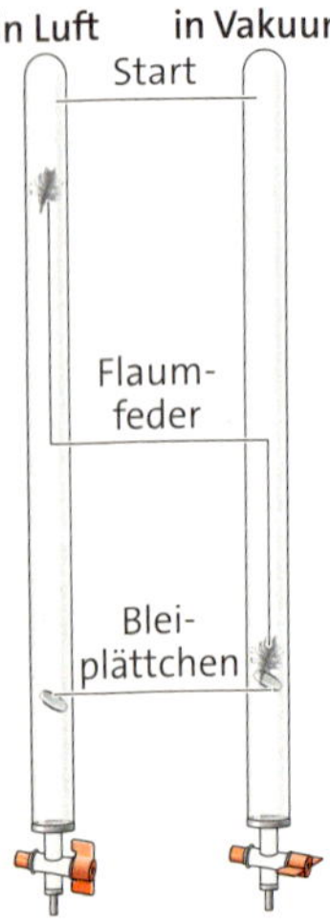

02 Blei und Feder im Fallversuch

Mehrere Fallschirmspringer bilden gemeinsam eine Figur. Dazu müssen sie ihre Fallbewegungen abstimmen. Wovon hängt ihre Fallgeschwindigkeit ab?

ZWEI KRÄFTE · Auf die Fallschirmspringer werden zwei Kräfte ausgeübt: die Schwerkraft nach unten und die Luftwiderstandskraft nach oben. Um die resultierende Kraft auf die Springer zu bestimmen, untersuchen wir diese beiden Kräfte getrennt.

DIE SCHWERKRAFT · Man beobachtet, dass ein schwerer Fallschirmspringer schneller fällt als ein leichter Fallschirmspringer. Ist dafür allein die Schwerkraft verantwortlich? Um diese Frage zu klären, machen wir ein Experiment und lassen in einer Röhre eine leichte Feder und ein schweres Bleiplättchen gleichzeitig fallen (▸ Bild 02). Wie erwartet kommt das Bleiplättchen schneller unten an der Röhre an. Um den Einfluss der Luftwiderstandskraft auszuschließen, pumpen wir die Luft aus der Röhre und wiederholen den Versuch. Wir beobachten jetzt, dass Feder und Bleiplättchen gleichzeitig das untere Ende der Röhre erreichen. Warum ist das so?

Zur Kennzeichnung der Schwerkraft verwendet man das Symbol F_G. Dabei steht G für Gravitation.

Ohne Luftwiderstand ist die resultierende Kraft F_{res} nur die Schwerkraft $F_G = m \cdot g$. Man spricht dann auch vom **freien Fall.** Mit $F_{res} = m \cdot a$ berechnen wir die Beschleunigung für diese Bewegung:

$$a = \frac{F_{res}}{m} = \frac{F_G}{m} = \frac{m \cdot g}{m} = g, \text{ also } a = g.$$

Die Beschleunigung hängt nicht von der Masse des fallenden Körpers ab! Die Herleitung zeigt aber noch mehr:

Die Beschleunigung ist gerade der Ortsfaktor g, dies wurde in vielen Experimenten bestätigt. Man nennt g daher auch **Fallbeschleunigung**. Sie hat auf der Erde den Wert $9{,}8\ \frac{m}{s^2}$.

Der freie Fall ist eine Bewegung mit konstanter Beschleunigung. Die Fallbeschleunigung ist für jeden Körper g.

DIE LUFTWIDERSTANDSKRAFT · Natürlich hat der Fallschirmspringer einen Fallschirm dabei, um seinen Fall rechtzeitig abzubremsen. Aber wird er vor dem Öffnen des Schirms immer schneller?

▸ Bild 03 zeigt das $v(t)$-Diagramm eines Sprungs, bevor der Fallschirm geöffnet wird. Die Steigung des Schaubilds nimmt ab – und damit die Beschleunigung. Nach etwa 20 s ist die Beschleunigung null, der Springer wird dann nicht mehr schneller, sondern bewegt sich mit einer konstanten Geschwindigkeit, seiner **Endgeschwindigkeit**, weiter. Wie kann das sein, obwohl die Schwerkraft noch immer wirkt?

Es muss an der Luftwiderstandskraft liegen. Sie wirkt nach oben und gleicht offenbar nach 20 s die Schwerkraft nach unten aus. Am Anfang ist die Luftwiderstandskraft kleiner als die Schwerkraft. Sie wird im Laufe der Bewegung größer, bis sie nach 20 s genauso groß wie die Schwerkraft ist. Die Luftwiderstandskraft steigt also bei zunehmender Geschwindigkeit. Das kennst du sicher: Wenn du die Hand aus dem Auto streckst, dann wirkt auf deine Hand bei größeren Geschwindigkeiten eine größere Kraft als bei einer kleineren Geschwindigkeit.

/// Je größer die Geschwindigkeit bei einer Bewegung ist, desto größer ist die Luftwiderstandskraft.

Selbstverständlich hängt der Betrag der Luftwiderstandskraft noch von der „Windschnittigkeit" des Körpers ab. Das untersuchen wir auf der nächsten Seite genauer.

SCHWERER GLEICH SCHNELLER? · Wenn die Geschwindigkeit des Fallschirmspringers sich nicht mehr ändert, dann sind die Schwerkraft nach unten und die Luftwiderstandskraft nach oben gleich groß. Es liegt ein Kräftegleichgewicht vor. Da die Schwerkraft auf einen Körper mit einer größeren Masse größer ist, muss die

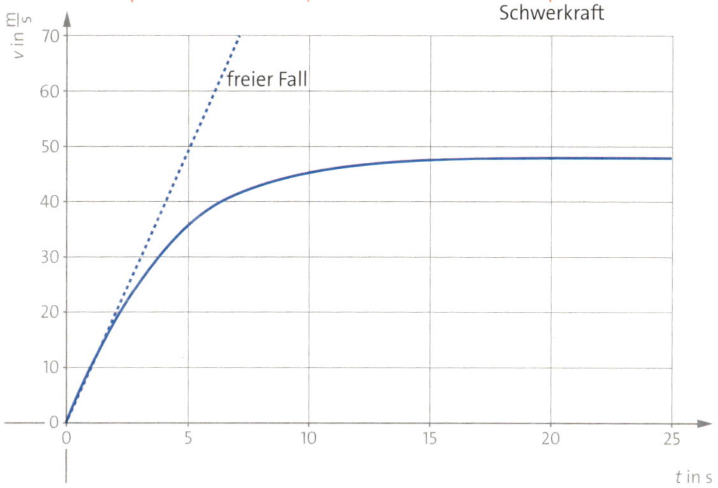

03 $v(t)$-Diagramm vom ersten Teil eines Fallschirmsprungs

Luftwiderstandskraft im Kräftegleichgewicht auch größer sein. Das bedeutet: Der Springer befindet sich erst bei einer größeren Geschwindigkeit im Kräftegleichgewicht. Seine Endgeschwindigkeit ist also größer.

Jetzt kannst du verstehen, wieso das Bleiplättchen in der luftgefüllten Röhre schneller fällt als die Flaumfeder (▸ Bild 02). Die Feder ist so leicht, dass sie schon kurz nach dem Start ihre Endgeschwindigkeit erreicht. Das schwere Bleiplättchen erreicht seine Endgeschwindigkeit erst viel später oder wegen der kurzen Fallstrecke sogar überhaupt nicht.

1 Berechne die Geschwindigkeit und die zurückgelegte Strecke beim freien Fall 1 s, 2 s und 3 s nach dem Start aus der Ruhe.

2 Tom behauptet: „Auf einen doppelt so schweren Körper wirkt eine doppelt so große Schwerkraft. Also wird der Körper auch doppelt so stark beschleunigt." Nimm Stellung zu dieser Aussage.

01 Ein Fallschirmspringer kurz vor der Landung

VOR DER LANDUNG · Der Fallschirmspringer muss seinen Schirm rechtzeitig öffnen. Dann wächst die Luftwiderstandskraft stark an und die Fallbewegung wird solange abgebremst, bis sich eine neue Endgeschwindigkeit einstellt (▸ Bild 02).

Wir betrachten die Bewegung genauer: Direkt nach dem Öffnen des Fallschirms ist die Luftwiderstandskraft größer als die Schwerkraft. Dadurch entsteht eine resultierende Kraft nach oben, der Springer wird gebremst. Er verliert dann an Geschwindigkeit, bis die Luftwiderstandskraft wieder genau so groß wie die Schwerkraft ist. Es liegt dann wieder ein Kräftegleichgewicht vor, diesmal allerdings bei einer kleineren Geschwindigkeit als ohne geöffneten Fallschirm.

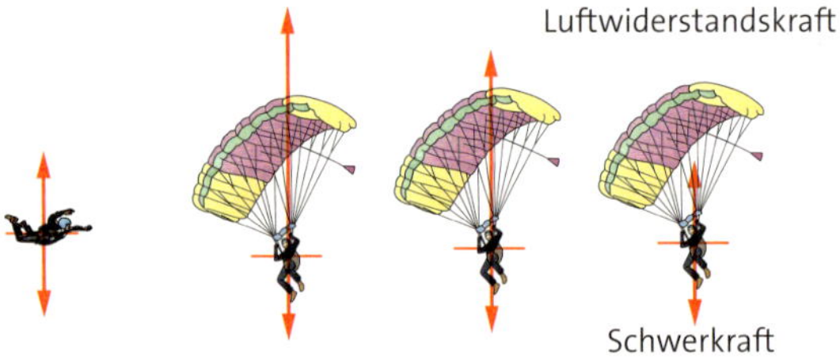

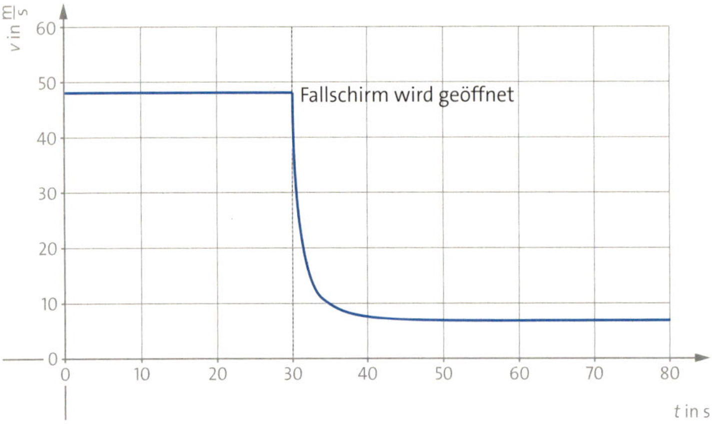

02 $v(t)$-Diagramm nach dem Öffnen des Fallschirms

EINE FORMEL FÜR DIE LUFTWIDERSTANDSKRAFT · Durch das Öffnen des Fallschirms hat sich die Querschnittsfläche des Fallschirmspringers in Bewegungsrichtung vergrößert. Offenbar steigt dadurch die Luftwiderstandskraft F_L. Die Luftwiderstandskraft auf einen sich bewegenden Körper hängt aber noch von anderen Größen ab. Genaue Untersuchungen haben folgenden Zusammenhang ergeben:

$$F_L = \frac{1}{2} \cdot c_w \cdot \rho \cdot A \cdot v^2.$$

Dabei ist
ρ die Dichte der umgebenden Luft,
A die Querschnittsfläche und
v die Geschwindigkeit des Körpers.
Der c_w-Wert gibt an, wie windschnittig der Körper ist.

Bei Autos oder Flugzeugen soll der Luftwiderstand möglichst klein sein, damit der Treibstoffverbrauch möglichst gering ist. Im Allgemeinen kann man die Luftwiderstandskraft nicht berechnen, weil man den c_w-Wert nicht kennt. Daher werden neue Fahrzeugmodelle im Windkanal untersucht, bevor sie in Serie gehen.
Auch Sportler nutzen solche Anlagen, um ihre Position beim Rad- oder Skifahren zu optimieren.

1 In Videos sieht es so aus, als ob der Springer beim Öffnen des Schirms nach oben gezogen wird. Nimm Stellung.

2 Zeige, dass für die Endgeschwindigkeit beim Fall die folgende Gleichung gilt:

$$v_{End} = \sqrt{\frac{2 \cdot m \cdot g}{c_w \cdot \rho \cdot A}}$$

VERSUCH ▸ Fallbewegungen

V1 Freier Fall?

Du untersuchst, bei welchen Voraussetzungen der freie Fall eine gute Näherung für den Fall in Luft ist.

Material:

Ein Blatt Papier, zwei gleich große Kugeln unterschiedlicher Masse (z. B. Tischtennisball und Knete)

Durchführung:

a) Lass eine Kugel und das Blatt Papier gleichzeitig aus ca. 2 m Höhe fallen. Notiere, welcher Gegenstand zuerst auf den Boden trifft. Schaffst du es, dass beide gleichzeitig den Boden erreichen? Erkläre.

b) Lass die Kugeln gleichzeitig aus ca. 2 m und dann aus ca. 15 m Höhe (z. B. Treppenhaus oder aus dem Fenster) fallen. Notiere, welche Kugel jeweils zuerst auf den Boden trifft.

c) Der freie Fall kann eine gute Näherung für diese Bewegung sein. Gib die Voraussetzungen dafür an.

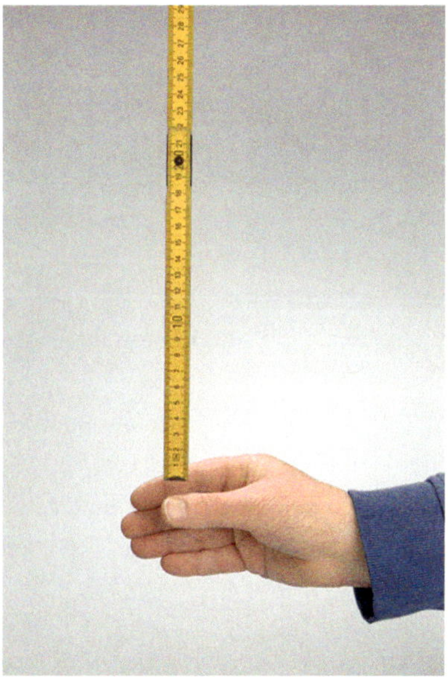

03 Reaktionstest

V2 Reaktionstest

Mit diesem Versuch ermittelst du deine Reaktionszeit.

Material:

Lineal (mindestens 30 cm lang) oder Meterstab, Partner

Durchführung:

a) Du hältst das Lineal mit dem Nullpunkt nach unten zwischen Daumen und Zeigefinger deines Partners (▸ Bild 03) und lässt es plötzlich los. Dein Partner muss es durch Zupacken stoppen. Miss die Fallstrecke. Berechne daraus die Reaktionszeit.

b) Klebe Papier auf das Lineal und markiere die Stellen für eine Reaktionszeit von 0,05 s; 0,10 s; 0,15 s; 0,20 s und 0,25 s.

Material A ▸ Der freie Fall

A1 a) Manche Autofahrer halten das Anlegen des Gurtes in der Stadt für überflüssig. Berechne die Fallzeit und die Fallstrecke, um im freien Fall eine Geschwindigkeit von 36 $\frac{km}{h}$ zu erreichen. Würdest du dich anschnallen?

b) Ein Körper soll beim Fallen Schallgeschwindigkeit erreichen. Berechne die Fallstrecke. Beurteile das Ergebnis.

c) Löse Aufgabe a) für den Fall eines Körpers auf dem Mond.

A2 a) Berechne die Fallzeit und die Auftreffgeschwindigkeit beim Sprung vom 10-Meter-Turm (▸ Bild 04).

04 Sprung vom 10-Meter-Turm

b) Berechne die Position und die Geschwindigkeit nach der Hälfte der Fallzeit.

c) Berechne die Position beim Erreichen der halben Auftreffgeschwindigkeit.

A3 a) Ein Kind lässt einen Stein von einem 60 m hohen Turm fallen. Nach einiger Zeit hört es den Stein auf den Boden treffen. Berechne diese Zeitspanne.

b) Ein anderes Kind lässt einen Stein in eine dunkle Felsspalte fallen und hört nach sechs Sekunden den Aufprall. Berechne die Tiefe der Spalte.

METHODE

Methode der kleinen Schritte

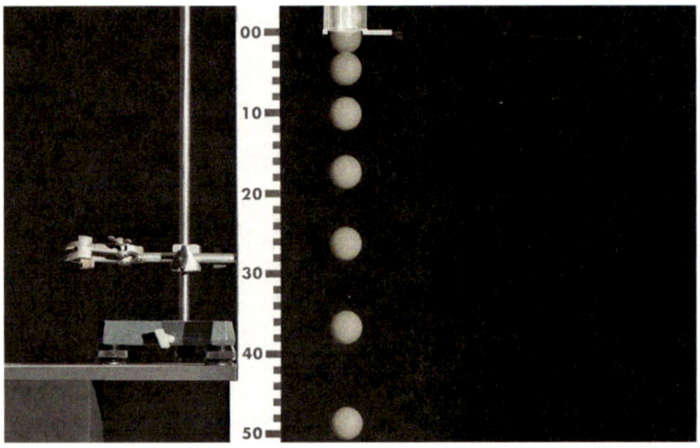

01 Fallender Tischtennisball

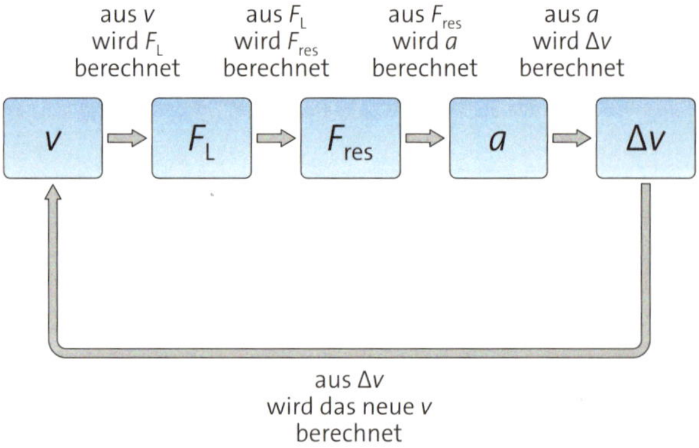

02 Schritt für Schritt zur Lösung

Fall mit Luftwiderstand · Wir lassen einen Tischtennisball fallen und nehmen diese Bewegung mit einer Videokamera auf (▸ Bild 01). Nach einer gewissen Zeit stellt sich eine Endgeschwindigkeit ein. Die Endgeschwindigkeit kannst du aus dem Kräftegleichgewicht zwischen der Schwerkraft $F_G = m \cdot g$ und der Luftwiderstandskraft $F_L = \frac{1}{2}\, c_W \cdot \rho \cdot A \cdot v^2$ berechnen. Kann man die Geschwindigkeit auch zu einem beliebigen Zeitpunkt berechnen?

Beim freien Fall ist das einfach, da die Beschleunigung konstant ist. Beim Fall mit Luftwiderstand hingegen ändert sich die Beschleunigung, wenn sich die Geschwindigkeit ändert.

Schritt für Schritt zur Lösung · Wir können die betrachteten Zeitabschnitte Δt aber so klein wählen, dass die Beschleunigung in diesen Abschnitten als konstant angenommen werden kann. Dann gilt für die Geschwindigkeitsänderung: $\Delta v = a \cdot \Delta t$. Wenn man die Geschwindigkeit v_1 zu einem Zeitpunkt t_1 kennt, dann kann man daraus die Geschwindigkeit v_2 zu einem späteren Zeitpunkt $t_2 = t_1 + \Delta t$ berechnen:

$v_2 = v_1 + \Delta v = v_1 + a \cdot \Delta t.$

Dieses Vorgehen gilt nur für kleine Zeitschritte Δt. Deswegen muss man es oft wiederholen, wenn man die Geschwindigkeit zu einem beliebigen Zeitpunkt berechnen möchte. Man spricht daher von der Methode der kleinen Schritte (▸ Bild 02).

Beispiel · Beim Tischtennisball gilt: $c_W = 0{,}45$; $A = 0{,}00126\ \text{m}^2$; $m = 0{,}0027\ \text{kg}$ und $\rho = 1{,}29\ \frac{\text{kg}}{\text{m}^3}$. Wir wählen als Startwert beispielhaft $v_1 = 2\ \frac{\text{m}}{\text{s}}$ und berechnen die Geschwindigkeit v_2 nach der Zeitspanne $\Delta t = 0{,}05\ \text{s}$.

Die Luftwiderstandskraft beträgt:

$F_L = \frac{1}{2}\, c_W \cdot \rho \cdot A \cdot v^2 = 0{,}00037\ \frac{\text{N}}{\left(\frac{\text{m}}{\text{s}}\right)^2} \cdot \left(2\ \frac{\text{m}}{\text{s}}\right)^2 = 0{,}00146\ \text{N}.$

Für die resultierende Kraft gilt dann:

$F_{res} = F_G - F_L = 0{,}02649\ \text{N} - 0{,}00146\ \text{N} = 0{,}02503\ \text{N}.$

Die Beschleunigung beträgt dann:

$a = \frac{F_{res}}{m} = \frac{0{,}02503\ \text{N}}{0{,}0027\ \text{kg}} = 9{,}27037\ \frac{\text{m}}{\text{s}^2}.$

Damit folgt für die Geschwindigkeitsänderung:

$\Delta v = a \cdot \Delta t = 9{,}27037\ \frac{\text{m}}{\text{s}^2} \cdot 0{,}05\ \text{s} = 0{,}46352\ \frac{\text{m}}{\text{s}}.$

Die neue Geschwindigkeit beträgt:

$v_2 = v_1 + \Delta v = 2\ \frac{\text{m}}{\text{s}} + 0{,}46352\ \frac{\text{m}}{\text{s}} = 2{,}46352\ \frac{\text{m}}{\text{s}}.$

Nach diesem Schema kann man Schritt für Schritt die Geschwindigkeit zur jedem Zeitpunkt ausrechnen. Dieses Verfahren wird allerdings schnell sehr aufwendig.

Eine Software hilft · Die Berechnung dieser Schritte macht man am besten in einer Tabelle. Dazu eignet sich ein Tabellenkalkulationsprogramm (▸ Bild 03).

D20

	A	B	C	D	E	F	G	H	I	J	K
1	t in s	m in kg	F_G in N	ρ in kg/m^3	c_w	A in m^2	F_L in N	F_res in N	a in m/s^2	Δv in m/s	v in m/s
2	0,00	0,0027	0,02649	1,29	0,45	0,00126	0,00000	0,02649	9,81000	0,49050	0,00000
3	0,05	0,0027	0,02649	1,29	0,45	0,00126	0,00009	0,02640	9,77852	0,48893	0,49050
4	0,10	0,0027	0,02649	1,29	0,45	0,00126	0,00035	0,02614	9,68118	0,48406	0,97943
5	0,15	0,0027	0,02649	1,29	0,45	0,00126	0,00078	0,02571	9,52101	0,47605	1,46349
6	0,20	0,0027	0,02649	1,29	0,45	0,00126	0,00138	0,02511	9,30158	0,46508	1,93954
7	0,25	0,0027	0,02649	1,29	0,45	0,00126	0,00211	0,02438	9,02792	0,45140	2,40461
8	0,30	0,0027	0,02649	1,29	0,45	0,00126	0,00298	0,02351	8,70627	0,43531	2,85601
9	0,35	0,0027	0,02649	1,29	0,45	0,00126	0,00396	0,02253	8,34381	0,41719	3,29132
10	0,40	0,0027	0,02649	1,29	0,45	0,00126	0,00503	0,02146	7,94826	0,39741	3,70851
11	0,45	0,0027	0,02649	1,29	0,45	0,00126	0,00617	0,02032	7,52761	0,37638	4,10593
12	0,50	0,0027	0,02649	1,29	0,45	0,00126	0,00735	0,01914	7,08977	0,35449	4,48231

03 Die Methode der kleinen Schritte mit einem Tabellenkalkulationsprogramm

Man erkennt, wie die Luftwiderstandskraft F_L und die Geschwindigkeit v zunehmen, während die resultierende Kraft F_{res}, die Beschleunigung a und die Geschwindigkeitsänderung Δv abnehmen.

▸ Bild 04 zeigt das auf diese Weise berechnete $v(t)$-Diagramm. Da die Geschwindigkeitsänderung Δv immer kleiner wird, nähert sich die Geschwindigkeit v immer mehr der oben erwähnten Endgeschwindigkeit an. Der prinzipielle Verlauf des berechneten $v(t)$-Diagramms stimmt mit einer Messung, z. B. mittels Videoanalyse, überein.

Möglichkeiten und Grenzen des Verfahrens · Mit der Methode der kleinen Schritte kann man die Geschwindigkeit des Tischtennisballs zu jedem Zeitpunkt berechnen. Am Diagramm kann man die Bewegung mit einem Blick erfassen oder beispielsweise den Zeitpunkt bei halber Endgeschwindigkeit ablesen.

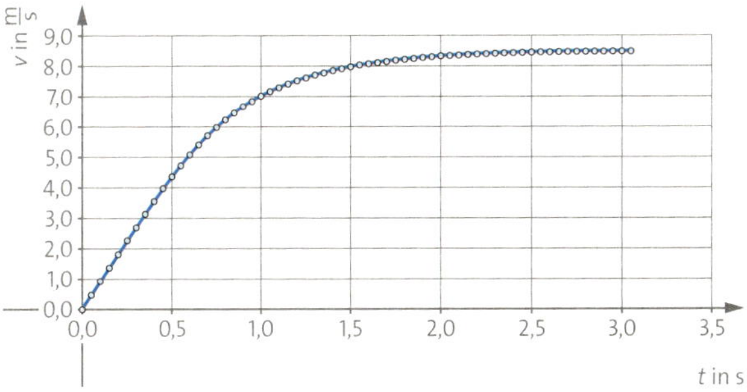

04 $v(t)$-Diagramm des fallenden Tischtennisballs

Im Tabellenkalkulationsprogramm kann man leicht einzelne Größen verändern wie z. B. die Masse oder den c_W-Wert des fallenden Körpers und erhält sofort den Einfluss dieser Größen auf die Bewegung.

Etwas vorsichtig muss man bei der Wahl der Schrittweite Δt sein. Sie sollte einerseits nicht zu klein sein, sonst muss man sehr viele Rechenschritte durchführen. Andererseits darf sie nicht zu groß sein, sonst liefert die Methode Ergebnisse, die sicher nicht der realen Bewegung entsprechen (▸ Bild 05).

1 **a)** Bestimme mithilfe von ▸ Bild 04 den Zeitpunkt, an dem der Tischtennisball die halbe Endgeschwindigkeit erreicht hat.
b) Untersuche, wie sich dieser Zeitpunkt verändert, wenn du die Masse und die Querschnittsfläche änderst.

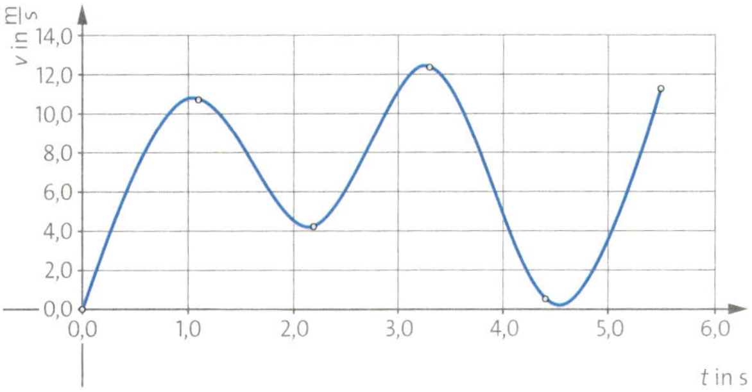

05 Hier wurden zu große Zeitschritte gewählt.

01 Ein gezielter Schlag

Das Wechselwirkungsgesetz

Mit der bloßen Hand zerschlägt der Karateka die Steine! Im Bild sieht man nur die Wirkung auf die Steine: Ist die Kraft auf den obersten Stein genügend groß, dann zerbricht er. Aber es gibt auch eine Wirkung auf die Hand: Wenn du das untrainiert nachmachst, endet das schmerzhaft! Wie ist das beim Karateka? Kann er die Kraft auf seine Hand irgendwie verkleinern?

IMPULSÄNDERUNGEN · Die Frage ist nicht so leicht zu beantworten, da wir weder bei den Steinen noch bei der Hand direkt Kräfte messen können. Deswegen vereinfachen wir die Situation stark: Wir betrachten die Wirkung der Hand und des obersten Steins aufeinander als einen Stoß. Dabei vernachlässigen wir z.B. den Einfluss des Arms oder der anderen Steine.

Wenn die Hand auf den Stein trifft, setzt er sich in Bewegung und zerbricht. Der Impuls des Steins ändert sich um Δp_{Stein}. Der Grund dafür ist die Kraft F_{Hand}, die die Hand auf den Stein ausübt. Es gilt die NEWTON'sche Grundgleichung:

$$\Delta p_{\text{Stein}} = F_{\text{Hand}} \cdot \Delta t.$$

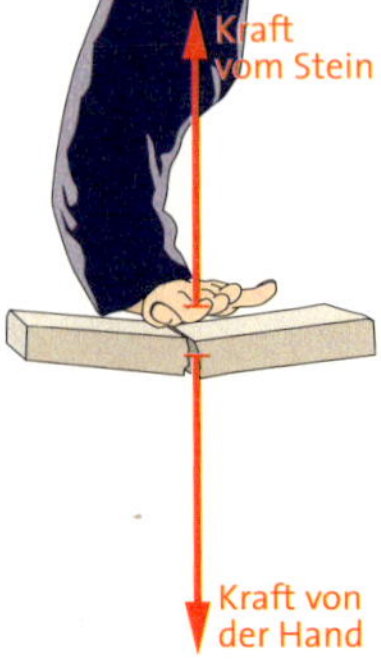

02 Kräfte wirken auf die Hand und den Stein.

Der Stein bremst die Bewegung der Hand. Ihr Impuls ändert sich also durch die Kraft F_{Stein} des Steins auf die Hand um Δp_{Hand}. ▸ Bild 01 zeigt deutlich die Verformung der Hand. Es gilt:

$$\Delta p_{\text{Hand}} = F_{\text{Stein}} \cdot \Delta t.$$

KRÄFTE BEIM ZUSAMMENSTOSS · Nun ändern sich während des Zusammenstoßes die Impulse von Hand und Stein, aber der Gesamtimpuls bleibt erhalten. Daher müssen die beiden Impulsänderungen sich gegenseitig aufheben, das heißt:

$$\Delta p_{\text{Hand}} + \Delta p_{\text{Stein}} = 0 \quad \text{bzw.} \quad \Delta p_{\text{Stein}} = -\Delta p_{\text{Hand}}.$$

Wenn wir hier die beiden Gleichungen mit den Kräften einsetzen, dann ergibt sich:

$$F_{\text{Hand}} \cdot \Delta t = -F_{\text{Stein}} \cdot \Delta t \quad |:\Delta t$$
$$F_{\text{Hand}} = -F_{\text{Stein}}$$

Die Kraft auf die Hand ist immer genau so groß wie die Kraft auf den Stein. Das Vorzeichen zeigt, dass die Kräfte entgegengesetzt gerichtet sind (▸ Bild 02). Der Karateka kann die Kraft auf die Hand also niemals verkleinern! Wie schafft er es dann? Er hält die Muskeln angespannt und setzt die Hand als „Knautschzone" ein.

IMPULSE UND KRÄFTE IM EXPERIMENT · Bei der Herleitung verwendeten wir nirgends besondere Eigenschaften von Hand oder Stein. Das Ergebnis sollte daher nicht nur hier, sondern immer und überall gelten. Stimmt das?

Wir führen ein Experiment durch, um das Ergebnis der theoretischen Herleitung an einem Beispiel direkt zu bestätigen (▸ Bild 03 A–C): Statt die Hand auf den Stein lassen wir auf einer Luftkissenfahrbahn einen roten Schlitten auf einen stehenden grünen Schlitten mit halber Masse treffen. Auf beiden Schlitten sind Federkraftmesser befestigt, mit denen wir die Kräfte während des Zusammenstoßes messen. Mit einem Messwerterfassungssystem nehmen wir die Bewegung der Schlitten auf und berechnen daraus deren Impulse.

Das Diagramm in ▸ Bild 03 D zeigt, wie sich die Impulse der beiden Schlitten beim Zusammenstoß verhalten: Der Impuls p_{rot} des roten Schlittens nimmt ab, der Impuls $p_{grün}$ des grünen Schlittens nimmt zu. Der Gesamtimpuls p_{ges} bleibt zu jedem Zeitpunkt gleich. So hatten wir es bei der Herleitung auch angenommen.

Im ▸ Bild 03 E siehst du die Kräfte beim Zusammenstoß. Sie sind vom Betrag her immer gleich, haben aber unterschiedliche Vorzeichen. Das war das Ergebnis unserer Herleitung. Das Experiment bestätigt also die Theorie!

Das Ergebnis wird auch bei anderen Versuchen bestätigt. Es gilt immer und überall: Wenn ein Körper auf einen anderen einwirkt, dann gibt es umgekehrt ebenfalls eine Einwirkung. Deshalb spricht man vom **Wechselwirkungsgesetz:**

Wenn ein Körper A auf einen Körper B eine Kraft F_A ausübt, dann übt immer der Körper B gleichzeitig eine Kraft F_B auf Körper A aus. F_A und F_B sind gleich groß und entgegengesetzt gerichtet. Es gilt also:
$F_B = -F_A$.

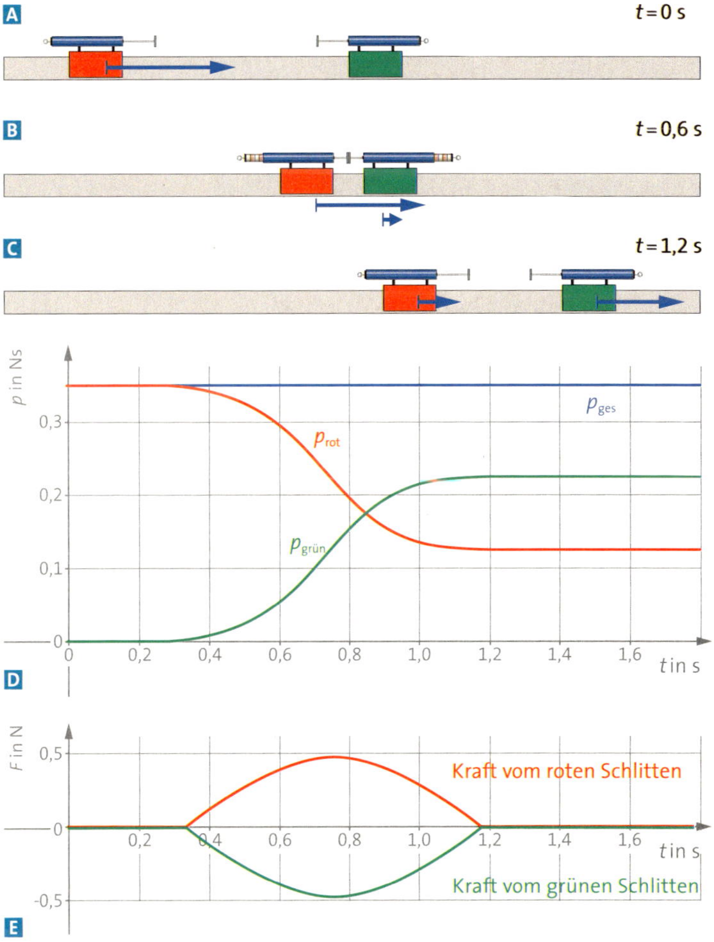

03 **A–C** Stoßexperiment, **D** $p(t)$-Diagramm, **E** $F(t)$-Diagramm

WECHSELWIRKUNGEN ÜBERALL · Das Wechselwirkungsgesetz spricht nur über Kräfte. Es gilt auch, wenn es gar keine Impulsänderungen gibt. Dazu wirst du noch Beispiele kennen lernen. Bei der Anwendung des Wechselwirkungsgesetzes musst du aufpassen. Manchmal widerspricht es auf den ersten Blick dem gesunden Menschenverstand. Wie kann z.B. die Kraft vom unbelebten Stein gleich groß sein wie die Kraft vom trainierten Karateka? Du weißt inzwischen, dass es tatsächlich immer so ist!

1 Der Karateka schlägt nun auf harten Beton (auf einen Schaumstoffquader).
Vergleiche die Kraft auf die Hand mit der Kraft auf den Beton (Schaumstoff).

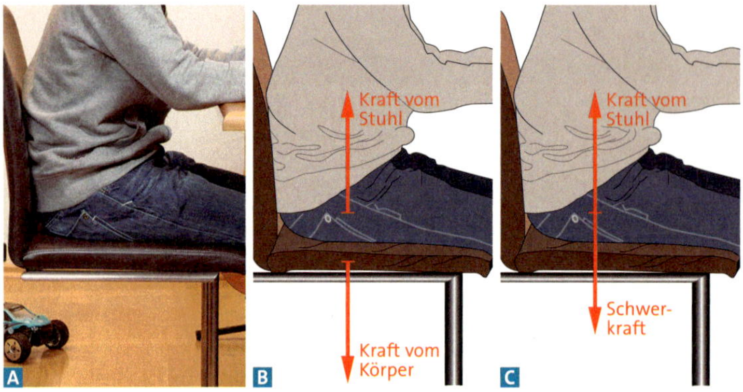

01 **A** Kräfte beim Sitzen, **B** Wechselwirkungskräfte, **C** Kräftegleichgewicht

WECHSELWIRKUNGEN IN DER STATIK · Wenn alle beteiligten Körper in Ruhe sind, spricht man in der Physik von **Statik.** Auch hier gilt das Wechselwirkungsgesetz, obwohl hier der Impuls keine Rolle spielt. Wir betrachten folgende Situation: Wenn du auf einem Stuhl sitzt, dann übst du eine Kraft auf den Stuhl aus. In ▸ Bild 01A siehst du, wie sich der Stuhl dabei verformt. Aber der Stuhl übt auch eine Kraft auf dich aus. Dadurch werden z.B. deine Oberschenkel verformt.

WECHSELWIRKUNG UND GLEICHGEWICHT · Wechselwirkungsgesetz und Kräftegleichgewicht bei zwei Kräften kann man leicht verwechseln. Bei beiden geht es um zwei Kräfte, die gleich groß und entgegengesetzt gerichtet sind. Aber es gibt einen wesentlichen Unterschied. Die Kräfte bei der Wechselwirkung werden auf unterschiedliche Körper ausgeübt (▸ Bild 01B): Beim Sitzen übst du eine Kraft auf den Stuhl aus und der Stuhl übt eine Kraft auf dich aus.

Beim **Kräftegleichgewicht** betrachtet man Kräfte, die auf einen Körper ausgeübt werden und sich dabei gegenseitig aufheben (▸ Bild 01C): Du bist im Kräftegleichgewicht, weil die Erde dich mit der Schwerkraft nach unten zieht, aber der Stuhl verhindert, dass du auf dem Boden landest.

1 Erkläre entsprechend den Unterschied zwischen Wechselwirkungsgesetz und Kräftegleichgewicht bei
a) einem Apfel, der noch am Ast hängt,
b) einem Pferdeschlitten.

METHODE

02

03

Induktives und deduktives Vorgehen

Vielleicht ist dir aufgefallen, dass wir bei der Einführung des Wechselwirkungsgesetzes zunächst kein Experiment durchgeführt hatten: Wir haben es rein theoretisch mit der NEWTON'schen Grundgleichung und dem Impulserhaltungssatz hergeleitet. Erst anschließend haben wir es experimentell überprüft. Dieses Vorgehen nennt man **deduktiv:** Man leitet aus bekannten Zusammenhängen durch mathematische und logische Überlegungen eine neue Gesetzmäßigkeit her (▸ Bild 02). Das Ergebnis dieser Überlegungen muss experimentell überprüft werden. Es ist z.B. nicht selbstverständlich, dass das Wechselwirkungsgesetz auch in der Statik gilt, da hier der Impuls gar keine Rolle spielt.

Andererseits kann man auch an Beobachtungen und Experimenten neue Gesetzmäßigkeiten erkennen. Dieses Vorgehen nennt man **induktiv:** Man versucht, aus einzelnen Beobachtungen ein allgemeingültiges Gesetz zu entwickeln. So hatten wir den Impulserhaltungssatz aus den Beobachtungen bei Stoßversuchen entwickelt. Die neuen Gesetze ergeben sich nicht zwingend logisch aus den Beobachtungen; hierfür braucht man oft viel Phantasie (▸ Bild 03)!
In der Physik sind induktives und deduktives Vorgehen nicht streng getrennt. Wenn man z.B. ein Experiment zur Bestätigung einer deduktiv gewonnenen Hypothese durchführt, kann man beim Experimentieren vielleicht induktiv auf neue mögliche Gesetze kommen.

Material A ▸ Auf dem Skateboard

04 Mia und Tom auf dem Skateboard

A1 Mia und Tom stehen auf einem Skateboard.

a) Überlege für folgende Situationen, wer anfängt, sich zu bewegen und wer eine größere Kraft ausübt.

– Mia und Tom ziehen beide am Seil (▸ Bild 04 A).
– Tom zieht Mia mit dem Seil (▸ Bild 04 B).
– Mia stößt sich an Tom ab (▸ Bild 04 C).

b) Plane ein Experiment, mit dem du deine Vermutungen überprüfen kannst.

c) Führe das Experiment durch und bewerte die Ergebnisse.

Material B ▸ Wechselwirkungsgesetz und Kräftegleichgewicht

B1 **a)** In ▸ Bild 05 und ▸ Bild 06 treten mehrere Kräftepaare auf. Entscheide jeweils, ob es sich bei den Kräftepaaren um ein Wechselwirkungs- oder ein Gleichgewichts-Kräftepaar handelt.

– Schwerkraft auf den Ball/ Auftriebskraft vom Wasser,
– Kraft vom Pferd auf den Schlitten/ Kraft vom Schlitten auf das Pferd,
– Reibungskraft auf den Schlitten/ Kraft vom Pferd auf den Schlitten,
– Kraft vom Ball auf das Wasser/ Auftriebskraft vom Wasser.

b) Finde in ▸ Bild 05 und ▸ Bild 06 weitere Wechselwirkungspaare bzw. Gleichgewichtspaare.

05 Ein Ball treibt auf dem Wasser.

B2 Luca, Marie und Alex diskutieren über die Kräfte, die das Pferd und der Schlitten aufeinander ausüben (▸ Bild 06). Schreibe zu jeder Aussage einen kurzen Kommentar.

Luca: „Das Pferd zieht stärker am Schlitten als umgekehrt, sonst könnte der Schlitten sich gar nicht bewegen."

Marie: Die beiden Kräfte sind genau gleich groß. Aber das Pferd zieht den Schlitten vorwärts, bevor dieser reagieren kann."

Alex: Die beiden Kräfte sind etwa gleich groß. Das Pferd kann sich am Boden abstoßen, der Schlitten nicht. Deswegen geht es voran."

06 Schlittenfahrt

Material C ▸ Im freien Fall

C1 Wenn du von einem Tisch springst, dann „fällt" dir die Erde ein kleines Stück entgegen.

a) Begründe diese Aussage.

b) Du springst von einem 1 m hohen Tisch. Berechne die Strecke, die die Erde (Masse: $6{,}0 \cdot 10^{24}$ kg) dir entgegen „fällt". Bewerte dein Ergebnis.

C2 Im Internet wird regelmäßig zu einem „world jump day" aufgerufen: Möglichst viele Personen sollen zuhause exakt zum selben Zeitpunkt von einem Stuhl springen. Durch den Stoß, den die Erde beim Aufprall erfährt, soll die Erdumlaufbahn gestört werden.

a) Die bisherigen „world jump days" waren diesbezüglich erfolglos. Beurteile die Erfolgsaussichten für die Zukunft aus physikalischer Sicht.

b) Welche weiteren Folgen könnte ein „world jump day" haben?

c) Wenn sehr viele Züge gleichzeitig nach Osten fahren, müsste sich die Tageslänge verändern. Stimmt das?

01 Per Kopf ins Tor!

Der Impuls als Vektor

Flanke – Kopfball – Tor! So wünscht es sich der Stürmer bestimmt. Aber wie muss er den Ball treffen, damit er platziert im Tor landet? Man sieht deutlich, dass der Kopf in eine andere Richtung zeigt als die, in die der Ball weiterfliegt. Wie kann das sein?

EINE KRAFT ÄNDERT DIE IMPULSRICHTUNG · Mit dem Kopf übt der Spieler eine Kraft auf den Ball aus. Dadurch wird der Ball abgelenkt; dabei ändert sich die Richtung des Impulses. In ▸ Bild 02 A wird der Kopfball in einem Experiment nachgestellt: Durch einen Hammerschlag wird die Bewegungsrichtung einer Kugel geändert. Du siehst, dass sich die Kugel nicht in die Richtung des Hammerschlags bewegt. Zur Verdeutlichung zeigt ▸ Bild 02 A den Kraftpfeil des Hammers auf die Kugel und die Impulspfeile der Kugel vor und nach dem Schlag. Kraft- und Impulsrichtungen unterscheiden sich hier deutlich.

VEKTORIELLE GRÖSSEN · Du siehst, dass die Richtung von Kraft und Impuls wichtig ist. Physikalische Größen, bei denen Betrag und Richtung eine Rolle spielen, nennt man **vektorielle Größen** oder kurz **Vektoren.** Impuls und Kraft sind vektorielle Größen. Die entsprechenden Größensymbole werden mit einem Vektorpfeil gekennzeichnet. In ▸ Bild 02 A erkennst du Beispiele für diese Schreibweise.

Vektorielle Größen haben einen Betrag und eine Richtung. Der Impuls $\vec{p}$ und die Kraft $\vec{F}$ sind z. B. vektorielle Größen.

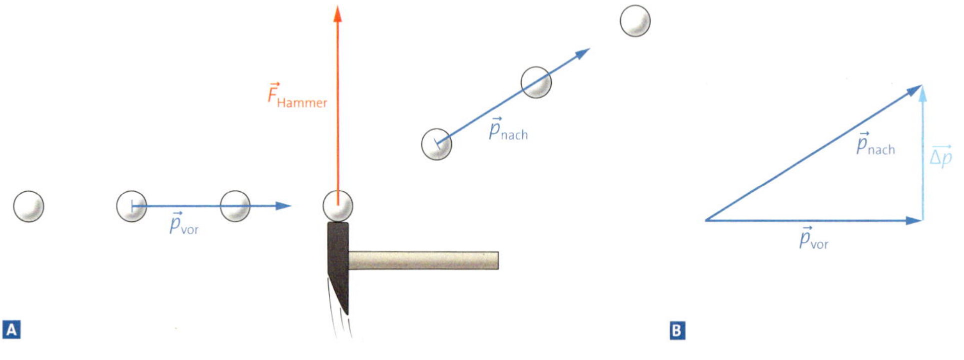

02 **A** Impulsänderung durch einen Hammerschlag, **B** Konstruktion der Impulsänderung

IMPULSÄNDERUNG UND KRAFT · In ▸ Bild 02 B sind die beiden Impulsvektoren $\vec{p}_{vor}$ und $\vec{p}_{nach}$ aus ▸ Bild 02A noch einmal gezeichnet, und zwar von einem Punkt ausgehend. Die beiden Vektoren unterscheiden sich in ihrer Richtung. Dieser Unterschied ist gerade die Impulsänderung $\overrightarrow{\Delta p}$. Daher verbindet der Vektor $\overrightarrow{\Delta p}$ die Spitze von $\vec{p}_{vor}$ mit der von $\vec{p}_{nach}$.
Der Vergleich von ▸ Bild 02 A und ▸ Bild 02 B zeigt, dass die Impulsänderung $\overrightarrow{\Delta p}$ und die Kraft $\vec{F}$ dieselbe Richtung haben. Du hast die NEWTON'sche Grundgleichung bisher nur für Beträge kennen gelernt. Tatsächlich gilt sie für Vektoren:

Wenn eine Kraft $\vec{F}$ während der Zeitspanne Δt auf einen Körper ausgeübt wird und sich dadurch sein Impuls um $\overrightarrow{\Delta p}$ ändert, dann gilt:
$\overrightarrow{\Delta p} = \vec{F} \cdot \Delta t$.

DER BALL FLIEGT IM BOGEN · Nach dem Kopfball fliegt der Ball nicht geradeaus weiter, sondern in einem Bogen (▸ Bild 03 A). Er wird ja durch die Schwerkraft nach unten gezogen. Auch das können wir mit der NEWTON'schen Grundgleichung verstehen.

▸ Bild 03 A zeigt den Ort des Balls zu verschiedenen Zeitpunkten. Die Zeitspanne zwischen den einzelnen Aufnahmen beträgt jeweils 0,10 s. Daraus können wir für jede Aufnahme die Geschwindigkeit des Balls bestimmen. Aus der Masse des Balls (0,41 kg) können wir jeweils den Impulsbetrag berechnen. In ▸ Bild 03 A sind die so bestimmten Impulspfeile für die drei Zeitpunkte 0,0 s, 0,4 s und 0,8 s eingezeichnet.

Wie vorher zeichnen wir die drei Impulspfeile von einem Punkt ausgehend und bestimmen daraus die Impulsänderungen (▸ Bild 03 B). Du siehst, dass in diesem Fall die Pfeile für die Impulsänderungen $\overrightarrow{\Delta p}$ die gleiche Richtung haben und gleich lang sind. Das ist nicht überraschend, denn schließlich wird der Ball durch die Schwerkraft nach unten abgelenkt. Da die Schwerkraft konstant ist und zwischen den drei ausgewählten Zeitpunkten jeweils dieselbe Zeitspanne Δt vergangen ist, muss auch die Impulsänderung konstant sein. Den Betrag der Schwerkraft können wir aus dem Betrag der Impulsänderung berechnen. Aus ▸ Bild 03 B lesen wir $\Delta p = 1{,}6$ Ns ab. Damit ergibt sich:

$$F = \frac{\Delta p}{\Delta t} = \frac{1{,}6\ \text{Ns}}{0{,}4\ \text{s}} = 4\ \text{N}.$$

Das entspricht tatsächlich genau dem Betrag der Schwerkraft!

UND DER LUFTWIDERSTAND? · Bisher haben wir den Luftwiderstand vernachlässigt. Ist das sinnvoll? Ja, denn die Luftwiderstandskraft ist hier wesentlich kleiner als die Schwerkraft.

Einheit des Impulses: $1\,\text{kg} \cdot \frac{\text{m}}{\text{s}} = 1\,\text{N} \cdot \text{s}$

1 **a)** Bestimme im ▸ Bild 03 A für drei weitere Zeitpunkte den Impulsbetrag. Zeichne die entsprechenden Impulsvektoren.
b) Erläutere, wie man aus den Impulsvektoren die resultierende Kraft bestimmt.

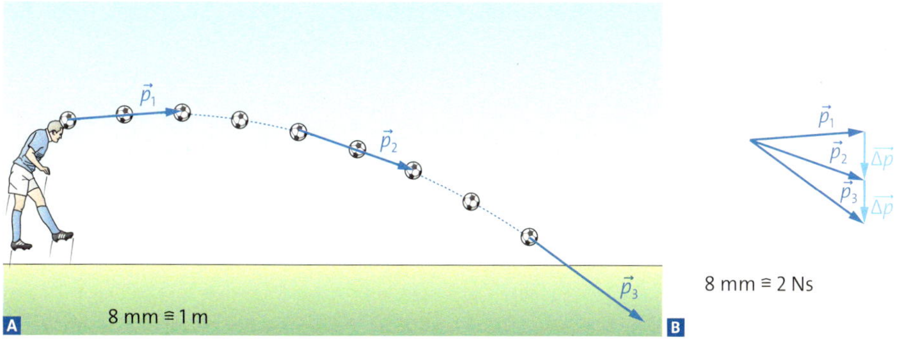

03 **A** Impulsänderung durch die Schwerkraft, **B** Konstruktion der Impulsänderung

METHODE

Vektoren in der Physik

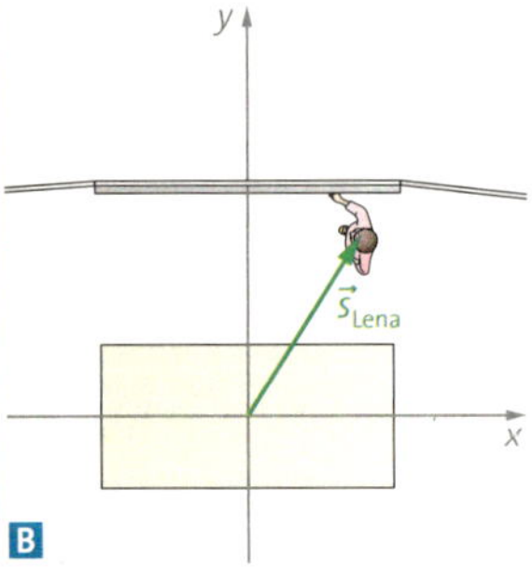

01 **A** Lena an der Tafel, **B** Lenas Ort als Vektor

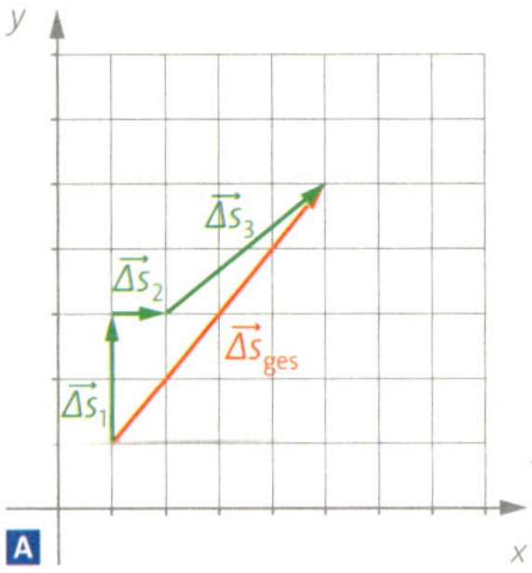

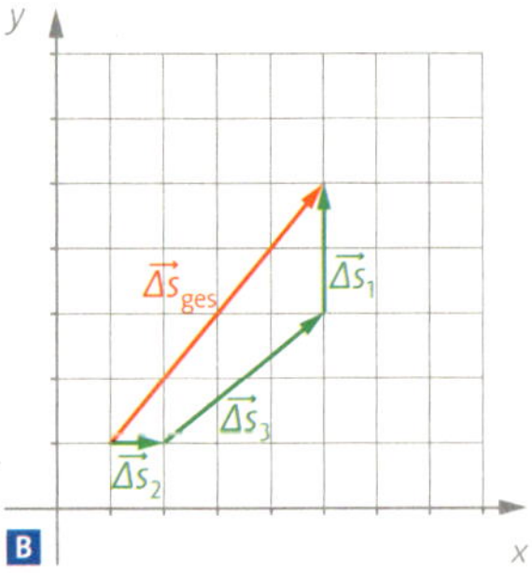

02 **A** Vektoraddition, **B** die Reihenfolge ist egal

Der Ort als Vektor · Wenn Lena erklärt, wo sie sich im Physiksaal befindet, reicht es nicht aus, zu sagen: „Ich bin 1 m von der Pultmitte entfernt." In ▸ Bild 01 A steht Lena z. B. 1 m rechts hinter der Pultmitte. Sie hätte aber auch 1 m davor, links oder rechts davon stehen können. Bei Ortsangaben reicht es also nicht, einen Zahlenwert mit Einheit anzugeben; zusätzlich benötigt man eine Richtung. Der Ort $\vec{s}$ ist daher ein Vektor (▸ Bild 01 B): Der Ortsvektor $\vec{s}_{Lena}$ zeigt, an welchem Ort bezüglich des Koordinatenursprungs – hier der Pultmitte – sich Lena befindet.

Weitere vektorielle Größen · Da der Ort $\vec{s}$ ein Vektor ist, ist es die Ortsänderung $\overrightarrow{\Delta s}$ auch: Es macht schließlich einen Unterschied, ob du einen Schritt nach links oder nach rechts machst. Konsequenterweise sind daher Geschwindigkeit $\vec{v}$ und Beschleunigung $\vec{a}$ Vektoren, da gilt:

$$\vec{v} = \frac{\overrightarrow{\Delta s}}{\Delta t} \text{ bzw. } \vec{a} = \frac{\overrightarrow{\Delta v}}{\Delta t}.$$

Von der Geschwindigkeit hat der Impuls $\vec{p}$ seine Vektoreigenschaft „geerbt", ebenso wie die Kraft $\vec{F}$:

$$\vec{p} = m \cdot \vec{v} \text{ und } \vec{F} = \frac{\overrightarrow{\Delta p}}{\Delta t} = m \cdot \vec{a}.$$

Natürlich gibt es auch physikalische Größen, die keine Richtung haben, wie z. B. die Masse m oder die Temperatur T. Solche Größen nennt man **Skalare.**

Wenn man bei einem Vektor den **Betrag** angibt, so macht man das üblicherweise dadurch, dass man das Größensymbol ohne Vektorpfeil benutzt, also z. B. $F = m \cdot a = 50\text{ kg} \cdot 2\,\frac{\text{m}}{\text{s}^2} = 100\text{ N}$.

Die Vektoraddition · Vektoren kann man auch addieren. Das funktioniert anders als bei Skalaren, da man die Richtung berücksichtigen muss (▸ Bild 02 A): Wenn du einen Schritt nach vorn, einen kleinen Schritt nach rechts und dann einen großen Schritt nach schräg vorn machst, hat sich dein Ort insgesamt um $\overrightarrow{\Delta s}_{ges}$ geändert. Die gesamte Änderung setzt sich aus den drei Schritten zusammen. Um daraus $\overrightarrow{\Delta s}_{ges}$ zu bestimmen, muss du nur die drei Vektoren für die drei Schritte hintereinander hängen. Das schreibt man dann als Vektoraddition:

$$\overrightarrow{\Delta s}_{ges} = \overrightarrow{\Delta s}_1 + \overrightarrow{\Delta s}_2 + \overrightarrow{\Delta s}_3.$$

Du siehst, dass du nicht einfach die Beträge – hier die Schrittlängen – addieren darfst, da du dich in verschiedene Richtungen bewegt hast.
Wenn du die gleichen Schritte in einer anderen Reihenfolge gemacht hättest, wärst du trotzdem am gleichen Ort gelandet (▸ Bild 02 B).

Die Vektoraddition gibt es auch bei den anderen vektoriellen Größen: Beim Schlag mit dem Hammer auf eine Kugel ergibt sich der Impuls nach dem Schlag $\vec{p}_{nach}$ aus dem Impuls vor dem Schlag $\vec{p}_{vor}$ und der Impulsänderung $\overrightarrow{\Delta p}$.

$$\vec{p}_{nach} = \vec{p}_{vor} + \overrightarrow{\Delta p}.$$

Geradlinige Bewegungen · Eigentlich müsste man auch bei geradlinigen Bewegungen mit Vektoren arbeiten. Beim Umgang mit $s(t)$-, $v(t)$- und $a(t)$-Diagrammen hast du gelernt, dass es hier ausreicht, die Richtungen einfach durch Vorzeichen darzustellen.

Material A ▸ Impulsänderung beim Stoß

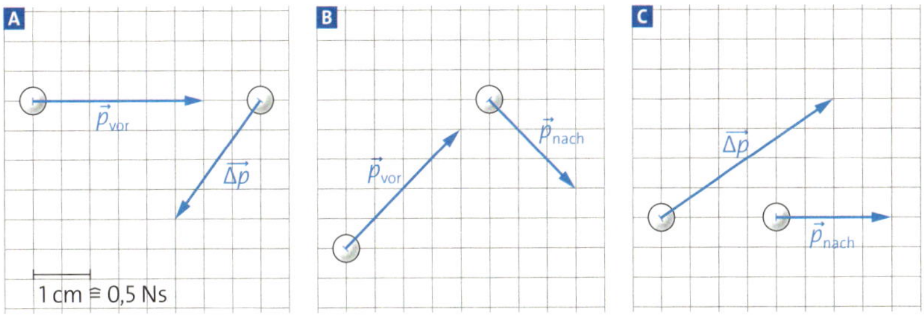

03 Impulsänderung durch Hammerschlag

A1 ▸ Bild 03 A–C zeigt jeweils, wie eine Kugel (Masse: 500 g) durch einen Hammerstoß abgelenkt wird. Dabei fehlt immer einer der drei Vektoren $\vec{p}_{vor}$, $\overrightarrow{\Delta p}$ und $\vec{p}_{nach}$.

a) Übertrage die Zeichnung in dein Heft und konstruiere jeweils den fehlenden Vektor.

b) Bestimme jeweils den Betrag von $\vec{p}_{vor}$, $\overrightarrow{\Delta p}$ und $\vec{p}_{nach}$.

c) Bestimme jeweils für $\vec{p}_{vor}$ die Geschwindigkeit der Kugel.

d) In ▸ Bild 03 A dauert der Stoß 0,0050 s. Berechne die Kraft auf die Kugel.

e) In ▸ Bild 03 C wird vom Hammer eine Kraft von 600 N auf die Kugel ausgeübt. Berechne die Stoßdauer.

Material B ▸ Skalar oder Vektor?

B1 **a)** Erstelle eine Liste der physikalischen Größen, die du bisher kennst. Entscheide jeweils, ob es sich um einen Vektor oder um einen Skalar handelt.

b) Tim sagt: „Die Geschwindigkeit ist ein Vektor. Deswegen kann man sie mit Vorzeichen darstellen. Dann müssten die Temperatur und die elektrische Ladung doch auch Vektoren sein."
Stimmt das? Begründe deine Antwort.

Material C ▸ Bälle

04 Schmetterball am Netz

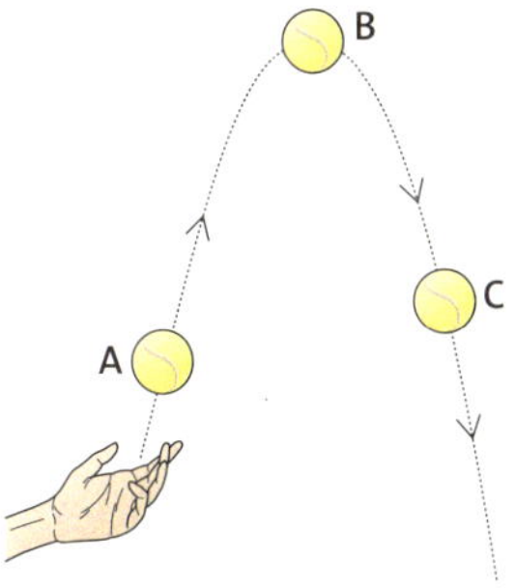

05 Flug eines Tennisballs

C1 Der Schmetterball des Volleyballers trifft auf den Block der gegnerischen Mannschaft. Von den Armen und Händen der Blockspieler kann er in verschiedene Richtungen abgelenkt werden. In welche Richtung der Ball abprallt, hängt stark davon ab, wo genau ein Spieler getroffen wird.

a) Wohin kann der Ball beim Blocken abgelenkt werden? Überlege dir mindestens drei verschiedene Varianten. Welche Folgen hat das für den Spielverlauf?

b) Ein Volleyball wiegt 270 g. Der Schmetterball trifft mit 33 $\frac{m}{s}$ auf den Block. Erstelle für die Varianten aus a) jeweils eine möglichst realistische Konstruktion der drei Vektoren $\vec{p}_{vor}$, $\overrightarrow{\Delta p}$ und $\vec{p}_{nach}$.

C2 Luca, Marie, Alex und Lisa diskutieren über den Flug eines Tennisballs (▸ Bild 05). Schreibe zu jeder der folgenden Aussagen einen kurzen Kommentar. Korrigiere die Aussagen falls nötig.

Luca: Der Impuls im Punkt A ist am größten. Also ist dort auch die Kraft am größten.

Marie: Bei Punkt B ändert sich der Impuls. Deswegen ist dort die Kraft am größten.

Alex: Im Punkt C zeigt der Impuls in Richtung der Schwerkraft. Daher ist hier die Kraft am größten.

Lisa: Die Kraft ist immer gleich groß, nur ihre Richtung ändert sich.

01 Im Gleichgewicht auf der Slackline

Kräftegleichgewicht

Balancieren auf der Slackline macht viel Spaß! Doch wie stark muss man sie spannen? Ist sie sicher befestigt? Dafür muss man wissen, wie groß die Kräfte in der Slackline sind.

IM GLEICHGEWICHT · Wenn du auf einer Slackline stehst, befindest du dich im Kräftegleichgewicht. Die resultierende Kraft ist also null. Für den Fall, dass nur zwei Kräfte ausgeübt werden, kennst du das schon: Im ▸ Bild 02 zieht die Schwerkraft den Kletterer nach unten und das Seil zieht ihn nach oben.

Beim Slackliner im ▸ Bild 01 sind es drei Kräfte: Die Schwerkraft $\vec{F}_G$ zieht nach unten, der linke Teil der Slackline zieht mit $\vec{F}_{links}$ nach links oben, der rechte mit $\vec{F}_{rechts}$ nach rechts oben. Hier können wir die Beträge nicht einfach addieren oder subtrahieren, sondern müssen die Richtung der Kräfte berücksichtigen. Wie das funktioniert, lernst du im Folgenden.

KRÄFTEADDITION · Wir stellen die Situation im Experiment nach: Im ▸ Bild 03 A hängt ein Massestück von 0,50 kg an einem Seil. Wie beim Slackliner zieht die Schwerkraft nach unten und die beiden Seilstücke ziehen nach links bzw. nach rechts. Die Kraftmesser zeigen an, mit welcher Kraft die Seilstücke an dem Massestück ziehen. Die Kraftvektoren sind im ▸ Bild 03 B eingezeichnet. Um die resultierende Kraft zu bestimmen, muss man die drei Kraftvektoren hintereinander hängen (▸ Bild 03 C). Die resultierende Kraft ergibt sich, wenn man den Beginn des ersten Vektors mit dem Ende des letzten Vektors verbindet.

02

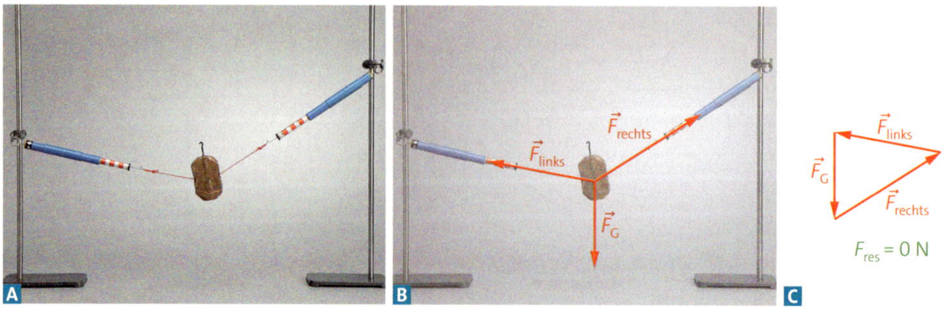

03 Kräftegleichgewicht bei drei Kräften **A** im Experiment, **B** Kraftvektoren. **C** Die resultierende Kraft ist null.

Dieses Vorgehen nennt man **Kräfteaddition.** In unserem Beispiel ist die Kräfteaddition besonders einfach: Die resultierende Kraft ist null – es herrscht ja Kräftegleichgewicht!

Wenn mehrere Kräfte auf einen Körper ausgeübt werden, müssen die Kraftvektoren addiert werden. Wenn die Summe der Kraftvektoren 0 N beträgt, befindet sich der Körper im Kräftegleichgewicht.

1 **a)** Tom sagt zu ▸ Bild 01: „Die Kräfte in der Slackline können unmöglich größer sein als die Schwerkraft beim Mädchen!" Erkläre Tom, wie das möglich ist.
b) Wird die Slackline stärker gespannt, ändern sich die auftretenden Kräfte. Erläutere.

2 Im ▸ Bild 05 wiegt die Getränkekiste 15 kg. Bestimme die Kräfte, mit der die Arme an der Kiste ziehen.

05

METHODE

Die Kräfteaddition

Vom Lageplan zum Kräfteplan · Häufig kann man aus der Geometrie einer Situation auf die Kräfte schließen. Wir betrachten als Beispiel den Spielzeugkran im ▸ Bild 04 A: Der Stein befindet sich im Kräftegleichgewicht. Er wiegt 20 g. Die Schwerkraft $\vec{F}_G$ zieht mit 0,20 N nach unten. Wie groß sind nun die Kräfte $\vec{F}_1$ in der waagerechten Stange und $\vec{F}_2$ in der diagonalen Stange?

Aus dem Aufbau des Krans kann man schließen, in welche Richtung die Kräfte ausgeübt werden: Die waagerechte Stange kann nach links ziehen oder nach rechts drücken. Die diagonale Stange kann nach rechts oben drücken oder nach links unten ziehen. Die Richtungen der drei Kräfte zeichnet man als Geraden in den sogenannten **Lageplan** (▸ Bild 04 A). Bekannte Kräfte – hier $\vec{F}_G$ – zeichnet man maßstabsgerecht ein.

Wenn man beim Kräftegleichgewicht die Kraftvektoren hintereinander hängt, muss man beim Ausgangspunkt landen. Um das zu konstruieren, verschiebt man die waagerechte Gerade des Lageplans so, dass sie durch die Spitze von $\vec{F}_G$ geht. Nun zeichnet man den **Kräfteplan** (▸ Bild 04 B): Es gibt nur eine Möglichkeit, das Kräftegleichgewicht zu erreichen. $\vec{F}_1$ beträgt 0,16 N und zeigt nach links. $\vec{F}_2$ beträgt 0,26 N und zeigt nach rechts oben. Die Beträge entnimmt man dem Kräfteplan.

Kräfteaddition bei einer Richtung · Das Verfahren der Kräfteaddition gilt auch für Fälle wie beim Kletterer im ▸ Bild 02 oder beim Radfahrer mit Luftwiderstand. Nur ist es hier viel leichter, die Beträge zu addieren bzw. zu subtrahieren. Das hast du schon gelernt. Die Richtung der Kraftvektoren wird hier durch das Vorzeichen gekennzeichnet.

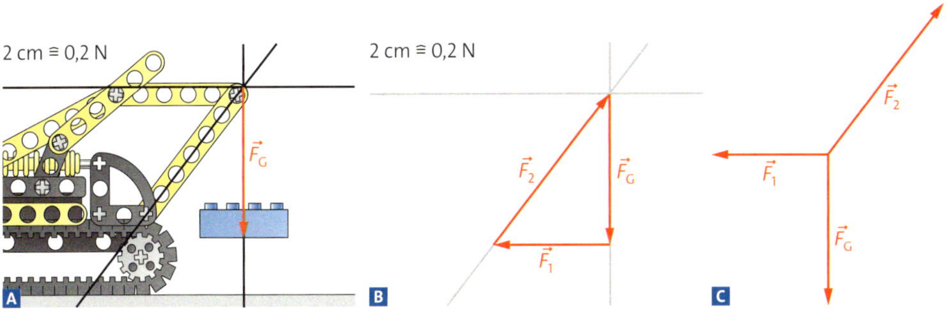

04 Die Steine sind im Gleichgewicht, **A** Lageplan, **B** Kräfteplan, **C** Kräfte an einem Punkt

01 Im Museum gelandet

DYNAMISCHER AUFTRIEB · Im ▸ Bild 01 siehst du, wie das Flugzeug durch die Seile im Kräftegleichgewicht gehalten wird. Normalerweise befindet sich das Flugzeug beim Fliegen aber ohne Seile im Kräftegleichgewicht: Sein Impuls bleibt gleich. Wie funktioniert das?

Anders als z.B. ein Heißluftballon muss ein Flugzeug sich waagerecht bewegen, um weiterfliegen zu können. Nur durch die Bewegung kann eine Kraft nach oben auf das Flugzeug entstehen. Diesen Effekt nennt man daher **dynamischen Auftrieb.** Die Kraft weisen wir in einem Experiment nach (▸ Bild 03): Wir stellen das Modell eines typischen Flugzeugflügel-Querschnitts auf eine Waage. Wenn wir einen Luftstrom von vorne erzeugen, dann nimmt die Anzeige der Waage ab. Also übt der Luftstrom eine Kraft nach oben auf den Flügel aus.

KRÄFTE BEIM FLÜGEL · Wie kommt diese Kraft zustande? Durch die Form des Flügels wird die vorbeiströmende Luft nach unten abgelenkt. Mit einer Fadensonde lässt sich das nachweisen (▸ Bild 03). Der Flügel ändert also die Impulsrichtung der Luft, d.h. er übt eine Kraft nach unten auf die Luft aus. Aufgrund des Wechselwirkungsgesetzes übt die Luft also eine Kraft nach oben auf den Flügel aus:
Die Kraft von der Luft auf den Flügel zeigt allerdings nicht senkrecht nach oben: Durch den Luftstrom wird das Flugzeug am Flügel auch abgebremst. Dieser Anteil der Kraft lässt sich am Modellexperiment nachweisen: Wenn man das Flügelprofil auf einem Wagen statt auf einer Waage befestigt, wird er vom Luftstrom „weggepustet".

DER PROPELLER · Damit das Flugzeug also im Kräftegleichgewicht bleibt und nicht langsamer wird, muss es noch eine Kraft in Bewegungsrichtung geben. Diese Aufgabe hat der Propeller: Er beschleunigt die Luft durch seine Drehbewegung nach hinten. Auch hier ergibt sich aus dem Wechselwirkungsgesetz, dass von der Luft auf den Propeller eine Kraft in Bewegungsrichtung ausgeübt wird.
▸ Bild 04 zeigt nochmal die drei Kräfte, die auf das Flugzeug ausgeübt werden und es im Kräftegleichgewicht halten.

1 Erkläre, warum folgende Gegenstände fliegen: **a)** Düsenflugzeug, **b)** Hubschrauber, **c)** Drachen (▸ Bild 02).

2 Ein Ingenieur sagt: „Ein Flugzeug fliegt, weil es sich beim Fliegen bewegt." Erläutere diese Aussage.

02 Drachen

03 Modellexperiment zum Fliegen

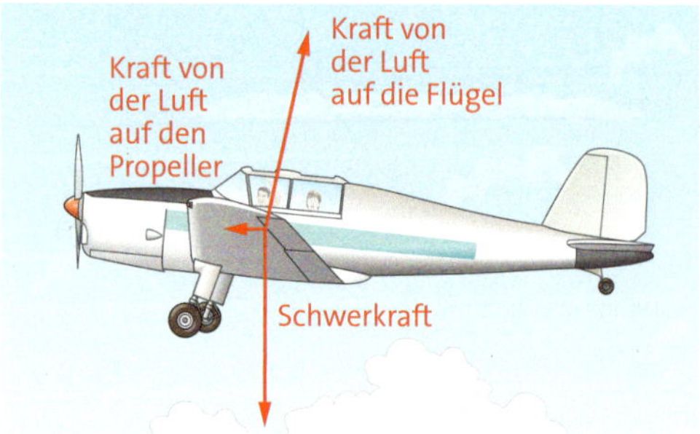

04 Kräftegleichgewicht am Flugzeug

VERSUCHE ▸ Kräfteaddition im Kräftegleichgewicht

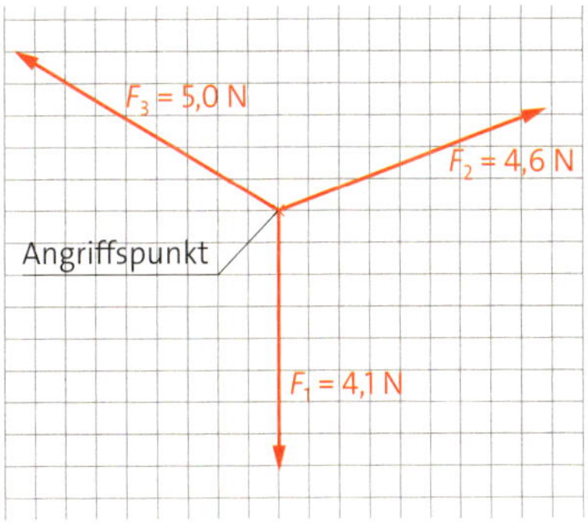

05 Zur Kräfteaddition

Du überprüfst mit den Federkraftmessern das Verfahren der Kräfteaddition. Dabei berechnest du für einige Spezialfälle auch die beteiligten Kräfte.

Material:

3 Federkraftmesser mit gleichem Messbereich, kleiner Ring oder Fadenschlaufe, kariertes Papier, Geodreieck

Durchführung:

Markiere für jeden Versuch im Heft einen Punkt, an dem die Kräfte angreifen sollen. Befestige die drei Kraftmesser am Ring. Bei den Versuchen soll sich der Punkt immer in der Mitte des Rings befinden. Erstelle für jeden Versuch eine exakte maßstäbliche Zeichnung der Kraftvektoren (▸ Bild 05) und führe die Kräfteaddition grafisch durch.

V1 **a)** Stell die Situation von ▸ Bild 05 nach.
b) Finde die Stellung, bei der alle drei Kräfte gleich groß sind.
c) Beschreibe, welches besondere Dreieck sich hier bei der grafischen Kräfteaddition ergibt. Begründe damit, warum es nur eine Lösung gibt.

V2 **a)** Zwei der drei Kräfte sollen den gleichen Betrag haben. Untersuche, unter welchen Bedingungen dies möglich ist.
b) Finde eine Begründung ähnlich wie bei V1 c).

V3 **a)** Ein Kraftmesser zieht mit 4,0 N, ein zweiter mit 3,0 N. Diese beiden Kräfte stehen senkrecht zueinander. Die dritte Kraft soll das Kräftegleichgewicht herstellen. Bestimme ihren Betrag und ihre Richtung.
b) Erkläre, wie man die dritte Kraft mit dem Satz des PYTHAGORAS berechnen kann.
c) Nun sollen zwei Kräfte mit beliebigen Beträgen senkrecht zueinander stehen und die dritte Kraft das Kräftegleichgewicht herstellen. Finde hierfür mindestens zwei weitere Beispiele. Wie viele Möglichkeiten gibt es hierfür?
d) Berechne die Winkel zwischen den Kräften für deine Beispiele.

Material A ▸ Beim Sport

06 Turner an den Ringen

A1 Im ▸ Bild 06 stützt sich der Turner (60 kg) mit ausgestreckten Armen an den Ringen ab.
a) Erstelle den Kräfteplan. Vergleiche die Kraft auf einen Arm mit der Schwerkraft.
b) Die Stellung kann der Turner nur einnehmen, wenn er von oben aus dem Stütz kommend den Körper absenkt. Von unten kommend ist das praktisch unmöglich. Erkläre.

A2 Im Liegestütz stützt du deinen Körper mit gestreckten Armen ab. Die Hände berühren den Boden dabei normalerweise auf Höhe des Brustkorbs.
a) Wenn du dich weiter außen abstützt, wird es anstrengender, in dieser Stellung zu bleiben. Erkläre anhand eines Kräfteplans.
b) Erläutere, was sich ändert, wenn du die Hände eher auf Kopfhöhe abstützt

Material B ▸ Seilkräfte

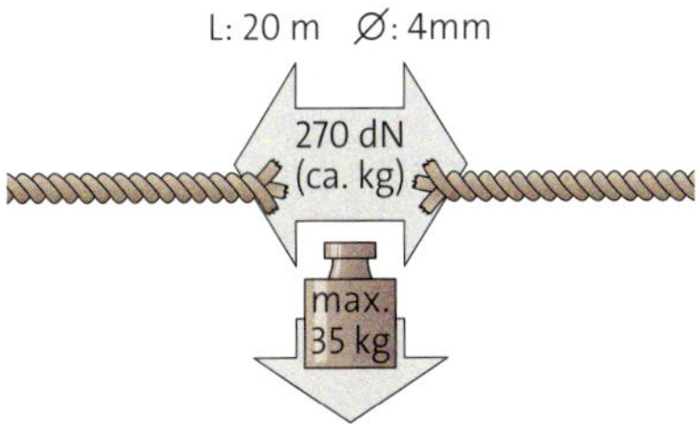

B1 Das ▸ Bild links zeigt den Hinweis zur Reißfestigkeit eines Seils (1 daN = 10 N).
a) Die Angabe „270 daN (ca. kg)“ ist fachlich eigentlich falsch. Trotzdem ist sie hier praktisch. Erkläre.
b) Die erlaubte Kraft beim horizontalen Spannen ist größer als die beim Anhängen eines Massestücks in der Mitte. Begründe.
c) Bestimme, wie viel Zentimeter das komplette Seil mindestens durchhängen muss, damit keine Gefahr besteht, dass es reißt.

01 Mit Schwung ins kühle Nass

Die resultierende Kraft als Vektor

Je steiler die Rutsche ist, desto schneller wird der Junge. Die resultierende Kraft auf den Jungen ist dann also auch größer. Welche Kräfte beeinflussen solch eine Bewegung?

KRÄFTE BEIM RUTSCHEN · Damit der Junge überhaupt rutschen kann, muss die Schwerkraft ihn nach unten ziehen. Die Rutsche sorgt dann dafür, dass er sich mehr oder weniger steil bergab bewegt. Die Rutsche übt also eine Kraft auf den Jungen aus. Zusammen mit der Schwerkraft bewirkt diese, dass der Impuls des Jungen in der Rutschbahn zunimmt.

Bewegungen bergauf oder bergab wie bei der Rutsche kommen häufig vor. In der Physik betrachtet man die dabei auftretenden Kräfte an einem vereinfachten Modell, der **schiefen Ebene.** Im Experiment verwenden wir einen Wagen mit einer Masse von 102 g auf einer Fahrbahn, die um den Winkel α geneigt ist (▸ Bild 02).

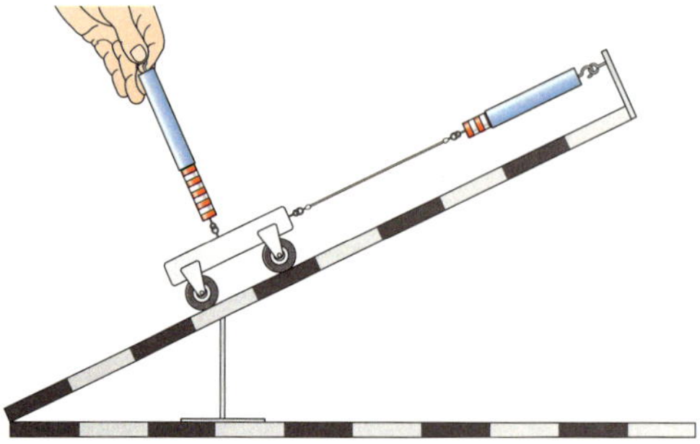

02 Kraftmessung an der schiefen Ebene

HANGABTRIEBS- UND NORMALKRAFT · Wenn wir den Winkel α vergrößern, dann wird die Beschleunigung des Wagens größer. Die resultierende Kraft, die hierfür verantwortlich ist, nennt man bei der schiefen Ebene **Hangabtriebskraft $\vec{F}_H$**. Um sie zu messen, benutzen wir einen Federkraftmesser, der am Wagen entlang der schiefen Ebene nach oben zieht (▸ Bild 02). Diese Kraft gleicht die Hangabtriebskraft aus, d.h. ihr Betrag ist genau so groß wie $\vec{F}_H$.

Die Kraft der Fahrbahn auf den Wagen wirkt senkrecht zu der Richtung, in die sich der Wagen bewegen würde. Deswegen heißt sie **Normalkraft $\vec{F}_N$**. Auch sie weisen wir mit einem Federkraftmesser nach (▸ Bild 02): Wir ziehen mit dem Kraftmesser senkrecht zur schiefen Ebene am Wagen, bis der Wagen gerade eben nicht mehr die Fahrbahn berührt. Wenn wir nun die Fahrbahn entfernen, dann bleibt der Wagen genau an seiner Position. Die Kraft der Fahrbahn auf den Wagen hatte genau die gleiche Wirkung wie die Kraft des Kraftmessers. Also zeigt er tatsächlich den Betrag der Normalkraft an.

KRÄFTEADDITION GEZEICHNET ... · ▸ Bild 03 zeigt die Kräfte auf den Wagen auf der schiefen Ebene. Die Kräfteaddition von Schwerkraft und Normalkraft ergibt als resultierende Kraft die Hangabtriebskraft. Für diese Kräfteaddition schreibt man kurz:

$\vec{F}_G + \vec{F}_N = \vec{F}_H.$

In der Zeichnung haben wir den Vektor der resultierenden Kraft grün gezeichnet, damit klar ist, dass es keine neue Kraft ist, sondern das Ergebnis der Einwirkung von Schwerkraft und Normalkraft. Wenn man eine der drei Kräfte kennt, lassen sich die anderen für jeden Winkel α zeichnerisch konstruieren.

... UND BERECHNET · Das zeichnerische Verfahren ist aufwendig, ungenau und jeweils nur für einen Winkel α gültig. Man kann die Kräfte aber für beliebige Winkel leicht berechnen. Im ▸ Bild 03 siehst du, dass der Winkel α auch bei der Kräfteaddition auftaucht. Da die drei Kraftvektoren ein rechtwinkliges Dreieck bilden, ergibt sich:

$\frac{F_H}{F_G} = \sin(\alpha)$, also $F_H = F_G \cdot \sin(\alpha)$ und

$\frac{F_N}{F_G} = \cos(\alpha)$, also $F_N = F_G \cdot \cos(\alpha)$

Bei der schiefen Ebene ist die Hangabtriebskraft $\vec{F}_H$ die resultierende Kraft von Schwerkraft $\vec{F}_G$ und Normalkraft $\vec{F}_N$. Dabei gilt:
$F_H = F_G \cdot \sin(\alpha)$,
$F_N = F_G \cdot \cos(\alpha)$.

ZURÜCK ZUR RUTSCHE · Beim Aufbau im ▸ Bild 03 nehmen wir die Bewegung des Wagens mit einem Messwerterfassungssystem auf und bestimmen daraus die Hangabtriebskraft. Wenn man sie mit der Formel berechnet, stimmt dieses Ergebnis gut mit der Messung überein. Wenn man das gleiche bei der Rutsche durchführt, so ist die Impulszunahme kleiner als aufgrund der Hangabtriebskraft erwartet. Wir haben offenbar eine Kraft noch nicht berücksichtigt: die Gleitreibungskraft $\vec{F}_{gl}$, die der Bewegungsrichtung entgegen wirkt (▸ Bild 04). Die resultierende Kraft ist dadurch kleiner, die Impulszunahme geschieht daher langsamer.

DIE GRUNDGLEICHUNG · Am Beispiel der schiefen Ebene siehst du, dass man die resultierende Kraft aus einer Kräfteaddition der einzelnen Kräfte bestimmen muss. Die resultierende Kraft ist dann auch diejenige, die für die Impulsänderung sorgt. Wir fassen zusammen:

Die resultierende Kraft ergibt sich aus der Addition der einzelnen Kräfte auf einen Körper. Seine Impulsänderung ergibt sich entsprechend der NEWTON'schen Grundgleichung:
$\overrightarrow{\Delta p} = \vec{F}_{res} \cdot \Delta t.$

1 **a)** Berechne Hangabtriebs- und Normalkraft für die Situationen in ▸ Bild 03, 04.
b) Im ▸ Bild 04 beträgt die Reibungskraft 76 N. Bestimme die resultierende Kraft auf den Jungen und seine Beschleunigung.

Beachte!
Wenn man die Beträge zweier nicht paralleler Kräfte addiert, dann ergibt sich nicht der Betrag der resultierenden Kraft, also:
$F_G + F_N \neq F_H$!

Den Vektor für die resultierende Kraft stellen wir immer grün dar.

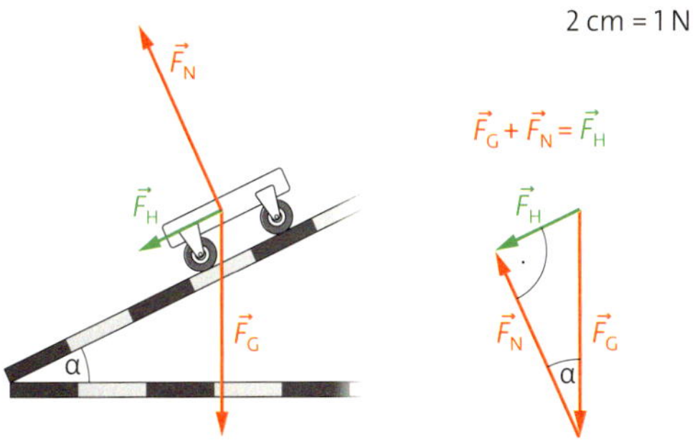

03 Kraftvektoren bei der schiefen Ebene

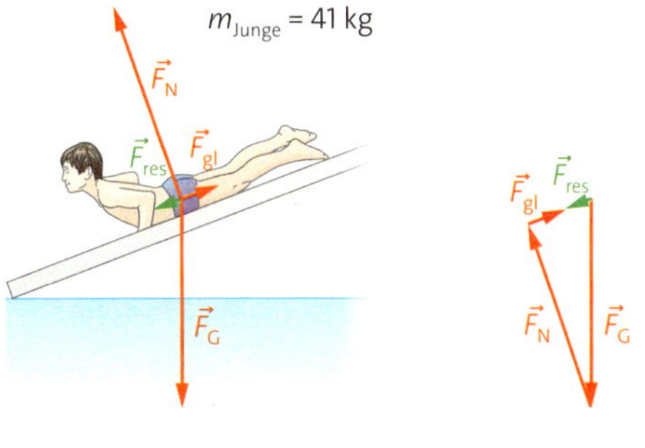

04 Kraftvektoren an der Rutsche

01 Beim Skifahren

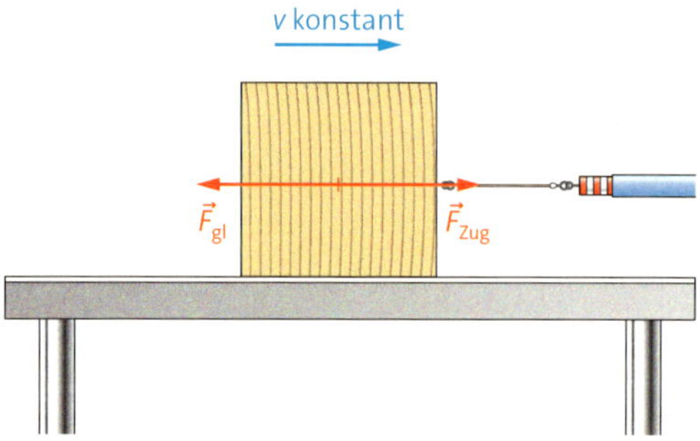

02 Messung der Gleitreibungskraft

DIE GLEITREIBUNGSKRAFT · Beim Skifahren muss man geschickt bremsen (▸ Bild 01). Eine wesentliche Rolle spielt dabei die Gleitreibungskraft F_{gl}. Durch Wachsen kann man die Unterseiten der Ski so verändern, dass sie mehr oder weniger gut gleiten. Daran wird eine wesentliche Eigenschaft der Gleitreibungskraft deutlich: Sie ist abhängig von der Beschaffenheit der Oberflächen der beiden beteiligten Körper. Wir untersuchen mit Experimenten, wovon sie außerdem abhängt.

IM EXPERIMENT · Wir ziehen einen Holzquader mit konstanter Geschwindigkeit über einen glatten Tisch (▸ Bild 02). Da sich der Quader im Kräftegleichgewicht befindet, zeigt der Kraftmesser den Betrag der Gleitreibungskraft an.
Die Vermutung liegt nahe, dass die Gleitreibungskraft größer wird, wenn der Quader stärker auf den Tisch drückt. Um dies zu untersuchen, legen wir verschiedene Massestücke auf den Quader. Wir stellen fest: Die Gleitreibungskraft wächst proportional zur Schwerkraft, kurz: $F_{gl} \sim F_G$.

F_h wird auch Haftreibungskraft genannt.

03 Welche Mannschaft gewinnt?

Den Quader haben wir auf einer horizontalen Fläche gezogen, beim Skifahren fährt man einen Hang hinunter. Hat dies einen Einfluss auf die Gleitreibungskraft? Führt man entsprechende Experimente mit dem Quader an der schiefen Ebene durch, so stellt man fest, dass die Gleitreibungskraft proportional zur Normalkraft wächst, kurz: $F_{gl} \sim F_N$.

Man hat festgestellt, dass der Betrag der Gleitreibungskraft nur von der Oberflächenbeschaffenheit und der Normalkraft abhängt. Dabei gilt:

$$F_{gl} = f_{gl} \cdot F_N.$$

Die Gleitreibungszahl f_{gl} ist eine materialabhängige Konstante. ▸ Tabelle 06 zeigt einige Beispiele.

DIE MAXIMALE HAFTKRAFT · Kommt es beim Tauziehen wirklich nur darauf an, wer kräftiger ist (▸ Bild 03)? Stell dir vor, die Mannschaft auf der rechten Seite stände auf Glatteis: Sie hätte keine Chance zu gewinnen! Die Haftkraft ist hier entscheidend. Wir untersuchen diese ähnlich wie die Gleitreibungskraft experimentell (▸ Bild 02):
Wenn der Quader zunächst ruht und du an ihm ziehst, bleibt der Quader bis zu einem bestimmten Kraftbetrag in Ruhe. Erst dann fängt er an zu rutschen. Es gibt eine maximale Haftkraft F_h.

Wie die Gleitreibungskraft ist die maximale Haftkraft nur von der Oberflächenbeschaffenheit und der Normalkraft abhängig. Für sie gibt es entsprechend eine Haftzahl f_h, die immer größer ist als die Gleitreibungszahl f_{gl} (▸ Tabelle 06).

Die Gleitreibungskraft F_{gl} und die maximale Haftkraft F_h sind abhängig von der Beschaffenheit der Oberflächen der beiden beteiligten Körper und von der Normalkraft. Es gilt:
$F_{gl} = f_{gl} \cdot F_N$,
$F_h = f_h \cdot F_N$ ($f_h > f_{gl}$).

VERSUCHE ▸ Kräfte auf der schiefen Ebene

Du untersuchst, wovon die Kraft abhängt, mit der man einen Körper eine schiefe Ebene hochzieht.

Material:

Federkraftmesser, Wagen, Massestücke, Fahrbahn oder Brett, Geodreieck

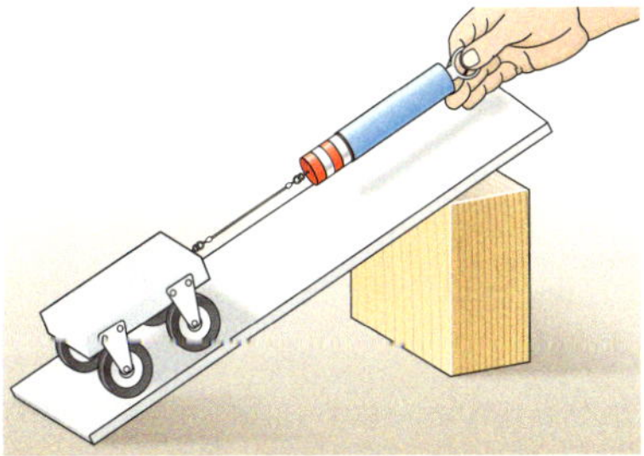

04 Schiefe Ebene, Versuchsaufbau

Durchführung:

Baue den Versuch entsprechend ▸ Bild 04 mit einem Steigungswinkel von $\alpha = 30°$ auf.

V1 Miss die Kraft, wenn

a) der Wagen in Ruhe ist,

b) du ihn mit konstanter Geschwindigkeit nach oben ziehst.

c) Die Messwerte aus a) und b) sollten gleich sein. Erkläre.

d) Erstelle einen Kräfteplan. Berechne die Hangabtriebskraft F_H. Vergleiche mit deinem Messwert.

V2 F_H ist proportional zur Schwerkraft. Weise dies im Versuch nach, indem du die Masse des Wagens durch die Massestücke veränderst. Stell deine Messwerte tabellarisch dar.

V3 **a)** Miss die Kraft für mind. fünf verschiedene Steigungswinkel.

b) Stell die Messwerte in einem geeigneten Diagramm dar.

c) Es gilt: $F_H = m \cdot g \cdot \sin(\alpha)$. Zeichne die sich daraus ergebende Kurve in das gleiche Diagramm. Vergleiche mit deinen Messwerten.

Material A ▸ Speed-Ski

05 Speed-Skifahrer: Mit 250 $\frac{km}{h}$ bergab!

A1 Speed-Skifahrer wie im ▸ Bild 05 fahren auf Strecken mit einem Gefälle von bis zu 48°. Nach einer Strecke von 400 m wird dabei die Geschwindigkeit gemessen.

a) Berechne die Hangabtriebskraft F_H bei einem Fahrer mit einer Masse von 80 kg.

b) Berechne die sich aus F_H ergebende Beschleunigung und die Geschwindigkeit am Ende der Beschleunigungsstrecke.

c) Der Weltrekord liegt derzeit bei 251,4 $\frac{km}{h}$. Beurteile dein Ergebnis aus b).

A2 Anne sagt: „Mit einer längeren Beschleunigungsstrecke müsste es auch einen neuen Weltrekord geben!“ Stimmt das? Informiere dich.

Material B ▸ Reibungszahlen

B1 Ein Auto (m = 1,5 t) mit blockierenden Reifen bremst mithilfe der Gleitreibungskraft F_{gl}.

a) Berechne F_{gl} für nassen Asphalt, für trockenen Asphalt und für Glatteis.

b) Berechne jeweils den damit verbundenen Bremsweg bei einer Bremsung aus 54 $\frac{km}{h}$.

c) Durch das Antiblockiersystem (ABS) rutschen die Reifen nicht mehr. Der Bremsweg ändert sich dadurch kaum. Trotzdem ist das ABS sinnvoll. Erläutere.

B2 Damit ein Auto beschleunigen kann, müssen die Reifen auf dem Asphalt haften.
In einem Werbeprospekt für einen Sportwagen steht: „Von 0 auf 100 $\frac{km}{h}$ in 3 s!“
Ist das überhaupt möglich? Begründe mit einer Rechnung.

Gummi auf ...	f_{gl}	f_h
... trockenem Asphalt	0,8	0,9
... nassem Asphalt	0,5	0,7
... Eis	0,1	< 0,2
... Splitt	0,4	0,6

06 Beispiele für Reibungszahlen

01 Auf dem Kettenkarussell

Die Kreisbewegung

Immer schneller im Kreis! Die Kette sorgt dafür, dass das auch klappt. Wie kommt so eine Kreisbewegung zustande? Welche Kraft bringt das Mädchen auf die richtige Bahn?

DIE ZENTRIPETALKRAFT · Bei der Bewegung des Mädchens auf der Kreisbahn ändert sich ständig die Impulsrichtung (▸ Bild 02). Hierfür muss eine Kraft auf das Mädchen ausgeübt werden. In ▸ Bild 02 siehst du: Damit sich der Impulsvektor z.B. von $\vec{p}_1$ zu $\vec{p}_2$ ändert, muss der resultierende Kraftvektor nach innen zeigen.

Wir nehmen im Folgenden an, dass sich der Impulsbetrag bei der Kreisbewegung nicht ändert. Dann muss der Kraftvektor immer senkrecht auf dem Impulsvektor stehen. Da die resultierende Kraft folglich immer genau auf den Mittelpunkt des Kreises gerichtet ist, nennt man sie **Zentripetalkraft $\vec{F}_Z$**. Wir betrachten nun bei verschiedenen Beispielen, wie die Zentripetalkraft zustande kommt.

BEIM HAMMERWERFEN · Im ▸ Bild 04 A bewegt der Hammerwerfer eine schwere Metallkugel, den sogenannten Hammer, im Kreis und schleudert ihn anschließend weit weg. Dass es sich näherungsweise tatsächlich um eine Kreisbewegung handelt, erkennt man, wenn man die Bewegung von oben betrachtet. In ▸ Bild 04 B ist die Bahn des Hammers entsprechend dargestellt.
Beim Hammerwerfen ist klar, woher die Zentripetalkraft kommt: Der Sportler zieht den Hammer am Stahlseil zur Kreismitte hin und zwingt ihn dadurch auf die Kreisbahn.

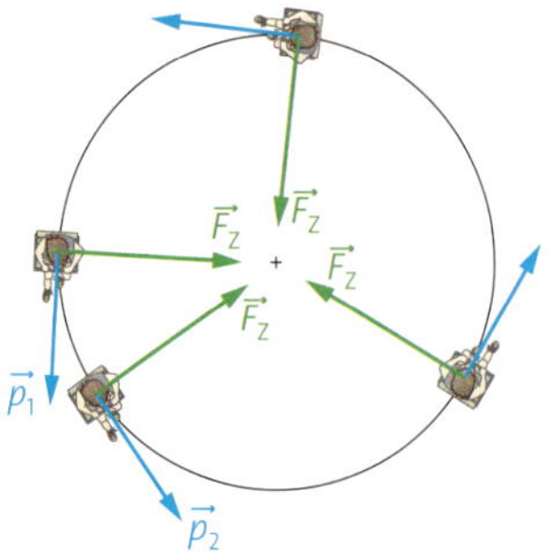

02 Der Kraftvektor zeigt stets nach innen.

03 Die Zentripetalkraft beim Kettenkarussell

AUF DEM SPIELPLATZ · Wie ist es bei dem Kind auf der Drehscheibe im ▸ Bild 05 A? Wenn sich die Drehscheibe nicht bewegt, dann ist das Kind im Kräftegleichgewicht zwischen der Schwerkraft $\vec{F}_G$ und der Normalkraft $\vec{F}_N$ von der Scheibe. Zur Zentripetalkraft $\vec{F}_Z$ können diese beiden Kräfte offensichtlich nichts beitragen (▸ Bild 05 B). Welche Kraft ist es dann?

Stell dir vor, die Drehscheibe ist spiegelglatt und das Kind kann sich nirgends festhalten. Um die Kurve kommt es dann bestimmt nicht! Es ist also die Haftkraft $\vec{F}_{Haft}$ von der Scheibe auf das Kind, die nach innen zieht und das Kind auf die Kreisbahn bringt.

AUF DEM KARUSSELL · Auf das Mädchen im Kettenkarussell werden zwei Kräfte ausgeübt (▸ Bild 03): Die Schwerkraft $\vec{F}_G$ zieht es nach unten. Die Kette zieht es mitsamt dem Sitz mit $\vec{F}_{Kette}$ nach schräg oben, sodass die resultierende Kraft als Zentripetalkraft $\vec{F}_Z$ horizontal zur Mitte der Kreisbewegung zeigt.

Damit sich ein Körper mit gleichbleibendem Impulsbetrag auf einer Kreisbahn bewegt, muss die resultierende Kraft auf den Kreismittelpunkt gerichtet sein. Sie heißt Zentripetalkraft.

UND DIE ZENTRIFUGALKRAFT? · Im Alltag würde man die Situation beim Hammerwerfen vielleicht so erklären: „Die Zentrifugalkraft – oder die Fliehkraft – zieht den Hammer nach außen, weil er sich im Kreis bewegt. Deswegen spürt der Sportler, wie er nach außen gezogen wird." Dass diese Erklärung problematisch ist, erkennt man daran, dass es keinen Körper gibt, der den Hammer nach außen zieht. Es ist ja der Sportler, der ihn nach innen zieht. Wegen des Wechselwirkungsgesetzes wird dabei der Sportler dann vom Hammer nach außen gezogen (▸ Bild 04 B).

WAS SPÜRT MAN? · Wenn du in einem Auto sitzt, das um eine Kurve fährt, spürst du vermeintlich „wie du durch die Zentrifugalkraft an die Außenseite des Autositzes gedrückt wirst." Dabei ist es umgekehrt: Die Außenseite des Sitzes drückt dich um die Kurve. Wenn das nicht so wäre, würdest du dich aufgrund der Impulserhaltung weiter geradeaus bewegen. Du spürst also die Zentripetalkraft, die dich nach innen drückt. Du meinst nur, nach außen gezogen zu werden. Es ist also sinnvoller, vom **Zentrifugal-Effekt** statt von Zentrifugalkraft zu reden.

A

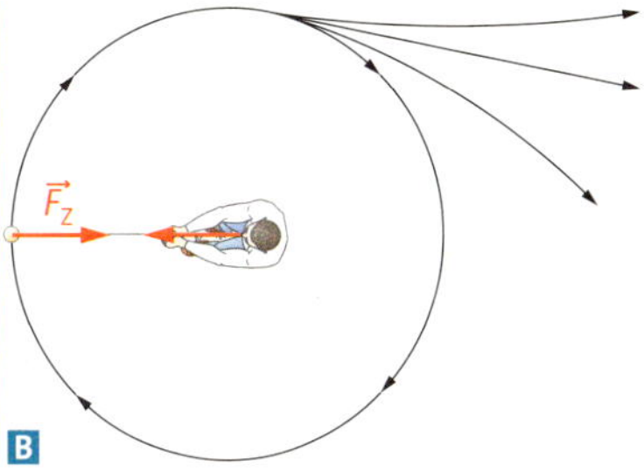

B

04 **A** Hammerwerfer, **B** Der Sportler zieht den Hammer zur Kreismitte hin.

A

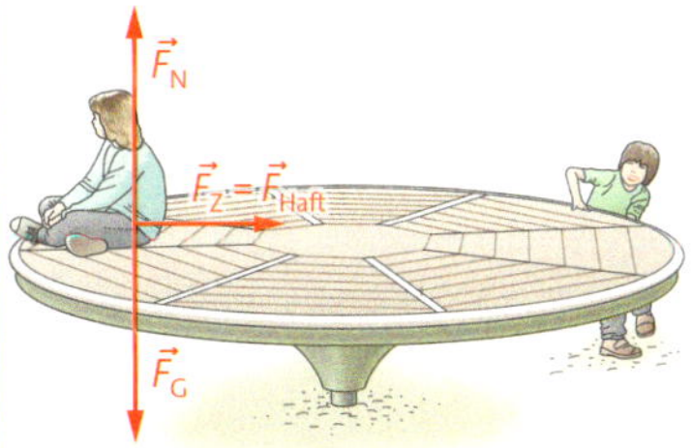

B

05 **A** Kind auf einer Drehscheibe, **B** Die Haftkraft hält das Kind auf der Bahn.

1 Der Hammerwerfer lässt den Hammer mitten in der Kreisbewegung los. Auf welcher Bahn bewegt sich der Hammer dann? ▸ Bild 04 B zeigt mehrere Möglichkeiten. Treffe eine begründete Entscheidung.

2 Erläutere, wie die Zentripetalkraft bei folgenden Situationen zustande kommt:
a) Ein Kind steht auf der Drehscheibe.
b) Ein Auto fährt um eine Kurve.
c) In einer Waschmaschine wird Wäsche geschleudert.
d) Du machst an deinem Wohnort die Rotation der Erde um sich selbst mit.

01 **A** Wie viel Uhr ist es? **B** Welche Geschwindigkeit hat der Zeiger?

DIE WINKELGESCHWINDIGKEIT · Bei einer Uhr dreht sich der Sekundenzeiger 60-mal schneller als der Minutenzeiger (▸ Bild 01 A). Aber wenn du seine Geschwindigkeit angeben willst, hast du ein Problem: Man kann berechnen, welche Strecke die Zeigerspitze bei einer Umdrehung zurücklegt. Aber für einen anderen Punkt auf dem Zeiger ist diese Strecke kleiner (▸ Bild 01 B). Jeder Punkt auf dem Zeiger hat also eine andere Geschwindigkeit. „Die" Geschwindigkeit des Zeigers gibt es gar nicht!

Beim Ablesen der Uhr ist nicht die vom Zeiger zurückgelegte Strecke wichtig, sondern die Richtung, in die er zeigt, also der Winkel φ zwischen „12 Uhr" und dem Zeiger (▸ Bild 01 B). Beim Sekundenzeiger ändert sich dieser Winkel 60-mal schneller als beim Minutenzeiger. Man sagt: Er hat eine größere **Winkelgeschwindigkeit** $\boldsymbol{\omega}$. Man hat sie entsprechend zur „normalen" Geschwindigkeit als Quotient $\frac{\Delta\varphi}{\Delta t}$ definiert. Mit der Winkelgeschwindigkeit lassen sich neben Drehbewegungen auch Kreisbewegungen gut beschreiben.

φ wird in Bogenmaß angegeben:
$\frac{\alpha\,(\text{in}\,^\circ)}{360^\circ} = \frac{\varphi}{2\pi}$

Wenn bei einer Kreis- oder Drehbewegung der Winkel sich in der Zeitspanne Δt um $\Delta\varphi$ ändert, dann beträgt die Winkelgeschwindigkeit
$\omega = \frac{\Delta\varphi}{\Delta t}$.
Die Einheit der Winkelgeschwindigkeit ist $\frac{1}{s}$.

Zwischen der Winkelgeschwindigkeit und der Geschwindigkeit eines Körpers gibt es einen einfachen Zusammenhang: In der Zeitspanne für einen Umlauf eines Zeigers, der **Umlaufdauer** $\boldsymbol{T}$, ändert sich der Winkel um 2π. Also beträgt die Winkelgeschwindigkeit:

$$\omega = \frac{2\pi}{T}.$$

Ein Punkt, der sich auf einer Kreisbahn mit dem Radius r bewegt, hat bei einem Umlauf eine Strecke von $2\pi \cdot r$ zurückgelegt. Für die Geschwindigkeit v gilt daher:

$$v = \frac{2\pi \cdot r}{T} = \frac{2\pi}{T} \cdot r = \omega \cdot r.$$

Wenn sich ein Körper mit der Winkelgeschwindigkeit ω auf einer Kreisbahn mit dem Radius r bewegt, dann gilt für seine Geschwindigkeit:
$v = \omega \cdot r$.

WOVON HÄNGT DIE ZENTRIPETALKRAFT AB? · Zunächst untersuchen wir die Abhängigkeit von verschiedenen Größen in einem Experiment **qualitativ,** d.h. wir betrachten nur prinzipielle Zusammenhänge und (noch) keine Formeln.

Im ▸ Bild 02 siehst du, wie Spielfiguren auf einem Drehteller stehen. Wenn du ihn langsam drehst, machen die Figuren eine Kreisbewegung. Die Haftkraft wirkt als Zentripetalkraft. Wenn du genügend schnell drehst, fallen die Figuren herunter. Um sie weiter auf der Kreisbahn zu halten, wäre eine größere Zentripetalkraft notwendig gewesen. Daraus kannst du schließen: Je größer die Winkelgeschwindigkeit eines Körpers ist, desto größer ist die Zentripetalkraft, die ihn auf der Kreisbahn hält.

Erhöhst du die Winkelgeschwindigkeit langsam, fallen zuerst die außen stehenden Figuren herunter. Daraus folgt: Je größer der Radius der Kreisbahn ist, desto größer ist die Zentripetalkraft, die den Körper auf der Kreisbahn hält. Unabhängig von Experimenten folgt aus der NEWTON'schen Grundgleichung, dass die Zentripetalkraft mit der Masse des Körpers steigt.

EIN QUANTITATIVES EXPERIMENT · Die Abhängigkeit der Zentripetalkraft von der Masse des Körpers, vom Radius der Kreisbahn und von der Winkelgeschwindigkeit untersuchen wir nun in einem Experiment auch **quantitativ,** d.h. unser Ziel ist eine Gleichung für die Zentripetalkraft.

Wir verwenden einen Wagen, der sich auf einer drehbaren Schiene bewegen kann (▸ Bild 03). Er ist mit einem Faden an einem Kraftmesser befestigt. Dadurch wird er auf einer Kreisbahn gehalten, wenn sich die Schiene dreht. Mit dem Aufbau können wir die Zentripetalkraft F_Z, in Abhängigkeit von der Masse m des Wagens, dem Radius r der Kreisbahn und über die Umlaufdauer T für einen Umlauf auch von der Winkelgeschwindigkeit ω messen.

DIE ABHÄNGIGKEITEN · Wir untersuchen zunächst die Abhängigkeit der Zentripetalkraft von der Masse des Körpers. Dabei halten wir den Radius und die Winkelgeschwindigkeit konstant. ▸ Tabelle 04 A zeigt die Messwerte. Das Ergebnis ist wenig überraschend: Die Zentripetalkraft ist proportional zur Masse des Körpers.
Ähnliches zeigt sich auch beim Radius (▸ Tabelle 04 B): Wenn Masse und Winkelgeschwindigkeit konstant sind, ist die Zentripetalkraft proportional zum Radius der Kreisbahn.

Die Winkelgeschwindigkeit muss man zunächst aus der Umlaufdauer berechnen (▸ Tabelle 04 C). Hier zeigt sich, dass die Zentripetalkraft nicht proportional zur Winkelgeschwindigkeit ist: Wenn wir sie verdoppeln, ist die Zentripetalkraft viermal so groß! Offensichtlich ist die Zentripetalkraft proportional zum Quadrat der Winkelgeschwindigkeit.
Folgende Gleichung fasst die Abhängigkeiten von der Masse m, dem Radius r und der Winkelgeschwindigkeit ω zusammen:

$$F_Z = m \cdot \omega^2 \cdot r.$$

A $T = 1{,}0$ s; $r = 0{,}20$ m

m in kg	0,050	0,100	0,150
F_Z in N	0,40	0,80	1,2

B $T = 1{,}0$ s; $m = 0{,}150$ kg

r in m	0,10	0,20	0,30
F_Z in N	0,60	1,2	1,8

C $r = 0{,}20$ m; $m = 0{,}150$ kg

T in s	2,0	1,4	1,0
ω in $\frac{1}{s}$	3,14	4,49	6,28
F_Z in N	0,30	0,60	1,2

04 Messwerte

Für die Zentripetalkraft F_Z gilt:
$F_Z = m \cdot \omega^2 \cdot r.$

1 ▸ Bild 01 A zeigt die Uhr in Originalgröße.
a) Berechne die Winkelgeschwindigkeiten für die drei Uhrzeiger.
b) Berechne die Geschwindigkeiten der Zeigerspitzen.

2 Zeige, dass für die Werte aus ▸ Tabelle 04 $F_Z = m \cdot \omega^2 \cdot r$ gilt.

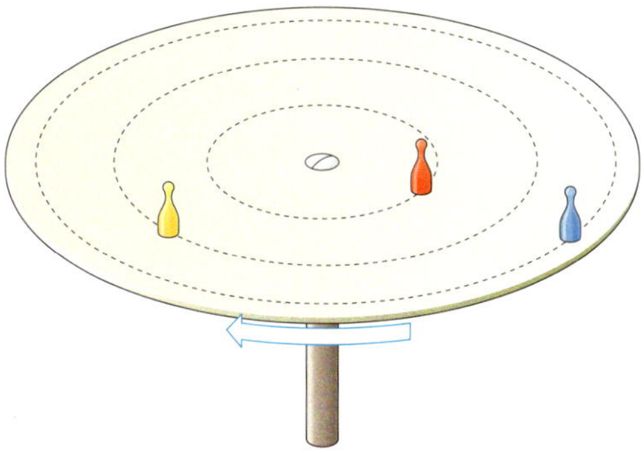

02 Spielfiguren auf einem Drehteller

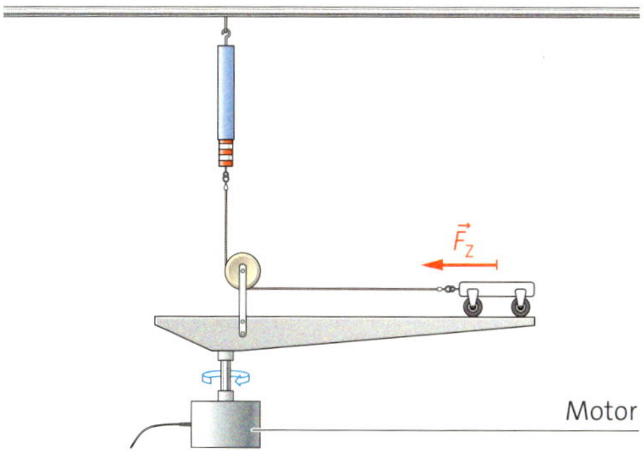

03 Experiment zur Bestimmung der Zentripetalkraft

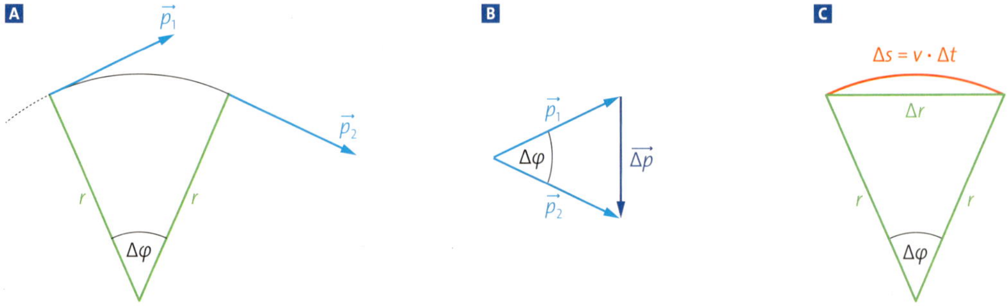

01 Zur Herleitung einer Gleichung für die Zentripetalkraft

EINE HERLEITUNG · Wir leiten nun eine Gleichung für die Zentripetalkraft her. Wie immer bei Kräften bestimmen wir dabei, wie groß die Impulsänderung Δp in einer kleinen Zeitspanne Δt ist. Hierfür betrachten wir die Kreisbewegung eines Körpers allgemein (▸ Bild 01 A): Ein Körper bewegt sich mit konstanter Winkelgeschwindigkeit auf einer Kreisbahn mit dem Radius r. In der Zeitspanne Δt bewegt er sich ein Stück weiter auf der Kreisbahn. Die Verbindungsstrecke vom Kreismittelpunkt zum Körper wandert um den Winkel $\Delta\varphi$ weiter.

Bei der Bewegung ändert sich ständig die Impulsrichtung. Im ▸ Bild 01 B siehst du, dass zwischen $\vec{p}_1$ und $\vec{p}_2$ auch der Winkel $\Delta\varphi$ liegt. Hieraus konstruieren wir die Impulsänderung $\overrightarrow{\Delta p}$. Da sich der Impulsbetrag nicht ändert, gilt $p_1 = p_2$. Diesen Betrag nennen wir p. Das Dreieck aus $\vec{p}_1$, $\vec{p}_2$ und $\overrightarrow{\Delta p}$ ist gleichschenklig.

▸ Bild 01 C zeigt, wie sich der Ort des Körpers während der Zeitspanne Δt ändert: Zwischen den beiden Punkten auf der Kreisbahn liegt die Strecke Δr. Mit den beiden Verbindungsstrecken zum Kreismittelpunkt bildet sie ebenfalls ein gleichschenkliges Dreieck. Die Schenkel schließen wieder den Winkel $\Delta\varphi$ ein. Da die Dreiecke im ▸ Bild 01 B und ▸ Bild 01 C ähnlich zueinander sind, sind die Quotienten aus entsprechenden Seitenlängen gleich:

$$\frac{\Delta p}{\Delta r} = \frac{p}{r}.$$

Während Δt legt der Körper die Strecke $\Delta s = v \cdot \Delta t$ zurück.

Wenn Δt klein ist, dann gilt näherungsweise:

$$\Delta r = \Delta s = v \cdot \Delta t.$$

Das setzen wir in die Gleichung von oben ein:

$$\frac{\Delta p}{v \cdot \Delta t} = \frac{p}{r} \quad | \cdot v$$

$$\frac{\Delta p}{\Delta t} = \frac{p}{r} \cdot v = \frac{m \cdot v}{r} \cdot v = \frac{m \cdot v^2}{r}.$$

Damit haben wir das Ziel erreicht, denn $\frac{\Delta p}{\Delta t}$ ist gerade die resultierende Kraft!

Für die Zentripetalkraft F_Z gilt:
$F_Z = \frac{m \cdot v^2}{r}$.

ZWEI FORMELN? · Warum gibt es nun zwei verschiedene Formeln für die Zentripetalkraft? So verschieden sind sie nicht, denn man kann die eine aus der anderen herleiten. Dafür nutzt man den Zusammenhang zwischen Geschwindigkeit und Winkelgeschwindigkeit:

$$F_Z = \frac{m \cdot v^2}{r} = \frac{m \cdot (\omega \cdot r)^2}{r} = m \cdot \omega^2 \cdot r.$$

Es gelten daher immer beide Formeln. Je nach Situation ist die eine oder andere eher geeignet: Bei Drehbewegungen wie z. B. dem Kettenkarussell kennt man häufig die Winkelgeschwindigkeit – dann ist $m \cdot \omega^2 \cdot r$ sinnvoll. Bei Kreisbewegungen wie z. B. der Kurvenfahrt eines Autos kennt man häufig die Geschwindigkeit, dann nutzt man eher $\frac{m \cdot v^2}{r}$.

1 Ein Auto (1,0 t) fährt in einer Kurve mit einem Radius von 100 m mit 72 $\frac{\text{km}}{\text{h}}$. Berechne die benötigte Zentripetalkraft.

VERSUCHE ▸ Wovon hängt die Zentripetalkraft ab?

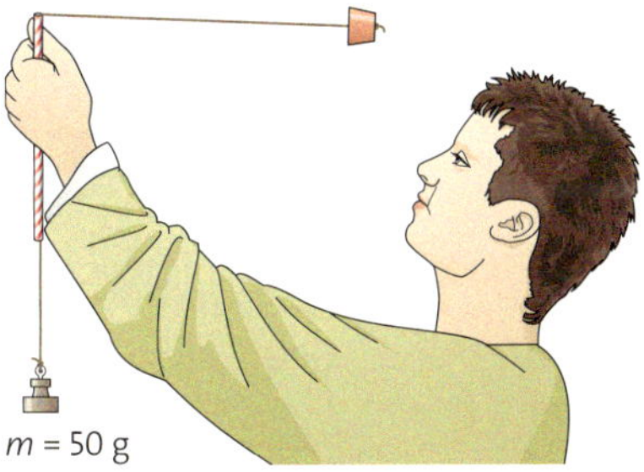

02

Material:

Gummistopfen, stabiler Faden, dünnes Rohr (z. B. dicker Trinkhalm), Massestücke mit Haken, Stoppuhr, Lineal, Waage

Durchführung:

Befestige den Gummistopfen am Faden, führe ihn durch das Rohr und hänge ein Massestück an das andere Ende (▸ Bild 02). Drehe den Stopfen so auf einer waagerechten Kreisbahn, dass er nur durch das angehängte Massestück gehalten wird. **Achte darauf, dass niemand durch den Stopfen getroffen werden kann!**

V1 Gib an, welche Kräfte auf den Stopfen ausgeübt werden. Skizziere einen Kräfteplan und erkläre, wie die Zentripetalkraft zustande kommt.

V2 **a)** Untersuche, wie die Umlaufdauer und der Radius der Kreisbahn zusammenhängen.
b) Hänge nun ein zusätzliches Massestück an. Wiederhole a).

V3 **a)** Miss die Umlaufdauer und den Radius der Kreisbahn des Stopfens. Wiederhole die Messung für mindestens drei verschiedene Radien.
b) Ändere nun die Masse der angehängten Körper. Wiederhole die Messungen aus a).
c) Bestimme jeweils aus den Messwerten und der Masse des Stopfens von a) und b) die Zentripetalkraft.
d) Die Kraft, mit der die Massestücke am Faden ziehen, sollte etwa so groß sein wie die Zentripetalkraft. Erkläre. Überprüfe bei deinen Messwerten.

Material A ▸ Die Waschmaschine schleudert

03 Blick in eine Waschmaschine

A1 Beim Schleudern dreht sich die Trommel einer Waschmaschine mit 1200 Umdrehungen pro Minute (▸ Bild 03). Die Trommel hat einen Durchmesser von 50 cm. Ein Wassertropfen (Masse: 1,0 g) hängt an der Trommelwand und dreht sich mit.
a) Berechne Winkelgeschwindigkeit und Geschwindigkeit des Tropfens.
b) Berechne die Zentripetalkraft auf den Tropfen, solange er die Bewegung der Trommel mitmacht.
c) Niklas sagt: „Das Wasser wird von der Zentrifugalkraft durch die Löcher nach außen geschleudert und so die Wäsche getrocknet." Nimm zu dieser Aussage Stellung.

Material B ▸ Kurven

04 Motorradfahrer in der Kurve

B1 **a)** Tara meint: „Enge Kurven haben einen kleinen Kurvenradius. Wegen $F_Z = m \cdot \omega^2 \cdot r$ braucht man bei einem kleinen Radius nur eine kleine Zentripetalkraft. Warum rutscht dann ein Motorrad in einer engen Kurve viel leichter weg als in einer weiten Kurve?" Finde den Fehler in Taras Argumentation. Schreibe eine Erklärung für sie.
b) Skizziere einen Kräfteplan für den Motorradfahrer im ▸ Bild 04 und zeichne die Zentripetalkraft ein.

B2 Die Kurve einer Landstraße hat einen Radius von 65 m. Entscheide, ob hier eine Geschwindigkeitsbegrenzung nötig ist. Wie ändert sich die Situation bei Regen? Entwirf eine sinnvolle Beschilderung für die Kurve.

01 Warum kippt der Kreisel nicht um?

Der Drehimpuls

Immer wieder erstaunlich: Wenn der Kreisel sich dreht, kann er sehr lange auf der Spitze stehen. Woran liegt es, dass der Kreisel nicht gleich umkippt?

DER KREISEL DREHT SICH WEITER! · Wenn er nirgendwo anstößt, kann sich ein gut gebauter Kreisel eine erstaunlich lange Zeit drehen. Wenn es keine Reibung gäbe, würde die Drehbewegung nie aufhören. So etwas Ähnliches hast du bei den geradlinigen Bewegungen schon gelernt: Ein Körper bewegt sich immer weiter, wenn keine Kräfte auf ihn ausgeübt werden. Sein Impuls bleibt erhalten.
Diese Analogie zwischen geradlinigen Bewegungen und Drehbewegungen hat man ausgenutzt und eine dem Impuls entsprechende Größe eingeführt, den **Drehimpuls *L*.** Auch für ihn gilt ein Erhaltungssatz:

Wenn auf einen sich drehenden Körper keine Kräfte ausgeübt werden, dann bleibt sein Drehimpuls L erhalten.

Im Folgenden untersuchen wir, von welchen Größen der Drehimpuls abhängt und welche weiteren Eigenschaften er hat.

WOVON HÄNGT DER DREHIMPULS AB? · Woran erkennt man, dass ein Körper einen großen Drehimpuls besitzt? Unter normalen Umständen wird die Drehbewegung durch Reibungskräfte immer gebremst und kommt irgendwann zum Erliegen. Anschaulich ist klar: Je länger ein Körper sich mit Reibung dreht, desto größer war sein anfänglicher Drehimpuls.

Je schneller sich ein Kreisel anfangs dreht, desto länger dauert seine Drehbewegung an. Daran erkennt man, dass der Drehimpuls eines Körpers mit der Winkelgeschwindigkeit zunimmt. Das passt auch gut zur Analogie mit dem Impuls: Der Impuls eines Körpers nimmt mit der Geschwindigkeit zu. Bei der Drehbewegung übernimmt die Winkelgeschwindigkeit die Rolle der Geschwindigkeit.

Was entspricht bei der Drehbewegung der Masse? Zur Klärung dieser Frage machen wir ein Experiment (▸ Bild 02): Wir verteilen etwas Knete auf der Scheibe eines Kreisels. Wir lassen ihn mit gleicher Winkelgeschwindigkeit einmal mit und einmal ohne Knete starten. Mit der Zusatzmasse dreht er sich länger. Also nimmt der Drehimpuls mit der Masse zu.

Allerdings kommt nicht es nur auf die Masse selbst an, sondern auch darauf, wie sie verteilt ist: Wenn wir die gleiche Menge Knete als Ring auf den Rand der Scheibe bringen, dreht sich der Kreisel länger, als wenn die Knete sich in der Scheibenmitte befindet (▸ Bild 02). Je weiter also die Knete von der Drehachse entfernt ist, desto größer ist der Drehimpuls.

Die Massenverteilung bei einer Drehbewegung beschreibt man in der Physik mit dem **Trägheitsmoment *J*** bezüglich einer Drehachse. Es übernimmt bei Drehbewegungen die Rolle der Masse. Man kann das Trägheitsmoment berechnen. ▸ Tabelle 03 zeigt die Ergebnisse für einige Körper. Entsprechend hat man den Drehimpuls analog zum Impuls als Produkt aus Trägheitsmoment und Winkelgeschwindigkeit definiert:

$L = J \cdot \omega$ mit der Einheit $1\,\frac{\text{kg}\cdot\text{m}^2}{\text{s}} = 1\,\text{N}\cdot\text{s}\cdot\text{m}$.

Wenn ein Körper mit dem Trägheitsmoment J sich mit der Winkelgeschwindigkeit ω dreht, dann gilt für seinen Drehimpuls L:
$L = J \cdot \omega$.
Die Einheit des Drehimpulses ist $1\,\frac{\text{kg}\cdot\text{m}^2}{\text{s}}$.

DREHIMPULS UND DREHACHSE · Du weißt, dass der Impuls ein Vektor ist. Gibt es beim Drehimpuls auch eine Richtung? Offensichtlich ist hier die Drehachse entscheidend: Beim Kreisel behält sie ihre Richtung bei. Das verhindert, dass der Kreisel umfällt. Daher hat man festgelegt, dass der Drehimpulsvektor in dieselbe Richtung zeigt wie die Drehachse. Dabei gilt: Wenn ein Körper sich gegen den Uhrzeigersinn dreht, zeigt der Drehimpulsvektor nach oben (▸ Bild 05). Die Rechte-Hand-Regel ist hier eine Merkhilfe.
Dass der Drehimpuls eine Richtung hat, zeigt sich noch deutlicher bei folgendem Experiment (▸ Bild 04): Wenn du das Rad eines Fahrrads mit beiden Händen an der Achse hältst und es sich schnell dreht, dann gelingt es dir nur schwer, die Richtung der Achse zu verändern.

dünner Hohlzylinder		$J \approx m \cdot R^2$
Vollzylinder		$J = \frac{1}{2} \cdot m \cdot R^2$
dünner Stab	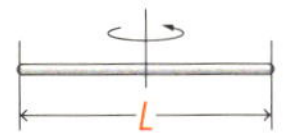	$J = \frac{1}{12} \cdot m \cdot L^2$
dünner Stab	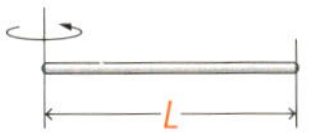	$J = \frac{1}{3} \cdot m \cdot L^2$
Vollkugel		$J = \frac{2}{5} \cdot m \cdot R^2$
dünne Hohlkugel	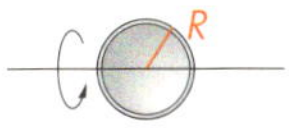	$J = \frac{2}{3} \cdot m \cdot R^2$
Quader	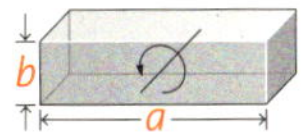	$J = \frac{1}{12} \cdot m \cdot (a^2 + b^2)$

03 Trägheitsmomente einiger Körper

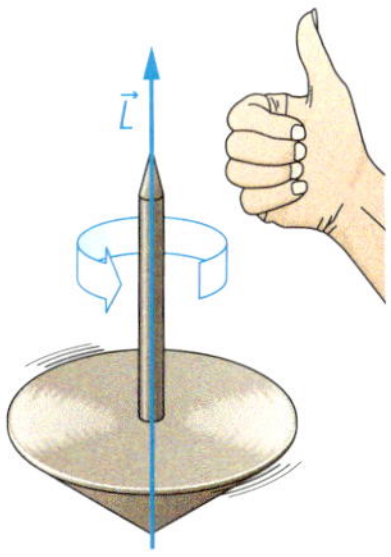

05 Rechte-Hand-Regel

1 Fasse die Analogie zwischen geradliniger Bewegung und Drehbewegung in einer Tabelle zusammen. Verwende u. a. folgende Begriffe: Drehimpuls, Geschwindigkeit, Trägheitsmoment, Bewegungsrichtung, Erhaltungssatz.

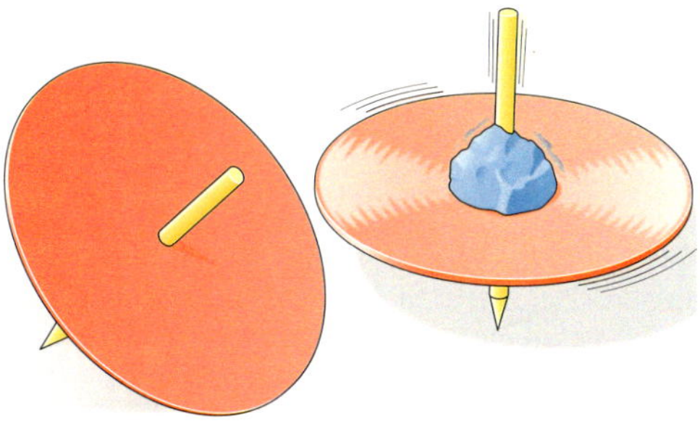

02 Knetkreisel

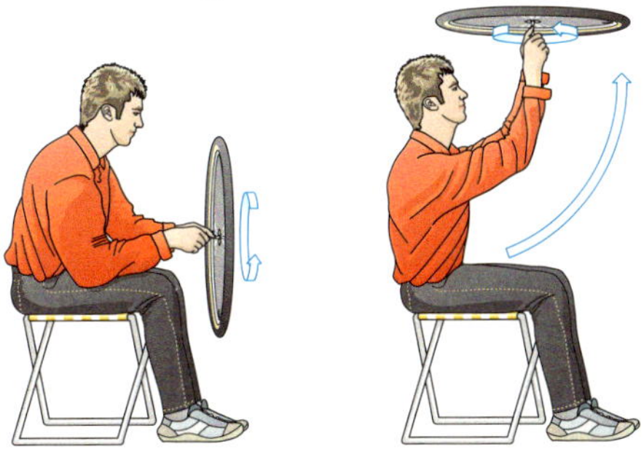

04 Die Richtung der Achse ist stabil.

01 Eiskunstläuferin bei der Pirouette

DER PIROUETTEN-EFFEKT · Im ▸ Bild 01B zieht die Eiskunstläuferin bei der Pirouette die Hände zum Körper. Dabei geschieht etwas Erstaunliches: Sie dreht sich dadurch schneller! Mit dem Drehimpuls kannst du das verstehen: Durch das Anziehen der Arme ändert die Eiskunstläuferin ihr Trägheitsmoment. Es wird kleiner. Da sich der Drehimpuls bei der Drehbewegung aber nicht ändert, muss die Winkelgeschwindigkeit gleichzeitig zunehmen. Die Eiskunstläuferin dreht sich schneller.

DAS DREHMOMENT · Bei Drehbewegungen gibt es eine Größe, die analog zur Kraft bei geradlinigen Bewegungen ist: das **Drehmoment *M*.** Durch ein Drehmoment kann man den Drehimpuls eines Körpers ändern. Analog zu $\Delta p = F \cdot \Delta t$ gilt:

Das Drehmoment und „Kraftarm mal Kraft" kennst du vielleicht vom sogenannten Hebelgesetz.

$\Delta L = M \cdot \Delta t$ mit der Einheit 1 N · m.

Wir betrachten dazu folgendes Experiment (▸ Bild 03): Eine Hantel ist drehbar gelagert.

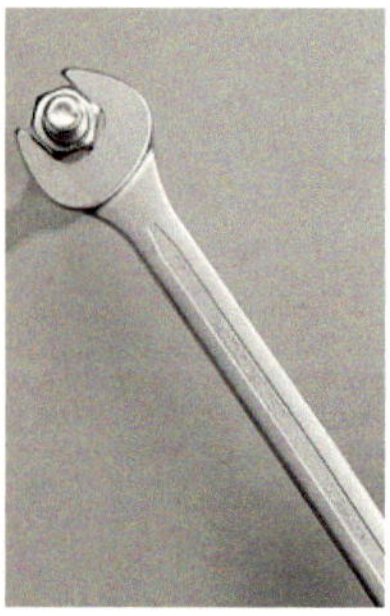

02

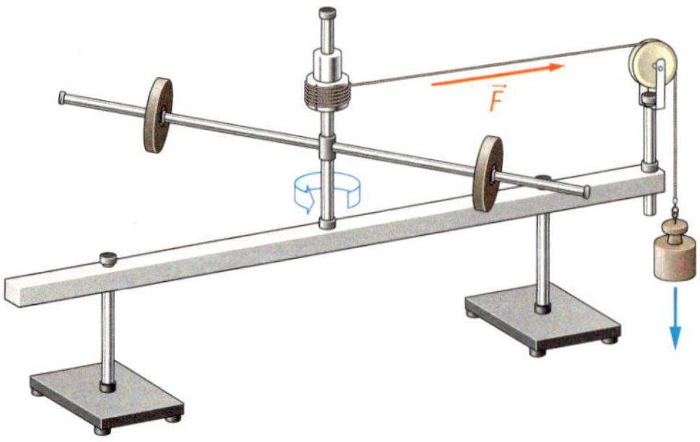

03 Ein Drehmoment erhöht den Drehimpuls.

Ein Faden mit angehängtem Massestück ist um eine Spule gewickelt, die sich mit der Hantel dreht. Wenn das Massestück absinkt, dreht sich die Hantel immer schneller. Ihr Drehimpuls nimmt zu, weil durch den Faden ein Drehmoment ausgeübt wird. Hängen wir die doppelte Masse an den Faden, so wird der Drehimpuls in der gleichen Zeitspanne doppelt so groß. Das liegt daran, dass das Drehmoment proportional zur ausgeübten Kraft ist.

> Wenn ein Drehmoment M während einer Zeitspanne Δt ausgeübt wird, ändert sich der Drehimpuls um
> $\Delta L = M \cdot \Delta t$.
> Die Einheit des Drehmoments ist 1 N · m.

Wir können das Drehmoment auch auf andere Art verändern: Wenn wir den Faden auf eine Spule mit halbem Radius wickeln und wieder das gleiche Massestück absinken lassen, dann wird der Drehimpuls der Hantel in der gleichen Zeitspanne nur halb so groß! Der Grund ist, dass das Drehmoment proportional zum Radius r, dem sogenannten **Kraftarm,** ist. Entsprechend hat man das Drehmoment als Produkt von Kraftarm und Kraft definiert:

> Wenn auf einen Körper in der Entfernung r von der Drehachse eine Kraft F senkrecht zu r ausgeübt wird, dann gilt für das Drehmoment M:
> $M = r \cdot F$.

DREHMOMENTE ÜBERALL · Es gibt Drehmomente nicht nur bei Kreiseln und drehsymmetrischen Körpern. Drehmomente bestimmen auch sonst unsern Alltag (▸ Bild 02): Wenn du eine Schraubenmutter mit einem Schraubenschlüssel festziehen möchtest, brauchst du hierfür ein großes Drehmoment. Je weiter außen du den Schlüssel anfasst, desto größer ist der Kraftarm. Das sorgt selbst bei kleiner Kraft für ein großes Drehmoment.

VERSUCHE ▸ Erlebe die Drehimpulserhaltung!

04

05

Du erlebst, welche Wirkung die Drehimpulserhaltung bei einem Rad hat.

Material:

Ausgebautes Fahrrad-Vorderrad, Paketschnur, evtl. Fahrrad-Werkzeug

Durchführung:

Führe die Versuche mit einem Partner durch. Halte das Rad mit den Händen so an der Achse, dass es sich frei drehen kann (▸ Bild 04).
Dein Partner bringt das Rad mit der flachen Hand in schnelle Rotation.
Lass das Rad zum Bremsen auf dem Boden schleifen.
Nicht mit der Hand bremsen!

V1 Umdrehen schwer gemacht!

a) Versetze das Rad in Rotation. Drehe dich mit dem Rad in der Hand um dich selbst, zuerst rechts herum, dann links herum.
b) Untersuche, welchen Einfluss die Winkelgeschwindigkeit und der Drehsinn des Rades haben.

V2 Ein ungewöhnlicher Kreisel

Befestige auf einer Seite des Rades an der Achse Paketschnur. Halte das Rad auf der einen Seite mit der Paketschnur (▸ Bild 05).
a) Versetze das Rad in Rotation. Lasse das Rad auf der einen Seite los, sodass es nur noch an der Paketschnur hängt.
b) Untersuche, welchen Einfluss die Winkelgeschwindigkeit und der Drehsinn des Rades bei a) haben.
c) Die Rotation der Räder macht das Radfahren leichter. Erläutere.

Material A ▸ Der Salto beim Wasserspringen

06 Beim Salto: **A** gestreckt, **B** gehockt

A1 **a)** Erkläre, bei welcher Salto-Art es am leichtesten ist, sich schnell zu drehen (▸ Bild 06A–B).
b) Nach einem Salto taucht der Springer gestreckt ins Wasser. Erkläre, wie er die Drehbewegung in der Luft scheinbar stoppen kann.
c) Man kann einen Springer durch einen einfachen drehsymmetrischen Körper modellieren. Schätze so sein Trägheitsmoment bei den verschiedenen Salto-Arten ab. Wie wirkt sich das auf die Winkelgeschwindigkeit aus?

Material B ▸ Fliegen mit dem Drehimpuls

07 Hubschrauber

B1 **a)** Eine Frisbee-Scheibe muss sich schnell drehen, damit sie stabil und weit fliegt. Erkläre.
b) Der Weltrekord im Diskus-Wurf liegt bei über 70 m, der beim Kugelstoßen nur bei etwa 23 m. Erkläre diesen Unterschied.

B2 Hubschrauber besitzen neben dem großen Rotor zusätzlich am Heck einen weiteren, kleinen Rotor (▸ Bild 07). Erläutere die Aufgabe dieses Propellers.

01 Die Erde vom Mond aus gesehen

Das Gravitationsgesetz

Eine ungewöhnliche Perspektive: „Halberde" über der Mondoberfläche. Du bekommst stattdessen regelmäßig den Halbmond zu Gesicht, weil der Mond um die Erde kreist. Wie kommt es eigentlich zu dieser Bewegung?

DIE MASSE MACHT'S · Diese Frage beschäftigte die Menschen seit alters her. Die Antwort hierauf fand der englische Physiker ISAAC NEWTON im Jahre 1685: Körper ziehen sich gegenseitig aufgrund ihrer Masse an. Diese anziehende Kraft nennt man **Gravitationskraft** $\boldsymbol{F_G}$. Sie ist verantwortlich dafür, dass ein reifer Apfel vom Baum auf den Boden fällt. Du weißt, dass sie proportional zur Masse des Apfels ist. Aber wie kann es sein, dass die gleiche Kraft auch für die Bewegung des Mondes um die Erde verantwortlich ist? Der Mond ist doch wesentlich weiter entfernt und fällt im Gegensatz zum Apfel nicht auf die Erde! Wir vollziehen im Folgenden NEWTONs Gedankengang hierzu nach.

$F_G = m \cdot g$

DER WURF UM DIE ERDE · Wenn man einen Apfel waagerecht wegwirft, fliegt er nicht geradeaus, sondern landet wegen der Gravitationskraft in einiger Entfernung auf dem Boden (▸ Bild 02). Je größer die Anfangsgeschwindigkeit ist, desto weiter fliegt der Apfel. NEWTON stellte sich folgende Frage: Was geschieht, wenn ich mich auf einen hohen Berg stelle und mit immer größerer Anfangsgeschwindigkeit werfe (▸ Bild 03)?

Im Alltag ist man gewohnt, die Erde als Ebene anzunehmen. Wenn man in Gedanken immer weiter wirft, krümmt sich aber der Erdboden mehr und mehr unter dem Apfel weg. Ist die Geschwindigkeit genügend groß, so „fällt" der Apfel um die Erde. Besser gesagt: Er bewegt sich auf einer Kreisbahn um die Erde!

NEWTON schloss: Der Apfel kann die Erde wegen der Gravitationskraft umkreisen. Sie ist hier die Zentripetalkraft. Dann ist es prinzipiell auch möglich, dass der Mond die Erde wegen der Gravitationskraft umkreist. Aber kann sie über so eine große Entfernung ausgeübt werden?

02

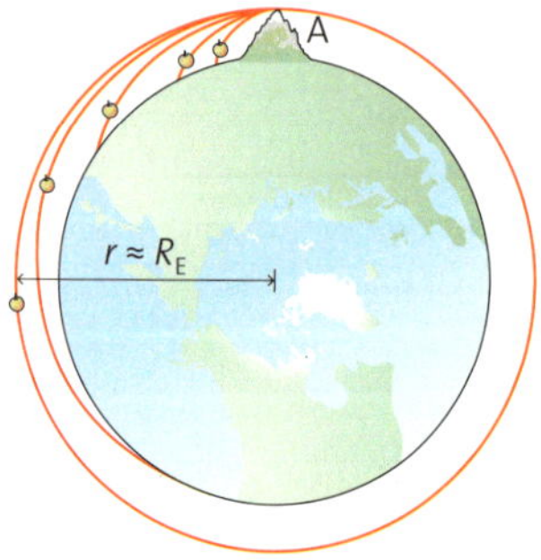

03 Der Apfel „fällt" um die Erde.

NEWTON UND KEPLER · Der Astronom JOHANNES KEPLER hatte um 1600 die Bewegungen der Planeten sehr genau vermessen. Hieraus konnte er die drei nach ihm benannten **KEPLER'schen Gesetze** aufstellen, die die Bewegungen aller Himmelskörper mathematisch exakt beschreiben.

NEWTON nahm an, dass die Gravitationskraft zwischen Sonne und Planet der Grund für diese Planetenbewegung ist. Daraus leitete er her, dass die Gravitationskraft antiproportional zum Quadrat der Entfernung des Planeten von der Sonne sein muss, kurz: $F_G \sim \frac{1}{r^2}$. Er fragte sich: Gilt dieser Zusammenhang auch für Erde und Mond?

DIE MONDRECHNUNG · Dazu verglich NEWTON den Erdradius mit dem Radius der Mondbahn (▸ Bild 04). Das Verhältnis der beiden Radien ist:

$$\frac{r_M}{R_E} = \frac{384\,000 \text{ km}}{6370 \text{ km}} = 60,$$

d. h. der Radius der Mondbahn ist 60-mal größer.

Wenn der Zusammenhang $F_G \sim \frac{1}{r^2}$ tatsächlich gilt, muss die Gravitationskraft der Erde im Bereich der Mondbahn also 3600-mal kleiner sein als auf der Erdoberfläche. Für die von der Erde ausgeübte Gravitationskraft gibt es überall einen Ortsfaktor, auch auf der Mondbahn. Man kann diesen Ortsfaktor g_M aus den Bahndaten des Mondes berechnen:

Die Gravitationskraft wirkt auf den Mond als Zentripetalkraft:

$$F_G = F_Z$$

$$m \cdot g_M = m \cdot \omega^2 \cdot r \quad | \; :m$$

$$g_M = \left(\frac{2\pi}{T}\right)^2 \cdot r$$

$$g_M = \left(\frac{2\pi}{2{,}36 \cdot 10^6 \text{ s}}\right)^2 \cdot 3{,}84 \cdot 10^9 \text{ m} = 0{,}00272 \frac{\text{m}}{\text{s}^2}.$$

Das ist tatsächlich 3600-mal kleiner als der Ortsfaktor von $9{,}8 \frac{\text{m}}{\text{s}^2}$ auf der Erdoberfläche!

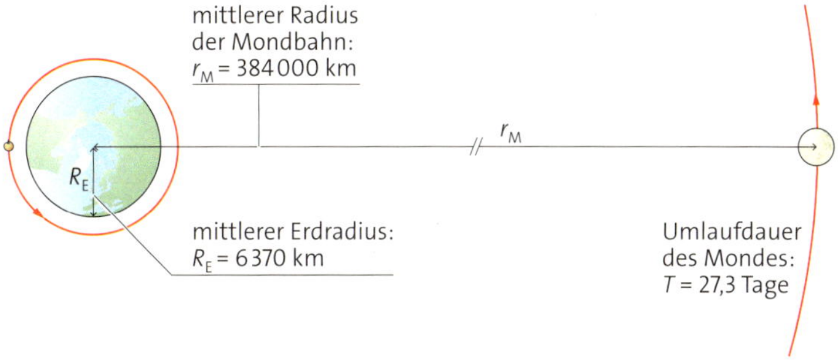

04 Apfel und Mond bewegen sich um die Erde.

DER WEG ZUM GRAVITATIONSGESETZ · NEWTON war sich sicher: Diese Übereinstimmung kann kein Zufall sein. Die Gravitationskraft muss es geben! Aber welche Rolle spielen hier die Massen von Mond und Erde? Wegen des Zusammenhangs $F_G = m \cdot g$ ist die Gravitationskraft proportional zur Masse des Mondes. Aufgrund des Wechselwirkungsgesetzes ist F_G dann auch proportional zur Masse der Erde.
NEWTON gelang es, die Abhängigkeiten zu einer Gleichung zusammenzufassen, dem **NEWTON'schen Gravitationsgesetz.**

Wenn die Schwerpunkte zweier Körper der Massen m_1 und m_2 die Entfernung r zueinander haben, ziehen sie sich an mit der Gravitationskraft

$$F_G = \gamma \cdot \frac{m_1 \cdot m_2}{r^2}.$$

Dabei ist $\gamma = 6{,}67 \cdot 10^{-11} \frac{\text{N m}^2}{\text{kg}^2}$ die Gravitationskonstante.

1 **a)** Berechne die Gravitationskraft, die du auf deinen Sitznachbarn ausübst.
b) Im Alltag spürt man die Gravitationskraft der meisten Körper nicht. Erkläre.

2 Mia sagt: „Wenn die Erde mich anzieht, dann müsste ich die Erde genauso stark anziehen. Warum bekomme ich davon nichts mit?" Erkläre.

3 ▸ Bild 04 ist nicht maßstabsgerecht. Wie groß müsste der Radius der Mondbahn in einer maßstabsgerechten Zeichnung sein?

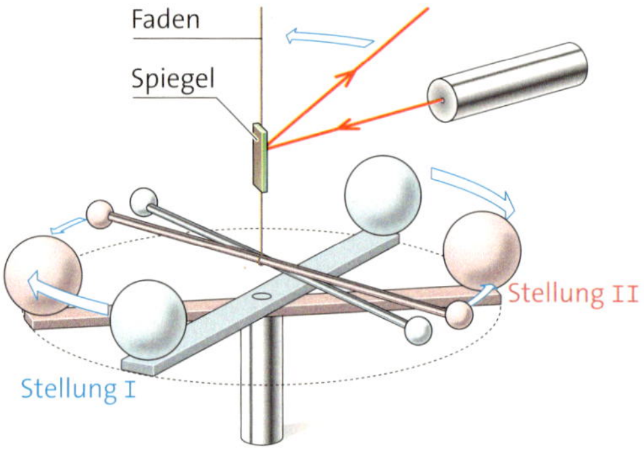

01 Prinzipieller Aufbau des Experiments von CAVENDISH

Man spricht von Gravitation, wenn Körper sich aufgrund ihrer Masse gegenseitig anziehen.

DAS CAVENDISH-EXPERIMENT · Aufgrund der Gravitation ziehen sich selbst Körper mit kleinen Massen gegenseitig an. Allerdings sind die Kräfte dabei sehr klein. Doch schon 1795 gelang es dem Briten HENRY CAVENDISH, dies in einem Experiment nachzuweisen. ▸ Bild 01 zeigt den prinzipiellen Aufbau.

An einem Faden hängt ein Stab mit zwei kleinen Kugeln. Darunter befinden sich zwei schwere Bleikugeln auf einem drehbaren Balken. Sie ziehen die kleinen Kugeln aufgrund der Gravitation an. Wenn der Balken sich in Stellung I befindet, heben sich die Kräfte gegenseitig auf. Dreht man die Bleikugeln in Stellung II, so wirkt auf die kleinen Kugeln eine resultierende Kraft und der Faden verdreht sich ein wenig.

Der Drehwinkel ist so klein, dass man ihn mit einem sogenannten Lichtzeiger sichtbar machen muss: Ein schmales Lichtbündel ist auf einen an dem Faden befestigten Spiegel gerichtet. Durch die Drehung ändert sich die Richtung, in die das Licht reflektiert wird. Wenn das reflektierte Lichtbündel in einiger Entfernung auf einen Schirm trifft, kann man selbst kleinste Drehbewegungen nachweisen. Und genau dies war CAVENDISH gelungen!

02 Kann man so die Erde wiegen?

WIE VIEL WIEGT DIE ERDE? · Durch das Experiment konnte CAVENDISH auch die Gravitationskonstante γ bestimmen. Allein mit astronomischen Beobachtungen ist dies nämlich nicht möglich.
Damit gelang es, die Masse der Erde zu bestimmen: Da der Ortsfaktor auf der Erdoberfläche bekannt ist, kann man die Gravitationskraft auf einen Körper der Masse m_1 einerseits über die Formel $m_1 \cdot g$ und andererseits mit dem Gravitationsgesetz berechnen. Das Ergebnis muss das gleiche sein:

$$m_1 \cdot g = \gamma \cdot \frac{m_1 \cdot m_{\text{Erde}}}{R_{\text{Erde}}^2}$$

Oder nach der Masse m_{Erde} aufgelöst:

$$m_{\text{Erde}} = \frac{g \cdot R_{\text{Erde}}^2}{\gamma} = 6{,}0 \cdot 10^{24}\ \text{kg}.$$

Hiermit kann man sogar die mittlere Dichte der Erde berechnen:

$$\rho_{\text{Erde}} = \frac{m_{\text{Erde}}}{V_{\text{Erde}}} = \frac{m_{\text{Erde}}}{\frac{4}{3}\pi \cdot R_{\text{Erde}}^3} = 5{,}5\ \frac{\text{g}}{\text{cm}^3}.$$

Aus geologischen Untersuchungen weiß man, dass die mittlere Dichte der Erdkruste bei etwa $3\ \frac{\text{g}}{\text{cm}^3}$ liegt. Das Erdinnere muss also eine höhere Dichte besitzen! Man geht heute davon aus, dass der Erdkern aus Eisen und Nickel besteht und eine Dichte von etwa $15\ \frac{\text{g}}{\text{cm}^3}$ hat.

1 Ein Superheld möchte die Masse der Erde bestimmen. Dafür nimmt er eine Waage und fliegt in den Weltraum. Dann holt er die Erde und legt sie auf die Waage (▸ Bild 02). Was würde die Waage anzeigen? Begründe deine Antwort.

Material A ▸ Sonne, Mond und Erde

03 **A** Ebbe und **B** Flut

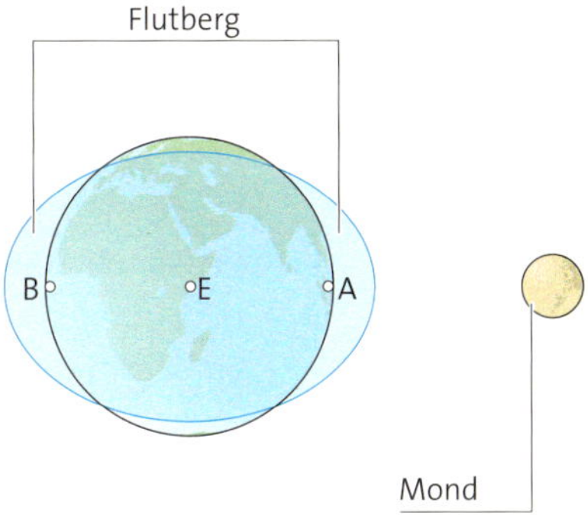

04 Erde mit Flutbergen

A1 Die Erde bewegt sich in einem Jahr auf einer Kreisbahn mit einem Radius von 147 Millionen Kilometern um die Sonne.
a) Berechne die Geschwindigkeit der Erde auf ihrer Umlaufbahn.
b) Bestimme die Masse der Sonne.

A2 Die Erde dreht sich an einem Tag um sich selbst.
a) Berechne die damit verbundene Geschwindigkeit einer Milchpackung (Masse: 1,0 kg) auf dem Äquator. Vergleiche mit A1 a).
b) Bestimme die Zentripetalkraft auf die Milchpackung.
c) Aufgrund der Erddrehung ist der Ortsfaktor am Äquator kleiner als in Europa oder am Nordpol. Erläutere.
d) Berechne deine Geschwindigkeit in deinem Wohnort aufgrund der Erdrotation.

A3 Ebbe und Flut entstehen durch die Gravitationskraft, die der Mond auf die Erde ausübt (▸ Bild 03).
a) Berechne die Gravitationskraft, die der Mond auf 1,0 kg Wasser auf der mondzugewandten Seite der Erde ausübt.
b) Vergleiche das Ergebnis aus a) mit der Gravitationskraft, die die Erde auf das Wasser ausübt.
c) Wiederhole a) für die mondabgewandte Seite der Erde. Erkläre damit, warum es zwei sogenannte Flutberge gibt (▸ Bild 04).

Material B ▸ ISS und Schwerelosigkeit

05 Raumstation ISS

B1 Die internationale Raumstation ISS befindet sich 350 km über der Erdoberfläche und bewegt sich auf einer Kreisbahn um die Erde (▸ Bild 05).
a) Zeige: Auf der Umlaufbahn der ISS beträgt der Ortsfaktor durch die Gravitationskraft von der Erde $8{,}8\ \frac{\text{m}}{\text{s}^2}$.
b) Berechne die Umlaufdauer und die Geschwindigkeit der ISS.

B2 Timo sagt: „In der ISS ist der Ortsfaktor fast so groß wie auf der Erdoberfläche. Wie kann es da sein, dass die Astronauten schwerelos sind?"
a) Erkläre Timo, wann Gravitation und Schwerelosigkeit gleichzeitig auftreten können.
b) Was würde geschehen, wenn du dich in der ISS auf einen Stuhl setzt? Vergleiche mit der Situation auf der Erde. Überlege, wann du selbst die Gravitationskraft „spürst".

B3 Wenn man in eine Wasserflasche unten ein Loch bohrt, fließt das Wasser heraus (▸ Bild 06 A). Lässt man die Flasche fallen, so fließt während des Fluges nichts heraus (▸ Bild 06 B). Tina sagt: „Im Flug ist die Flasche schwerelos." Erläutere, was sie damit meint.

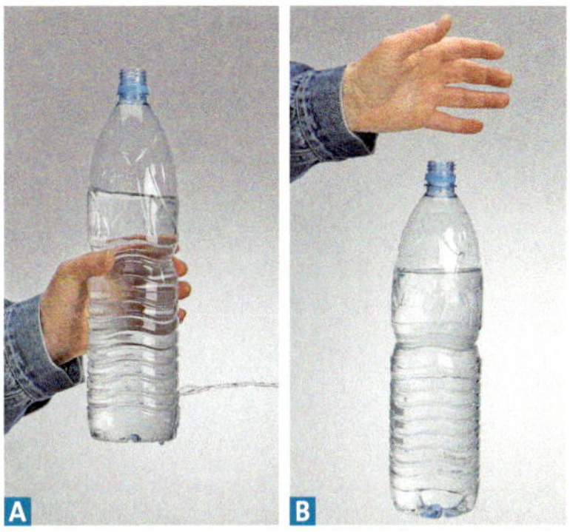

06 **A** Das Wasser fließt aus der Flasche.
B Während des Fluges fließt das Wasser nicht heraus.

BLICKPUNKT

Weltbilder im Wandel

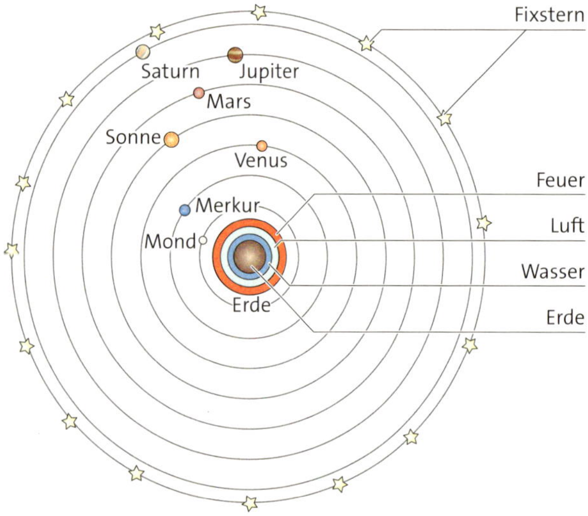

01 Aristotelisches Weltbild

Das Weltbild der Antike · Schon in der Antike beobachtete man die Natur genau. Man konnte z. B. die Zeitpunkte für Sonnen- und Mondfinsternisse im Voraus berechnen. In Griechenland beschäftigten sich damit die Naturphilosophen, die Vorläufer der modernen Naturwissenschaftler. Ihr Ziel war es, die Beobachtungen in einem philosophisch begründeten Weltbild zu erklären.

Der Grieche ARISTOTELES entwickelte ein Weltbild, das in der Antike und im Mittelalter allgemein akzeptiert war (▸ Bild 01): Im Zentrum steht die Erde. Dort sind alle Körper aus den vier Elementen Erde, Wasser, Feuer und Luft zusammengesetzt. Der natürliche Ort dieser Elemente bestimmt, wohin sich ein Körper ohne äußere Einwirkung bewegt. Ein Stein z. B. fällt herunter, weil er zur Erde gehört, während eine Kerzenflamme nach oben steigt, da das Feuer seinen Ort oberhalb der Luft hat.

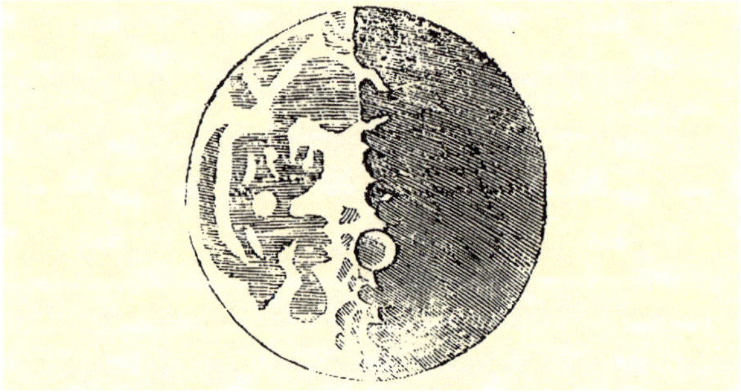

02 Eine Zeichnung der Mondoberfläche von Galilei

Von den Vorgängen auf der Erde streng getrennt sind die Himmelssphären, auf denen sich Mond, Sonne und die damals bekannten fünf Planeten bewegen. Es sind sieben Himmelskörper, wie z. B. die sieben Töne einer Tonleiter. Sie bestehen aus dem fünften Element, das himmlisch perfekt ist. Sie bewegen sich ewig auf Kreisbahnen, da diese ohne Anfang und Ende sind. Ganz außen lag die Sphäre der Fixsterne. Die Planeten wandern durch die Sternbilder und bestimmen dadurch das Schicksal der Menschen. Deswegen tragen sie Namen der Götter.

Die Geburt der Naturwissenschaft · Anfang des 17. Jahrhunderts beobachtete der Italiener GALILEO GALILEI erstmals den Nachthimmel mit einem Fernrohr. Er sah, dass die Oberfläche des Mondes alles andere als perfekt ist, sondern von Kratern übersät (▸ Bild 02). Er entdeckte auch, dass der Jupiter von mehreren Monden umkreist wird. Zudem untersuchte er die Bewegungen von Körpern durch planmäßige Versuche und beschrieb seine Beobachtungen konsequent mithilfe der Mathematik.

Zur gleichen Zeit stellte JOHANNES KEPLER fest, dass sich die Planeten nicht auf Kreisbahnen, sondern auf Ellipsen um die Sonne und nicht um die Erde bewegen. Er konnte die Bewegung der Planeten durch die KEPLER'schen Gesetze mathematisch exakt beschreiben. GALILEI und KEPLER arbeiteten als erste im Prinzip so wie es heute in den Naturwissenschaften üblich ist.
Die Beobachtungen von GALILEI und KEPLER zeigten, dass das Weltbild des ARISTOTELES nicht haltbar war. Aber niemand konnte ein neues, ebenfalls philosophisch begründetes Weltbild präsentieren. Zudem war die naturwissenschaftliche Methode nicht akzeptiert. Daher wurden GALILEI, KEPLER und andere stark angefeindet. GALILEI lebte jahrelang in Hausarrest und wurde gezwungen, seine Ansichten öffentlich zu widerrufen.

Das mechanistische Weltbild · ISAAC NEWTON gelang 1685 der entscheidende Schritt zu einem neuen Weltbild: Er veröffentlichte seine Bewegungsgesetze, die die Grundlage der Mechanik bilden, so wie du sie kennen gelernt hast (▸ Bild 03). Zusammen mit dem Gravitationsgesetz konnte NEWTON die Bewegungen der Himmelskörper ebenso erklären wie die der Körper auf der Erde. NEWTONs Methode war bei der Mechanik so erfolgreich, dass man glaubte, man könne alle physikalischen Vorgänge so beschreiben. Letztlich hieße das: Würde man den Zustand des Universums exakt kennen, könnte man seinen Zustand zu jedem anderen Zeitpunkt genau berechnen.

Das physikalische Weltbild heute · Mit dem Beginn des 20. Jahrhunderts zeigte die Quantenphysik, dass dieses Weltbild so nicht haltbar ist. Selbst wenn man ein Experiment immer exakt unter denselben Bedingungen durchführt, kann man nur die Wahrscheinlichkeit für ein bestimmtes Messergebnis berechnen. Ein Beispiel ist der radioaktive Zerfall: Man kann angeben, mit welcher Wahrscheinlichkeit ein Atomkern in einer bestimmten Zeitspanne zerfällt, nicht aber, wann genau das sein wird.

… und in Zukunft? · Obwohl die Physik das Verhalten der Materie inzwischen sehr gut beschreiben kann, scheint die Materie, wie man sie bisher kennt, nur einen kleinen Teil des Universums auszumachen. Das zeigt sich z. B. bei Beobachtungen in Galaxien wie unserer Milchstraße (▸ Bild 04): Die Sterne kreisen aufgrund der Gravitation um das Zentrum der Galaxie. Man hat die Verteilung der sichtbaren Masse und die Geschwindigkeit von Sternen in Galaxien gemessen. Dabei hat man festgestellt, dass die Sterne sich viel schneller bewegen als es aufgrund der sichtbaren Masse sein dürfte (▸ Bild 05).

Um dies zu erklären, müsste eine Galaxie fast achtmal so viel Masse besitzen wie man tatsächlich beobachtet! Da diese zusätzliche Materie weder Strahlung aussendet noch absorbiert, nennt man sie „Dunkle Materie“. Man weiß bisher nicht, woraus sie besteht, obwohl sie im Universum wesentlich häufiger als die bekannte Materie ist.

Die Newton'schen Axiome

1. Trägheitssatz

Wenn keine Kräfte auf einen Körper ausgeübt werden, dann behält er seinen Impuls bei.

2. Bewegungsgesetz

Die Impulsänderung ist proportional zur resultierenden Kraft, die auf den Körper wirkt, und geschieht in der Richtung, in die die Kraft wirkt.

3. Wechselwirkungsgesetz

Wenn ein Körper A auf einen Körper B eine Kraft F_A ausübt, dann übt immer der Körper B gleichzeitig eine Kraft F_B auf Körper A aus.

Dabei gilt: $F_B = -F_A$.

03 Die NEWTON'schen Axiome

04 Galaxie

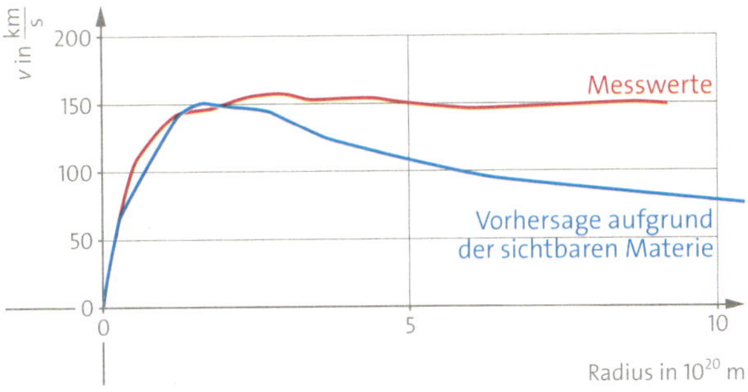

05 Messergebnis bei der Galaxie NGC 3198

Geradlinige Bewegungen

Geschwindigkeit: Bei einer Bewegung wird während der kleinen Zeitspanne Δt die Strecke Δs zurückgelegt. Die Geschwindigkeit v berechnet man dann zu:
$v = \frac{\Delta s}{\Delta t}$.
Im $s(t)$-Diagramm gibt die Steigung die Geschwindigkeit v an.
Im $v(t)$-Diagramm erhält man die zurückgelegte Strecke Δs als Inhalt der Fläche zwischen dem Schaubild und der t-Achse.

Beschleunigung: Bei einer Bewegung ändert sich während der kleinen Zeitspanne Δt die Geschwindigkeit um Δv. Die Beschleunigung a berechnet man dann zu:
$a = \frac{\Delta v}{\Delta t}$.
Die Einheit der Beschleunigung ist $1\,\frac{\text{m}}{\text{s}^2}$.
Im $v(t)$-Diagramm gibt die Steigung die Beschleunigung a an.
Im $a(t)$-Diagramm erhält man die Geschwindigkeitsänderung Δv als Inhalt der Fläche zwischen dem Schaubild und der t-Achse.

Bewegung aus der Ruhe: Für konstante Beschleunigung a gilt:
$a = \frac{v}{t}$ bzw. $v = a \cdot t$ und
$\Delta s = \frac{1}{2}\,a \cdot t^2$.

Freier Fall: Fallbewegung ohne Luftwiderstand. Der freie Fall ist eine Bewegung mit konstanter Beschleunigung. Die **Fallbeschleunigung *g*** ist für jeden Körper gleich. Auf der Erde gilt:
$g = 9{,}8\,\frac{\text{m}}{\text{s}^2}$.

Fall mit Luftwiderstandskraft: Je größer die Geschwindigkeit bei einer Bewegung ist, desto größer ist die Luftwiderstandskraft. Wenn Luftwiderstandskraft und Schwerkraft gleich groß sind, ist die Beschleunigung null. Die **Endgeschwindigkeit** ist erreicht.

Das Wechselwirkungsgesetz: Wenn ein Körper A auf einen Körper B eine Kraft $\vec{F}_A$ ausübt, dann übt immer der Körper B gleichzeitig auf den Körper A eine Kraft $\vec{F}_B$ aus. Es gilt: $\vec{F}_A = -\vec{F}_B$.

Impuls und Kraft als Vektoren

Vektorielle Größen haben einen Betrag und eine Richtung. Der Impuls $\vec{p}$ und die Kraft $\vec{F}$ sind vektorielle Größen oder kurz **Vektoren.**

NEWTON'sche Grundgleichung: Wenn eine Kraft $\vec{F}$ während der Zeitspanne Δt auf einen Körper ausgeübt wird und sich dadurch sein Impuls um $\overrightarrow{\Delta p}$ ändert, dann gilt:
$\overrightarrow{\Delta p} = \vec{F} \cdot \Delta t$.
Wenn mehrere Kräfte auf den Körper ausgeübt werden, dann gilt:
$\overrightarrow{\Delta p} = \vec{F}_{res} \cdot \Delta t$.
$\vec{F}_{res}$: resultierende Kraft.

Kräftegleichgewicht: Wenn mehrere Kräfte auf einen Körper ausgeübt werden, dann müssen die Kraftvektoren addiert werden. Wenn die Summe der Kraftvektoren 0 N beträgt, befindet sich der Körper im Gleichgewicht.

Kräfte bei der schiefen Ebene: Bei der schiefen Ebene ist die Hangabtriebskraft $\vec{F}_H$ die resultierende Kraft von Schwerkraft $\vec{F}_G$ und Normalkraft $\vec{F}_N$.
Dabei gilt:
$F_H = F_G \cdot \sin(\alpha)$ und $F_N = F_G \cdot \cos(\alpha)$.
α: Neigungswinkel der schiefen Ebene

Reibungskräfte: Die Gleitreibungskraft $\vec{F}_{gl}$ und die maximale Haftkraft $\vec{F}_h$ sind abhängig von der Beschaffenheit der Oberflächen der beiden beteiligten Körper und von der Normalkraft. Es gilt:
$F_{gl} = f_{gl} \cdot F_N$ und $F_h = f_h \cdot F_N$.
Dabei sind f_{gl} die Gleitreibungszahl und f_h die Haftzahl mit $f_h > f_{gl}$.

Kreis- und Drehbewegungen

Winkelgeschwindigkeit: Wenn bei einer Kreis- oder Drehbewegung der Winkel sich in der Zeitspanne Δt um $\Delta\varphi$ ändert, dann beträgt die Winkelgeschwindigkeit $\omega = \frac{\Delta\varphi}{\Delta t}$.
Die Einheit ist $\frac{1}{\text{s}}$.

Zentripetalkraft: Damit sich ein Körper mit gleichbleibendem Impulsbetrag auf einer Kreisbahn mit dem Radius r bewegt, muss die resultierende Kraft zum Kreismittelpunkt zeigen. Sie heißt Zentripetalkraft F_Z.
Es gilt:
$F_Z = m \cdot \omega^2 \cdot r$ bzw. $F_Z = \frac{m \cdot v^2}{r}$.

Der Drehimpuls: Die Massenverteilung eines Körpers bezüglich einer Drehachse beschreibt man mit dem **Trägheitsmoment** J. Wenn ein solcher Körper sich mit der Winkelgeschwindigkeit ω dreht, dann gilt für seinen **Drehimpuls** L:
$L = J \cdot \omega$.
Die Einheit des Drehimpulses ist $1\,\frac{\text{kg} \cdot \text{m}^2}{\text{s}}$.
Wenn auf einen sich drehenden Körper keine Kräfte ausgeübt werden, dann bleibt sein Drehimpuls L erhalten.

Wenn auf einen Körper ein **Drehmoment** M während der Zeitspanne Δt ausgeübt wird, dann ändert sich der Drehimpuls des Körpers um:
$\Delta L = M \cdot \Delta t$ mit
$M = r \cdot F$, falls $\vec{F}$ senkrecht zu $\vec{r}$ ist.

NEWTON'sches Gravitationsgesetz: Wenn die Schwerpunkte zweier Körper der Massen m_1 und m_2 die Entfernung r zueinander haben, so ziehen sie sich an mit der Gravitationskraft
$F_G = \gamma \cdot \frac{m_1 \cdot m_2}{r^2}$.
Dabei ist $\gamma = 6{,}67 \cdot 10^{-11}\,\frac{\text{N}\,\text{m}^2}{\text{kg}^2}$ die Gravitationskonstante.

Überprüfe dich selbst:

Kann ich ...

... den Begriff der Beschleunigung erläutern und eine Gleichung zur Berechnung angeben?

... aus einem $s(t)$-Diagramm ($v(t)$-Diagramm) das zugehörige $v(t)$-Diagramm ($a(t)$-Diagramm) und umgekehrt ableiten?

... die Methode der computergestützten Messwerterfassung an einem Beispiel erklären?

... für geradlinige Bewegungen aus der Ruhe einfache Modellierungen vornehmen und anwenden?

... Fallbewegungen erläutern und Berechnungen zum freien Fall durchführen?

... die Methode der kleinen Schritte erläutern und anwenden?

... das Kräftegleichgewicht von der Wechselwirkung von Kräften unterscheiden?

... den Unterschied zwischen induktivem und deduktivem Vorgehen erläutern?

... erklären, was man unter vektoriellen Größen versteht und die Kräfteaddition an Beispielen erläutern?

... die NEWTON'sche Grundgleichung in ihrer vektoriellen Form an einem Beispiel erläutern?

... die zentralen Größen bei Kreis- und Drehbewegungen erläutern und ihre Zusammenhänge darstellen?

... das NEWTON'sche Gravitationsgesetz am Erde-Mond-System erläutern?

... beispielhaft darstellen, wie sich das physikalische Weltbild im Laufe der Zeit gewandelt hat?

Energie und Entropie

In diesem Kapitel beschäftigst du dich mit

- der mechanischen Übertragung von Energie. Du lernst Formeln kennen, mit denen du die verschiedenen Energiebeiträge berechnen kannst.
- dem Energieerhaltungssatz der Mechanik. Du lernst die Methode des Bilanzierens kennen und erfährst, wie man mit dieser Methode Vorgänge vorhersagen kann. Neben der Energie wirst du weitere Erhaltungsgrößen und ihre Anwendungen kennen lernen.
- irreversiblen Vorgängen. Dabei lernst du die Entropie als Maß für die entwertete Energie kennen. Du erfährst, wie die Entropie den Ablauf energetischer Vorgänge, z. B. bei thermischen Maschinen, bestimmt. Du lernst, dass die Entropie über thermische Vorgänge hinaus eine wichtige Größe ist.

Eigenschaften der Energie

Die Einheit für die **Energie *E*** ist ein **Joule** (1 J).
Energie kann weder entstehen noch verschwinden. Sie bleibt **erhalten.**
Energie kann **gespeichert** und **übertragen** werden. Die Energieübertragung kann auf verschiedene Arten erfolgen, z. B. durch Licht, durch den elektrischen Strom, durch die Drehbewegung einer Achse usw.

Energieübertragungsvorgänge lassen sich in **Energieflussdiagrammen** übersichtlich darstellen. Dabei notiert man, auf welche Art die Energie übertragen wird (▸ Bild 01).

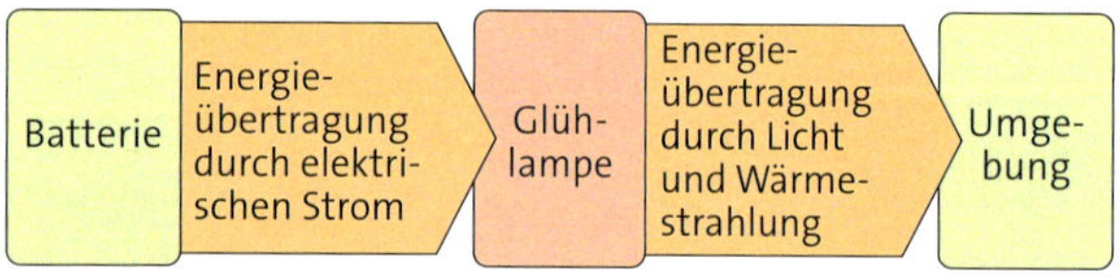

01 Energieflussdiagramm: Energiewandler sind rot, Energiespeicher sind grün gekennzeichnet.

Energieformen: Energie kommt in verschiedenen Formen vor. Energieformen können sich ineinander umwandeln.
Ein sich bewegender Körper hat **Bewegungsenergie.** Je schneller er sich bewegt, desto größer ist seine Bewegungsenergie.
Ein angehobener Körper hat **Lageenergie.** Je höher er sich befindet, desto größer ist seine Lageenergie.
Ein elastisch verformter Körper hat **Spannenergie.** Je stärker er verformt ist, desto größer ist seine Spannenergie.
Je höher die Temperatur eines Körpers ist, desto größer ist seine **thermische Energie.** Die thermische Energie eines Körpers steckt in der ungeordneten Bewegung der Teilchen, aus denen der Körper besteht.

Nutzung von Energie

Menschen, Tiere, Maschinen, Gebäude usw. geben die erhaltene Energie letztlich als thermische Energie an die Umgebung ab.
Wenn Energie als thermische Energie an die Umgebung abgegeben wird, dann kann sie für den ursprünglichen Zweck nicht wieder eingesetzt werden. Man sagt: Die Energie ist **entwertet.**

Verantwortungsvoller Umgang mit Energie: Die Vorräte an nicht erneuerbaren Energieträgern sind begrenzt. Abbau und Nutzung der nicht erneuerbaren Energieträger haben schwerwiegende Folgen für die Umwelt. Auch die Nutzung erneuerbarer Energien hat nachteilige Folgen für die Umwelt.
Effiziente Nutzung von Energie schont die Umwelt und spart Geld.

Leistung

Für die Energieübertragung ist der Quotient aus übertragener Energie ΔE und der zugehörigen Zeitspanne Δt wichtig. Dieser Quotient heißt **Leistung *P*.**

$$P = \frac{\Delta E}{\Delta t}.$$

Die Einheit der Leistung ist $1\,\frac{\mathrm{J}}{\mathrm{s}} = 1\,\mathrm{W}$ (Watt).

Wirkungsgrad: Der Wirkungsgrad η eines Geräts oder einer Maschine gibt an, welcher Anteil der zugeführten Energie auf die gewünschte Art genutzt wird. Der Wirkungsgrad hat keine Einheit. Er wird oft in Prozent angegeben.

$$\eta = \frac{E_{\mathrm{nutz}}}{E_{\mathrm{zu}}} = \frac{P_{\mathrm{nutz}}}{P_{\mathrm{zu}}}.$$

Kraft und Energie

Wenn auf einen Körper entlang der Strecke Δs eine Kraft F in Bewegungsrichtung ausgeübt wird, dann wird Energie auf ihn übertragen. Für die übertragene Energie ΔE gilt:

$$\Delta E = F \cdot \Delta s.$$

Dabei ist $1\,\mathrm{J} = 1\,\mathrm{N} \cdot \mathrm{m}$.

Goldene Regel der Mechanik: Wenn Energie verlustfrei auf einen Körper übertragen wird, dann bleibt das Produkt $F \cdot \Delta s$ dabei immer gleich.

Mechanische Leistung: Wenn Energie durch Bewegung übertragen wird, dann nennen wir die Leistung hierbei mechanische Leistung.

Energie

1 Im Alltag wird das Wort Energie in ganz unterschiedlichen Zusammenhängen verwendet. Erläutere, was die Personen vermutlich meinen. Überlege dir, ob sie das Wort Energie im physikalischen Sinn verwenden.

Mutter:
„Verschwende nicht so viel Energie und schalte den Computer aus, wenn du gehst.“

Schwester:
„Ich habe heute keine Energie, um mit dir die Englisch-Vokabeln zu lernen.“

Vater:
„Die steigenden Energiepreise machen meine Gehaltserhöhung zunichte.“

Oma:
„Du sprühst ja vor Energie.“

2 Kängurus bewegen sich mit großen Sprüngen fort. Dabei nutzen sie die Energieumwandlung. Die Sehnen und Muskeln ihrer Hinterbeine wirken beim Springen wie Stahlfedern.
a) Beschreibe die Energieumwandlungen beim Kängurusprung.
b) Erkläre, warum diese Art der Fortbewegung energiesparend ist.

3 **a)** Im Alltag spricht man oft von „Energieerzeugung“, „Energieverbrauch“ und „Energiesparen“. Erkläre, was damit aus physikalischer Sicht gemeint ist.
b) Vergleiche Energie- und Wasserverbrauch miteinander. Erläutere, was mit der Aussage „Energie wird entwertet“ beschrieben wird.
c) Gib Beispiele für Maßnahmen an, mit denen du zuhause Energie „sparen“ kannst.

4 **a)** Erläutere den Unterschied zwischen den physikalischen Größen Energie und Leistung.
b) Erläutere den Zusammenhang zwischen Energie, Leistung und Wirkungsgrad.

5 Der mittlere Energiebedarf eines Erwachsenen beträgt etwa 10 000 kJ pro Tag. Fast die gesamte zugeführte Energie gelangt als thermische Energie in die Umgebung. Der Mensch wirkt also wie eine Heizung.
Berechne die Heizleistung des menschlichen Körpers.

6 Bei sportlicher Tätigkeit steigt der Energiebedarf des Menschen. Für eine Stunde Radfahren bei $20\,\frac{\text{km}}{\text{h}}$ „verbraucht“ der Sportler ca. 2000 kJ. Die Nutzleistung des Sportlers beträgt dabei ca. 130 W. Berechne den Wirkungsgrad beim Radfahren.

Energie und Kraft

7 **a)** Erläutere den Zusammenhang zwischen den physikalischen Größen Energie und Kraft.
b) Eine Kraft ändert den Impuls eines Körpers. Mittels einer Kraft kann man einem Körper Energie zuführen. Impuls und Energie eines Körpers sind nicht dasselbe. Erläutere die Unterschiede.

8 Erläutere die Bedeutung der Goldenen Regel der Mechanik für technische Anwendungen.
Gib Beispiele aus dem Alltag an.

9 **a)** Gib an, von welchen Größen die Lageenergie eines Körpers abhängt.
b) Erläutere, welche Bedeutung der Ortsfaktor dabei hat.

10 Bei einem Fahrrad-Ergometer wird die mechanische Leistung schrittweise gesteigert.
a) Bestimme mithilfe des Diagramms im Bild unten die in den ersten drei Minuten übertragene Energie.Bestimme die insgesamt übertragene Energie.
b) Ein Pedal legt bei einer Umdrehung 1,0 m zurück. Im Trainingsprogramm tritt ein Sportler so, dass er dafür immer 1,0 s benötigt. Daher ändert sich die Kraft, mit der er auf die Pedale drückt.
Erkläre mithilfe des Diagramms.
Bestimme jeweils die Kraft.

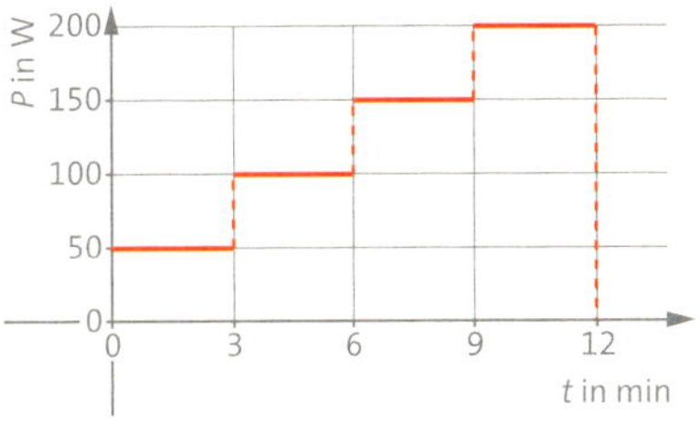

01 Beim Krafttraining

Mechanische Energieübertragung

Beim Fitnesstraining wird von deinen Muskeln Energie auf einen Klotz übertragen. Dabei wirst du durch Seilzüge und Umlenkrollen unterstützt. Je nach Verlauf des Seils über verschiedene Rollen musst du mehr oder weniger Kraft aufwenden, um den Klotz anzuheben. Wie funktioniert das?

DER FLASCHENZUG · Wenn man solch ein Fitnessgerät genauer untersucht, so stellt man fest, dass der Klotz je nach Zahl und Anordnung der Rollen unterschiedlich weit angehoben wird. Den genauen Zusammenhang untersuchen wir mit einem Versuch (▸ Bild 02).

Heben wir ein Massestück von 1,0 kg direkt um die Strecke 1,0 m an, dann messen wir eine Kraft von 9,8 N (▸ Bild 02 A). Wenn wir es mit einer möglichst leichten losen Umlenkrolle um 1,0 m anheben, dann müssen wir nur noch mit einer Kraft von 4,9 N ziehen (▸ Bild 02 B). Dafür müssen wir aber 2,0 m Schnur durchziehen.

Wie können wir das verstehen? Das Massestück wird nun von zwei Seilstücken gehalten. Dadurch halbiert sich die erforderliche Kraft F. Allerdings müssen nun auch zwei Seilstücke um eine Länge von jeweils 1,0 m eingezogen werden, die Zugstrecke Δs verdoppelt sich also. Das bedeutet, dass das Produkt aus Kraft F und Zugstrecke Δs gleich geblieben ist.

Verwenden wir zwei lose und eine feste Rolle, dann wird das Massestück von vier Seilstücken gehalten (▸ Bild 02 C). Die erforderliche Kraft beträgt nun 2,45 N, also ein Viertel der ursprünglichen Kraft. Dafür müssen wir sogar 4,0 m Seil durchziehen, da alle vier Seilstücke jeweils um 1,0 m eingezogen werden müssen. Das Produkt aus Kraft F und Zugstrecke Δs ist wieder gleich.

Eine Anordnung, die wie im ▸ Bild 02 B und ▸ Bild 02 C die erforderliche Kraft zum Anheben verringert, heißt **Flaschenzug.**

Wenn ein Körper mit verschiedenen Flaschenzügen auf die gleiche Höhe angehoben wird, dann ist das Produkt aus Kraft F und Zugstrecke Δs stets konstant. Kurz: $F \cdot \Delta s$ ist konstant.

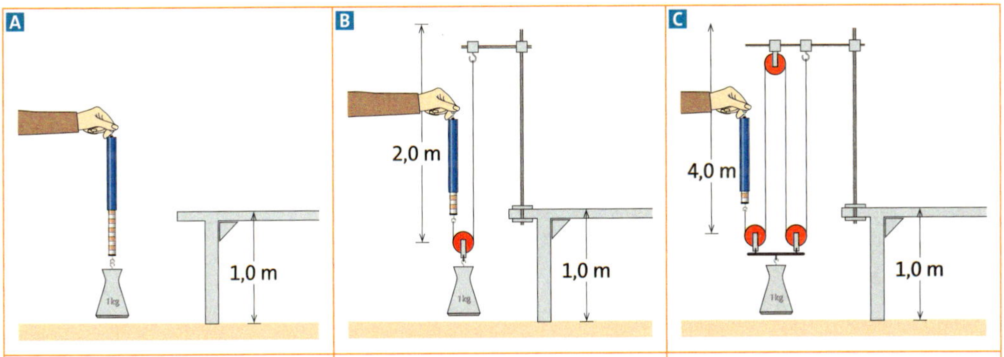

A		B		C	
Anzahl der Seilstücke	1	Anzahl der Seilstücke	2	Anzahl der Seilstücke	4
Kraft F:	9,8 N	Kraft F:	4,9 N	Kraft F:	2,45 N
Strecke Δs:	1,0 m	Strecke Δs:	2,0 m	Strecke Δs:	4,0 m
Produkt $F \cdot \Delta s$:	9,8 N · m	Produkt $F \cdot \Delta s$:	9,8 N · m	Produkt $F \cdot \Delta s$:	9,8 N · m

02 Kraft und Strecke bei verschiedenen Flaschenzügen

KRAFT UND ENERGIE · Das Massestück im ▸ Bild 02 wurde jeweils um 1,0 m angehoben, die Lageenergie wurde also immer um den gleichen Betrag ΔE erhöht. Das Produkt $F \cdot \Delta s$ ist ebenfalls immer gleich geblieben. Bedeutet das, dass ΔE und $F \cdot \Delta s$ dasselbe sind?

Wenn wir das Massestück um die doppelte Strecke anheben, so verdoppelt sich auch das Produkt $F \cdot \Delta s$ – genauso wie die übertragene Energie ΔE. Wenn wir einen Körper mit dreifacher Masse anheben, dann verdreifacht sich die Kraft F. Dies gilt unabhängig davon, welche Anordnung aus ▸ Bild 02 wir verwenden. Damit verdreifacht sich auch das Produkt $F \cdot \Delta s$. Bei der dreifachen Masse ist aber auch die übertragene Energie ΔE dreimal so groß..
Die übertragene Energie ΔE und das Produkt $F \cdot \Delta s$ verhalten sich immer gleich. In der Physik setzt man diese beiden Größen deshalb gleich. Mit einem Flaschenzug kann man Kraft „sparen" und trotzdem dieselbe Energie übertragen.

Wenn auf einen Körper eine Kraft F entlang einer Strecke Δs ausgeübt wird, dann wird auf ihn die Energie $\Delta E = F \cdot \Delta s$ übertragen. Die übertragene Energie hat die Einheit 1 J = 1 Nm.

DIE GOLDENE REGEL DER MECHANIK · Auch mit Rampen und Serpentinen kann man bei der Kraft auf einen Körper „sparen". Dabei kann man aber keine Energie einsparen. Aus der Gleichung $\Delta E = F \cdot \Delta s$ folgt nämlich, dass man dafür eine längere Strecke in Kauf nehmen muss.

Bei der Verwendung von Rampen und Flaschenzügen tritt natürlich auch Reibung auf. Ein Teil der Energie wird als thermische Energie an die Umgebung abgegeben. Deshalb braucht man immer etwas mehr Energie und $F \cdot \Delta s$ bleibt nicht exakt gleich.

Den wichtigen Zusammenhang zwischen Kraft, Strecke und übertragener Energie nennt man die **Goldene Regel der Mechanik:**

Wenn Energie verlustfrei auf einen Körper übertragen wird, dann bleibt das Produkt $F \cdot \Delta s$ dabei immer gleich.

1 Ein Kran mit einem Flaschenzug soll einen Eisenträger (m = 1,0 t) um 5,0 m anheben. Am Zugseil wird dabei um eine Strecke von 20 m gezogen. Bestimme die übertragene Energie. Berechne die dafür notwendige Kraft.

01 Radrennfahrer mit konstanter Geschwindigkeit

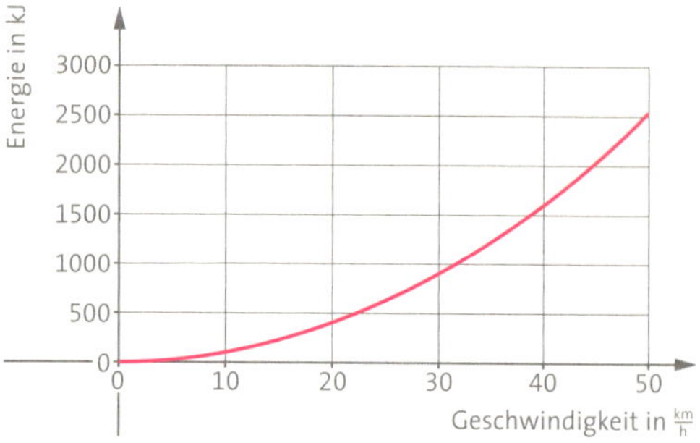

02 Zusammenhang zwischen Energie und Geschwindigkeit

ENERGIEÜBERTRAGUNG BEI VORGÄNGEN MIT REIBUNG · Im Alltag sind Bewegungen immer mit Reibung verbunden. Deshalb wird stets Energie benötigt, allein um die Bewegung gegen die Reibung aufrecht zu erhalten. Wir betrachten als Beispiel den Luftwiderstand.

Du hast sicherlich schon gespürt, wie der Fahrtwind beim Radfahren mit steigender Geschwindigkeit zunimmt. Auf dich und das Fahrrad wirkt die Luftwiderstandskraft entgegen der Antriebskraft. Wenn du mit konstanter Geschwindigkeit fährst, dann ist deine Antriebskraft gerade so groß wie die Luftwiderstandskraft, und die resultierende Kraft auf dich und dein Fahrrad ist null. Deine Bewegungsenergie bleibt deshalb konstant. Wird in diesem Fall keine Energie mehr übertragen?

Mit c_W wird der Luftwiderstandsbeiwert bezeichnet. Er ist ein Maß für die „Windschnittigkeit" eines Körpers. Er ist dimensionslos.

Wenn ein Radfahrer mit konstanter Geschwindigkeit fährt, dann wird die gesamte von ihm aufgebrachte Energie auf die Bewegung der verdrängten Luft übertragen. Diese Energie kann man mithilfe der Luftwiderstandskraft berechnen. In die Gleichung $\Delta E = F \cdot \Delta s$ setzt man für die Kraft F die Luftwiderstandskraft F_L ein mit

$$F_L = \frac{1}{2} \cdot \rho_{Luft} \cdot c_W \cdot A \cdot v^2$$

und $c_W \cdot A = 0{,}39\ m^2$ und $\rho_{Luft} = 1{,}29\ \frac{kg}{m^3}$.
Wenn ein Radrennfahrer eine Strecke von 50 km mit einer konstanten Geschwindigkeit von $20\ \frac{km}{h}$ zurücklegt, dann muss er 0,40 MJ Energie an die Luft übertragen (▸ Bild 02). Wenn er diese Strecke mit $40\ \frac{km}{h}$ fährt, dann braucht er viermal so viel Energie (1,6 MJ).

WELCHE LEISTUNG ERBRINGT EIN RADFAHRER DABEI? · Die Energie wird vom Radfahrer durch Bewegung übertragen. Für die mechanische Leistung gilt:

$$P = \frac{\Delta E}{\Delta t}.$$

Die übertragene Energie entspricht dem Produkt aus Kraft und zurückgelegter Strecke. Wir setzen dieses in die Gleichung für die Leistung ein und erhalten:

$$P = \frac{\Delta E}{\Delta t} = \frac{F \cdot \Delta s}{\Delta t} = F \cdot \frac{\Delta s}{\Delta t} = F \cdot v.$$

Die vom Radfahrer erbrachte Leistung hängt nur von der Kraft und der Geschwindigkeit ab.

Wenn Energie durch eine Kraft F bei einer Geschwindigkeit v übertragen wird, dann gilt dabei für die mechanische Leistung: $P = F \cdot v$.

1 Bestimme mithilfe von ▸ Bild 02 die Leistung eines Rennradfahrers, der eine 50 km lange Strecke mit einer Geschwindigkeit von $25\ \frac{km}{h}$ zurücklegt.

2 Ein Pkw mit einem Luftwiderstandsbeiwert von 0,38 und einer Querschnittsfläche von $2{,}0\ m^2$ fährt mit einer Geschwindigkeit von $120\ \frac{km}{h}$ von Stuttgart nach Rottweil (Entfernung 80 km).
In einem Liter Benzin sind 32,4 MJ Energie enthalten.
Schätze den Benzinverbrauch für diese Fahrt ab. Diskutiere dein Ergebnis kritisch.

Material A ▸ Energieübertragung

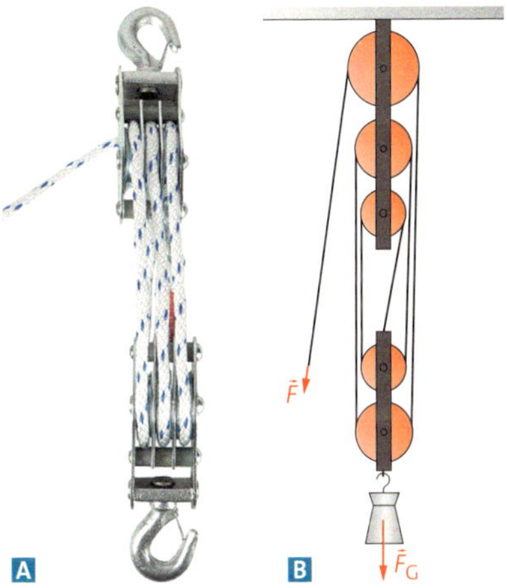

03 Flaschenzug

A1 Mit dem Flaschenzug in ▸ Bild 03 A können Lasten bis zu 5 m angehoben werden. Er funktioniert nach dem Prinzip des Flaschenzugs in ▸ Bild 03 B.

a) Schätze die notwendige Gesamtlänge des Seils ab.

b) Mit dem Seilzug soll ein Sack mit Zement (m = 25 kg) um vier Meter angehoben werden. Gib die Kraft an, mit der am Seil gezogen werden muss.

A2 In einem Jachthafen werden die Boote auf einem Wagen mit einer Seilwinde über eine 15 Meter lange Rampe aus dem Wasser gezogen. Dabei überwinden sie eine Höhe von drei Metern. Die Seilwinde hat eine maximale Zugkraft von 3000 N.

a) Das Boot von Herrn Maier wiegt 1,2 t. Finde heraus, ob die Seilwinde dafür geeignet ist.

b) Setze einen Grenzwert für Boote fest, die mit dieser Seilwinde aus dem Wasser gezogen werden können.

Material B ▸ Flugzeug

04 Flugzeugtragfläche

Bei einem Langstreckenflug fliegt ein Flugzeug den größten Teil der Strecke mit einer konstanten Geschwindigkeit in einer Höhe von etwa elf Kilometern. Die Triebwerke treiben das Flugzeug mit nahezu konstanter Kraft von etwa 500 kN in Bewegungsrichtung an. Auf der Strecke von Frankfurt nach New York legt das Flugzeug die 6200 km in etwa acht Stunden und 40 Minuten zurück. In einem Liter Kerosin sind 34 Megajoule Energie gespeichert.

B1 Berechne, wie viel Liter Kerosin das Flugzeug für diese Strecke benötigt.

B2 Bestimme die erbrachte Leistung.

B3 Tatsächlich benötigt das Flugzeug für diese Reise 95 000 Liter Kerosin. Diskutiere, warum deine Berechnungen nicht ausreichen, um den tatsächlichen Kerosinverbrauch zu ermitteln.

Material C ▸ Energie und Leistung beim Schlittenziehen

Strecke in m	Kraft in N
0	12
1	10
2	8
3	6
5	*6*
10	6

05 Kraft beim Schlittenziehen

Phillip zieht seinen Bruder mit dem Schlitten. Auf den ersten zehn Metern braucht er die in der Tabelle angegebene Kraft.

C1 **a)** Stell die Daten in einem geeigneten Diagramm dar. Interpretiere das Diagramm.

b) Bestimme näherungsweise die auf der Strecke von zehn Metern zugeführte Energie.

C2 Anschließend zieht Phillip seinen Bruder mit konstanter Kraft von 6 N auf dem Schlitten weitere 1000 Meter bis zum Rodelberg. Für diese Strecke benötigt er zehn Minuten. Berechne seine erbrachte Leistung.

01 Viererbob beim Start

Mechanische Energieformen

Beim Bobsport kommt es auf einen guten Start an: Über eine Strecke von etwa 15 Metern schieben die Athleten den Bob an und beschleunigen ihn auf 40 $\frac{km}{h}$. Der Bob hat nun Bewegungsenergie. Wie ändert sich die Bewegungsenergie, wenn der Bob mit 120 $\frac{km}{h}$ durch das Ziel fährt?

Die Bewegungsenergie E_{Bew} wird auch als kinetische Energie E_{kin} bezeichnet.

DIE BEWEGUNGSENERGIE · Beim Beschleunigen führen die Athleten dem Bob Energie zu. Diese Energie ist anschließend als Bewegungsenergie gespeichert. Wie viel Energie auf den Bob übertragen wird, können wir als Produkt aus Kraft F und Strecke Δs berechnen.

Dabei ist F die Kraft, die den Bob der Masse m beschleunigt. Für diese Kraft gilt:

$$F = m \cdot a.$$

Wir nehmen an, dass der Bob mit konstanter Kraft angeschoben wird und folglich eine Bewegung mit konstanter Beschleunigung ausführt. Für die zurückgelegte Strecke gilt dann:

$$\Delta s = \frac{1}{2} a \cdot t^2.$$

Damit ergibt sich für die übertragene Energie:

$$\Delta E = F \cdot \Delta s = m \cdot a \cdot \frac{1}{2} \cdot a \cdot t^2 = \frac{1}{2} m \cdot (a \cdot t)^2.$$

Weil wir die Beschleunigung als konstant angenommen haben, gilt für die Geschwindigkeit $v = a \cdot t$. Damit folgt für die übertragene Energie:

$$\Delta E = \frac{1}{2} m \cdot v^2.$$

Die Gleichung zeigt, dass die Energie, die zur Beschleunigung eines Körpers auf eine bestimmte Geschwindigkeit benötigt wird, nur von dieser Geschwindigkeit und der Masse des Körpers abhängt. Dabei kommt es nicht darauf an, wie der Körper beschleunigt wurde, wie lange und mit welcher Kraft. Die zugeführte Energie ΔE ist nun als Bewegungsenergie E_{Bew} im Bob gespeichert.

Die Bewegungsenergie eines Körpers hängt nur von seiner Masse m und Geschwindigkeit v ab. Es gilt:
$$E_{Bew} = \frac{1}{2} m \cdot v^2.$$

E_{Bew} hängt quadratisch von der Geschwindigkeit ab. Bei 120 $\frac{km}{h}$ hat der Bob also neunmal so viel Bewegungsenergie wie bei 40 $\frac{km}{h}$.

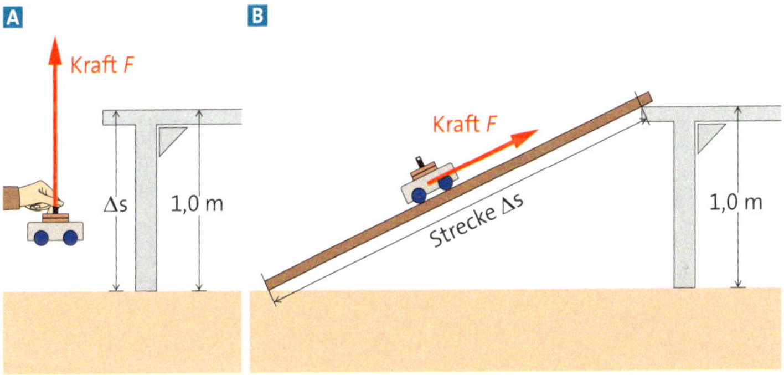

02 Die zum Anheben benötigte Energie ist in **A** und **B** gleich groß.

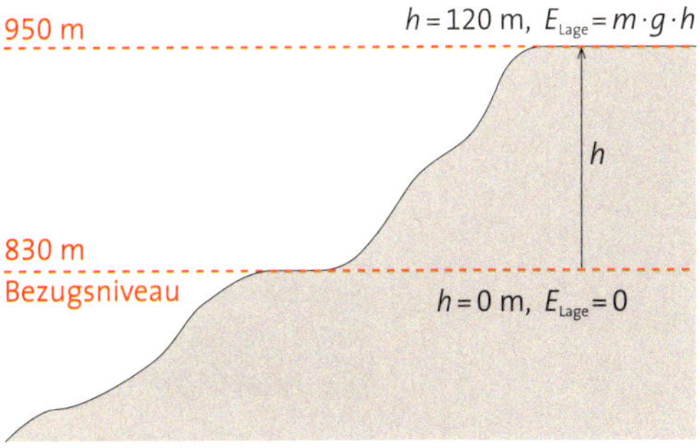

03 Lageenergie: immer relativ zum Bezugsniveau

DIE LAGEENERGIE · Um den Bob auf den Berg zu transportieren, wird Energie benötigt. Die zugeführte Energie ist anschließend als Lageenergie gespeichert.

Wir untersuchen, wie viel Energie zum Anheben benötigt wird. Dazu ersetzen wir den Bob modellhaft durch einen Wagen. Um den Wagen auf einen Tisch zu heben, gibt es mehrere Möglichkeiten: Wir können den Wagen senkrecht hochheben (▸ Bild 02 A). Dazu müssen wir mit einer Kraft am Körper ziehen, die betragsmäßig gleich der Schwerkraft $F_G = m \cdot g$ ist. Die dabei zurückgelegte Strecke Δs ist gleich dem Höhenunterschied Δh, um den der Wagen angehoben wird. Damit können wir die zugeführte Energie wie folgt berechnen:

$$\Delta E = F \cdot \Delta s = m \cdot g \cdot \Delta h.$$

Wir können den Wagen aber auch über eine schräge Rampe hochziehen (▸ Bild 02 B). Dann ist die Strecke Δs zwar größer, aber die Kraft F ist kleiner. Das Produkt $F \cdot \Delta s$ bleibt gleich. Die zum Anheben eines Körpers benötigte Energie hängt folglich nur von der Masse, dem Ortsfaktor und dem Höhenunterschied ab. Am Ortsfaktor erkennst du, dass die Energie zum Anheben vom Himmelskörper abhängt, auf dem man sich befindet. Auf dem Mond wird ein Körper nicht so stark angezogen wie auf der Erde.

Auf welchem Weg der Wagen angehoben wurde, ist unwichtig. Die zugeführte Energie ist nun als Lageenergie im System aus Himmelskörper und Körper gespeichert.

DAS BEZUGSNIVEAU · Wenn der Bob in 950 m Höhe über dem Meeresspiegel startet und auf 830 m herabfährt, dann hat der Bob auf 830 m immer noch Lageenergie. Für die Energieumwandlung bei der Fahrt ist allerdings nur der Anteil der Lageenergie von Bedeutung, der beim Herabfahren über den Höhenunterschied von 120 m in Bewegungsenergie umgewandelt wird.

Deshalb ist es sinnvoll, die Lageenergie relativ zu einem geeigneten Bezugsniveau anzugeben. Für den Bob legen wir das Bezugsniveau auf 830 m. Die Höhe wird relativ zu diesem Bezugsniveau gemessen und damit die Lageenergie berechnet (▸ Bild 03).

Die Lageenergie eines Körpers hängt nur von seiner Masse m, dem Ortsfaktor g und von der Höhe h über dem Bezugsniveau ab. Es gilt:
$E_{Lage} = m \cdot g \cdot h.$

Die Lageenergie E_{Lage} wird auch als potenzielle Energie E_{pot} bezeichnet.

1 Bei der Bobbahn in Altenberg überwindet ein Viererbob mit einer Masse von 630 kg eine Höhe von 122 Metern. Bei der Zieleinfahrt wird eine Geschwindigkeit von $130\,\frac{km}{h}$ gemessen. Bestimme die Lageenergie beim Start. Berechne die maximale Bewegungsenergie des Bobs bei der Zieleinfahrt. Diskutiere dein Ergebnis.

01 Elastisches Band als Trainingsgerät

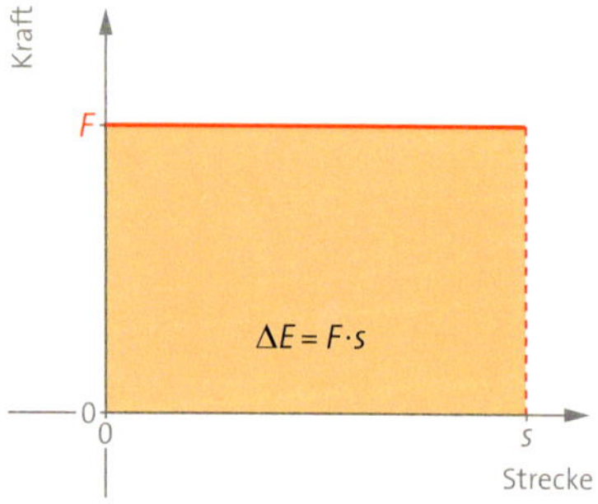

03 Energie als Fläche unter dem Schaubild bei konstanter Kraft

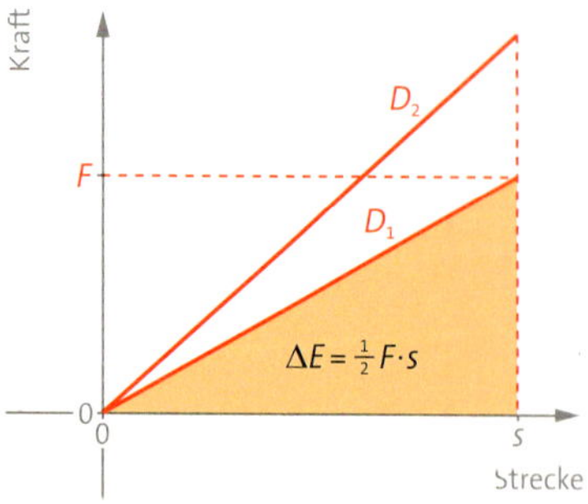

04 Bei einer Stahlfeder: Spannenergie als Fläche unter dem Schaubild

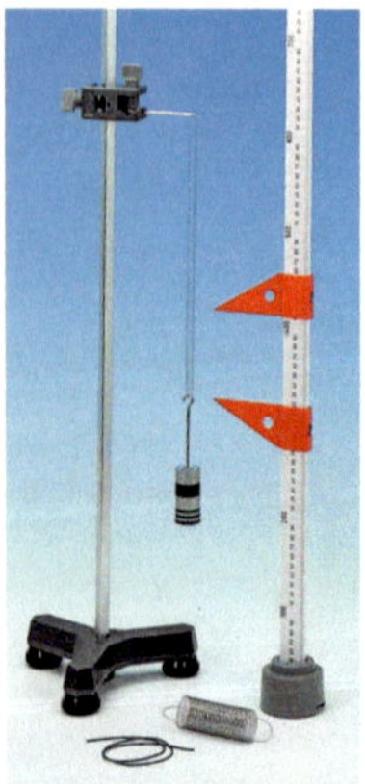

02 Versuch zur Messung der Dehnung einer Stahlfeder

DIE SPANNENERGIE · Mit einem elastischen Gummiband können die Muskeln trainiert werden (▸ Bild 01). Die dabei zugeführte Energie ist anschließend im Gummiband gespeichert. Diese Energie nennt man **Spannenergie.**

Wie viel Spannenergie im Gummiband gespeichert ist, lässt sich nicht leicht bestimmen, weil der Zusammenhang zwischen der Kraft und der Strecke, um die das Band gedehnt wird, kompliziert ist. Aber für eine Stahlfeder wie in ▸ Bild 02 ist dieser Zusammenhang einfacher zu bestimmen.

Wir dehnen eine Stahlfeder um eine Strecke s und messen die dafür notwendige Kraft. Wenn wir die Kraft als Funktion der Strecke in ein $F(s)$-Diagramm eintragen, dann erhalten wir eine Ursprungsgerade (▸ Bild 04). Kraft und Strecke sind also proportional zueinander. Verwenden wir eine weichere Feder, dann ist die Steigung der Geraden kleiner. Die Proportionalitätskonstante hängt von der Feder ab. Sie wird als **Federkonstante D** bezeichnet. Beim Dehnen der Stahlfeder gilt für die Kraft das sogenannte HOOKE'sche Gesetz:

$$F = D \cdot s.$$

EINE FLÄCHENBETRACHTUNG HILFT WEITER · Wenn die Kraft konstant ist wie beim Anheben eines Körpers, dann kann man die übertragene Energie als Produkt aus Kraft F und Strecke Δs berechnen. Beim Spannen einer Feder ist die Kraft aber nicht konstant. Die übertragene Energie kann deswegen nicht so einfach berechnet werden. Darum benötigen wir einen anderen Zugang.:

▸ Bild 03 zeigt für eine konstante Kraft das $F(s)$-Diagramm. Die übertragene Energie entspricht der Fläche unterhalb des Schaubilds im $F(s)$-Diagramm. Auch wenn beim Spannen einer Feder die Kraft nicht konstant ist, kann man die übertragene Energie als Fläche unter dem Schaubild bestimmen (▸ Bild 04). Man erhält

$$\Delta E = \frac{1}{2} F \cdot s.$$

Diese Energie ist in der Feder als Spannenergie E_{Spann} gespeichert. Für die Kraft können wir nach dem HOOKE'schen Gesetz $F = D \cdot s$ einsetzen und erhalten für die Spannenergie:

$$E_{\text{Spann}} = \frac{1}{2} D \cdot s \cdot s = \frac{1}{2} D \cdot s^2.$$

Die Spannenergie einer Feder hängt nur von der Strecke s ab, um die sie verformt wird, und vom Material der Feder, das durch die Federkonstante D berücksichtigt wird. Es gilt:
$$E_{\text{Spann}} = \frac{1}{2} D \cdot s^2$$

1 Eine Feder hat die Federkonstante $100\,\frac{\text{N}}{\text{m}}$. Die Feder wird um 5,0 cm gedehnt. Bestimme die maximale Kraft, die dabei ausgeübt wird. Berechne die gespeicherte Spannenergie.

VERSUCH ▸ Wir messen Energie

V1 Lageenergie im Treppenhaus

Material:

Maßband, Personenwaage

Durchführung:

a) Bestimme deine Lageenergie für verschiedene Standorte im Schulgebäude. Lege zuerst ein sinnvolles Bezugsniveau fest. Stelle fest, an welchem Standort du die größte Lageenergie hast.

b) Bestimme deine Lageenergie relativ zum Meeresspiegel (NN).

V2 Bewegungsenergie beim Fadenpendel

Material:

Stativmaterial, Schnur, Pendelkörper, Lichtschranke, Waage, Messwerterfassungssystem

Durchführung:

Befestige die Schnur mit dem Pendelkörper an einer waagerechten Stativstange. Positioniere die Lichtschranke so, dass der Pendelkörper im tiefsten Punkt die Lichtschranke passiert (▸ Bild 05 A).

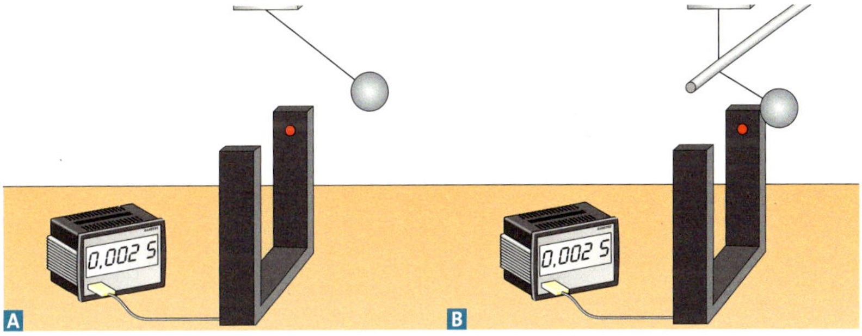

05 **A** Geschwindigkeitsmessung beim Pendel, **B** mit zusätzlicher Stange

a) Lass das Fadenpendel in unterschiedlichen Höhen starten. Bestimme jeweils die Geschwindigkeit im tiefsten Punkt. Trage die Höhe und die Geschwindigkeit in eine Tabelle ein.
Berechne jeweils die Lageenergie und die Bewegungsenergie.
Vergleiche die Werte und diskutiere dein Ergebnis.

b) Verändere den Versuchsaufbau wie in ▸ Bild 05B. Miss, welche Höhe das Pendel auf der rechten Seite erreicht. Erkläre.

V3 Spannenergie

Material:

Stativstange, Kraftmesser, Lineal, Gummiband

Durchführung:

a) Befestige das Gummiband an einer Stativstange. Ziehe mit dem Kraftmesser am Gummiband nach unten. Miss die Kraft für verschiedene Ausdehnungen und trage die Werte in eine Tabelle ein.

b) Stell deine Daten in einem Diagramm dar.

c) Schätze für eine Ausdehnung von 5 cm die Spannenergie als Fläche unter der Kurve ab.

Material A ▸ Energieformen beim Sport

06 Beim Stabhochsprung

A1 Ein Sportler (Masse 85 kg) überspringt beim Stabhochsprung eine Höhe von 6 m (▸ Bild 06).

a) Gib an, welche Energieformen hierbei auftreten.

b) Berechne die maximale Lageenergie des Springers.

c) Schätze ab, welche Geschwindigkeit der Stabhochspringer beim Anlauf ungefähr erreichen kann.
Bestimme seine Bewegungsenergie. Vergleiche deine berechneten Werte und diskutiere sie.

A2 Ein Fußball (Masse 450 g) wird mit einer Geschwindigkeit von 120 $\frac{km}{h}$ geschossen. Ein Spieler nimmt den Ball mit dem Kopf an und erzielt ein Tor.
Berechne die Energie, die dabei für die Verformung des Balls umgewandelt wird.

BLICKPUNKT

Energie in Feldern

01 Stratosphärensprung von FELIX BAUMGARTNER

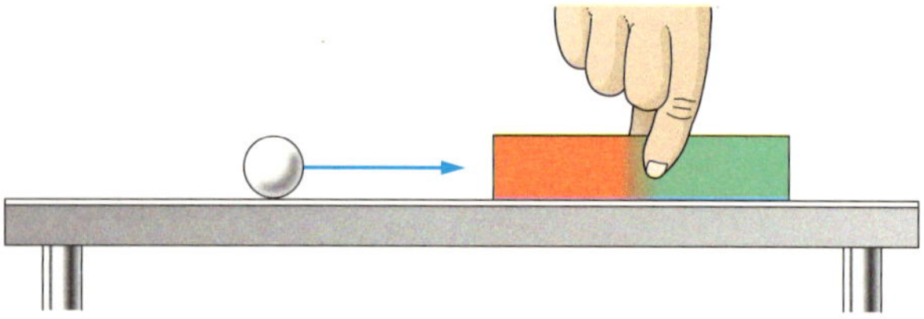

02 Die Stahlkugel rollt auf den Magneten zu.

▸ Bild 01 und 02 zeigen zwei Phänomene: Der Extremsportler FELIX BAUMGARTNER bei seinem Stratosphärensprung und eine Stahlkugel, die in der Nähe eines Magneten auf dem Tisch abgelegt wird. Die Stahlkugel bewegt sich von selbst auf den Magneten zu. Der Extremsportler fällt ebenfalls von selbst zurück auf den Erdboden. Woher stammt jeweils die Energie, die in beiden Fällen in Bewegungsenergie umgewandelt wird?

Der Magnet ist von einem Magnetfeld umgeben. In diesem Feld wird auf die Kugel eine magnetische Anziehungskraft ausgeübt. Gegen diese Kraft muss man Energie aufbringen, um Kugel und Magnet voneinander zu entfernen. Man kann nicht sagen, die Stahlkugel oder der Magnet hat diese Energie, sondern die Energie steckt im Magnetfeld. Die Energie für die Bewegung der Kugel kommt demnach aus dem Magnetfeld. Energie, die in einem Feld gespeichert ist, bezeichnet man als potenzielle Energie.

Energie im Gravitationsfeld · Aufgrund ihrer Masse *M* übt die Erde eine Gravitationskraft auf den Extremsportler aus. Wir stellen uns vor, dass auch die Erde von einem Feld umgeben ist, dem Gravitationsfeld. Die Gravitationskraft, die in einem Punkt des Feldes auf einen Körper der Masse *m* ausgeübt wird, beträgt:

$$F_G = \gamma \cdot \frac{M \cdot m}{r^2}$$

Die Gravitationskraft nimmt mit zunehmendem Abstand zur Erde immer weiter ab (▸ Bild 03 A). Die potenzielle Energie steckt hier im Gravitationsfeld der Erde. Beim Stratosphärensprung von FELIX BAUMGARTNER wurde dem Gravitationsfeld während des Aufstiegs des Ballons auf eine Höhe von 39 045 m Energie zugeführt. Beim Fall zurück zur Erde wurde diese Energie dem Gravitationsfeld wieder entzogen.

Die potenzielle Energie bei einem Abstand *r* kann man auch hier als Fläche unter dem *F*(*r*)-Diagramm berechnen (▸ Bild 03 A) und erhält

$$E_{pot} = \gamma \cdot M \cdot m \cdot \left(\frac{1}{R_E} - \frac{1}{r}\right)$$

Sie steigt nahe der Erdoberfläche schnell an. Je weiter sich ein Körper von der Erde entfernt, desto geringer ist die Zunahme der potenziellen Energie (▸ Bild 03 B). Deshalb muss bei einem Raketenstart sehr viel Energie aufgebracht werden, damit sie sich von der Erde entfernen kann. In großer Entfernung zur Erde muss dem Gravitationsfeld nur noch wenig Energie zugeführt werden, wenn der Abstand zur Erde erhöht werden soll.

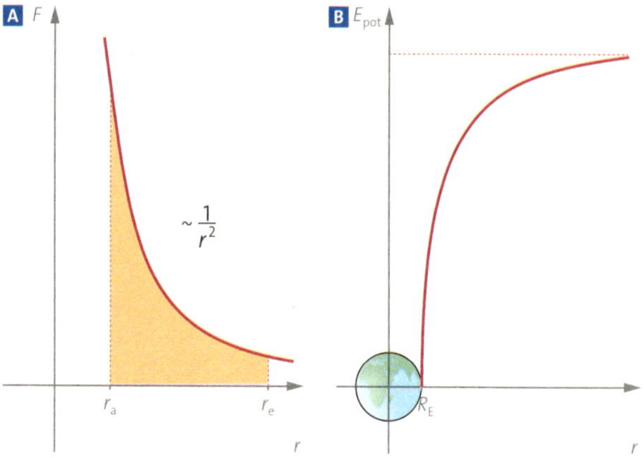

03 **A** Gravitationskraft $F_G(r)$, **B** Potenzielle Energie

Energie im Magnetfeld · Beim Feld um einen Magneten verhält es sich ähnlich. Die potenzielle Energie nimmt ebenfalls mit zunehmendem Abstand zum Magneten ab.

Das untersuchen wir mit einer einfachen Anordnung: Auf einer Aluminiumschiene wird ein zylindrischer Neodymmagnet fixiert. Rechts von dem Magneten legen wir eine Stahlkugel (B) ab (▸ Bild 04 A). Wenn wir die Stahlkugel (B) vom Magneten entfernen möchten, dann gelingt das nur, wenn wir Energie aufwenden. Diese Energie steckt dann in dem Magnetfeld. Wir legen nun zwei Stahlkugeln (B und C) hintereinander neben den Magneten (▸ Bild 04 B). Um die äußere Kugel (C) vom Magneten zu entfernen, benötigen wir deutlich weniger Energie als zuvor für Kugel (B).

Kugelbeschleuniger · Diesen Zusammenhang kann man nutzen, um einen Kugelbeschleuniger zu bauen. Man legt mit einigem Abstand links vom Magneten eine weitere Stahlkugel (A) ab (▸ Bild 04 C). Diese setzt sich durch die magnetische Anziehung in Bewegung. Dabei wird dem Magnetfeld Energie entzogen und in Bewegungsenergie der Stahlkugel umgewandelt. Je näher die Kugel dem Magneten kommt, desto mehr Energie wird dem Magnetfeld entzogen. Die Kugel (A) erreicht unmittelbar vor dem Stoß ihre maximale Bewegungsenergie, die beim Stoß auf die äußerste Kugel (C) übertragen wird. Ein Teil der übertragenen Energie muss dem Magnetfeld zugeführt werden, damit sich die Kugel (C) vom Magneten entfernen kann. Die übrige Energie steht der Kugel als Bewegungsenergie zur Verfügung. Sie rollt mit einer erstaunlich hohen Geschwindigkeit auf der Schiene davon.

Wenn man nur eine Kugel (B) rechts vom Magneten ablegt, dann funktioniert der Kugelbeschleuniger nicht (▸ Bild 05). In diesem Fall reicht die übertragene Energie nicht aus, damit sich die Kugel (B) vom Magneten fortbewegen kann. Die der stoßenden Kugel (A) vom Magnetfeld zugeführte Energie kann nicht größer sein als die potenzielle Energie der Kugel (B).

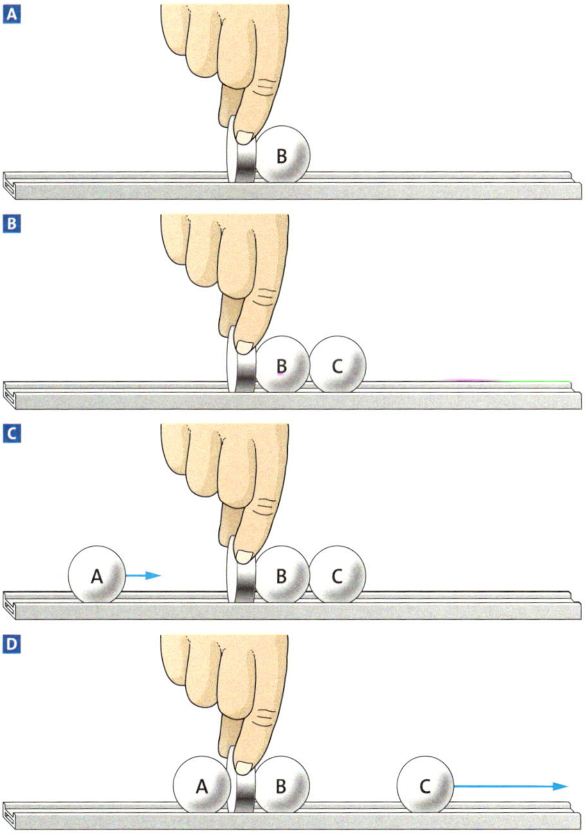

04 Funktionsprinzip des Kugelbeschleunigers

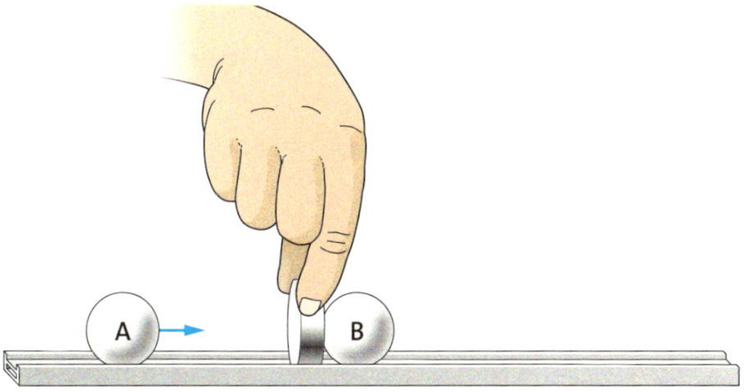

05 So funktioniert der Kugelbeschleuniger nicht!

1 Eine Anordnung mit drei Stahlkugeln rechts vom Magneten führt zu keiner nennenswerten Zunahme der Geschwindigkeit. Diskutiere mögliche Ursachen.

01 Beim Bungeesprung

Der Energieerhaltungssatz

Nur ganz Mutige wagen den Sprung in die Tiefe. Sie stürzen mit einem Seil an den Füßen hinab, bis das Seil gestrafft wird und diese Bewegung allmählich abbremst. Damit niemand zu Schaden kommt, darf das Seil nicht zu lang sein. Woher wissen die Veranstalter, wie lang das Bungeeseil sein muss?

ENERGIE WIRD UMGEWANDELT · Die Veranstalter wissen, dass Energie erhalten bleibt. Sie wissen auch, dass die Springerin beim Bungeesprung zunächst Lageenergie hat. Beim Fallen hat sie Lage- und Bewegungsenergie und sobald sich das Seil spannt, wird ein Teil der Energie in Spannenergie umgewandelt. Mit diesen Kenntnissen sind sie in der Lage, die Länge des Seils zu berechnen.

Wir schätzen die notwendige Länge eines Bungeeseils einmal ab. Dazu betrachten wir ein System, das aus der Springerin, der Aufhängung des Seils und dem Seil besteht. Die Luftreibung und die Reibung an der Seilaufhängung können wir als sehr gering annehmen. Die Umwandlung in thermische Energie ist somit vernachlässigbar.

Weil keine Energie durch Reibung dieses System verlassen kann, handelt es sich um ein energetisch **abgeschlossenes System.** In diesem Fall sollte die Energie E_{ges} während des Sprungs im System konstant bleiben. Man berücksichtigt nur die mechanischen Energieformen.

In einem abgeschlossenen System bleibt bei reibungsfreien Vorgängen die Summe der mechanischen Energien erhalten. Die Gesamtenergie E_{ges} ist konstant und es gilt: $E_{ges} = E_{Lage} + E_{Bew} + E_{Spann}$.

Mit diesem Erhaltungssatz kann man viele Fragestellungen in der Mechanik einfach lösen, ohne etwas über die Kräfte zu wissen, die zu einem bestimmten Zeitpunkt wirken. Er hilft uns auch bei der Berechnung der Länge des Bungeeseils.

WIE LANG DARF DAS SEIL SEIN? · Zunächst muss man sich überlegen, welche Energieformen beim Bungeesprung auftreten und welche Größen bekannt sind. Dafür müssen wir einige vereinfachende Annahmen machen. Ein Bungeeseil enthält eine große Anzahl an elastischen Gummifäden. Zur Vereinfachung nehmen wir an, dass sich dieses Seil entsprechend dem HOOKE'schen Gesetz verhält. Ein typischer Wert für die „Federkonstante" D eines Bungeeseils ist $40{,}0\,\frac{\mathrm{N}}{\mathrm{m}}$. Als weitere Vereinfachung vernachlässigen wir die Masse des Gummiseils und die Luftreibung beim Fall. Unter diesen Voraussetzungen kann man beim Bungeesprung mit dem Energieerhaltungssatz rechnen.

Beispielhaft nehmen wir einmal die folgenden Werte an: Die maximale Fallstrecke entspricht der Höhe $h = 80{,}0$ m einer Brücke über einem Fluss. Die Springerin ist 1,70 m groß und ihre Masse ist 65,0 kg.

Im Zustand I, vor dem Absprung, steht sie auf dem Startpodest (▸ Bild 02). Das Seil ist an den Füßen befestigt. In diesem Zustand ist die Geschwindigkeit null und das Seil ist entspannt. Damit sind die Bewegungs- und die Spannenergie null. Die Gesamtenergie im System entspricht somit der Lageenergie:

$E_{\mathrm{ges}} = E_{\mathrm{Lage}} = m \cdot g \cdot h$
$E_{\mathrm{ges}} = 65{,}0\,\mathrm{kg} \cdot 9{,}8\,\frac{\mathrm{m}}{\mathrm{s}^2} \cdot 80{,}0\,\mathrm{m} = 51{,}0\,\mathrm{kJ}.$

Im Zustand II ist die Springerin so weit herabgefallen, dass das Seil gerade noch entspannt ist. In diesem Zustand ist gerade die Höhe $h - l$ erreicht. l gibt die gesuchte Seillänge an.

Im Zustand III ist die gesamte Energie in Spannenergie umgewandelt worden. Damit können wir für den Zustand III die Ausdehnung s des Seils aus dem Energieerhaltungssatz bestimmen:

$E_{\mathrm{ges}} = E_{\mathrm{Spann}}$, also
$E_{\mathrm{ges}} = \frac{1}{2} \cdot D \cdot s^2.$

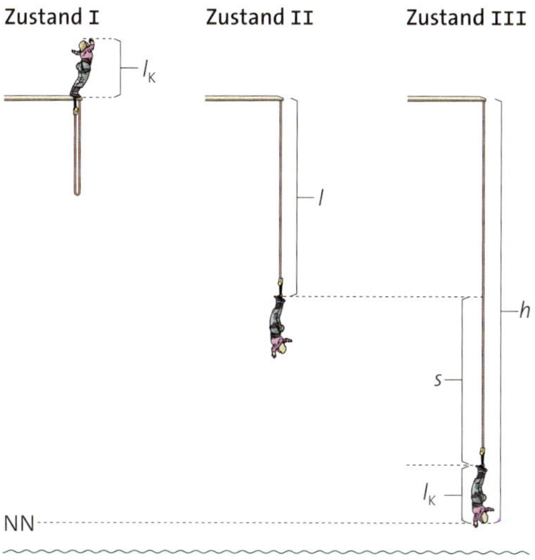

02 Besondere Zustände beim Bungeesprung

Lösen wir diese Gleichung nach s auf, dann erhalten wir:

$$s = \sqrt{\frac{2\,E_{\mathrm{ges}}}{D}} = \sqrt{\frac{2 \cdot 51\,000\,\mathrm{J}}{40{,}0\,\frac{\mathrm{N}}{\mathrm{m}}}} = 50{,}5\,\mathrm{m}.$$

Die Höhe $h = 80{,}0$ m setzt sich zusammen aus der Seillänge l, der Körpergröße $l_{\mathrm{K}} = 1{,}7$ m und der maximalen Ausdehnung des Seils $s = 50{,}5$ m:

$h = s + l + l_{\mathrm{K}}.$

Daraus können wir nun die erlaubte Seillänge l berechnen:

$l = h - s - l_{\mathrm{K}} = 80{,}0\,\mathrm{m} - 50{,}5\,\mathrm{m} - 1{,}7\,\mathrm{m} = 27{,}8\,\mathrm{m}.$

Natürlich kann man auf diese Weise nur eine Abschätzung vornehmen. Da durch Reibung ein Teil der Energie in thermische Energie umgewandelt wird, wird weniger Energie in Spannenergie umgewandelt und die maximale Ausdehnung des Seils wird geringer ausfallen.

1 Ein 1,8 m großer Mann ($m = 80$ kg) möchte von einer 120 m hohen Brücke einen Bungeesprung wagen. Zur Sicherheit soll er 10 m über dem Boden den tiefsten Punkt erreichen. Das Seil hat eine Federkonstante von $40\,\frac{\mathrm{N}}{\mathrm{m}}$. Bestimme die notwendige Seillänge.

METHODE

Die Methode der Bilanzierung

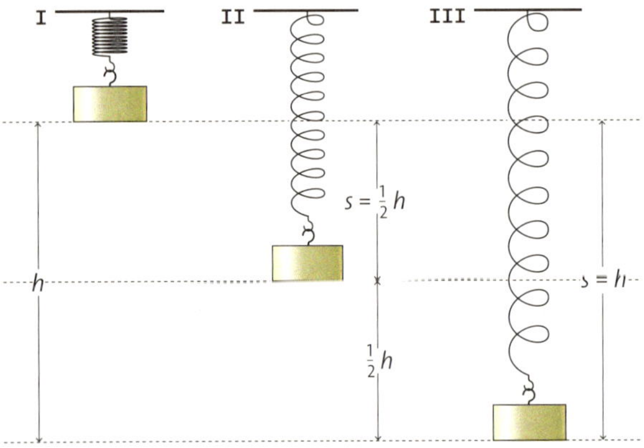

01 Ausgewählte Zustände

Energiebilanz · Für den Bungeesprung haben wir für verschiedene Zustände die Summe aller auftretenden Energieformen gebildet. Nach dem Energieerhaltungssatz bleibt diese Summe in einem abgeschlossenen System erhalten. Wir haben somit eine Bilanz der Energien aufgestellt. Verändert sich der Betrag einer Energieform beim Übergang von einem Zustand in einen anderen Zustand, so müssen sich die Beträge der übrigen Energieformen entsprechend ändern, sodass die Summe vor und nach dem Übergang gleich ist.
Diese Methode kann für viele Vorgänge in der Mechanik eingesetzt werden, um mit wenigen Informationen über ein System weitere Größen zu berechnen. Allerdings handelt es sich um Näherungen, wenn man vereinfachende Annahmen macht, wie z. B. die Reibungsfreiheit. Das Vorgehen ist dabei immer ähnlich.

Aufstellen der Energiebilanz · Betrachten wir als Beispiel ein Federpendel mit der Pendelmasse 0,10 kg. Zuerst wird eine Bilanz aller auftretenden Energieformen aufgestellt. Für ein reibungsfrei befestigtes Federpendel lautet die Bilanz:

$$E_{ges} = E_{Lage} + E_{Spann} + E_{Bew}.$$

Bestimmung der Gesamtenergie · Als nächstes betrachten wir einen Zustand, bei dem nur eine Energieform auftritt, deren Betrag wir aus gemessenen Größen berechnen können. Bei der Auswahl hilft uns eine Skizze. Im ▸ Bild 01 sind drei Zustände dargestellt. In Zustand I ist die Feder entspannt. In Zustand III ist die Feder maximal ausgedehnt, sodass die Spannenergie E_{Spann} maximal ist. Diese Position legen wir als Nullniveau fest. Die Höhe h im Zustand I betrage 0,1 m. Die Spannenergie und die Bewegungsenergie sind in diesem Zustand null. Für die Gesamtenergie gilt damit:

$$E_{ges} = E_{Lage} = 0{,}10\ \text{kg} \cdot 9{,}8\ \frac{\text{N}}{\text{kg}} \cdot 0{,}10\ \text{m} = 0{,}10\ \text{Nm}.$$

Bestimmung weiterer Größen · Nach dem Loslassen wird die Lageenergie in Bewegungs- und Spannenergie umgewandelt. Im Zustand III ist die gesamte Lageenergie in Spannenergie umgewandelt worden. Aus der Energiebilanz kann man die Federkonstante bestimmen:

$$E_{ges} = E_{Spann} = \frac{1}{2} \cdot D \cdot s^2, \text{ folglich}$$
$$D = \frac{2\,E_{ges}}{s^2} = \frac{2 \cdot 0{,}10\ \text{Nm}}{(0{,}10\ \text{m})^2} = 20\ \frac{\text{N}}{\text{m}}.$$

Betrachten wir den Zustand II (▸ Bild 01). Hier befindet sich das Pendel in der Höhe $\frac{1}{2}\,h$. Die Feder ist um $s = \frac{1}{2}\,h$ ausgelenkt. Für diesen Zustand können wir die Geschwindigkeit des Pendels aus der Energiebilanz bestimmen. Für die Gesamtenergie in diesem Zustand gilt:

$$E_{ges} = E_{Lage} + E_{Spann} + E_{Bew}$$
$$= \frac{1}{2} \cdot m \cdot g \cdot h + \frac{1}{2} \cdot D \cdot \left(\frac{1}{2}\,h\right)^2 + \frac{1}{2} \cdot m \cdot v^2.$$

Wir lösen nach v auf:

$$v = \sqrt{\frac{2 \cdot \left(E_{ges} - \frac{1}{2}\,m \cdot g \cdot h - \frac{1}{8}\,D \cdot h^2\right)}{m}}$$
$$v = \sqrt{\frac{2 \cdot \left(0{,}10\ \text{Nm} - \frac{1}{2} \cdot 0{,}10\ \text{kg} \cdot 9{,}8\ \frac{\text{N}}{\text{kg}} \cdot 0{,}1\ \text{m} - \frac{1}{8} \cdot 20\ \frac{\text{N}}{\text{m}} \cdot (0{,}10\ \text{m})^2\right)}{0{,}10\ \text{kg}}}.$$
$$v = 0{,}70\ \frac{\text{m}}{\text{s}}.$$

1 Ein Ball wird mit einer Geschwindigkeit von $10\ \frac{\text{m}}{\text{s}}$ senkrecht nach oben geworfen. Stelle eine Energiebilanz auf. Bestimme die Höhe, die der Ball maximal erreichen kann. Begründe, warum das Ergebnis unabhängig von der Masse des Balls ist.

VERSUCH ▸ Energieerhaltung

Material:

Basketball, Tennisball, Fußball, Tischtennisball, Meterstab, Messwerterfassungssystem

Durchführung:

Wird ein Ball aus 1,5 m Höhe fallen gelassen, dann erreicht er nach dem Aufprall auf den Boden diese Ausgangshöhe nicht mehr. Ein Teil der Energie wird in innere Energie umgewandelt.

V1 Überlege dir, wie du die Energieumwandlung in innere Energie beim Basketball mithilfe eines Meterstabs oder eines Messwerterfassungssystems abschätzen kannst.

Führe entsprechende Versuche durch und berechne die Energie, die bei einem Aufprall in innere Energie umgewandelt wird.

V2 Vergleiche die Energieumwandlung bei verschiedenen Bällen. Diskutiere deine Ergebnisse.

Material A ▸ Energieerhaltung beim Federpendel

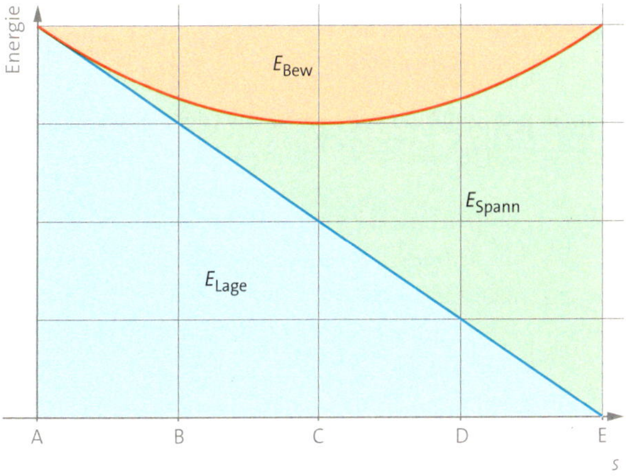

02 Mechanische Energieformen beim Federpendel

Im ▸ Diagramm 02 sind die Anteile der mechanischen Energieformen an der Gesamtenergie beim Federpendel in Abhängigkeit von der Ausdehnung der Feder dargestellt. Bei der Auslenkung C z. B. hat die Lageenergie einen Anteil von 50 %, die Bewegungsenergie und die Spannenergie haben jeweils einen Anteil von 25 % an der Gesamtenergie.

A1 **a)** Skizziere die Zustände eines Federpendels, die jeweils zu den Auslenkungen A bis E gehören.

b) Gib die Anteile der Energieformen für die jeweiligen Auslenkungen A, B, D und E an.

A2 Erstelle ein entsprechendes Diagramm für die Bewegung eines Federpendels, dessen Feder im oberen Umkehrpunkt nicht vollständig entspannt ist.

Material B ▸ Auf dem Jahrmarkt

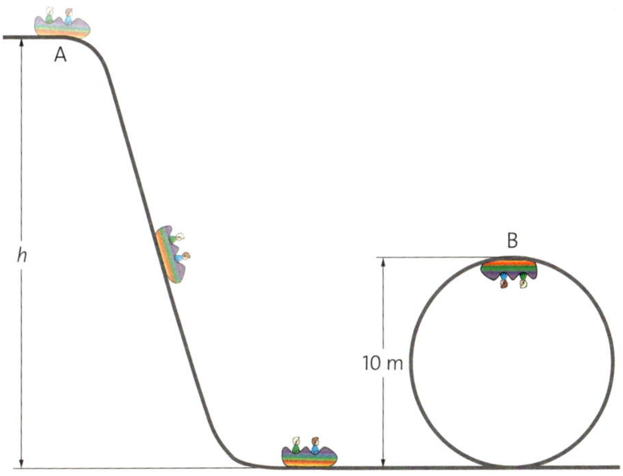

03 Kommt der Wagen durch den Looping?

B1 Auf dem Jahrmarkt gibt es eine Achterbahn mit einem Looping, der einen Durchmesser von 10 m hat (▸ Bild 03). Der Wagen wird bis zum Punkt A hochgezogen und setzt sich dort von selbst in Bewegung.

a) Stell für den Punkt B eine Energiebilanz auf.

b) Berechne, in welcher Höhe der Wagen mindestens starten muss, damit er sicher durch den Looping kommt. *Hinweis:* Im Punkt B muss die Zentripetalkraft mindestens so groß wie die Schwerkraft auf den Wagen sein.

c) Die in b) berechnete Mindesthöhe reicht in der Realität nicht aus. Begründe.

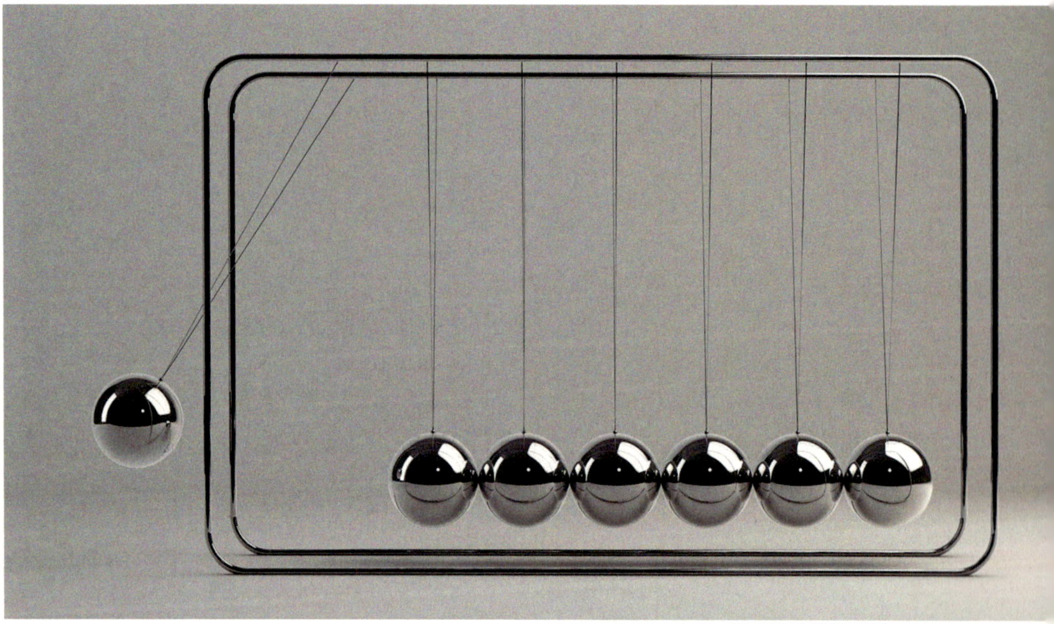

01 Das Klick-Klack-Spiel

Erhaltungssätze in der Mechanik

Physik mit dem Klick-Klack-Spiel: Hebt man eine Kugel an und lässt sie herabfallen, so bewegt sich nach dem Stoß immer genau eine Kugel weg. Warum können nicht auch mal mehr Kugeln nach oben schwingen?

DIE ERHALTUNGSSÄTZE HELFEN WEITER · Ein auf den ersten Blick so einfaches Spiel können wir nur erklären, wenn wir berücksichtigen, dass bei diesem Vorgang Impuls und Energie erhalten bleiben. Die Kugeln haben bei diesem Spiel alle die gleiche Masse. Am Anfang führen wir dem System von außen Energie zu, indem wir eine Kugel auslenken.

Wenn wir die Kugel loslassen, dann wird die Lageenergie in Bewegungsenergie umgewandelt. Im Augenblick des Zusammenstoßes mit den übrigen Kugeln wird Energie und Impuls auf die ruhende Kugelkette übertragen.

Gleichgültig, wie viele Kugeln wir auslenken, wir beobachten immer, dass die Anzahl der stoßenden Kugeln gleich der Anzahl der nach dem Stoß ausgelenkten Kugeln ist. Da diese die gleiche Höhe wie die Ausgangshöhe der stoßenden Kugeln erreichen, muss die gesamte Energie auf diese Kugeln übertragen worden sein. Der Energieerhaltungssatz ist erfüllt. Für die Bewegungsenergie unmittelbar vor und nach dem Stoß gilt somit:

$$E_{\text{Bew}} = \frac{1}{2}\, m_1 \cdot v_1^2 = \frac{1}{2}\, m_2 \cdot v_2^2.$$

Der Impuls muss ebenfalls erhalten bleiben:

$$p_{\text{vor}} = p_{\text{nach}}$$
$$m_1 \cdot v_1 = m_2 \cdot v_2.$$

Vor und nach dem Stoß sind die Massen jeweils gleich groß: $m_1 = m_2$.

Setzt man dies in den Energieerhaltungssatz und den Impulserhaltungssatz ein, so kürzen sich die Massen jeweils heraus, und es folgt, dass $v_1 = v_2$ ist. Beide Erhaltungssätze sind erfüllt.

DIE ERHALTUNGSSÄTZE ERLAUBEN NUR BESTIMMTE EREIGNISSE · Wäre es zum Beispiel auch möglich, dass beim Stoß mit einer Kugel die gesamte Energie auf vier Kugeln übertragen wird? Der Energieerhaltungssatz wäre in diesem Fall erfüllt. Damit muss für die Bewegungsenergie vor und nach dem Stoß gelten:

$$E_{Bew} = \frac{1}{2} m_1 \cdot v_1^2 = \frac{1}{2} m_2 \cdot v_2^2.$$

Setzen wir $m_2 = 4\,m_1$ in diese Gleichung ein, dann ist der Energieerhaltungssatz nur erfüllt, wenn für die Geschwindigkeit v_2 gilt:

$$v_1^2 = 4\,v_2^2 \text{ bzw. } v_1 = 2\,v_2.$$

Aus dem Impulserhaltungssatz ergibt sich aber:

$$m_1 \cdot v_1 = 4\,m_1 \cdot v_2 \text{ also}$$
$$v_1 = 4\,v_2.$$

Das steht im Widerspruch zum Energieerhaltungssatz. In diesem Fall wären nicht beide Erhaltungssätze erfüllt. Deshalb tritt dieser Fall niemals ein.
Der Energieerhaltungssatz und der Impulserhaltungssatz müssen nicht nur beim Klick-Klack-Spiel, sondern auch bei allen anderen Vorgängen erfüllt sein.

Vorgänge laufen immer so ab, dass der Energieerhaltungssatz und der Impulserhaltungssatz gleichzeitig erfüllt sind.

ENERGIE UND IMPULS BEIM SWING-BY-MANÖVER · Zur Erforschung unseres Sonnensystems werden immer wieder Raumsonden in den Weltraum befördert. Um ins äußere Sonnensystem zu gelangen, muss einer solchen Sonde Energie zugeführt werden. Der Antrieb durch eine Rakete würde jedoch eine unglaubliche Menge an Treibstoff erfordern. Deshalb werden in der Raumfahrt die sogenannten Swing-By-Manöver eingesetzt. Die 1977 gestarteten Raumsonden Voyager 1 und 2 lieferten viele spektakuläre Bilder von den Planeten und Monden des äußeren Sonnensystems. Ihre Flugbahn wurde durch mehrere Swing-By-Manöver gesteuert (▸ Bild 02).

Die Sonde wird dafür auf eine Flugbahn gebracht, auf der sie sich einem Planeten von hinten annähert (▸ Bild 03 A). Je näher sie dem Planeten kommt, desto stärker wirkt die Gravitationskraft. Da sich der Planet auf seiner Umlaufbahn weiter bewegt, wird die Sonde ein Stück mitgezogen, bevor sie das Gravitationsfeld des Planeten mit einer geänderten Flugrichtung und wesentlich größerer Geschwindigkeit wieder verlässt (▸ Bild 03 B). Bei diesem Manöver wird vom Planeten Energie und Impuls auf die Sonde übertragen. Die Geschwindigkeit des Planeten nimmt dabei nur geringfügig ab, da seine Masse um ein Vielfaches größer ist als die Masse der Sonde.

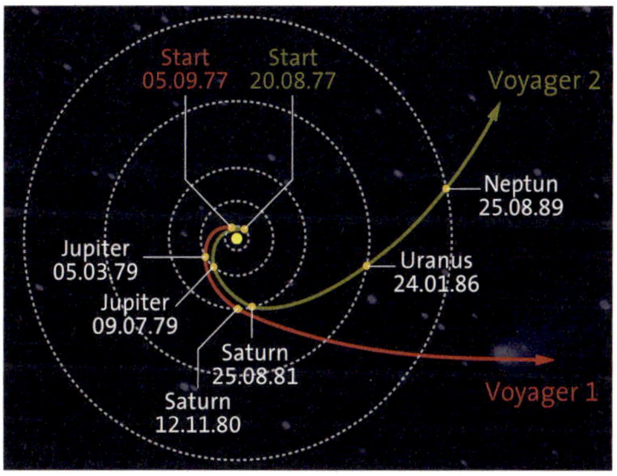

02 Veränderung der Flugbahn der Voyager-Sonden durch Swing-By-Manöver

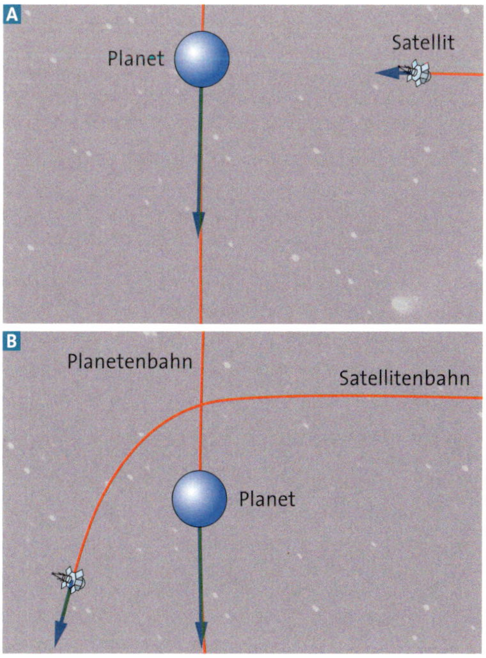

03 Swing-By-Manöver

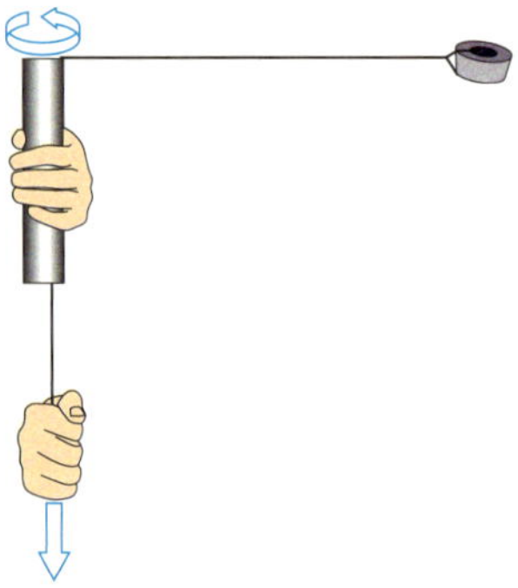

01 Freihandversuch zur Kreisbewegung

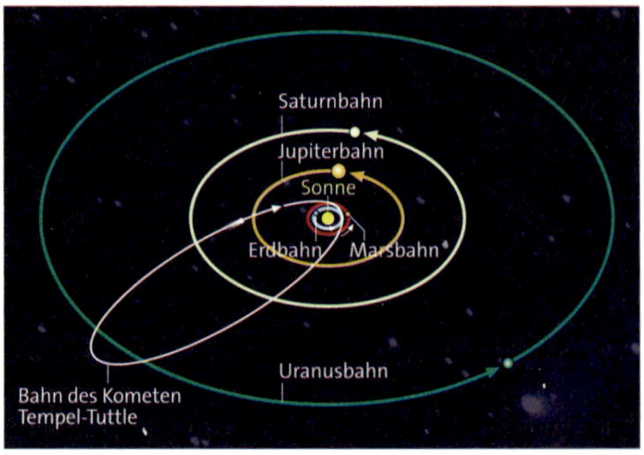

02 Umlaufbahnen von Planeten und Kometen

DREHIMPULSERHALTUNG BEI EINER KREISBEWEGUNG · Der Drehimpuls eines Körpers hängt von der Masse des Körpers, vom Abstand zur Drehachse und der Winkelgeschwindigkeit ab. Bei einer Eiskunstläuferin, die eine Pirouette mit ausgebreiteten Armen dreht, haben die Hände den größten Abstand zur Rotationsachse. Ihre Hände, Arme, Beine und der Rumpf haben jeweils einen gewissen Drehimpuls. Der Gesamtdrehimpuls ist gleich der Summe aller Einzeldrehimpulse der Körperteile. Holt sie die Arme und das Bein näher zum Körper, so nimmt der Abstand zur Rotationsachse ab. Damit der Gesamtdrehimpuls erhalten bleibt, muss die Winkelgeschwindigkeit zunehmen. Die Eiskunstläuferin rotiert schneller.

Beim Freihandversuch im ▸ Bild 01 verhält es sich ähnlich. Der Gummistopfen ist an einer Schnur befestigt, die durch ein Rohr geführt wird. Man bringt den Stopfen auf eine Kreisbahn. Dabei wird die Schnur unten festgehalten, um den Stopfen auf einer Bahn mit einem festen Radius zu halten. Wenn man den Radius verkleinert, indem man die Schnur nach unten zieht, dann nimmt die Winkelgeschwindigkeit des Stopfens zu. Das ist genauso wie bei der Eiskunstläuferin. Folglich kann man auch dem Stopfen einen Drehimpuls in Bezug auf den Punkt, um den er kreist, zuordnen. Weil er sich auf einer Kreisbahn und nicht um sich selber dreht, bezeichnet man diesen Drehimpuls als **Bahndrehimpuls.**

DREHIMPULSERHALTUNG IM SONNENSYSTEM · Auch ein Komet, der sich auf einer elliptischen Umlaufbahn um die Sonne bewegt, führt eine Drehbewegung aus (▸ Bild 02). Auf seiner Bahn wird er durch die Gravitationswirkung der Sonne gehalten. Sieht man von der Gravitationswirkung benachbarter Planeten ab, bleibt der Bahndrehimpuls des Kometen auf seiner Bahn konstant.

Allerdings ändert sich der Abstand zur Sonne ständig. Damit der Bahndrehimpuls erhalten bleibt, ändert sich die Geschwindigkeit, mit der sich der Komet auf seiner Bahn bewegt. Im sonnennächsten Punkt (Perihel) bewegt er sich mit einer größeren Geschwindigkeit als im sonnenfernsten Punkt (Aphel). Auch die Planeten bewegen sich auf elliptischen Umlaufbahnen. Allerdings weichen diese nur wenig von einer Kreisbahn ab.

1 Weise rechnerisch nach, welche Ereignisse beim Klick-Klack-Spiel möglich sind, wenn zwei Kugeln ausgelenkt werden.

2 Erläutere, was ein Swing-By-Manöver ist.

3 Informiere dich im Internet (z. B. beim Deutschen Zentrum für Luft- und Raumfahrt, DLR) über die Flugbahn der Raumsonde Rosetta. Beschreibe, welche Planeten die Sonde auf ihrer Bahn passiert, um ein Swing-By-Manöver durchzuführen. Erläutere, welches Ziel die Mission hat.

VERSUCHE ▸ Doppelball

03 Versuch mit zwei Bällen

Material:

Basketball, Tennisball

Durchführung:

V1 Lege einen Tennisball auf einen Basketball (▸ Bild 03). Lass beide Bälle gleichzeitig fallen.

a) Beobachte, wie sich der Basketball und der Tennisball verhalten. Notiere deine Beobachtung.
b) Erkläre deine Beobachtung mithilfe deiner Kenntnisse zu Energieerhaltung und Impulserhaltung.

Material A ▸ Erhaltungssätze beim Zusammenstoß

04 Beim Zusammenstoß

A1 Ein Lieferwagen (Masse 3,2 t) prallt am Stauende mit 50 $\frac{\text{km}}{\text{h}}$ auf einen stehenden Kleinwagen (Masse 1,2 t). Auf der Überholspur prallt ein Mittelklassewagen (Masse 1,8 t) mit 70 $\frac{\text{km}}{\text{h}}$ auf einen stehenden Kleinwagen (Masse 1,2 t).

a) Erläutere, inwiefern in den beiden Situationen der Energieerhaltungssatz und der Impulserhaltungssatz gelten.
b) Diskutiere, welches Fahrzeug mehr Schaden anrichtet.

Material B ▸ Erhaltungssätze beim ballistischen Pendel

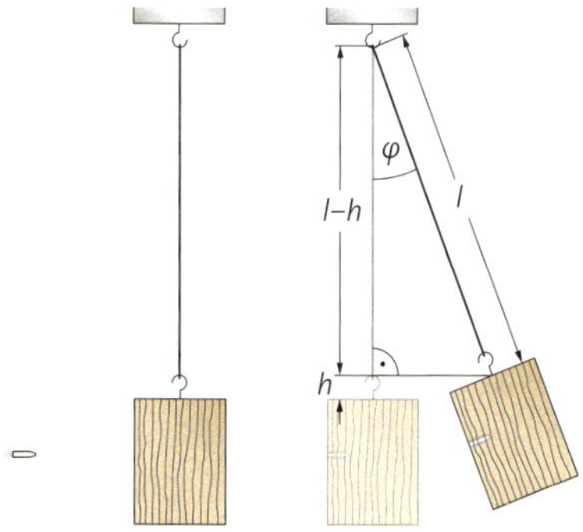

05 Ballistisches Pendel

Mit dem ballistischen Pendel in ▸ Bild 05 A soll die Geschwindigkeit eines Geschosses bestimmt werden. Der Pendelkörper ist ein Holzklotz (m_1 = 5 kg). Auf diesen Klotz wird eine Kugel geschossen (m_2 = 5 g), die im Klotz stecken bleibt. Bei diesem Vorgang handelt es sich um einen unelastischen Stoß. Das Pendel, das nun die Gesamtmasse 5,005 kg hat, wird durch den Stoß um einen Winkel φ ausgelenkt.

B1 **a)** Überlege, welche Erhaltungssätze gelten.
b) Erläutere anhand von ▸ Bild 05 B, welche Größen man bestimmen muss, um die Geschwindigkeit der Kugel berechnen zu können.
c) Stell entsprechende Gleichungen auf und berechne die Kugelgeschwindigkeit für eine Pendellänge von 1 m und einen Auslenkwinkel $\varphi = 2°$.

Material C ▸ Weitere Erhaltungssätze

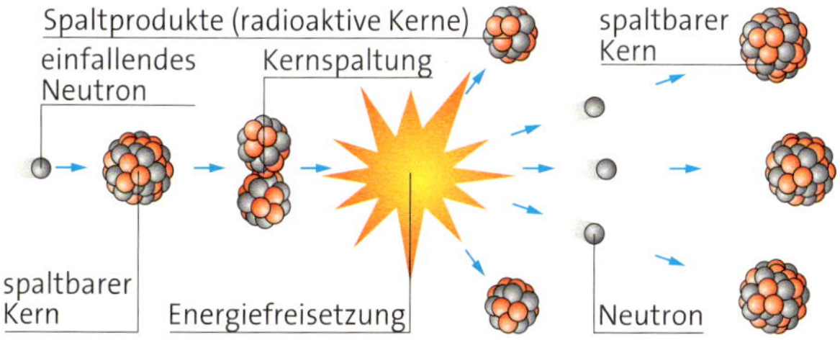

C1 Für die Mechanik hast du die Erhaltungssätze für die Energie, den Impuls und den Drehimpuls kennen gelernt. Die elektrische Ladung ist eine weitere Erhaltungsgröße. Erläutere, welche Erhaltungssätze bei der Kernspaltung zu berücksichtigen sind.

BLICKPUNKT

Das Erde-Mond-System

01 Erde und Mond

02 Entstehung von Erde und Mond

Die Bewegungen von Erde und Mond · Für uns ist es ganz normal, dass der Erdentag 24 Stunden dauert und dass der Mond in 27,3 Tagen einmal unsere Erde umrundet. Der Mond bewegt sich dabei auf einer leicht elliptischen Bahn in einem mittleren Abstand von 384 400 km von der Erde. Während der Mond sich einmal auf seiner Bahn um die Erde bewegt, rotiert er einmal um sich selbst. Deshalb sehen wir immer dieselbe Seite des Mondes. Die Tageslänge auf der Erde und die Umlaufzeit des Mondes sind allerdings ständigen Veränderungen unterworfen. Die Ursache dafür sind die Gravitationskräfte zwischen Erde und Mond.

Energieumwandlung durch Gezeiten · Die gesamte Erde wird durch die Anziehung des Mondes periodisch verformt. Es bilden sich zwei sogenannte Gezeitenberge, die auf der dem Mond zugewandten und der gegenüberliegenden Seite am höchsten sind (▸ Bild 03 A). Da sich die Erde um die eigene Achse dreht und sich der Mond um die Erde bewegt, wandern die Gezeitenberge ständig um die Erde herum. Diese Verformung führt zu Reibungsvorgängen im Erdinneren. Dadurch wird Rotationsenergie in thermische Energie umgewandelt. Da die Gesamtenergie wegen der Energieerhaltung konstant bleiben muss, nimmt dadurch die Rotationsenergie der Erde und folglich ihre Winkelgeschwindigkeit ab (▸ Bild 03 B).

Der Drehimpuls bleibt erhalten · Wenn die Winkelgeschwindigkeit der Erde abnimmt, dann wird auch der Drehimpuls der Erde kleiner. Damit der Gesamtdrehimpuls im Erde-Mond-System aber erhalten bleibt, muss der Bahndrehimpuls des Mondes zunehmen. Die Zunahme des Bahndrehimpulses führt dazu, dass der Mond sich immer weiter von der Erde entfernt (▸ Bild 03 C).

Durch die Gezeiten verlängern sich die Tage auf der Erde in 100 000 Jahren um etwa eine Sekunde. Der mittlere Abstand zwischen Erde und Mond erhöht sich um ungefähr 3,8 cm pro Jahr. Da die Gravitationskräfte mit zunehmendem Abstand geringer werden, bewirken diese Veränderungen, dass die periodische Verformung der Erde allmählich schwächer wird. In der Vergangenheit jedoch muss der Mond näher an der Erde gewesen sein. In diesem Fall waren die periodischen Verformungen der Erde deutlich stärker und die Tage waren kürzer.

Wie ist das Erde-Mond-System entstanden? · Um diese Frage zu beantworten, muss man eine Entstehungstheorie finden, die die dynamischen und chemischen Eigenschaften des Erde-Mond-Systems erklären kann. Zu den dynamischen Eigenschaften gehört der Drehimpuls des Erde-Mond-Systems, der sich aus dem Drehimpuls der Erde, dem Bahndrehimpuls und dem Drehimpuls des Mondes zusammensetzt.

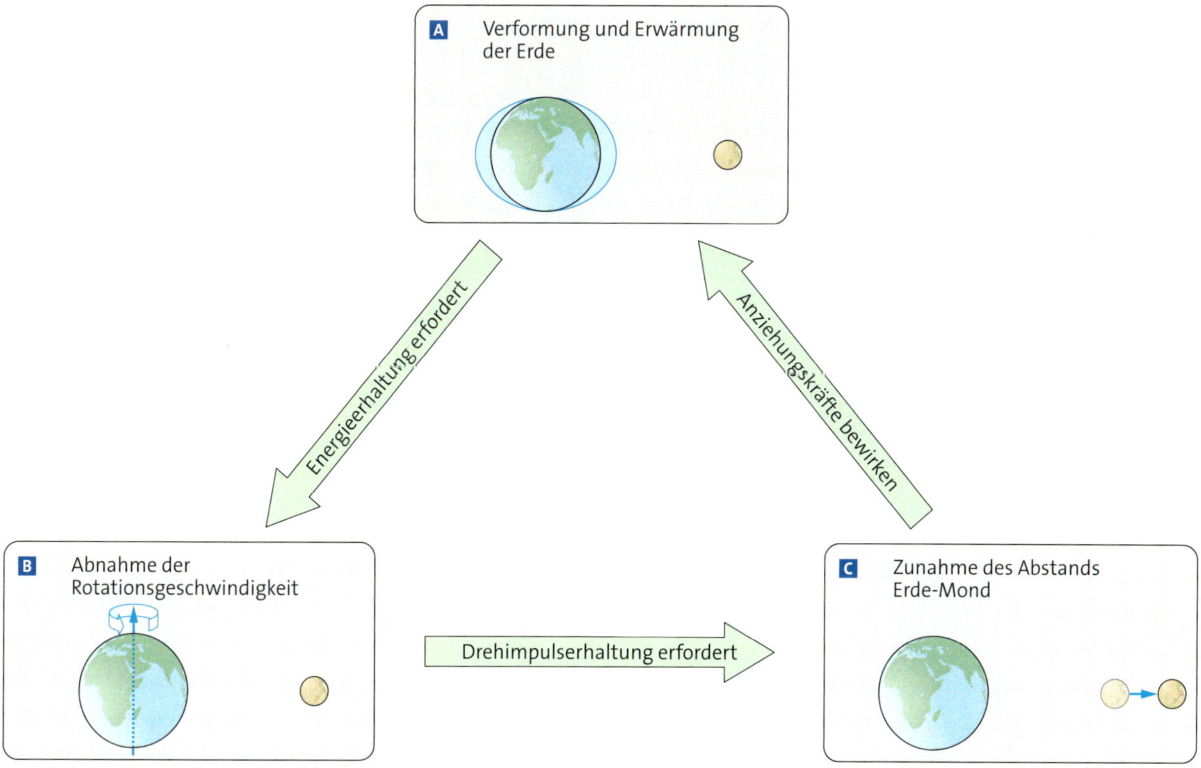

03 Wie Mond und Erde sich gegenseitig beeinflussen

Gegenwärtig erklärt die Kollisionstheorie die Entstehung am besten (▸ Bild 02). Nach dieser Theorie ist in der frühen Entstehungsphase unseres Sonnensystems ein Körper, der ungefähr so groß war wie der Mars, mit der noch jungen Erde zusammengestoßen. Dabei sind große Teile der Erdoberfläche und des Einschlagkörpers verdampft. Aus der Trümmerwolke hat sich dann der Mond gebildet. Bei der Kollision wurde der Drehimpuls des einschlagenden Körpers auf das neu entstehende Erde-Mond-System übertragen.

Neue Untersuchungen des Mondgesteins haben ergeben, dass auf dem Mond ein deutlicher Überschuss von schweren Zinkisotopen herrscht. Eine Trennung von schweren und leichten Isotopen tritt durch die Verdampfung nach dem Einschlag auf. Die leichten Isotope reichern sich im Dampf an, die schweren Isotope reichern sich im festen Rest an. Mit dem Dampf sind auch weitere leicht flüchtige Elemente ins All entschwunden, was die Verarmung des Mondbodens an diesen flüchtigen Elementen erklärt. Der Erdkern enthält Anteile des schweren Kerns des Kollisionspartners, der verdampft und von der flüssigen Erde verschluckt wurde. Der Mond bildete sich schließlich aus den Trümmern des eisenarmen Krusten- und Mantelgesteins der beiden Körper.

1 Jemand behauptet: „In einer fernen Zukunft wird es keine Gezeiten mehr geben."
Nimm mithilfe von ▸ Bild 03 Stellung zu dieser Behauptung.

2 Recherchiere im Internet nach weiteren Theorien zur Mondentstehung. Vergleiche die Argumente, die jeweils für oder gegen diese Theorien sprechen, mit denen zur Kollisionstheorie.
Diskutiere, welche Theorie am besten geeignet ist.

01 Im Winter wird besonders viel Energie benötigt.

Energie und irreversible Vorgänge

Heizung, Elektrogeräte, Verkehr – für alles wird Energie gebraucht. Energie kann aber nicht „verbraucht“ werden. Was geschieht dann mit der Energie?

Durch eine gute Dämmung kann man die thermische Übertragung der Energie nach außen verringern – ganz verhindern kann man sie aber nicht.

ENERGIE IN DER EINBAHNSTRASSE · Im Haus ist es warm und draußen ist es kalt. Dieser Temperaturunterschied führt dazu, dass die im Haus befindliche Energie durch die Wände, das Dach und die Fenster nach außen übertragen wird. Die Energie verschwindet dabei nicht. Für die Nutzung ist die Energie dennoch verloren, denn von selbst gelangt sie nicht mehr zurück ins Haus.

Elektrogeräte benötigen Energie für unterschiedliche Zwecke: ein Wasserkocher, um Wasser zu erwärmen, eine Bohrmaschine, um einen Bohrer anzutreiben. Doch die Reibung des Bohrers führt auch hier zu einer Erwärmung. Letztlich steckt die Energie in der Umgebung. Von dort gelangt sie nicht mehr zurück ins Stromnetz.

Autos benötigen Energie zum Beschleunigen und um die Bewegung trotz Reibung und Luftwiderstand aufrecht zu erhalten. Die mit dem Treibstoff zugeführte Energie geben die Autos letztlich an die Umgebung ab, spätestens beim Bremsen. Von dort gelangt sie nicht mehr zurück in den Benzintank.

Für alle Beispiele gilt: Die an die Umgebung abgegebene Energie kommt nicht mehr zurück. Im Alltag sagt man, die Energie ist verbraucht. Wir sagen, die Energie ist entwertet.

Die oben betrachteten Vorgänge laufen niemals von selbst rückwärts ab. Man sagt, sie sind **irreversibel** (unumkehrbar). Die übertragene Energie wird dabei entwertet.

Wenn Energie entwertet wird, dann bedeutet dies, dass Energie irreversibel übertragen wird.

Sind alle Energieübertragungsvorgänge irreversibel oder gibt es auch reversible, also umkehrbare Vorgänge? Zur Klärung dieser Frage betrachten wir im Folgenden einige einfache Beispiele.

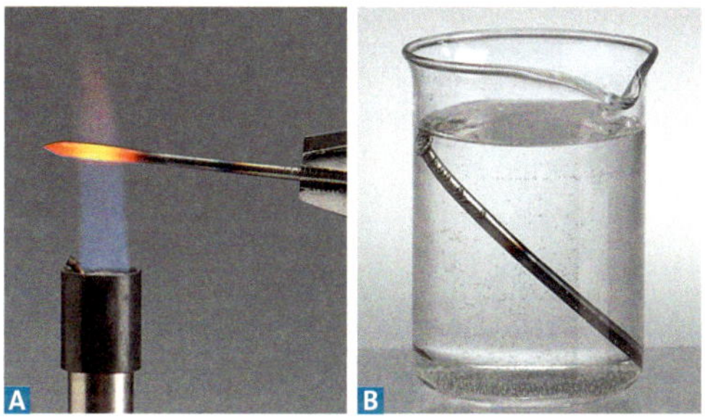

02 Die thermische Energieübertragung vom heißen Nagel zum kalten Wasser ist irreversibel.

03 Im Glühdraht wird elektrisch zugeführte Energie irreversibel in innere Energie umgewandelt.

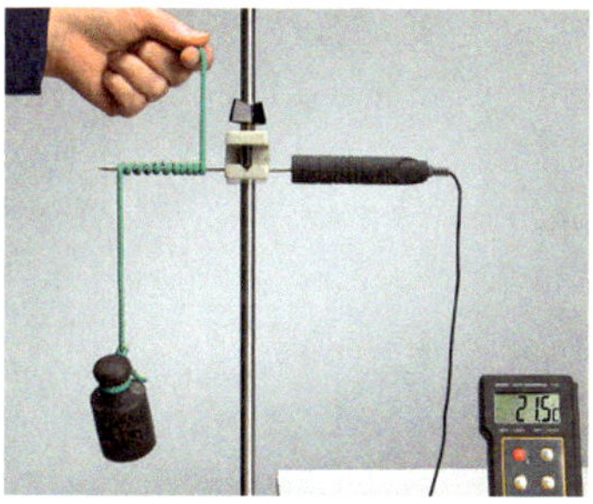

04 Durch Reibung wird mechanisch zugeführte Energie irreversibel in innere Energie umgewandelt.

THERMISCHE VORGÄNGE · Wir erhitzen einen Nagel in einer Bunsenbrennerflamme (▸ Bild 02 A). Anschließend lassen wir den heißen Nagel in einen Becher mit kaltem Wasser fallen (▸ Bild 02 B). Wir beobachten, dass der Nagel sich abkühlt und das Wasser sich erwärmt. Bei diesem Vorgang wird also Energie vom heißen Nagel auf das kalte Wasser übertragen. Du kennst diese Form der thermischen Energieübertragung als Wärmeleitung. Der Antrieb für die Wärmeleitung ist der Temperaturunterschied. Die Energieübertragung hält so lange an, bis die Temperaturen von Nagel und Wasser gleich sind. Dieser Vorgang ist irreversibel.

/// Die thermische Energieübertragung ist ein irreversibler Vorgang.

ELEKTRISCHE VORGÄNGE · Wir schließen einen zu einer Wendel gebogenen Eisendraht an einen Akku an (▸ Bild 03). Wegen der Wärmewirkung des elektrischen Stroms glüht der Draht. Die Ursache dafür ist der elektrische Widerstand. Deswegen wird ständig elektrisch zugeführte Energie in innere Energie des Drahts umgewandelt. Wenn wir genügend lange warten, dann ist der Akku „leer“. Die Energie, die vorher im Akku gespeichert war, wurde an die Umgebung abgegeben. Dieser Vorgang ist irreversibel.

/// Die Umwandlung elektrischer Energie in innere Energie ist ein irreversibler Vorgang.

MECHANISCHE VORGÄNGE · Ein schwerer Gegenstand hängt an einer Schnur (▸ Bild 04). Die Schnur ist einige Male um die Messspitze eines Thermometers gewickelt. Wenn wir die Schnur loslassen, dann bewegt sich der Gegenstand nach unten. Dabei steigt die vom Thermometer angezeigte Temperatur an. Offensichtlich wird durch die Reibung zwischen Schnur und Messspitze die ursprünglich mechanisch gespeicherte Energie irreversibel in innere Energie umgewandelt.

/// Die Umwandlung mechanischer Energie in innere Energie ist ein irreversibler Vorgang.

GIBT ES REVERSIBLE VORGÄNGE? · Es gibt Vorgänge, die auf den ersten Blick vorwärts und rückwärts ablaufen können, also reversibel zu sein scheinen, z.B. die Auf- und Abbewegung eines elastischen Flummis. Allerdings erreicht der Flummi beim Aufsteigen niemals wieder die ursprüngliche Höhe. Dies liegt zum einen am Luftwiderstand, zum anderen an der teilweise unelastischen Verformung beim Aufprall. Dadurch wird mechanische Energie irreversibel in innere Energie umgewandelt. Da Reibung, unelastische Verformung und elektrischer Widerstand in der Regel unvermeidbar sind, sind reale Vorgänge normalerweise irreversibel.

Ausnahmen sind Supraleitung (verschwindender Widerstand) und Suprafluidität (verschwindende Reibung von Flüssigkeiten) bei sehr tiefen Temperaturen.

1 Beschreibe drei Vorgänge aus dem Alltag, bei denen Energie irreversibel übertragen oder umgewandelt wird.

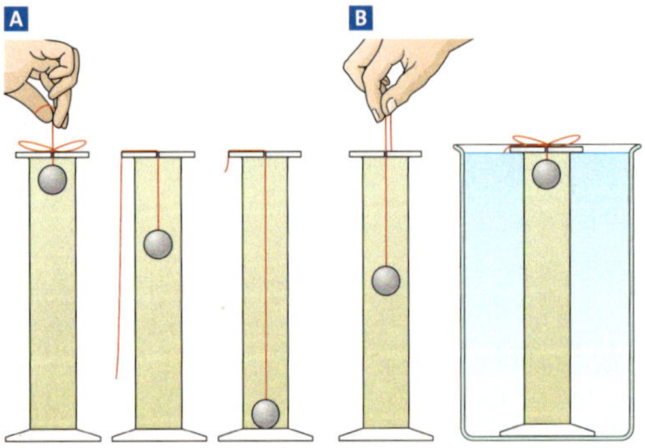

01 **A** Ein irreversibler Vorgang läuft ab.
B Der abgelaufene Vorgang wird durch Eingriffe von außen rückgängig gemacht.

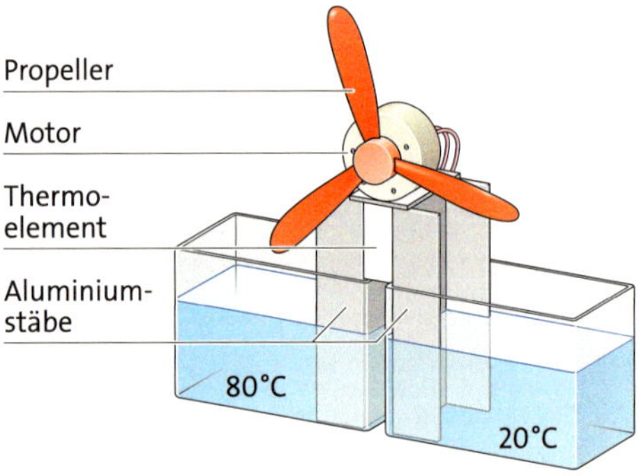

02 Der irreversible Vorgang des Temperaturausgleichs kann zum Antrieb eines Thermoelements und eines Motors genutzt werden.

EINGRIFFE VON AUSSEN · Im ▸ Bild 01A hängt eine Bleikugel in einem Gefäß mit zähflüssigem Öl. Lassen wir die Kugel los, dann bewegt sie sich langsam nach unten. Durch die Reibung zwischen Kugel und Öl wird ständig mechanische Energie in innere Energie umgewandelt. Dieser Vorgang ist irreversibel. Das bedeutet jedoch nicht, dass es keine Möglichkeit gibt, das System aus Kugel und Öl in den Ausgangszustand zurückzusetzen. Selbstverständlich kann man die Kugel wieder nach oben ziehen (▸ Bild 01B). Dabei nimmt das System von außen mechanisch Energie auf. Auch die Erwärmung kann man rückgängig machen, indem man das System in ein Gefäß mit kälterem Wasser gibt. Dabei gibt das System Energie thermisch nach außen ab. Durch diese „Eingriffe von außen" gelangt das System wieder in den Ausgangszustand.

/// Abgelaufene irreversible Vorgänge können oft durch Eingriffe von außen rückgängig gemacht werden.

03 Nicht alle abgelaufenen irreversiblen Vorgänge können rückgängig gemacht werden.

Ein System, das Energie von der Umgebung aufnehmen und an die Umgebung abgeben kann, nennt man ein **offenes System.** Ein System, das keine Energie mit der Umgebung austauschen kann, nennt man ein **abgeschlossenes System.** Perfekt abgeschlossene Systeme gibt es nicht. Jedoch können gut gedämmte Systeme näherungsweise als abgeschlossen betrachtet werden. Da bei einem abgeschlossenen System ein „Eingriff von außen" nicht möglich ist, gilt:

/// In einem abgeschlossenen System kann ein abgelaufener irreversibler Vorgang nicht rückgängig gemacht werden.

IRREVERSIBLE VORGÄNGE ALS ANTRIEB · Irreversible Vorgänge können zum Antrieb von Maschinen genutzt werden. Beispielsweise kann man mit dem Vorgang des Temperaturausgleichs ein Thermoelement betreiben (▸ Bild 02). Dabei wird ein Teil der übertragenen thermischen Energie in elektrische Energie umgewandelt. Damit kann man z. B. einen entladenen Akku wieder aufladen. Auf diese Weise kann ein irreversibler Vorgang (wie der Temperaturausgleich) dazu genutzt werden, einen anderen irreversiblen Vorgang (wie die Entladung eines Akkus) rückwärts ablaufen zu lassen.

/// Irreversible Vorgänge können andere abgelaufene irreversible Vorgänge rückwärts laufen lassen.

Überall auf der Erde laufen irreversible Vorgänge ab. Die Absorption von Sonnenstrahlung durch die Ozeane ist ein solcher irreversibler Vorgang. Durch die Energiezufuhr erhöht sich die Temperatur der Ozeane. Dadurch verdunstet Wasser, steigt als Wasserdampf auf, kondensiert wieder und fällt als Regen herab. So treibt der irreversible Vorgang der Absorption von Sonnenstrahlung den globalen Wasserkreislauf an.

1 Kraftwerke nutzen irreversible Vorgänge. Erläutere anhand von drei Beispielen.

VERSUCHE ▸ Thermoelement als Generator und als Wärmepumpe

Mit den folgenden Versuchen erkundest du die unterschiedlichen Verwendungsmöglichkeiten eines Thermoelements.

V1 Thermoelement als Generator

Material:

Zwei Behälter, zwei Aluminiumschienen, Thermoelement, Motor, Propeller, heißes und kaltes Wasser

Durchführung:

a) Baue den Versuch entsprechend ▸ Bild 02 auf der linken Seite auf.

b) Welche Möglichkeiten gibt es, den Propeller schneller laufen zu lassen? Probiere und notiere deine Beobachtungen.

c) Das Thermoelement wird hier als Generator betrieben. Erkläre, welcher irreversible Vorgang das Thermoelement als Generator antreibt.

d) Beschreibe den Vorgang mithilfe der Energie. Zeichne ein Energieflussdiagramm.

V2 Thermoelement als Wärmepumpe

Material:

Thermoelement, elektrische Energiequelle, zwei Tonnenfüße, evtl. ein Infrarotthermometer

Durchführung:

a) Lege das Thermoelement zwischen die beiden Tonnenfüße und schließe es an die elektrische Energiequelle an. Beachte die maximale Stromstärke.

b) Beobachte und notiere, wie sich die Temperatur der beiden Tonnenfüße ändert.

c) Das Thermoelement wird hier als Wärmepumpe betrieben. Erkläre, welcher irreversible Vorgang das Thermoelement als Wärmepumpe antreibt.

d) Beschreibe den Vorgang mithilfe der Energie. Zeichne ein Energieflussdiagramm.

Material A ▸ Irreversibel?

A1 Beschreibe folgende Vorgänge mithilfe der Energie. Begründe, warum die Vorgänge irreversibel sind.

a) Eine Tasse heißen Kaffees kühlt sich ab.

b) Ein Stein fällt auf den Boden.

c) Ein Glas kalte Limonade erwärmt sich.

d) Ein Pendel schwingt hin und her.

e) Ein Radfahrer bremst aus voller Fahrt.

f) Eine Glühlampe wird an einen Akku angeschlossen.

g) Ein Motor wird an einen Akku angeschlossen und hebt eine Last an.

A2 Einige der Vorgänge aus A1 können näherungsweise als reversibel betrachtet werden. Gib an, welche Vorgänge das sind und unter welchen Annahmen sie reversibel sind.

Material B ▸ Trinkvogel

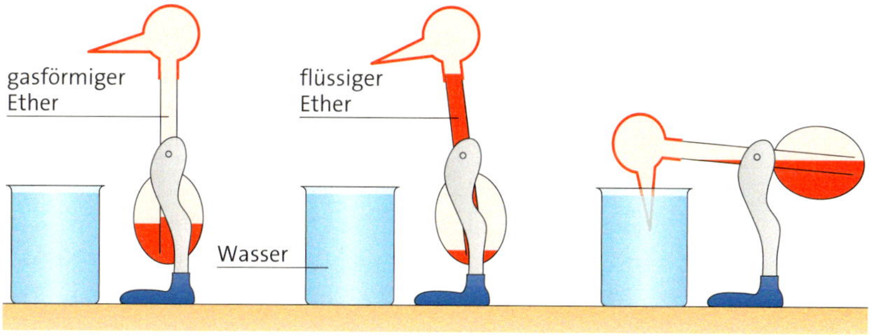

Der Trinkvogel (▸ Bild oben) kippt scheinbar ohne Grund nach vorne und taucht den Schnabel in das Glas Wasser. Das Innere des Vogels ist ganz mit Ether gefüllt. Der Ether ist teils flüssig, teils gasförmig. Der flüssige Anteil befindet sich im Bauch, der gasförmige Anteil füllt Hals und Kopf. In den Bauch ragt ein Glasrohr hinein, in das der flüssige Ether aufsteigen kann. Der Kopf des Vogels ist mit einem filzartigen Stoff überzogen. Taucht der Schnabel ins Wasser, dann nimmt der Filz Wasser auf.

B1 **a)** Bringe in die richtige Reihenfolge: flüssiger Ether steigt im Rohr auf – das Wasser im Stoff um den Kopf verdunstet – der Vogel kippt und taucht seinen Schnabel in das Wasser – im Kopf kondensiert gasförmiger Ether – der Kopf kühlt sich ab – der Druck im Kopf sinkt.

b) Der Trinkvogel scheint sich von selbst ununterbrochen zu bewegen. Tatsächlich aber gibt es einen irreversiblen Vorgang, der den Vogel antreibt. Erkläre.

01 Heiße Luft treibt die Weihnachtspyramide an.

Eine neue Größe: Die Entropie

Durch die Verbrennung wird Energie irreversibel vom Kerzenwachs auf die umgebende Luft übertragen. Die übertragene Energie wird dabei entwertet. Das heißt nicht, dass die Energie der heißen Luft wertlos ist, man kann zum Beispiel eine Weihnachtspyramide damit antreiben. – Wovon hängt es ab, wie sehr Energie entwertet wird?

Die heiße Luft steigt auf und treibt das Flügelrad an. Würde man warten, bis sich die Temperatur der Luft über der Kerzenflamme und die Temperatur der Luft im Zimmer angeglichen haben, dann würde sich das Rad nicht drehen, obwohl die innere Energie insgesamt gleich bleiben würde. Die Weihnachtspyramide dreht sich also, weil die Luft über der Kerzenflamme sehr viel heißer ist als die umgebende Luft im Zimmer. Das Beispiel legt die Vermutung nahe, dass die Temperatur bei der Energieentwertung eine wichtige Rolle spielt.

DIE ENTROPIE · Um angeben zu können, in welchem Maße die Energie bei irreversiblen Vorgängen entwertet wird, führen wir eine neue Größe, die **Entropie *S*,** ein. Die Idee dabei ist, dass die Entropie bei irreversiblen Vorgängen zunimmt. Wir legen fest:

Bei einem irreversiblen Vorgang wird Entropie erzeugt.

ENTROPIE UND TEMPERATUR · Woran erkennt man eigentlich die Entropie? Nun, wenn Energie irreversibel übertragen oder umgewandelt wird, dann ändern sich in der Regel die Temperaturen der beteiligten Körper. Wir betrachten dazu einige Beispiele:

Wenn Wasser mit einem Tauchsieder erwärmt wird, so ist dies ein irreversibler Vorgang (▸ Bild 02 A). Daher nimmt die Entropie zu. Gleichzeitig nimmt auch die Temperatur zu. An der Temperaturzunahme erkennt man, dass die Entropie des Wassers zugenommen hat.

Die Erwärmung einer Bremsscheibe durch Reibung ist ebenfalls ein irreversibler Vorgang (▸ Bild 02 B). An der Temperaturzunahme erkennt man wieder, dass die Entropie der Bremsscheibe zugenommen hat.

Die Beispiele zeigen, dass Temperatur und Entropie miteinander zusammenhängen. Bei Gasen gilt der Zusammenhang jedoch nur, wenn die Erwärmung bei konstantem Volumen erfolgt.

Bei Gasen gibt es auch eine Entropiezunahme, wenn sie ein größeres Volumen einnehmen.

Je höher die Temperatur eines Festkörpers, einer Flüssigkeit oder eines Gases mit konstantem Volumen ist, desto größer ist die Entropie des Körpers.

ABGESCHLOSSENE SYSTEME · In einem abgeschlossenen System können irreversible Vorgänge niemals rückwärts ablaufen. Folglich kann in einem abgeschlossenen System Entropie zwar erzeugt, aber niemals vernichtet werden. Dies ist die Aussage des so genannten **Entropiesatzes:**

In einem abgeschlossenen System kann die Entropie zunehmen, aber niemals abnehmen.

OFFENE SYSTEME · Eine kalte Limonade in einem warmen Zimmer erwärmt sich von selbst (▸ Bild 03 A). Da die Temperatur dabei zunimmt, nimmt auch die Entropie der Limonade zu. Dagegen kühlt sich ein heißer Tee in einem kühlen Zimmer von selbst ab (▸ Bild 03 B). Da die Temperatur abnimmt, nimmt auch die Entropie des Tees ab. Wie du siehst, kann die Entropie eines Körpers auch abnehmen. Dies liegt daran, dass der heiße Tee Energie an die Umgebung abgibt. Dafür steigt die Temperatur der Umgebung. Folglich nimmt die Entropie der Umgebung zu.

Da der Vorgang des Temperaturausgleichs irreversibel ist, muss die Entropie dabei insgesamt zunehmen. Das bedeutet, dass die Entropieabnahme des Tees kleiner ist als die Entropiezunahme der Umgebung. Wie bei jedem irreversiblen Vorgang wird auch hier Entropie erzeugt!

ZUNAHME UND ABNAHME VON ENTROPIE · Offensichtlich gibt es verschiedene Möglichkeiten, die Entropie eines offenen Systems zu vergrößern. Wichtige Beispiele sind die thermische Energiezufuhr sowie die Umwandlung von elektrisch oder mechanisch zugeführter Energie in innere Energie. Dagegen kann die Entropie nur auf eine Art verringert werden, nämlich durch thermische Energieabgabe.

Die Entropie eines offenen Systems nimmt zu, wenn das System Energie thermisch aufnimmt oder wenn elektrisch oder mechanisch zugeführte Energie in innere Energie des Systems umgewandelt wird. Die Entropie des Systems nimmt nur ab, wenn es Energie thermisch abgibt.

1 Energie bleibt erhalten, Entropie wird erzeugt. Erläutere diese Aussage anhand dreier Beispiele aus deinem Alltag.

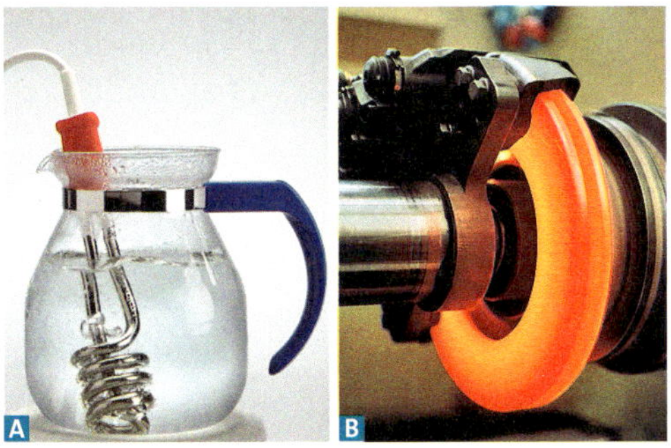

02 Durch Umwandlung von **A** elektrisch bzw. **B** mechanisch zugeführter Energie in innere Energie wird Entropie erzeugt.

03 **A** Entropiezunahme bzw. **B** Entropieabnahme durch thermische Energieübertragung

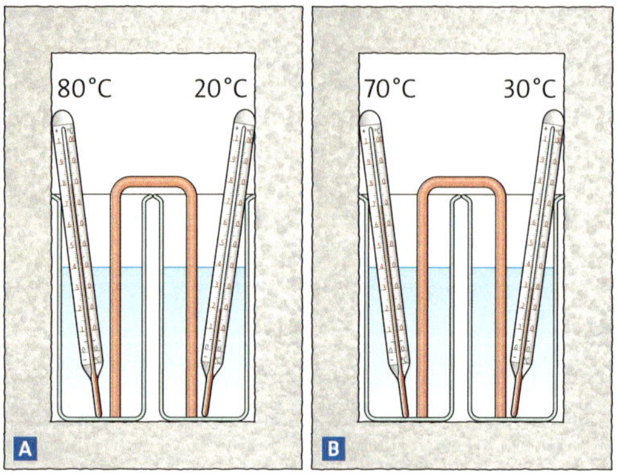

01 Entropieänderung bei der thermischen Energieübertragung: **A** Ausgangszustand, **B** späterer Zustand

EINE FORMEL FÜR DIE ENTROPIEÄNDERUNG · Anschaulich ist klar: Je mehr Energie ein System thermisch aufnimmt bzw. abgibt, desto mehr nimmt seine Entropie zu bzw. ab. Kurz: $\Delta S \sim \Delta E$.

Zusätzlich hängt die Entropieänderung eines Systems noch von seiner Temperatur ab. Um dies zu verstehen, betrachten wir den Temperaturausgleich zwischen zwei Wassermengen (▸ Bild 01). Über den Kupferstab wird Energie vom heißen Wasser zum kalten Wasser übertragen. Da die thermische Energieübertragung ein irreversibler Vorgang ist, nimmt im gesamten System die Entropie zu.

Wir betrachten nun die Wassermengen als einzelne Systeme: Im linken Becher nimmt die Temperatur ab, also nimmt die Entropie der linken Wassermenge ab. Im rechten Becher nimmt die Temperatur zu; die Entropie der rechten Wassermenge nimmt daher zu. Wenn die Entropie im gesamten System aber zunimmt, dann muss die Entropieabnahme der linken Wassermenge geringer sein, als die Entropiezunahme der rechten Wassermenge.
Die von der linken Wassermenge abgegebene Energie ist genauso groß wie die von der rechten Wassermenge aufgenommene Energie. Aber die Wassermengen unterscheiden sich in ihrer Temperatur. Dies ist der Grund dafür, dass die Entropieabnahme der linken Wassermenge geringer ist als die Entropiezunahme der rechten Wassermenge. Tatsächlich gilt: Bei gleicher Energieaufnahme bzw. -abgabe ΔE ist die Entropiezunahme bzw. -abnahme ΔS umso größer, je niedriger die Temperatur des Systems ist. Genauere Betrachtungen zeigen, dass für die Entropieänderung $\Delta S = \frac{\Delta E}{T}$ gilt. Daraus folgt, dass die Einheit der Entropie $1\,\frac{\text{J}}{\text{K}}$ ist.

Wenn ein System bei der absoluten Temperatur T die Energie ΔE thermisch aufnimmt oder abgibt, so vergrößert bzw. verringert sich seine Entropie um $\Delta S = \frac{\Delta E}{T}$.
Die Einheit der Entropie ist $1\,\frac{\text{J}}{\text{K}}$.

EIN RECHENBEISPIEL · Wir betrachten den Vorgang von ▸ Bild 01 genauer. Wir nehmen an, dass jede Wassermenge eine Masse von 1 kg hat. Für die übertragene Energiemenge gilt:

$$\Delta E = c \cdot m \cdot \Delta T = 4{,}2\,\frac{\text{kJ}}{\text{kg} \cdot \text{K}} \cdot 1\,\text{kg} \cdot 10\,\text{K} = 42\,\text{kJ}.$$

Bei einer Temperatur von 80 °C (T_1 = 353 K) folgt für die Entropieabnahme der linken Wassermenge

$$\Delta S_1 = \frac{\Delta E}{T_1} = \frac{42\,000\,\text{J}}{353\,\text{K}} = 119\,\frac{\text{J}}{\text{K}}.$$

Entsprechend ergibt sich bei 20 °C (T_2 = 293 K) für die Entropiezunahme der rechten Wassermenge

$$\Delta S_2 = \frac{\Delta E}{T_2} = \frac{42\,000\,\text{J}}{293\,\text{K}} = 143\,\frac{\text{J}}{\text{K}}.$$

Wie zu erwarten war, ist die Entropieabnahme der linken Wassermenge geringer als die Entropiezunahme der rechten Wassermenge. Insgesamt nimmt die Entropie folglich zu um

$$\Delta S_{\text{erz}} = \Delta S_2 - \Delta S_1 = 143\,\frac{\text{J}}{\text{K}} - 119\,\frac{\text{J}}{\text{K}} = 24\,\frac{\text{J}}{\text{K}}.$$

Bei der Berechnung der Entropieänderungen sind wir von konstanten Temperaturen ausgegangen. Dies ist aber nicht der Fall. Daher stimmt unsere Rechnung nur näherungsweise.

1 Berechne die Entropieänderungen für die Fortsetzung des Vorgangs im ▸ Bild 01 bis zum Endzustand in zwei 10 K-Schritten. Berechne die insgesamt erzeugte Entropie.

Material A ▸ Entropieänderungen

A1 Beschreibe und begründe, wie sich die innere Energie und die Entropie insgesamt ändern, wenn
a) eine Wärmflasche sich abkühlt,
b) eine kalte Getränkedose sich erwärmt,
c) eine Vase auf den Boden fällt.

A2 Die Vorgänge in einem Haus sind irreversibel. Die Entropie nimmt dennoch nicht beliebig zu. Erkläre.

A3 a) Eine Kugel aus Knetmasse ($m = 100$ g) fällt aus einer Höhe von 10 m auf den Boden. Die Raumtemperatur beträgt 20 °C. Berechne die erzeugte Entropie.
b) Ein 1 kg-Massestück fällt aus 1,0 m Höhe auf eine Knetkugel mit $m = 5$ g. Berechne die Temperaturerhöhung. Nimm für die spezifische Wärmekapazität den Wert für Wasser.

A4 In der Tabelle unten sind für jede Teilaufgabe drei irreversible Vorgänge angegeben. Ordne die Vorgänge jeweils nach größter, mittlerer und kleinster Entropieerzeugung.

a)	1. Eine Knetkugel ($m = 50$ g) fällt aus 2 m Höhe auf den Boden. 2. Eine Knetkugel ($m = 100$ g) fällt aus 2 m Höhe auf den Boden. 3. Eine Knetkugel ($m = 50$ g) fällt aus 1 m Höhe auf den Boden.
b)	1. Ein Liter Wasser von 80 °C kühlt sich auf Zimmertemperatur ab. 2. Ein Liter Wasser von 50 °C kühlt sich auf Zimmertemperatur ab. 3. Ein halber Liter Wasser von 50 °C kühlt sich auf Zimmertemperatur ab.
c)	In einem Wasserkocher wird bzw. werden 1. ein Liter Wasser von 80 °C auf 90 °C erhitzt. 2. ein Liter Wasser von 50 °C auf 60 °C erhitzt. 3. zwei Liter Wasser von 80 °C auf 90 °C erhitzt.

A5 Schmelzen und Verdampfen sind Vorgänge, bei denen sich die Entropie ändert, ohne dass sich dabei die Temperatur ändert. Um einen Festkörper zu schmelzen, muss man ihm Energie thermisch zuführen. Dadurch nimmt auch die Entropie des Körpers zu. Eine Flüssigkeit hat folglich eine höhere Entropie als der ursprüngliche Festkörper. Entsprechendes gilt für den Verdampfungsvorgang. Berechne die Zunahme der inneren Energie und die Zunahme der Entropie
a) beim Schmelzen von 1 kg Eis,
b) beim Verdampfen von 1 kg Wasser.

A6 Berechne mithilfe eines Tabellenkalkulationsprogramms die Entropieänderungen für den Temperaturausgleich des Vorgangs in ▸ Bild 01 (linke Seite) in 1 K-Schritten. Gib die insgesamt erzeugte Entropie an. Erkläre, warum der Wert von der Berechnung in 10 K-Schritten abweicht.

Material B ▸ Entropie und Zeit

02 Die Reihenfolge ist durcheinander geraten.

B1 Du hast schon eine gute Vorstellung von der Entropie. In welcher Reihenfolge müssen die Bilder angeordnet werden, damit die Entropie von Bild zu Bild zunimmt (▸ Bild 02)? Erläutere, woran du das erkannt hast.

B2 Ein Physiker sagt: Die Energie gibt an, welche Vorgänge überhaupt denkbar sind. Die Entropie gibt an, in welche Richtung der Vorgang tatsächlich abläuft.
Erläutere diese Aussage anhand des dargestellten Vorgangs.

01 Solarthermisches Kraftwerk mit Heißluftmotor in Spanien

Thermische Maschinen und Entropie

Bei diesem solarthermischen Kraftwerk wird Sonnenlicht durch einen Parabolspiegel gebündelt. Dadurch wird eine Metallplatte auf bis zu 900 °C erhitzt. Mit dieser Energie wird ein Heißluftmotor angetrieben. Allerdings kann der Motor nur einen Teil der thermisch zugeführten Energie nutzen. – Nach welchem Prinzip funktioniert ein Heißluftmotor und warum kann er nicht die gesamte zugeführte Energie nutzen?

Statt thermischer Maschine sagt man auch Wärmemaschine oder Wärmekraftmaschine.

THERMISCHE MASCHINEN · Der Heißluftmotor, nach seinem Erfinder auch **Stirlingmotor** genannt, ist ein Beispiel für eine so genannte thermische Maschine. Weitere Beispiele sind Verbrennungsmotor und Dampfturbine. Thermische Maschinen nutzen den von selbst ablaufenden Vorgang der thermischen Energieübertragung zwischen einem System hoher Temperatur und einem System niedriger Temperatur.

DER HEISSLUFTMOTOR · Eine einfache Version eines Heißluftmotors zeigt ▸ Bild 02. Er besteht im Wesentlichen aus einem luftgefüllten Zylinder mit einer unteren und einer oberen Metallplatte. Die untere Platte wird durch Kerzen geheizt, die obere Platte wird durch die umgebende Luft gekühlt. Die heiße und die kalte Platte bilden die Systeme hoher und niedriger Temperatur. Die Luft im Behälter wird abwechselnd an der heißen Platte erwärmt und an der kalten Platte gekühlt. Abwechselnd dehnt sich die Luft dabei aus und zieht sich wieder zusammen. Dadurch wird der Motor angetrieben. Wenn wir die untere Platte stärker heizen, dann bewegt sich der Motor schneller. Aber auch wenn wir die obere Platte stärker kühlen, etwa indem wir Eiswürfel auflegen, dreht sich der Motor schneller. Der Heißluftmotor läuft

02 Schulversion eines Heißluftmotors

also umso besser, je größer der Temperaturunterschied zwischen den beiden Platten ist.

ENERGIEBETRACHTUNG · ▸ Bild 03 zeigt die Energiebilanz einer thermischen Maschine. Durch thermische Übertragung nimmt die Maschine die Energie ΔE_{auf} vom heißen System auf und gibt die Energie ΔE_{ab} an das kalte System ab. Die Differenz von aufgenommener und abgegebener Energie gibt die Maschine über eine rotierende Achse auf mechanische Weise ab:

$$\Delta E_{\text{mech}} = \Delta E_{\text{auf}} - \Delta E_{\text{ab}}.$$

Der Wirkungsgrad η einer Maschine gibt an, welcher Anteil der zugeführten Energie als nutzbare Energie abgegeben wird. Er ist gleich dem Quotienten aus mechanisch abgegebener und thermisch aufgenommener Energie:

$$\eta = \frac{\Delta E_{\text{mech}}}{\Delta E_{\text{auf}}} = \frac{\Delta E_{\text{auf}} - \Delta E_{\text{ab}}}{\Delta E_{\text{auf}}}.$$

ENTROPIEBETRACHTUNG · Warum kann die Maschine nicht die ganze thermisch zugeführte Energie auf mechanische Art abgeben? Das kannst du mithilfe der Entropie verstehen. Wenn die Maschine durch thermische Übertragung Energie vom heißen System aufnimmt, dann nimmt die Entropie der Maschine zu. Die Entropie der Maschine muss aber wieder abnehmen. Wäre das nicht der Fall, dann würde die Entropie der Maschine immer weiter zunehmen und die Maschine würde immer heißer werden. Deswegen muss die Maschine Energie durch thermische Übertragung abgeben. Nur dadurch nimmt die Entropie der Maschine wieder ab. Die Zunahme der Entropie bei der Aufnahme von Energie und die Abnahme der Entropie bei der Abgabe von Energie müssen sich genau ausgleichen, sonst kann die Maschine nicht kontinuierlich laufen.

Die thermische Energieaufnahme erfolgt bei der höheren Temperatur T_1. Für die zugehörige Entropiezunahme gilt

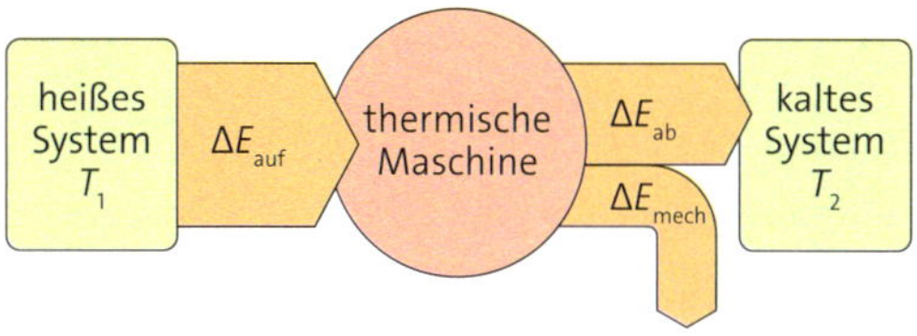

03 Energieflussdiagramm einer thermischen Maschine

$$\Delta S_1 = \frac{\Delta E_{\text{auf}}}{T_1} \text{ und damit } \Delta E_{\text{auf}} = T_1 \cdot \Delta S_1.$$

Die thermische Energieabgabe erfolgt bei der niedrigeren Temperatur T_2. Entsprechend gilt für die zugehörige Entropieabnahme

$$\Delta S_2 = \frac{\Delta E_{\text{ab}}}{T_2} \text{ und damit } \Delta E_{\text{ab}} = T_2 \cdot \Delta S_2.$$

Wie oben erläutert, müssen sich Entropieabnahme und Entropiezunahme genau ausgleichen, also muss gelten: $\Delta S_1 = \Delta S_2 = \Delta S$.

Für den idealen Fall, dass keine Entropie erzeugt wird, erhält man für den Wirkungsgrad:

$$\eta_{\text{ideal}} = \frac{T_1 \cdot \Delta S - T_2 \cdot \Delta S}{T_1 \cdot \Delta S} = \frac{(T_1 - T_2) \cdot \Delta S}{T_1 \cdot \Delta S} = \frac{T_1 - T_2}{T_1}.$$

$$\eta_{\text{ideal}} = 1 - \frac{T_2}{T_1}.$$

Die Gleichung zeigt, dass der Wirkungsgrad umso größer ist, je höher die Temperatur des heißen Systems und je niedriger die Temperatur des kalten Systems ist – in Übereinstimmung mit unseren experimentellen Beobachtungen.

In der Realität ist der Wirkungsgrad kleiner als η_{ideal}. Der Grund liegt darin, dass reale Vorgänge irreversibel sind und daher insgesamt Entropie erzeugt wird. η_{ideal} stellt den höchsten, theoretisch möglichen Wirkungsgrad einer thermischen Maschine dar.

Der theoretisch größtmögliche Wirkungsgrad einer thermischen Maschine beträgt $\eta_{\text{ideal}} = 1 - \frac{T_2}{T_1}$.

Beachte: T_1 und T_2 sind absolute Temperaturen in Kelvin!

1 Berechne η_{ideal} für einen Heißluftmotor, der zwischen 900 °C und 30 °C arbeitet.

BLICKPUNKT

Der Stirling- oder Heißluftmotor

Der Erfinder des Heißluftmotors war der Schotte ROBERT STIRLING. Der erste nach ihm benannte Motor wurde 1818 als Wasserpumpe im Bergbau eingesetzt. 1843 baute STIRLING eine Maschine mit einer für damalige Verhältnisse enormen Leistung von 34 kW und mit einem im 19. Jahrhundert nie wieder erreichten Wirkungsgrad von 18 %. – Heute interessiert man sich wieder für diese Art von Motor. Der wichtigste Vorteil des Stirlingmotors ist, dass er im Prinzip mit jeder Wärmequelle betrieben werden kann. Dies macht ihn für die regenerative Energieversorgung so interessant. Für Kraftfahrzeuge ist er nicht geeignet, denn seine Leistung lässt sich schlecht regeln.

Das Prinzip · Wenn man eine eingeschlossene Gasmenge erwärmt, dann steigen Temperatur und Druck des Gases. Ist der Druck genügend hoch, dann kann das Gas **expandieren** (sich ausdehnen) und einen Kolben nach außen drücken. Bei dieser Expansion gibt das Gas mechanisch Energie ab. Damit die Energie des Gases dabei nicht abnimmt, wird ihm von außen Energie thermisch zugeführt. Irgendwann hat das Gas den Kolben ganz nach außen gedrückt.

Damit der Vorgang erneut ablaufen kann, muss man das Gas vorher **komprimieren** (zusammenpressen). Allerdings würde man für die Kompression dieselbe Energie benötigen, wie man bei der Expansion erhalten hat. Um das Gas mit weniger Energie komprimieren zu können, wird es zuerst abgekühlt. Die zur Kompression jetzt noch erforderliche Energie wird mechanisch zugeführt und thermisch als Abwärme abgegeben.

Aufbau und Funktionsweise · Beim hier dargestellten Heißluftmotor befindet sich die eingeschlossene Luft in einem Zylinder, dessen untere Platte geheizt und dessen obere Platte gekühlt wird (▸ Bild 01). Ein Verdränger schiebt die Luft zwischen dem oberen kalten Bereich und dem unteren heißen Bereich hin und her. Befindet sich die Luft im heißen Bereich, dann expandiert sie und treibt das Schwungrad an. Wenn sie sich im kalten Bereich befindet, dann wird sie durch das Schwungrad komprimiert. Die Luft durchläuft nacheinander die Takte der Expansion, Abkühlung, Kompression, Erwärmung usw.

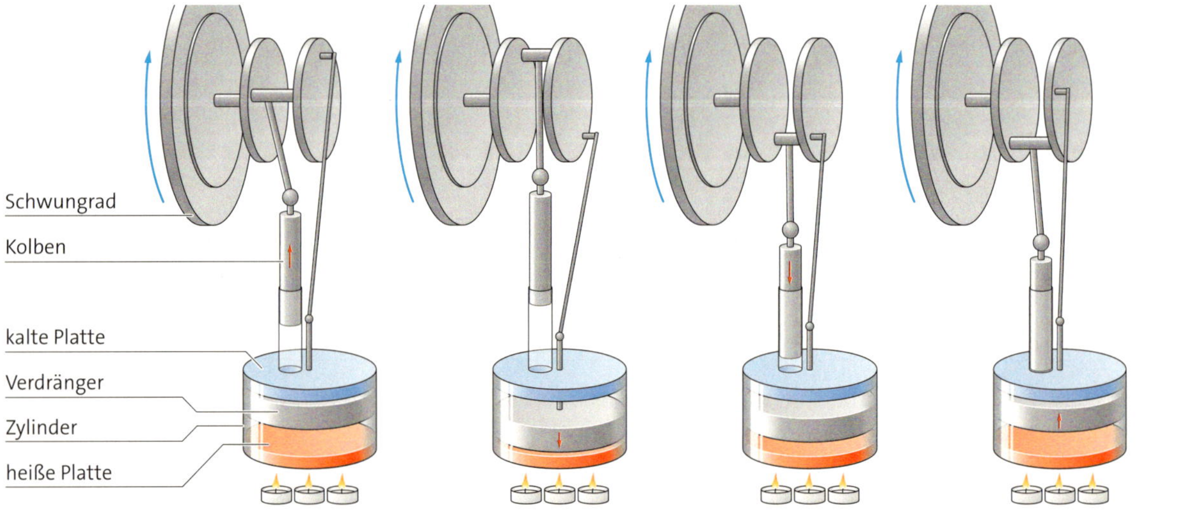

1. Takt: Expansion
Die heiße Luft dehnt sich aus und drückt den Kolben nach oben.

2. Takt: Abkühlung
Der Verdränger schiebt die heiße Luft zur Abkühlung nach oben.

3. Takt: Kompression
Die kalte Luft wird vom Kolben zusammengepresst.

4. Takt: Erwärmung
Der Verdränger schiebt die kalte Luft zur Erwärmung nach unten.

01 Takte beim Heißluftmotor

Material A ▸ Thermische Maschinen und Wirkungsgrad

A1 Gib an, welcher von selbst ablaufende irreversible Vorgang zum Antrieb thermischer Maschinen genutzt wird. Begründe, warum eine solche Maschine einen Teil der thermisch zugeführten Energie als „Abwärme" abgeben muss.

A2 In Kohle- und Kernkraftwerken treibt heißer Dampf die Dampfturbinen an. Vor dem Einlass in die Turbine hat der Dampf eine Temperatur von ca. 550 °C. Nach Verlassen der Turbine kondensiert der Dampf. Die Temperatur des Wassers beträgt ca. 50 °C.

a) Berechne den theoretisch größtmöglichen Wirkungsgrad η_{ideal}.

b) Der tatsächliche Wirkungsgrad einer Dampfturbine beträgt ca. 45 %. Berechne, welcher Bruchteil von η_{ideal} das ist.

Material B ▸ Der Stirlingmotor

B1 Beim Stirlingmotor werden nacheinander die vier Takte Expansion, Abkühlung, Kompression und Erwärmung durchlaufen (▸ Bild 01, linke Seite).

a) Gib für jeden Takt an, ob die Luft Energie thermisch aufnimmt oder abgibt und ob sie Energie mechanisch aufnimmt oder abgibt.

b) Gib für jeden Takt an, ob die Entropie der eingeschlossenen Luft zu- oder abnimmt.

c) In einer idealisierten Betrachtung nimmt man an, dass die Expansion und die Kompression bei konstanter Temperatur erfolgen. Erläutere, was daraus für die Energiebilanz der eingeschlossenen Luft bei der Expansion bzw. bei der Kompression folgt.

B2 Typische Merkmale eines technischen Stirlingmotors sind:

- Es gibt viele Möglichkeiten, die thermische Energie zuzuführen.
- Beliebige Brennstoffe sind möglich.
- Die Leistung kann nur langsam geändert werden.
- Hohes Gewicht.

a) Der Stirlingmotor ist für Fahrzeuge ungeeignet. Begründe.

b) Erörtere Vor- und Nachteile für den Einsatz auf einem Schiff.

c) Gib weitere Einsatzmöglichkeiten des Stirlingmotors an.

Material C ▸ Verbrennungsmotoren

In Fahrzeugen werden Verbrennungsmotoren eingesetzt. Deren physikalische Grundlagen sind denen des Heißluftmotors ähnlich. Bei einem Verbrennungsmotor wird ein Treibstoff im Motor selbst verbrannt. Takte beim Benzinmotor sind:
1. Takt: Luft wird angesaugt;
2. Takt: Benzin wird eingespritzt, das kalte Benzin-Luft-Gemisch wird komprimiert;
3. Takt: das Gemisch wird gezündet, der Kolben wird nach unten gestoßen;
4. Takt: die Verbrennungsgase werden ausgestoßen.
Verbrennungsmotoren sind leicht und ihre Leistung lässt sich schnell ändern. Sie benötigen spezielle Treibstoffe. Die Abgase enthalten Kohlenstoffdioxid und gesundheitsschädliche Stoffe.

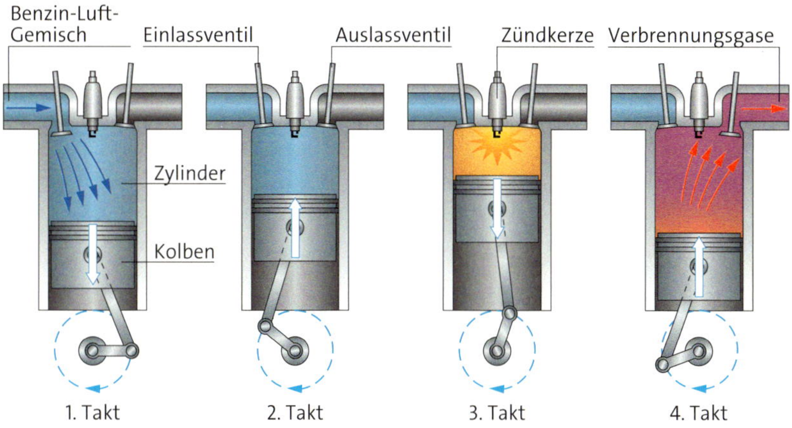

C1 Erkläre den prinzipiellen Unterschied zwischen Verbrennungs- und Heißluftmotor. Welche Bauteile sind grundsätzlich gleich? Welche Takte entsprechen sich im Prinzip?

C2 Vergleiche die Merkmale des Verbrennungs- mit denen des Heißluftmotors. Beschreibe die Vor- und Nachteile von Verbrennungsmotoren gegenüber Heißluftmotoren.

01 Kohle oder Wind – woher kommt unsere Energie heute und morgen?

Energieversorgung heute und morgen

Wie sieht unsere Energieversorgung heute und in Zukunft aus? Um mitreden zu können, musst du wissen, wie die verschiedenen Kraftwerke funktionieren und welche Vor- und Nachteile sie haben.

VERBRENNUNGSKRAFTWERKE · Die elektrische Energieversorgung in Deutschland beruht zum großen Teil auf Kraftwerken, die ihre Energie durch Verbrennung von fossilen Energierohstoffen wie Kohle, Öl oder Gas erhalten. Die wesentlichen Energiewandler sind Turbine und Generator. In der Turbine wird ein heißes, unter hohem Druck stehendes Gas so auf die Schaufeln eines Laufrads geleitet, dass es einen Teil seiner Energie an das Laufrad abgibt (▸ Bild 02).

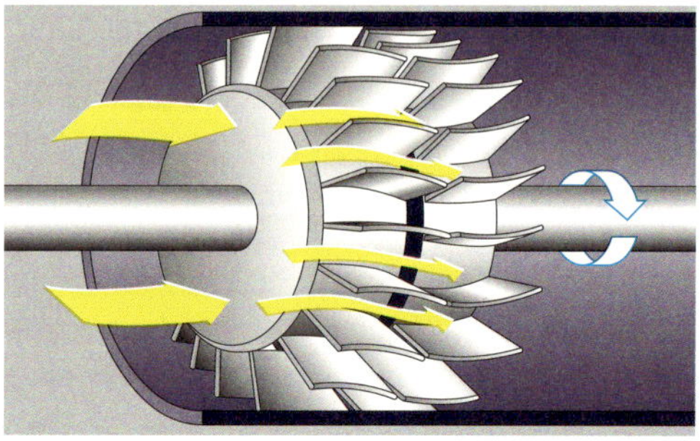

02 Die Schaufeln des festen Leitrads bewirken, dass das Gas im richtigen Winkel auf die Schaufeln des Laufrads strömt.

Beim Durchströmen der Turbine nehmen Druck und Temperatur des Gases ab. Letztlich wird die Turbine von dem von selbst ablaufenden Vorgang der Expansion des heißen Gases angetrieben. Die Turbine treibt ihrerseits den Generator an.

Während der Wirkungsgrad des Generators annähernd 100 % beträgt, ist der Wirkungsgrad der Turbine prinzipiell begrenzt. Dies liegt daran, dass die Turbine wie alle thermischen Maschinen einen großen Teil der zugeführten Energie als Abwärme abgeben muss.

GASTURBINEN-KRAFTWERKE · Im einfachsten Fall treibt das heiße Verbrennungsgas direkt eine Gasturbine an (▸ Bild 03 A). Die Temperatur des Verbrennungsgases beträgt beim Eintritt in die Turbine etwa 1600 °C, beim Austritt aus der Turbine etwa 650 °C. Für den theoretisch größtmöglichen Wirkungsgrad erhält man somit

$$\eta_{\text{ideal}} = 1 - \frac{T_2}{T_1} = 1 - \frac{923\ \text{K}}{1873\ \text{K}} = 51\,\%.$$

Der tatsächliche Wirkungsgrad ist deutlich geringer. Zum Betrieb von Gasturbinen benötigt man leicht brennbare Gase oder Flüssigkeiten.

DAMPFTURBINEN-KRAFTWERKE · Um auch feste Brennstoffe einsetzen zu können, muss man einen Umweg in Kauf nehmen (▸ Bild 03 B). Dazu wird mit dem Verbrennungsgas zuerst Wasser verdampft. Mit dem heißen und unter hohem Druck stehenden Wasserdampf wird eine Dampfturbine angetrieben. Diese nutzt den Unterschied zwischen der Temperatur des Wasserdampfs (etwa 600 °C) und der Temperatur des Kühlwassers (etwa 100 °C). Der theoretisch größtmögliche Wirkungsgrad beträgt

$$\eta_{\text{ideal}} = 1 - \frac{T_2}{T_1} = 1 - \frac{373\ \text{K}}{873\ \text{K}} = 57\,\%.$$

In der Praxis ist der Wirkungsgrad auch hier deutlich geringer. Zum Betrieb eignen sich alle festen Brennstoffe. In großen Kraftwerken wird vorwiegend Braun- und Steinkohle eingesetzt.

GAS- UND DAMPFTURBINEN-KRAFTWERKE · Solche auch als GuD-Kraftwerke bezeichneten Kraftwerke kombinieren eine Gasturbine mit einer Dampfturbine (▸ Bild 03 C). Nachdem das Verbrennungsgas die Gasturbine verlassen hat, ist es immer noch heiß genug, um Wasserdampf zum Betrieb einer Dampfturbine zu erzeugen. Durch den zweistufigen Vorgang nutzen GuD-Kraftwerke einen sehr viel größeren Temperaturunterschied als reine Dampfkraftwerke..

VOR- UND NACHTEILE · Verbrennungskraftwerke haben eine große Leistung. Ihr Wirkungsgrad ist allerdings relativ gering, da Verbrennungskraftwerke Abwärme abgeben müssen. Außerdem benötigt das Kraftwerk selbst Energie zum Betrieb von Förderbändern, Kohlemühlen, Pumpen usw. Der Gesamtwirkungsgrad eines Kohlekraftwerks liegt zwischen 35 % und 40 %. Mit Erdgas betriebene GuD-Kraftwerke erreichen immerhin einen Wirkungsgrad von 60 %.

Die Vorräte von Kohle, Öl und Gas sind begrenzt. Eine Energieversorgung auf der Basis von fossilen Energien kann daher nicht beliebig in die Zukunft fortgesetzt werden. Auch wenn die Vorräte noch einige Zeit reichen, führt die Verwendung fossiler Energien zu einem weiteren Anstieg von Kohlenstoffdioxid in der Atmosphäre und damit zu einer Verstärkung des anthropogenen Anteils am Treibhauseffekt. Dabei ist Kohle als Brennstoff noch problematischer als Erdgas, weil bei der Verbrennung von Kohle etwa dreimal so viel CO_2 entsteht wie bei der Verbrennung einer entsprechenden Menge Erdgas. GuD-Kraftwerke sind daher sinnvoller als Kohlekraftwerke, aber in Zukunft müssen alle fossilen Energien durch erneuerbare Energien wie Wasser, Wind, Sonne usw. ersetzt werden.

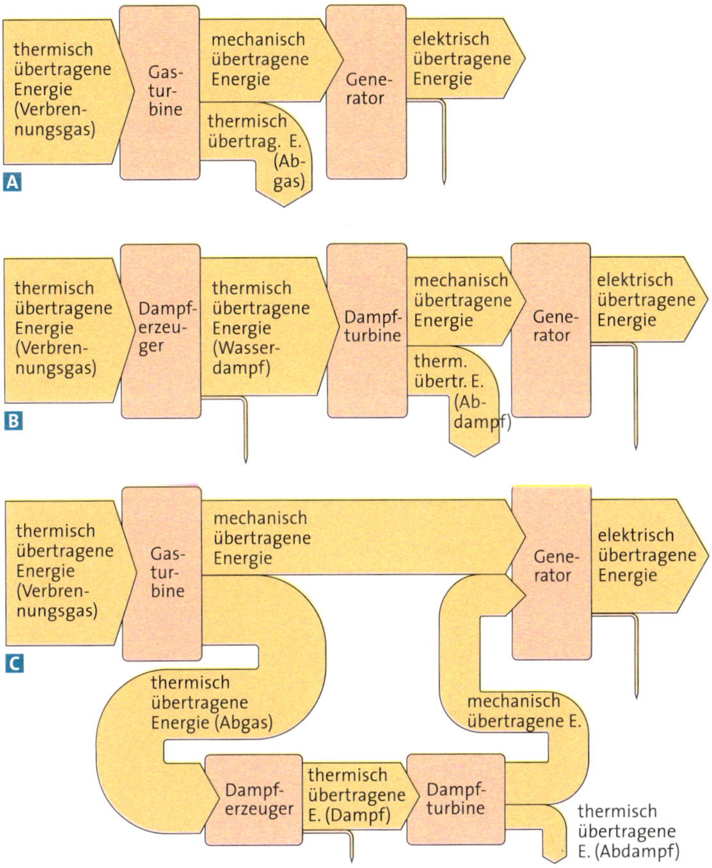

03 Energieflussdiagramme: **A** Gasturbinen-Kraftwerk, **B** Dampfturbinen-Kraftwerk, **C** Gas-und-Dampfturbinenkraftwerk

1 Verbrennungskraftwerke haben einen relativ geringen Wirkungsgrad. Gib die wichtigsten Gründe an.

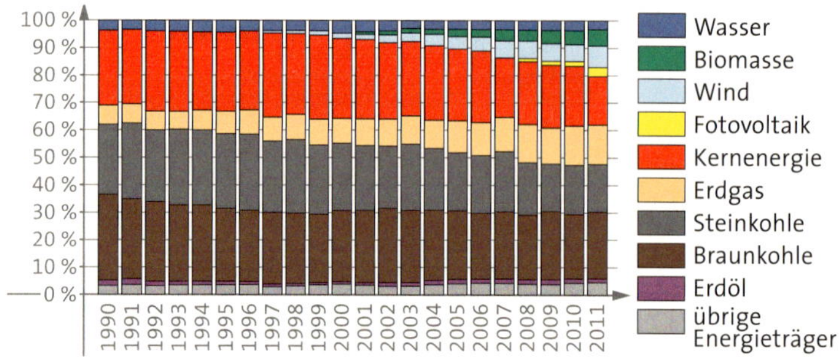

01 Anteil der Energie-„Träger" an der elektrischen Energieversorgung in Deutschland

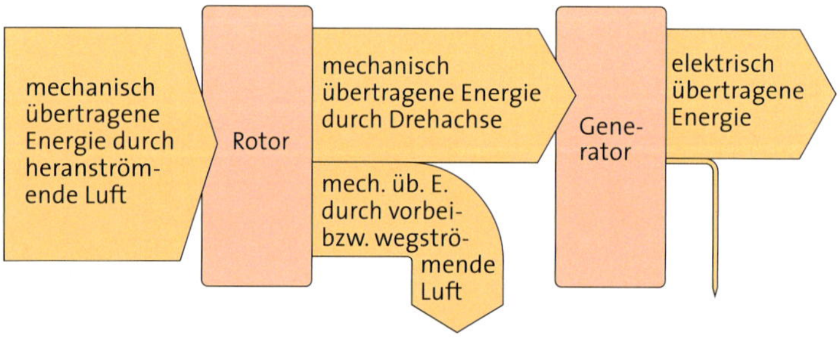

02 Energieflussdiagramm einer Windkraftanlage

NACHHALTIGE ENERGIEVERSORGUNG · Die heutige Energieversorgung ist mit erheblichen Auswirkungen auf die Umwelt verbunden. Zum Schutz der natürlichen Lebensgrundlagen muss die Energieversorgung nachhaltig gestaltet werden. Die Energieversorgung ist nachhaltig, wenn sie dauerhaft betrieben werden kann, ohne dass dadurch die Umwelt ernsthaft geschädigt wird.

Physikalisch betrachtet, bedeutet nachhaltige Energieversorgung die Nutzung von natürlicherweise ablaufenden irreversiblen Vorgängen. Zum Beispiel strömt Luft von selbst aus einem Hochdruck- zu einem Tiefdruckgebiet und kann zum Antrieb von Windkraftanlagen genutzt werden. Wasser fließt von selbst bergab und kann zum Antrieb von Wasserkraftwerken genutzt werden. Die Sonnenstrahlung kann zum Antrieb von Solarkraftwerken genutzt werden. Diese Art der Energieversorgung nennt man **erneuerbar** oder **regenerativ.** Anhand ▸ Bild 01 erkennt man die Zunahme der regenerativen Energien an der elektrischen Energieversorgung. Den größten Anteil hat die Windenergie. Ihr Anteil wird weiter zunehmen.

WINDKRAFTANLAGEN · Diese Anlagen nutzen den Wind zum Antrieb eines Rotors. Strömende Luft hat Bewegungsenergie. Eine Windkraftanlage entnimmt der Luft Energie und wandelt sie in elektrisch nutzbare Energie um. Dazu muss der Rotor die Luft abbremsen. Die Luft kann aber nicht vollständig abgebremst werden, da die Luft die Windkraftanlage auch wieder verlassen muss. Durch das Abbremsen der Luft weicht etwa ein Drittel der heranströmenden Luft dem Rotor aus. Diese Energie kann nicht genutzt werden (▸ Bild 02). Die wegströmende Luft hat immer noch Bewegungsenergie. Auch diese Energie kann nicht genutzt werden. Eine Rechnung zeigt, dass die Leistung am höchsten ist, wenn der Rotor die Luft auf ein Drittel ihrer ursprünglichen Geschwindigkeit abbremst. Der Wirkungsgrad beträgt dann theoretisch 59 %. Tatsächlich nutzt eine Windkraftanlage etwa 50 % der Energie der heranströmenden Luft.

VOR- UND NACHTEILE · Windenergie steht dauerhaft zur Verfügung und reicht im Prinzip aus, um den gesamten Bedarf an elektrischer Energie zu decken. Dafür müssen allerdings sehr viele Windkraftanlagen gebaut werden. Wie alle technischen Bauwerke haben auch Windkraftanlagen Auswirkungen auf die Umwelt. Dazu gehören insbesondere Lärm und Schattenwurf. Die größte Schwierigkeit bei der Nutzung der Windenergie sind jedoch die Schwankungen in der Windgeschwindigkeit und damit in der bereitgestellten Leistung. Daher müssen mehr Speicher für Energie wie Pumpspeicherkraftwerke oder Druckluftspeicherkraftwerke geschaffen werden.

1 **a)** Windkraftanlagen können dem Wind nicht die gesamte Energie entnehmen. Begründe.
b) Gib die wesentlichen Vor- und Nachteile der Nutzung der Windenergie an.

BLICKPUNKT

Effizienzsteigerung durch Kraft-Wärme-Kopplung

03 Heizkraftwerk mit Fernwärmerohren

04 Blockheizkraftwerk für ein Einfamilienhaus

Ein großer Nachteil von Verbrennungskraftwerken ist, dass sie die zugeführte Energie nur zu etwa 40 % elektrisch abgeben. Der Rest wird thermisch über Kühltürme an die Umgebung abgegeben. Andererseits benötigen Haushalte und Fabriken sowohl elektrische Energie als auch thermische Energie zum Heizen und zur Warmwasserbereitung. Die thermische Energie stammt oft aus fossilen Energierohstoffen wie Erdöl oder Erdgas. Nun ist es naheliegend, zum Heizen die Abwärme der Kraftwerke zu nutzen. Dazu wird mit der Abwärme Wasser erwärmt und als Fernwärme über ein Rohrsystem an die Haushalte und Fabriken geleitet (▸ Bild 03). Man nennt die kombinierte Nutzung von elektrisch und thermisch abgegebener Energie **Kraft-Wärme-Kopplung.**

Die Nachteile der Fernwärme sind die hohen Kosten für den Bau des Rohrleitungssystems sowie die unerwünschte thermische Abgabe von Energie an die Umgebung. Dies hat zur Folge, dass Fernwärme nur in Ballungsräumen technisch und wirtschaftlich sinnvoll ist. Deutschlandweit waren im Jahr 2005 etwa 14 % aller Wohnungen an ein Fernwärmenetz angeschlossen.

Diese Nachteile vermeiden die sogenannten **Blockheizkraftwerke** (▸ Bild 04). Es handelt sich hierbei um Minikraftwerke zur Versorgung von einem oder mehreren Gebäuden in unmittelbarer Nähe. Blockheizkraftwerke arbeiten ebenfalls nach dem Prinzip der Kraft-Wärme-Kopplung, d. h. sie geben die zugeführte Energie zum einen Teil elektrisch und zum anderen Teil thermisch ab. Die elektrische Energie kann direkt genutzt werden oder an das Stromnetz abgegeben werden. Die thermische Energie wird zum Heizen und zur Warmwasserbereitung genutzt.

Blockheizkraftwerke bestehen in der Regel aus einem Motor und einem Generator (▸ Bild 05). Mit der beim Betrieb des Motors entstehenden Abwärme wird Wasser erwärmt und zum Heizen verwendet. Es gibt Ausführungen, die mit gasförmigen, mit flüssigen oder mit festen Brennstoffen betrieben werden. Die Brennstoffe stammen aus fossilen Quellen wie Erdgas und Erdöl oder aus nachwachsenden Rohstoffen wie Biogas und Holz. Blockheizkraftwerke gibt es in unterschiedlichen Größen, je nachdem, ob ein ganzes Stadtviertel, eine Schule oder nur ein Einfamilienhaus versorgt werden soll. Durch die Kraft-Wärme-Kopplung steigt der nutzbare Anteil der zugeführten Energie deutlich. Je nachdem, wie viel von der Abwärme genutzt wird, steigt der Gesamtwirkungsgrad auf bis zu 90 %.

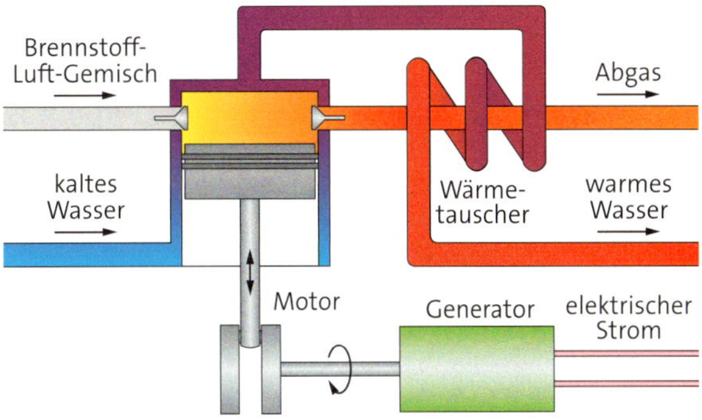

05 Schematische Darstellung eines Blockheizkraftwerks

BLICKPUNKT

Vom Niedrig- zum Plusenergiehaus

01 Ein Passivhaus braucht fast keine Energie zum Heizen.

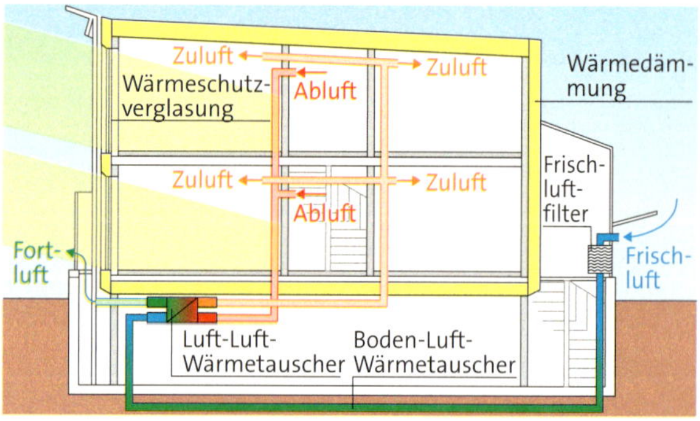

02 Prinzip eines Passivhauses

Ein durchschnittlicher Haushalt benötigt über die Hälfte der jährlich bezogenen Energie zum Heizen. Da hierzu hauptsächlich Erdöl oder Erdgas eingesetzt werden, hat die Gebäudeheizung einen erheblichen Anteil am Ausstoß von klimaschädlichem Kohlenstoffdioxid (CO_2).

Um Energie und Heizkosten zu sparen, werden heute oft Niedrigenergiehäuser gebaut. Ein solches Haus benötigt wegen seiner guten Wärmedämmung pro Jahr und Quadratmeter nur etwa 3–5 Liter Heizöl bzw. 3–5 m^3 Erdgas.

Noch weniger Energie benötigen Passivhäuser (▸ Bild 01). Sie sind so gut gedämmt, dass die Energieabgabe durch die Bewohner und Elektrogeräte sowie die Energieaufnahme durch Sonneneinstrahlung in der Regel ausreicht, um das Haus warm zu halten. Nur an sehr kalten Tagen muss eventuell zusätzlich geheizt werden. Neben einer sehr guten Wärmedämmung mit Dämmstärken von 30–40 cm hat ein Passivhaus eine kontrollierte Be- und Entlüftung mit Wärmetauscher (▸ Bild 02). Dabei wird die kalte Frischluft durch die warme Abluft erwärmt. Um auch die Energieabgabe durch die Fenster zu minimieren, verwendet man dreifach verglaste Fenster mit hohem Wärmedämmwert (▸ Bild 03). Damit möglichst viel Energie durch Sonneneinstrahlung in das Haus gelangt, hat ein Passivhaus nach Möglichkeit auf der Südseite große Fenster. Nach Norden werden nur wenige kleine Fenster eingebaut. Passivhäuser sind also so konstruiert, dass sie viel Energie von der Sonne aufnehmen und wenig Energie nach außen abgeben. Damit die Räume nicht zu warm werden, muss die Sonneneinstrahlung durch eine geeignete Abschattung mittels Jalousien etc. geregelt werden. Unter Umständen ist eine Klimatisierung der Räume nötig, die allerdings zusätzlich Energie benötigt.

Die Weiterentwicklung des Passivhauses ist das Plusenergiehaus. Es ist gegenüber dem Passivhaus zusätzlich noch mit einer Fotovoltaikanlage zur Versorgung mit elektrischer Energie und mit einer solarthermischen Anlage zur Warmwasserbereitung ausgestattet. Plusenergiehäuser beziehen im jährlichen Durchschnitt mehr Energie aus der Umwelt, als sie benötigen.

Wie viel Energie ein Haus oder eine Wohnung benötigt, wird im **Energieausweis** für das Gebäude festgehalten. Dieser Ausweis ist für alle Wohngebäude, die vermietet, verkauft oder verpachtet werden, verpflichtend und zeigt dem Interessenten, welche Energiekosten auf ihn zukommen werden.

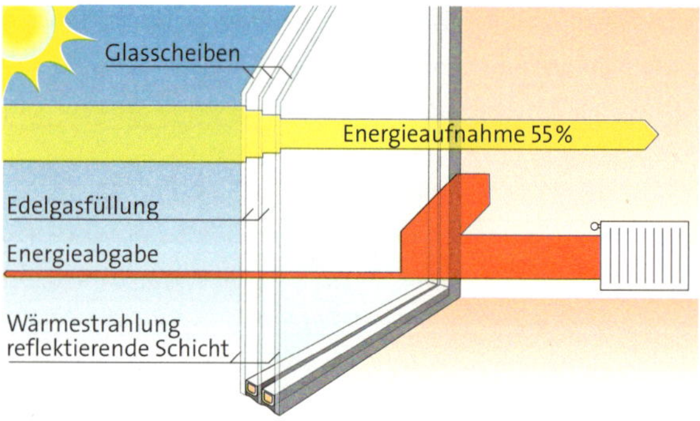

03 Moderne Isoliergläser für Fenster

Material A ▸ Kohlekraftwerk

03 Kohlekraftwerk Heilbronn

Der „Block 7“ des Kohlekraftwerks in Heilbronn hat eine Leistung von 750 MW (Megawatt). Bei ca. 3000 Betriebsstunden pro Jahr benötigt das Kraftwerk etwa 720 000 t Steinkohle.

A1 **a)** Berechne, wie viel Kohle das Kraftwerk pro Stunde benötigt.
b) Eine Tonne Steinkohle enthält ca. 30 GJ (Gigajoule) Energie. Berechne die stündlich zugeführte Energie.
c) Berechne die pro Stunde abgegebene Energie in kWh und in GJ.
d) Berechne aus b) und c) den Wirkungsgrad des Kraftwerks.

Material B ▸ Energieeffizienz durch Blockheizkraftwerke

Ein Blockheizkraftwerk (kurz BHKW) nutzt die Abwärme, die beim Betrieb einer thermischen Maschine zur Bereitstellung von elektrischer Energie anfällt. In Reutlingen beliefert ein mit Erdgas betriebenes BHKW drei Schulen mit thermischer Energie für die Heizung und Warmwasserbereitung. Die bereitgestellte elektrische Energie wird an das Stromnetz abgegeben. Das BHKW gibt jährlich ca. 310 000 kWh elektrische Energie und ca. 560 000 kWh thermische Energie ab.

B1 Ein BHKW benötigt weniger Energie als bei der getrennten Bereitstellung von elektrischer Energie durch ein Kraftwerk und von thermischer Energie durch eine Heizung. Erkläre.

B2 Von der eingesetzten Energie gibt das BHKW ca. 32 % als elektrische Energie und ca. 58 % als thermische Energie ab. Der Rest wird an die Umgebung abgegeben.
a) Gib den insgesamt genutzten Anteil der eingesetzten Energie an.
b) Berechne die jährlich eingesetzte Energie in kWh und in MJ.
c) Ein Kubikmeter Erdgas enthält ca. 35 MJ Energie. Berechne die jährlich benötigte Erdgasmenge.

B3 Die Betreiber des BHKW in Reutlingen geben eine jährliche CO_2-Einsparung von 120 t an. Überprüfe diese Angabe durch eine Überschlagsrechnung.
Hinweis: Bei der Verbrennung von einem Kubikmeter Erdgas entstehen ca. 2 kg CO_2.
2012 wurden deutschlandweit pro kWh elektrischer Energie durchschnittlich ca. 0,6 kg CO_2 an die Atmosphäre abgegeben.

B4 **a)** Informiere dich über die Art der elektrischen und thermischen Energieversorgung deiner Schule. Erörtere den Einsatz eines BHKW.
b) Recherchiere, wo in deiner Nähe ein BHKW ist. Erstelle eine Übersicht mit den wichtigen Daten.

Material C ▸ Nutzung der Windenergie

Die Leistung eines Luftstroms der Geschwindigkeit v und der Querschnittsfläche A beträgt $P_{\text{Wind}} = \frac{1}{2} \rho \cdot A \cdot v^3$; dabei ist ρ die Dichte der Luft. Eine große Windkraftanlage mit einer Nennleistung von 3,0 MW hat einen Rotordurchmesser von ca. 100 m und kann etwa 50 % der Energie des Windes nutzen. Die Nennleistung erreicht eine Windkraftanlage erst ab einer bestimmten Windgeschwindigkeit, der sogenannten Nennwindgeschwindigkeit.

C1 **a)** Berechne die Leistung der Windkraftanlage für eine Windgeschwindigkeit von 6 $\frac{m}{s}$ und von 8 $\frac{m}{s}$. Erkläre den großen Unterschied.
b) Berechne die Nennwindgeschwindigkeit der Windkraftanlage.

C2 Gib mögliche Gründe an, warum die Türme von Windkraftanlagen möglichst hoch sind.

C3 Sammle Vorteile und Nachteile von Off-shore-Anlagen gegenüber Anlagen im Binnenland.

C4 Gib an, welcher Zusammenhang im ▸ Diagramm 04 dargestellt ist. Beschreibe den Verlauf. Erkläre.

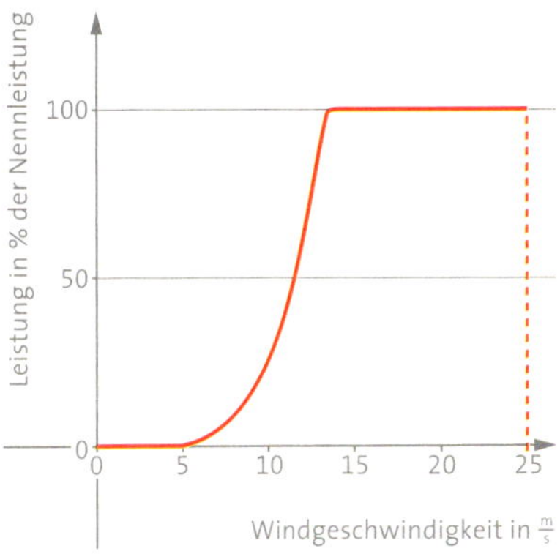

04

01 Duftstoffe breiten sich aus.

Entropie und Zufall

Wenn eine Parfümflasche offen gelassen wird, kann man das bald im ganzen Zimmer riechen. Duftstoff und Luft mischen sich von selbst. Der Vorgang ist irreversibel. Wie bei allen irreversiblen Vorgängen muss die Entropie dabei zunehmen. Was bedeutet das?

Bei der Ausbreitung von Duftstoffen spielen Luftströmungen eine große Rolle. Aber eine Durchmischung von Stoffen kann auch ganz ohne Strömung erfolgen. Wir zeigen dazu einen Versuch: Die untere Hälfte eines Glasgefäßes ist mit einem farbigen Gas (Brom) gefüllt, die obere Hälfte mit Luft (▸ Bild 02 A). Wird die Trennwand herausgezogen, dann beginnen sich Brom und Luft zu mischen (▸ Bild 02 B–D).

DIFFUSION · Die Durchmischung von Gasen kann man im Teilchenmodell einfach erklären. Die Teilchen eines Gases sind in ständiger ungeordneter Bewegung. ▸ Bild 03 zeigt den Mischungsvorgang im Modell. Durch die ungeordnete Teilchenbewegung gelangen einige der rot dargestellten Teilchen aus der unteren in die obere Hälfte; umgekehrt bewegen sich einige der blau dargestellten Teilchen aus der oberen in die untere Hälfte (▸ Bild 03 B). Nach einiger Zeit haben sich die roten und die blauen Teilchen ziemlich gleichmäßig auf die beiden Hälften verteilt (▸ Bild 03 D). Diese Art der Durchmischung aufgrund der Teilchenbewegung nennt man Diffusion. Sie tritt bei Gasen und Flüssigkeiten auf und hängt von der Temperatur ab.

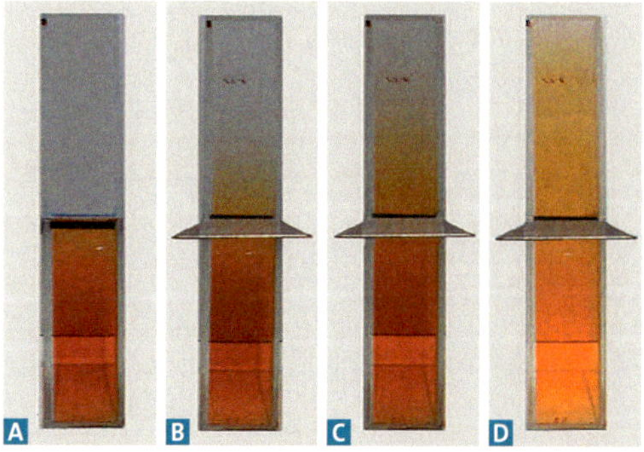

02 Brom und Luft durchmischen sich von selbst.

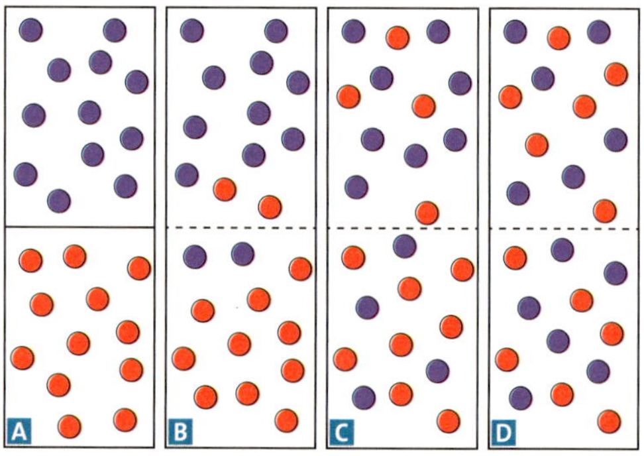

03 Der Mischungsvorgang im Teilchenmodell

DER ZUFALL MACHTS · Vielleicht fragst du dich, wie die zufällige Teilchenbewegung eine gleichmäßige Durchmischung bewirken kann. Die Wahrscheinlichkeit dafür, dass sich ein rotes Teilchen von unten nach oben bewegt, ist genauso groß wie dafür, dass sich ein anderes rotes Teilchen von oben nach unten bewegt. Aber zu Beginn des Mischungsvorgangs befinden sich in der unteren Hälfte mehr rote Teilchen als in der oberen; daher gelangen mehr rote Teilchen von unten nach oben als umgekehrt (▸ Bild 03 B). Wenn sich am Ende des Mischungsvorgangs unten und oben gleich viele rote Teilchen befinden, dann bewegen sich im Durchschnitt genauso viele Teilchen von unten nach oben wie umgekehrt (▸ Bild 03 D). So bewirkt die zufällige Teilchenbewegung, dass sich die Gase mischen!

Warum kann sich die Gasmischung nicht wieder entmischen? Wäre es nicht möglich, dass sich alle roten Teilchen zufällig wieder im unteren und alle blauen Teilchen im oberen Bereich sammeln? Bei sehr wenigen Teilchen ist dies möglich. Eine echte Gasmenge besteht aber aus sehr, sehr vielen Teilchen, sodass eine Entmischung extrem unwahrscheinlich ist und daher in der Praxis niemals auftritt.

ENTROPIE UND WAHRSCHEINLICHKEIT · Der Zustand der Durchmischung der beiden Gase ist sehr viel wahrscheinlicher als der Zustand der Entmischung. Das System ändert sich so, dass es immer wahrscheinlichere Zustände annimmt. Da die Diffusion ein irreversibler Vorgang ist, nimmt die Entropie dabei zu. Im Teilchenmodell erkennt man die Entropiezunahme darin, dass das System immer wahrscheinlichere Zustände annimmt – oder anschaulich, dass die Unordnung immer mehr zunimmt.

TEMPERATURAUSGLEICH · Der Temperaturausgleich ist ebenfalls ein irreversibler Vorgang, der auf der ungeordneten Teilchenbewegung beruht. Wir vermuten, dass auch hierbei die Unordnung zunimmt.

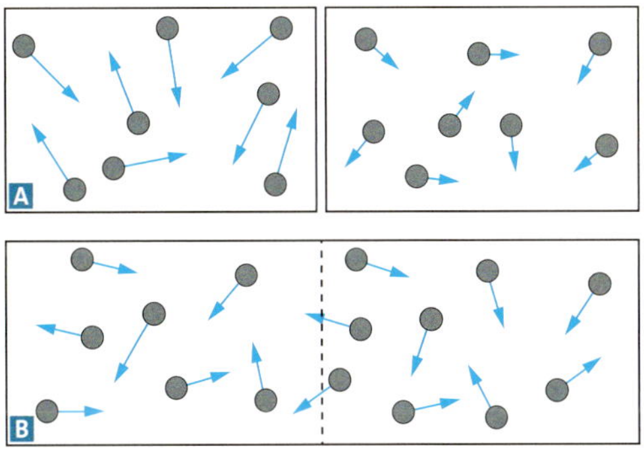

04 Der Temperaturausgleich im Teilchenmodell

Wir betrachten zwei Körper unterschiedlicher Temperatur im Teilchenmodell (▸ Bild 04 A). Die Teilchen im heißen Körper bewegen sich im Mittel schneller als die Teilchen im kalten Körper. Bringt man die beiden Körper in thermischen Kontakt miteinander, dann gibt der heiße Körper solange Energie an den kalten Körper ab, bis beide dieselbe Temperatur haben. Die Teilchen in beiden Körpern bewegen sich nun mit einer mittleren Geschwindigkeit, die zwischen der des heißen und der des kalten Körpers liegt (▸ Bild 04 B).

Zu Beginn des Temperaturausgleichs sind die schnelleren und energiereicheren Teilchen im linken Körper, die langsameren und energieärmeren Teilchen im rechten Körper. Am Ende des Vorgangs ist die Energie der Teilchenbewegung gleichmäßig auf beide Körper verteilt. Wie bei der Diffusion ist der Endzustand sehr viel wahrscheinlicher als der Ausgangszustand.

Was wir für die Beispiele oben gezeigt haben, gilt für alle irreversiblen Vorgänge:

> Bei einem irreversiblen Vorgang ändert sich das System so, dass es immer wahrscheinlichere Zustände annimmt.
> Größere Entropie bedeutet eine größere Wahrscheinlichkeit des Zustands oder anschaulich eine größere Unordnung.

1 Ein Stück Würfelzucker wird in einer Tasse heißen Wassers aufgelöst. Beschreibe die Entropiezunahme im Teilchenmodell.

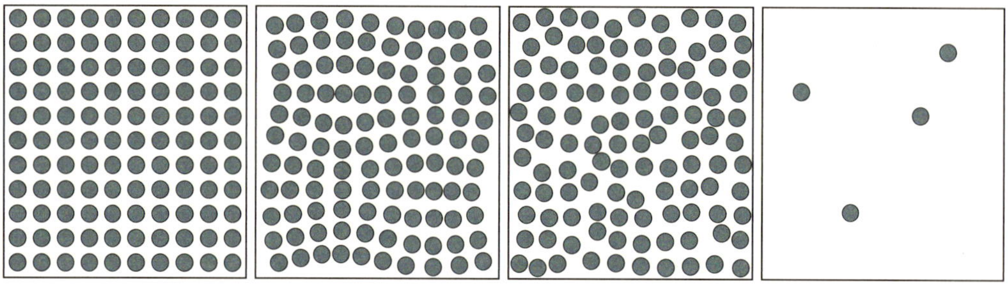

01 Die Entropie hängt sowohl von der Temperatur als auch vom Aggregatzustand ab.

ENTROPIE UND AGGREGATZUSTÄNDE · Wird einem Körper Energie thermisch zugeführt, dann nimmt seine Entropie zu, und zwar unabhängig davon, ob die Temperatur zunimmt oder nicht. Wie kann man die Entropiezunahme verstehen?

Wir betrachten einen Körper am absoluten Nullpunkt ($T = 0\,K$). Im Teilchenmodell stellt man sich vor, dass alle Teilchen in Ruhe und völlig regelmäßig angeordnet sind (▸ Bild 01A). Das bedeutet, für die Teilchen gibt es nur eine Möglichkeit der Anordnung. In diesem völlig geordneten Zustand beträgt die Entropie $S_0 = 0\,\frac{J}{K}$.

Wird dem Körper Energie thermisch zugeführt, so nimmt seine Entropie zu. Im Teilchenmodell stellt man sich vor, dass die Teilchen um ihre Plätze schwingen (▸ Bild 01B). Die Energie steckt in den Schwingungen der Teilchen. Es gibt viele Möglichkeiten, wie die gesamte thermische Energie auf die Teilchen verteilt sein kann. Viele Möglichkeiten bedeutet, dass die Entropie nun größer ist. Die Entropie steigt mit der Temperatur (▸ Bild 02).

Irgendwann beginnt der Körper zu schmelzen. Beim Schmelzen steigt die Temperatur nicht. Es wird aber weiterhin Energie zugeführt, also muss wegen $\Delta S = \frac{\Delta E}{T}$ die Entropie weiter zunehmen. Wie kann man das verstehen? Da die Teilchen in der Flüssigkeit verschiebbar sind, gibt es im Gegensatz zum Festkörper nun viele Anordnungsmöglichkeiten (▸ Bild 01C). Das bedeutet, dass der Körper in flüssiger Form eine größere Entropie hat als in fester Form. Bei der Schmelztemperatur nimmt die Entropie also sprunghaft zu (▸ Bild 02). Wenn anschließend die Temperatur der Flüssigkeit steigt, nimmt die thermische Energie zu und damit auch die Anzahl der Möglichkeiten, wie die thermische Energie verteilt sein kann. Das bedeutet, die Entropie steigt mit der Temperatur (▸ Bild 02).
Beim Sieden nimmt die Entropie erneut stark zu, denn im gasförmigen Zustand gibt es noch viel mehr Anordnungsmöglichkeiten als im flüssigen Zustand (▸ Bild 01D). Die Entropie nimmt beim Sieden sprunghaft zu. Anschließend steigt sie wieder mit der Temperatur (▸ Bild 02).

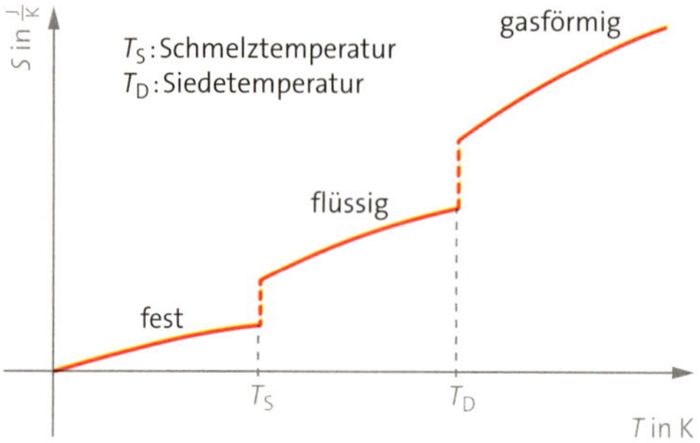

02 Änderung der Entropie in Abhängigkeit von der Temperatur

Die Entropieerhöhung beim Schmelzen und Sieden kann mit der Formel $\Delta S = \frac{\Delta E}{T}$ einfach berechnet werden. Für ΔE muss man die Schmelz- oder Verdampfungsenergie einsetzen, für T die Schmelz- oder Verdampfungstemperatur.

1 Berechne die Entropieerhöhung beim Schmelzen von 500 g Eis und beim Sieden von 500 g Wasser.

VERSUCHE ▸ Crazy Gummi

Du erkundest das seltsame Verhalten von Gummi.

Material:

Mittelbreiter Gummiring (etwa 3 mm breit, etwa 6 cm lang), 250 g-Massestück, Stativmaterial, Föhn

V1 Schrumpfendes Gummi

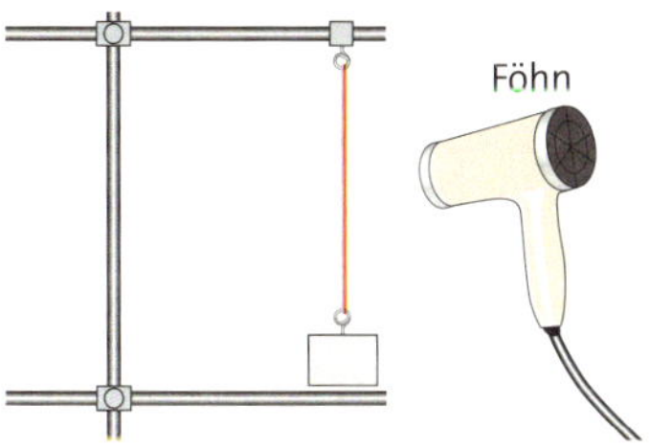

Durchführung:

a) Baue die Halterung auf. Hänge den Gummiring mit dem Massestück auf. Verschiebe die untere Stativstange so, dass das Massestück gerade nicht mehr aufsitzt.

b) Erwärme den Gummiring mit dem Föhn. Beobachte die Längenänderung.

V2 Temperaturänderung

Durchführung:

a) Fasse mit jeder Hand ein Ende des Gummirings und ziehe ihn gerade, ohne ihn zu dehnen. Halte den Gummiring direkt oberhalb der Oberlippe an die Haut. Warte kurz, bis sich die Temperatur des Gummis an die deiner Haut angeglichen hat. Ziehe dann den Gummiring kräftig und schnell auseinander. Beschreibe die Temperaturänderung des Gummis.

b) Warte eine kurze Zeit, bis der Gummiring wieder die Hauttemperatur angenommen hat. Lasse anschließend den Gummiring sich wieder zusammenziehen. Beschreibe, wie sich dabei die Temperatur des Gummis ändert.

Material A ▸ Entropie im Alltag

03 Entropieerzeugung beim Toasten

A1 Beim Toasten wird Entropie erzeugt. Das kannst du „sehen, spüren und riechen". Erkläre.

A2 Erläutere, was in den folgenden Situationen mit der Entropie geschieht. Woran erkennt man dies?
a) Ein Teebeutel wird mit heißem Wasser aufgegossen.
b) Ein Stück Zucker wird in eine Tasse mit heißem Kaffee gegeben.

A3 Beim Verdunsten verlassen die schnellsten Moleküle die Flüssigkeit. Dadurch sinkt die Temperatur der verbleibenden Flüssigkeit (Verdunstungskälte). Folglich nimmt die Entropie der Flüssigkeit ab. Die Entropie nimmt aber insgesamt zu. Erkläre.

Material B ▸ Warum sich Gummi zusammenzieht

Gummi besteht aus langen, miteinander verketteten Molekülen. Im entspannten Zustand sind die Moleküle völlig ungeordnet. Wird ein Gummiband gestreckt, so sind die Moleküle viel geordneter. Warum zieht sich das Gummiband nach dem Loslassen wieder zusammen? Im gestreckten Zustand gibt es viel weniger Möglichkeiten zur Anordnung der Gummimoleküle als im verknäulten Zustand. Da die Entropie von selbst immer nur zunimmt, zieht sich das Gummiband wieder zusammen. Je mehr sich die Gummimoleküle verknäulen, desto größer ist die Entropie von Gummi.

B1 a) Normalerweise dehnen sich Körper bei Erwärmung aus.
Bei Gummi ist das nicht so. Erkläre das Verhalten von Gummi mit der Entropie.
b) Beim Auseinanderziehen muss das Gummiband Energie thermisch nach außen abgeben. Begründe. Erkläre damit V2 a).
c) Wenn ein gespanntes Gummi losgelassen wird, so muss es von außen Energie thermisch aufnehmen. Begründe. Erkläre damit V2 b).

BLICKPUNKT

Bildung von Strukturen

01 Woher kommt die regelmäßige Struktur der Wolken?

Wolken sind flüchtige Gebilde. Sie entstehen und lösen sich wieder auf. Obwohl sie in ständigem Umbau begriffen sind, zeigen sie oft eine regelmäßige Struktur – wie die Wolkenstraßen im ▸ Bild 01. Wolken sind ein Beispiel dafür, dass in der Natur geordnete Strukturen entstehen können. Wie kann das sein, obwohl bei irreversiblen Vorgängen die Unordnung doch immer mehr zunimmt?
Der Grund ist: Die Wolken stellen ein offenes System dar. In einem abgeschlossenen System kann die Entropie und damit die Unordnung nur zunehmen. In einem offenen System aber können Strukturen entstehen. Diese Strukturbildung wird durch irreversible Vorgänge von außen angetrieben. Außerhalb des Systems muss die Entropie zunehmen, denn insgesamt kann die Entropie nicht abnehmen.

▸ Bild 02 zeigt einen Modellversuch zur Strukturbildung: Eine dünne Schicht Silikonöl, der etwas Kupferpulver beigemischt ist, wird von unten erhitzt. Bei schwacher Heizleistung geschieht nichts Besonderes. Wenn die Heizleistung langsam erhöht wird, dann bildet sich bei einer bestimmten Heizleistung plötzlich ein mehr oder weniger regelmäßiges Muster aus kleinen „Zellen" (▸ Bild 03). Schaut man genau hin, so erkennt man, dass in der Zellenmitte Öl aufsteigt und an den Zellenrändern wieder absinkt. Erhöht man die Heizleistung weiter, dann zerfällt ab einem bestimmten Punkt das regelmäßige Muster der Zellen und das Öl brodelt völlig unregelmäßig.

Wir versuchen die Zellenbildung zu verstehen. Auf der Unterseite wird Öl erhitzt, dehnt sich aus und steigt auf. Oben angekommen, kühlt sich das Öl an der Luft ab und sinkt wegen der größeren Dichte wieder hinab. Die Zellen entstehen also durch Konvektion zwischen der heißen Unterseite und der kühleren Oberseite (▸ Bild 04). Das regelmäßige Muster tritt aber nur für nicht zu geringe und nicht zu große Heizleistungen auf.

Die Wolkenstraßen entstehen ebenfalls aufgrund von Konvektion: Unterhalb der Wolken steigt die Luft auf, in der Höhe kühlt sie sich ab, der Wasserdampf kondensiert und die Luft sinkt zwischen den Wolkenstraßen wieder hinab. Angetrieben wird die Konvektion durch die Sonneneinstrahlung.

Wir können zwar das Auftreten der Konvektion erklären, nicht aber die regelmäßige Struktur der Konvektionszellen. Dies ist ein typisches Phänomen der Strukturbildung, auch **Selbstorganisation** genannt. Dabei treten sehr viele Teile eines Systems miteinander in Wechselwirkung. Durch sich selbst verstärkende Vorgänge bilden und stabilisieren sich Strukturen. Voraussetzung dafür ist ein Fluss von Energie und oft auch von Materie durch das System.

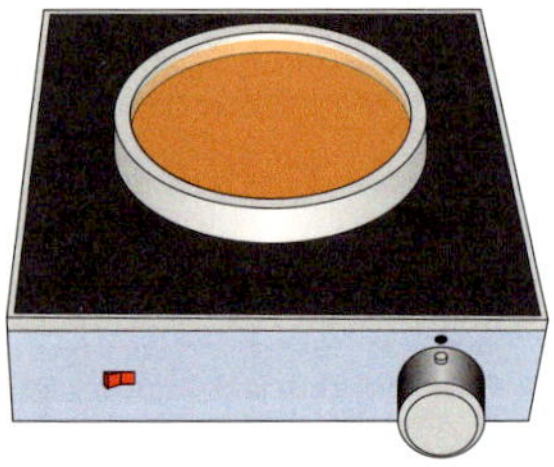

02 Strukturbildung Modellversuch

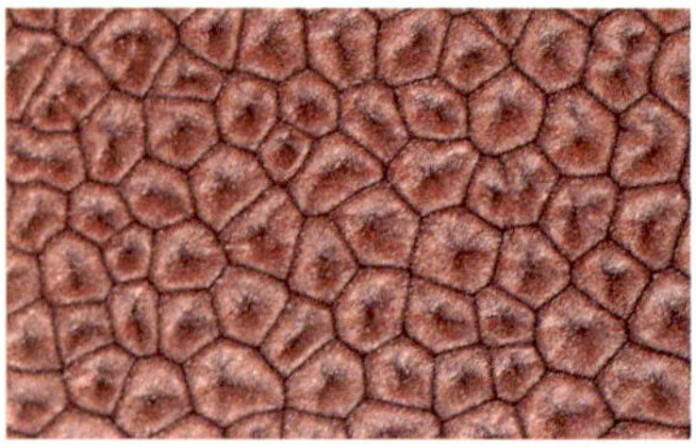

03 Ein regelmäßiges Muster entsteht.

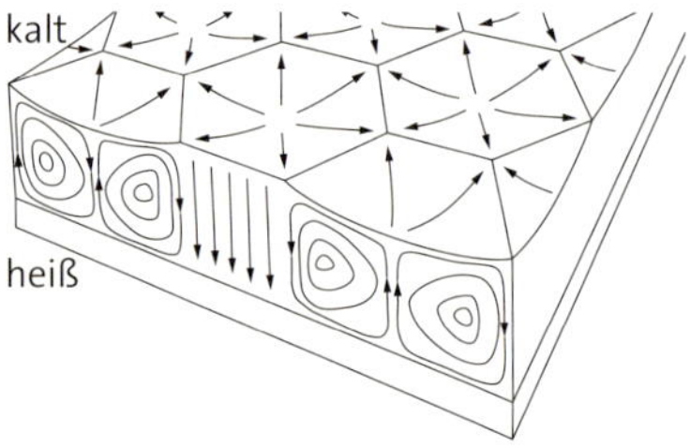

04 Konvektionszellen

BLICKPUNKT

Leben trotz Entropieerzeugung

05 Junge Männer des !Kung-Volkes bei der Jagd

06 Lebewesen müssen hochwertige Energie aufnehmen.

Die !Kung sind Ureinwohner des südlichen Afrikas, die noch heute die ursprüngliche Tradition der Ausdauerjagd pflegen. Dazu trennen sie ein Tier von der Herde ab und verfolgen dieses eine Tier stundenlang, bis es vor Erschöpfung zusammenbricht. Auf diese Weise können sie selbst schnelle Huftiere wie Zebras oder Gnus erlegen. Wie kann es sein, dass Menschen ausdauernder sein können als die meisten anderen Säugetiere?

Der Mensch kann wegen seiner schwachen Körperbehaarung und seiner etwa zwei Millionen auf der ganzen Haut verteilten Schweißdrüsen seinen Körper sehr effektiv kühlen. Dies dürfte ein wichtiger Grund dafür sein, dass der Mensch im Laufe der Evolution seine Körperbehaarung fast verloren hat.

Beim Schwitzen gibt der Mensch nicht nur thermische Energie ab. Durch die Stoffwechselvorgänge im Körper entsteht wie bei allen irreversiblen Vorgängen Entropie, und zwar umso mehr, je mehr der Mensch sich körperlich betätigt. Diese Entropie muss der Mensch wieder loswerden. Beim Trinken wird Wasser als Flüssigkeit aufgenommen, beim Schwitzen wird es als Wasserdampf abgegeben. Wasser hat im gasförmigen Zustand eine viel größere Entropie als im flüssigen. Durch den irreversiblen Vorgang der Verdunstung beim Schwitzen wird die Entropie in der Haut verringert, während sie in der Umgebung vergrößert wird. Die Entropieverringerung beim Schwitzen gleicht die Entropievergrößerung im Körper wieder aus.

Selbstverständlich kann auch das Gnu Energie thermisch abgeben, z. B. durch die Atmung. Bei zu langer Belastung gelingt ihm das aber nicht mehr. Infolgedessen steigen Körpertemperatur und Entropie an, bis das Gnu vor Erschöpfung zusammenbricht.

Lebewesen stellen äußerst komplexe Systeme dar. Um ihre Strukturen aufrecht zu erhalten, müssen sie ständig hochwertige Energie aufnehmen und geringwertige thermische Energie abgeben. Die Nahrung der Tiere besteht aus langkettigen Molekülen mit wenig Anordnungsmöglichkeiten. Die Entropie der Nahrung ist also gering. Der Wasserdampf, den die Tiere insbesondere durch die Atmung abgeben, enthält viel Entropie. Etwas salopp gesagt, nehmen Tiere mit der Nahrung wenig Entropie auf und geben mit dem Wasserdampf viel Entropie ab. Dadurch können sie trotz der Entropieproduktion im Körper ihre Entropie konstant halten.

Und wie ist das bei den Pflanzen? Sie nehmen hochwertige Energie mit dem Licht auf. Die damit verbundene Entropiezunahme ist gering. Mit den Wurzeln nehmen sie flüssiges Wasser auf und durch die Spaltöffnungen verdunsten sie gasförmiges Wasser. Dadurch werden sie die durch die Stoffwechselvorgänge entstandene Entropie wieder los. Selbst Wüstenpflanzen müssen Wasser abgeben. Da sie nur wenig Wasser zur Verfügung haben, können sie auch nur wenig Entropieentstehung ausgleichen. Deswegen können ihre Stoffwechselvorgänge nur sehr langsam ablaufen. Wüstenpflanzen wachsen daher nur langsam.

Energie

Mechanische Energieübertragung: Wenn auf einen Körper eine Kraft F entlang einer Strecke Δs ausgeübt wird, dann wird auf ihn die Energie ΔE übertragen. Es gilt:
$\Delta E = F \cdot \Delta s$.
Die übertragene Energie hat die Einheit $1\ \text{J} = 1\ \text{Nm}$.

Goldene Regel der Mechanik: Wenn Energie verlustfrei auf einen Körper übertragen wird, dann bleibt das Produkt $F \cdot \Delta s$ dabei immer gleich.

Leistung: Wenn Energie durch eine Kraft F bei einer Geschwindigkeit v übertragen wird, dann gilt dabei für die mechanische Leistung:
$P = F \cdot v$.

Bewegungsenergie: Die Bewegungsenergie eines Körpers hängt nur von seiner Masse m und Geschwindigkeit v ab. Es gilt:
$E_{\text{Bew}} = \frac{1}{2} m \cdot v^2$.

Lageenergie: Die Lageenergie eines Körpers hängt nur von seiner Masse m, dem Ortsfaktor g und von der Höhe h über dem Bezugsniveau ab. Es gilt:
$E_{\text{Lage}} = m \cdot g \cdot h$.

Spannenergie: Die Spannenergie einer Feder hängt nur von der Strecke s ab, um die sie verformt wird, und vom Material, aus dem die Feder besteht, das durch die Federkonstante D berücksichtigt wird.
Es gilt:
$E_{\text{Spann}} = \frac{1}{2} D \cdot s^2$.

Erhaltungssätze

Energieerhaltung: In einem abgeschlossenen System bleibt bei reibungsfreien Vorgängen die Summe der mechanischen Energien erhalten.
Die Gesamtenergie ist konstant und es gilt:
$E_{\text{ges}} = E_{\text{Lage}} + E_{\text{Bew}} + E_{\text{Spann}}$.

Impulserhaltung: Wenn mehrere Körper aufeinander einwirken, dann bleibt die Summe der Impulse der einzelnen Körper insgesamt erhalten.

Vorgänge laufen immer so ab, dass der Energieerhaltungssatz und der Impulserhaltungssatz gleichzeitig erfüllt sind.

Drehimpulserhaltung: Wenn auf einen sich drehenden Körper keine Kräfte ausgeübt werden, dann bleibt sein Drehimpuls erhalten.
Der Gesamtdrehimpuls eines Systems – z. B. Erde und Mond – ist gleich der Summe der Einzeldrehimpulse der zum System gehörenden Körper. Der Gesamtdrehimpuls eines Systems bleibt erhalten.

Energie und irreversible Vorgänge

Irreversibler Vorgang: Einen Vorgang nennt man irreversibel, wenn er niemals von selbst rückwärts abläuft. Die übertragene Energie wird dabei entwertet.
Wenn Energie entwertet wird, dann bedeutet dies, dass Energie irreversibel übertragen wird.

Beispiele für irreversible Vorgänge:
- thermische Energieübertragung,
- Umwandlung von elektrischer Energie in innere Energie,
- Umwandlung von mechanischer Energie in innere Energie.

Abgelaufene irreversible Vorgänge können oft durch Eingriffe von außen rückgängig gemacht werden.
In einem **abgeschlossenen System** kann ein abgelaufener irreversibler Vorgang nicht rückgängig gemacht werden.

Entropie

Festlegung: Bei einem irreversiblen Vorgang wird Entropie erzeugt.

Eigenschaften der Entropie: Je höher die Temperatur eines Festkörpers, einer Flüssigkeit oder eines Gases mit konstantem Volumen ist, desto größer ist die Entropie des Körpers.
In einem **abgeschlossenen System** kann die Entropie zunehmen, aber niemals abnehmen.
Die Entropie eines **offenen Systems** nimmt zu, wenn das System Energie thermisch aufnimmt oder wenn elektrisch oder mechanisch zugeführte Energie in innere Energie des Systems umgewandelt wird. Die Entropie des offenen Systems nimmt nur ab, wenn es Energie thermisch abgibt.

Entropieänderung: Wenn ein System bei der absoluten Temperatur T die Energie ΔE thermisch aufnimmt oder abgibt, so vergrößert bzw. verringert sich seine Entropie um ΔS. Es gilt dann:
$\Delta S = \frac{\Delta E}{T}$.
Die Einheit der Entropie S ist $1\,\frac{\text{J}}{\text{K}}$.

Wirkungsgrad: Der theoretisch größtmögliche Wirkungsgrad einer thermischen Maschine beträgt:
$\eta_{\text{ideal}} = 1 - \frac{T_2}{T_1}$.

Thermische Maschinen nutzen den von selbst ablaufenden Vorgang der thermischen Energieübertragung von einem heißen zu einem kalten System.

Entropie und Zufall: Bei einem irreversiblen Vorgang ändert sich das System so, dass es immer wahrscheinlichere Zustände annimmt. Größere Entropie bedeutet eine größere Wahrscheinlichkeit des Zustands oder anschaulich eine größere Unordnung.

Überprüfe dich selbst:

Kann ich …

… die mechanisch übertragene Energie berechnen?

… die Goldene Regel der Mechanik wiedergeben und an Beispielen erläutern?

… Lage-, Bewegungs- und Spannenergie berechnen?

… die Energie aus einem $F(s)$-Diagramm bestimmen?

… die Methode der Bilanzierung von Größen anhand eines Beispiels erläutern und anwenden?

… die Rolle der Erhaltungssätze in der Mechanik beschreiben und an einem Beispiel darstellen?

… erläutern, was irreversible Vorgänge sind und Beispiele dafür angeben?

… den Begriff der Entropie erläutern und ihre Eigenschaften beschreiben?

… eine Gleichung für die Entropieänderung angeben und am Beispiel erläutern?

… die Funktionsweise thermischer Maschinen mithilfe des Energie- und des Entropiebegriffs erläutern?

… begründen, warum der größtmögliche Wirkungsgrad einer thermischen Maschine kleiner als 100 % sein muss?

… die Vor- und Nachteile der Energieversorgung mit fossilen und regenerativen Energieträgern erörtern?

… Beispiele aus dem Alltag nennen, wie Energie effizienter genutzt werden kann?

… einen Zusammenhang zwischen der Entropie und der Wahrscheinlichkeit eines Zustands herstellen und an einem Beispiel erläutern?

 Physikalische Größen

Größe	Symbol	Einheit	Gleichung
Aktivität		$1\,\text{Bq} = 1\,\frac{1}{\text{s}}$	
effektive Äquivalentdosis		1 Sv	
Beschleunigung	a	$1\,\frac{\text{m}}{\text{s}^2}$	$a = \frac{v}{t}$ $a = \frac{\Delta v}{\Delta t}$
Dichte	ρ	$1\,\frac{\text{g}}{\text{cm}^3} = 1000\,\frac{\text{kg}}{\text{m}^3}$	$\rho = \frac{m}{V}$
Druck	p	1 Pa 1 bar = 100 000 Pa	$p = \frac{F}{A}$
Elektrische Ladung	Q	$1\,\text{C} = 1\,\text{A} \cdot \text{s}$	$\Delta Q = I \cdot \Delta t$
Elektrische Leistung	P	$1\,\text{W} = 1\,\text{V} \cdot \text{A}$	$P = U \cdot I$
Elektrisches Potenzial	φ	1 V	
Elektrische Stromstärke	I	$1\,\text{A} = 1\,\frac{\text{C}}{\text{s}}$	$I = \frac{\Delta Q}{\Delta t}$ $I = \frac{U}{R}$
Elektrische Spannung	U	1 V	$\Delta\varphi = U$ $U = R \cdot I$
Elektrischer Widerstand	R	$1\,\Omega$	$R = \frac{U}{I}$
Spezifischer Widerstand	ρ	$1\,\Omega \cdot \frac{\text{mm}^2}{\text{m}}$	$\rho = R \cdot \frac{A}{l}$
Energie	E	1 J $1\,\text{N} \cdot \text{m} = 1\,\text{J}$	$\Delta E = F \cdot \Delta s$
Lageenergie	E_{Lage}	1 J	$E_{\text{Lage}} = m \cdot g \cdot h$
Bewegungsenergie	E_{Bew}	1 J	$E_{\text{Bew}} = \frac{1}{2}\,m \cdot v^2$
Spannenergie	E_{Spann}	1 J	$E_{\text{Spann}} = \frac{1}{2}\,D \cdot s^2$
Entropie	S	$1\,\frac{\text{J}}{\text{K}}$	
Entropieänderung	ΔS	$1\,\frac{\text{J}}{\text{K}}$	$\Delta S = \frac{\Delta E}{T}$
Frequenz	f	$1\,\text{Hz} = 1\,\frac{1}{\text{s}}$	$f = \frac{n}{t}$
Geschwindigkeit	v	$1\,\frac{\text{m}}{\text{s}}$	$v = \frac{s}{t}$ $\Delta v = \frac{\Delta s}{\Delta t}$
Winkelgeschwindigkeit	ω	$1\,\frac{1}{\text{s}}$	$\omega = \frac{2\pi}{T}$
Impuls	p	$1\,\text{kg} \cdot \frac{\text{m}}{\text{s}}$	$p = m \cdot v$ $\Delta p = F \cdot \Delta t$
Drehimpuls	L	$1\,\frac{\text{kg} \cdot \text{m}^2}{\text{s}}$	$L = J \cdot \omega$
Kraft	F	$1\,\text{N} = 1\,\frac{\text{kg} \cdot \frac{\text{m}}{\text{s}}}{\text{s}}$	$F = \frac{\Delta p}{\Delta t}$ $F = m \cdot a$
Gravitationskraft	F_{G}	1 N	$F_{\text{G}} = \gamma \cdot \frac{m_1 \cdot m_2}{r^2}$ $F_{\text{G}} = m \cdot g$
Zentripetalkraft	F_{Z}	1 N	$F_{\text{Z}} = m \cdot \omega^2 \cdot r$ $F_{\text{Z}} = \frac{m \cdot v^2}{r}$

Physikalische Größen

Größe	Symbol	Einheit	Gleichung
Drehmoment	M	$1\,\mathrm{N} \cdot \mathrm{m}$	$M = r \cdot F$
Länge, Strecke	l, s	$1\,\mathrm{m}$	
Leistung	P	$1\,\frac{\mathrm{J}}{\mathrm{s}} = 1\,\mathrm{W}$	$P = \frac{\Delta E}{\Delta t}$
Mechanische Leistung	P	$1\,\mathrm{W}$	$P = F \cdot v$
Masse	m	$1\,\mathrm{kg}$	$m = \rho \cdot V$
Trägheitsmoment	J	$1\,\mathrm{kg} \cdot \mathrm{m}^2$	
Ortsfaktor, Schwerebeschleunigung	g	$1\,\frac{\mathrm{N}}{\mathrm{kg}}$	$g = \frac{F_G}{m}$
spezifische Wärmekapazität	c	$1\,\frac{\mathrm{kJ}}{\mathrm{kg} \cdot \mathrm{K}}$	$c = \frac{\Delta E}{m \cdot \Delta T}$
spezifische Schmelzwärme	s	$1\,\frac{\mathrm{kJ}}{\mathrm{kg}}$	$s = \frac{\Delta E}{m}$
spezifische Verdampfungswärme	r	$1\,\frac{\mathrm{kJ}}{\mathrm{kg}}$	$r = \frac{\Delta E}{m}$
Strahlungsintensität	S	$1\,\frac{\mathrm{W}}{\mathrm{m}^2}$	$S = \frac{P}{A}$ $S = \sigma \cdot T^4$
Temperatur	ϑ T	$1\,°\mathrm{C}$ $1\,\mathrm{K}$	
Volumen	V	$1\,\mathrm{m}^3$ $1\,\ell = 1000\,\mathrm{cm}^3$	
Wirkungsgrad	η		$\eta = \frac{\Delta E_{nutz}}{\Delta E_{zu}}$ $\eta_{ideal} = 1 - \frac{T_2}{T_1}$
Zeit	t	$1\,\mathrm{s}$	

Einige physikalische Konstanten und astronomische Daten

Konstante	Zahlenwerte	Konstante	Zahlenwerte
Stefan-Boltzmann-Konstante σ	$5{,}6704 \cdot 10^{-8}\,\frac{\mathrm{W}}{\mathrm{m}^2 \cdot \mathrm{K}^4}$	Erdmasse m_E	$5{,}9737 \cdot 10^{24}\,\mathrm{kg}$
Solarkonstante S_E	$1370\,\frac{\mathrm{W}}{\mathrm{m}^2}$	Erdradius R_E	$6{,}371 \cdot 10^{6}\,\mathrm{m}$
Boltzmann-Konstante k	$1{,}3807 \cdot 10^{-23}\,\frac{\mathrm{J}}{\mathrm{K}}$	Radius der Erdbahn r_E	$1{,}4960 \cdot 10^{11}\,\mathrm{m}$
Elementarladung e	$1{,}6022 \cdot 10^{-19}\,\mathrm{C}$	Mondmasse m_M	$7{,}349 \cdot 10^{22}\,\mathrm{kg}$
Masse des Protons m_p	$1{,}6726 \cdot 10^{-27}\,\mathrm{kg}$	Mondradius R_M	$1{,}738 \cdot 10^{6}\,\mathrm{m}$
Masse des Neutrons m_n	$1{,}6749 \cdot 10^{-27}\,\mathrm{kg}$	Radius der Mondbahn r_M	$3{,}844 \cdot 10^{-8}\,\mathrm{m}$
Lichtgeschwindigkeit c	$2{,}99792458 \cdot 10^{8}\,\frac{\mathrm{m}}{\mathrm{s}}$	mittl. Ortsfaktor auf dem Mond g	$1{,}62\,\frac{\mathrm{m}}{\mathrm{s}^2}$
mittl. Ortsfaktor auf der Erde g	$9{,}814\,\frac{\mathrm{m}}{\mathrm{s}^2}$	mittlere Dichte des Mondes ρ	$3{,}341 \cdot 10^{3}\,\frac{\mathrm{kg}}{\mathrm{m}^3}$
mittlere Dichte der Erde ρ	$5{,}515 \cdot 10^{3}\,\frac{\mathrm{kg}}{\mathrm{m}^3}$	Sonnenmasse m_S	$1{,}9891 \cdot 10^{30}\,\mathrm{kg}$
Gravitationskonstante γ	$6{,}674 \cdot 10^{-11}\,\frac{\mathrm{N\,m}^2}{\mathrm{kg}^2}$	Sonnenradius R_S	$6{,}9599 \cdot 10^{8}\,\mathrm{m}$

Dichte von Festkörpern, Flüssigkeiten und Gasen

Feste Körper	$\frac{g}{cm^3}$	Flüssigkeiten	$\frac{g}{cm^3}$	Gase	$\frac{g}{cm^3}$
Aluminium	2,70	Benzol	0,8790	Ammoniak	0,0007710
Blei	11,34	Diäthyläther	0,7160	Chlor	0,0032100
Eisen (rein)	7,86	Ethanol	0,7910	Helium	0,0001780
Jenaer Glas	2,50	Glycerin	1,2600	Kohlenstoffdioxid	0,0019800
Gold	19,30	Petroleum	0,8500	Luft	0,0012930
Kupfer	8,93	Quecksilber	13,5500	Sauerstoff	0,0014300
Platin	21,40	Wasser	0,9986	Stickstoff	0,0012500
Silber	10,51			Wasserdampf (100 °C)	0,0006000
Wolfram	19,30			Wasserstoff	0,0000899
Zink	7,14				

Flüssigkeiten: 18 °C; Gase: 0 °C und 1013 hPa

Schallgeschwindigkeit

in Gasen (bei 0 °C)		in Flüssigkeiten (bei 16 °C)		in Feststoffen (bei 18 °C)	
Kohlenstoffdioxid	260 $\frac{m}{s}$	Benzin	1130 $\frac{m}{s}$	Eis (bei 0 °C)	3250 $\frac{m}{s}$
Sauerstoff	315 $\frac{m}{s}$	Petroleum	1330 $\frac{m}{s}$	Eichenholz	3400 $\frac{m}{s}$
Luft	331 $\frac{m}{s}$	Wasser (rein)	1468 $\frac{m}{s}$	Beton	4000 $\frac{m}{s}$
Wasserstoff	1270 $\frac{m}{s}$	Glycerin	1900 $\frac{m}{s}$	Eisen (Stahl)	5170 $\frac{m}{s}$

Heizwert (Endprodukte gasförmig bei Normaldruck auf 20 °C abgekühlt)

Stoff	$\frac{MJ}{kg}$	Stoff	$\frac{MJ}{kg}$	Stoff	$\frac{MJ}{kg}$
Anthrazit	32,3	Benzin	44 bis 53	Acetylen	48,2
Braunkohle (roh)	7,6 bis 11,6	Brennspiritus	40	Erdgas	38,2
Holz frisch/trocken	10,0/15,5	Dieselkraftstoff	41 bis 44	Kohlenstoffmonoxid	10,1
Hüttenkoks	29,0	Erdöl	42 bis 48	Methan	50,0
Torf (trocken)	15,5	Ethanol	27	Propan	46,5
Trockenspiritus	19,0	Heizöl (EL)	43	Steinkohlegas	36,0
Steinkohle	32,5	Methanol	20	Wasserstoff	120,0

Spezifischer Widerstand (bei 18 °C)

Stoff	$\Omega \cdot \frac{mm^2}{m}$	Stoff	$\Omega \cdot \frac{mm^2}{m}$	Stoff	$\Omega \cdot \frac{mm^2}{m}$
Silber	0,016	Kohle	50 bis 100	Polystyrol	$5 \cdot 10^{18}$
Kupfer	0,017	Germanium	900	Glas	10^{18} bis 10^{19}
Aluminium	0,028	Silicium	1200	Porzellan	10^{19} bis 10^{20}
Wolfram	0,049	Meerwasser	200 000	Glimmer	10^{19} bis 10^{21}
Nickel	0,07	Wasser, destilliert	10^{10}	Hartgummi	10^{19} bis 10^{21}
Messing (66% Cu, 34% Zn)	0,08	Schiefer	10^{12}	Siegellack	10^{22}
Eisen	0,1 bis 0,5	Marmor	10^{13} bis 10^{14}	Paraffin	10^{20} bis 10^{22}
Konstantan	0,5	Pressspan	10^{14}	Bernstein	$> 10^{22}$

Vorsilben für dezimale Vielfache und Teile von Einheiten

Vorsilbe	Deka (da)	Hekto (h)	Kilo (k)	Mega (M)	Giga (G)
Zahlenwert	10	100	1000	1 000 000	1 000 000 000
Potenz	10^1	10^2	10^3	10^6	10^9

Vorsilbe	Dezi (d)	Zenti (c)	Milli (m)	Mikro (µ)	Nano (n)
Zahlenwert	0,1	0,01	0,001	0,000 001	0,000 000 001
Potenz	10^{-1}	10^{-2}	10^{-3}	10^{-6}	10^{-9}

Reibungszahlen

	Haftzahl f_h	Gleitreibungszahl f_{gl}
Stahl auf Stahl	0,15	0,03 bis 0,09
Stahl auf Gusseisen	0,18	0,16
Stahl auf Eis	0,03	0,01
Gummireifen auf Asphalt, trocken	0,9	0,8
Gummireifen auf Asphalt, nass	< 0,7	0,5
Gummireifen auf Beton, trocken	< 1,0	< 0,5
Gummireifen auf Beton, nass	< 0,6	< 0,3
Holz auf Holz	0,5 bis 0,65	0,2 bis 0,4
Metall auf Holz	0,5 bis 0,6	0,2 bis 0,5
Leder auf Metall	0,6	0,25

Umrechnung Druckeinheiten

	$Pa = \frac{N}{m^2}$	bar	mbar	Torr*
$1\ Pa = 1 \frac{N}{m^2}$	1	10^{-5}	10^{-2}	$0{,}75006 \cdot 10^{-2}$
1 bar	10^5	1	10^3	$0{,}75006 \cdot 10^3$
1 mbar	10^2	10^{-3}	1	0,75006
1 Torr*	$1{,}3332 \cdot 10^2$	$1{,}3332 \cdot 10^{-3}$	1,3332	1

1 Torr* bedeutet den Druck einer 1 mm hohen Quecksilbersäule von 0 °C am Normort.

Umrechnung Energieeinheiten

	J	kWh	cal*	eV
1 J	1	$2{,}7777 \cdot 10^{-7}$	0,23884	$0{,}6242 \cdot 10^{19}$
1 kWh	$3{,}6 \cdot 10^6$	1	$0{,}8598 \cdot 10^6$	$2{,}247 \cdot 10^{25}$
1 cal*	4,1868	$1{,}163 \cdot 10^{-6}$	1	$2{,}613 \cdot 10^{19}$
1 eV	$1{,}602 \cdot 10^{-19}$	$4{,}45 \cdot 10^{-26}$	$3{,}826 \cdot 10^{-20}$	1

1 eV ist die Energie, die ein Teilchen mit der Elementarladung $e = 1{,}602 \cdot 10^{-19}$ C aufnimmt, wenn es die Spannung 1 V durchläuft.

*) Torr und cal sind nicht mehr zugelassene aber in manchen Bereichen immer noch verwendete Einheiten.

T

U

V

W

Z

AUSZUG AUS DER NUKLIDKARTE (VEREINFACHT)

a Jahr
d Tag
h Stunde
m Minute
s Sekunde
ms Millisekunde
µs Mikrosekunde

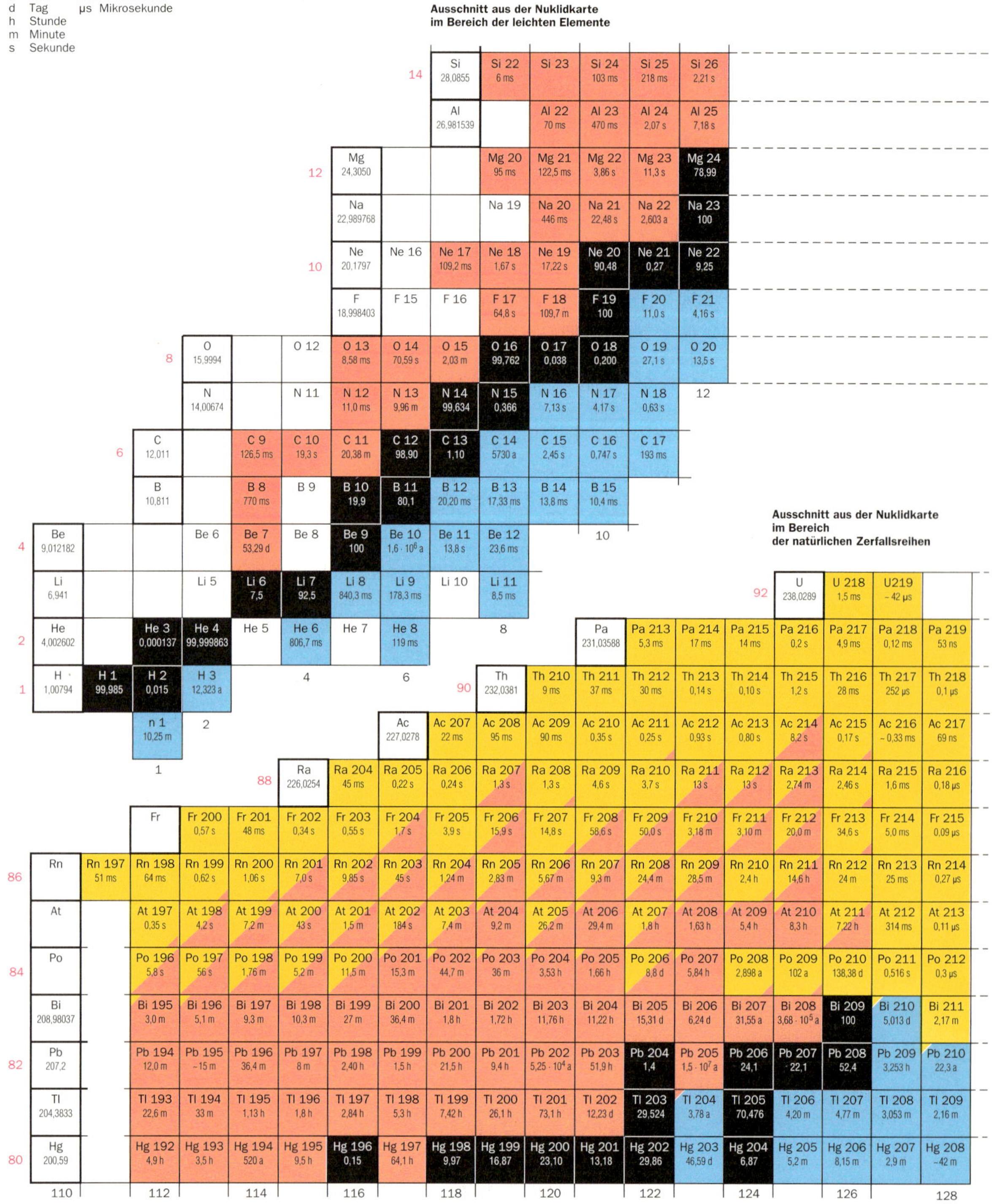

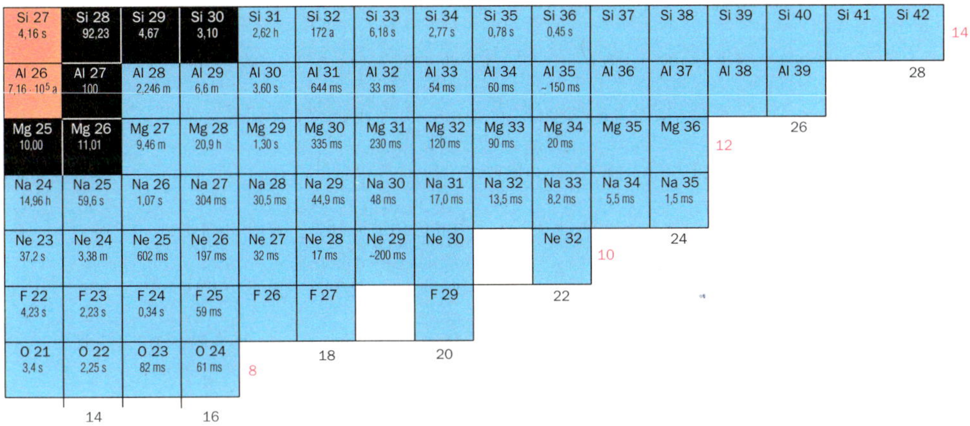

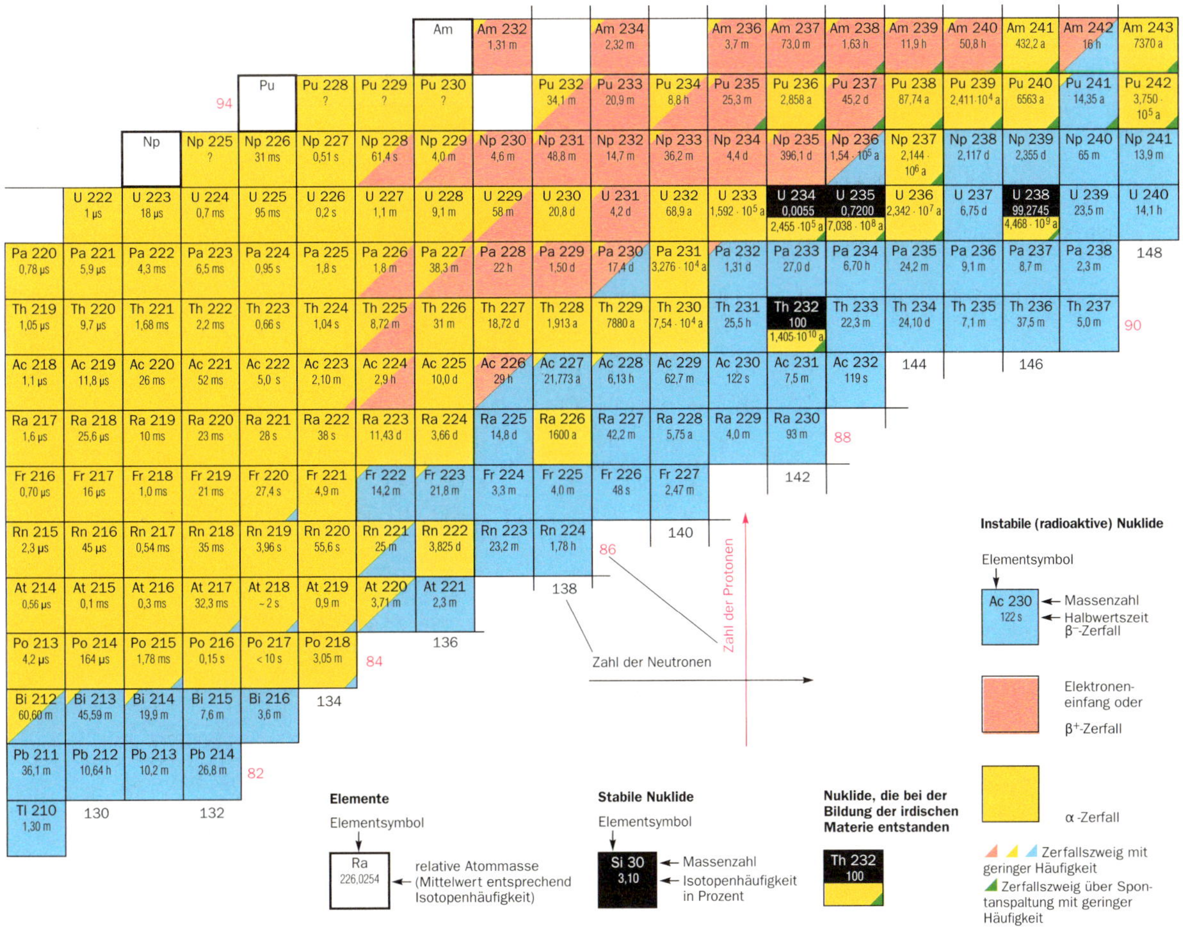

Nach: G. Pfennig, H. Klewe-Nebenius, W. Seelmann-Eggebert: Karlsruher Nuklidkarte. 6. Aufl. 1995, Copyright by Forschungszentrum Karlsruhe GmbH

Eigenschaften der Oxide
- basisch (Hauptgruppen)
- basisch (Nebengruppen)
- basisch/sauer (Hauptgruppen)
- basisch/sauer (Nebengruppen)
- sauer

Keine Oxide Edelgase

Periode	1* I. Hauptgruppe	2 II. Hauptgruppe	3 III. Nebengruppe	4 IV. Nebengruppe	5 V. Nebengruppe	6 VI. Nebengruppe	7 VII. Nebengruppe	8 VIII. Nebengruppe	9 VIII. Nebengruppe	10 VIII. Nebengruppe	11 I. Nebengruppe	12 II. Nebengruppe	13 III. Hauptgruppe	14 IV. Hauptgruppe	15 V. Hauptgruppe	16 VI. Hauptgruppe	17 VII. Hauptgruppe	18 VIII. Hauptgruppe
1	1 1,008 H 2,1 Wasserstoff $1s^1$																	2 4,003 He Helium $1s^2$
2	3 6,94 Li 1,0 Lithium $[He]2s^1$	4 9,01 Be 1,5 Beryllium $[He]2s^2$											5 10,81 B 2,0 Bor $[He]2s^2 2p^1$	6 12,01 C 2,5 Kohlenstoff $[He]2s^2 2p^2$	7 14,007 N 3,0 Stickstoff $[He]2s^2 2p^3$	8 15,999 O 3,5 Sauerstoff $[He]2s^2 2p^4$	9 18,998 F 4,0 Fluor $[He]2s^2 2p^5$	10 20,18 Ne Neon $[He]2s^2 2p^6$
3	11 22,99 Na 0,9 Natrium $[Ne]3s^1$	12 24,31 Mg 1,2 Magnesium $[Ne]3s^2$											13 26,98 Al 1,5 Aluminium $[Ne]3s^2 3p^1$	14 28,09 Si 1,8 Silicium $[Ne]3s^2 3p^2$	15 30,97 P 2,1 Phosphor $[Ne]3s^2 3p^3$	16 32,07 S 2,5 Schwefel $[Ne]3s^2 3p^4$	17 35,45 Cl 3,0 Chlor $[Ne]3s^2 3p^5$	18 39,95 Ar Argon $[Ne]3s^2 3p^6$
4	19 39,10 K 0,8 Kalium $[Ar]4s^1$	20 40,08 Ca 1,0 Calcium $[Ar]4s^2$	21 44,96 Sc 1,3 Scandium $[Ar]3d^1 4s^2$	22 47,88 Ti 1,5 Titan $[Ar]3d^2 4s^2$	23 50,94 V 1,6 Vanadium $[Ar]3d^3 4s^2$	24 51,996 Cr 1,6 Chrom $[Ar]3d^5 4s^1$	25 54,94 Mn 1,5 Mangan $[Ar]3d^5 4s^2$	26 55,85 Fe 1,8 Eisen $[Ar]3d^6 4s^2$	27 58,93 Co 1,8 Cobalt $[Ar]3d^7 4s^2$	28 58,69 Ni 1,8 Nickel $[Ar]3d^8 4s^2$	29 63,55 Cu 1,9 Kupfer $[Ar]3d^{10} 4s^1$	30 65,39 Zn 1,6 Zink $[Ar]3d^{10} 4s^2$	31 69,72 Ga 1,6 Gallium $[Ar]3d^{10} 4s^2 4p^1$	32 72,61 Ge 1,8 Germanium $[Ar]3d^{10} 4s^2 4p^2$	33 74,92 As 2,0 Arsen $[Ar]3d^{10} 4s^2 4p^3$	34 78,96 Se 2,4 Selen $[Ar]3d^{10} 4s^2 4p^4$	35 79,90 Br 2,8 Brom $[Ar]3d^{10} 4s^2 4p^5$	36 83,80 Kr Krypton $[Ar]3d^{10} 4s^2 4p^6$
5	37 85,47 Rb 0,8 Rubidium $[Kr]5s^1$	38 87,62 Sr 1,0 Strontium $[Kr]5s^2$	39 88,91 Y 1,3 Yttrium $[Kr]4d^1 5s^2$	40 91,22 Zr 1,4 Zirconium $[Kr]4d^2 5s^2$	41 92,91 Nb 1,6 Niob $[Kr]4d^4 5s^1$	42 95,94 Mo 1,8 Molybdän $[Kr]4d^5 5s^1$	43 [98] Tc 1,9 Technetium $[Kr]4d^6 5s^1$	44 101,07 Ru 2,2 Ruthenium $[Kr]4d^7 5s^1$	45 102,91 Rh 2,2 Rhodium $[Kr]4d^8 5s^1$	46 106,42 Pd 2,2 Palladium $[Kr]4d^{10}$	47 107,87 Ag 1,9 Silber $[Kr]4d^{10} 5s^1$	48 112,41 Cd 1,7 Cadmium $[Kr]4d^{10} 5s^2$	49 114,82 In 1,7 Indium $[Kr]4d^{10} 5s^2 5p^1$	50 118,71 Sn 1,8 Zinn $[Kr]4d^{10} 5s^2 5p^2$	51 121,76 Sb 1,9 Antimon $[Kr]4d^{10} 5s^2 5p^3$	52 127,60 Te 2,1 Tellur $[Kr]4d^{10} 5s^2 5p^4$	53 126,90 I 2,5 Iod $[Kr]4d^{10} 5s^2 5p^5$	54 131,29 Xe Xenon $[Kr]4d^{10} 5s^2 5p^6$
6	55 132,91 Cs 0,7 Caesium $[Xe]6s^1$	56 137,33 Ba 0,9 Barium $[Xe]6s^2$	57 138,91 La 1,1 Lanthan • $[Xe]5d^1 6s^2$	72 178,49 Hf 1,3 Hafnium $[Xe]4f^{14} 5d^2 6s^2$	73 180,95 Ta 1,5 Tantal $[Xe]4f^{14} 5d^3 6s^2$	74 183,84 W 1,7 Wolfram $[Xe]4f^{14} 5d^4 6s^2$	75 186,21 Re 1,9 Rhenium $[Xe]4f^{14} 5d^5 6s^2$	76 190,23 Os 2,2 Osmium $[Xe]4f^{14} 5d^6 6s^2$	77 192,22 Ir 2,2 Iridium $[Xe]4f^{14} 5d^7 6s^2$	78 195,08 Pt 2,2 Platin $[Xe]4f^{14} 5d^9 6s^1$	79 196,97 Au 2,4 Gold $[Xe]4f^{14} 5d^{10} 6s^1$	80 200,59 Hg 1,9 Quecksilber $[Xe]4f^{14} 5d^{10} 6s^2$	81 204,38 Tl 1,8 Thallium $[Xe]4f^{14} 5d^{10} 6s^2 6p^1$	82 207,2 Pb 1,8 Blei $[Xe]4f^{14} 5d^{10} 6s^2 6p^2$	83 208,98 Bi 1,9 Bismut $[Xe]4f^{14} 5d^{10} 6s^2 6p^3$	84 [209] Po 2,0 Polonium $[Xe]4f^{14} 5d^{10} 6s^2 6p^4$	85 [210] At 2,2 Astat $[Xe]4f^{14} 5d^{10} 6s^2 6p^5$	86 [222] Rn Radon $[Xe]4f^{14} 5d^{10} 6s^2 6p^6$
7	87 [223] Fr 0,7 Francium $[Rn]7s^1$	88 226,03 Ra 0,9 Radium $[Rn]7s^2$	89 227,03 Ac 1,1 Actinium •• $[Rn]6d^1 7s^2$	104 [261] Rf Rutherfordium $[Rn]5f^{14} 6d^2 7s^2$	105 [262] Db Dubnium $[Rn]5f^{14} 6d^3 7s^2$	106 [266] Sg Seaborgium $[Rn]5f^{14} 6d^4 7s^2$	107 [264] Bh Bohrium $[Rn]5f^{14} 6d^5 7s^2$	108 [267] Hs Hassium $[Rn]5f^{14} 6d^6 7s^2$	109 [268] Mt Meitnerium $[Rn]5f^{14} 6d^7 7s^2$	110 [271] Ds Darmstadtium $[Rn]5f^{14} 6d^9 7s^1$	111 [272] Rg Roentgenium $[Rn]5f^{14} 6d^{10} 7s^1$	112 [272] Uub[1] Ununbium $[Rn]5f^{14} 6d^{10} 7s^2$						

[1] vorläufiges IUPAC-Symbol
* Gruppennummerierung IUPAC (1989): Gruppennummern 1 bis 18

Ordnungszahl: 7 – Atommasse in u: 14,007 – Elektronegativitätswert: 3,0 – Symbol: N – Name: Stickstoff – Elektronenkonfiguration: $[He]2s^2 2p^3$

• Elemente der Lanthanreihe (Lanthanoide)

6	58 140,12 Ce 1,1 Cer $[Xe]4f^2 6s^2$	59 140,91 Pr 1,1 Praseodym $[Xe]4f^3 6s^2$	60 144,24 Nd 1,2 Neodym $[Xe]4f^4 6s^2$	61 [145] Pm 1,2 Promethium $[Xe]4f^5 6s^2$	62 150,36 Sm 1,2 Samarium $[Xe]4f^6 6s^2$	63 151,97 Eu 1,2 Europium $[Xe]4f^7 6s^2$	64 157,25 Gd 1,1 Gadolinium $[Xe]4f^7 5d^1 6s^2$	65 158,93 Tb 1,2 Terbium $[Xe]4f^9 6s^2$	66 162,50 Dy 1,2 Dysprosium $[Xe]4f^{10} 6s^2$	67 164,93 Ho 1,2 Holmium $[Xe]4f^{11} 6s^2$	68 167,26 Er 1,2 Erbium $[Xe]4f^{12} 6s^2$	69 168,93 Tm 1,2 Thulium $[Xe]4f^{13} 6s^2$	70 173,04 Yb 1,1 Ytterbium $[Xe]4f^{14} 6s^2$	71 174,97 Lu 1,2 Lutetium $[Xe]4f^{14} 5d^1 6s^2$

•• Elemente der Actiniumreihe (Actinoide)

7	90 232,04 Th 1,3 Thorium $[Rn]6d^2 7s^2$	91 231,04 Pa 1,5 Protactinium $[Rn]5f^2 6d^1 7s^2$	92 238,03 U 1,7 Uran $[Rn]5f^3 6d^1 7s^2$	93 [237] Np 1,3 Neptunium $[Rn]5f^4 6d^1 7s^2$	94 [244] Pu 1,3 Plutonium $[Rn]5f^6 7s^2$	95 [243] Am 1,3 Americium $[Rn]5f^7 7s^2$	96 [247] Cm 1,3 Curium $[Rn]5f^7 6d^1 7s^2$	97 [247] Bk 1,3 Berkelium $[Rn]5f^9 7s^2$	98 [251] Cf 1,3 Californium $[Rn]5f^{10} 7s^2$	99 [252] Es 1,3 Einsteinium $[Rn]5f^{11} 7s^2$	100 [257] Fm 1,3 Fermium $[Rn]5f^{12} 7s^2$	101 [258] Md 1,3 Mendelevium $[Rn]5f^{13} 7s^2$	102 [259] No 1,3 Nobelium $[Rn]5f^{14} 7s^2$	103 [262] Lr 1,3 Lawrencium $[Rn]5f^{14} 6d^1 7s^2$

Die Atommassen in eckigen Klammern beziehen sich auf das längstlebige gegenwärtig bekannte Isotop des betreffenden Elements.

BILDQUELLENVERZEICHNIS

Focus/GUSTOIMAGES/SPL: *Titelbild* -- 123RF/Inmagine GmbH: Aleksandr Markin: *38.1*, Can Balcioglu: *32.1*, Jeremy Richards: *24.1*, kangshutters: *243.4*, nui7711: *21.3*, Sastyphotos: *178.2*, Tyler Olson: *96.1* – 2013 Vaillant GmbH, Remscheid: *275.4* – 3B Scientific GmbH, Hamburg: *268.2* – A1PIX/Your Photo Today: *89.5* – ADAC: *195.4* – Alamy/ARCTIC IMAGES: *56.2* – Badische Zeitung/Stephan Hoferer: *84.1* – Brackenhofer, Gerold/Universität Ulm: *278.2* – Bundesamt für Strahlenschutz: *98.3* – Carmesin, Dr. Hans-Otto, Stade: *143.3, 143.4, 144.1, 144.2* – Ch. Kurtsiefer, T. Pfau and J. Mlynek/, //Nature *386*, 150 (1997): *115.5* – Conrad Electronic SE: *79.5, 151.4A, 152.1A, 160.3A, 164.2* – Corbis: Duomo: *226.1A, 226.1B*, Ocean: *205.6*, Roger De La Harpe – Gallo Images: *283.5*, Visuals Unlimited: *61.1* – Cornelsen Schulverlage GmbH: *69.4A, 69.5A, 85.4, 96.2, 109.5A, 109.5B, 133.5* – Daimler AG: *265.2B* – ddp images: dapd: *244.1*, dapd Freija Descamps/NSF: *90.2*, Target Press: *216.1* – Demag Cranes AG, www.demagcranes.de/Erik Krueger: *126.1* – DESY: *78.1* – DFNS e.V.: *17.4* – digitalstock/Vobelima: *63.8A* – DLR-Institut für Technische Thermodynamik: *268.1* – DLR/EUMETSAT: *49.6* – Dometic WAECO International GmbH: *37.5* – Döring, V., Hohen Neuendorf: *267.2* – Eilks, I., Bremen: *35.3* – ESO/IDA/Danish 1.5 m/R. Gendler and A. Hornstrup: *233.4* – ESSKA.de GmbH: *243.3* – Fabian, Michael J.: *10.1, 36.3, 49.4, 49.5, 64.2, 64.3, 65.4, 65.5, 70.3, 89.4, 95.3, 95.2A, 95.2B, 123.3, 124.3, 125.4, 125.7A, 125.7B, 136.1, 136.2, 138.1, 139.6, 140.3, 158.2A, 199.3, 205.5, 208.1A, 210.3, 212.3, 228.2, 231.6, 257.3, 261.3, 261.4, 261.2A, 261.2B, 265.2A* – Flath, Markus: *126.2* – Focus/ALEXANDER SEMENOV/SCIENCE PHOTO LIBRARY: *57.4* – Forschungszentrum Karlsruhe: *20.2* – Fotolia: *55.4*, Caito: *220.1A*, elilena: *272.1A*, Gilles Gras: *15.3*, Jörg Lantelme: *12.3*, kasiastock: *254.1*, Mila Supynska: *39.3*, Stefan Schurr: *13.4 links*, Torsten Lorenz: *13.4 rechts*, udra11: *17.5* – Gaa, Markus: *26.1, 39.4A, 40.1, 40.2, 40.4, 41.6, 41.7A, 41.7B, 42.2, 50.2, 85.3, 111.4, 164.1, 187.3, 200.1, 204.2, 204.3, 204.1A, 205.4, 211.5, 219.5A, 224.1, 227.4, 227.5, 264.1* – Glowimages/Gabriela Medina/Blend Images LLC: *42.1A* – Haack, D., Tourismus und Stadtmarketing Husum GmbH: *231.3A, 231.3B* – HEINZ KETTLER GmbH & Co. KG: *240.1* – IBM/Crommie, Lutz & Eigler: *111.7* – Imago/Xinhua: *227.6A, 227.6B* – Informations-Gemeinschaft Passivhaus, Foto: Architekturbüro Wamsler: *276.1* – iStockphoto: acilo: *134.1*, adam smigielski: *108.1A*, Daniel Loiselle: *108.1B*, Dmitry Mordvintsev: *260.1*, Donald Erickson: *262.3*, dswebb: *55.5*, FernandoAH: *162.1*, fullempty: *175.1*, gabriela schaufelberger: *223.4*, Graeme Shannon: *44.1*, Grand-V: *46.1*, levent songur: *265.3B*, maljalen: *282.1*, mayo5: *250.1*, santirf: *186.2*, Ulrich Schade: *30.1*, Vetta Collection: *202.1* – Kienle, Reiner, Forchtenberg: *155.5A* – Kretschmer, Jan: *29.3* – LD Systeme AG & Co. KG: *111.5* – Marion Nelle/Pressestelle RUB/IDW: *82.1* – mauritius images: AGE: *281.3*, ib/Karl F. Schöfmann: *22.1*, Lumi Images: *218.1*, Photononstop: *212.1* – Munch, Jesper Prof.: *111.6* – N-ERGIE Aktiengesellschaft: *275.3* – Naeser, Torsten: *112.1* – NASA: *7.1, 45.4, 50.1, 54.2, 80.1, 228.1, 231.5, 258.1*, David Cartier, Sr.: *76.1*, ESA/Hubble Heritage (STScI/AURA)-ESA/Hubble Collaboration: *101.4*, JPL-Caltech: *258.2* – Nexans: *145.5B* – Nordson Deutschland GmbH: *68.1* – ÖAMTC: *190.1, 227.7* – PantherMedia: michey: *214.1*, MP 2: *246.1*, stefanschurr: *192.1*, Warren Goldswain: *41.5* – Pardall, Carl-Julian, Heidelberg: *53.2, 212.2* – Paul Glogowski/TU Darmstadt: *80.2* – Photo courtesy of National Nuclear Security Administration/Nevada Site Office: *104.1* – Phywe Systeme GmbH & Co. KG, Göttingen: *152.1B, 246.2* – picture alliance: abaca: *180.1*, City-Press GbR: *206.1*, dieKLEINERT.de/Robert Perdok: *186.1*, dpa: *13.5, 18.1, 34.1, 44.2, 54.1, 110.1A, 128.1, 158.1, 188.1, 191.MatA2, 191.MatA3, 213.6, 219.4A, landov: 195.3*, Predrag Vuckovic/RED BULL STRATOS: *25.5 links*, dpaweb: *101.6*, DPPI Media: *34.2, 178.1, 199.4, 217.5*, Peter Jost/OKAPIA: *100.3*, Thomas Melzer: *182.1, ZB: 53.3, 63.8B*, euroluftbild.de: *277.3* – Pitopia/Robert Marggraff, 2007: *25.4* – pixelio/F. Gopp: *242.1* – Polimaster: *98.1* – Rager, Bruno, Esslingen: *67.3, 71.1, 72.2, 72.3, 79.4, 138.3* – Red Bull Content Pool/Jörg Mitter: *25.5 rechts* – Red Bull Stratos/Red Bull Content Pool: *248.1* – Rich Smith: *145.5A* – Sammlung Gesellschaft für ökologische Forschung: *57.5A, 57.5B* – Scheerschmidt, Kurt: *111.3* – Schlichting, H. J., Hasbergen: *282.3* – Schmidt, R., Dresden: *84.2* – SeaTops: *14.1* – Shutterstock: Alex.Polo: *283.6*, Alexander Pekour: *33.5*, Bertold Werkmann: *166.1*, Daumiu: *35.4*, demarcomedia: *148.1*, DJ Mattaar: *17.6*, Germanskydiver: *196.1*, Greg Epperson: *210.2*, GrigoryL: *265.3A*, Hirurg: *278.1*, irin-k: *140.2*, Jim Parkin: *198.1*, joanchang: *154.1*, Josh Perick: *223.3*, leoks: *48.1*, Lucky Business: *170.2*, muzsy: *209.4*, ninsiri: *100.1*, oliveromg: *216.3*, Otmar Smit: *46.2*, wavebreakmedia: *97.3*, WDG Photo: *272.1B* – Siemens AG: *237.1* – Swiss Science Center Technorama, Winterthur, www.technorama.ch: *64.1* – Testboy GmbH: *124.1* – The ATLAS Experiment at CERN, http://atlas.ch: *72.1* – Thorens, Schweiz: *170.1* – TubeAmtDoctor, Worms: *155.4A* – Wacker Siltronic Burghausen: *121.1* – Wikipedia: *92.1* – www.gibbon-slacklines.com: *210.1*.